本书系国家社科基金重大招标项目多卷本《西方城市史》（17ZDA229）阶段性成果

都市文化研究
Urban Cultural Studies

中文社会科学引文索引 (CSSCI) 来源集刊

第19辑

Modern Jiangnan and
Traditional Chinese Culture

近代江南与中国传统文化

上海三联书店

CONTENTS | 目

录

近代江南与中国传统文化

1. 从江南到长三角：16 世纪以来江南经济文化的整合与

发展 ……………………………………………… 唐力行   3

2. 唐五代江南史研究的若干问题 ……………………… 张剑光   20

3. 革命抑或改良？——清末民国报刊舆论中的家族问题 … 徐茂明   40

4. 媒介与日常：以 20 世纪 40 年代上海"秋海棠"弹词版权纠纷案

为例 ……………………………………………………… 洪 煜   55

5. 以艺济困：民国时期评弹义演研究 …………… 吴强华 刘晓海   71

6. 发展与转型：清朝末年评弹在上海的"畸形繁荣" ……… 申 浩   82

7. 变革与延续：二十世纪五六十年代的大众娱乐业务组织方式

——以苏州评弹为主要讨论对象 ……… 尹业通 季 珩   98

8. 清末江浙官绅游学日本的动机、体验与心理感受

——以徐兆玮、杨泰阶、刘绍宽为例 ……… 汪颖奇   113

9. "夜"视角与《海上花列传》的"颓废"叙事

——兼及其对现代海派小说"颓废"审美的影响 …… 吴智斌   135

城市与社会

10. 莎士比亚历史剧中伦敦塔的文化意义解读 ………… 胡 鹏   149

11. 英属新英格兰早期城市化与社会结构的变迁 ………… 王伟宏   165

12. 19 世纪德国的城市现代化初探 ·············· 徐继承　姚倩倩　183

13. 试析土耳其伊斯兰商业精英的崛起················· 尹　婧　196

14. 阿拉伯人、土耳其人和伊朗人三方势力下的巴士拉
 1600—1700 ·················· 鲁迪·马特　210

15. 西人汉译城市孤儿小说的社会启示意义················· 赵东旭　241

16. 空间裂变：国产都市情感剧空间叙事转变的新向度 ······ 王海峰　256

17. 礼学经世：从京师到地方的视角转换
 ——曾国藩学术思想补说················· 张智炳　267

艺术中的都市文化

18. 柏拉图理想城邦中的音乐教育················· 张黎红　289

19. 别现代理论对中国哲学的传承与创新················· 关　煜　301

20. 别现代：中国社会文化现实的"镜"与"灯"················· 肖明华　313

21. 翻拍剧、《大话西游 3》与别现代 ················· 徐　薇　323

22. 中国大陆小城镇电影审美观念的嬗变················· 张　丹　336

23. 面朝未来立下永远之盐约——浅议查常平
 《中国先锋艺术思想史》一书之独特价值················· 徐　旭　354

24. "世界关系美学"：神学美学的当代延续················· 薛霜雨　363

25. 论世界图景逻辑批评理论
 ——兼评《中国先锋艺术思想史》················· 颜复萍　372

光启学术

26. 中国古代小说序跋整体研究导论················· 詹　丹　389

27. 徐家汇藏书楼文化遗产研讨会················· 光启国际学者中心　413

近代江南与中国传统文化

从江南到长三角：16 世纪以来
江南经济文化的整合与发展

唐力行

摘　要：在今天的中国大陆，长江三角洲地区无疑是经济、社会、文化最为发达的区域之一，它在行政区划上虽然分属于江浙沪皖四个不同的省区，但历史地看，其内部各个小区域间有机联系与相互整合却早已存在。特别是自16 世纪以来，随着世界市场的兴起，海外贸易的发展，使得这一区域经济社会与文化整合的步伐大大加快，其对内的整合与对外的开放经历了数个阶段的波折，最终形成了今天长三角特有的区位特点和优势。追溯其渊源，今天长三角的形成与发展实在是一个自然的历史过程，而回溯这一历史演变的过程及其背后的原因，无疑对于进一步突破行政区划的人为分割，真正实现以上海为中心的长三角经济社会的全面整合，是十分有意义的。

关键词：江南；长三角；经济社会；文化；整合

在今天的中国大陆，长江三角洲地区无疑是经济、社会、文化最为发达的区域之一，它在行政区划上虽然分属于江浙沪皖四个不同的省区，但历史地看，其内部各个小区域间有机联系与相互整合却早已存在。特别是自16 世纪以来，随着世界市场的兴起，海外贸易的发展，这一区域经济、社会、文化整合的步伐大大加快，其对内的整合与对外的开放经历了数个阶段的波折，最终形成了今天长三角特有的区位特点和优势。追溯其渊源，今天长三角的形成与发展实在是一个自然的历史过程，而回溯这一历史演变的过程及其背后的原因，无疑对于进一步突破行政区划的人为分割，真正实现以上海为中心的长三角经济社会的全面整合,是十分有意义的。

一、从江南到长三角:长三角区域的沿革与区位特征

长三角作为一个地域空间概念出现并不是从来就有的。从地理环境来看,所谓长江三角洲本指以长江入海而形成的冲击扇平原所涵盖的江苏、上海、浙江以及安徽的部分地区,而这一地区的核心区域事实上就是历史上的江南地区。因此历史地看,要讨论长三角的发展历史,就必须先对江南区域的发展有所关注。

唐宋以前的江南地区,相对于北方而言,其在经济与文化上的相对落后是无庸置疑的,而到了唐宋时期这一情况开始发生改变,特别是随着京杭大运河的开通,江南内部的沟通得到加强,可以看到今天长三角内部的一些重要城市如镇江、常州、无锡、苏州、嘉兴、杭州等,都分布在这条运河岸旁,而自唐代后期以来,江南的粮产品便源源不断地通过大运河向北方运送,这一过程一方面加强了江南内部各城市之间的联系,另一方面亦加大了当时江南地区接受北方先进文化辐射的力度。因此,可以说大运河的存在第一次奠定了江南地区内部网络联系的基础,同时也初步塑就了江南地区对外开放的性格。

不过,正如日本学者斯波义信指出的,迟至宋代的江南也只是处于其周期发展中的"始发阶段"(burgeoning stage)。[①] 实际上到唐宋以后,江南地区的经济社会发展才进入一个全新的阶段,16世纪以后,更是到达了历史的高峰。如果说,在此前沟通南北的运河在江南区域发展中扮演了至关重要的角色的话,那么,到了明代中晚期以后,沟通东西部的长江所起的作用开始变得越来越大。同时,海运在商业贸易中的作用亦得以凸显。16世纪以后,随着商品经济的发展,在江南、华南、华北和长江沿岸的华中地区,形成了日益密切的市场网络,至迟到18世纪初,全国市场的架构已基本完成。清代前期的全国市场,是由三条主要商业网络带所构成的:一条是由长江中下游航道为干道组成的东西向国内网络带,一条是由京杭大运河、赣江、大庾岭商道为干道组成的南北向国内网络带,另一条则是由东北到广州沿海的海运网络带,以此三条

---

① [日]斯波义信:《宋代江南经济史研究》,江苏人民出版社,2001年。

商业网络带为主轴,构成了当时的全国市场。[①]而这三条商道恰好交汇于苏州地区,苏州也就自然而然地成为了这张商业网络的中心。

与此同时,15世纪末16世纪初的地理大发现,打破了当时世界各地的隔绝状态,"开拓了世界市场,使一切国家的生产和消费都成为世界性的了"。[②]武装走私的海商将江南地区卷入了世界市场与贸易体系之中,在当时江南的对外贸易格局中,以太仓的刘家港为中心,以徽州海商为中介,江南的各类物资源源不断地输往海外,江南区域的对外开放性在此得到了进一步的彰显。

伴随着海内外商业贸易的发展,苏州的崛起是江南区域发展史上带有标志性的事件。乾隆27年《陕西会馆碑记》赞叹说:"苏州为东南一大都会,商贾辐辏,百货骈阗。上自帝京,远连交广,以及海外诸洋,梯航毕至。"[③]由此可见苏州作为全国商业之中心,其繁盛局面已经非一般城市可相颉颃的了。因此,近代以前,江南内部的整合与网络联系正是以苏州为中心展开的,而现代所谓长三角的概念在这一阶段也初具雏形。

不过这一局面到了近代开始发生改变,苏州逐渐开始由江南的中心转变为上海的腹地。这一变化的转折点是与太平天国运动在江南的发展紧密联系在一起的。在这场战争中,苏州死人无数,毁房无数,荒地无数。据同治《苏州府志·田赋二》的统计,道光十年(1830年)苏州府共有"实在人丁"为3412694人,经过"庚申之难",同治四年(1865年)苏州府的"实在人丁"锐减至1288145人,净减2124549人,这还不包括妇女、儿童和老人。简单地讲,在太平天国战争中苏州人口损失了约三分之二。人口大量死亡的结果就是耕地荒芜,工商业萧条。

与苏州所遭到的破坏相比,上海却以不可思议的速度繁荣了起来。1860年,太平军挺进苏常,江南的缙绅商贾大规模逃入上海租界,导致租界人口激增至30万,1862年又增加到50万,一度曾达到了70万。因之,有人估计1860—1862年,至少有650万银圆的华人资本流入租界。在某种程度上说,正是战争意外地推动了上海租界的飞速发展,从此以后,租界开始由上海城外的荒芜弃地变成了上海城市的中心,上海在江南的地位也随之改变,它不再是

① 邱澎生:《由苏州经商冲突事件看清代前期的官商关系》,台湾大学文学院编《文史哲学报》1995年总第43期。
② 《马克思恩格斯全集》第23卷,第167页。
③ 《明清苏州工商业碑刻集》,江苏人民出版社,1981年,第331页。

松江府下的一个普通县城,而是中国最大的贸易中心、远东国际商港。"从1860年代开始,上海迅速繁荣,并取代苏州和杭州,成为江南新的中心城市和长江三角洲地区社会经济发展的龙头。这种取代,是现代城市对传统城市的取代。因此,苏州、杭州的衰落和上海的崛起又代表了一个时代的结束和另一个时代的开始。"①

正是随着上海对苏州的取代,现代意义上的长三角地区才最终得以形成。从19世纪50年代开始,上海就成为了中国最大的对外贸易中心城市,而这一地位正是建立在长三角这一广袤腹地基础上的。随着上海的发展,在中心城市的辐射下,一方面长三角内部的网络联系更趋紧密并且得到不断的扩展,另一方面长三角腹地城市也正是通过上海将自己与海外市场紧密地联系在了一起,进一步塑造了其开放的性格。

从太平天国运动到今天,上海一直延续着其作为长三角中心城市的地位。在现代化的条件下,当前长三角的内涵、发展道路等正在发生深刻的转变,但是区域发展既有的"路径依赖"却仍然对16世纪以来江南区域及长三角内部的整合与开放问题的研究有着启示意义,那么所谓的内部整合又是如何进行的呢? 苏州时代与上海时代的差异又在哪里呢?

二、苏州时代:内部整合的两种类型②

正如我们已经阐明的,16世纪以后直至近代,苏州一直是江南的中心,因此也就自然而然地成为了其内部整合的中心点所在。前近代时期,正是以苏州为中心,因着各种条件的差异,在当时的长三角内部形成了不同的内部整合方式。在此,我们主要分析其中主要的两种类型,亦希图由此而见一斑。

(一) 由边缘向中心的整合:徽州与苏州的个案

徽州无疑是江南地理范围的边缘地区,但是,正是在这里,自16世纪以后,产生了著名的徽商,为近世中国社会经济的发展留下了浓墨重彩的华章。而徽商之所以能执商界之牛耳,跟徽州与苏州之间的整合与互动是紧密相

---

① 周武:《太平军战事与江南社会变迁》,《史林》2003年第1期。
② 苏州时代的两种整合类型,可分别参考唐力行等著《苏州与徽州:16—20世纪两地互动与社会变迁的比较研究》,商务印书馆,2007年;罗婧著《江南市镇网络与交往力》,上海人民出版社,2010年。

关的。

虽然说徽州为江南边缘,苏州为江南中心,但如果从地图上看,它们之间的直线距离并不算太远,仅为 270 余公里,应该说是相邻而方便的。只是因为地理条件所限,两地陆路交通极其不便,《徽商便览·徽州总论》指出:"惟万山环绕,交通不便。大鄣昱岭雄其东;浙岭五岭峻其西;大鳙、白际互其南;黄山、武亭险其北。路皆鸟道,凿险缒幽。"①因此,水路就成了两地互动的主要通道。但徽州的河流与苏州不同:苏州的水平缓、四季盈盈,而徽州的水湍急、季节性强。由于徽州地势高峻,"天目于浙江之山最高,然仅与新安之平地等",②徽州的水有高屋建瓴之势,滩高流急,从而形成难进易出之势。徽州至苏州的水道有二:北可由青弋江至芜湖,顺长江而下,在镇江入运河,可抵苏州。东由新安江至杭州,再转入运河至苏州。千百年来徽州商人不避艰难,或攀行于山间鸟道,或挽舟逆水而行,络绎于徽州的道上,将徽州与苏州沟通起来。

苏州与徽州两地自古以来就有密切联系。据《新安名族志》载,有陆、朱、张、叶四姓的始迁祖分别于唐、宋两代由苏州迁入徽州。苏州四大名族中,除顾姓外,陆、朱、张多有迁居徽者。另据语言学者对徽语的田野考察,北方移民多由吴地或经由吴地沿新安江进入徽州,③给徽州带来中原及吴地的文化。可见,苏州、徽州最先的互动是由北向南互动的继续,是在江南范围内的由东向西的互动。

而由徽州乡村向苏州都市的自西向东的移动,则稍迟于东向西的移动。其原动力则为经济要素。"徽介万山之中,地狭人稠,耕获三不赡一。即丰年亦仰食江楚,十居六七,勿论岁饥也。天下之民,寄命于农,徽民寄命于商。"④"今邑之人众几于汉一大郡,所产谷粟不能供百分之一,安得不出而糊口于四方也。谚语以贾为生意,不贾则无望,奈何不惛惛也。""吾邑之不能不贾者,时也,势也,亦情也。"⑤最早关于徽人经商的记录出现在西晋。许承尧在《日新录记徽俗二则》一文中说:"《知新录》云:徽俗好离家,动经数、十年不归。读司马晞传有云,晞未败时,谯会辄令娼妓作新安人歌舞离别之辞,其声甚怨。

---

① 吴日法:《徽商便览·徽州总论》。
② (明)归有光:《震川先生集·汉口志序》。
③ 曹志耘:《语言学视野下的新安文化论纲》,《'95 国际徽学学术讨论会论文集》,安徽大学出版社,1997 年。
④ 《休宁县志》卷 7《汪伟奏疏》。
⑤ 万历《歙志·货殖》。

后皆果徙新安。则知此风自昔已然。盖新安居万山之中,土少人稠,非经营四方,绝无治生之策矣。"①

此后,徽州人外出经商不绝如缕。南宋建都临安,徽州商人得到一个较大的发展机会。至明清时期,这种由农村迁往农村的移民方向发生变化,徽州人开始由农村迁往市镇,由山区迁往平原地区。万历年间盐政改革,实行票盐制,徽商垄断淮盐与浙盐两大盐场,积累巨额资本,为徽州人进军江南经济、政治、文化中心——苏州,从而形成两地密切互动创造了条件。明唐寅《阊门即事》云:"吴阊到枫桥,列肆二十里。"阊门外二十里的街市,是苏州最繁华的商业区,也是徽商的天下,苏州与徽州互动的力度前所未有地加强。

苏州与徽州两地的互动,是由徽商充当媒介的。因此,考察徽州商人与徽州家族向苏州的移徙,以及他们在定居地的发展及其与家乡的长久联系,是我们探讨两地互动必不可少的环节。大阜潘氏原是徽州商贾世家,清初徙入苏州,经过百余年的发展,至乾嘉以后成为苏州势力最为煊赫的科第世家、官宦世家、积善世家,同时还是晚清苏州酱园业的行业领袖。而那些留在大阜以及后来由苏州迁回故里的潘氏族人则日渐式微,生活困窘。大阜潘氏分居徽苏两地,尽管往来不断,互有影响,但由于徽苏两地自然环境和社会环境的巨大差异,两地家族的发展结果却有霄壤之别。通过对徽苏两地潘氏家族的迁徙过程和互动形式的考察,我们可以发现,明清时期徽州与苏州乃至其他地区的家族迁徙及其文化互动具有如下特点:一、徽州家族的迁徙主要是经商的形式向外迁出,徽商尽管也大量回流到故里,但仍有不少徽商滞留在外,而这些滞留在外的徽商往往就是徽商中的精英人物,他们对苏州的经济发展和文化繁荣作出了重大贡献;二、与徽商大量外流相比,徽州由于特殊的自然环境和社会环境,外地人流入徽州的极少,因而徽州与外地之间的家族迁徙和人口流动主要表现为单向性的外流,地域间的互动主要是通过徽州人自己来实现。徽州人在促进了异地繁荣的同时,却不断地借助于资金的回流,将宗族意识输回故里,在徽州建宗祠、编宗谱、立义庄、修族墓等,从而保证了徽州社会的相对稳定和持续静止状态,进一步扩大了徽苏两地社会发展的差距。所以,在徽州与苏州的互动中,徽商的资本就像一把双刃剑,在两地各自产生了不同的效果。

正是在互动的基础上,两者之间产生了相互作用:在经济上,苏州是江南

---

① 许承尧:《歙事闲谭》卷26。

的经济中心,并孕育了资本主义萌芽;财力雄厚的徽商将巨额的商业资本汇聚到苏州,大大增强了苏州的活力。在社会发展上,苏州随着人口和经济发展,经济结构渐渐变动,承接着传统的经济优势,自发、缓慢地发生社会转型,徽商的经营活动客观上推动着苏州等地的社会转型。徽商在苏州异常活跃,获取大宗商业利润。其商业利润输回徽州,建祠堂、修族谱、置族田、办族学,却加固着徽州宗族社会的旧秩序;徽州由于宗族制度普遍存在,束缚了社会转型。在文化上,苏州和徽州都是儒学发达之地,清代又以吴学和皖学相对峙,教育、科举昌盛,人才辈出。徽商把苏州等大都市的经济文化信息和生活方式输入徽州,使徽州社会经济发生变动;同时,他们把徽州深厚的宗族制度和文化带到苏州等大都市社会,凝入经济和社会生活之中,一些徽州的精英也在苏州定居下来。

而两地整合的最高层次就是文化上的相互认知。苏州在徽州人的心目中是美好的,"沈归愚《国朝诗别裁集》选歙人诗,⋯⋯其论吴茵次诗则赏其《虎丘酒楼》句:'七里水环花市绿,一楼山向酒人青。'谓'写山塘风景如画'。"[①]不仅有虎丘、山塘的如画风景,苏州还是徽州人的淘金地。徽州人在苏州经商,以儒商自居,讲究以义取利的长久之道,但良莠不齐,不免有欺诈和刻薄的行为,引起苏州人的反感。所以徽商力图改变苏州人对徽州人的认知。士大夫是社会舆论的中心,徽商在苏州十分注重与士的交游。歙县潘之恒,经商苏州,"以文名交天下士"。[②] 婺源李贤,"乐与贤大夫亲,故随所在,吴士大夫咸愿与之游"。[③] 徽商与文人相交而相知,这对他们融入苏州社会和经营活动是很有好处的。徽州文人汪道昆一语道破了其中的好处,指出:"其(休宁商吴用良)出入吴会,游诸名家,购古图画尊彝,一当意而贾什倍。"[④]此外,如归有光、王世贞、王世懋兄弟、焦竑、陈子龙、冯梦祯、陈继儒、茅坤、吴伟业、钱谦益、汪琬、钱大昕辈都为徽商撰写过充满理解、又不乏褒美之辞的墓志铭。苏州人与徽州人相互的认知越深,则相互吸引力越大,造成地缘相近,人缘相亲,文化相通的格局。

(二) 中心地的整合与辐射作用: 苏州盛泽的个案

盛泽镇地处苏州吴江东南部,地理坐标东经 $120°40'$,北纬 $30°54'$。作为

---

① 《歙事闲谭》卷 12《沈归愚评歙人诗》。
② (明)汤显祖:《汤显祖集》卷四十一《有明处士潘仲公暨吴孺人合葬志铭》。
③ 《明清徽商资料选编》第 168 页。
④ 《太函集》卷五十二《明故太学生吴用良墓志铭》。

一个市镇聚落,它在行政区划上隶属于苏州吴江县;在区域经济关系上是江南蚕桑丝织业专业市镇群中的重要一员;从整体性区位意义来说,它又居于具有深厚经济社会文化积淀的江南核心区域之列。

16世纪前后,全国各地商品化作物种植的专门化与地域分工皆呈现出日益明确的趋势。江南地区除太湖东南岸一带成为主要的蚕桑区之外,苏松一带的棉花种植也居于全国领先地位,农业结构已经由单一式转变为多元化,乃至出现了蚕桑、植棉压倒稻作的现象,这一变化还与手工业有着部分结合,在乡间兴起了丝织业与棉纺织业。显然,绝大部分丝绸与半数以上的布匹都不可能在乡间自行消费,其商品化与生产的专业化倾向日趋显著。然而,尽管蚕桑丝织业与棉纺织业可以给农户带来远胜于单一务农的收益,但人口日益稠密的江南地区因田亩面积下降,产粮区收缩等一系列因素导致了粮食供应的紧张。因此,16世纪以来,整个江南地区生丝、丝绸与棉花、棉布的对外输出与大量的粮食购入构成了对外经济交往的内在需求趋向,从而在推动了该地区商品交换的兴盛的同时,促进了区域性经济、社会、文化的整合。

这正是16世纪以来盛泽崛起的重要背景,但是作为一个身处蚕桑区却不宜农桑的小渔村兼定期集市,它的崛起又是与周边地区的整合联系在一起的,主要可以体现在以下几个方面:

首先,在技术支撑层面,盛泽丝织业的兴起源于技术的引进。"绫绸之业,宋元以前,惟郡(苏州)人为之。至明熙宣间,邑民始渐事机丝,犹往往雇郡人织挽。成弘而后,土人亦有精其业者,相沿成俗。"[1]正是在郡城苏州丝织业的辐射影响之下,盛泽这个明初的小村落才得以凭借丝织业的兴盛而迅速发展,成市升镇,富甲一方。除了苏州人"手把手"地教会盛泽、黄溪四乡农户丝织技术外,以"包头绢"为主打丝织品的双林在距盛泽近两日内的水程,因出产"濮绸"闻名天下的濮院距盛泽50里,擅织大环锦的新塍仅与盛泽相隔30里,另一个长三角区域重要的丝织业专业市镇——王江泾与盛泽只有6至7里之间,它们的丝织工艺与技术无不逐渐地被善于学习的盛泽人所吸纳。

其次,丝织业之所以能够在16世纪以后的盛泽取得迅速发展,更基于其地处长三角蚕桑区中心的优越地利。靠近原料产地的手工业布局使得盛泽四乡丝织业拥有源源不绝的生丝来源。长三角区域最大的两个偏重蚕桑业的市

---

① 乾隆《吴江县志》卷38《生业》。

镇网络——乌青与南浔、震泽分别位于盛泽 45 里、36 至 48 里的水程之内,它们的部分乡脚更与盛泽的四乡接壤,生丝供应甚至不必经过这些中心市镇的集散,而直接输入盛泽丝市。如前所述的震泽镇之乡脚开弦弓村就有航船专线直通盛泽。此外,为了求得质地上好的经纬,盛泽机户还会在新丝上市的时节前往乌青"零买经纬自织",而乌青镇上又有商贩"贸丝诣各镇,卖于机户"。① 道光年间(1821—1850),"凡江浙两省之以蚕织为业者,俱萃于是,商贾辐辏,虽弹丸之地,而繁华过他郡"。②

最后,在销售网络方面,16 世纪以来,濮院、双林、王江泾与盛泽并立为长三角区域的四大绸市,其中,濮院兴起于宋,元时已经相当兴盛;王江泾"自宋元明以来,望族聚处,蒸蒸富庶"③;以产绢闻名的双林,早在南宋已有收购纱绢的集市——绢巷;与它们相比,明初还只是个小村落的盛泽丝织业起步最晚。但由于它地处长三角中心地带,自乾隆年间盛泽新建庄面以后,吴江县内及嘉兴、湖州府县邻近市镇的丝织品均已到此上市。其中,濮院所出的濮绸就在这时开始经由盛泽转销全国。褚凤翔在其于乾隆十八年(1753)所作的《禾事杂吟》中这样写道:"濮绸新样似西绫,染作官衫见未曾,一夜北镶来盛泽,机中富贵价频增。""至嘉(庆)道(光)后,绸市渐移于江苏盛泽,而濮市乃稍稍衰息。"④双林的包头绢也因与盛泽所产相似却稍逊,而在竞争中渐落下风。因丝绸品种齐全而市易兴盛的盛泽则出现了"机户仰食于绸行,绸行仰食于商客,而开张店肆者,即胥仰食于焉"⑤的局面。清代,长期居留于镇市上的客商为了加强同乡之间的团结协作,更好地维护其在丝绸贸易中的共同利益,先后在盛泽设立了金陵、济宁、济东、山西、宁国、宁绍、徽宁共七所商业性会馆。从其馆籍来看,清前期及中期盛泽绸的营销网络以华中、华北为主,包括宁皖平原、长江沿岸、浙闽沿海、太行山两麓及长城内外,甚至部分丝绸经与海商联系紧密的山东商人与徽州商人之手远销海外。另外,随着盛泽绸市对周边各专业市镇丝织品的集散功能日益增强,原先在其四乡及周边地区经营的外籍客

---

① (清)张园真:《乌青文献》卷 3《土产》。
② 道光《吴江盛泽镇徽宁会馆缘始碑记》,苏州历史博物馆、江苏师范学院历史系、南京大学明清史研究室编:《明清苏州工商业碑刻集》,江苏人民出版社,1981 年,第 356 页。
③ 宣统《闻川志稿》序。
④ 光绪《桐乡县志》卷 7《物产》。
⑤ 乾隆《盛湖志》卷下《风俗》。

商也出现了向镇中心聚集的趋势。比如,据嘉庆年间(1796—1820)徽州府六县与宁国府旌德县商人合建徽宁会馆的碑文显示,捐输钱款者共计 55 人,不止居留盛泽镇市,更有不少来自新塍、平望、王江泾、黄家溪、谢天港、坛丘、周家溪等周边村镇。[①]

显然,在明中叶至清中叶的商品化渐进式发展阶段中,以盛泽为中心的丝织业区域正是在技术支撑、原料供应与营销网络三个层面上与周边地区进行着相互的整合并加速了自身的崛起。

到太平天国政权控制盛泽时,由于盛泽绸市未停,各邻近丝织业专业市镇的居民纷纷前往避难。"咸丰十年(1860)双林之有资者,避于盛泽",[②]他们大多为丝商,定居后形成丝行中的双林帮,成为盛泽生丝供应的重要力量;同年,"湖州逃难来者,尽至盛泽,人众比平时数倍",[③]一批湖州绸商也携资加盟盛泽绸市;"庚申(1860)之难,(王江)泾成焦土,泾之士商同时避乱迁盛(泽)者,无虑数百家",[④]原先以盛泽、王江泾为双中心的丝织业市镇网络,因后者的元气大伤,而重心渐移聚于盛泽。太平天国战争后延至 1880 年时,主要战场之一的嘉兴城,大部分仍是一片废墟,城内尚存织机约二千台,但清廷地方官吏每月要向每台收税一元,迫使大多数机户携织机迁往盛泽。当时"城内织机不满六台,均织造里子绸"。[⑤] 至 1880 年前后,通过战时与战后邻近市镇丝织业向盛泽的聚集,加上在苏州、上海等地原有丝绸销售网络的恢复,以其为中心的丝织业区域经济交往圈基本完成了近代的重新整合。至 19 世纪末叶,在吸纳了嘉兴、湖州、濮院、双林以及王江泾等城镇丝织业的大部分资金、技术与产品销路之后,盛泽迅速成长为近代长三角区域内最大的丝织业生产与销售中心。19 世纪末至 20 世纪初,盛泽"绸行大者,曰广庄……绸之行销最广者,为四川、江北、长沙、汉口等处,而以广东为大宗。行销大率皆由沪出口,绸装船逐日运往。其银钱咸汇嘉兴,由盛泽班轮船午后运至而发庄。资本稍轻之绸行,曰下院庄……专销内地"[⑥]。通过如此庞大的销售网络,盛泽及其邻近城

---

① 道光《吴江盛泽镇徽宁会馆缘始碑记》,苏州历史博物馆、江苏师范学院历史系、南京大学明清史研究室合编:《明清苏州工商业碑刻集》,江苏人民出版社,1981 年,第 356—357 页。

② 民国《双林镇志》卷 18《户口》。

③ 光绪《吴江县续志》卷 38《杂志·纪兵》。

④ 同治《盛湖志》序。

⑤ The Maritime Customs, Special Series: *Silk*, Shanghai, 1917, p. 80.

⑥ 《江苏省实业视察报告表·吴江县》,第 137 页。

镇出产的丝织品,对外销往朝鲜、南洋、印度以及欧美,对内则遍及粤闽地区、长江沿岸各口、江浙各县乃至京津一带。①

三、长三角在近代的进一步整合与扩大:南通模式的意义②

南通地处长江以北,本来并不在传统的江南地域范围之内。它的发展其实是与近代以来上海的崛起紧密联系在一起的,考察南通早期现代化的发展模式,对于我们了解以上海为中心的近代以来长三角的进一步整合与扩大有着重要的启示意义。

自近代以来,南通的早期现代化发展是近代中国地方现代化的一个理想模式,也成就了近代中国一个地方现代化的"新新世界的雏型"——南通模式,它的出现是与张謇个人的理想与作为分不开的。张謇是以"治国若治圃"、"点石成苔,皆有布置"的精神,经过近 30 年的努力,来构筑一个"新新世界的雏型"——"南通模式",也即"儒家千年王国"的现代再现。在当时满眼现代性荒漠的中国,它是一个十分引人注目的现代化"盆供"。它曾被清政府、以后又被北洋政府誉为"模范",国内外曾有不少人来南通参观,包括一些世界名人也慕名前来,比如,美国实用主义大师杜威就到过南通参观讲学。

这个"新新世界的雏型"由以下内容构成:一是以大生纱厂为核心,建立以棉纺织为主体,包括工业(冶铁、供电等)、手工(磨面、榨油、罐头等)以及交通运输、金融贸易等在内的企业;二是以通海垦牧公司为起点,建立以淮海垦殖为主体,包括大有晋、大丰、中孚等 20 余个垦殖公司和农会、水利会、棉业实验场、天生果园等在内的棉农事业;三是以通州师范为核心,建立以师范教育为主体,包括高等教育、普通中学、小学、专门技艺学校、职工学校以及幼稚园、教育馆等在内的教育机构和设施;四是以南通地方社会福利为中心内容的各类事业——医院、图书馆、博物馆、气象台、公园、残废园、育婴堂、养老院、警察传习所、伶工学社、更俗剧场、栖留所和模范监狱等;五是建立地方自治制度,即形成"乡里士夫",人人奋起,各自效力于地方,为地方做几件实事,从而建立一个"自存立,自生活,自保卫"的人民安居乐业的新村落。

---

① 周德华等:《吴江丝绸志》,江苏古籍出版社,1992 年,第 363、368—369 页。
② 南通模式整合类型可参见严翅君著《伟大的失败的英雄——张謇与南通区域早期现代化研究》,社会科学文献出版社,2006 年。

　　这样一个模式是在相对封闭的环境下逐渐形成的。以大生纱厂为例,它所依靠的就是南通的小市场。张謇在经营乡里的时候,就已经看到,在南通传统的土布生产销售过程中,专营收购运销业务的布庄也纷纷兴起,并且形成一定的市场分工。有所谓县庄,专销里下河各县;京庄,专营南京远销;关庄,则从事远销山海关外。张謇极为重视与这些花布商建立密切的联系和合作。在办大生纱厂初时,他就注意运用市场机制,通过棉商,就地购棉,就地销纱,利用当地棉花种植与农村家庭手工棉纺织业的传统优势,形成原料供需关系,使纱厂的生产经营与农村植棉业、手织业有机结合起来。特别是在纱厂资金短缺,处于生死存亡的关键时刻,张謇就是通过这些棉商,采取了"尽花纺纱,卖纱收花"的方法,维持了纱厂的生机,进而促进了纱厂的发展。通州大生纱厂等工业企业又运用市场机制,通过布商,与众多农户产生经济联系,形成产品的供需关系,农村土布生产的扩大,需要商人去开拓市场,从而,形成了南通自成体系的小循环市场。

　　不过,所谓封闭也是相对的,事实上,南通模式之所以形成,其本身就缘于以张謇为首的地方绅商对西方文明的接触以及上海对南通区域经济辐射的影响。上海的辐射作用对于长三角地区的近代城市化至关重要。近代以来,大量的外国进口商品、上海本地的产品,以后又发展到上海的资金、优秀的人才、先进的技术、信息等,源源不断地向附近的第二市场体系传递、渗入、扩散,成为这些城市发展的主要外部推动力。这些城镇与上海之间在资金融通、科技传播、商品产销和人员往来等方面,逐渐建立起较为密切的互动关系。南通与上海之间的互动和整合关系也随着南通现代化的发展逐渐强化。

　　这种整合表现在以下几个方面:首先,张謇充分注意到上海作为中心城市,在资金集聚、技术传播、人才引进、内外贸易渠道等方面所拥有的无可替代的优势,十分重视利用和发挥这些优势,用以催生和推动他在南通诸多近代企业的创办和经营,取得显著成效,充分发展南通区位现代化的优势,又与上海进行区域间的开放性的整合;其次,南通与上海之间经济的交流和互动,也促进了两地之间人员的流动,如大生纱厂建厂初期的劳动力,绝大部分来自附近的农村,而技术骨干则主要招自上海;最终,两地互动的结果就是进一步从各个方面加强了区域间的整合,一个突出的例子就是由于大生系统企业均与上海有着密切的联系,因此直接促动张謇创办了南通与上海之间的近代航运企业,方便了两地的交通,为南通进一步加强与上海的联系,融入江南的长三角地区提供了更加便利的条件。

总之,尽管南通模式原有基础极其薄弱,而且是在一个相对封闭的地域自身产生的现代化,但由于这场运动的领导人张謇个人的经历以及西方文明对他的影响,这一模式具有了整体推进、协调发展的作用,呈现出起步早、起点高、发展速度快等特点。同时也使得南通区域现代化的发展呈现出与其他地区的经济社会互动和开放的特征。南通区域现代化在形成了一个次级中心地后,逐渐向周边地区扩展和渗透,并不断加强了与沿海中心地上海的联系,使两地在经济上成为一体,文化也相互联通。同时,近代上海在成为全国经济贸易中心地以后,使近在咫尺的南通受到其强大的经济辐射。上海与南通区域经济社会之间的整合发展,使得地处江北的南通成为长三角区域的一个重要组成部分,应该可以被看作是近代以来长三角整合的一个典型。

四、区域一体化:改革开放以来长三角的整合与发展

可以说,经过 16 世纪以来的内部整合与外部开放,到 20 世纪初,以上海为中心,长三角的核心区域已经基本成型,但由于种种原因,此后却被中断。新一轮的整合开始于改革开放,尤其是上世纪 90 年代。当时上海明确提出了大都市圈概念,认为上海的发展必须要融入到长江三角洲经济一体化的战略当中去,在整体的发展中,进一步明确自身的定位,以更加开放的心态与上海以外的城市,特别是长三角地区的城市合作,加速经济发展。在这一轮一体化过程中,上海明确了城市定位,即要成为国际经济、贸易、金融以及航运中心,成为亚洲经济中心城市。

在这样的目标下,上海作为长三角的龙头,加大了对该地区经济发展的辐射力。而就长三角周边城市来说,也加快了与上海的对接,长三角内部的共同市场正在逐渐形成。一体化的共同市场的形成是区域经济社会一体化的重要基础。推动长三角一体化的主体力量是市场,是企业,是长三角区域内具有独立市场主体地位的各类市场法人和自然人,各市场主体之间多维度、多层面的广泛的市场交易和经济合作是构成一体化的主要内容。而包括外资、民资在内的各类资本的进入更是加快了共同市场的形成,因为,资本的进入完全是一种市场化选择,完全遵循市场规则,由此便可带动长三角地区的有效整合,也抵消了行政区经济对资源跨区域配置的阻碍力量,加快推动了区域一体化发展。

内部的整合同样还有赖于交通、信息网络的形成。如上述南通模式中,张謇在南通自身经济发展的基础上,积极谋求将其融入以上海为中心的长三角地区,其重要措施之一就是出资开辟两地的航线。而在现代化的条件下,交通的作用显得尤其重要。

我们看到,近年来在江浙沪皖四省市政府的推动下,长三角区域重大基础设施建设取得了突破性进展,使长三角各地区的区位条件均质化程度越来越高。如宁波在长三角中原来处于边缘,而跨海大桥的建设使之一步跨入了核心区域。目前,上海国际航运中心、杭州湾跨海大桥、苏通大桥和沪崇苏越江大通道等项目已建成。同时,区域内一个纵横交错、通江达海的现代化快速交通网,已把"长三角"中心城市、中等城市以及小城镇全部纳入"3小时都市圈"。交通上的一体化把更多的城市纳入长三角。可以预见,在不久的将来,作为中国目前最具发展潜力的地区,长江三角洲必将成为一个产业布局合理、市场高度开放、信息资源共享、交通设施完备、人才资源充沛同时又有共同经济理念和一定制度保障的区域经济共同体,这样的一个经济实体将成为中国最具国际竞争力的区域。

结语

站在21世纪的门槛内,回望16世纪以来长三角经济社会的整合与发展,其势凡有三变:明代中后期,当着国内商品经济的发展,以长江为纽带,江南内部的东西向互动愈益发展,成就了长三角历史上的第一次内部整合与对外开放时代的到来。具体而言,以苏州为中心,以海商为中介,一方面通过整合其周边地区,向四周产生辐射效应,以盛泽为代表的市镇在技术支撑、原料供应与营销网络等各个层面上与周边地区进行着相互的整合并加速了自身的崛起;另一方面其边缘地区如徽州亦与中心地带发生整合作用,苏州与徽州的整合,造成江南"无徽不成镇"的格局,徽商在苏州以及江南市镇造成一个由坐贾、行商与海商所构成的商业网络。这一网络带动了江南内部平原与山地的互动,带动了江南与大海的互动,同时也就与十六世纪形成的世界市场联系在一起了。

到了近代,随着上海时代的到来,上海取代苏州,成为了长三角的中心城市,宣告了一个时代的结束和另一个时代的揭幕。随着大机器时代的来临,与传统时代苏州城市所具有的内敛性格相比,近代的上海无疑更加具有开放性,也具有更大的辐射能力。这时的苏州无论是在经济上还是文化上都已经成为了上海的腹地,也接受上海的刺激与诱导。更重要的是,随着中心城市辐射能力的增强,一些本来不属于这一区域的城市也开始心向往之,地处江北的南通正是在以张謇为代表的本地士人的领导下,通过自身的发展,"归附"到了长三角的旗帜下。

毫无疑问,改革开放以来,特别是上世纪 90 年代以来的长三角是 16 世纪以后最具活力的,随着世界经济发展进入一体化时期,经济全球化成为了不可逆转的大趋势。因应着这样一个趋势,长三角内部的整合与外部的开放进入了一个全新的阶段,在共同市场的建设、大交通架构的搭建等方面都达到了前所未有的高度,正因为如此,也变得更加具有吸引力了。进入 21 世纪以来,不断有城市申请加入长三角,其城市数量占到全国的 10%,除了有三个特大城市上海、南京和杭州,还有江苏的苏州、无锡、常州、南通、盐城、扬州、镇江、泰州,浙江的宁波、嘉兴、湖州、绍兴、金华、舟山、台州,安徽的合肥、芜湖、马鞍山、铜陵、安庆、滁州、池州、宣城等中小城市。长三角与周边地区的边界正变得逐渐模糊,一个"泛长三角"的时代正在来临。

以上三个阶段大致可以用来描述 16 世纪以来长三角地区社会经济整合的情况,而在这一过程中又形成了数种不同的整合模式,我们举出了其中的三类加以分析,即以盛泽为代表的中心地本身的整合与辐射,以徽州为代表的边缘向中心的整合,以及近代以南通为代表的主动将自身整合入长三角的例子。

当然,以上三种模式并不能全然覆盖 16 世纪以来长三角内部整合的全部类型,但是由此却无疑可以管窥数个世纪中长三角发展所具备的一些特征。我们认为,这些特征中有两点是最重要的:

一就是长三角内部网络的形成与整合。16 世纪时,长三角内部以长江、运河为纽带形成了若干重要的商道,将各个小区域紧密地结合在一起,在此基础上,内部的商业贸易活动又进一步加强了这种联系。近代以来,以上海为中心,这种内部的网络结构显得更加清晰可见。到如今,其载体又有了新的变化,除了城际高铁、高速公路,又有了信息网络的加入,除了传统的整合,又有了新的一体化概念的引入。

二是对外的开放。纵观 16 世纪以来长三角历史发展的几个阶段,每一个阶段内部的整合其实都与对外的开放是紧密结合在一起的。晚明时期,广阔的海外市场为江南经济的发展创造了条件,但是在官方海禁的历史条件下,只有靠走私贸易,才使得江南的生产与世界市场发生了联系,这是一种偷偷的开放。而近代以来,列强的坚船利炮轰开了中国的大门,上海成为了长三角的中心,实行对外开放,成为了近代中国最大的对外贸易中心城市,也因此有足够的能力来整合周边的城市,实现长三角地区新的发展,不过这样的开放还只是一种被动而无奈的开放。只有最近的一次,才是真正自主的对外开放,建立在主动开放基础上的长三角地区必将能够实现新的飞跃。

最后必须指出的是,长三角的整合是经济社会整合与文化整合相随并行的。传统时代,吴文化是江南文化的主体,它是泰伯奔吴,带来的中原文明,与本地文明杂交而生成的,本身就是黄河文明与长江文明的结晶,因此天然地具有一种内在的、自觉的开放意识。在春秋时代,吴文化又带有一种粗犷的个性,经过六朝唐宋时代的浸染,变得愈益精致,至晚明以后臻于鼎盛。当时的苏州就是吴文化浸润而成的结晶品。这样一种精致的文化,代表了时代文化的最高成就,因此自然也是人们争相效仿的对象,文化的吸引力是当时长三角内部整合的重要动力之一。

不过,这样一种精致的文化,在根子上却同样难以摆脱明清以来中国文化整体过于内敛的个性,进入近代社会以后,它显然已经不合时宜,于是所谓海派文化应声而起。所谓海派文化其实是以吴文化为根,中西交融的新文化形态。近代上海是中国的主要文化中心和东西方文化交流中心,也是长三角的文化轴心,海派文化就是以上海为核心、长三角其他主要城市为重要支撑点的文化。其形成事实上也包涵了长三角各个城市之间的互动与文化的相互输出。与传统的吴文化相比,海派文化无疑更多了一些务实与灵动的特征。

改革开放特别是上世纪 90 年代以来,海派文化又获得了新生。在新的历史条件下,这种文化的形式、内涵、实质等均已发生了很大变化。一方面它传承了自吴文化与百年海派文化以来的开放性格,但它的主动性更强,强调在改造和创新的基础上接受外来文化;另一方面,在开放的基础上,它也继承了吴文化强调精致、闲适的品格,以人为本,努力实践人性化的回归。

"青山一道同云雨,明月何曾是两乡",这样一种精致而开放的文化已经不仅仅是苏州的文化、江南的文化,也不仅仅是上海的文化,它必将成为长三角内部的共同文化,在长三角的一体化过程中发挥更大的作用,也将为中国乃至世界文化发展大放异彩。

从江南到长三角,始终贯穿着经济社会与文化的整合。江南或长三角的强劲生命力,正是体现在这个整合的过程中。长三角多元文化的一体化趋向以及一体化下的多元差异性,正是文化整合与发展的动力机制,必将伴随现代化的全过程。

From Jiangnan to the Yangzi Delta: The Integration and Development of Economy and Society in Jiangnan since the Sixteenth Century

Tang Lixing

Abstract: In mainland China today, the Yangzi Delta area is undoubtedly one of the most developed regions, economically, socially, and culturally. Administratively, the region belongs to four provinces, Jiangsu, Zhejiang, Shanghai, and Anhui, but its subregions had long been mutually connected and integrated. This was particularly true since the sixteenth century with the rise of a world market and the development of overseas trade. Consequently, the social and cultural integration immensely accelerated. Such an integration was completed in several stages, leading to the making of the unique characters and advantages of the Yangzi Delta. In retrospect, the formation and development of the Yangzi Delta has been a natural historical process. An analysis of the process of and factors behind such a historical transformation would undoubtedly contribute to breaking the artificially drawn boundaries among various administrative zones and a full integration of the Yangzi Delta's society and economy, with Shanghai being its center.

Keywords: Jiangnan; Yangzi Delta; socio-economy; culture; integration

作者简介:唐力行,上海师范大学人文与传播学院教授。

唐五代江南史研究的若干问题

张剑光

摘　要：文章对唐五代江南史研究中五个基本问题进行了探索。唐五代直至宋初，"江南"从一个方位概念，渐渐与行政区划结合起来，形成了三个宽狭不同的概念层次，所指地区有越来越小的趋势，而将江南指向两浙地区，已为更多人认同和接受。秦汉时期江南社会风俗尚武艺，但到唐五代改变为尚文崇儒，转变原因与大量北方士人南迁带来的讲礼仪、重教育和科举、信宗教等风气有很大的关系。安史之乱后国家财赋重心南移所具备的条件是玄宗时期江南经济的发展，具体表现为江南人口增加快速；修建了一些水利工程，特别是海塘的修建对农业的影响很大；析置了数十个州县城市，为商业发展提供了市场；纺织业发展快速，布不仅生产量大而且等第较高。宋朝人将江南城市中的苏、杭比作天堂，这与苏、杭商业发达、四方物资会聚、城市规模庞大、风景优美、城市人口众多、文化繁荣，已经成为国内一流城市有密切关系。江南文明具有独特的发展轨迹，但在发展的过程中与中原文化密切相关，深受中原文化的影响，是南方传统文化和中原文化的结合体。

关键词：唐五代；江南史；经济；海塘修建；苏州；杭州

尽管唐五代江南史一些基础问题的探索取得不少成果，但学术界对江南历史的思考仍在继续，并不断推进。前不久，一位先生向我提出了若干研究中他在思索的论题，希望我也能作些回应。这些内容，的确是以前我在研究中没有进行太多的思考，或者是研究中涉及了，但没有系统地作为专题提出来，因而在考虑中显得比较薄弱。今天把这几点思考写成文字进行回答，力图想解决这几个江南史研究中的问题。当然,我的思考肯定还有不够成熟的地方,只是想提出来供大家一起讨论。

一、唐代的江南有多大

安史之乱后,诗人杜甫在他乡重逢旧友李龟年,写下了《江南逢李龟年》:"岐王宅里寻常见,崔九堂前几度闻。正是江南好风景,落花时节又逢君。"李龟年是开元年间宫里的著名乐工,兄弟三人"皆有才学盛名","特承顾遇",安史乱后流落湘潭。研究杜甫诗的学者认为杜甫此诗写于天宝之后,作于潭州。① 如此看来,杜甫说的江南是指唐代中期今湖南一带。

稍后一点,诗人白居易有《忆江南词三首》,其中第二首说:"江南忆,最忆是杭州:山寺月中寻桂子,郡亭枕上看潮头。何日更重游?"第三首说:"江南忆,其次忆吴宫:吴酒一杯春竹叶,吴娃双舞醉芙蓉。早晚复相逢!"②前者指杭州,后者指苏州,白居易的江南显然是指长江下游地区。

其实唐代诗人以"江南"为题的诗歌还有很多,比如李群玉、罗隐有《江南》,于鹄、李益、储光羲有《江南曲》,张籍、杜牧有《江南春》,仔细地看一下他们的诗,发现诗人笔下的江南并不完全一致。当然诗人所指也有共同的地方,即谈论的地域都是在长江以南。实际上,就唐代而言,"江南"是一个特殊的概念,并不是固定不变的,这个概念在不断变化,因而人们的所指并不完全一样,范围有大有小。

秦汉以后,一般"江南"指今长江中游以南的地区,主要指今湖北南部和湖南全部,而长江下游的今皖南、苏南一带,因为长江大体是呈南北走向,常以"江东"著称。如周振鹤认为这一时期"江南的概念大于江东","江南其实还有江汉以南、江淮以南的含义"。③ 李伯重的观点稍有不同,他认为江南是个地理方位,"并非有明确范围的地域区划",长江以南都是江南。④ 在开皇八年诏书中,隋文帝谈到:"巴峡之下,海湄已西,江北、江南,为鬼为蜮。"⑤这里的"江南"应该是指长江中下游广大的长江以南地区。六朝定都建康,北方人称南方

---

① 萧涤非主编:《杜甫全集校注》卷二〇,人民文学出版社,2014 年,第 5993—5994 页。
② (唐)白居易:《白居易集》卷三四,中华书局,1979 年,第 775 页。
③ 周振鹤:《释江南》,《中华文史论丛》第 49 辑,上海古籍出版社,1992 年。
④ 李伯重:《简论"江南地区"的界定》,《中国社会经济史研究》1991 年第 1 期。
⑤ (唐)魏徵:《隋书》卷二《高祖纪下》,中华书局,1973 年,第 29 页。

政权为江南,长江下游自然是被作为江南的一部分。如卷四八《杨素传》谈到"江南人李稜等聚众为乱",而作乱的江南人大多在京口、晋陵、苏州一带。长江下游的长江以南部分除称为江南外,也称为江东、江左、江表。如《隋书》卷二《高祖纪下》开皇八年,文帝的诏书谈到"有陈窃据江表";卷四八《杨素传》谈到"上方图江表"。①

"江南"这个地理方位概念,到唐代成为一个具体的地区概念,被指称为固定的地域。唐太宗贞观元年(627),将天下分为十道,长江以南、岭南以北的广大地区为江南道。周振鹤认为这时的"江南"应该是最名符其实,长江以南地区全部称为江南,包括原先所称的江东地区。唐玄宗开元二十一年(733),分天下为十五道,江南道分成江南东道和江南西道、黔中道。江南东道治所在苏州,时人将其简称为江东,江南西道治所在洪州,时人将其简称为江西。中唐以后,江南西道一分为三,自西至东依次为湖南道、江南西道、宣州道。宣州道相当于今皖南地区,后改称宣歙道。江南东道也屡有分合,最后一分为三,分为浙江西道、浙江东道和福建道。杜甫诗歌所指的时期,就是唐代从盛转衰的天宝之后,因而他所用的概念,实际上是唐代前期的,江南当然包括湖南地区。就算是开元后期江南道一分为二,湖南道仍然在江南西道中,因而称其为江南是合乎当时的实际情况的。

然而,正是在唐代中后期,随着"江南"这个地理方位概念与行政区划的渐渐结合,"江南"概念的内涵在不知不觉中发生变化,人们所指的江南常有宽狭多种称法。宽者,沿用传统称法,如杜甫一样,用唐前期的江南道概念,即使在政府的一些文书中称江南,仍然包括今江西、湖南地区。唐文宗(827—840)在《令御史巡定诸道米价敕》中谈到派御史"于江南道巡察",但这个江南道却是包括了"江西、湖南、荆襄"。② 即使到了五代后期,在金陵建立的南唐,常被北方的国家称为"江南",而南唐实际控制的地盘主要是今江西、皖南和江苏淮河以南地区。唐代末年,庄布访皮日休,因故没有见到,遂"以书疏其短失",结果大家都想争着看这篇骂人的文章。皮日休的儿子皮光邺,"尝为吴越王使江南,辄问:'江表何人近文最高?'"没想到有人说最流行的是庄布赠皮日休的一

---

① (唐)魏徵:《隋书》卷二《高祖纪下》,中华书局,1973 年,第 29 页;卷四八《杨素传》,第 1282—1284 页。

② (宋)宋敏求:《唐大诏令集》卷一一一,中华书局,2008 年,第 580 页。

篇文章,"光邺大惭"。① 南唐被称为江南、江表,实际上没有使用严格意义上的行政区划概念,而是沿用了传统,长江以南皆称为江南。

也有人将"江南"专指江南西道。如天宝五年,唐玄宗在一个敕文中谈到,韦见素"巡山南东、江南、黔中、岭南等道",而另一位官员"巡淮南及江南东道",②将江南和江南东道对应,显然江南是专指江南西道。陆羽《茶经》卷下《八之出》中并列谈到浙西、浙东、江南三个概念。其时宣歙划进了浙西,因而他的江南是指今江西及以西地区,内中包括了鄂州、袁州、吉州等,江南实际上指的是江南西道,而江南东道在中唐人的眼里是两浙。一些帝王的诏书中将江南和浙西、浙东、宣歙并列。如大历元年常衮为代宗写的《命诸道平籴敕》谈到各道要设多少防秋兵,"其岭南、江南、浙西、浙东等,亦合准例",③江南就是单指江南西道。唐穆宗长庆二年派卢贞"往浙东、浙西道",李行修"往江南、宣歙等道安抚",④这里的江南与代宗敕文中所指范围完全一样。当然,人们更会将江南西道简称为江西。如懿宗咸通三年的《岭南用兵德音》中,谈到"其江陵、江西、鄂州三道,比于潭桂,徭配稍简",⑤应该是当时最常见的用法。

不过中唐以后,一个重要的变化是有很多人称的"江南"专指浙东、西和宣歙三道。如《旧唐书》卷一四《宪宗纪上》曾谈到唐宪宗元和三年"淮南、江南、江西、湖南、山南东道旱",江南和江西并列,就只能是指江南东道地区。皇甫湜谈到顾况"从韩晋公于江南为判官","入佐著作","为江南郡丞"。⑥ 韩滉于建中二年五月任镇海军节度使、浙江东西道观察等使,直至贞元三年二月卒于任上。据《新唐书·方镇表五》,建中二年时,"合浙江东西二道观察置节度使,治润州,寻赐号镇海军使",因此皇甫湜谈到的"江南"实际上是指浙东、浙西地区。宰相李德裕为浙西观察使,为亡妓谢秋娘作曲,本名《谢秋娘》,后改名为《望江南》,亦称为《梦江南》,宋人指出:"盖德裕所谓江南多指京口","大率唐人多以润州为江南"。⑦ 此处的江南就是指两浙地区。

唐代后期,江南的概念实际上并没有固定下来,有大小之分,按目前史书

① (南唐)佚名:《江南馀载》卷下,《全宋笔记》第一编第二册,大象出版社,2003 年,第 247 页。
② (宋)宋敏求:《唐大诏令集》卷一〇四《席建侯等巡行诸道敕》,中华书局,2008 年,第 533 页。
③ (宋)宋敏求:《唐大诏令集》卷一一一,中华书局,2008 年,第 580 页。
④ (宋)宋敏求:《唐大诏令集》卷一一七《遣使宣抚诸道诏》,中华书局,2008 年,第 612 页。
⑤ (宋)宋敏求:《唐大诏令集》卷一〇七《岭南用兵德音》,中华书局,2008 年,第 557 页。
⑥ (清)董诰:《全唐文》卷六八六《唐故著作左郎顾况集序》,上海古籍出版社,1990 年,第 3113 页。
⑦ (宋)卢宪:《嘉定镇江志》卷一六《郡丞》,《宋元方志丛刊》第三册,中华书局,1990 年,第 2483 页。

中的记载,既有用传统的说法,又有指江南西道,但更有指称浙东、西和宣歙三道。其中指浙东、西和宣歙为江南的虽是后起,却渐渐被人们接受,而且使用得越来越多。北宋至道三年(997)全国被分为十五路,唐代的浙东、浙西划分为两浙路,宣歙道及唐代江南西道地区划分为江南路。江南路分为东路和西路,江南东路指江宁府、宣州、歙州、江州、池州、饶州、信州、太平州等地,简称为江东路,而江南西路大体与今江西相当,简称为江西路。两浙路的地域是指今镇江以东的苏南地区,加上浙江全境。由于行政区划的变化,宋代人的"江南"概念仍然不定,有时指江南路,有时指两浙路,而一些人干脆直接称为"江浙"。当然,更多宋代人所指的"江南",渐渐移向两浙,两浙路成为江南的核心区域。

总体看,"江南"这一概念所指地区有越来越小的趋势,但唐末五代至宋初,还没有完全固定下来。不过将江南指向两浙地区,已为更多的人所认同和接受。①

二、江南社会风气是怎样转变的

江南地区自古以来社会风俗是以勇猛善战而著名。班固在《汉书·地理志下》中谈到吴地人"皆好斗,故其民至今好用剑,轻死易发"。② 此后人们一直认为"吴阻长江,旧俗轻悍","吴人轻锐,难安易动",③江南人"好剑客","好剑轻死"。南宋范成大编《吴郡志》时,发现了这个问题,说:"华谊论云:'吴有发剑之节,赵有挟色之客。'《郡国志》云:'吴俗好用剑轻死,又六朝时多斗将战士。'按诸说吴俗,盖古如此。"④不过这种局面到唐代的史书里发生了转变,谈到江南人是"俗好儒术,罕尚武艺","人尚文","吴人多儒学",⑤说明从唐代以后,江南地区的社会风气有着根本性的转变。

---

① 陈志坚在《江东还是江南——六朝隋唐的"江南"研究及反思》(《求是学刊》2018 年第 2 期)一文中认为,今天我们说的江南地区,在六朝隋唐应该采用江东一词,也可以用三吴,唐后期直到宋元时期,用浙西一词比较恰当。这是用今天的小"江南"概念,来对应六朝隋唐和宋元时期的地理位置。而实际上唐五代宋初的确已有"江南"这一专有概念,只不过这个概念有大小三种不同的指称,而今天的苏南及浙江也已经被称为江南。

② (汉)班固:《汉书》卷二八下《地理志下》,中华书局,2000 年,第 1667 页。

③ (唐)房玄龄:《晋书》卷五二《华谭传》,中华书局,1974 年,第 1450 页。

④ (宋)范成大:《吴郡志》卷二《风俗》,江苏古籍出版社,1986 年,第 8 页。

⑤ (宋)朱长文:《吴郡图经续记》卷上《风俗》,江苏古籍出版社,1999 年,第 11 页。

这种转变到底是什么原因？我认为应该和北方士人的迁入和江南学校教育的兴起有关，此外与宗教化民成俗的功能也有一定联系。

西晋以后，为躲避战乱，北方的衣冠大族纷纷南渡，将北方文化的精华和传统带到南方。江南是南迁北方人较为集中的地区之一，而且他们往往又是政权的把持者，因而在他们的影响下，江南的社会风气大有改观，风俗澄清，"道教隆洽"。如东晋余杭县令范宁"在县兴学校，养生徒，洁己修礼，志行之士莫不宗之。期年之后，风化大行。自中兴已来，崇学敦教，未有如宁者也。"① 那些在政治和经济上有较高地位的士人自然想让自己的孩子得到良好的教育，他们认识到教育的重要性，因此江南学校制度的建立就有了社会条件。士大夫阶层以崇尚礼仪相标榜，他们使社会走向"慕文儒，勤农务"的良好风气。当然，要使社会面貌改变毕竟不是一朝一夕，六朝时期的教育制度并不够完善，教育对社会风气的改变只是初步的。唐人说："逮江左草创，日不暇给，以迄宋、齐，国学时或开置，而劝课未博，建之不能十年，盖取文具而已。是时乡里莫或开馆，公卿罕通经术，朝廷大儒独学而弗肯养众，后生孤陋，拥经而无所讲习，大道之郁也久矣乎。"②

唐代，北方衣冠大量来到江南，对南方的社会礼仪规范有重要影响。如苏州是北人南迁的重要聚集地，史云："吴下全盛时，衣冠所聚，士风笃厚。"③就连唐末温州也有很多衣冠居住："隋唐阐海隅之化，而江浙尽为衣冠。"④南唐时，都城金陵士大夫更为集中。宋人云："江南当五代后，中原衣冠趣之，以故文物典礼有尚于时，故能持国完聚一方。"⑤南迁士族对社会风尚的形成作用十分明显。

唐代，江南各州县都建立起学校制度，尽管州县学的规模一般，政府并没有更多发展学校的具体措施，但教育事业发展到一定的高度，在学校教育制度、学校教学管理以及教育理念等方面，都有一定的创新意识，这些毕竟对社会风气的变化产生了较大的影响。例如苏州州学，李栖筠为浙西都团练观察

① （唐）房玄龄：《晋书》卷七五《范宁传》，中华书局，1974年，第1985页。
② （唐）李延寿：《南史》卷七一《儒林传》，中华书局，1975年，第1730页。
③ （宋）范成大：《吴郡志》卷二《风俗》，江苏古籍出版社，1986年，第13页。
④ （明）张孚敬：《嘉靖温州府志》卷一《风俗》，《天一阁藏明代方志选刊》第17册，上海古籍书店，1982年，第4页。
⑤ （宋）董逌：《广川书跋》卷一〇《李后主蚌帖》，《中国书画全书》第一册，上海书画出版社，1993年，第808页。

使时,"又增学庐",扩大规模,并延聘名师执教,河南的褚冲和吴何员等大儒从北方前来任教,将不同的学术观点带到学校,使学术争鸣和探讨有了条件。苏州州学按规定只能有学生 60 人左右,结果"远迩趋慕",学生共有数百人,是中央政府规定人数的几倍。之前,李栖筠在常州就有大办教育的举措。代宗永泰年间他任常州刺史,在夫子庙西"大起学校",估计也是扩大校舍,增招学生,①因而我们看到唐代中期的常州是"文治熠如也"。再如唐代昆山县学经县令王纲重建后,人们纷纷将自己的孩子送到学校学习,而且还"不被儒服而行莫不耻焉",不接受学校教育就会被人瞧不起。② 此外,民间私学发展较快,既有士大夫家里的家庭教学,又有个人私相传授的私学,同时在一些乡村地区有一定规模的乡学。这样的重视教育,到北宋更进一步,"时州将邑长,人人以教育为己职",③《宋会要辑稿·崇儒》二之三认为"州郡不置学者鲜矣"。如欧阳修在《丁君墓表》中说:"庆历中,诏天下大兴学校,东南多学者,而湖、杭尤盛。"丁宝臣"为教授,以其素所学问而自修于乡里者,教其徒,久而学者多所成就"。④ 大量兴办学校,使得江南人才辈出,文化素质提高,江南办学传统至宋代可以说完全建立。

重视教学的风气形成,直接提高了文人士子的文化素养,读书人在隋唐开始的科举考试中不断取得成功,如苏州、常州等地区,中进士和明经的人数特别多。苏州唐代进士及第有 50 多人,单状元就有 7 位,常州的进士、明经也有数十人。顾宏义据《文献通考》卷三二《选举考五》等材料统计出北宋时期,平江府出状元 1 人,常州府 2 人,湖州府 1 人,南宋时平江府出状元 3 人,常州府 1 人,共计 8 人。在全国共 118 位状元中,吴地占了 6.8% 左右。⑤ 教育的成功,促进了民众的文化水准普遍提高,更多的人参加科举考试,并进入官僚队伍。重文重教的风气,彻底改变了江南的社会风气,到北宋以后,江南士人几乎是人人崇尚教育,从而造成人才辈出的局面。完备的教育体系,有效地发挥了学校教育在教化育民、化民成俗方面的政治功能,同时为政府提供了大量

---

① (宋)欧阳修:《新唐书》卷一四六《李栖筠传》,中华书局,1975 年,第 4736 页。
② (清)董诰:《全唐文》卷五一九梁肃《昆山县学记》,上海古籍出版社,1990 年,第 2335—2336 页。
③ 曾枣庄、刘琳:《全宋文》(第 41 册)卷八九一,曾宏《元氏新建县学记》,上海辞书出版社,2006 年,第 319 页。
④ (宋)欧阳修:《欧阳修全集》卷二五《集贤校理丁君墓表》,中华书局,2001 年,第 391 页。
⑤ 顾宏义:《教育政策与宋代两浙教育》,湖北教育出版社,2003 年,第 225—227 页。

的官吏,有效地解决了读书人的出路问题。毫无疑问,学校制度的建立和发展,是江南社会尚文风气形成的重要因素。

江南地区自南朝以来养成了喜淫祠、好佛道的风气,宗教走进人们的日常生活,对民众文化意识的变化产生重要影响。到了唐代,江南民众更是利用神灵来消灾怯病、赐福避祸,他们希望神灵提供一个风调雨顺的生活和生产环境,来保证他们生产丰收、生意兴隆。苏州东阊门之西有泰伯庙,"每春秋节,市肆皆率其党,合牢醴祈福于三让王,多图善马、彩舆、女子以献之,非其月也无虚日"。① 这种神灵信仰,一方面是民众文化意识的一种传承,百姓为了追求精神上的寄托,向往美好生活,对众神的敬仰发自内心;另一方面,众神信仰有着浓厚的现实意义,很多供奉的神灵是以前的一些官员,他们在任期内政绩显著,为百姓做了很多好事,因此后人就纪念他们。佛教的教化功能表现十分突出,江南百姓向往佛国乐土,如佛教中的净土宗在唐宋之际渐渐把发展重心移向江南。杜牧谈到"南朝四百八十寺,多少楼台烟雨中",宋人谈到佛教流入东南,"梁武帝事佛,吴中名山胜景,多立精舍。因于陈隋,浸盛于唐"。② 佛教提倡的很多教义,满足了普通老百姓对人生的追求和向往,对江南民风民俗的改变有着一定的作用。可知,唐五代时期,宗教对民众文化意识的形成和变化产生了重要影响,江南民众常常会以自己特有的态度以及与此相适应的方式来创造各种神灵,赋予它们不同的神性,来护佑自己的生活。这种特有的宗教气息,对各种信仰的依恋,必然会影响整个社会的风气。

江南百姓重教育、广信仰的特点,表明他们好文轻武的性格特征基本形成,因此很多人做事讲究条理,遵守种种官私法规条文,安分守己,外表敦厚,内在坚强,向往美好生活,坚信通过自己的勤劳能获得幸福生活,很少想用暴力手段达到自己的目的。当安史之乱发生后,浙西地区出现了一些外来兵变形成的骚乱,而内部的民变很少,因为缺乏社会基础,江南的文化传统往往决定了人们不愿反叛政府,只愿靠自己的努力来创造美好生活。

不过,唐宋以后在江南形成重文重教风俗的同时,还有一种重商崇奢风气也在渐渐出现。唐代以后,江南地区城市商业经济繁荣,城市服务性行业蓬勃兴起,城市商业对周围的辐射力增强,城市内出现了特殊消费阶层。城市内聚

---

① (宋)李昉:《太平广记》卷二八〇引《纂异记》"刘景复"条,中华书局,1961年,第2235页。
② (宋)朱长文:《吴郡图经续记》卷中《寺院》,江苏古籍出版社,1999年,第30页。

集了很多士大夫、文人、富豪和官员,他们在城市中过起奢侈的生活。大城市中消费阶层的庞大,必然对城市经济有所要求,对社会风气产生较大影响。吕温曾云:"天宝季年,羯胡内侵,翰苑词人,播迁江浔,金陵、会稽文士成林,嗤衔争驰,声美共寻,损益褒贬,一言千金。"①应该说,这是对江南城市出现消费阶层的准确描述。江南社会相对安定,经济繁荣,为富豪文人的醉生梦死提供了优越的外部条件,因此"江外优佚,暇日多饮博",②饮酒作乐、游玩山水。如杭州是文人士子游玩的一个好去处,杭州刺史李播曾说:"吴越古今多文士,来吾郡游,登楼倚轩,莫不飘然而增思。"③即使到五代时期,广陵王父子周围仍有一大批文人在苏州玩乐饮酒。宋凌万顷《淳祐玉峰志》卷下云:"洛阳衣冠所聚,故多名园;夜市菱藕、春船绮罗,则足以见吴中游适之盛。"随着大批北方人的到来,他们将自己的爱好带到江南,江南城市内掀起了建筑园林的高潮。

　　江南地区的农业,也是商业化意识浓重。水稻等粮食作物大面积种植,培育出许多优质品种,有的纯粹是为了商品生产而种植;江南粮食贩运至全国各地,不但远距离的粮食贩运贸易相当兴盛,而且在江南本地市场的销售亦十分繁盛,一些地区的粮食缺口往往是靠市场来补充。江南种植了大量的经济作物,呈现出规模化的特征。随着江南人口的不断增多,各级市场的扩容,对农副产品的需求量增大。农业生产商品化的趋势和农产品商品化程度的不断提高,是农业生产发展的必然结果,同时对江南社会起着重大的影响,促进了江南城市经济的繁荣和地方市场的勃兴,为手工业的发展提供了充足的原料。在这种情况下,农村市场的广泛出现是一个重要信号,它是商品经济发展的基础,标明江南商品经济达到了一定的水准。集市是农村经济发展到一定程度、城乡市场联系日益加强、各地区之间商品流通趋于活跃的产物。农村集市的大量涌现是江南农村商品经济发展的结晶,它设置在县城以外的人口稠密区和交通便利处。这种自发产生的集市一般称为草市,也称野市、小市、村市、桥市等。还有一些在特殊商品出产地附近出现的市就直接以商品命名,如鱼市、桔市、茶市等。我们发现,唐代江南有明确名称的草市约20多个,主要分布在润州、常州、苏州、湖州、杭州、越州,基本上集中在江南北部,是江南经济最发

---

① (清)董诰:《全唐文》卷六三一吕温《祭座主故兵部尚书顾公文》,上海古籍出版社,1990年,第6371页。
② (宋)李昉:《太平广记》卷二五一引《抒情诗》"冯衮"条,中华书局,1961年,第1951页。
③ (唐)杜牧:《樊川文集》卷一〇《杭州新造南亭子记》,上海古籍出版社,2007年,第155页。

达的地区。农村市场的广泛出现,对唐代江南农村社会带来了较大的影响,使大量的农民自觉或不自觉地进入商品生产领域,卷入到商品生产之中。受市场商品需求的影响,为追求利润,一些农民改变了农作物的种植结构,改变了农作物的品种。一些农民直接面对市场,他们按市场的要求来调整生产计划和品种结构,以实现农产品的商品化,获得更多净收益。至两宋时期,农村市镇大量出现,而且不少市镇带有区域色彩,商品都是江南特有的纺织品和鱼盐,使农村地区商业全面繁荣起来。

从历史的传承看,自唐至宋元明,社会重文、重商的风气其实是一脉相承的,这种风气总体上并没有中断,而是一个逐渐累积的过程。唐代的重文风气改变了两汉以来的重武风尚,而宋代的重文风气随着科举名额的增加和学校的大量建立,其影响更为深刻和广泛。重商重奢的源头,应该是在唐代,但宋明时期随着城市和农村商业的发展,这一特点显得更为明显。这样的社会风气,在江南并没有中断,相反随着唐末宋代北方士大夫的不断南下,商品消费的扩大,重文和重商的风气更为加强和流行。

三、唐前期江南的经济水平有多高

唐玄宗开元天宝年间,户口大量增加,经济发展快速,社会财富大量积聚,富裕程度提高,再加上社会秩序平稳,唐朝处于发展的顶峰,人称"开天盛世"。杜甫《忆昔》对这种富足有详细的描绘,云:"忆昔开元全盛日,小邑犹藏万家室。稻米流脂粟米白,公私仓廪俱丰实。"[1]这样的一种社会殷实富足,并不是诗人的故意夸张,而是真实的社会状况。不过,我们要问的是,同时期的江南也是这样的富足?抑或是另一种状况?以往,我们一直认为江南的开发是安史之乱以后的事情,开天盛世主体是指北方经济的发展和繁荣,那么,江南的情况如何呢?

唐初,动乱之后的江南地区人口比较稀少。我们根据《旧唐书》卷四〇《地理志》、《新唐书》卷四一《地理志五》的记载,可以看到江南道各州每平方公里人口密度,依次为杭州(18.97)、润州(16.05)、常州(13.17)、湖州(11.86)、婺州(10.81),越州、睦州、苏州、括州、台州都不到 10 人,最低的台州只有

---

[1] 萧涤非主编:《杜甫全集校注》卷一一,人民文学出版社,2014 年,第 3236 页。

2.92人。①

当北方出现开天盛世时,北方的户口数达到了唐朝历史上的顶峰,而江南各州的户口数,我们发现也发生了巨大的变化,这种变化的幅度甚至超过北方。和贞观十三年相比较,至天宝元年,江南地区户增长率为381.2%,口增长率为538.3%。同期全国户增长率为195%,口增长率为312.7%。如果按人口密度来看,江南一些地区的变化更是惊人。如常州每平方公里人口增长了68.3人,润州增长了67.7人,婺州增长了56.6人,杭州增长了53.3人。每平方公里的人口达50人以上,农业基本发展需要的人口数实际上已经足够。如果超过或接近100人,大体已经满足农业精耕细作的需要。实际上江南地区在开元天宝年间,不少地区的农业生产已经告别粗放型的发展,开始向精耕细作的方式转变。江南地区人口的增加远远超过全国的平均水平,说明江南地区的农业必然是进入了一个快速的发展时期。斯波义信《宋代江南经济史研究》认为天宝年间江南人口的猛增,"应是农田水利工程建设、育种史上的技术革命以及交通的发达"等原因导致的。② 反之,人口的快速增加,必然会导致经济的向前发展。

一般认为,唐代前期的水利建设主要集中在北方,但中唐以后南方不少地区出现水利建设的高潮,水利建设的重心移到了南方。如果说这是整个唐代的大致情况,应该是没有太大的问题。但具体到每个阶段,水利建设的局面却是各具特点。

浙西和浙东在唐代共有96项水利建设工程,其中唐前期有21项。唐前期有1项时间不详,其他的20项中,主要集中在高宗武则天时期7项,玄宗时期9项。如果我们与同时期北方主要农业地区进行对比,还是可以看出一些问题的。如唐前期河南和河东地区有水利工程46项,其中高宗武则天时期为15项,玄宗时期为11项。当然,工程有大有小,并不能简单用数量来说明问题,但这些数字也可以告诉我们,高宗武则天时期,南方在渐渐兴起水利工程的建设。如果只拿开元、天宝这个时期进行比较,南方兴修的水利工程数量并不少于同时期的北方。我们可以推测,当北方水利工程建设全盛时期,南方也在快速建设。

---

① 翁俊雄:《唐初政区与人口》,北京师范大学出版社,1996年,第96页、第286页。
② [日]斯波义信:《宋代江南经济史研究》,江苏人民出版社,2001年,第383页。

　　水利建设,对农业生产的影响极其重大。海塘的修筑可以使塘内的土地免遭咸潮侵蚀,在淡水不断冲刷下,大量的农田可以种植庄稼,垦田面积越来越大。在农业的较快发展下,人口导入明显,数量增加,从事农业和渔业者生活能够得到保障。海塘对中唐以后江南农业开发意义十分重大。特别是广德年间在太湖东南地区的嘉兴屯田,出现了"嘉禾在全吴之壤最腴","嘉禾一穰,江淮为之康;嘉禾一歉,江淮为之俭"的局面,①这与海塘修筑密切相关。可以确定,中唐安史之乱后江南之所以能迅速成为国家重要的财赋之地,与玄宗年间一系列重要水利工程的修建密切相关。农业基础打在开元年间,而成效显现在广德、大历年间。

　　我们已经看到,唐代前期,江南农业生产已经有了相当高的发展水准。玄宗开元间,中原地区粮食缺口增大,江南粮食曾被大量运往北方。裴耀卿改革漕运后,三年间从江南运粮七百万石。以后崔希逸为转运使,每年转运一百八十万石。中唐以后,江南农业当然有着大步向前发展的事实,但开元天宝年间早已有了快速发展的态势。

　　开元天宝年间,江南地区的手工业也已经有较高的水平,在不少行业上颇具特色,与同时期的北方手工业相比较,已难分伯仲。

　　以丝织业为例。现有史料记载的唐前期江南丝织业资料,大都是反映开元天宝年间的状况。一是江南几乎每个州都有丝织品的生产,二是江南有 8 州生产特殊丝织品。汪籛先生认为唐代前期主要丝织品区有三个,吴越是三者之一,当然他也指出江左的丝织品工妙犹不足与河北、巴蜀地区相比。② 唐代后期,江南丝织业有更快的发展,但这种较快速发展的基础是在开元天宝年间奠定的。开天时期江南布纺织十分普及。《唐六典》卷二〇"太府卿"对"诸州庸调及折租等物应送京者"进行了分等,其中江南的调布等级如下:第一等:润州火麻;第二等:常州苎布;第三等:湖州苎布;第四等:苏州、越州、杭州苎布;第五等:衢州、婺州苎布;第七等:台州、括州、睦州、温州苎布。江南各州几乎都有布作为贡和赋。

　　《通典》卷六《食货典六·赋税下》云:"(开元二十五年令:)其江南诸州租,并回造纳布。"又云:"按天宝中天下计帐……课丁八百二十余万……约出

---

① (清)董诰:《全唐文》卷四三〇李翰《苏州嘉兴屯田纪绩碑颂》,上海古籍出版社,1990 年,第 4375 页。
② 汪籛:《隋唐时期丝产地之分布》,载《汪籛汉唐史论稿》,北京大学出版社,2017 年,第 547 页。

布郡县计四百五十余万丁,庸调输布约千三十五万余端。其租:约百九十余万丁江南郡县,折纳布约五百七十余万端。二百六十余万丁江北郡县,纳粟约五百二十余万石。"从开元二十五年开始,江南大部分州租折纳成布,转漕至北方。在天宝计帐中,江南的丁数,约占全国总丁数的23.17%,是全国纳布人数的42.2%,是全国输布总量的55.07%。从这个数据而言,开元天宝年间江南经济单就布这个手工业产品而言,在全国已经处于十分重要的地位,全国一半的布是江南制造。

不难看出,正因为有了开元盛世时南方经济的快速崛起,安史之乱后,南方经济才能有力、快速地替代北方,大量粮食运向北方,成为"国用大半"的财赋中心。所谓"辇越而衣,漕吴而食"局面的形成,[1]没有玄宗时期奠定的发展基础,中唐以后是不可能轻易地出现这样的局面的。也就是说,开天盛世时期的南方,其实已经为国家财赋重心的转移准备好了基础条件,一旦北方陷入战乱,南方在短时间内就能挺身而出,支持政府的财政。因此,安史乱后的财赋重心南移,既是偶然的,同时也是历史的必然。

开天盛世时期的江南,经济发展十分快速,经济发展水平已达到一定的高度。这是我们在谈论开天盛世及江南经济中唐以后的发展时,不能忽略的一点。

四、苏、杭为什么是天堂

唐五代时期,苏州和杭州发展较快,在全国城市中占有重要的地位,影响越来越大。唐末韦庄有《菩萨蛮》说:"人人尽说江南好,游人只合江南老。春水碧于天,画船听雨眠。"[2]唐代人不断用诗词来描绘江南自然和人文环境的优美,向往江南舒适的生活。南宋范成大《吴郡志》引时人的一句谚语,更是令人大吃一惊:"天上天堂,地下苏杭。"意思是指天上最美的是天堂,人间最美的是苏杭。南宋人的眼里,苏州和杭州是江南最美丽、繁荣与富庶的两个大城市。他们的观点,其实是有依据的。因为宋朝人另有一句谚语说:"苏湖熟,天下足。"当然几个城市相比较,范成大认为"湖固不逮苏,杭为会府,谚犹先苏后

---

① (清)董诰:《全唐文》卷六三〇吕温《故太子少保赠左仆射京兆韦府君神道碑》,上海古籍出版社,1990年,第2816页。

② (清)彭定求:《全唐诗》卷八九二,中华书局,1960年,第10075页。

杭",①苏州在杭州前,两个城市都远超其他城市。

苏州在唐五代江南城市中,是规模最大和商业经营最为活跃的城市,所谓"浙右列郡,吴郡为大,地广人庶"。② 苏州处于江南运河的中段,面临太湖,北可出海,沿长江可到内地,被称为"雄郡","东吴繁剧,首冠江淮"。③ 苏州城内商业经营十分繁盛,"复叠江山壮,平铺井邑宽。人稠过扬府,坊闹半长安"。④ 市内商人云集,"合沓臻水陆,骈阗会四方。俗繁节又喧,雨顺物亦康"。⑤ 刘禹锡当刺史时,就说苏州的赋税,"首出诸郡",⑥综合经济实力为江南各州之首。白居易也说:"当今国用,多出江南,江南诸州,苏最为大。"⑦杜牧说:"钱塘于江南。繁大雅亚吴郡。"⑧意为苏州第一,杭州第二。苏州城内的人口达数十万,特别是唐后期在一般城市人口下降的情况下,苏州不降反升,大历年间进升为江南唯一的雄州。因此范成大认为"在唐时,苏之繁雄,固为浙右第一矣",⑨是江南区域内最主要的经济中心城市。

杭州位于江南运河和钱塘江、浙东运河的交汇处,"当舟车辐凑之会,是江湖冲要之津"。⑩ 唐代杭州的商业相当发达,人称"东南名郡","咽喉吴越,势雄江海","水牵卉服,陆控山夷,骈樯二十里,开肆三万室",⑪行商坐贾,热闹繁盛。中唐时期,杭州城内户数已超过一万,是个人口超过十万的大城市。杭州是沿海的一个重要港口,从福建、岭南、浙东来的商人都得通过杭州沿运河前往北方,"鱼盐大贾所来交会",是"通商旅之宝货"的重要贸易城市。⑫ 司马光感叹杭州的经济发展较快,说钱镠筑捍海石塘后,"钱塘富庶,盛于东南"。⑬ 特别是杭州在唐末五代成为吴越国的都城后,"邑屋之繁会,江山之雕丽,实江

① (宋)范成大:《吴郡志》卷五〇《杂志》,江苏古籍出版社,1986年,第660页。
② (唐)白居易:《白居易集》卷五五《张正甫苏州刺史制》,中华书局,1979年,第1154页。
③ (清)董诰:《全唐文》卷六九三元锡《苏州刺史谢上表》,上海古籍出版社,1990年,第7110页。
④ (唐)白居易:《白居易集》卷二四《齐云楼晚望》,中华书局,1979年,第550页。
⑤ (唐)韦应物:《韦江州集》卷七《登重玄寺阁》,《四部丛刊初编》本,第3B页。
⑥ (唐)刘禹锡:《刘禹锡集》卷一七《苏州举韦中丞自代状》,中华书局,1990年,第204页。
⑦ (唐)白居易:《白居易集》卷六八《苏州刺史谢上表》,中华书局,1979年,第1434页。
⑧ (唐)杜牧:《樊川文集》卷一〇《杭州新造南亭子记》,上海古籍出版社,2007年,第155页。
⑨ (宋)范成大:《吴郡志》卷五〇《杂志》,江苏古籍出版社,1986年,第660页。
⑩ (清)王昶:《金石萃编》卷一一九《镇东军墙隍庙记》,中国书店,1985年。
⑪ (清)董诰:《全唐文》卷三一六李华《杭州刺史厅壁记》,中华书局,1990年,第3206页。
⑫ (清)董诰:《全唐文》卷三三六沈亚之《杭州场壁记》,中华书局,1990年,第7604页。
⑬ (宋)司马光:《资治通鉴》卷二六七后梁太祖开平四年八月,中华书局,1956年,第8726页。

南之胜概",成为东南地区的商贸中心。宋朝王明清《玉照新志》说:"杭州在唐,繁雄不及姑苏、会稽二郡,因钱氏建国始盛。"①如果说杭州在唐后期城市发展尚不及越州,但在钱氏建都后,其繁荣绝对是超过越州,与苏州平起平坐。柳永《望海潮》说北宋初年的杭州是"东南形胜,三吴都会","烟柳画桥,风帘翠幕,参差十万人家","市列珠玑,户盈罗绮,竞豪奢"。②而欧阳修的描绘更是把杭州说成是一个东南的商业大城市:"邑屋华丽,盖十万余家,环以湖山,左右映带,而闽商海贾,风帆浪舶,出入于江涛浩渺、烟云杳霭之间,可谓盛矣。"③

从这些古人的诗文描述中可知,苏、杭两州到唐五代至宋初,是江南最发达的城市。他们的发达具体来说在这样四个方面比较明显:

一是城市的商业比较发达,四方物资会聚。苏州城内的大街小巷,到处都是前来经营的商客。刘禹锡有诗谈到:"家家竹楼临广陌,下有连樯多估客。"④五代吴越国孙承祐请人吃饭,指着桌上的盘子对客人说:"今日坐中,南之蟛蚏,北之红羊,东之虾鱼,西之粟,无不毕备,可谓富有小四海矣。"⑤这并非是夸张用语,恰恰反映出杭州城的商业供应十分繁盛。

二是城市规模庞大,风景优美。苏州城周四十二里,而杭州在唐末五代多次修筑后,城垣凡七十里,是江南最大的城市。苏州城内六十坊,河道纵横,棋盘状分布,十分规整,所谓"水道脉分棹鳞次,里闾棋布城册方"。⑥苏州附郭县吴县和长洲县各管三十坊,今六十坊名称《吴地记》都保留了下来。⑦苏、杭都是环境特别优美的城市,曾担任过两州刺史的白居易写下了很多赞美的诗。如谈到苏州:"吴中好风景,风景无朝暮。晚色万家烟,秋声八月树。"⑧谈到杭州山水,他认为江南无出其右:"知君暗数江南郡,除却余杭尽不如。"又说:"可怜风景浙东西,先数余杭次会稽。禹庙未胜天竺寺,钱湖不羡若耶溪。"⑨

---

① (宋)王明清:《玉照新志》卷五,《全宋笔记》第六编第二册,大象出版社,2013年,第207—208页。
② 唐圭璋:《全宋词》第一册柳永《望海潮》,中华书局,1965年,第39页。
③ (宋)欧阳修:《欧阳文忠公集》卷四〇《有美堂记》,《四部精要》第19册,上海古籍出版社,1992年,第14页。
④ (唐)刘禹锡:《刘禹锡集》卷二六《采菱行》,中华书局,1990年,第342页。
⑤ (宋)陶谷:《清异录》卷下《馔羞门·小四海》,《全宋笔记》第一编第二册,大象出版社,2003年,第106页。
⑥ (唐)白居易:《白居易集》卷二一《九日宴集醉题郡楼》,中华书局,1979年,第456页。
⑦ (唐)陆广微:《吴地记》,江苏古籍出版社,1999年,第101—104页。
⑧ (唐)白居易:《白居易集》卷二一,中华书局,1979年,第466页。
⑨ (唐)白居易:《白居易集》卷二三《答微之夸越州州宅》,中华书局,1979年,第502页;《答微之见寄》,第506页。

　　三是城市人口众多。吴融有诗云："姑苏碧瓦十万户,中有楼台与歌舞。"①陆广微《吴地记》记载苏州唐后期有户十四万三千多户,扣除各县的户数,苏州城内总人口推测在二十万至三十万之间。而杭州人口在成为吴越国首都后也是猛增。后周显德五年(958)四月,杭州城内曾发生过一场大火灾,"城南火延于内城,官府庐舍几尽……被火毁者凡一万七千余家"。②这场大火只是烧毁了杭州城的南部,我们推测其时杭州的实际住户最起码在三万户以上,或许会达到四万户左右,因而城市总人口约在二十至二十七万之间。

　　四是城市文化繁荣。由于大量园林修建,苏杭两州附近山水明秀,造就了城内人们游玩之风盛行。如苏州"风物雄丽,为东南之冠"。③诗人李白、杜甫、顾况、杜牧等曾驻足苏州,流连歌咏。杭州西湖是士女优游娱乐之所,"绿藤荫下铺歌席,红藕花中泊妓船",④是游乐者的天堂。城市内文化活动丰富多彩,歌舞表演深受人们喜爱。张祜谈到杭州的柘枝:"舞停歌罢鼓连催,软骨仙蛾暂起来。红罨画衫缠腕出,碧排方胯背腰来。旁收拍拍金铃摆,却踏声声锦袏摧。看著遍头香袖褶,粉屏香帕又重隈。"⑤这种西域传进的少数民族舞蹈,舞女跳时流波送盼,含情脉脉,是一种半脱衣舞。唐代城市正月十五日晚上一般都有放灯、观灯的习俗。白居易《正月十五日夜月》谈到杭州:"岁熟人心乐,朝游复夜游。春风来海上,明月在江头。灯火家家市,笙歌处处楼。无妨思帝里,不合厌杭州。"⑥而苏州的正月十五晚:"十万人家火烛光,门门开处见红妆。歌钟喧夜更漏暗,罗绮满街尘土香。"⑦家家户户灯火通明,妇女们自由出外观灯游玩,穿上漂亮的衣服,成群结队,信步游走于灯海人潮之中。

　　白居易曾说:"杭土丽且康,苏民富而庶。"⑧杭州在中唐是以风景优美著称,苏州是以经济上的富足傲立江南。杭州远胜过浙东各州:"知君暗数江南郡,除却余杭尽不如"。⑨苏、杭两城经济繁荣、歌舞升平的局面一直维持到南

①　(清)彭定求:《全唐诗》卷六八七吴融《风雨吟》,中华书局,1960年,第7901页。
②　(清)吴任臣:《十国春秋》卷八一《忠懿王世家上》,中华书局,1983年,第1157页。
③　(清)龚明之:《中吴纪闻》卷六,《全宋笔记》第三编第七册,大象出版社,2008年,第280页。
④　(唐)白居易:《白居易集》卷二三《西湖留别》,中华书局,1979年,第514页。
⑤　(清)彭定求:《全唐诗》卷五一一《观杭州柘枝》,中华书局,1960年,第5827页。
⑥　(唐)白居易:《白居易集》卷二〇,中华书局,1979年,第450页。
⑦　(清)彭定求:《全唐诗》卷四九一张萧远《观灯》,中华书局,1960年,第5554页。
⑧　(唐)白居易:《白居易集》卷二二《和〈三月三十日四十韵〉》,中华书局,1979年,第481页。
⑨　(唐)白居易:《白居易集》卷二三《答微之夸越州州宅》,中华书局,1979年,第502页。

宋,平江府仍是江南运河上的重要城市,而杭州成为南宋的都城,城市发展更上一个层次。在这种情况下,时人谈到杭州时说:"轻清秀丽,东南为甲;富兼华夷,余杭又为甲。百事繁庶,地上天宫也。"①杭州被比喻成完美的地上天宫。杭州"邑屋之繁会,江山之雕丽,实江南之胜概也"。② 谈到苏州时说:"吴下全盛时,衣冠所聚,士风笃厚","吴中自昔号繁盛,四郊无旷土,随高下悉为田"。③ 这些都是共识,是大家公认的事实。

五、江南文明是中原江南化吗

江南文明,是长江流域文明自身发展的产物。上世纪 30 年代以后,在江南多地发现了新石器时代的文化,良渚文化、崧泽文化、河姆渡文化、马家浜文化,江南文化古遗址不断被发现,以一种全新的面貌展现在世人面前。良渚文化、河姆渡文化等都说明,长江流域的文化是一种以种植水稻为主的稻作农业文化,与中原是属于两个不同类型的经济生活体。总体上,史前时代,长江流域的文化虽然也有很高的水准,但发展水平慢于中原地区。不过这一时期的文化也与其他地区的史前文化发生了频繁和密切的交流,如良渚文化受到了大汶口、龙山文化的影响,而中原地区也发现有良渚文化的遗物。

先秦时期,江南地区发展较为缓慢,人们断发文身,信鬼占卜,相传泰伯、仲雍是从中原来到江南,带来了先进的技术和思想。④ 春秋战国时期,江南先后出现吴、越两国,楚国的文化也曾传入,比起同时期的中原文化,江南的发展是落后于北方的。秦汉时期,统一国家的政治中心在北方,江南地区虽然是国家的一部分,但发展与北方有一定的差距,其时国家的基本经济区都在中原地区。六朝时期,随着北方士族及普通百姓的大量流入,江南文化以其自身的特点向前发展着。北方带到南方的先进生产技术和农业管理思想,都融入到南方的文化中。不过南方的发展自有特点,在一些社会制度和具体的措施上,南方优于北方,也常会被北方人接受。从这一点上说,唐以前江南文明并不是简单的中原江南化,而是江南文明在发展的过程中不断吸收各种文化包括北方

---

① (宋)陶谷:《清异录》卷上,《全宋笔记》第一编第二册,大象出版社,2003 年,第 17 页。

② (宋)薛居正:《旧五代史》卷一三三《世袭列传二》,中华书局,1974 年,第 1771 页。

③ (宋)范成大:《吴郡志》卷二《风俗》,江苏古籍出版社,1986 年,第 13 页。

④ 可参拙文:《从模糊到生动:历史文献记载中的仲雍形象》,原载《江南文化新探》,《江南风》杂志社 2009 年,后收入《唐代经济与社会研究》,上海交通大学出版社,2013 年,第 298—310 页。

中原文化的结果。

隋朝统一南朝后,随着有意识地消灭南北差异,江南文化与北方的差距在不断缩小。江南经济在唐前期发展很迅速,但总体实力不如北方。中原安史之乱后,唐政府努力将江南打造为国家的财赋中心,随着北人的南迁,北方精耕细作集约化式的农生生产方式传到了南方,同时大力开垦荒地,使江南在国家财赋中的地位举足轻重。就隋唐时期而言,唐前期北方经济发展较快,江南虽也有不小发展,但速度尚不及北方。中唐安史之乱以后,南方敞开胸怀接受了北方的生产技术和生产要求,而其时北方的发展几乎停滞不前,从这一点上说,接受了北方思想的江南地区,在中唐以后发展变快,成为国家的经济命脉。

五代吴越和吴、南唐时期,江南地区不但接受北方中原文化的影响,还同时接受外国和其他少数民族文化的融入。海上丝绸之路的畅通,日本、朝鲜半岛、东南亚乃至非洲和中亚等一些国家,都与江南有着密切的商贸关系,同时又不断输出他们的文化,在江南产生一定的影响。一些北方的少数民族,如契丹等,越过北方的中原政权,与江南保持着密切的联系。

北宋时期,江南在国家中的地位越来越重要,成为经济较为发达的地区。尤其北宋灭亡,大量的北人南逃,很多士大夫都紧跟着皇室来了杭州附近,在嘉兴、松江、苏州等地纷纷定居,他们将北方的生活方式带到南方,与南方传统相结合,将南北文化融合,创造出了新的江南文化。很多望族世代在江南地区居住,具有相当高的社会地位。比如松江府,大量的北人前来后,社会风气为之一变。南宋魏了翁说:"吴中族姓人物之盛,自东汉以来,有闻于时。逮魏晋而后,彬彬辈出。……而居华亭者为尤著。盖其地负海忧江,平畴沃野,生民之资用饶衍,得以毕力于所当事,故士奋于学,民兴于仁,代生人才,以给时须。"①就是说,华亭地区历来就是士人大族居住的地方,由于这里经济比较发达,所以华亭士大夫最主要的特点是"奋于学,兴于仁",刻苦学习,讲究仁义诚信,最后出了大量的人才,为社会作出了巨大的贡献。南来的士大夫大量修筑具有文化意境的园林,玩赏水香、烟光,把酒弄诗,悠闲自得。宋元时期来到江南地区的官宦士子数量增多,他们不但对周围环境产生了言传身教的影响,而且很多士大夫意识到教育对一个地区文化发展的重要性,因而尽力协助官方

---

① (宋)杨潜:《绍熙云间志》续入引《华亭县建学记》,《上海府县旧志丛书·松江县卷》,上海古籍出版社 2011 年,第 71 页。

兴办学校,传播文化知识。大族世家一般都从小培养子弟读书,走科举登第的道路,从而进入仕途,实现自己的政治理想。南宋末年至元初,仍有部分士人望族南迁,寻找生活的新机会。

从这些方面而言,江南文化是有独特的发展轨迹,与中原文化并不完全一致,但江南文化在前进的过程中与北方的中原文化密切相关,江南文化深受中原的影响。江南文化中的核心部分实际上就是南方传统文化和中原文化的结合体。

Some Studies of the History of Jiangnan in Tang and Five Dynasties

Zhang Jianguang

Abstract: The article explores five basic problems in the study of history of Jiangnan in Tang and Five Dynasties. From Tang and Five Dynasties to early Song Dynasty, "Jiangnan" from a concept of azimuth, gradually combined with the administrative division, forming three levels of concept with different width. The region referred has a growing trend of smaller. It was accepted by more people that "Jiangnan" was referred as Zhe Dong and Zhe Xi area. During the period of the Qin and Han Dynasties, the social customs of the Jiangnan still advocated the martial art, but it was changed to the Confucianism in the Tang and Five Dynasties. The reason of this change was closely connected with the attitude towards etiquette, education, imperial examinations and religion, that large number of northern scholars who moved to South China showed. After the Anshi rebellion, the condition for the southward shift of the state's wealth center was the development of the Jiangnan economy in the period of Xuanzong. The concrete performance was that the population of Jiangnan area increased rapidly; some water conservancy projects especially the construction of the seawall had a great impact on agriculture; the newly built dozens of state and county cities provided the market for commercial development; the textile industry developed rapidly, and the cloth is not only produced in large quantities but also in higher qualities. People in the Song Dynasty compared Suzhou and Hangzhou in Jiangnan area to heaven, which was closely related to the commercial development of Suzhou and Hangzhou, the gathering of resources, and the large scale of the cities. Suzhou and Hangzhou became leading cities in China with beautiful scenery, large urban population and cultural prosperity. Civilization of Jiangnan has a unique development track, but the process of development was closely influenced by the Central Plains culture. The civilization is the combination of the southern traditional culture and the Central Plains culture.

Key Words：Tang and Five Dynasties；history of Jiangnan；economy；seawall construction；Suzhou；Hangzhou

作者简介：张剑光，上海师范大学人文与传播学院教授。

革命抑或改良？

——清末民国报刊舆论中的家族问题[①]

徐茂明

摘　要：本文主要依据《晚清和民国期刊全文数据库》和《〈申报〉全文数据库》，对 20 世纪上半叶报刊媒体围绕家族改造问题而展开的讨论进行分析，旨在较为系统地厘清这一阶段我国各界对于家族改造进行讨论的历史背景、发展阶段、理论依据、改造目标与方案等等，将以往史学界对这一问题的认识由概略模糊推进到更加细致清晰的层面。

关键词：清末民国；报刊；家族；民族；国家

20 世纪上半叶，随着国家政治体制与社会文化的急剧变化，传统的家族制度也与时俱进，在新旧交织中不断演变。目前对于这一阶段家族演变的研究，主要有冯尔康的《18 世纪以来中国家族制度的现代转向》（上海人民出版社 2005 年版）和程维荣的《中国近代宗族制度》（学林出版社 2008 年版）。对于近代家族制度的演变的研究，主要关注两个方面，一是家族制度本身如何演变；二是家族制度为什么会演变（即演变的时代背景与原因）。从这两本著作来看，对于宗族制度的近代变化都有非常详细的分析，对于为什么变化也设有专章探讨，但由于当时近代报刊资料数据库尚未建立，因而很难全面系统地阅读当时报刊舆论对家族改革的讨论文章，所以相关分析也很难深入。本文在

---

① 本文为国家社科基金项目《近代苏沪地区文化世族转型研究》之阶段性成果。

梳理《晚清和民国期刊全文数据库》和《〈申报〉全文数据库》①中有关讨论"家族"和"宗族"②的文章基础之上,试图对清末民国时期有关家族改造的历史背景、发展阶段、理论依据、改革目标与方案等等作较为系统的分析。

一、历史背景与过程

近代家族(包括组织形态、伦理观念等)的演变既是家族自身发展的自然过程,同时更是与近代政治、社会、文化等转型相呼应的结果,在这个呼应的过程中,上层的知识精英与政府担当了重要的宣传与引导的角色。从 20 世纪上半叶报刊舆论对中国传统家族制度的批判、反思、赞美等文章来看,对家族制度的关注程度与重点各有不同。③

第一阶段,清末民初(1900—1920 年代),伴随着清廷"新政"、辛亥革命、五四新文化运动等事件,人们主要依据西方的进化论和政治理论,从政治体制、文化观念与民族性上,强调中国家族制度的封建性专制性,激烈地要求打倒家族制度。最有名的批判者以陈独秀、吴虞、毛泽东等人为代表。1915 年陈独秀在《东西民族根本思想之差异》一文中批评说:"西洋民族以个人为本位,东洋民族以家族为本位";"律以今日文明社会之组织,宗法制度恶果,盖有

① 上海图书馆《晚清期刊全文数据库(1933—1910)》共收录了从 1833—1910 年间出版的 300 余种期刊,27 万余篇全文;《民国期刊全文数据库(1911—1949)》收录 1911—1949 年间出版的 2 万余种期刊,1500 余万篇全文。青苹果数据中心《〈申报〉全文数据库网络版(2.0 版)》涵盖《申报》1872 年 4 月 30 日创刊至 1949 年 5 月 27 日停刊的全部报载内容。《〈申报〉全文数据库》检索"家族"获得 350 条相关信息,检索"宗族"获得 644 条相关信息。详见 http://shenbao. lib. shnu. edu. cn/outline? channelid=1888,2016 年 8 月 15 日。
② 对于"家族"与"宗族"之概念和界定标准,学界迄无定论,本文主要根据杜正胜《传统家族试论》一文的观点,即根据《丧服传》中血亲关系远近而划分"家庭"、"家族"和"宗族",家庭成员主要是指父己子三代,最广可以推到同出于祖父的人口;大功以外至缌服,共曾高之祖而不共财,算作家族;至于五服以外的同姓,虽共远祖,疏远无服,只能称为宗族。近代以来到民国时期,人们越来越多地使用"家族"的概念,这从本文检索《申报》和其他报刊数据库中"家族"与"宗族"单词出现的频率就可以知道。因此,"从结构的研究来看,家族史涵盖了家庭、家族、宗族三个层次"。(参见黄宽重、刘增贵主编《家族与社会》,中国大百科全书出版社,2005 年版,导言第 1 页、正文第 5 页。)
③ 在《晚清和民国报刊全文数据库》中,检索"宗族",共获得 67 条全文信息,分布时段为:1883—1889 年,1 条;1890—1899 年,1 条;1910—1919 年,6 条;1920—1929 年,6 条;1930—1939 年,15 条;1940—1948 年,38 条。检索"家族",获得 849 条全文信息,分布时段为:1911—1919 年,44 条;1920—1929 年,155 条;1930—1939 年,317 条;1940—1948 年,250 条。详见 http://www. cnbksy. cn/search? isAdminUser=false, 2016 年 8 月 15 日。

四焉：一曰损坏个人独立自尊之人格；一曰窒碍个人意思之自由；一曰剥夺个人法律平等之权利(如尊长卑幼同罪异罚之类)；一曰养成依赖性戕贼个人之生产力"。而且因为家族制以"感情为本位，以虚文为本位"，导致家族家庭成员之间的法律关系不明确，表面上累世同居，传为佳话，"实质黑幕潜张，而生机日促耳"。① 对家族制度有着切肤之痛的吴虞深有感触，他在 1917 年发表《家族制度为专制主义之根据》，深挖儒家家族伦理的理论来源及其政治目的，认为孔子学说的根本在于"孝"，"由事父推之事君事长，皆能忠顺，则既可扬名，又可保持禄位"，不仅如此，求忠臣于孝子之门，实在是消弭叛乱，维系专制的最好办法，所以，"儒家以孝悌二字为二千年来专制政治与家族制度联结之根干，而不可动摇"。② 1927 年 4 月，毛泽东在著名的《湖南农民运动考察报告》中指出，"由宗祠、支祠以至家长的家族系统"构成的"族权"，与政权、神权、夫权一起"代表了全部封建宗法的思想制度，是束缚中国人民特别是农民的四条极大的绳索"，因此要发动农村政治革命，发展经济，最后"完全推翻"家族势力。③

第二阶段，1930—1940 年代，在批判封建家族制度的同时，包括历史学、人类学、社会学等领域的学者开始对家族宗族制度进行学理性分析，如吕思勉的《中国宗族制度小史》(中山书局 1929 年)、陶希圣的《婚姻与家族》(商务印书馆 1934 年)、林耀华的《义序的宗族研究》(燕京大学 1935 年硕士论文)、《金翼——中国家族制度的社会学研究》(纽约 1944 年英文版、伦敦 1947 年英文版)、雷海宗《中国的家族制度》(《社会科学(北平)》1937 年第 2 卷第 4 期)、山木《家族制度与经济》(《晨报副刊》1941 年连载)、卓天奇《中国古代家族制度》(《大东亚周刊》1942 年连载)、高达观《中国家族社会的演变》(正中书局 1944 年)、费孝通《生育制度》(商务印书馆 1947 年)、潘光旦《明清两代嘉兴的望族》(商务印书馆 1947 年)等等。④ 据民国时期著名的社会学家杨堃介绍，"家族之研究在中国社会学界已成为最时髦的一个问题"。⑤ 此外，还有不少文章介绍

---

① 陈独秀：《东西民族根本思想之差异》，《青年杂志》第 1 卷第 4 号，1915 年 12 月 15 日。
② 吴虞：《家族制度为专制主义之根据论》，《新青年》第 2 卷第 6 号，1917 年 2 月 1 日。
③ 毛泽东：《毛泽东选集》第 1 卷，人民出版社，1966 年。与毛泽东同时提出"族权"概念的还有李维汉，他在《湖南革命的出路》一文中，说农民运动"动摇了族权、神权、夫权"。参阅冯尔康《18 世纪以来中国家族的现代转向》，上海人民出版社，2005 年，第 276 页。
④ 详情可参阅常建华：《二十世纪的中国宗族研究》，《历史研究》1999 年第 5 期。
⑤ 杨堃：《家族史研究批评》，《鞭策周刊》1932 年第 1 卷第 6 期，第 10—12 页。

国外的家族制度,以与中国家族制度进行对比,如彭毓炯《日本家族制度的特质》、①钱琛《日本家族制度之特征》、②高山《苏俄的家族关系》等等。

与此同时,由于抗战爆发,山河破碎,传统的家族成为抗战动员最简便的组织,国家政权和报刊舆论一反以往将家族宗族与民族对立的观点,强调"宗族"与"民族"的一致性,有人撰文《中国家族主义对世界文化的贡献》,认为家族主义"积人成家,积家成国",天然具有自治性质,"推之世界,亦无不可,各治其国,各保其民,不相侵害,岂非人类之幸福耶!"③蒋介石更是曲解孙中山的观点,将"宗族"等同于"民族"。④ 地方政府开始利用宗族组织,并在利用的过程中加以控制,国家权力对宗族的渗透与支配应该说超越了传统时代。

二、家族反思改造的视角与理论依据

清末民国对于家族反思改造的视角与理论依据,基本上分为两种:

第一,政治的视角。家族作为社会的基本组织,它与国家之间的关系,究竟是有利于国家,还是不利于国家? 家族与民族的关系,究竟是相互一致,还是相互冲突? 这一直是报刊讨论的焦点,并产生了不同的看法。激进者认为,家族制度就是封建专制产生的根基,家族主义与个人主义相对立,由此影响到民族、国族的形成,所以必须彻底打倒;温和派认为,家族是民族的基本单位,与民族国家没有冲突,可以为民族国家所利用,只要适当加以改良就可以。

1901 年《国民报》发表的《家族政治》,言辞激烈地批判:

> 中国君上,素以一国为私产,租赋为花息,而又以国人为家奴,然惴惴焉日惧有肱其箧而攘之者,苦搜冥索,遂置家长之名,使天下幼者皆为家长所统,天下家长皆为君主所统。又表章古今学说之便于己者,又谓善事家长者为孝,善事君主者为忠,忠与孝,天下至美之名也。有忠孝之人,则给以匾额,旌以石坊,为君主者,乃可安享其利。……独夫民贼,俱藉此智,张其罗而穴其隧,天下之人,日为其说玩于股掌之上,曾不自悟,问其何以应忠? 何以应孝? 忠孝何美? 不忠不孝何恶? 亦茫然不解。徐答之

① 《绸缪》3.3,第 86—93 页,1936 年。
② 《日本评论》1941 年第 2 卷第 4 期,119—124 页。
③ 《艺林月刊》1941 年第 115 期,第 15 页。
④ 《总裁论宗族与民族》,《中央周刊》1943 年第 5 卷第 42 期,第 12 页。

曰:"圣人之训也。"呜呼! 可叹矣。故人谓中国为专制政体者,犹溢美也。①

1903 年《童子世界》发表的《家族改革论》:

> 二十世纪之时代,为民族主义普及世界之时代,夫人而知之矣。虽然,欲达民族之主义,必先革专制之政体,欲革专制之政体,必先由地方之自治,欲地方之自治,必先由家族之改革。盖国也者,合千万家族而成,而一家族即国之积分中之一分子也,不有家族安能成国? 故于形式上观之,家族若为国之分子,而于实际上观之,实为国之分母。今日中国兴亡大问题,在于家族之改良与否。我中国之志士,往往蹙蹙然欲行民族之主义,而不知加意于家族之改革,吾窃悲其志之见沮,事之难成,行之未得其道矣。曾子曰:"欲治其国,必先齐其家。"改革社会,必先改革家族之谓也。②

事实上,在清末戊戌维新之前,中国人除了"天下"的概念外,还没有现代政治与文化共同体意义上的民族概念。③ 孙中山曾告诫说:"中国的人,只有家族和宗教的团体,没有民族的精神,所以虽有四万万人结合成一个中国,实在是一片散沙,弄得今日是世界上最贫弱的国家,处国际中最低下的地位。人为刀俎,我为鱼肉,我们的地位在此时最为危机,如果再不留心提倡民族主义,结合四万万人成一个坚固的民族,中国便有亡国灭种之忧!"④1933 年,罗怀庚在"民族五讲"中依然批评说:"考中国向日之政俗,以摧残民气锢闭民智为唯一策略,积之日久,遂深根而固蒂,林林总总,日奔竞于八口之生计,不解民族为何物,更无观念之存在。在彼颂法孔孟与夫置身仕版者对于'民族'两字亦

① 《家族政治》,《国民报》1901 年第 1 卷第 3 期,第 15 页。
② 瑞香:《家族改革论》,《童子世界》1903 年第 33 期。
③ 根据黄兴涛研究,甲午战争以前,国内使用次数有限的"民族"一词,多没有突破泛指"民之族类"的局限;1906 年 11 月 15 日《时务报》刊登的日本汉学家的译文《土耳其论》,可以看做日本现代"民族"概念在中国正式传播之嚆矢;戊戌维新以后,比较完整意义上的民族主义才开始在中国传播;1902 年以后,在梁启超等人的倡导之下,"中华民族"的概念逐渐形成。(详见黄兴涛《重塑中华——近代中国"中华民族"观念研究》,北京师范大学出版社,2017 年,第 54—67 页。)
④ 《总理遗教》,《劳动周刊》1931 年第 1 卷第 1 期,第 9 页。

从未梦见。廿余年前,有谈及民族者,或掩耳而走,或瞪目不对,若犯大禁。虽改革以来,昌言民族主义,用图恢复旧观,无如积重难返,况晓然于民族原理者固有许多,而茫然于民族真谛者正复不尠。"①

第二,文化的视角。主要从东西文化的差异来分析,清末民初报刊将中国称之为"宗族社会",主要也是根据西方学者的看法,而对家族制度批判的理论依据也主要是西方的进化论,并以西方的政治文化体制与家庭模式、生活观念作为参照。

如 1903 年《湖北学生界》:

> 吾闻西方之学者,曰"支那者一家族之社会也"。吾尝纵观历史,遍察内地,未尝不引西人之言以自悲,吾国人国家思想之薄弱,何则? 非层层牵制之家族为之造出恶因,而后得此结果哉! 然为支那人者,既投身于此家族社会中,则家族实为其性质之源泉。②

中国学者的西学知识除了直接翻译自西方理论(如 1903 年严复译《社会通诠》)外,还有的是间接从日本转译而来,但追根溯源的话,还是西方的理论。日本传统的家族组织虽然不同于中国宗族组织,但其家族的许多弊端却是与中国的家族问题相似,而且经过明治维新之后,日本家族制度与文化的改造获得很大的成功,因此也更加激发了中国人模仿学习的信心。1911 年从日本《法学志林》翻译的五来欣造所著《家族制度与个人制度之得失》,其中与中国当时的国情多有切合:

> 人类为社交的动物,亚理士多得所唱为哲学第一之原理,而近世社会学者所公认也。盖人类社交的关系,第一步演进即为家族结合,推之至于社会国家,皆由个人成之,而集合各家族以为国民社会团结之单位,则家族是也。故家族组织之良否,即为其社会组织之良否,国家之发达生存,个人之安宁幸福,无不源于此。……

---

① 罗怀庚:《欲恢复民族主义,必有团体,欲结合团体,必先有基础,宗族与家乡,则结合团体之基础也》,《河北建设公报》1933 年第 5 卷第 8 期,第 42—43 页。

② 《黄梨州之家族》,《湖北学生界》1903 年第 5 期。

家族制度虽美，而不得谓为全美也，今列举其弊害之一斑，而于维新后输入个人主义制度，果已如何渐矫其缺失者详言之。

（一）家族制之精神，在于幼从其长，人必以家为根据也，其结果每失独立之精神，且轻视个人之价值。推其流弊，将举社会不知人权为何物与独立精神之可尊，屈从猥琐，侠气且归于无用。……

（二）家族制家长权甚大而不许个人良心之独立，父兄常干涉子弟之意见。一由于子弟之依赖心盛，一由于压制之已成习惯也。……

（三）阶级之思想与职业之世袭，亦家族制之结果也。……

（四）男尊女卑，亦家族制之结果也。……维新后虽已改一部分之弊风，大致尚沿此习惯也。

（五）一夫多妻之风，则不仅由于男尊女卑，乃家族制直接所生之弊，以重家故，防其断绝，势必谋繁衍其子孙，故夫人七出之条，无子可去。其妻无子，因而蓄妾，固自然之趋势也。若个人主义，则结婚之目的，全为人生之幸福，非为举子。为己故结婚，非为家而结婚，故虽无子，岂肯牺牲其人生之爱与幸福，以为一夫多妻之非偶乎。

（六）养子之制，亦惟家族制之自然之结果，……

（七）家族主义所以为道德之根本者在于亲子关系，个人主义所以为道德之根本者在于夫妇关系，故于婚姻关系之家族制不能圆满者固非得已。……

（八）……家族制所谓道德的关系，始于父子间，故彼等亲族相爱之情甚切，恋其祖宗丘墓之心亦因之而深，一旦去其故国，感喟横生，此即不适于为殖民的国民，而不可望其为国民的膨胀之原因也。……

（九）谓我国社会缺乏公德者，近来之公论也。公德者，为对社会公众之道德，而此种道德，与个人之对国对家，实全然区别。何则？爱国及思家心，我国古来即已发达，故所为（谓）公德，实即一个人对于社会各个人之道德。然家族主义知重其国或家之团体，而不知重个人，故因对于各个人，虽少有义务之感念，未见公德之发达，盖出于不得已也。且在家族制，社会之单位家而已，个人制则在个人。故前者之社交，仅发达于亲族家族间，后者之社交，其发达则及于全体。且前者社会上见家族亲族各团体之分据，后者则社会全体有公共心之疏通也。……

（十）在家族主义，不认个人之价值，不知重视其意思与所信，故因此主义成为固定的社会，实具有最危险之性质。彼观支那，固为家族主义制裁社会之最大之国，彼等于改其旧惯旧思想，最觉困难，即间有卓越之士，力谋改良，然普通社会，非鄙弃欧风，即安于沿习辫发缠足之陋习，今终未改，然则新思想虽输入，亦仍相率于昏睡之中而后已。彼中非尽无人，类为社会所蹂躏而不与以有为之余地。①

由此可以看出，除了日本的养子制度不同于中国之外，其他所有弊病在中国都一样存在，特别是最后一条，专门论及中国传统习惯之强大惯性，可以说是非常中肯的。也正因为如此，杂志记者特别加按语强调说："五来氏此文，为日本亲族法而发，明治三十四年刊行于《法学志林》，去今已十年。日人视之若六月菖蒲、十月黄菊矣。然返视我两都今日社会之组织，犹是家族之制度，人人只知富贵利达之可尊，而不知自由平等之足重，卑污苟且，无独立自治之精神，社会因之不进化。五来氏此文，在今日切中两都时病者，因摘录之，俾我两都人士作他山之助，知有所警焉。"②

从后来中国报刊批判家族制度的一系列文章看，论点基本上与日本五来欣造看法相似，或是在此基础上进一步引申发挥。如 1913 年寿文《亡中国者家族主义也》，批判家族主义之弊端为四点："酿成专制余毒"，"助长国民依赖性"，"减少国民爱国心"，"妨碍国家经济"。③ 1915 年陈独秀总结宗法制度的四大"恶果"是："损坏个人独立自尊之人格"、"窒碍个人意思之自由"、"剥夺个人法律平等之权利"、"养成依赖性，戕贼个人之生产力"。吴虞虽然早年就对家族制度深恶痛绝，并因此与父亲对簿公堂，但他系统批判家族制度的文章《家族制度为专制主义之根据论》④，也是在留学日本以后（1917 年）才写出的。1937 年，孙本文在《中国家族制度之特点及近时变迁之趋向与问题》中总结"中国家族制度的短处"时指出：（甲）中国家族制度容易养成人子依赖

---

① ［日］五来欣造著，云五译：《家族制度与个人制度之得失》，《四大都旅沪学会杂志》1911 年第 7 期，63—76 页。

② ［日］五来欣造著，云五译：《家族制度与个人制度之得失》，《四大都旅沪学会杂志》1911 年第 7 期，63—76 页。

③ 寿文：《亡中国者家族主义也》，《生计》1913 年第 7 期，第 1—5 页。

④ 吴虞：《家族制度为专制主义之根据论》，《新青年》1917 年第 2 卷第 6 号。

心；（乙）中国家族制度同居共财，易为冲突；（丙）中国家族制度，婚姻专制，易成怨耦。① 总之，近代报刊舆论对中国家族制度的批判反思，基本上都是在与以进化论为核心的西方文化比较的基础上展开的，这一点在陈独秀给《青年杂志》撰写的发刊词《敬告青年》一文中表达得尤为清晰，他认为"社会遵新陈代谢之道则隆盛，陈腐朽败之分子充塞社会则社会亡"，"世界进化，骎骎未有已焉。其不能善变而与之俱进，将见其不适环境之争存，而退归天然淘汰已耳！"②

三、革命抑或改良：家族改造方案的争议

20世纪上半叶，国人对家族制度的态度大致可分为两种：

第一，认为家族制度是封建专制的基础，是压在人民头上的"大山"，应该彻底推翻，陈独秀、吴虞、毛泽东等人批判家族制的文章影响最大，引用最广，已经成为许多人的看法。1923年琴庐认为："辛亥革命只改革了表面的政体，而腐败的家庭却依然照旧存在，所以才有今日的现象。今后我们如果要谋中国的进步，只是从事政治的革命，决不能达到目的，必须大家努力，从根本上向这腐败的旧家庭革命，才有效果可说。"③晏始说："在革新派的意见，以为我国社会上政治上腐败的根源，都从家族制度出发，所以要改造中国，必须推翻大家族制度，而实行欧美的小家庭制度。"④启明在《中国家族制度改革论》中批评说："家族制度有百害而无一利，国民恹恹一息，暮气日深，……推翻家族制度，而提倡个人制度，则吾最可爱之中华民国，庶其有瘳乎?"他提出的"改良家族制度之方法"包括四个方面：

（一）异居。欧美男女平权，大抵所谓家庭皆一夫一妇及未成年女子也。

（二）异财。传曰：民生在勤，勤则不匮。今日西洋各国，国力之发展，无不视经济力为标准，……

---

① 孙本文：《中国家族制度之特点及近时变迁之趋向与问题》，《东方杂志》1937年第34卷第14期，第15—25页。
② 陈独秀：《敬告青年》，《青年杂志》第1卷第1号，1915年9月15日。
③ 琴庐：《家庭革新论》，《妇女杂志》1923年第9卷9号，第3页。
④ 晏始：《家族制度崩坏的趋势》，《妇女杂志》1923年第9卷9号，第20—23页。

（三）互助。吾人生存于世，当为社会尽忠悃，此人人之所知矣。救助耶稣曰：慕义如饥渴者福矣。因其将得饱也。按耶稣教之精神，即在爱信望三字。……

（四）为妇女筹生计。欧战以还，各国男子从征于外，若工厂若商店若司机若票员若学校教习及其他职员，大都以妇女任之。①

第二，认为家族制有很多良意美法（如族内互助、族内管理等）值得继承，只要善加改良，仍然可以为当今国家和社会服务。一位大学本科三年级学生李桢枚撰文对家族制度不吝赞美，说：

论者每谓我中华素重家族主义，家族制之发达致使国家思想日以薄弱，余窃以为不然也。夫家族制，乃吾民族之精神，立国之大本也，如建宗祠，则族谊为之敦厚；订谱系，则异族不得混入；立族规，则秩序为之维系。他若义庄之设，更足以兴同族之义举，卹同族之急难。推此以讲求地方自治，必能敦睦谊而谋公益也。彼所谓国家思想之薄弱者，由于枭雄桀黠之君，以国家为私产，凡国事之措置，国势之安危，悉由主治佐治之少数人握其柄，负其责，而一切平民概不与闻，以此故，人民皆屏状帖息，第守其家族之小范围，而置国事于不问，是知国民之无国家思想，乃历代专制之咎，非家族之咎也。且吾国经数千年而不亡者，亦全赖家族制之维系耳。乡间小民以耕作为业，以游钓为生，聚族而居，朝斯夕斯，有家人骨肉之欢，有亲戚古旧之爱，咸不愿抛离乡井，随亡命之徒横行劫掠，故尚得相安于无事，异族不得乘隙侵入也，家族制之利益岂不大哉？呜呼，吾国自革命以来，家族制竟为庸竖所误解，循是以往，其不至民族灭绝也几希！②

即使是西方人，对中国家族制度也不是全盘否定。面对国人热情歌颂西方的个人主义，西方学者不以为然。劳睦贝在评论《杨沅论家族制度与个人制

① 《青年进步》第25册，第13—19页。
② 李桢枚：《吾国人民国家观念最为薄弱，论者谓由于宗族观念之重，其说然欤？》，《江苏省立第二女子师范学校校友会汇刊》1917年第5期，第1—2页。

度之利弊》时就非常中肯地指出：

> 曰个人制度与家族制度之优劣问题，盖如诸政策上之成语问题，有未可以片言一见率尔取决者。盖其要端，作者如此未深注意者，乃历史沿革及人民赋性耳。且据极端之理论，曾未能抵于实行，无论其为个人主义，固不能无所限制，毅然行去，至其为充分的家族主义而为社会主义，思举人生一切之动作，如生育鑾养营业等事，俱由公家掌理者，则尤为难行于世矣。……
>
> 虽然，于家族制度中固有可参入强度之个人自由思想，并行而不背，而窃愿中国立法者，劳持慎防，不可冒（贸）然采用泰西抽象之学说者，诚恐此等学说行之中国，或绝无效力，或反致破坏，如生破坏，则向来之礼教受其振荡矣。且目今欧美各国反对此等抽象的学说之理论，珍重家传及家庭组织之思想，亦日渐发达也。①

所以从清末新政开始就有人对家族制度提出局部改良的方案。1903 年瑞香在《家族改革论》中对家族制度改革的主要方案是："婚嫁之宜改良、早婚弊害之宜革、女子亟宜求学、丧祭制度之宜革"。②

抗战爆发后，对于宗族的作用，也形成了不同看法。有人认为："因为宗法势力的作祟，每每背道而驰，看重小我，而忽视了大我，如政治上贪污和引用私人，未能根本肃清，一切动员法令，不易望其彻底施行，社会上兵役未能踊跃入伍，民力动员自不能有其成就。我们非得将这封建残余的宗法势力粉碎，现代的民族国家，似乎没法建设成功的。"但也有人比较冷静地看出："社会的进化，由渐变而至于突变，各种条件尚未成熟，纵欲以暴力使之突变，也无法可令其进化的。只能够因势利导，以为我用，譬如治水，只可导入江河，不能障而西之，将至溃决。总理是最明白这个道理，在民族主义第五讲里说：'中国有很坚固的家族和宗族团体，中国人对于家族和宗族的观念是很深的，……由这种好观念推广出来，便可由宗族主义扩充到国族主义。我们失了的民族主义，要想恢复起来，便要有团体，便先要有小基础，彼此联合起来，才容易成功，我们中

---

① 《协和报》1913 年第 3 卷第 28 期。
② 《童子世界》1903 年第 33 期。

国可以利用的小基础就是宗族团体。'可知如能够善于利用,不但不足为害,反能够做民族运动的基础。"①

为了团结全国各族人民投入到抗战中去,蒋介石对于家族、宗族的性质,以及宗族与民族的关系也给予了新的解释。1943 年《中央周刊》发表了《总裁论宗族与民族》:

> 我们中华民国是由整个中华民族所建立的,而我们中华民族乃是联合我们汉满蒙回藏五个宗族组成一个整体的总名词。我说我们是五个宗族而不说五个民族,就是说我们都是构成中华民族的分子,像兄弟合成家庭一样。诗经上"本支百世",又说"岂伊异人,昆弟甥舅",最足以说明我们中华民族各单位融合一体的性质与关系。我们集许多家族而成为宗族,更由宗族合成为整个中华民族,诚如国父孙先生说:"结合四万万人为一个坚固的民族"。故我们只有一个中华民族,而其中各单位最恰当的名称,实在应称为宗族。②

在抗战时期,南方如江西、广东等家族组织发达地区,地方政府将基层行政组织与家族结合起来,充分发挥家族组织的作用,在依靠家族组织的同时,将国家的理念和权力渗透到家族组织中去,实质上也是变相地在改造家族组织。

1939 年,江西省主席熊式辉、教育厅长程时煃联合发布《颁发利用宗族团体举行国民月会办法令仰遵照执行》,根据《利用宗族团体举行国民月会办法》:

> 一、本办法依据国民月会办法大纲第一条丁项订立之。
> 二、凡属宗族聚居在卅人以上者,即由当地保甲长邀请该族长举行国民月会,各该保甲长应将举行手续、布置事项、需用物品(总理遗像、遗嘱、党国旗国歌〔即党歌〕、月会仪式、国民公约、誓词口号等),事先协同族长,妥为筹备,并于开会时负督导考核之责。

---

① 李一飞:《从宗族主义到民族主义》,《战地》1938 年第 3 期。
② 《总裁论宗族与民族》,《中央周刊》1943 年第 5 卷第 42 期,第 12 页。

三、各该族长应领导当地同族男女,于每月一日或十五日,利用宗祠举行国民月会一次,由族长主席,在总理及该族祖先前宣誓国民公约,并请当地士绅及知识份子讲解(国民精神总动员纲领之第五章纲目及国民公约)、报告(时事及其他有关本地生产消费风俗等),如无宗祠,得借适宜场所行之。

四、各宗祠如办有学校或住有机关,即由各该主管人员商请各该族长另订时间举行,或联合举行,免妨公务。但各该主管人员应对该族负指导督促之责,使月会能按期举行。

五、各保甲长应督促各族长,将(一)国民公约,(二)誓词及精神总动员纲领中(一)共同目标(二)救国道德(三)建国信仰(四)精神改进要目,粉制或纸写于宗祠墙壁之上,以便观览,而知举行。

六、各族长举行国民月会完毕后,应将集会经过,报告当地保甲长,填具国民月会报告,转报县动员委员会备查。①

其实,政府对于家族制度的改造和利用从来就没有停止过。明清时期如顾炎武、冯桂芬等人都曾经倡导过恢复宗法的做法,将宗族家族组织视作辅助政府地方管理的重要助手。清末新政所推行的兴学、地方自治,家族组织同样在与时俱进,建立了相应的家族自治会和族学等等。

如 1907 年的广东省:

嘉应州乡绅李旬清,以重申家法事,具禀督辕。奉批谓,地方自治,以家族为始基,洵属积小致大之义,该绅等以族内共有五千余家,组织家族自治团体,设立公所,研究法律,申明族规,为地方自治之预备,志甚可嘉,既经拟具章程,选举户主职员开办,究竟所议各节是否悉臻妥协,希广东布政司,会同学按二司,即饬嘉应州,详加覆核,分别敕遵,如需给发戳记,即由州刊发报查。②

这一做法得到时人赞赏,杂志社在刊登这一消息时鼓励说:"乡人聚族而

① 《江西省政府公报》1940 年,第 1159 期,第 48—49 页。
② 《乡绅组织家族自治会》,《振华五日大事记》1907 年第 32 期,第 41 页。

居,团体以家族组织最为便,岂惟嘉应惟然,愿有志乡绅闻风继起,则地方自治指日有成矣。"①

1910年《湖南地方自治白话报》也转载了《申报》消息《劝谕绅士举办家族自治》:

> 广东省份向来强盗最多,争斗最盛,现在制台袁海观,以为地方自治是清理地方的弊病,兴起地方的利益,然而想求地方好,就要先求家族好,怎么哩?集各人为一家,集各家为一族,集各族为一地方,家族不讲自治,地方还能自治吗?广东各处地方,烟户繁密,好歹不齐,打架强抢等事,时时出现,毫不为怪,很有碍地方的安宁,如今正讲自治,应由各地方官劝谕各地绅士,各治各家,各治各族,把家族自治筹办起来,订立规条,共同遵守,化恶为善,相习成风,补益地方,实行自治,几可收完全的功效。因此札知自治筹办处,同行各属,分别劝谕举办,我看将来一定是好的了。②

结论

本文考察的主要目标不是各地家族嬗变的历史实态,因为各地情况差异太大,不是一篇短文所能完成。本文主要是从报刊舆论的角度,厘清20世纪前半期50年左右时间内,国人对中国传统家族制的态度变化,这种变化当然主要集中于知识阶层和政府官员。他们是传统时代士绅阶层的延续,因而很自然地沿袭了传统士绅阶层对家族组织的关心,只有这些社会上层精英才有可能接触西方文化,具备反思改造家族组织的能力,可以说他们始终是家族组织的引领者。当我们在竭力挖掘地方文献,复原地方家族组织形态与变化轨迹时,整体性的报刊舆论研究则有助于分析这一阶段家族演变的趋向与特征。

---

① 《乡绅组织家族自治会》,《振华五日大事记》1907年第32期,第41页。
② 《劝谕绅士举办家族自治》,《湖南地方自治白话报》1910年第6期。

Revolution or Reform?
— Family Issues in Public Opinions of the
Press in the Late Qing Dynasty and Republic of China

Xu Maoming

Abstract: Based on *The full-text database of journals in the Late Qing Dynasty and Republic of China* and *The full-text database of Shen Bao*, the discussions about the family reform issues in the press during the first half of the twentieth century were analyzed in this paper. The purpose of this study is to systematically clarify the historical background, development stage, theoretical basis, as well as the reform objectives and plans of the discussions about family reform issues from all walks of life in our country, which will carry the understanding of the issues of past historians from the vague outlines forward to a more detailed and clear level.

Keywords: Late Qing Dynasty and Republic of China; the Press; family; nationality; nation

作者简介：徐茂明，上海师范大学人文与传播学院教授。

媒介与日常：以 20 世纪 40 年代上海 "秋海棠" 弹词版权纠纷案为例[①]

洪 煜

摘 要：20 世纪 40 年代，活跃在上海评弹曲艺界的弹词皇后范雪君因为 "秋海棠" 弹唱的版权问题与海派文人陆澹庵之间发生了诉讼事件。这一事件 引起了当时媒介的广泛关注，大小报刊媒介对此进行了全方位的追踪报道，进 而成为了一起社会 "公共事件"。本文拟从社会文化史视角，就这一事件厘清 近代上海新闻界与评弹曲艺界之间的关系，探讨大众媒介的报道立场，反映它 们之间对于这一事件的舆论推动作用。这一案例既反映了战后上海评弹艺人 的生存状态，也反映了这一时期上海新闻报刊业、职业艺人与海派文人之间的 利益共存关系。

关键词："秋海棠" 弹词版权；范雪君；陆澹庵；上海新闻界

1946 年 11 月在上海评弹界发生一起艺人与书目编者之间关于 "秋海棠" 的诉讼案，成为上海新闻界广泛关注和报道的热门话题。之所以如此，是因为 诉讼双方在当时上海评弹曲艺界的影响力，一方是 "弹词皇后" 范雪君，一方是 著名文化人士陆澹庵。这场官司的发生以及报刊媒介的舆论跟进，在其背后 有着诸多的利益关联。对于这一论题的探讨，有助于我们对于大众媒介语境 下传统艺人生存际遇以及相关方面问题的进一步了解。

---

① 本文为《评弹历史文献资料整理与研究》(14ZDB41)阶段性研究成果。

一、"秋海棠"版权纠纷案及媒介舆论的兴起

李欧梵曾提出这样的观点：中国观众的口味和欣赏习惯在很大程度上受到印刷文化——尤其是通俗小说的影响。[①] 20 世纪 40 年代上海乃至全国"秋海棠"热这一文化现象的出现，也是由《秋海棠》这一通俗小说在当时的广泛影响所造就。20 世纪 40 年代初秦瘦鸥创作长篇言情小说《秋海棠》在《申报》副刊《春秋》上连载，立刻风靡全国。该小说被称誉为"民国第一悲剧"、"民国第一言情小说"、"民国南方通俗小说的压卷之作"。随即《秋海棠》被改编为各种剧本，如 1942 年底的话剧本，在上海连演四个半月 150 余场，创造话剧界从来未有的卖座纪录。1943 年 12 月，电影版《秋海棠》成功推出，华影公司出品的《秋海棠》票房又被打破纪录。《秋海棠》小说单行本、话剧、电影、沪剧、越剧、评弹等普受欢迎。

在此情形之下，上海曲艺界也纷纷排演《秋海棠》，于是有了沪剧、越剧等《秋海棠》的搬演。而苏州评弹这一地方曲艺自晚清进入上海以来已经有了广泛的社会基础，三四十年代在上海仍风靡一时，苏州评弹的三弦琵琶成为上海都市的背景音乐，传统书目如《珍珠塔》《三笑》《落金扇》《玉蜻蜓》《双珠凤》之类，听众耳熟能详，同时，受众也特别欢迎新书目。这一情形之下，活跃在上海评弹界有着"弹词皇后"之称的范雪君希望有弹词《秋海棠》的改编书目，于是通过上海中医界名人陈存仁的引荐，上海文化士人陆澹庵着手为她改编流行的《秋海棠》书目，并约定相关条件。

据陈存仁回忆，范雪君与陆澹庵商谈此事时，陆澹庵如此答复："你要全部弹词，须等许多时日，不如我写一段你说一段，稿费不收。不过有一个条件，你白天在仙乐唱，晚上要到我兄弟办的一个大华书场来弹唱一场。"[②]

不久，范雪君携陆澹庵一曲《秋海棠》，纵横书坛，声名鹊起。

按照约定，1946 年元旦日起，范雪君即于大华书场弹唱一遍，后来经大华书场法定代理人张竹舟的同意又在仙乐书场奏唱一遍，此后赴苏州又连说二次。1946 年 10 月范雪君由苏州返回上海，未经张竹舟的同意，即在同孚、新

---

① 李欧梵：《二十世纪三四十年代上海电影的都市氛围：电影观众、电影文化及叙事传统管见》，《民国时期的上海电影与城市文化》，北京大学出版社，2011 年，第 92 页。
② 陈存仁：《抗战时代生活史》，广西师范大学出版社，2007 年，第 267 页。

仙林等书场弹唱《秋海棠》，张竹舟认为范雪君违背契约，遂予以起诉。随即，1946 年 11 月 15 日上海著名小报《诚报》第一时间以特讯的方式在第一版以醒目标题《范雪君唱秋海棠被控违约》、第四版以《范雪君被控原因》报道此纠纷的发生经过。

这就是这一起版权纠纷事件的报道之始。

另一著名小报《铁报》1946 年 11 月 16 日第三版对这一纠纷事件进行了较详细的报道，大致内容如下：

> 范雪君去岁在沪，兼隶仙乐、大华二书场，作为连说二遍，旋以提前剪书，尚缺一月有半。最近重来海上，自须补足。惟照合同所载：奏唱抽税之场址，应由大华公司指定。范氏父女既抵海上，未向该公司报到，迳隶同孚、新仙林二书场奏唱是书，致为该公司负责人张竹舟表示不满。先以个人私函分递范雪君及同孚、新仙林二书场，在尚未完全履行合同之前，应向对方征求同意方可弹唱。讵知玉山、雪君置诸不理，直至奏唱之第七日，陆澹庵赴同孚书场访范氏父女，即劝玉山、雪君先向张竹舟疏通，以求圆满解决。孰料次日玉山与竹舟治事处，因不善措词，以致闹僵。陆澹庵重视雪君之艺，仍为从中调解，结果范氏父女愿以四百万元作为尚有二遍余之弹唱税。不料玉山又于缴款时与对方闹翻，虽有人亟为双方调解，玉山态度强硬，无理可喻，只得听其自然。且向人诉述此事经过，与真相迥异，并涉及原编者陆澹庵，太使难堪。陆以所编《秋海棠》弹唱权纠纷，正由大华隆记公司循法律途径，向对方解决，不难水落石出。既与本人无关，故亦不欲多辩，此案进展或大有可观也。①

应该说这不是很复杂的一场日常合同纠纷，不过是对于相关约定的条件理解和处理方式不当而造成的误会和冲突，可以通过双方协商解决。

然而在媒介高度发达的都市上海，纠纷当事人一方范雪君是弹词界著名女艺人，另一方是上海滩著名的文士，这一纠纷事件很快引起了多方媒介的关注，于是，这一私人纠纷迅速发展成为一件轰动上海滩的公共新闻事件，进而成为大众关注和热议的话题。在《诚报》、《铁报》等媒体详细报道版

① 茶隐：《〈秋海棠〉弹唱权之纠纷》，《铁报》1946 年 11 月 16 日，第 3 版。

权纠纷事件以后,引起社会广泛关注。为澄清"事实",范雪君先声夺人,在11月18日《新闻报》上刊登醒目告白《范雪君启事》,将《秋海棠》这一版权纠纷的细节予以声明,并称陆澹庵曾先后收其伪币五百万元、法币五万元作为结束唱满《秋海棠》四遍之约定;又称最近两次接到张竹舟来书催款,经陆澹庵劝解,决定由范雪君出资二百万元以买断版权,为其今后独唱的条件等语。①

《新闻报》是近代上海闻名的大报之一,在40年代的影响力甚至超过《申报》,当时其发行量已超过20万。② 在这样有影响力的大报上刊登启事,社会影响巨大。这样的启事声明对于在上海滩具有一定社会声望的文士陆澹庵而言,无疑是一个刺激,让陆澹庵觉得有失颜面。据报道,陆澹庵阅报后勃然大怒,认为范雪君对他的说辞是"横加诬蔑"、"令人发指"的,于是在11月20日的《新闻报》上刊登了《陆澹庵启事》,对范氏父女所谓启事加以指责,并声称将对范雪君提起刑事诉讼。同时由于范雪君启事中对大华书场老板张作舟也有称其为"伪律师"之言,因而也将受到张氏的控告,除控诉范雪君违约外,还对范氏父女提起毁损名誉刑事诉讼。版权纠纷事态进一步扩大。

范雪君在得知陆澹庵启事后,也针锋相对,不甘示弱,11月22日的《新闻报》上刊登了《范雪君再度声明》,这次声明的言辞更为激烈,直至人身攻击,指责陆澹庵是"斯文扫地"。至此,"秋海棠"版权纠纷案矛盾进一步激化。陆澹庵"忍无可忍",表示不接受调解,并委派律师,即日控诉至法院。

与此同时,"秋海棠"版权纠纷事件在上海舆论界迅速发酵,各大小报媒介纷纷跟进,"秋海棠"版权纠纷案很快就在上海新闻媒介的推波助澜下影响迅速扩大,成为轰动一时的新闻事件,当事人尤其是弹词明星范雪君,也因此陷入这一风波之中。

"秋海棠"版权纠纷案由小报《诚报》首度报道而进入公共视线,新闻界迅速发酵并在各媒体间竞相报道,成为这一时段重要的新闻。《诚报》自始至终

---

① 《新闻报》1946年11月18日,第14版。
② 《新闻报的销路》,《海涛》1946年5月11日第12期,第1页。巴蛮孙:《新闻报销数研究》,《七日谈》1946年第30期,第11页。

关注和报道这一纠纷案件的进展,刊发了多篇关于此案件的发展状态的文章,①著名小报《铁报》亦如此。② 有"戏曲小报"之称的《罗宾汉》报,对于这场纠纷案也是给予了强烈关注,自 11 月 21 日至月底,先后刊登了《秋海棠之弹唱权》、《秋海棠纠纷方兴未艾》、《秋海棠连环控诉 范雪君四面楚歌》、《秋海棠作者之表示》、《范雪君被控二度调解记》等追踪报道新闻。同时,其他报刊媒介纷纷加入并发表自己的见解。《力行日报》与《铁报》同一日也报道了这一纠纷事件的缘起,③都认为范雪君违背契约在先,有损原作者及所有权人权益。上海邻近的苏州报纸《苏报》也很快跟进转登上海报纸的相关报道,对这一纠纷进行了全面的扩散报道。④ "秋海棠"纠纷案件的影响范围不断扩展。

随着媒介的广泛传播以及当事人之间的矛盾不断升级,"秋海棠"版权纠纷案影响不断扩大,并进入"白热化"阶段。据当时报道,社会上已然引起"轩然大波"。大报小报的推波助澜,将这一版权纠纷事件传播得家喻户晓,尽人皆知。如上海著名大报《申报》1946 年 11 月 23 日第 6 版刊登了本报讯《弹唱秋海棠范雪君被控》具体介绍了该案发生经过。《中华时报》1946 年 11 月 23 日刊登《范雪君打〈秋海棠〉官司》、《中外影讯》1946 年第 37 期第 10 页刊登《秋海棠处处开》及时报道了这一"秋海棠"案件的发生情况,布告大众。《星光》1946 年 12 月 1 日第四版刊登《范雪君与陆澹庵之争》一文,报道女弹词家范雪君与文士陆澹庵秋海棠版权之争。《海涛》1946 年第 38 期第 4 页刊载洛人的文章《范雪君不骂陆澹庵》称,范雪君为了《秋海棠》一书的版权问题,与国学大家陆澹庵,造成了文艺两界的诉讼案。《海晶》1946 年第 39 期 6 页马荃的《范雪君被控为了什么?》也报道了这一纠纷案,并分析之所以发生,是大华书场老板对于范雪君的旧愤而要通过法律途径解决这一纠纷。《海潮周报》1946 年第 32 期第 4 页刊载渔人的《秋海棠将成绝响 范雪君忍无可忍》,指出秋海棠版税问题近来闹得满城风雨,称是陆澹庵与前大华书场股东伪组织时律师张

---

① 如,《秋海棠的纠纷》,1946 年 11 月 25 日,第 3 版;《劝范雪君掏掏皮夹》,1946 年 11 月 26 日,第 3 版;《陆澹庵控告范雪君》,1946 年 12 月 21 日,第 4 版;《女说书今日上公堂》,1946 年 12 月 25 日,第 4 版;《陆澹庵辫子豁散》,1947 年 1 月 8 日,第 3 版;等等。

② 如,座上客:《二面夹攻,范雪君讼案扩大》,《铁报》1946 年 11 月 22 日,第 3 版;座上客:《朱耀祥警告范雪君》,《铁报》1946 年 11 月 23 日,第 3 版;座上客:《秋海棠案调解归于失败》,《铁报》1946 年 11 月 24 日,第 3 版;等等。

③ 婴宛:《弹唱秋海棠,范雪君被控》,《力行日报》1946 年 11 月 16 日,第 3 版。

④ 《秋海棠弹词版税,控范雪君违约》,《苏报》1946 年 11 月 23 日,第 3 版。

竹舟狼狈为奸,向范雪君提出要求抽取版税,并称张"狡猾""居心不良"。《海燕》1946年第5期第5页沙洛的《燕翎篇》一文报道三人纠纷案已传遍上海滩,并对案件作出评注。《上海特写》1946年第26期第5页小牛文章《秋海棠之争》也来助兴,称范雪君这次官司如果失败,绝不甘休。

"秋海棠"版权纠纷事件,经由众多报纸媒体的传播和跟踪报道,使得本不很复杂的纠纷产生轰动效应,成为一场"公共事件",从而成为市民茶余饭后的谈资。

对我们而言,"秋海棠"版权纠纷案件的是非曲直以及后期判决孰是孰非其实不是很重要,问题是一个原本简单的个体日常纠纷为什么最后演变为一个"公共事件"。这为我们了解和认识这一事件背后的社会环境提供了一个很好的观察视角。

二、媒介对女性艺人的消费

上海是近代中国的报刊文化中心,二十世纪二三十年代进入鼎盛期,抗战时期上海报刊业进入衰落期。战后国民政府接管上海以后,对上海的新闻宣传事业进行重建,强化新闻管制,在这样的历史大背景下,上海民营报刊业生存维艰。这一时期的小报界则利用国民政府关于新闻报刊管理的漏洞,出版一种似报似刊样式的"方型周报"(编辑和作者多是昔日办小报人员,内容仍以新闻内幕、社会新闻和风花雪月等为主),数量达到近百种,并在《申报》等大报上刊登大幅广告,促成了战后小报业的再度繁荣。

上海民营报刊特色之一是娱乐文化的消费。女性群体是近代上海报刊尤其是娱乐性小报的关注对象之一,是吸引读者眼球的重要新闻卖点。一些女性公众人物,更是它们追踪报道的消费对象。在战后上海这一特殊背景下,范雪君这一"弹词皇后"的个人纠纷自然成为了它们的新闻卖点。于是,借助这一纠纷事件,上海各新闻媒介尤其是娱乐性小报方型周报更加肆意地展开了对范雪君的舆论宣传和娱乐文化消费,它们对有着"弹词皇后"之称的范雪君进行着神女化和妖魔化的宣传报道,以引起大众的注意力,发挥着近代上海娱乐小报一贯的娱乐文化消费功能。

上海报刊对公共人物的消费都有着鲜明的特色。在"秋海棠"版权纠纷案发生前后,媒介对于范雪君的报道有着神女般的揄扬和追捧。1946年10月11日的《铁报》上有赞语曰:"范雪君莅新仙林、同孚二书场奏艺,登台先奏琵琵一曲,唱《琴挑》片段,一曲甫终,掌声如雷。描说书情,一口流利京白,有话剧作风。唱昆曲《思凡》,情调之美,足使听者回肠荡气……文艺界人士对于雪君之艺,赞誉备至。"诸小报对于范的行踪给予及时关注:"双十节边,范雪君带领范家班,跄进同孚、新仙林"。① 又有,"擅说《啼笑因缘》、《秋海棠》等书之女弹词家范雪君,近执弟子礼于吴中老画师赵云壑门下,专习花卉,一时宣传书坛,颇为听客艳称"。②

范雪君的演出广告更是引起市民大众的关注。1946 年 11 月 5 日第 3 版《申报》刊登醒目的范雪君弹词广告,以她的名字相号召。媒介的大肆宣传,书场主以及听客对于范雪君的来临充满着期待。③

即便是"秋海棠"纠纷案曝光后,也有为范雪君唱赞歌的。"雪君天资颇聪明,对于书艺亦肯下相当研究工夫","她不仅能说书,也能唱成出京戏,能唱成折昆剧,并对于时下流行歌曲,亦能琅琅上口"。④ 以及"弦边婴宛范雪君以擅操各地方言,故所弹唱《杨乃武》及《啼笑因缘》等书,乃有青出于蓝之誉,兼之天资聪慧,复善唱各种流行歌唱,常以此应听客要求,一帆风顺"。⑤ 又有,"范雪君以一曲琵琶,指法玲珑,为客激赏,恒以昆曲,谱入弦索,曼声低唱,轻拢慢撚,音韵婉转,愈使听者神注!"⑥这样的赞誉之声在报刊中随处可见。还称赞她:"其书艺,说表清爽歌喉甜润,复能大套琵琶,昆曲等艺。"⑦更有报道,称范雪君执女弹词家之牛耳。⑧ 激赏言语,崇拜之情,跃然纸上。

也有媒介将范雪君妖魔化。"秋海棠"弹词版权案发生后,各大众媒介出于不同的利益考虑,对于范雪君这一公共人物进行肆意的消费,以满足他们的欲望。有"弹词皇后"之称的范雪君被神女化的同时,也被大众媒介进行着妖魔化的形象消费。各大小媒介竭力地挖掘范雪君的负面新闻以哗众取宠、博取新闻轰动效应。

有对范雪君才艺提出疑问的。报载,认为她受听客的普遍欢迎不是技艺

① 啸鹓:《女弹词在上海复活》,《东南风》1946 年第 28 期,第 7 页。
② 《弦边婴宛之习画韵事,范雪君、沈玉英、汪梅韵,鼎足而三》,《风光》1946 年 4 月 22 日,第 7 版。
③ 汉刘邦:《范雪君将应聘来沪》,《泰山》1946 年 10 月 5 日,第 3 版。
④ 鹰神:《范雪君之书艺》,《苏州新闻》1946 年 12 月 23 日,第 3 版。
⑤ 南黄:《改编〈秋海棠〉弹词之动机》,《苏州明报》1946 年 12 月 3 日,第 3 版。
⑥ 横云阁主:《范雪君遗忘昆曲》,《真报》1947 年 3 月 12 日,第 3 版。
⑦ 听客:《范雪君的江北爷》,《东南风》1946 年 17 期,第 12 页。
⑧ 冲霄:《前后三朵花》,《苏州日报》1947 年 5 月 26 日,第 3 版。

的高超,讽刺她所擅说的尽是滑稽书,不过是迎合潮流罢了。① 同时,该报认为范雪君之所以成名,在于她的台风:"貌虽平庸,然当其浓妆艳抹,手抱琵琶,登台弹唱,媚眼乱飞,一颦一笑,亦有不少登徒子为之风魔。"②直言说范雪君受欢迎是因为她的"浓妆艳抹"以及"媚眼乱飞"所致,不关乎她的艺术水准。再如有文章说:"红极一时的范雪君,现在是一副娭姨腔调,也噱不上路。她的走红,是靠这门槛全精的范玉山,依靠文人捧场,这只不过是一时的。"③

"秋海棠"版权纠纷发生后,有媒介批评范雪君"声誉太狼藉了",对自己的恩人陆澹庵"太无情义",甚至斥其"无耻",是"书妖"等等。④ 范雪君俨然是一人格卑劣之人。

墙倒众人推。《风光》刊登文章对范雪君亦是一味挖苦和讽刺:指责她"浓妆艳抹""招摇过市","俨若官太太之流,颇为路人侧目"。书场上弹唱开篇时,为众人喝倒彩。⑤ 评论她的书艺"亦未必有出人头地之处,不过是皮子挺,色相过得去,上海人一窝蜂,闹成了她这样的地位"。⑥ 有人说她的卖座效果好,不在于她的演唱功底,而在于擅于花样行头,在书场上天天换旗袍,所以听客称她是"卖皮不卖嘴"。⑦ 诸如此类的评判所在多有。

其他,诸如范雪君的出身问题、不赡养母亲等成为了其时各大小报报道的热点新闻,将其私生活公布于众。⑧ 如《附逆弹词女妖——范雪君又在活跃》中报道称,提起范雪君,谁个不知哪个不晓,与奸逆陈群奸商丁廉宝等的一段风流丑史,在过去范雪君在台上虽然仅是一个女弹词,但在台底下以"交际花"的状态活跃于群奸之间,手段是着实厉害。群奸拼命捧场,出版什么"范雪君特刊"等等,可以想见范雪君魔力之大,功夫之佳了。⑨

跟随附和的小报也挖出范雪君之前的不堪婚姻。评论范雪君依附奸逆丁廉宝时一度风光无二,做起富商姨太太,不料时事变化,丁逆抛弃了她,致使她

---

① 贾彩云:《女说书群》,《力行日报》1946 年 11 月 11 日,第 3 版。
② 婴宛:《弹唱秋海棠,范雪君被控》,《力行日报》1946 年 11 月 16 日,第 3 版。
③ 小鹇:《范雪君的娭姨调》,《东南风》1947 年第 43 期,第 4 页。
④ 唐国芳:《谈谈范雪君》,《力行日报》1946 年 12 月 9 日,第 3 版。
⑤ 公公:《票友集团对付范雪君》,《风光》1946 年第 16 期,第 6 页。
⑥ 前人:《范雪君打官司》,《苏州明报》1946 年 12 月 20 日,第 3 版。
⑦ 《范雪君卖皮不卖嘴》,《泰山》1946 年第 10 期,第 5 页。
⑧ 青子:《范雪君的生母》,《铁报》1947 年 11 月 16 日,第 2 版。
⑨ 《辛报周刊》1946 年第 9 期,第 4 页。

不得不重操旧业。① 口吻中不免调侃之意,说她有三次嫁人机会,对象非奸即逆,身份也都是妾而非妻。第一次是陈群,第二次是张北生,第三次轮到了丁廉宝。幸而一二次没有嫁,第三次也没正式出面,定下名份,否则,不免就要成"逆产",只好静候接收,那里还能够琵琶重抱,再现色相呢?② 报道手法绘声绘色,津津乐道。

这类报道在其时盛行的方型周报上处处可见,都属于对范雪君形象的妖魔化传播。

抗战后期是上海方型周报发展的鼎盛期。据当时报纸报道:"电车上、火车上、大城、小镇,大多人手一册","周刊的接连问世,声势之盛,几乎窒息了其他一切出版物,使各种书报杂志的销路,大受影响"③。这一盛况不排除有夸大其词的嫌疑,但一定程度上说明了方型周报在当时的广泛影响。"秋海棠"版权纠纷案在这类小报上受到关注,可谓是尽人皆知了。

媒介对于这一纠纷案言人人殊。正如当时报纸所评论的那样,这起"秋海棠"版权纠纷案,誉者、毁者,原无正确之定论也,④是各家报纸出于自身利益的目的而刻意炒作。其最终目的无非是吸引读者的注意力,为增加报刊发行量这一经济考量的经营策略。这一时期,小型报刊出版愈来愈多,同行竞争激烈。如同《海光》报所言:"近来周报出版太多,读者已到买不胜买的地步了。"⑤"为生存和哗众取宠计,很多报刊的文字越来越低级,以吸引读者。"⑥都反映了当时报刊业的生存境遇。

总之,无论是神化般的揄扬还是魔鬼化的形象诋毁,媒介对于女性公众人物的消费成为这一娱乐性报刊固有的文化常态,也是近代上海娱乐小报一贯的文化底色。作为公共人物,范雪君一直是大众媒介及民众日常的娱乐消费对象。可以说,"弹词皇后"范雪君艺术形象的建构和拆毁也是大众媒介推波助澜的宣传结果。从报纸到杂志到无线电广播,不断塑造和消费着这一评弹艺人的社会形象。一定意义上说,评弹女艺人形象是都市大众媒介塑造的产物。

---

① 柳郎:《范雪君重做冯妇》,《沪光》1946 年第 5 期,第 3 页。
② 《专交叛逆的范雪君》,见大同出版公司编:《汉奸丑史》第 3、4 合辑,大同图书公司,1945 年。
③ 《申报》1946 年 5 月 10 日,第 3 版。
④ 鹰神:《范雪君之书艺》,《苏州新闻》1946 年 12 月 23 日,第 3 版。
⑤ 《谈周报》,《海光》1946 年 4 月 17 日第 20 期,第 10 页。
⑥ 《小型刊物》,《海涛》1946 年第 6 期,第 9 页。

三、大众媒介·职业女弹词·海派文人

二十世纪三四十年代的上海,娱乐文化繁荣,各地方曲艺在上海都开辟着自己的一席生存空间,可谓百花齐放。同时,上海也是各类知识分子麋集之地,他们为地方曲艺的繁荣发展提供智识条件。此外,上海社会精英、海上寓公、富商大贾以及知识界名流热衷于为各曲艺名角捧场,捧角方式五花八门,无论是认干亲,还是唱堂会,以及艺人寻求过房爷保护等等,都成为曲艺艺人立足上海的依靠。艺人的生存、发展以及明星化过程,少不了其背后各种社会势力的支持。"秋海棠"版权纠纷就涉及大众媒介、职业女弹词以及海派文人等之间的利益关系。

艺人对于社会势力的依靠,在近代上海十分普遍,女性艺人尤为突出。其中,女艺人与过房爷的关系即是一例。姜进在《诗与政治》中对于越剧艺人过房爷娘进行过研究,认为它是现代上海人特有的一种社会关系,类似北方的干爹干娘。有钱有势的人对他们喜欢的艺人给予赞助和保护,他们为艺人尤其是女艺人提供了一个社会网络,一个具有保护性质的网络,从而构筑了女艺人在上海大众文化中的霸权地位。[①] 同样,为自身生存和发展需要,评弹艺人拜过房爷或过房娘也很普遍。据当时媒介报道:"今之女弹词,改途易辙,认义父之风甚盛,而齿德则勿问。"[②]更有报道称,吃开口饭的(指评弹演艺生涯),不能没有靠山。这些过房爷或过房娘们,不仅在经济上给予被保护对象以支持,而且更多地干预他们的演艺生涯,特殊时期,为他们打通关节疏通关系,甚至选举"弹词皇后"之类的活动也都可以暗箱操作。[③] 当时的上海报刊业闻人步章五(林屋山人),就是很多女艺人尤其是评弹女艺人的靠山,因为他有着政治上的背景和媒介的资本。[④]

同样,"秋海棠"纠纷案中主角范雪君有各类社会势力的支持和保护。在苏州,范雪君得到地方黑社会丁廉宝的保护,在丁的授意和支持下,范雪君的

---

① 参见姜进:《诗与政治:二十世纪上海公共文化中的女子越剧》,社会科学文献出版社,2015 年,第 171—178 页。

② 泊凤:《厚望于徐双雪》,《弹词画报》第 24 期,1941 年 4 月 4 日。

③ 《弹后当选内幕》,《女性群像》1948 年,第 7 集。

④ 参见姜豪:《漫谈旧上海的帮会》,《20 世纪上海文史资料文库》第 10 辑,上海书店出版社,1999 年,第 200—201 页。

名字红透了整个书坛,名震大江南北,时人称这的确是丁一手造成了她的幸运。① 在上海,范雪君也有过房爷的依靠。有报道说,范雪君在"秋海棠"版权纠纷案中之所以自信满满,也是缘于她有过房爷的支持,因而她自信可以胜诉。② 这个过房爷就是仙乐书场老板谢葆生。据陈存仁回忆:谢葆生平日很是蛮横,是个游侠儿。陆澹庵等人不敢得罪谢葆生。③ 这类情形也可以从其他方面得到验证。据报道,范雪君应张作舟之约,在大华书场演唱,因忙于交际,其台上不甚卖力,敷衍了事。张氏尽管很不满意,但她是仙乐书场老板谢葆生的干女儿,倚恃伪势力,也奈何她不得。④

近代上海,女性艺人寻找靠山是一个较普遍的现象,有的甚至有好几个靠山。影星周璇的过房爷就有三位:最初的是老画师丁慕琴(星社社员),后来加入国华拍戏,就拜柳中浩为过房爷。1940 年代初,又拜王树勋大律师为过房爷。⑤ 另一影星陈云裳曾拜南洋来上海的糖业大王为过房爷。⑥ 从保护人的角度来看,他们认为对于受保护人而言,他们的权力很重要。据做着几个女明星特殊保护人的某大亨说:"她们谁也不能不有一两个过房爷之类的特殊保护人。他们比影片公司老板,摄影里的导演先生,专门在报纸杂志上捧她的摄影记者以及发疯一样写捧文的影迷们更重要,更有用的多。"⑦因此,娱乐场上的舞女们为免遭舞客的欺侮,也纷纷寻求上海滩上的闻人做她们的过房爷,以求庇护。⑧

为生存和发展计,评弹艺人还与上海帮会之间有着千丝万缕的联系。蒋宾初曾经常进出上海大亨之一黄金荣的公馆,与其过从甚密。⑨

除了过房爷以及上海闻人的保护网络外,评弹女艺人更多地与报刊媒介以及海派文人之间有着多重的利益合作关系。

评弹艺人在晚清进入上海以后,势力和影响不断扩大,尤其是普余社的成

① 惺:《丑人丑事,丁廉宝痛骂范雪君》,《沪星》1946 年 11 月 3 日,第 4 期。
② 《范雪君求援过房爷》,《国际新闻画报》1946 年第 68 期,第 4 页。
③ 陈存仁:《抗战时代生活史》,广西师范大学出版社,2007 年,第 267 页。
④ 马荃:《范雪君被控为了什么?》,《海晶》1946 年第 39 期,第 6 页。
⑤ 英英:《周璇的过房爷》,《大众电影》1941 年第 1 卷第 52 期,第 412 页。
⑥ 《陈云裳拜过房爷》,《上海影讯》1942 年第 2 卷第 8 期,第 267 页。
⑦ 《女明星的特殊保护人:过房爷之类人物·神秘滑稽的权力》,《时代电影(上海)》1936 年第 9 期,第 1 页。
⑧ 《舞女与过房爷》,《电声(上海)》1936 年第 5 卷第 50 期,1375 页。
⑨ 晓波:《书场杂缀》,《上海日报》1939 年 12 月 17 日。

立,标志着职业女弹词群体的崛起和壮大。二十世纪三四十年代,职业女弹词进入鼎盛发展时期,女弹词更成为报刊以及无线电等媒介报道的重要内容,传统的女弹词由边缘地带逐渐进入大众视野,在上海这一码头上,女弹词也争夺着一直以来由男性艺人控制的评弹市场。正如报刊所载:"普余社男女档弹词初来沪时,颇露锋芒,所隶之书场莫不生涯鼎盛,大有压倒须眉之概。……较有声誉之女弹词,各书场争相延聘,大有应接不暇之势。"①

为立足上海,扩大生存空间,评弹女艺人更借助媒介的舆论传播力量。而媒介方面为了自身利益的关系,也与她们不谋而合。因此,报刊媒介投入更多的篇幅和精力为女弹词们制造声势,在报刊上开辟专门的栏目报道或点评她们的才艺,弹词专栏成为一时之盛。如《力报》的"女弹词花絮录""朱唇软语录",《新闻报》的"女弹词人物志",《奋报》的"玉筝芳痕录""轻烟漫录"等等。

"弹词皇后"范雪君更成为大众媒介的舆论中心,大小报刊媒介上关于她的报道不计其数。20世纪30年代后期,上海战事频繁,"鸳鸯蝴蝶派"文人们纷纷创办和复刊如《紫罗兰》《万象》《春秋》之类的通俗文学报刊,这类报刊包装追捧女弹词,很快制造出众多的"大众明星"。"弹词皇后"范雪君在媒介的造星氛围中,成为最为璀璨的一颗明星。40年代关于范雪君的报道和演出广告更是不计其数。② 范雪君成为了大众媒介的公众新闻人物。

报刊媒介的宣传对于范雪君的评弹演艺生涯给予了极大的便利,结果是她的出场价格倍增,而"秋海棠"书目的演绎以及相关媒介的报道宣传,致使她声名大震,成为评弹界耀眼的大众明星,各地书场主人争相延聘。

"秋海棠"版权纠纷案从一个侧面反映了这一时期活动在上海这一商业化都市中女性的生存环境,也反映了民国时期上海女性艺人借助媒介的力量在男性主导社会下的生存策略。

① 横云阁主:《略评女弹词》,《百美图》第1卷第6期,1939年5月1日。
② 关于范雪君标题的文章众多:如,《女说书灌音第一人范雪君》,《风光》1946年第3期,第3页;《范雪君将播秋海棠》,《泰山》1946年新第7期,第12页;《范雪君将演"秋海棠"》,《海风》1945年第6期,第10页;空头:《范雪君包银八百万》,《海星》1946年第27期,第2页;《范雪君冬赈广播时摄于亚美电台》,《胜利无线电》1946年第9期,第27页;《女弹词家之佳话:范雪君》,《茶话》1946年第2期,第125页;《关于范雪君种种:弦边摭拾》,《海晶》1946年第34期,第7页;《范雪君上海电台播啼笑因缘》,《泰山》1946年新第9期,第12页;吴苑:《范雪君欢承老画师》,《凤鸣无线电新闻周报》1946年第1期,第3页;《书坛隽话:范雪君怎样播音》,《海晶小说周报》1948年第3卷第3期,第59页;《秋海棠官司范雪君哭灵胜利》,《快活林》1946年第42期,第8页;《潜心丹青画梅花:范雪君色艺双全》,《沪光》1947年新14期,第1页;等等。

1946年"秋海棠"版权纠纷案发生后，媒介对"秋海棠"版权案的大量报道传播，也为范雪君做足了宣传广告。如其时报纸所言："此次诉讼，莫说胜，即败，亦对范雪君有利。盖义务广告效力宏大故也。经过这样的纠纷案件发酵后，即便是平时不爱听弹词的人，也会去关注它，大多是为了一睹芳名如雷之女弹词家范雪君，致购买号票须预定，俨若听程砚秋、梅兰芳然。"①时人也有断言，范雪君在这场版权纠纷案中之所以不肯和解，纯粹是为了宣传，因为打官司对她而言，是一次极好的宣传机会，怎可轻易放过呢。②

这一心理在女性艺人中普遍存在。尤其是初出道的女弹词家，若有几分姿色，喜欢把所摄的照片分赠熟悉的客人，更喜欢他人将她的照片和揄扬文字刊诸报端。如果成功成为响档，更愿意将风姿嫣然的照片登在报上，以之为广告宣传，因为无论捧骂对她们都有利。③

基于同样的考量，大众媒介与评弹艺人相互依存，其间达成利益共谋。各类报刊设置特色栏目，一方面介绍评弹艺人的演艺生涯及日常琐细，促进艺人公共化的进程，同时也为大众提供舆论公共平台，无论是文人还是票友以及一般听客都可以参与其中，建立起艺人与听客之间的联系。而对于报刊媒介而言，结果是扩大其知名度和发行量。

捧角之好，是文人的传统娱乐习惯。近代上海海派文人为其心仪的女弹词制作特刊也屡见不鲜。如南社社员所言，"征歌选舞，乃豪士之常情，是素非丹，亦文人之结习"。④《社会日报》为女弹词谢小天特刊二三万言，封面更加印三色版，开报纸捧角未有之盛。⑤《力报》上由张健帆主编钱琴仙特刊。⑥ 其他如汪梅韵特刊、朱雪琴特刊以及徐雪花、雪梅、雪兰、雪楼、雪芳等五人特刊，比比皆是。⑦ 著名女弹词家徐雪月、范雪君和黄静芬等更成为文人追捧的对象。女弹词经由职业捧角家追捧之后，名声大震。弦边婴宛，一经揄扬，莫不身价十倍，到处走红。⑧ 这就是当时曲艺界普遍的现象。报刊上曾有人批评

---

① 冰人：《范雪君返苏度岁》，《苏州新闻》1947年1月31日，第3版。
② 《秋海棠弹词讼案专页》，《秋海棠》1946年，第1页。
③ 横云阁主：《女弹词家的照片》，《铁报》1947年7月23日，第2版。
④ 《菊影记传奇》，《姚鹓雏剩墨》，社会科学文献出版社，1994年，第174页。
⑤ 春宫：《词坛皇后》，《铁报》1937年4月2日，第2版。
⑥ 《力报》1938年9月17日，第5版。
⑦ 参阅周巍：《弦边婴宛：晚清以来江南女弹词研究》，商务印书馆，2014年，第123—132页。
⑧ 健帆：《捧场文招怪》，《奋报》1939年11月20日，第3版。

捧角家们,指出当今捧女弹词的作者,正如雨后春笋,大捧特捧,而文字方面,却又五花八门,无奇不有,"阿要肉麻得来"。批评者认为"捧"也要捧得有价值才好。①

"秋海棠"弹词版权纠纷案的发生以及满城风雨的热议,其结果是各方利益集团都达到了自己的利益预期。大小报刊媒介在这一案例的舆论宣传中,扩大了自身的社会影响,知识分子通过这一案例以及相关捧角的实践,提升了自己的社会声望。一些名不见经传的小角色经由媒介上的舆论宣传留下自己的声响。如此种种,不一而足。他们可以翻云覆雨,颠倒黑白。今日为东,明日向西。他们通过范雪君为主角的"秋海棠"事件的名人效应进行各自不同目的的消费,满足一己之欲。如同当时报纸中有人评论道:

> 社会上一班无耻的人,他们平日不务正业,只凭着一些小工夫,出入于大人先生,或成名的男女艺人之门,帮闲说笑,或者仗着自己勉强还能弄弄笔杆,写些无聊文字,以博他们的"恩主"一笑,同时也解决了自己的生活,但偶然有他们自己的利益恰巧不幸和这些"恩主"的利益相冲突,于是立刻"恩"变为仇,翻脸不认人,就破口大骂了。

> 最近唱弹词的范雪君受到这种教训了。她的被人控告是极平常的事,而且控告她的人也是循着正当的途径进行的,无论告得有没有理,都无可訾议。敝人最看不入眼的却是几个帮闲者的无耻丑态。

> 最多不过半个月前,我们还看到那些帮闲者歌颂着范雪君的"说噱"如何精彩,国语如何"流利",并且说她新旗袍那么多,每天换一件,甚至尊她"弹词皇后",仿佛天下之大,就只一个范雪君是了不起的,可是待到什么"弹唱税"问题一闹翻,利害起了冲突,于是天天在报上骂街了,一会儿说她"四面楚歌",一会儿说她"不认亲母",一会儿又提到她和丁廉宝的事,凡一切足以毁她的话全说出来了! 奇怪是半个月前的范雪君也就是现在的范雪君,而在帮闲者的口里,已完全不同了。这社会不知道几时才能扫清这类寄生者的丑态。②

---

① 《说"捧"》,《生报》1939 年 3 月 24 日,第 3 版。
② 《从范雪君被控说到无耻的帮闲者》,《秋海棠弹词讼案专页》,《秋海棠》1946 年,第 1 页。

《秋海棠弹词讼案专页》对于范雪君案件的发生过程及其内幕进行了详细报道,也发表了诸多较为客观的评论。这篇评论一定意义上说明了媒介对于女性艺人在媒介环境下的境遇,比较客观地表明了媒介、艺人和海派文人之间的利益互动关系。同时,范雪君作为评弹女艺人之一员,她的个人境遇也代表了其时评弹女艺人群体的生存状态。

40年代的上海,大众媒介与评弹职业女弹词、海派文人由于各自的生存需要,他们之间纠缠成一个多重的利益共同体。海派文人为评弹艺人编著书目开篇,媒介为其宣传传播,听客和读者的消费反过来促进了媒介、艺人的事业发展。"秋海棠"版权纠纷案也从一个侧面反映了他们之间的利益共存关系。

结语

大众媒介的舆论监督及工具作用是其重要的功能之一。随着近代上海大众媒介的发展,政府及各党派团体以其作为舆论和权力控制的利器,民间社会将其视为谋取个体利益的舆论工具,媒介的政治、商业等功能更加凸显。近代上海日益发达的大众媒介发挥其多方面的功能,更体现着媒介与民众日常生活的紧密关系。

作为公共人物,有"弹词皇后"之称的范雪君,在"秋海棠"版权纠纷案中,自然成为媒介宣传和消费的对象。在男性主导的社会环境下,在现代媒介、商业发达的都市社会中,女艺人成为媒介和大众重要的消费对象。"秋海棠"版权纠纷案的传播过程正是大众娱乐消费的过程。这一案例一定程度上反映了20世纪40年代女性艺人的生存状态。在媒介商业化的近代上海,曲艺界职业女艺人积极通过大众媒介去获取个人的声誉甚至是光环,媒介为其带来的商业价值和社会声望是毋庸置疑的。因此,通过对"秋海棠"版权案的社会环境的分析,我们研究和评论20世纪40年代评弹女艺人,不能简单地从道德层面去评判其相关行为,而要从其实际的生存环境和商业化了的大众文化环境去理解。

另外,这一案例得以不断地宣传发酵,也反映了抗战以后上海新闻媒介生存发展环境的恶劣。在政府新闻检查制度的压制下,报业发展空间逼仄,这一时期出现的方型周报就是对官方新闻检查高压政策的变通,从中可以反映战后上海报纸生存环境的艰难及其竞争的激烈。"秋海棠"版权纠纷案的发生,众多报刊媒介尤其是方型周报的高调传播,在为它们带来了一定的关注度和经济效应的同时,也导致关于事主范雪君各种形象版本的流传,成为了市民大众茶余饭后的谈资。在这一"公共事件"中每一方都是赢家。

Media and Daily Life: In the Case of Shanghai Tanci Copyright Dispute of "Qiu Hai Tang" in 1940s

Hong Yu

Abstract: In the 1940s, Fan Xuejun, the Tanci Empress who was active in Shanghai Pingtan art circle, was involved in a lawsuit against Lu Dan'an, a Shanghai literati, because of the ballad singing copyright problem of "Qiu Hai Tang". This incident attracted widespread concern of the mass media at that time. A variety of press media carried out comprehensive follow-up reports on the affair, and then became a case of social "public event". From the perspective of social and cultural history, this paper intends to clarify the relationship between the modern Shanghai press and the art circle of Pingtan, to explore the reporting standpoint of these media, and to reflect their roles in promoting public opinion on this event. This case reflects not only the living conditions of the Pingtan artists in Shanghai after World War II, but also reflects the coexistent relationship of interests among the journalists, professional artists and Shanghai literati in this period.

Keywords: Qiu Hai Tang; Fan Xuejun; Lu Dan'an; the Press in Shanghai

作者简介:洪煜,上海师范大学人文与传播学院教授,主要从事近代江南报刊文化研究。

以艺济困：民国时期评弹义演研究①

吴强华　刘晓海

　　摘　要：民国时期，社会动荡不安，社会公益事业的需求极为旺盛。江南地域社会之中的评弹从业群体，以义演的方式筹措钱物，为政治进步与慈善活动贡献自身力量。评弹的义演活动多在上海、苏州等江南城市举行，参与群体涵盖了艺人、书场老板、电台经理、票友、听众等，具有鲜明的时代特色。通过评弹义演对于认识民国时期评弹行业发展以及评弹与社会互动关系具有重要意义。

　　关键词：评弹；义演；慈善

　　自鸦片战争起，中国开始沦为半殖民地半封建社会。伴随着外敌入侵与内部战乱的不断发生，中国的社会秩序逐渐混乱，难民、灾民大量出现，中国传统的慈善组织及慈善方式已经不能满足社会对于慈善事业的需求。近代西方慈善思想传入与新的慈善方式出现，在一定程度上减轻了社会动乱对下层民众带来的生存威胁。史学界以往对于近代慈善事业的研究，多集中在专门慈善组织或者工商业的慈善活动，对于艺术界慈善义演活动涉及并不充分，且多集中在电影、话剧、戏曲等艺术门类②，有关地方曲艺慈善义演的研究十分少见，本文通过梳理民国时期评弹在上海、苏州等地慈善义演的资料，分析这一

---

① 本文系国家社科基金重大项目"评弹历史文献资料整理与研究"（14ZDB041）阶段性成果。
② 如杨原：《近代北京梨园行的义务戏》，《北京社会科学》2011 年第 6 期；郭常英：《近代演艺传媒与慈善救助》，《史学月刊》，2013 年第 3 期；胡娟：《中国近代慈善义演》，《安徽广播电视大学学报》2015 年第 3 期。

时期评弹义演的特点以及由此产生的影响。

一、评弹义演产生背景

　　苏州历史悠久,南宋时便有"苏湖足,天下足"之誉,明清时期更是成为中国东南重要的经济中心。正是在发达的社会经济基础之上,产生了苏州评弹①这一具有丰富内涵的曲艺形式。评弹从苏州这一中心逐渐扩散到江南其他区域,在近代时进入大都会——上海,成为风靡一时的流行文化。

　　苏州作为明清时期东南都会,传统的社会慈善事业较为发达,苏州本地的士绅阶层积极投入到基层社会慈善事业之中。康熙五十三年(1714年),苏州府长洲县耆民王三锡,为资助苏州虎丘新建的普济堂,将"所存自己膳田一百亩,愿捐堂中收租办粮,永为病茕医食药饵之需"。② 清代中后期,苏州的慈善事业不断发展,"吾苏全盛时,城内外善堂可偻指数者,不下数十。生有养,死有丧,老者、废疾者、孤寡者、婴者,部分类叙,日饩月给,旁逮惜字、义塾、放生之属,靡弗周也"。③ 经过太平天国战乱后,苏州遭受到严重破坏。出于重新构建社会秩序的考量,苏州士绅阶层积极投身重建社会慈善机构,为中下层民众安定生活提供一定的支持。由此形成的良好社会风气自然影响到了苏州本土的评弹艺人。

　　评弹作为使用吴语的曲艺形式,深受苏州本地市民阶层的喜爱,"除戏剧而外,苏州最流行的是说书"。④ 虽然评弹受到苏州市民的喜爱,但是最初"与优伶同视",⑤受到书小甲⑥的盘剥。评弹艺人并不屈于这种低下的社会地位,而是通过各种方式以赢得社会主流的认可,"姚(士章)、马(如飞)等有感于斯,苦心擘画,居然达到脱离小甲羁绊,备案勒石目的,而得晋侪于先生之列"。⑦

① 苏州评弹是苏州评话与苏州弹词的合称,一般简称为评弹,又俗称为"说书"。
② 《长洲县奉宪倡捐善田碑》,王国平、唐力行主编:《明清以来苏州社会史碑刻集》,苏州大学出版社,1998年,第360页。
③ 《苏州俞问樵捐松筠家庵于轮香局用作殡舍碑》,王国平、唐力行主编:《明清以来苏州社会史碑刻集》,苏州大学出版社,1998年,第368页。
④ 包天笑:《钏影楼回忆录》,大华出版社,1971年,第44页。
⑤ 潘心伊:《书坛话堕(四)》,《珊瑚》第1卷第8号,1932年。
⑥ 所谓甲头原分二类。一类专管走江湖:包括唱春、唱道情、甩流星、沿门求乞等等。另一类俗称"排下":唱戏有戏排下,说书有书排下,清代官场中称之为戏小甲与书小甲。书小甲徒有其名,一直不曾起过作用,这是因为场方接洽评弹艺人去演唱都是直接与艺人当面协商的。
⑦ 虞凤:《书场屑话(二)》,《红玫瑰》第7卷第15期,1931年。

为了得到掌握舆论话语权的士绅阶层认可,评弹艺人也颇重视迎合主流思想,"说书一业,虽有评话、弹词两种,要皆节取稗史旧闻中关于忠孝节义、足资劝惩之故事"。[①] 评弹艺人不仅在演出中试图加入宣传忠孝节义的内容,而且在日常生活中也竭力仿效士绅的行事作风。士绅对于公益事业倾力支持,自然而然也影响到了评弹艺人。清末,评弹艺人依托行会组织光裕社,"始于光绪三十年创办裕才义务小学于光裕公所内附设,时社员闻风来归者日众",[②]裕才学校并不仅仅为评弹艺人子弟提供服务,学校"不限制外来学生入学。所有经费开支,除部分学费收入外,大部分依靠艺人的捐款以及所收的会费"。[③]从裕才学校的经费来源看,便知这一学校带有一定的公益色彩。

评弹艺人能够有实力支持公益事业,是因为评弹行业的整体收入水平较高,特别是评弹名家响档往往可以获得很高的演出收入。"同一日夜上二百客听众,上海可得三千文收入。其时洋价七八百文,折合四元有奇。"[④]民国时期的评弹艺人,往往成名不久便有实力置办房产,评话名家唐耿良在 26 岁时便"在苏州豆粉园买了一所房子,那是一幢民国时代的中西结合的寓所,楼下有天井、客堂、厢房、储藏室、厨房、柴房。楼上有正房、前后厢房、阳台"。[⑤]

民国时期,在上海、苏州等地的评弹从业者,积极参与到公益事业之中,而他们所采用的义演形式,既有本行业的特色,也有一定的时代共性,是评弹行业与社会生活深入融合的具体体现。

二、义演救济对象、参与群体及形式

民国时期,战乱频仍、社会混乱。即使在素称繁荣的江南地区,也是政局变动频繁,灾祸不时侵扰,社会弱势群体时刻面临着生存危机。面对这种情况,评弹从业者积极举办义演活动,以自身技艺募集善款,资助社会弱势群体。

评弹义演活动为了凸显正当性与公开性,往往在对外宣传活动之初便开宗明义地指明义演的起因及所要救助的具体人群。就义演的起因来看,主要

① 《吴县为光裕社整顿裕才学校经费及公所旧规准予立案碑》,载于江苏省博物馆编:《江苏省明清以来碑刻资料选集》,生活·读书·新知三联书店,1959 年,第 333 页。
② 剑英:《纵论光裕社》,《苏州书坛》1948 年 12 月 23 日。
③ 蒋宾初口述:《光裕公所改建前后》,《评弹发展史》,1960 年 6 月,上海评弹团档案第 24 卷第 24 件,上海评弹团档案室藏。
④ 一丁:《说书闲话》,《红玫瑰》第 7 卷第 8 期,1931 年。
⑤ 唐耿良:《别梦依稀——我的评弹生涯》,商务印书馆,2008 年,第 50 页。

可分为以下几类：一是抵抗外侮，参与政治；二是救济灾民、难民；三是援助慈善医疗事业。

民国甫一成立，评弹艺人便表现出对革命的支持态度。沪军都督府军刚刚成立，当时评弹艺人的两个行会组织——光裕社与润余社便积极赞助军饷以支持革命，"光裕社已于上月会书筹助军饷，故润余社同人沈廉舫、程鸿飞、凌云祥、郭少梅、谢鸿飞等，慨念军饷缺乏，特邀同志，定于二十三、二十四、二十五三日夜，在康园、明园等处所得书资，悉助北伐军饷。集腋成裘，不无小补"。①

评弹艺人对于政治运动的参与并非单单体现在支持革命政府方面。1925年"五卅"运动爆发之时，除了工人罢工、商人罢市、学生罢课外，评弹艺人也积极参与其中。6月初，当"五卅"事件的消息传到苏州后，评弹艺人对外国军警的行为极度愤慨，"苏州说书业之光裕社，定即日起说书，会书三天，所得悉数救济沪工。南词业由汤秋田等发起会串三天，所得之资本悉数捐助，各市区分社现由城北分社发起，先行捐助50元，以为提倡"，②艺人先期为解燃眉之急捐出50元，会书三天完成之后，光裕社如约将义演募集款项交出，"光裕社义务会书募助救济上海工人捐，计大洋叁拾贰元、小洋贰千壹百柒角、钱壹千八百廿文"。③ 身在苏州的评弹艺人，视上海工人的反帝罢工运动为己事，为罢工而失去生活来源的工人提供了支持。

国弱则民难安，救国是中国近代历史的主题之一，评弹艺人也受到救国思潮的感染，而艺人最为直接支持救国的方式仍然是义演。二十世纪三十年代，中国兴起航空救国的热潮，评弹艺人投身其中，"说书界中人，近年来颇知热心公益及爱国，如前岁之水灾赈款，去岁一二八之捐款，均有会书筹款之举。月之二十七、八、九，三日复有光裕社旅沪全体社员，在东方书场会串书戏《白蛇传》，以助航空救国之盛举"。④ 1937年"七七事变"爆发后，面对空前的民族危机，评弹艺人同全国民众保持一致，积极投身到救亡图存的运动之中，"七月二十三日，评弹会执委会决议，会员书场电台一日捐"。⑤ 华北战事尚处于胶着

① 《弹词业助饷》，《民立报》1912年2月9日。

② 《关于苏州说书业义演援沪的报导》，《申报》1925年6月9日。

③ 《苏州总商会收到光裕书社会书募款致苏州学生联合会函》，《申报》1925年6月12日。

④ 《东方书场会串书戏》，《申报》1933年5月26日。

⑤ 《上海市评话弹词研究会之成立及经过》，上海评弹团档案第24卷第32件，上海评弹团档案室藏。

之际,"八一三"淞沪抗战爆发了,面对近在咫尺的战事,评弹艺人更显出救亡的热情,"八月十三日起,在中西、华东等电台开始播音募捐"。[①]

除了参与政治外,评弹艺人组织义演最为常见的原因是直接救济社会弱势群体。上海作为近代中国的经济中心,吸引着四面八方的灾民、难民来此谋求生路。然而城市经济的承受能力毕竟有限,很多贫民并不能获得衣食来源,评弹艺人面对这种情况,往往会施以援手。"八一三"淞沪抗战失败后,上海华界被日军占领,租界沦为日占区包围的"孤岛"。为了躲避日本的统治,大量难民涌入"孤岛",其中很多人只能露宿街头,到了冬季往往出现大量贫民冻死的惨象。评弹艺人积极为这些贫苦之人筹措过冬之衣物,"光裕、润余二社从业社员,对于公益事业,向极踊跃。现在上海各界,热心募捐寒衣,二社同人,又有发起组织大规模唱会书与会串书戏等运动,以为响应而大举捐募云"。[②] 抗日战争时期,在日本统治之下的苏州,原有的慈善事业多已停办。新成立的"苏城年终饥寒维持会"以冬日施粥为主,其资金来源则是"聘请光裕社社员徐玉庠、范玉山及范雪君等,假太监弄吴苑与西贯桥云苑举行特别会串。兹以筹募冬赈经费,定明日起日夜场三天,届时前往听书者,既娱身心,又行善事,洵属两得也"。[③]

除了临时性的救济活动外,评弹义演活动也积极资助常设性质的慈善、医疗机构。1949年渡江战役开始后,仍处国民政府统治之下的上海地区已是风声鹤唳,然而一部分评弹艺人却仍然坚持在电台开展义演活动,所筹措的资金用于购置医疗机构的设施,"为红十字会与电台播音业合办之流动诊疗车,在大世界附近中法学堂前空地设一活动房屋诊疗站",[④]这次义演自中午一直持续到晚上十点,医疗机构所需的"若干办公桌椅、屋瓦一千三百张及经费等亦均有人认捐,并捐得银圆以及针药甚多"。[⑤] 评弹艺人在战争逼近之时的善举,也得到了媒体的赞赏:"说书人自顾不暇,尚热心为善举义播劝募,诚可嘉佩!"[⑥]

---

① 《上海市评话弹词研究会之成立及经过》,上海评弹团档案,第24卷第32件,上海评弹团档案室藏。

② 涤生:《书场近讯小报告》,《申报》1939年11月11日。

③ 《年终饥寒会聘请名家演会串,筹募冬赈经费明日起假吴苑云苑举行》,《苏州新报》1940年8月29日。

④ 茶博士:《弦边新语》,《铁报》1949年5月4日。

⑤ 茶博士:《弦边新语》,《铁报》1949年5月4日。

⑥ 茶博士:《弦边新语》,《铁报》1949年5月4日。

　　评弹虽然属于江南特有的曲艺形式,艺人也多为苏籍人士,但是在义演所救助群体来看,却不受地域、血缘所限,凡所应救,评弹从业者均有可能组织义演活动提供帮助。1931 年,为了向各省水灾受灾民众提供帮助,评弹艺人们集体在东方书场进行义演,"国历九月九号、十号二天,本场暨光裕公会全体会员为筹募各省水灾助赈,该二天夜场原有节目暂停。另排特别会书,并演书戏到十一号夜照旧"。① 当然,作为具体都市的一分子,评弹艺人对于所处都市内部所出现的弱势群体所给予的救助更为频繁也在情理之中。

　　从评弹义演的形式来看,主要有三种,分别是会书、书戏与电台点唱。

　　评弹义演最为普遍的形式是会书。评弹的一般演出形式是一档艺人在江南市镇书场说长篇书目,每天仅说一回,完成一部长篇书目的演出要一月甚至数月之久。而会书本是每年岁末评弹艺人集中于大中型城市的主要书场,邀请几档或者十几档艺人一齐演出,每档演出一回。艺人演出的往往是其拿手书回,以尽量展示其特有的书艺。会书将最能体现评弹艺人书艺水平的回目展现在听众面前,而且又是能看到诸多名家的表演,自然大受欢迎。评弹的慈善义演采用会书的形式,即使是单纯喜爱评弹而无心公益之人,也会对这种会书产生浓厚的兴趣,往往使得这种特别会书形式收益颇多,能够迅速筹集大量善款。而一次会书义演,参与的艺人能够加强与同道艺人在艺术上的交流借鉴,所表演的内容又是艺人本已熟悉的,不至于过分影响艺人的正常演出活动,艺人们自然乐于响应。

　　除了会书之外,书戏也是评弹艺人慈善义演时经常采取的形式。书戏作为一种戏曲形式,是将评弹经典书目的折子书改编为折子戏,参加的每个艺人都扮演戏中的一个角色,这与评弹艺人日常演出的曲艺形式的评话、弹词有着明显的区别。书戏一般仅仅在评弹界重要庆典活动中方可见到。而在义演活动中采用书戏的形式,一方面可以集聚多名艺人,另一方面形式新颖。颇具新奇感觉的书戏自然能够吸引追逐时尚的城市听众,从而可以为募捐发挥更好的效果。

　　会书、书戏等传统形式需要依赖于具体的书场空间,收益受到了书场容纳量的限制,而与无线电广播结合的电台点播义演的形式,则突破了书场空间的限制,更大范围地吸引了听客参与到义演活动之中。自二十世纪二十年代电

---

① 《广告·东方书场》,《申报》1931 年 9 月 5 日。

台在上海出现以后,"苏州评弹因为商业宣传的需要而成为无线电广播主要的节目内容"。① 电台组织的义演活动,往往组织几名弹唱俱佳的弹词艺人参与其中,由听客通过电话点播弹词开篇,听客同时报出认捐的资金数目。空中书场突破了空间的限制,无线电将义演的情况现场直播,成为市民均可直接感受的义演活动,义演的影响范围扩大了,有助于募集善款。艺人会在电台点播中直接报出捐款人姓名及金额,无疑可以让捐款人收获善名,特别是部分艺人善于在电台义演中调动听客积极性,"刘天韵报告时,并致善颂善祷之谢词,连说好话使捐者听得窝心,故在其播唱钟点内认捐之电话最为踊跃。即于平日并不向外募捐,亦常有人打电话认捐而指定天韵报告,积少成多,成绩奇佳"。② 评弹艺人在日常参与广播电台演出往往是一档艺人单独演出而已,义演时却多采取群聚模式,群星集聚所产生的义演效果也不是日常电台演出可以同日而语的。

有时,评弹义演也采用与其他表演艺术联合演出的方式。1937 年,上海市民营无线电播音公会及无线电材料公会为了救济西北各省灾民举行播音筹赈大会,便有评弹艺人、电影演员、话剧演员、沪剧演员、苏滩艺人等参与其中。这次义演得到了上海社会名流的支持,"昨日正午开幕,有俞市长演说,六时潘局长演说,捐款者甚为踊跃,今日(二日)最后一天播送,有播音公会主席王完白医师演讲,六时有慈善团体联合会屈文六先生演讲,余均极名贵之游艺节目,播送至夜一时闭幕,捐款者均可点唱各项名曲,后当登报征信云"。③

义演在形式上较之评弹艺人的日常演出更为新奇。在义演内容方面,除却展现本人书艺水平的书回外,评弹艺人也尽力与义演的主题相联系起来。1941 年评弹艺人为上海贫儿失学救济所筹集善款在电台弹唱开篇,"谢乐天、谢瑶天正在唱《方卿见娘》开篇,将久别重逢之母子,悲喜交集状态,形容尽致。少顷何芸芳来,穿细花绿边旗袍,外罩白哔叽短衣,发光如鉴,而蓄有前留海,脑后两辫下垂,笑容可掬。多时不晤,较前稍瘦,唱《贾宝玉夜探潇湘馆》,唱至'孤单单独自到潇湘馆'句,谓今日家兄与舍妹均远行,故我单枪匹马到此,亦是孤单单也"。④ 谢乐天、谢瑶天所唱的开篇内容是母子久别方能重逢,而何

---

① 洪煜:《近代上海无线电广播与苏州评弹》,《史林》2012 年第 6 期。
② 横云:《弦边新语》,《铁报》1948 年 2 月 29 日。
③ 《无线电联合播音》,《申报》1937 年 7 月 2 日。
④ 筹成:《播音拾零》,《申报》1941 年 9 月 20 日。

芸芳所唱的开篇"亦是孤单单也",恰好契合了义演所救济的贫儿的悲苦,自然能够让听客在内心产生同情之共鸣,无疑可以更有利于获得救助资金。

评弹义演并不是单纯只有艺人群体参与支持,在义演的过程中,评弹界的书场老板(场东)及电台经理为义演提供了一定的空间,也是评弹义演中不可忽视的支持力量。评弹日常在书场的演出多采用拆账制,即艺人与场东按照一定比例分得演出收入。而在评弹义演过程中,绝大多数情况下场东不仅要免费提供场地,而且也将当日书场收入拿出参与慈善事业,他们的贡献不应被忽视。有时评弹的义演也是场东组织的,"静园经理韩文忠拟于不日举行义务书一场,所得票款,由听众将票根分送贫苦者,凭票根向静园领取施米。此种冬令善举,造福小民不浅"。[1] 除了评弹从业者之外,评弹票友也是评弹义演中不可忽视的重要力量,"从评弹票友与票房的日常演出活动来看,在满足市民娱乐需求的同时,往往还肩负有更加崇高的社会公益内涵"。[2] 评弹票友有时候会利用书场空闲之时登台义演,"说书业祖师三皇诞辰,各书场循例休业一天。萝月庵主主持之苏沪银联社诸弹词票友,为筹募平江儿童教养院经费,假座沧州、东方二书场日夜义唱会书"。[3] 这些票友虽然不是专业演员,但利用义演的平台,可以实现个人爱好与社会价值的结合,从而实现了双赢。

新闻媒体在评弹义演活动中也扮演着重要角色,正是因为《申报》《铁报》等大小报刊对于艺人义演活动的事前宣传,才能让散居城市各处的听众能够了解评弹义演的时间、地点及演出者等基本信息,无疑为义演取得更好收入提供了帮助。而报刊对于艺人义演的报道及赞誉,使得艺人在献出爱心的同时可以获得良好的社会评价,从而促使评弹艺人乐于参与义演活动。

当然,评弹艺人义演直接投入的是自己的时间和表演技艺,而真正出资助困的仍然是喜爱评弹的听客群体,如果失去了他们对于义演活动的热情支持,任何义演都不可能产生良好的效果。

三、义演的作用

评弹艺人的义演活动起因在于扶危济困,在义演过程中所收集的善款,在

---

① 一叶楼主:《书坛缤纷录》,《苏州书坛》1949 年 1 月 6 日。

② 申浩:《近代上海都市中的评弹票友与票房》,唐力行主编:《江南社会历史评论》(第七期),商务印书馆,2015 年,第 130 页。

③ 横:《弦边新讯》,《铁报》1947 年 11 月 20 日。

一定程度上缓解了弱势群体所面临的困难。民国末年,国统区物价飞涨,货币贬值严重,捐款也多变为资助实物,"静园于十四日举行慈善会书一天,场方与先生均全部义务,小账亦分文不收,每位售十三元,附赠米票一升,向濂溪坊三泰米号支取,此举颇堪赞佩。由听众分作善举,施送贫民,闻共计施米十石"。[1] 而报刊媒体对于义演的宣传及电台直播的义演节目,则使得评弹听客群体能够了解时事及弱势群体的情况,激发听客群体对于社会事务的关注。除了扶危济困外,评弹义演对于艺人还具有更为丰富的意义。

评弹义演可以很好地塑造艺人的良好社会形象。中国社会自古以来便十分认可乐善好施的行为,评弹艺人参与义演活动可以在报刊媒体及听客群体中获得正面评价,而如果不支持公益事业,可能遭受来自舆论的压力。

> 诸评话弹词名家,屡次通宵奔波,出力献艺,尤其是光裕社诸艺员还有自动播音劝募。此种为国家、为公益之事业,实令人钦佩。然普余社诸艺员则无声无息,毫无举动,难道该社未曾编入说书组吗? 其实亦应该起来为公益事出些力,我想一定有良好的成绩。况普余独多娇娃,慈悲心胜过男子,则彼等又何忍目睹同辈道中如此出力救难,而自己袖手旁观呢?[2]

这篇新闻报道,一方面对光裕社艺人热心公益大加赞扬,另一方面直言不讳地批评以女艺人为特色的普余社对于公益事业的漠然态度。这种来自报刊的公开批评,使得艺人公众形象变差,进而也会影响评弹艺人的演艺事业。普余社也许感受到了来自报刊舆论的压力,从此开始注意参与义演以提振公众形象,两年之后,普余社在报刊中的形象已是热心公益的评弹行会组织,"普余社当局亦已接受是项赓请,定于本月二十九日假座中西电台全日播送弹词特别节目,劝募义济善会平售白米捐款"。[3]

评弹义演也是博得政府好感的便捷方式。前述润余社义演为沪军都督府筹措军饷,沪军都督府也很快投桃报李,准许清政府时期一直没有取得合法地位的润余社在政府备案登记,"当时是在沪军都督及陈其美手里办妥的"。[4]

---

① 《会书生涯衰落,今起望可鼎盛》,《苏州书坛》1949 年 1 月 20 日。

② 江枫:《野航室话》,《生报》1939 年 4 月 21 日。

③ 《三日报道》,《弹词画报》第 41 期,1941 年 5 月 26 日。

④ 蒋宾初口述:《润余社成立经过》,1960 年 6 月上海评弹团档案室档案,档案第 24 卷第 24 件,上海评弹团档案室藏。

而评弹艺人之所以参与义演,有时候也是出于政府授意,"其时正值全国朝野高倡'航空救国'之际,地方当局为筹募该项基金,特令醉、沈(注:沈为沈丽斌、玉英档)二档义务奏艺,售券所得,扫数充作航空捐款,以三天为期,届时遂又风靡书迷听众,成效卓著,早在意中!……三天竣事,地方当局,各赠醉、沈以一匾额,借资纪念。赠沈者,似书以'万籁俱寂'四字,以此形容其书艺,殊见体贴。醉、沈相持二月,不分轩轾"。① 虽然评弹艺人是在政府命令之下参与义演,但是能在义演后获得政府赠予的匾额,十分难得。

评弹义演有时候也是艺人进行危机公关的工具。范雪君因受听客群体追捧,在抗战后的"弹词皇后"评选中拔得头筹,因而素有"皇后"之称,但是其与文人陆澹庵的《秋海棠》版权官司以及桃色新闻,也令她的形象充满争议,"雪君失去澹庵,那是损失太大了。但听她老头子所用的先生所编的《雷雨》和《秋海棠》一比,便可分出高下。雪君肚里墨水既少,倘无名师指示,如何能够久坐弹词皇后的宝座"。② 当评弹界人士打算为其举办"弹词皇后"加冕仪式时,范雪君机智地将加冕仪式改为了"劝募游艺大会",又主动将自己的金冠捐出义卖,"为流动诊疗车募捐之游艺大会,仍假丽都舞厅举行,预定节目精彩异常,届时决将纯金皇冕义卖云"。③ 范雪君并未醉心于颇有非议的"弹词皇后"头衔,而是利用这一机会进行义演活动,一定程度上堵塞了对她的种种非议,此事的处理方式足可见范雪君危机公关的能力。

虽然评弹艺人参与义演可能或多或少带有一定功利性目的,但是不能否认艺人参与义演,表达了自己作为社会成员的朴素情感。评弹艺人严雪亭深爱家乡昆山,"抗战胜利得悉幼年居住过的包桥乡小学毁于炮火,昆山派人去沪商请协助复校,他立即在电台播唱,向上海听众募捐,得款三千万,并于一九四八年二月一日偕二弟祥伯来昆义演三天,收入作为复校基金,并动员畅乐园场方义务供给茶水等开支。自己还另外再捐赠一笔款子购置课桌椅,作为纪念他父亲在包桥执教和自己幼年时代成长生活于斯的一片心意"。④

---

① 枫:《松陵书话》,《弹词画报》第 50 期,1941 年 6 月 22 日。

② 留海:《我谈范雪君》,《苏州明报》1947 年 9 月 14 日。

③ 横云阁主:《雪浪厅上贺词后》,《女性群像》第 7 集,1948 年。

④ 刘宗英:《弹词名家严雪亭》,中国人民政治协商会议江苏省昆山县委员会文史征集委员会编:《昆山文史资料》第 6 辑,1987 年,第 114 页。

结语

民国时期多样化的社会公益事业，在一定程度上为社会成员适应社会转型时期动荡的环境提供了帮助。评弹义演是评弹人主动参与社会事务、积极谋求社会关注与认可的重要方式。评弹义演活动过程中评弹人与政府、民众的良性互动，使得政府、艺人、捐资者、受助者均有所得，义演活动得以维系与发展。面对复杂多变的政治形势以及生活无着的弱势群体，义演过程中艺人、场东、票友、听客群体之间进行了情感与经济互动，推动了评弹人社会交往圈的形成。

Helping People in Trouble Through the Show: Study on the Pingtan Charity Performances During the Republic of China Era

Wu Qianghua; Liu Xiaohai

Abstract: In the period of the Republic of China, the society was in turmoil, and the demand of social welfare was extremely strong. In the society of Jiangnan, Pingtan working group raised money for charity, contributing their strength for political progress and charitable activities. Charity activities held in Shanghai, Suzhou and other southern cities, with participants from artists, the venue owners, radio station managers, amateurs and andience. It has distinctive characteristics of that time. The charity has significant importance in understanding between Pingtan industry development in this period as well as Pingtan and social interaction.

Key words: Pingtan, benefit performance, charity

作者简介：吴强华，上海师范大学人文与传播学院副教授；刘晓海，上海对外经贸大学马克思主义学院讲师。

发展与转型：清朝末年评弹
在上海的"畸形繁荣"

申 浩 刘 芳

　　摘　要：清朝末年，评弹在上海"畸形繁荣"，在颇具负面意味的评价之下，实质上承接了古代评弹时代的"雅"文化的尾声，而开启了评弹走入近代的"俗"文化的新时期。其所展现出的样态，实际上是传统时代江南文化所孕育出的一种文化表现形式在近代上海城市崛起中的发展和转型，亦是当时江南中心变迁的细微反映。当时，各种传统时代发展起来的戏曲文化都面临着转型的时代要求，这其中，有成功者，有失败者。这以后，评弹作为成功者中的一员，日益与上海都市相融合、相适应，成为新兴的都市文化的构成部分。

　　关键词：评弹；上海；江南；转型；变迁

　　评弹(苏州评弹的略称和通称)是江南地区的曲艺文化之花，流传数百年至今不绝，书迷无数，影响深远。在其发展史上，于上海，曾有过三次所谓"畸形繁荣"，一是清朝末年，二是二十世纪三四十年代中日战争时期，三是1945年抗战结束后直至中华人民共和国成立前。在这几个时期，评弹的发展均被视为"畸形"，这和当时人认为不合时宜有关，往往引起负面评论。即使是从今天看，一些评弹研究者从革命史观出发，也对历史上评弹在上海的这些时期的发展持偏负面的评价。但实事求是地说，无论是从评弹自身发展还是就近世江南文化变迁来说，评弹的这些"畸形繁荣"其实都有深意寓焉。

缘此,本文拟以清朝末年评弹在上海的"畸形繁荣"为切入点,①略廓这段评弹发展史,同时思考其中所隐寓的江南社会变迁意味。

一

在展开正式讨论之前,显然,我们似有必要对此前评弹的发展有一个概括认识,以便更好地从整体、宏观视角去认识这一特定时段。

如所周知,评弹作为一种说唱艺术,本是江湖艺人行当,渊源久远。自明末清初起,操吴方言的评弹已经出现。其时,正值说书艺术流行于江南地区,影响最大者为柳敬亭。② 此后,评弹说书广泛流行于江南城乡民间:"今常熟、吴江、昆山、嘉定、上海、无锡各县城隍庙俱有园亭,亦颇不俗。每当春秋令节,乡佣村妇,估客狂生,杂遝欢呼,说书弹唱,而亦可谓之名园乎?"③时间下移到清乾隆时期,苏州有评弹艺人王周士,尤擅说书,其说、噱、弹、唱并臻美妙,并留下了乾隆皇帝南巡时御前弹唱及供奉内廷的传奇故事。据说他建了祖师崇拜的三皇庙,并创设评弹行业组织光裕公所④于苏州玄妙观第一天门,以作道中互相切磋及议事之所。⑤ 王周士是文献记载中对草根化的评弹艺术进行艺术经验总结的第一人,留下了《书品·书忌》,阐发了评弹说书的经验教训,提升了评弹的艺术水准。这以后,评弹在传统时代的后期迎来了自身发展史上的第一个高峰,其中心在苏州。

从清乾隆到道光年间,苏州评弹业中的知名艺人众多,最著者有陈遇乾、俞秀山、姚豫章、陆士珍(瑞庭),被目为四大名家(在后人的评价中则称"前四名家")。此外,著名者还有陈士奇、吴毓昌、马春帆(著名评弹艺人马如飞之父)等。延至清咸丰、同治年间,从业人员更众,据光裕公所《出道录》统计,同、光年间光裕公所出道艺人总计144人。由于光裕公所对入社成员的认可标准相当严,故可想而知未能列名者当更众。这其中,具代表性的又有"后四名家"——马如飞、姚士章、赵湘洲、王石泉。"同治间,最著名者,小书有马如飞,

① 关于抗战时期"畸形繁荣"的讨论,可见拙文《斗争还是妥协?——略谈抗战时期评弹在上海的"畸形繁荣"》,《传统中国研究集刊》第14辑,上海社会科学出版社,2016年。抗战胜利后直至中华人民共和国成立前的"畸形繁荣"当另文专论。
② 徐珂:《清稗类钞》第10册《音乐类》,中华书局,1986年,第4952页。
③ 钱泳:《履园丛话》,丛话二十《园林·造园》,中华书局,1979年。
④ 民国后称光裕社。
⑤ 省一:《小掌故记弹词先辈王周士》,《弹词画报》第20期,1941年3月23日。

大书有姚士章,皆名震一时。马少读书,应童子试,所唱开篇,皆其自制,即取当时见闻,编作韵语,以寓劝戒。其调本称俞调,因先时有俞姓者创此。及马出,则合郡通行马调矣。"①以前、后"四名家"为代表,评弹发展成为传统社会中的成熟说唱艺术。

清代乾隆以后的历代评弹艺人,不断对评弹艺术进行仔细打磨,以求得自身的生存和艺术发展。如陆士珍(瑞庭)对评弹说书艺术做了经验总结,提出了"理、味、趣、细、技"五诀的艺术要求。吴毓昌,原为蒙师,后改业弹词艺人,有感于"近来弹词家专工科诨,淫秽亵狎,无所不至,有伤风雅,已失古人本意",对《三笑》一书进行改编和润色。"后四名家"中的马如飞影响最大,留下了很多传说和轶事,时人称之为江湖才子,他与很多士绅人士人有交游,是评弹艺术在传统社会中脱俗入雅的代表人物。总体上看,在传统精英文化的影响下,为了迎合社会上层对评弹艺术的认可,苏州的评弹艺人不断对原本粗鄙的说唱脚本进行改编、创作,使之更加脱俗入雅,以获得社会主流文化的允准。从当时评弹的演出内容看,后世评弹演出的主要传统书目如《隋唐》《水浒》《金枪》《三笑》《玉蜻蜓》《白蛇传》《岳传》《济公传》《双珠球》《文武香球》《三国》《英烈》《五虎平西》《落金扇》《描金凤》《大红袍》《九丝绦》《金台传》《珍珠塔》《倭袍传》《双珠凤》《东汉》《西汉》《七美缘》等②都已陆续定型。

从唱腔上来说,评弹之中的弹词,最早问世之时,在曲调上的变化并不多,只有一个基本唱腔"书调"。③乾隆以后,唱腔开始多样化,先是形成了一个用本嗓演唱、有较大影响的流派,即陈遇乾的"陈调";至嘉庆、道光年间,出现了一个以假嗓为主的俞秀山的"俞调";咸丰、同治年间,又产生了用本嗓演唱的马如飞的"马调"。④弹词唱腔的发展是当时评弹趋于成熟的反映,这一时期,苏州方言腔在江南范围内成为弹词的正宗腔调。⑤

① 《茶香室三钞》卷23《委顺子说书》附录,转自谭正璧、谭寻搜辑:《评弹通考》,中国曲艺出版社,1985年,第394页。
② 周良:《苏州评弹的历史》,《评弹艺术》第4集,中国曲艺出版社,1985年,第210页。
③ "江南的苏州弹词则始于明末(也称'南词'),它的脚本是七字句的韵文,其格律受诗的影响很大,因此在演唱时显然是吟诵诗赋的腔调。后经艺人的不断加工,吸收了民间小调等因素,逐渐形成了一种独有的、宜唱韵文、出口顺流、上起下落、无所束缚、而又能自成段落的'书调'。"杨德麟:《蒋调》并非"马调"旁支》,《评弹艺术》第2集,中国曲艺出版社,1983年。
④ 同上。
⑤ 参见盛志梅:《试论清代弹词的江南文化特色》,《江淮论坛》2003年第1期。

综合而言,最终到 19 世纪中叶前,已经相当成熟的评弹艺术以光裕公所为标识,构建了以苏州为中心,通过艺人"跑码头"的方式向周边江南城乡①传播的稳固格局,有所谓"千里书声出光裕"之说。② 这种以苏州为中心的印象传之后世,深入人心:"因为说书的演出上应以苏州白为标准,所以说书业中人多数是苏州人,即使不是苏州人的话,也必以能说熟烂的苏白为条件。说书之于苏州,犹之平剧之于北平,说书人便多数荟萃于苏州了。"③

而同时期评弹在上海有何呈现呢? 可以说,适与评弹在苏州的发展呈鲜明反差,表现十分边缘化,所留下的文献记载十分匮乏,时间上也较为滞后。可以追溯的、文献记载中上海城市最早的茶馆书场,要到 1859 年前后才出现。④ 现存罕见的地方文献记载中所呈现出的相关行迹,如杨光辅《淞南乐府》中反映了清嘉庆年间盲女弹词在上海地区鬻艺情况,⑤也都与以苏州为中心地区的评弹表现格格不入。而在传统时代,盲女弹词不仅从未被以苏州为中心的评弹业视为同道,而且被视为异端,大加排斥和打压。

二

正是在上述前提下,清朝末年,评弹在上海城市中迎来了一段"畸形繁荣"的发展时期,令人惊异。从今人的立场回溯,我们显然可以比较清晰地看到,这一"畸形繁荣"或可划分为前后两个阶段,在时间上略有交错:

---

① 就当时评弹活动的大体空间范围而言,"所到之处,不过浙西之嘉、湖,江苏之苏、松、常、太等"(乡下人:《说书闲评》,原载《小说霸王》,第 57 期,1919 年,转引自周良编著:《苏州评弹旧闻钞》,江苏人民出版社,1983 年,第 195 页),正对应于明清时期狭义上的"江南"概念,或可说是大江南中的"核心江南"。

② 自光裕公所成立之后,以苏州为中心的评弹艺人逐渐把说书视作苏州的专利,只有苏州人说书为正统的"道中",而苏州以外的人说书则被视为"外道",并禁止其在苏州说书。清代光裕公所对苏州地区评弹同业之间、师徒之间、长幼之间、同业与外道之间、同业与女艺人之间,甚至评弹说唱的内容、艺人生意往来等等都作了具体的规范,通过"父训其子,兄诫其弟,师教于徒,叔授于侄"的途径,试图营造一个长幼有序、内外有别、男女有别的行业格局。

③ 香客:《评话、弹词小序》,《苏州日报》1948 年 12 月 11 日。

④ 据《王韬日记》(中华书局,1987 年,第 79 页)卷 2,咸丰九年(1859)二月十九日记:"酒罢,往陆氏宅听讲平话。是地系陆深旧居,俗呼角端。今其子孙式微,以其宅为茶寮矣,殊可慨也。"陆深旧居,位于清代上海县城内城隍庙附近(今人民路内圈)。

⑤ "淞南好,无处不欢场。盲妇颤声摹荡妇,伴娘炫服赛新娘,赚煞少年郎。"其注云:"弹词盲女,近更学勾栏小调,浓妆坐茶肆卖唱,少年财赠缠头。"张春华、秦荣光、杨光辅:《沪城岁事衢歌　上海县竹枝词　淞南乐府》,上海古籍出版社,1989 年,第 175 页。

首先是女弹词作为洋场奇观的盛极一时。

清代道光、咸丰以来,在苏州地区受到排斥和打压的女弹词艺人避地上海①,开启了评弹在上海城市中演出的"显史"阶段。阿英已指出:"女弹词是起于常熟,初盛于苏,被禁而后发展至沪,也逐渐地由'盲女'发展到'非盲女'",经历了由盲女弹词向非盲女弹词的转变。② 太平天国战事期间,散处江南各地的更多女弹词开始转进上海租界,并在战事结束后于上海租界落地生根:"盖有由来习此技者,其人如玉其书满家,游历各方,迄无定所。以近日侨居上海者为最多,名曰女先生。所说之书不外乎《白蛇传》《倭袍传》《玉蜻蜓》《双珠凤》《落金扇》《三笑缘》。"③据说,同治年间,女弹词朱素兰率先在上海建了专门演出弹词的书场,开始涉及市场,社会影响扩大。此后女艺人纷纷来沪,一时书场林立,从业众多,去书场听书成为沪上女性市民的一大嗜好。同时,女弹词在上海也成立了自己的行业组织。同治、光绪之际,女弹词于上海租界中盛极一时。王韬《淞滨琐话》:"沪上词场,至今日而极盛矣,四马路中,几于鳞次而栉比。"④陈无我《老上海三十年见闻录》:"清光绪间,四马路一带书馆林立,然座场宽畅,歌妓最多者,群推天乐窝为第一。"⑤何荫柟《钮月馆日记》:光绪十四年八月廿五日,四马路"一带皆茶室书楼以及酒肆珍味。每至下午,游人如织,士女如云,间以马车东洋车,东西驰骤,声彻云霄;而入夜则电气灯自来火,照耀如白昼,真如不夜之城,靡丽纷华,至此已极"。⑥《沪游梦影》中甚至将到书场欣赏女弹词说书列为当时游览上海必经的"八事"之一。⑦沪上女弹词生涯之鼎盛,甚至使得同期评弹男艺人在上海的演艺生涯颇受阻碍,如《镜影箫声初集》中记称:"迩年沪上女弹词盛行,粉黛登场,名花满座,俞

---

① "道、咸以来始尚女子,珠喉玉貌,脆管么弦,能令听者魂销。"王韬:《瀛壖杂志 瓮牖余谈》,岳麓书社,1988 年,第 176 页。

② 详细源流,可参阅阿英:《女弹词小史》,载《阿英说小说》,上海古籍出版社,2000 年。

③ 《说书女先生合传》,《申报》1872 年 5 月 17 日。

④ 王韬:《淞滨琐话》卷 12《沪上词场竹枝词》,重庆出版社,2005 年,第 252 页。

⑤ 陈无我:《老上海三十年见闻录》,上海书店出版社,1997 年,第 46 页。

⑥ 何荫柟:《钮月馆日记(稿本)》,载《清代日记汇抄》,上海人民出版社,1982 年,第 352 页。

⑦ "盖英界为沪上之胜,而四马路又为英界之胜,是以游人竞称四马路焉。而余之游沪,以四马路会归外,更有八事焉:戏馆也,书场也,酒楼也,茶室也,烟间也,马车也,花园也,堂子也。"池志澂:《沪游梦影》,上海古籍出版社,1989 年,第 156 页。而女弹词之盛,甚至引来了当局干涉:"昨报登沪北女弹词馆,年盛一年,近西洋领事,以各铺学徒往往被其所迷,流连不返,遂商之道宪,请为查禁。道宪允之,已据情照会,值年首领法总领事矣。"《查禁书场记》,《申报》1886 年 12 月 9 日。

调马调外，或京腔、或广腔、或梆子腔，角胜争奇，一新耳目。而男弹词遂嗟沦落糊口无门。不得已，以莲芗从胡月卿游，俾习南词。"①可惜的是，光绪末年以后，沪上女弹词彻底放弃了作为弹词表演者的纯粹角色，由卖艺转而卖身，日益与妓女混同，湮没于芸芸众妓之中，最终于民国初年销声匿迹。

代女弹词时代而起的是以男艺人为主导的时期，这其中，又主要以光裕公所和润裕社（或写作润余社）两个评弹行业组织的活动为代表。②

就光裕公所而言，之前主要是以苏州为活动中心，除了太平天国战事期间外，可说是很少涉足上海。③直至清朝末年，光裕公所艺人往来上海的行踪才开始变多。民国年间《说书杂志》载："及后京沪路告成，苏沪之交通，日益便利，说书者之就食于沪滨也，亦日多。惟当时之来沪者，大都负有极富之学识，与乎极著之声望者，否则不敢轻于离苏也。而沪上之茶肆中，附设书场者，亦有一日千里之势，于是争先恐后的往苏聘请。被聘来沪者，更多知名之说者。盛行于苏城之说书一技，遂占得上海之地盘矣。而上海人士之听书经验，亦日富。说书势力，更是逐渐伟大矣。当时最享盛名之书场，厥惟宝善街上之飞丹阁，四马路上之汇泉楼与绅园，及城中之康园等。"④很快，上海"所有比较显面的场子，都操纵在少数当时光裕社的'响档'手里，虽无明文规定，垄断却是事实"。⑤光绪三十二年（1906）《光裕公所改良章程》亦有了关于艺人到上海说书的约束性行规。⑥

润裕社，1908年始成立于上海，最初在城隍庙松鹤楼设立茶叙处，作为艺

---

① 问潮馆主人署检：《镜影箫声初集》，光绪十三年，上海图书馆藏。
② 此外，在清末民初，上海的说书人组织除了润余社，还有宽裕社、同义社，只是存在时间不长，从业人员也比较混杂，入社者还有魔术家、唱滩簧者、滑稽相声、独角戏等，故而影响也不大。参见虞凤：《书场麈话》（二），《红玫瑰》，1931—1932年第7卷第15期，上海世界书局印行。
③ 弹词艺人姚荫梅曾回忆称，清朝咸同年间，苏州光裕公所的四大名家马如飞、姚士章、赵湘洲、王石泉都曾来上海演唱过，但当时他们来说书，每每借座邑庙或租界的茶楼、临时搭台献艺。姚荫梅：《弦边琐忆》，《戏曲菁英》（上），上海文史资料选辑第61辑（戏曲专辑），上海人民出版社1989年，第254—255页，258页。
④ 夷则：《说书界上之小掌故》，吴苛尘主编：《说书杂志》第1卷第1号，鼎鼎编译社，1930年5月。
⑤ 蒋宾初口述：《小辈艺人打进了上海》，《评弹发展史》，1960年6月，上海评弹团档案第24卷第24件，上海评弹团档案室藏。
⑥ "凡岁底会书，司年派做，勿得违误，有事请人代做，不到者罚。不准赴申，以十二月二十日为限，过期罚，别处生意不妨，不准会书。"《南词必览》，《评弹艺术》第13集，新华出版社，1991年，第167—168页。

人谈生意、联络之处。① 作为外道人员组成的说书团体，②润裕社是清朝末年评弹说书行业中能在上海与光裕公所竞争的唯一新兴势力。至民国初年前后，两个评弹社团组织已在上海构成了分立的态势："本埠各茶肆向有雇人演唱弹词以及讲说演义等书，向分光裕社、润余社两帮。"③在上海之外，"光裕社的社员，差不多每年发展在江苏各地，润余社则在浙江几县发展"，似也有领域划分。④

主要是在这两个评弹社团组织的活动之下，构成了清朝末年评弹在上海"畸形繁荣"的后一阶段：

> 光绪末年，上海的书场业盛极一时，日场有早晚二场，夜场分早中晚三场。开书时间因地而异，早晚之分也无非是迎合地区听客的习惯而已。
>
> 早日场以城隍庙为多，如群玉楼、得意楼、柴行厅、船舫厅等等都是，因为庙内听客以老年人居多，饭后的吃茶听书为一乐，即使有外客到来，也大都尊重了老听客的习惯。
>
> 晚日场都在城外，当时有汇泉楼、品乐园、祥春园、乐也聚来厅、一言楼、一星社等等。
>
> 早夜场则在南市与城内居多。如福佑路康园、三牌楼、青泉楼、猛将堂、南市龙泉楼、十六铺天宝楼等处，大都在六点半到七点左右开书。
>
> 城外独多中夜场。石路上仁和楼上有一家书场万云楼，吴宫饭店原址的明园、汇泉楼、汇泉楼隔壁弄内有一家聘乐园，五马路大新街上有桂芳楼，对面有祥春园，二马路乐意楼，大马路一星社、三马路同乐园，吴家宅对过有留春园，大都在夜间九点到九点半左右开书。

① 蒋宾初口述：《润余社成立经过》，1960年6月，上海评弹团档案室档案第24卷第24件，上海评弹团档案室藏。或称润裕社，以下除引文中外，均统称为润裕社。
② 所谓外道，泛指未加入光裕公所的评弹艺人。润余社的成员主要是苏州之外的"上海、海宁、常熟等地外道说书先生联合起来的行会组织，队伍不大，以'五虎将'起家，老本没有，以'说野书'取胜，'野'者，非正宗也，光裕社老夫子们是瞧不起的"。顾锡东：《听书话旧录（上）》，《评弹艺术》，第30集，第126页。其中也有一些是被苏州的光裕公所因各种违反行规原因开除的，如润裕社发起人之一的谢少泉，本就是因违反苏州光裕社规定而被开革出的。
③ 《民立报》1912年2月9日第六页，转引自上海社科院历史所编：《辛亥革命在上海史料选辑》，上海人民出版社，1981年，第671—672页。
④ 冰子：《泛论弹词的演变》，《苏州书坛》1949年4月11日。

留春园对面的飞丹阁，经常在夜十一时开书，所请艺人有嗜好的居多。另外如王绶卿所做的晚夜场要在十二点半才开书，当时的听客也是老枪占多数。

当时从南京路到六马路之间共有大小书场近四十家之多，真的谓店多成市，居然每家书场都有"坐庄"听客，可见旧社会里有闲阶级之多，也正好说明了生产是怎样的落后了。①

此时评弹在上海的"畸形繁荣"，予人印象最突出的就是"书场林立"："清朝末年，上海的书场业更是畸形的发展，东一家，西一家，数不胜数"②，"三四马路大新街附近一带以及南市城隍庙等处，简直是五步一家，十步一处，到处悬挂着书场灯笼与招牌，这情形一直维持到上海旅馆业的兴起"③。评弹书场遍及上海的华、洋两界。④

三

清朝末年评弹在上海的"畸形繁荣"，是一种不合时宜或不正常的现象吗？

若从大历史的视角看，清朝末年正是中国历史上一个充满了大事件的时代，一个由革命、复辟、政争、爱国运动、文化运动、战争交织的年代，革命思潮、社会思潮风起云涌，从传统时代延续而来的旧文化作为落后因素受到了猛烈抨击。诞生于传统时代、传统文化的评弹也成为时议的对象。如清朝末年女性觉醒突出，倡导女界革命是潮流之一，时人就注意到了书场中的弹词的社会

---

① 唐凤春口述:《清朝末年的书场业》,1960 年 6 月,上海评弹团档案第 24 卷第 24 件,上海评弹团档案室藏。
② 蒋宾初口述:《小辈艺人打进了上海》,《评弹发展史》,1960 年 6 月,上海评弹团档案第 24 卷第 24 件,上海评弹团档案室藏。
③ 唐凤春口述:《从一档独做演变为数档越做》,1960 年 6 月,上海评弹团档案第 24 卷第 24 件,上海评弹团档案室藏。
④ "当逊清宣统初元,上海书场之多,全埠有八九十处,诚可云空绝前后矣。只就城隍庙之豫园一隅而论,有钱粮厅、鹤汀、柴行厅、第一楼、船舫得月楼、春风得意楼、杏花听雨楼、群玉楼、集贤楼,连同东园门外之猛将堂,共有十家。""租界方面,当时书场,皆开设在洋泾浜北、南京路南,东以昼锦里为界,西迄云南路为止,其重心点,则寄于大新街石路两道之间,如胡家宅有飞丹阁、榴春园,三马路有熙春台,五马路有一言楼、祥春园、万云楼,石路有小云台、明园、汇溇楼,荟芳里有聘乐园,山西路有申园等十余家。若大马路北,五龙日升楼后面之一新社,新闸路之凤鸣台等,均已不算轩冕场子者。"一丁:《说书闲话》,《红玫瑰》,1931—1932 年第 7 卷第 8 期,上海世界书局印行。

意义和"弊端",①倡导弹词改良,出现了《二十世纪女界文明灯弹词》《法国女英雄弹词》等作品。这一时期迎来了一股弹词小说改良的潮流,当时其他内容体裁的作品还有《庚子国变弹词》《猛回头》《醒世缘弹词》等。这与评弹传统书目截然不同,其初衷却是为了让艺人以之作为脚本广为传唱,反衬出当时文化精英对评弹现状的不满,视之为"此社会所以堕落也"。② 因此,说这一时期评弹的繁荣是"畸形",非空穴来风。

但是,若从评弹自身整体发展史的微观视角去回顾,显然并不能如此简单认定。较之其传统时代,此一时期评弹在上海的表现却是自身事业的又一次大发展。

第一,从评弹艺人方面看,一是女弹词的出现亦是评弹影响力扩大的表现和一种推动力量。虽然这一时期女弹词的发展最终走上了歧途并趋于消亡,但经由她们的舞台呈现,毕竟对评弹传播影响力扩大有积极意义。举一个最突出的例子,女弹词时期开了评弹与近代纸质新媒介结合的先河。女弹词能如此盛行于晚清上海都市中,同时期租界中新兴的近代新闻传媒的揄扬之力不可轻视。③ 如《申报》创刊后曾在申报馆工作的几个华人知识分子钱昕伯、黄式权、袁祖志、蔡尔康等,都积极在《申报》上运用竹枝词这种文学形式④反映上海城市和社会的变化,带动了晚清时期竹枝词创作的流行,当时很多竹枝词都渲染了租界中女弹词的风貌。⑤ 对女弹词的赏鉴,既满足了处于没落阶段的士大夫阶层对以往的典雅生活的想象,也客观上传播了评弹的影响。同时,若从后世评弹女艺人的曲折发展来看,也未尝不可说是未曾受影响、承继于此时期的女弹词。民国初年,依然有个别女性说书人坚持在书场舞台上,并最终在 20 世纪 40 年代迎来了评弹女艺人的复兴。二是润裕社在上海的成立,打破了光裕社的垄断格局,客观上破除了传统时代血缘性和地缘性障碍,

---

① "方今社会,无论何等人,均竞尚弹词小说。以沪上论,不下数百处,而弹词尤为妇女所信用。……然其书不过《三笑姻缘》《落金扇》等淫奔苟合之事,而美其名曰才子佳人,使听者目眩神移,传为美谈,转相仿效,此社会所以堕落也。故改良弹词,不啻编一女学教科书。"《二十世纪女界文明灯弹词》"弁言",转引自谭正璧、谭寻搜辑:《评弹通考》,中国曲艺出版社,1985 年,第 94 页。

② 同上。

③ 可参阅安克强:《上海妓女——19—20 世纪中国的卖淫与性》,袁燮铭、夏俊霞译,上海古籍出版社,2004 年,第 75 页。

④ 参熊月之主编:《上海通史》第六卷《晚清文化》,上海人民出版社,1999 年,第 504 页。

⑤ "迩来竹枝、柳枝之词,述者甚多。"王韬:《瀛壖杂志 瓮牖馀谈》,岳麓书社,1988 年,第 183 页。

有利于评弹艺术的传承与发扬光大。据评弹老艺人姚荫梅回忆："上海有评弹同业组织的'润余社'，虽然成立较苏州的'光裕社'为晚，但社中颇多书艺精湛的佼佼者，而且重视团结，互相帮助，并有一些编写新书的杰出人才，这就为评弹能在上海迅猛发展提供了内在因素。"①润裕社出现后，评弹艺人中便有了所谓的"苏道"和"海道"之别，双方于上海同台鬻艺，有了竞争，对峙了 30 多年，成为民国以后评弹所谓"海派"风格的发端。

　　第二，从评弹欣赏者方面看，在传统时代的苏州，女性走入书场听书是受禁的，而在清朝末年的上海，一大新变化就是女性开始走入各书场听书，并渐成常态。如清末《申报》报道："沪城邑庙春风得意楼茶馆，自新正元旦以来，容留妇女品茶，兼有弹唱淫词小曲。"②虽然当时女性抛头露面于公共场合仍会不时受传统保守势力的限制，但这主要发生在华界，而在上海租界中，由于特殊的环境，传统保守势力的侵蚀相对无力，故而女性出游、看戏、听书活动渐成租界公共生活的常态。如《老上海三十年见闻录》有记，"苏人以评话为大书，弹词为小书，大致如柳敬亭一流人物。某年，宝善街同义楼牌悬沈某说《精忠传》。第一日听客满座，约百余人，半皆妇女"。③ 清末的《图画日报》图文并茂地描摹了女性于书场听书的场景，其配图文字称："书场另有女座，凡小家荡妇、富室妖娃、公馆之宠姬、妓寮之雏妓，莫不靓妆艳服，按时而临。听至解颐处，一笑回头，眼波四射。……此种书场，英界三四马路之间，所在多有。最著名者为飞丹阁、留春园、乐琴轩、一言楼、明园等数家。"④直言之，艺术要发展，离不开欣赏者的增加，故而女性欣赏者的出现对评弹市场而言是一种扩大，自然构成评弹发展的又一大推动力。

　　第三，从评弹演出内容方面看，一是由于受传统社会统治者意识形态的约束，有不少评弹传统书目在传统时代的苏州地区为官方所禁，视为淫词、禁书，却在上海获得了演出呈现的空间。如清末《申报》上屡见关于评弹艺人于书场说唱禁书《倭袍》《描金凤》《三笑》《双珠凤》《玉蜻蜓》《水浒》等的报道。⑤ 作为

---

① 姚荫梅：《弦边琐忆》，载《戏曲菁英》（上），上海文史资料选辑第 61 辑，1989 年 9 月，第 251 页。

② 《整顿风俗》，《申报》1898 年 1 月 29 日。

③ 陈无我：《老上海三十年见闻录》，上海书店出版社，1997 年，原上海大东书局，1928 年，第 46 页。

④ 《图画日报》第 2 册《上海社会之现象·妇女听书之自由》，上海古籍出版社，1999 年。

⑤ "邑庙豫园第一楼、船舫得月楼、春风得意楼、群玉楼均有弹唱《倭袍》《玉蜻蜓》《三笑》《双珠凤》等违禁之书。"《密查弹唱淫书》，《申报》1906 年 11 月 3 日。又如《禁唱淫书》，《申报》1894 年 3 月 10 日；《整顿风化》，《申报》1901 年 12 月 24 日。

后世评弹代表性书目的《玉蜻蜓》一书,因为事涉明代大学士、苏州人申时行,犯了苏州巨族申氏家族的忌讳,在以苏州为中心的江南一带屡被官府示禁,①却有评弹艺人谢少泉、丁少坡置苏州地区之禁令于不顾,于上海英租界四马路西胡家宅名玉楼书场演出,"每晚演唱时,座客常多至二百余人"。② 而《申报》上连篇累牍的示禁报道,恰恰反映出了所谓"淫词""禁书"在上海的屡禁不止。从今天看,这些所谓"淫词""禁书"都是评弹艺术中的经典书目。二是各种新的与时代更贴合的书目在不断创作涌现。这方面,创作热情最高的是成立于上海的润裕社的艺人,可以想见,为了与光裕公所的艺人展开竞争,他们必须不断出新,标新立异,以树立品牌。清末民初前后,该社艺人程鸿飞就以善编新书著称,他以新的时代思想为驱遣,曾经演讲《私密使者》及《情网》等新小说,且时常以新出现的科学语言为穿插资料。③ 从清朝末年到民国初年,润裕社的艺人先后创作了不少新书,流传下来的经典书目颇不少,有评话《张汶祥刺马》、弹词《杨乃武》、评话《岳传》、评话《三国》等。④ 新书目的增加自然是评弹艺术发展的标识和题中之义。

第四,从评弹演出场所方面看,研究者已有共识的是,在此之前传统时代的苏州,评弹经历了由露天书场到私人堂会及茶馆书场的转变,当时评弹艺人的表演具有一定的附属性,可说是茶馆卖茶之外的兼业。而在"畸形繁荣"的上海,作为评弹主要演出场所的书场,正在经历着由以鬻茶为主、兼营说书的茶馆书场向专营评弹说书的专业书场(也称清书场)过渡。据弹词艺人吴君玉回忆:"评弹在我们前两代最兴旺。我亲眼看到龙园书场翻三翻,开始是瞎子说书的茶馆书场,后来茶馆与书场分开变成单独的书场,后来书场又翻造。书场发展是评弹大发展的结果。"⑤其实,早在前期女弹词鼎盛时期,与传统的茶馆书场相比,四马路一带的女书场已经有了明显的改观。当时的中外旅人大都对女弹词演出场所的富丽堂皇和规模有深刻印象:"福州路的茶馆都是大型的娱乐场所。每个茶馆都占据了整个一幢房子,从一楼到四楼,简直就是茶的

---

① 《论报纪姑苏申宦后人禀请禁唱玉蜻蜓弹词事》,《申报》1898年2月28日。
② 《禁唱淫词》,《申报》1899年6月9日。
③ 《说书偶话(二)》,《申报》1925年3月22日。
④ 曹汉昌同志的发言,见闻炎记录整理:《回顾三、四十年代苏州评弹历史》,《评弹艺术》第6集,中国曲艺出版社,1986年,第246—252页。
⑤ 苏州市评弹研究室编印:《三、四十年代评弹史料专辑》,苏州评弹史料之七,1983年内部资料,第11页。

宫殿。"①这以后,适应评弹市场的繁荣,邀聘男艺人演出的专业书场纷纷出现,如豫园城隍庙地区的得意楼、柴行厅、坡鹤厅等,以及租界区福建路上的汇泉楼等。② 专业书场的出现是评弹事业发展的表现,同时它也对评弹艺人的表演提出了更高的要求(从辅助角色变成了主角)和挑战,驱动评弹艺人去磨砺自身艺术水平。

第五,从评弹书场演出形式安排看,"从前上海各书场和苏浙内地一般的不论日夜,都只有一档书,时间很长,须说足一个半钟头,所以在中间来一次'小落位',休息一下。后来开设在租界上的书场,就连续着有两档或三档的"。③ 在清朝末年的上海,因"畸形繁荣"的需要,书场中开始出现了两档或三档评弹艺人同场演出的现象。同一个书场中同时有多位评弹艺人同台表演,一是增加了对评弹从业人员的需求,有利于评弹艺人队伍的扩大;再则,几档节目轮流表演,客观上就有了比较,亦增加了评弹艺人间的竞争,同样迫使艺人去提高自己的艺术水平,琢磨书艺。评弹在发展,多档艺人同场演出的情况日渐增多,后来渐成民国以后直至今天评弹演出的主要形式。

第六,评弹本有评话和弹词之分,从上面的引文中我们可以注意到,进入上海后,从清朝末年开始评弹中的评话与弹词的需求随之出现消长变化。很明显的是,上海的市民更加喜爱弹词。究其原因,一是,上海的欣赏者以商业人口为主,这不同于传统时代的苏州。正如评弹艺人曹汉昌回忆称:"评弹以前的听众劳动人民居多,主要是评话兴盛。"④这显然和评弹在传统时代所面对的农业社会特性有关。二是,如前已述,增加了很多女性欣赏者,从性别特点来说,女性更喜欢以言情为特长的弹词。由于弹词的受欢迎,有越来越多的弹词艺人到上海演出,又促进了弹词唱腔的发展。除了基本上延续了传统的"俞调""陈调"和"书调"外,当时已多采用新兴的"马调""小阳调"。其中,小阳

---

① 王维江、吕澍辑译:《另眼相看——晚清德语文献中的上海》,上海辞书出版社,2009 年,第 184—185 页。

② 倪萍倩:《上海书场发展概况》,载苏州市评弹研究室编印:《三、四十年代评弹史料专辑》。

③ 百批:《书坛小常识二十二:小落位》,《弹词画报》第 46 期,1941 年 6 月 10 日。百批即评弹老艺人张鸿声的笔名。对此,别的评弹老艺人也指出:"评弹先是评话兴盛。鸦片战争后,出现了'五洋帮'(指卖五洋杂货的商人和店员),喜欢听弹词,出现了新式书场。(新式书场,大多是花式场子,即每场要有两档或三档弹词,一档评话。)新式场子弹词多,因此'弹词'兴起来了。"参见曹汉昌同志的发言,引自闻炎记录整理:《回顾三、四十年代苏州评弹历史》,第 246—252 页。

④ 苏州评弹研究室编印:《三、四十年代评弹史料专辑》,第 11 页。

调介于马调和俞调之间,真假嗓并用,以本嗓为主,短腔多,长腔少,爽利清脆,系由弹词艺人杨筱亭首唱,为近代弹词的先声。① 可以认为,这为民国以后弹词唱腔流派的大发展奠定了历史基础。

第七,从评弹技艺方面看,在清朝末年的上海,艺人们也在不断尝试创新。其中之一是,评弹原先侧重于"说、噱、弹、唱"四技,并无"演"之说,进入上海后,受清朝末年戏曲繁荣,尤其是京剧南下发展的影响,为了吸引欣赏者,逐渐增加了"演"的成分,遂发展出"说、噱、弹、唱、演"五技。其中之二是,当时上海百戏杂陈,受京剧影响,为了生活,有一些曲种在中小码头的茶馆化装演出,逐渐形成了地方剧种,搬上舞台,如上海的"本滩"改称为"申曲",无锡"滩簧"更名为"常锡文戏"。追随这种潮流,评弹也出现了一种所谓"书戏"的创新,由艺人分饰不同角色表演,尝试戏剧化。"它始于清光绪卅四年。当时上海五马路桂芳楼书场场东,名叫朱老四,亏了本,无法弥补,到苏州光裕公所,恳求光裕公所的负责人朱耀庭、叶声扬相助。商量再三,由朱老四回上海借一剧场,演出'书戏'。"② 这次的演出大获成功,之后,书戏(后又称化装弹词)③成为评弹艺人一种非常态的保留表演形式,一直延续至今。

四

行文至此,再进一步,若我们将评弹的"畸形繁荣"放到所处社会变迁的大背景下观察,则又可看出其背后体现的两个层面的衍变,这正是一种与时俱进。

首先,这是江南中心变迁的细微反映。

明清时期,苏州作为东南地区的中心城市迅速崛起,商业经济和文化教育相互促进,推动了以苏州为中心的江南社会发展。从消费娱乐文化方面看,是以苏州为中心的江南戏曲文化消费的繁荣。据张瀚《松窗梦语》:明万历初年,苏州从事戏剧职业"一郡之内,衣食于此者不知几千人矣"。与之相较,即

---

① 见《评弹艺术》第 14 集,江苏文艺出版社,1993 年,第 66 页。
② 倪萍倩:《书戏》,载《评弹艺术》第 7 集,中国曲艺出版社,1987 年,第 221—227 页。
③ "三十年代,民国十年左右上海的较好书场,均为名家所占,部分艺人,为糊口计,由夏莲君发起,把'书戏'易名为'化装弹词',组成班子,把长篇弹词编成连台本戏,或抽其中的关子书作为折子,演出于大世界游艺场。……假使这'化装弹词'能长期演出,也许能把评弹转化成为剧种。"引自同上。

使是当时上海地区的中心城市松江,据范濂《云间据目抄》,晚明时"松江又争尚苏州戏,……而本地戏子,十无二三矣",亦反映出以苏州为中心的江南戏曲文化辐射影响。清代乾隆以后,苏州作为"天下四聚"之一,经济繁荣、文化发达,戏曲文化消费亦更形发达。龚自珍《书金伶》载清高宗南巡时"苏杭扬三郡戏班有数百部"之多。更夸张的是,乾隆时胡文伯为江苏巡抚,曾禁闭戏馆,引起怨声载道,因为"金阊商贾云集,宴会无时,戏馆数十处,每日演剧,养活小民,不下数万人","苏郡五方杂处,如寺院、戏馆、游船、赌博、青楼、蟋蟀、鹌鹑等局皆穷人大养济院,一旦令其改业,必至失业,且流为游棍、为乞丐、为盗贼、害无底止矣"。[1] 在这样的时代背景下,以苏州为中心的评弹发展,自然就是一种必然选择。

而上海开埠后,开始改变以往上海在江南地区的边缘化格局或位置,甚至成为整个中国直面前所未有大变局的前沿窗口,领风气之先。租界的出现,等于在传统的江南社会中扎入一根异质的"楔子",客观上为传统社会中非主流的各种戏曲文化提供了更加宽松的滋生土壤。与之先后,太平天国战事在苏、锡、常等江南核心地区的破坏性行为,又直接造成了江南地区传统格局的骤变。咸丰十年(1860)太平军攻克苏州后,对苏州造成了极大的破坏,彻底改变了原有的以苏州为中心的江南社会生态。此消彼长,苏州的江南中心城市地位渐渐衰落,[2]而上海则承继而上,其作为近代江南乃至全国中心城市地位日益崛起。评弹在上海的"畸形繁荣",适逢其时,显然正是这一江南中心变迁的细微反映。

其次,顺应江南中心变迁,评弹的文化内涵正处于由"雅"趋"俗"的转型中。

细观评弹的早期发展历史,可以发现评弹最初主要存在于社会下层之中,栖身于市井及庙会节庆中,与各类民间戏曲合流,是一种相对乡土的俗文化。在清代乾隆以后,评弹扎根苏州城市,其主流部分(光裕公所)为求生存和发展,开始经历由俗文化向"雅"文化的趋近。此所谓"雅"指的是符合传统社会

① 顾公燮:《消夏闲记选存》,吴中文献小丛书,江苏省立苏州图书馆,1940 年 3 月,第 14 页"抚藩禁烧香演剧"条。
② 包天笑在《钏影楼回忆录续编》(山西古籍出版社、山西教育出版社,1999 年,第 735 页)中曾对辛亥革命后这种此消彼长的变化有所论述,注意到了苏州的衰落:"可是自从辛亥革命以后,苏州渐渐有退化的现象。为的是西化东渐,有一个'强邻'虎视眈眈在你侧,那就是上海。"

主流价值观念的审美取向,正所谓"至是而风气始变,向之不为人重视之说书业,乃渐获高人雅士之青睐矣"。① 当时的很多知名评弹艺人,都流传有在士绅文人帮助下"雅"化说唱脚本的轶闻或故事。正在这种"雅"的训导下,无论是主动还是被动,②以光裕公所为主体的评弹表现逐渐趋向于一种驯服于传统时代主流价值观念的文化形态。

清朝末年,当各种传统戏曲文化进入异质化的上海城市后,其所受到的传统束缚及所面向的主要欣赏对象,都与传统时代大不一样,沪人对戏曲文化的欣赏趣味也大不同。就以风靡明清江南社会的昆曲"雅乐"(其"雅"更胜于评弹)为例,在清朝末年的上海却已受阻,"沪人不喜听昆腔,而弋阳等调粗率无味,不如昆腔远甚。今昆腔之在沪者,不过大章班而已"。③ 这正表明,近代上海城市发展中的消费娱乐文化日益表现出"俗"的趋向。当然,这里所谓的"俗",并不是指传统时代的乡土之俗,而是指在西方近代文明浸染下出现的近代新市民欣赏趣味之俗。正是为了适应这种改变,评弹出现转型,即由"雅"趋"俗"。对于这一由"雅"趋"俗"的过程,安克强在研究19世纪晚期的上海时其实有所涉及。他在书中指出,"书场,连同戏院、茶楼和妓院,是文人学士消遣时乐意去的地方。在中国的城市里,休闲活动的形式是相当有限的。在书场里,文人学士感受到了一种远离其他平民并适合讨论和聆听音乐的友好氛围"。④ 他这里所说的"书场",正是前期女弹词的演出场所。安克强认为,当时,书场、戏院、饭馆、茶楼和高级妓院一起,成了中国上流人士的休闲空间。据笔者的理解,这意味着在转型之初,女弹词书场正好满足了处于没落中的旧式文人的"雅"趣味。而对于女弹词书场的消失,安克强又认为,是在戏院向所有人开放并成为无特色的普通演出场所时消失的。这背后所反映的,显然又是一种近代新市民之"俗"文化消费流行开来后的结果。只是,安克强只看到了仍在承接传统"雅"文化的女弹词书场的消失,而未能留意到随着后期评弹男艺人的纷纷涌入而开启的面向近代市民大众的"俗"文化之崛起。

① 省一:《小掌故记弹词先辈王周士》,《弹词画报》第20期,1941年3月23日。
② 如道光十九年十一月三十日,江苏巡抚裕谦出示"严禁九条"以正人心、厚风俗。其中就涉及与评弹相关的规训:"一不准开设女茶馆。一男茶馆不准有妇女杂坐。一男茶馆有弹唱词曲者,不论有目无目,止准男人,不准妇女。止准唱忠臣孝子义夫节妇劝人为善之曲,不准唱才子佳人私奔苟合以及豪强争斗诱人为恶之曲。"顾震涛:《吴门表隐》,江苏古籍出版社,1999年,第362页。
③ 陈无我:《老上海三十年见闻录》,上海书店,1997年,第76页。
④ 安克强:《上海妓女——19—20世纪中国的卖淫与性》,上海古籍出版社,2003年,第39页。

　　总言之,在江南中心变迁的大背景下,清朝末年评弹在上海的"畸形繁荣",在颇具负面意味的评价之下,实质上承接了古代评弹时代的"雅"文化的尾声,而开启了评弹走入近代的"俗"文化的新时期,是一种传统时代江南文化所孕育出的文化表现形式在近代上海城市发展中的文化发展和转型,亦是江南中心变迁的细微反映。当时,各种传统时代发展起来的旧剧都面临着转型的时代要求,这其中,有成功者,有失败者。失败的典型就如昆曲,从消费市场的角度去看,还在民国后期之时就已经步入衰微。而评弹则可视为成功者中的一员,它日益与上海都市相融合、相适应,成为新兴的都市文化的构成部分。

Development and Transformation:
The "Abnormal Prosperity" of Pingtan in Shanghai
in the Last Years of Qing Dynasty
Shen Hao; Liu Fang

Abstract: At the end of the Qing Dynasty, Pingtan(a kind of Storytelling) achieved "abnormal prosperity" in Shanghai. Under fairly negative evaluation, Pingtan actually reached the end of "elegant" ancient Pingtan era, and opened the new era of Pingtan as a modern "vulgar" art. In fact, the performance of Pingtan during this period was a kind of development and transformation of a form of cultural expression that was bred from the culture of Jiangnan in the traditional times during the rise of Shanghai in modern times. It was also a subtle reflection of the changes in the center of the Yangtze River Delta at that time. At that time, all kinds of traditional opera culture developed in the traditional era were faced the requirements of transformation. Among them, there were successes and fails. Since then, Pingtan, as a member of the success, has become increasingly integrated and adaptable to the city of Shanghai. It has become an integral part of the new urban culture.

Key words: Pingtan; Shanghai; Jiangnan; transformation; change

作者简介:申浩,上海师范大学期刊社副研究员;刘芳,内蒙古大学文物与博物馆专业。

变革与延续：二十世纪五六十年代的大众娱乐业务组织方式

——以苏州评弹为主要讨论对象①

尹业通　季　珩

摘　要：苏州评弹是江南区域重要的大众娱乐方式，在历史变迁中形成了以"茶会"活动为中心的业务组织方式。二十世纪五六十年代，苏州评弹在经历一系列集体化改造后，形成了新的以团体业务组为中心的业务组体系。宏观上，国家通过全面的集体化改造，建立业务组体系，以期达到控制和调节苏州评弹行业收入和演出市场的目的。具体到个人，苏州评弹的从业者在从个体到集体的过程中，选择以回归传统的方式对业务组体系进行消解，以维护和发展苏州评弹的艺术本体。

关键词：大众娱乐；苏州评弹；业务组织方式；变革；消解

二十世纪五六十年代，在国家的强力管控下，大众娱乐逐步受到全面而深入的社会主义改造，呈现出组织化和政治化的发展倾向，打上了深刻的社会主义政治、经济和意识形态的烙印。② 但是纵观二十世纪五十年代，国家对娱乐业的改造，仍未能将其完全纳入国家的管理体系之中。直至六十年代初期，国家方才成功地将本土诞生的诸多戏剧、曲艺等娱乐行业纳入国家计划经济体

---

① 本文为国家社科基金重大项目"评弹历史文献资料整理与研究"（14ZDB041）阶段性研究成果。

② 杨丽萍、[加]陈庭梅：《新中国成立初期上海大众娱乐改造研究——以电影和戏剧为中心的考察》，《中共党史研究》2016年第1期。

制内。由国家控制和倡导的新文化,至此终于得到贯彻,并实现了国家对所有地方戏剧团于政治上和艺术上的全面控制。① 评弹从业者顺应时代和社会的变迁,一方面自觉适应着自身角色的转换;②另一方面,也接受了业务组织方式的变革。评弹从业者身处愈发严格的控制之下,在被动接受之余也积极发挥着自身的主动作用。

一、"书小甲"与"茶会"

苏州评弹是苏州评话与苏州弹词两个曲种的合称(以下简称评弹)。评弹兴起于明末清初,首先在苏州发展繁荣起来:"苏州为说书艺人之发祥地,娱乐事业中当推书场生涯最为茂美。"③其后开始向以吴语为主要方言的江南区域扩散,"凡属淞沪苏锡常嘉湖等地之座上客,感能了解。即为浙属宁绍诸埠,……往来苏沪,时日既久,亦能了然于怀"。④ 评弹逐步发展成了流行于整个江南区域的重要大众娱乐方式。

清朝在统治初期为稳定地方统治秩序,施行保甲制度。清代编审保甲几乎是以全国所有人口为对象,⑤民间说书艺人自然也在保甲制度的管理之下。地方政府还颁布了相关的法令文书。如雍正六年,河南巡抚田文镜就曾颁布法令驱逐流民,其中说书、唱曲等从业者,如果不属于本地区,"严行查禁,立为驱逐,以靖地方"。⑥ 清朝具体执行此项任务并监管本地民间艺人的专职人员被称为"甲头"。甲头中监管唱戏和说书的专职人员,清朝官场中称之为"戏小甲"与"书小甲":"当时学台到苏,尽要办差。……唱堂戏,有戏小甲通知;说书则有书小甲通知。"⑦

"戏小甲"在戏班子与市场之间曾起到了中介的作用。因各地区之间信息的闭塞与交通的不便,乡镇需要联系戏班子演出,须与戏小甲相联系,其演出

① 姜进:《断裂与延续:1950 年代的上海的文化改造》,《社会科学》2005 年第 6 期。
② 张盛满:《花旗袍与人民装——社会转型下上海评弹艺人的身体阈限(1949—1951)》,《都市文化研究》2013 年第 1 期。
③ 横云阁主:《茶香书韵梦苏州》,《苏州明报》1946 年 11 月 3 日。
④ 健帆:《说书与宣传》,《大观园》1946 年 1 月 11 日,第 4 版。
⑤ 徐茂明:《江南士绅与江南社会(1368—1911 年)》,商务印书馆,2006 年,第 114 页。
⑥ 周良:《苏州评弹旧闻钞(增补本)》,古吴轩出版社,2006 年,第 173 页。
⑦ 陈瑞麟:《说书当差考》,转引自杜正国:《丐头、门甲和书小甲》,《评弹艺术》第 23 集,江苏文艺出版社,1998 年 7 月,第 221 页。

的具体价格也可由"戏小甲"代为确定。当时乌镇、南浔、嘉兴一带的戏曲演出,都由"戏小甲"掌握。①

但是同处江南区域,负责监管说书业的"书小甲"与"戏小甲"却有所不同。因为评弹主要的演出场所为书场,且书场往往设立在人员来往密集的市镇或码头集市,所以书场老板联系评弹艺人演出,往往通过"茶会"直接与其交流,因此并不需要"书小甲"发挥类似于"戏小甲"的中介作用。"书小甲"既不能像"戏小甲"一样从中介行为中获得好处,故而时常向评弹艺人进行盘剥以谋利,更有甚者还会干涉和妨碍评弹艺人的演出。无锡就曾发生过有评弹艺人准备去某处书场演出,但当地别家书场勾结"书小甲",用强施压使得该艺人无法在无锡正常演出的事件。② 除此之外,当地官员也会通过"书小甲"对评弹艺人进行盘剥,例如说书艺人因为受制于"书小甲"的监管,即使正在书场演出,也需要中断自身的演出安排,履行向官员表演的义务,"逢官场宴会,可随时召往当差,当筵奏艺,书场只得暂停"。③

评弹艺人和书场老板对书小甲的存在非常地反感,不堪其扰,但又苦于无法规避其监管和干扰。直至清同治年间,爆发了一次激烈的冲突:

> 马如飞的艺徒何莲洲,公开与书小甲对抗,双方结下冤仇。经过数度冲突,双方不甘示弱,就来一次约期决斗。地点在苏州观前北局,各集数十人之多,决斗结果,由于书小甲邀集了不少地痞、恶棍、流氓、无赖、打手之类,何莲洲一方遭到了失败,受伤颇重,引起了地方激烈的反对,一致对书小甲加以指责。④

"书小甲"与艺人的冲突发生后,苏州当地士绅以书面形式向官府申述了决斗经过。评弹艺人也借此机会向官府申诉,请求撤销"书小甲"的职权。"书小甲"欺压艺人与书场的行为同样招来了听众的不满,"场东敢怒不敢言,幸老

---

① 上海市江南评弹团:《评弹发展史(初稿)》,1960 年 6 月,上海评弹团档案第 24 卷第 24 件,上海评弹团档案室藏。
② 1960 年 6 月,上海评弹团档案第 24 卷第 24 件,上海评弹团档案室藏。
③ 横云阁主:《说书堂会之代价》,《上海人报》1947 年 11 月 5 日。
④ 唐凤春口述:《关于甲头的误传》,1960 年 6 月,上海评弹团档案第 24 卷第 24 件,上海评弹团档案室藏,第 33 页。

听客潘泰官代抱不平，与官场交涉"。① 在评弹艺人、书场老板、当地士绅共同的反对声中，清光绪以后，"书小甲"干涉评弹艺人演出的情况逐渐消失。

在解除了"书小甲"的干扰以后，"茶会"成为评弹艺人与书场老板进行业务组织最主要的方式。评弹艺人的"茶会"是一项内容十分丰富的日常活动，在苏州，主要由光裕公所②的资深艺人主持，大多在书场或茶肆中举行。评弹的演出时间往往是在下午和晚上，为方便交流信息，评弹演员每晨聚集于光裕公所或茶肆中，饮茶谈道，各书场老板也会到"茶会"上拜客、接业务、请艺人、洽谈生意：

> 早上顶多讲好九点钟到光裕书场碰碰头，或是梅竹书场碰头，……一般讲起来，早晨身体、精神好点格（演员），茶会里吃茶，结束以后回去吃饭，吃好饭上书场，……名家基本都是如此。③

到民国时期，书场老板与评弹艺人在"茶会"上洽谈生意，已经形成了一定规则。书场老板参加"茶会"，若看中某位艺人，必须以当地的土产作为见面礼。商谈好演出日期后，则需当场支付定金，称为"信洋"。为了更好地保障书场的利益，艺人接受定金以后，"即使其不进入该书场演出，也不能在该书场所在地区的别家书场演出了"，④否则书场老板就有权来向艺人交涉。这也有效规避了同地区书场之间的恶性竞争。新开书场的老板往往会向所请艺人支付双倍以上的定金，这样的待遇往往是被称为"响档"的艺术水平较高的艺人才能享受到的。同时还向其他艺人支付定金，以确保业务的稳妥，从而在众多书场中立住脚。

参加"茶会"对于评弹"响档"来说，尚且是接洽业务的重要渠道，对于业务不好的评弹艺人来说更显得至关重要。与"响档"不同，这些艺人往往一大早就赶到"茶会"，希望能先人一步以竞得演出机会。即使这样，"茶会"这一业务

---

① 瑞麟：《吴门书场旧事》，《上海书坛》1950 年 7 月 29 日。
② 苏州评弹的行会组织，清嘉庆年间成立于苏州，是评弹行会组织中历史最长，参加人数最多的社团。参见：吴宗锡主编，《评弹文化词典》，汉语大词典出版社，1996 年，第 180 页。
③ 李明口述：《上海"说书先生"的日常生活及演艺生涯——访弹词名家陈希安》，2008 年 10 月 31日，上海乡音书院。
④ 蒋宾初口述：《艺人与场方》，1960 年 6 月，上海评弹团档案第 24 卷第 24 件，上海评弹团档案室藏。

组织方式也不能满足所有艺人的演出需求,仍有艺人无法接到业务,尤其是因身体衰弱导致水平下降的艺人,书场老板"视为陌路人,到那时满腹牢骚郁郁寡欢也只能在茶会上坐冷板凳了"。①

"茶会"还成为评弹艺徒演出生涯的起点,艺徒满师后,经光裕社资深艺人同意,由师傅领至"茶会",付一次在座同行的茶资,其评弹艺人的身份得到同业者的认可,就可获得单独登台演出的权利,并且在"茶会"上即可正式承接演出。跟随父亲学说书的魏含英,第一次在苏州参加"茶会",便在前辈艺人的提携下,上午到"茶会"就接到了当天下午的演出业务。②

"茶会"日益成为评弹艺人不可或缺的活动,在评弹以苏州为中心向外传播的过程当中,"茶会"这种业务组织方式也被评弹艺人推广到他处。清光绪末年时,过学文、周润卿、龚异卿等评弹艺人,离开苏州到无锡发展。当时苏州光裕社在无锡并未设立分会,没有"茶会"活动来组织业务、承接生意,业务的开展相对困难。因此他们就自发在茶馆里挂了一块"无锡说书茶会"③的牌子用以吸引无锡当地书场老板前来洽谈业务。

从"茶会"所体现的功能上看,"茶会"除了是评弹赖以生存发展的业务组织形式,更成为了评弹艺人的人才市场。评弹艺人与书场老板,以"茶会"为媒介进行自由组织和联系,其自主性比较强,能更好地实现市场作为主体的决定性作用。"茶会"活动的本质就在于艺人与书场之间的自主联络,这也是苏州评弹在当时长久迸发和保持其艺术生命力的根源所在。

二、变革:书场业务组与团体业务组

1949 年以后,新生的社会主义政权开始着手对社会进行全方位的改造,戏剧、曲艺领域也开始经历系统而持续的改造。

1951 年 5 月 5 日,政务院颁布《政务院关于戏曲改革工作的指示》,在具体落实该《指示》的过程当中,政府对苏州评弹实行了"改制""改书""改人"的"三改"政策。对评弹施行的"三改"政策是一个不断持续和渐进的过程,从 1951 年开始一直持续到了 1960 年才基本完成。"三改"政策中"改制"一项,彻底改

---

① 唐耿良:《别梦依稀——我的评弹生涯》,商务印书馆,2008 年,第 51 页。
② 魏含英:《从艺琐记——光裕社的茶会》,《苏州文史资料》第 15 辑,第 40 页。
③ 邹剑峰口述:《从"无锡分会"说到"混场子"》,1960 年 6 月,上海评弹团档案第 24 卷第 24 件,上海评弹团档案室藏。

变了评弹在晚清至民国时期形成的以"茶会"为中心的业务组织方式,在书场和艺人之间,确立了新的业务组织方式,即业务组体系。

书场一方业务组的形成,首先是在国营剧院和专业书场内得以实现,并通过全行业公私合营而推广。在上海解放后的第三个月,即1949年8月,上海市工商业联合会筹备会成立,随即整理全市各同业公会组织,其中,上海市戏剧院商业同业公会负责管理上海地区各剧院、书场。① 在二十世纪五十年代,部分被定性为官僚资本的书场被直接予以没收,由政府直接进行经营和管理。规模较大的综合性剧场如上海大世界剧场,被没收以后,政府在其内部设立了人事保卫科(接待国内外贵宾)、总务科、财务科和业务科以进行管理和运营。② 被没收的专业评弹书场如上海静园书场,则派驻公方经理予以经营和管理,主要工作内容为联系和安排书场业务。1954年7月14日,公会召集13家书场召开预备会,成立业务组,③负责今后上海市人民评弹工作团④艺人和民间职业评弹艺人演出工作的联络。根据当时《评弹节目表》所载,1954年8月上海至少有48家剧院、书场进行评弹演出,⑤由此可见业务组并没有完全覆盖上海所有的评弹演出场所。

在二十世纪五十年代的公私合营浪潮中,私营的剧院、书场皆被改造为集体所有制,业务组在经历集体化改造后的剧院、书场里普遍设立。公私合营期间,上海戏剧院商业同业公会改组为上海戏剧演出公司,具体负责与其他私营书场进行公私合营的业务。这些私营书场,如上海大沪书场老板经过一系列的思想教育和政治动员,主动申请进行公私合营。1954年,上海大沪书场老板在与上海市戏剧演出公司进行的劳资协商会议上发言道:

> 关于要求公私合营事,……本书场要求政府公私合营,同时我也曾详

---

① 《上海工商社团志》,上海社会科学院出版社2001年,第169页。

② 王宵、高勤:《原上海静园书场经理罗叔铭口述访谈》,2017年1月10日,于上海市黄浦区温州路88弄3号,罗叔铭宅。

③ 《上海市戏剧院商业同业公会书场组盈亏分类、会员业务情况、与艺员拆账的沿革和建议、1955年一季度业务趋势及统一票价》,1954年5月—1956年,档案号:S320-4-27,上海市档案馆藏,第25—26页。

④ 上海市人民评弹工作团,1951年11月成立于上海。参见吴宗锡:《评弹文化词典》,汉语大词典出版社1996年,第217页。

⑤ 《评弹节目表·1954年7月30日起》。

细考察，自认为本书场确实有相当条件，不过思想上政治上需要有高度认识，才能准备改造以符合国家所需要。①

又经过一段时间的思考和准备，1957年4月25日，上海大沪书场老板应美康与上海市戏剧演出公司签订协议，以书场资产入股，领取领息凭证，核定数额为一千一百八十五元，年息5％。② 上海大沪书场公私合营以后，政府派驻公方代表，原书场老板任私方代表。公私合营完成以后，国营剧院、书场中的业务科与公私合营中的书场经理，在文化局的领导下，通过上海戏剧演出公司，负责与各评弹艺人签订演出合同等工作。

1954年设立业务组以后，基本上是由上海戏剧演出公司垄断了评弹的演出业务。鉴于此种情况，文化局准备改革现有的业务组制度。其具体内容包括，改组现有的组织架构，除上海戏剧演出公司之外，选派文化艺术处、上海人民评弹工作团、评弹协会和书场等组织的职工组成业务组。新的业务组施行"联合聘请"，统一调度艺人的演出，改变书场业务组成立以来，由公司完全控制的局面。然而，"联合聘请"并没有得到切实的执行，只是在原有业务组之上，新成立了由公司、艺术处、上海人民评弹工作团等单位派代表组成的核心组，业务组接受核心组的领导。③ 1957年的这一次调整之后，书场与艺人的业务安排仍然在上海戏剧演出公司的实际控制之下。

与书场一方业务组的建立相对应，1949年以后，艺人群体中业务组的建立是伴随着艺人集体化的进程而实现的。

1951年《政务院关于戏曲改革工作的指示》下达以后，经过一段时间的筹备和整顿，在上海市文化局的领导下，国营的上海市人民京剧团、人民评弹工作团及人民杂技团，私营公助的上艺沪剧团和淮光淮剧团于11月26日在上海人民大舞台宣告成立。④ 上海市人民评弹工作团成立后，政治上接受上级主管部门的领导，其具体的管理和演出事务则基本上由加入的评弹艺人自行

---

① 《天蟾·国联·大沪等私营剧场·书场接管或公私合营的申请及我局对长江·昌平戏院接管·合营的来往文书》，1954年7月20日。

② 《上海市戏剧演出公司公私合营"大沪书场"领息凭证》，1957年4月15日。

③ 《上海市戏剧演出公司关于艺人演唱几场的报告》，1957年3月19日，档案号：B172-4-857，上海市档案馆藏，第13页。

④ 《上海市人民京剧、评弹、杂技团　今天同时举行了成立典礼》，《文汇报（副页）》1951年11月20日，第4版。

负责。其中,评弹艺人张鸿声除担任团秘书一职外,还兼任演出股长,负责安排业务演出。① 上海市人民评弹工作团成立时评弹艺人只有十八人,后来成员规模也有所扩大,到1953年,上海市人民评弹工作团决定吸收苏似荫、吴子安、徐丽仙、包丽芳四位评弹艺人后,其成员发展到25人。② 这一时期,评弹艺人的集体化程度是有限的。其余评弹艺人通过加入上海评弹改进协会,登记以后以评弹改进协会会员的身份联系业务。登记的评弹艺人则会收到协会发放的会员证,演员凭会员证方可在上海进行演出。这些登记入会的民间职业评弹艺人,通过上海戏剧演出公司与集体化后的各剧院、书场联系。这种方式成为民间评弹艺人在上海演出谋生的重要业务组织方式,有着众多艺人的响应和参加。以1956年为例,仅3月份就有70余名协会会员在上海各书场进行演出。③

而评弹艺人业务组织方式的完全改变,要以1958年政府对评弹艺人施行"整风",施行更大规模的集体化,成立集体所有制评弹团体为标志。1960年前后,在苏州、上海等评弹的主要演出地区,在政府的推动下,评弹艺人纷纷组建集体所有制的艺术团体。1960年3月,在上海,除由上海市文化局直管的人民评弹工作团之外,还成立了长征、先锋、星火、凌霄、江南等五个由两百多原民间职业评弹艺人组成的、由区级管理的集体所有制评弹团体。④ 集体所有制评弹团体成立以后,其组织架构与国营的上海市人民评弹工作团大体相同,有专门负责安排演出的业务组。

业务组在各团体内建立以后,原戏剧演出公司中业务组的职能被取代,上海市文化局明确规定,艺人去书场演出要有团体所开的介绍信。团体的业务员负责跟各个书场商定演出时间,回到团里以后,根据每个演员的具体情况安排业务。各评弹团在书场演出的收入,书场直接给到团里,国家和集体所有制团体的演员不再直接参与经济分配活动。以上海静园书场、西藏书场为代表的国有制大型书场,主要接纳各评弹团体,"不接纳二十世纪五六十年代依然

---

① 《个人档案·张鸿声》,年月不详,上海评弹团艺术档案。

② 《苏似荫、吴子安、包丽芳、徐丽仙参加人民评弹工作团》,《新民报晚刊》1953年1月8日,第2版。

③ 根据1956年3月12日《上海书场节目表》统计所得。

④ 《二百多评弹艺人走向集体化　五个民间职业评弹团成立》,《新民晚报》1960年3月3日,第2版。

未加入国家或集体所有制的单干艺人来书场演出"。① 因而业务组对加入团体的评弹艺人,特别是普通艺人,极为重要,"那个时候我们如果没有特殊情况,都是服从安排的,叫我们到哪里去演出我们就到哪里"。②

二十世纪五六十年代,国家以强有力的姿态介入大众娱乐行业,进行了一系列深入的改造和变革。评弹作为江南区域大众娱乐方式中重要的一种,其业务组织方式,在书场和艺人的集体化改造过程当中,变革为由书场业务组和评弹团体业务组构成的新的业务组织体系。业务组体系继承和发展了"茶会"的功能,如刚出道艺人可在"茶会"上获得演出权利一样,团体内的成长起来的艺人,"第一次出去演出,团里面的业务组会帮艺人联系演出场地"。③ 但与过去在"茶会"上"点对点"方式不同的是,演出安排以团体为单位,剧院、书场经理选择艺人还需经团里同意,这在大型的书场表现得尤为明显。集体化后的评弹艺人通过业务组进行演出活动成为其最主要的业务组织方式。国家通过对艺人演出和薪酬的管控,实现对艺人的集中管理和集体化改造,从而实现了对大众娱乐业的社会主义改造和监管,进而使得以评弹为代表的大众娱乐方式更好地为政治服务,弘扬符合国家意志的思想、文化。

三、延续:业务组体系的消解

1960 年上海五个评弹团体被上海市五个区分别加以管辖。苏州、杭州、嘉兴等地区也分别于 1960 年前后成立了市、县级所属的团体。评弹在苏州、上海等主要传播区域形成了国家级与区县级评弹团体共同发展的局面。为保证国家评弹团在政治上、艺术上继续起示范作用,加强共产主义协作,政府在国家级团体与各区县级团体的关系上,明确指出:"确立以国家举办的人民评弹团为重点,无论在政治上,在艺术上,在业务上的安排上,都必须明确这一点"。④ 这一思想被贯彻到剧院、书场一方,在演出安排上,上海团的演出人员拥有优先权,书场一方的业务组不能随意干涉。以上海人民评弹工作团为代表的国家级团体成为业务组体系的最大受益者。

---

① 王宵、高勤:《原上海静园书场经理罗叔铭口述访谈》,2017 年 1 月 10 日,于上海市黄浦区温州路 88 弄 3 号,罗叔铭宅。

② 原新长征评弹团艺人张蝶飞采访,2017 年 12 月 21 日,上海市黄浦区文化馆。

③ 原新长征评弹团艺人程滟秋采访,2017 年 12 月 21 日,上海市黄浦区文化馆。

④ 《上海评弹艺人组织起来专题总结》,1960 年 7 月 12 日,上海评弹团档案第 24 卷第 33 件,上海评弹团档案室藏。

　　以国家级剧团为中心的业务组制度,不可避免地造成区县级评弹团的艺人在业务安排上的影响。1966年上半年,上海市黄浦区所属"长征评弹团"的朱维德、周亚君、凌子君等九位青年演员,以二十世纪六十年代家喻户晓的军旅题材小说《欧阳海之歌》为素材,编演了一部新作品,得到了团里的肯定,并为他们预定了国庆节在上海西藏书场的演出场次。但是在"以国家级团体为重点"的政策下,西藏书场10月1号到4号的演出阵容被调整为上海团艺人。"长征评弹团"的艺人"只好先到天山一个书场,先在那边演几天。……5号再进的西藏书场"。①

　　由业务组体系所引发的矛盾,在其建立、发展过程当中一直存在,因此艺人和书场不断尝试用传统的业务组织方式,即在"茶会"上面对面交流与自行安排,对业务组体系进行消解。

　　实际上,业务组体系在还没完全建立时就曾面临解体。评弹艺人与业务组的矛盾,在1957年进行的"大鸣大放"中就已暴露出来。如前文所述,1957年文化局曾对业务组进行过一次调整,设立核心组领导业务组,以期达到平衡演出业务的目的。但是,其业务安排的实际权力还是掌握在业务组的手中,无论是团体、评弹协会会员还是其他艺人所面临的问题并没有得到解决。上海评弹团艺人韩士良在内部会议上抱怨:"领导上对他很不照顾,别人有团方代接场子,只有他自己接场子。"②

　　根据艺人的反应,文化局领导提出了一系列方案,准备进行再一次的改革,考虑:

　　　　如果有人愿意离团,就让他离团……将来业务问题、经济问题、谁跟谁搭档的问题等等,都由艺人来搞,团只管艺术和学习这两方面的工作。③

这一动态被评弹艺人获知以后,造成了"思想混乱"。④ 特别是曾经被禁止演出的许多传统书目重新被允许演出之后,艺人纷纷绕过演出公司,直接与剧

---

① 《原长征评弹团演员周亚君采访》,2017年12月3日。
② 《继续揭发矛盾　研究改革方案　评弹团演员准备分队演出　怎样分队、怎样采取底薪分红办法尚在研究中》,《新民报晚刊》1957年5月19日,第2版。
③ 《评弹团内部争鸣继续展开　文化局提出五个改革方案》,《新民报晚刊》1957年5月14日,第2版。
④ 《纠正报道戏剧界争鸣情况的错误》,《新民报晚刊》1957年7月7日,第4版。

院、书场联系,自由结合进行演出,业务组变得名存实亡。① 面对评弹艺人纷
纷自行联系演出的状况和评弹界批评业务组缺陷的双重压力,1957 年 6 月 24
日上海戏剧演出公司向文化局提出了取消业务组,取消联合聘请方式,恢复各
书场自主聘请的建议。公司由具体安排业务转变为监督书场与艺人之间合约
内容的签订和执行,"各场自由聘请艺人签订新合约最多到明年年档为止。几
个大书场的合约应事先报公司同意"。② 由公司控制的业务组虽然在 1957 年
准备解散,但随着评弹艺人进一步的集体化,这一进程被打断。业务组反而在
各团体内得到普遍建立和强化。

在团体内,出于对团内工资水平、安排业务的不满和艺术上获得提高的期
望,苏州、上海等地区的评弹艺人于 1962 年还出现过脱离团体而单干的现象,
但很快在相应部门的管控下得到平息。③ 单干现象的平息并不是因为业务组
的弊端得到了有效解决,而是对于经历了 1958 年"整风运动"④而留下来加入
各团体的艺人来说,已经深刻认识到服从党和组织领导的重要性。既然无法
脱离团体,评弹艺人开始尝试在团体内部对业务组体系进行消解。

一般来说,一位艺人在某一书场演出之后,要隔上一年以上才会再次来此
地演出,以防止当地听客审美疲劳。而且水平越高的艺人因为业务繁忙等因
素,越不会频繁在同一书场演出。因为评弹艺人需要通过"跑码头"来进行演
出,所以一年之中很少呆在其所属地区,而是处在不断的流动之中,这是评弹
即使在大规模集体化以后也无法改变的固有艺术特性。但是在集体化后,本
地艺人去往外地演出前,需要持有其所属团体开具的演出介绍信,书场才会接
纳。可是评弹艺人在一地演出完了以后,并不会返回驻地,而是又到别处演
出。介绍信在实际操作过程中很难起到对艺人的有效监管,甚至曾出现艺人
持着介绍信长时间在外,其所属团体对其演出情况一无所知的现象。如启东

① 《上海市文化局关于取消书场业务组统一聘请艺人、恢复艺人自由接洽场子的报告》,1957 年 6
　月 11 日,档案号:B172 - 4 - 857,上海市档案馆藏,第 28 页。
② 《上海市文化局关于书场业务组工作问题的几点请示》,1957 年 6 月 24 日,档案号:B172 - 4 -
　857,上海市档案馆藏,第 30 页。
③ 何其亮,《个体与集体之间:二十世纪五六十年代的评弹事业》,商务印书馆,2013 年,第 201 页。
④ 1958 年初,由长江三角洲地区文化局(厅)、税务部门、及公安部门组成的联合小组,对评弹艺人
　进行了为期数月的"整风运动"。参加运动的评弹艺人达 1700 多人,其中 70 多人因各种原因被
　送往青海、新疆、和甘肃等地劳动改造。参见:何其亮,《个体与集体之间:二十世纪五六十年代
　的评弹事业》,商务印书馆,2013 年,第 159—160 页。

县评弹团的一位学员,持有介绍信进入上海后,凭介绍信进出上海文艺会堂,被发现后,才发觉其"根本未去人民评弹团联系过工作,……一直用它当工作证在外达四个多月之久"。①

在各地区的中小型书场中,剧院、书场经理对演员是否持有介绍信和演出工作证也并不是真的在意。中小型书场虽然经过公私合营,但原书场老板改任私方经理后,仍在实际上负责书场的日常经营。他们更看重的是处理好与艺人之间的关系,以期能够吸引其所属团体或熟识的其他艺人前来演出以维持生意。这也为在1960年以后,仍旧没有加入团体的单干艺人提供了演出机会,"最晚在1962年夏天,合法的单干艺人仍然活跃于上海各个演出场所"。②

另一方面,评弹艺人质疑团体安排演出搭档的合适性,并在实际演出过程当中自主地选择搭档,团体往往允许或者默认这种行为的发生。

业务组选择搭档不合理的问题早在1957年就被艺人公开提出来过。上海人民评弹工作团的徐丽仙认为评弹团安排的搭档是"乱点鸳鸯谱",虽然她与刘天韵私人友谊很好,"可是一到排书,就成了冤家了,原因是彼此的书路不合",③因此希望得到调整。艺人的意见得到了主管部门的回应,鉴于过去评弹艺人的搭档往往是自己的徒弟或者同门师兄弟,主管部门表示,"在不违反党的文艺政策和团体规章制度的前提下,评弹艺人可以带徒弟。艺术团体里非业务性会议,尽量减少"。④

1960年以后,团体艺人自主选择搭档的行为在团体内依然存在。长征评弹团的艺人凌文君,入团的时候是与张如君搭档表演,在张如君进入上海人民评弹工作团以后,先后收其女凌文燕、其子凌子君为徒,进行搭档演出。⑤ 其中凌子君的培养和入团,是采取个人收徒和组织吸收相结合的方式,"当时我已经高中毕业,符合团体成员的学历要求,父亲当时又没有搭档进行演出,于是我就被吸收进了团里"。⑥凌子君入团与父亲搭档演出,是在业务组体系全

① 《文艺会堂工作情况》,1965年6月,档案号:A22-2-1311,上海市档案馆馆藏,第55页。
② 何其亮,《个体与集体之间:二十世纪五六十年代的评弹事业》,商务印书馆,2013年,第196页。
③ 《继续揭发矛盾 研究改革方案 评弹团演员准备分队演出 怎样分队、怎样采取底薪分红办法尚在研究中》,《新民报晚刊》1957年5月19日,第2版。
④ 《上海戏剧、美术、音乐、舞蹈界人士今晨座谈 年初一忙到年卅评弹演员工作太重》,《新民报晚刊》1957年4月30日,第4版。
⑤ 吴宗锡主编,《评弹文化词典》,汉语大词典出版社,1996年,第180页。
⑥ 《原长征评弹团艺人凌子君采访》,2017年10月21日,于上海市汾阳路上海艺术研究所会议室。

面建立以后,评弹艺人自主收徒和选择业务演出搭档的一个典型。

其他评弹艺人的搭档问题并不能采取如凌文君一样的解决方式,因为对书目的熟悉问题不可能在短时间内解决。因此,在五个区级评弹团成立以后,为进行商业演出,不同团体间艺人开始互相流动以期寻找合适的搭档。具体情况如下表:

1962 年至 1963 年因选择搭档而在团体间流动的艺人

姓名	原团体名称	新团体名称	备　　注
陈卫伯	长征	先锋	寻找中篇的演出搭档
王小莺	先锋	凌霄	与王燕语搭档演出《合同记》
庄凤珠	先锋	星火	与姚剑芸、苏毓荫合作
祁莲芳	先锋	星火	与沈婉芬合作《秀香囊》
陈雪鸣	先锋	星火	与陈帼雄演出《杨乃武》
江玉珍	先锋	星火	与陈文雪合作《三笑》

资料来源:《关于建立五个评弹团的请示报告》,1960 年 1 月 12 日,档案号:B172-1-358,上海市档案馆藏,第 15—17 页;《关于加强本市民间评弹艺人的领导、改组五个评弹团的报告》,1960 年 1 月 18 日,档案号:B172-1-358,上海市档案馆藏,第 18—19 页;《上海评弹节目表》1962 年 2 月—1963 年 12 月。

在上表中,艺人除了向其他团体流动以寻找搭档,还出现了与原本不属于团体的艺人合作演出的情况。如星火团的陈莲卿与未加入团体的董丽君合作演出《小金钱》,星火团的祁连芳与未加入团体的沈婉芬合作演出《绣香囊》。[①]评弹艺人还采取跨团合作的方式,如星火团的严燕君与宜兴县评弹团演员王文稼合作演出《四进士》,先锋团的醉迎仙与凌霄团的盛毓芳在叙兴书场演出《贩马记》,先锋团的张鹤龄与星火团的张慧芳于上海东方书场合作演出《白罗山》。[②]

业务组在 1960 年以后在各评弹团体和剧院、书场内得到广泛的建立,但是本身也存在制度性的漏洞。在实际运行过程当中,剧院、书场的老板通过接纳单干艺人,团体内的艺人通过质疑业务组安排的搭档而自行选择搭档,或进行私收艺徒等行为对业务组体系进行反抗和消解。

---

① 《上海市书场评弹节目表》1962 年 3 月。
② 《上海市书场评弹节目表》1962 年 10 月、11 月,1964 年 1 月。

结语

　　二十世纪五六十年代,国家以强有力的姿态逐渐介入大众娱乐行业,实施大规模的改造,剧院、书场一方的主动性、自主性上不像二十世纪三十年代那么明显。评弹艺人基本以团体成员的身份进行演出活动。国家在评弹行业建立了由书场业务组和团体业务组构成的业务组体系。这一时期施行的改造行为,是为了将大众娱乐业纳入社会主义国家体系之中,在评弹行业中设立业务组最核心的目的是掌控艺人的收入和评弹的演出市场,从而控制住评弹艺术里的人及其传播的思想文化。

　　业务组体系因其制度弊端和不符合行业规律,给评弹行业的生存和发展带来了阻碍。评弹在形成以苏州、上海两地为中心市场的过程当中,自发地形成了以"茶会"活动为中心的业务组织方式,曾出现的"书小甲"制度因艺人的抗争、社会的变迁而消失。二十世纪五六十年代的剧院、书场一方和评弹艺人群体,一方面在不断地调整自己,以适应社会结构的变化;另一方面,又在实际的演出活动当中,用传统的方式来消解业务组体系对自身的束缚和不良影响。国家在对娱乐行业施行改造的过程当中,尽管在不断地强化对其的控制,但从实际出发,允许和默认了这种情况的存在。这体现了政治力量的介入对大众娱乐业自然发展轨迹的影响,和市场作为主体对政治力量的反馈。艺术演出市场的健康发展还是依存于市场规律和艺术规律的作用,强制性的干预有时会产生反弹,而市场本身及其内的人也会对不合适的干预进行"拨乱反正"。

Change and Continuity: The Ways of Organizing Mass Entertainment Business in the 1950s and 1960s

Yin Yetong; Ji Heng

Abstract: Suzhou Pingtan is an important form of popular entertainment in the Jiangnan region. During the historical changes, it has formed a business organization centered on the "Tea Club" event. In the 1950s and 1960s, after a series of collective transformations, Suzhou Pingtan formed a new business group system centered on group business. On the macroscopical aspect, the country had established a business group system through comprehensive collectivization reforms in order to achieve the purpose of controlling and regulating the revenue and show business of the Suzhou Pingtan industry. Specific to individuals, the practitioners of Suzhou Pingtan had chosen to retreat from the business group system to a traditional way to maintain and develop the art noumenon of Suzhou Pingtan.

Key words：popular entertainment；Suzhou Pingtan；business organization；change；digestion

作者简介：尹业通，上海师范大学人文与传播学院中国近现代史专业博士研究生；季珩，上海师范大学人文与传播学院中国近现代史专业博士生。

清末江浙官绅游学日本的动机、体验与心理感受

——以徐兆玮、杨泰阶、刘绍宽为例[①]

汪颖奇

摘　要：在清末朝廷图新求变的"新政"大背景下，赴日游学、游历成为士人取法西学最便捷的选择之一。他们游学的动机，既有经世济民的士大夫理想情怀，同时也有新政变革下寻求个人发展机遇的现实考量。在异域日本，以徐兆玮、杨泰阶、刘绍宽为代表的中国官绅以他者的身份，既惊叹于日本科技发达、教育先进、都市文明的物质之美，又怀着对异邦的想象而在道德情感层面对日本风俗"浇漓"进行挞罚。中国官绅在日本的阅读书籍主要集中于法政、文化、哲学之类，由年龄、知识和阅历所决定，亦体现了他们在日本的关注焦点。他们去日本游学、游历的动机、体验与心理感受，反映了清末官绅在朝廷倡新求变的政治背景下，国家与个人交织、"趋新"与"怀旧"杂糅的焦虑心理。

关键词：徐兆玮；杨泰阶；刘绍宽；日本游学；心态

引言

清末留日群体的研究向来是学界研究的热点，主要集中在对留日学生的

---

① 本文为上海市浦江人才计划项目（15PJC007）阶段性成果。

整体研究，留学政策研究，留日学生与中国近代转型研究，留日学生与中日文化交流，留日女学生群体等方面。① 成果斐然，但也存在可进一步深入的空间。第一，研究范围上，多关注整体研究，较少对个案的深入剖析；第二，研究对象上，多关注留学日本的青年学生，对赴日游历、游学的官绅群体的分析相对薄弱；②第三，研究视角上，多注重社会变迁视角的分析，对日常生活、观念与情感心态的分析略显不足。③

　　严安生《灵台无计逃神矢：近代中国人留日精神史》是相关研究中有影响力的作品。但作者认为，相对留日学生，游历官绅是"讨人嫌"的群体，是在短时间内参观学校等诸种设施，听一些集中讲义课程就回国的一种急就的"镀银"群体。他们中乡村土豪和地方官吏占多数，基本既不通语言，也全无预备知识，只是随着国人蜂起"东洋留学"的集体盲从心理蜂拥而至。④ 作者看到

---

① 代表性成果有黄福庆：《清末留日学生》，中央研究院近代史研究所，1975 年；[日]实藤惠秀著，谭汝谦、林启彦译：《中国人留学日本史》，生活・读书・新知三联书店，1983 年；沈殿成主编：《中国人留学日本百年史（1896—1996）》，辽宁教育出版社，1997 年；尚小明：《留日学生与清末新政》，江西教育出版社，2003 年；周一川：《近代中国女性日本留学史 1872—1945 年》，社会科学文献出版社，2007 年；周立英：《晚清留日学生与近代云南社会》，云南大学出版社，2011 年；梁中美：《晚清民国时期贵州留日学生与贵州近代化》，西南交通大学出版社，2014 年；张海鹏：《中国留日学生与祖国的历史命运》，《中国社会科学》1996 年第 6 期；谢长法：《清末的留日女学生》，《近代史研究》1995 年第 2 期；李喜所、李来容：《清末留日学生"取缔规则"事件再解读》，《近代史研究》2009 年第 6 期；桑兵：《留日浙籍学生与近代中国》，《西北大学学报（哲学社会科学版）》2018 年第 3 期；邵宝：《清末留日学生与日本社会》，博士学位论文，苏州大学，2013 年；等等。
② 代表性成果有孔颖：《走近文明的橱窗：清末官绅对日监狱考察研究》，法律出版社，2014 年；贺跃夫：《清末士大夫留学日本热透视：论法政大学中国留学生速成科》，《近代史研究》1993 年第 1 期；王少芳：《清末直隶官绅的日本教育考察》，《教育评论》2013 年第 3 期；江沛：《留日学生、东游官绅与直隶省的近代化进程（1900—1928）》，《史学月刊》2005 年第 5 期；等等。多关注官绅游历考察的具体内容，以及对近代化的影响。另外，韩策、李林对清末癸卯、甲辰进士群体的研究中，都有涉及清末进士赴日留学教育的内容，但其侧重点在于对进士馆进士群体考论、法政速成科的教学活动、留日经费、留日进士毕业考验等方面。参见韩策：《科举改制与最后的进士》，社会科学文献出版社，2017 年；李林：《最后的天子门生——晚清进士馆及其进士群体研究》，商务印书馆，2017 年。
③ 代表性成果有孙雪梅：《清末民初中国人的日本观——以直隶省为中心》，天津人民出版社 2001 年；严安生：《灵台无计逃神矢：近代中国人留日精神史》，陈言译，北京：生活・读书・新知三联书店 2018 年；杨瑞：《辛亥变局与留日学人心态裂变——以湘人黄尊三心路历程为个案的考察》，《史学月刊》2013 年第 10 期；李在全：《"新人"如何练就：清末一位留日法科学生的阅读结构与日常生活》，《史林》2016 年第 6 期；等等。
④ 严安生：《灵台无计逃神矢：近代中国人留日精神史》，生活・读书・新知三联书店，2018 年，第 180、344 页。

了游日官绅与留日学生的区别，但对官绅群体的评价，笔者认为值得商榷。历史的图景并非如此单一。诚然，游日官绅与留日学生不同，既表现在相对于留学、游学、游历的时间短得多；也体现在年龄大小、科举功名有无；更表现为思想、认知、阅历等方面的差异。这都使得官绅在日本的文化体验、情感心态与留日学生有一定区别。身为心怀天下的国家精英，中国官绅赴日游学前，或多或少都通过阅读新书接触过新学，但"纸上得来终觉浅"，游学期间日常生活中的真实文化体验，才给他们带来了实实在在的冲击。因此，深入考察清末游日官绅关切时代、寻求发展、认知他者、反思自我的心态史，不仅可以弥补以往对这一游日群体研究的不足，也有助于探索身处过渡时代的传统功名士人群体心态、情感的多元面向。

本文拟以 19 世纪 60 年代出生的江浙官绅徐兆玮、杨泰阶、刘绍宽①等为研究对象，透视清末新政背景之下，传统官绅在国家前途与个人命运之间寻求新的结合点，顺应形势赴日游学的动机与对日本的想象，以及他们在游学过程中的感官体验、情感冲击、理性思考，以及蕴含其间的踯躅于中西新旧之间，对自身前途、国家命运既憧憬又迷茫的复杂心态。不足之处，敬请方家批评指正。

一、游学动机与对异邦的想象

19 世纪 40—50 年代，中国、日本几乎同时遭受西方的冲击，亦近乎同时开启了向西方学习之路，但 1895 年甲午战争中国战败，揭示了二者向西方学习的成败。"以北洋精炼而见败于素所轻蔑之日本，于是天下愕眙，群起而求其所以然。"②1905 年日本战胜俄国，是黄种人对白种人的首次胜利，更昭示了"君主立宪战胜了君主专制"，③值此"吾国前途之危险更甚于往日"，④及种族观念、立宪思潮勃兴的时代背景下，更多有识之士意识到全面改革的必要性，

---

① 徐兆玮（1867—1940），江苏常熟人，1890 年进士，1902 年任翰林院编修，1907 年官费赴日本游学，入日本法政大学速成科，专修法学。1912 年民国成立后当选常熟县民政副长，任国会众议院议员。杨泰阶（1863—？），江苏太仓人，1894 年中举，1906 年赴日考察，清末曾先后担任过浙江东阳县、诸暨县知事。刘绍宽（1867—1942），浙江温州人，1897 年中秀才，1903 年任龙湖书院山长，1904 年自费赴日考察教育，1912 年任平阳教育科长。
② 《论教育与国家之关系》，《东方杂志》1906 年第 3 卷第 3 期，第 29 页。
③ 蒋廷黻：《中国近代史》，北京出版社，2016 年，第 102 页。
④ 徐兆玮：《徐兆玮日记》，李向东等标点，光绪三十一年六月十三日，黄山书社，2013 年，第 510 页。

认为中国未来的发展,应学习日本式的道路。到日本去、向日本学习成为国家精英探索救国之路的时代趋势。

　　温州士绅刘绍宽面对国势衰弱、外辱迭生,"听睹所及,愤慨难已",①怀抱"继先人之志以游海外,审索其情状,归以供国家之用"②的志向,1904 年与陈子番(1873—1921)自费赴日游历,考察中小学制及实业学校,欲为中国"教育一途稍竭智慧,庶于国民分子略有补救"。③ 时任翰林院编修的徐兆玮身处京师,心系地方,他敏锐意识到增进智识、开通风气是施行地方自治的前提,而开通民智又以"游说出外留学为上着,无论为师范,为政法,为专门,在上海,在日本,多出去一人,即地方早开通一日",④因而希望通过游学日本"稍扩闻见,换进知识,不至如井灶醢鸡,坐封故步耳",⑤从而"为地方增进幸福"。⑥ 1907 年,他申请官费赴日游学。

　　清末官绅赴日游学之动机,既有国难之际士大夫群体经世济民的宏大理想,同时也有政治大变局下寻求个人发展机遇的现实考量,即以游学"为仕进之捷径"。⑦ 正如刘绍宽所言:"东江英俊来如卿,此去终南捷径多",⑧"吾国求学皆不脱升官发财之思想"。⑨ 对于"久困场屋""蹉跎成老大"也未能中举的刘绍宽等地方士绅而言,游历日本更多的是"此行聊补蹉跎憾,敢贩新闻当著书"。⑩ 但对于身为翰林编修的徐兆玮来说,通过游学改善自身前途的愿望更为迫切。清末新政废科举、改革官制,以往最为清贵的翰林院"顿为冷宫"。⑪ 翰林院官员均意懒心灰,"甚觉进退两难"。⑫ 值此进退失据之时,徐兆玮给族

① 刘绍宽:《东瀛观学记》光绪三十年十月二十五日,黄庆澄等撰:《东游日记　湖上答问　东瀛观学记　方国珍寇温始末》,陈庆念点校,上海古籍出版社,2005 年,第 121 页。下文简称《东瀛观学记》。

② 《东瀛观学记》光绪三十年十月初九日,第 113 页。

③ 《东瀛观学记》光绪三十年十月二十五,第 121 页。

④ 《徐兆玮日记》光绪三十二年五月二十六日,第 672—673 页。

⑤ 《徐兆玮日记》光绪三十二年三月初三日,第 611 页。

⑥ 《徐兆玮日记》光绪三十二年七月十八日,第 700 页。

⑦ 胡汉民:《胡汉民自传》,传记文学出版社,1987 年,第 14 页。

⑧ 温州市图书馆编,方浦仁、陈盛奖整理:《刘绍宽日记》光绪三十年八月初九日,中华书局,2018 年,第 382 页。

⑨ 《刘绍宽日记》光绪三十年九月十七日,第 392 页。

⑩ 《刘绍宽日记》光绪三十年八月初九日,第 382 页。

⑪ 尚秉和:《辛壬春秋》卷 30《官制》,中国书店,2010 年,第 177 页。

⑫ 《徐兆玮日记》光绪三十一年十二月十一日,第 561 页。

叔徐凤书①写信，谈论新政改革中自己的去留问题："都中泄泄如故，近惟闻营谋警部、学部耳。翰林院疏通一折即日可上，大约有三年俸者保送知府，有六年俸者截取知府，有九年俸者保送道，有十二年俸者截取道。侄俸不满五年，须俟后年可望截取耳。"②他本因翰林院疏通办法"颇思改外"，③但因俸禄不满六年，无法截取知府，又不愿就三年之保送，感到"恋此鸡肋，饱吃马粪，命中注定，难挢网罗"。④在京消息灵通，他得知"留学生殿试十四人全列一二等，进身必优"，⑤相比之下，"四十年翰林仅得四品坊局，又以京察一等仅获守郡"，让他感到"山斗崩颓"，⑥不如"于俸未满时拔走一次，将来一麾出守便算出过洋的，得以表异于人"。⑦不但如此，徐兆玮还建议族叔徐凤标⑧也赴日游学："如果三年株守，何不游学东瀛，亦可取得卒业文凭，或能如金、唐诸公之乘时得意，何必斤斤于吏胥之窟穴，而希冀一保乎？"⑨并为儿子徐植日后游学作打算。⑩可见，借游学以增加政治资本，是促使徐兆玮出洋考察的直接动因。

但并非所有翰林都能顺应时代潮流。1906年，直隶总督袁世凯奏请选派翰林出洋游历，学部复议"在翰林院中选派翰林四五十人分为游历、游学两项出国研究，亦带学习与考察性质"。⑪据徐兆玮观察，翰林守旧多，"愿去者殆不满二十人，愿学者殆不满五人"。⑫虽然赴日游学是消息灵通、思想开通官绅的自主选择，但同时也是他们迫于形势压力的无奈之举。赴日游学之际，刘绍宽已37岁，徐兆玮40岁，杨泰阶43岁，均在不惑之年上下。刘绍宽即感慨

---

① 徐凤书(1871—1952)，字翰青，晚号虞灵老人，晚清生员，1902年与张鸿在上海接办《商务报》，热心地方教育，民国成立后任县立第二高等小学校长，参与创办常熟图书馆。著《锋镝余生记》、《七十自述诗》等。
② 《徐兆玮日记》光绪三十一年十二月十二日，第562页。
③ 《徐兆玮日记》光绪三十一年十二月十五日，第563页。
④ 《徐兆玮日记》光绪三十一年十二月二十一日，第568页。
⑤ 《徐兆玮日记》光绪三十一年六月初七日，第507页。
⑥ 《徐兆玮日记》光绪三十二年三月初二日，第611页。
⑦ 《徐兆玮日记》光绪三十二年三月十三日，第619页。
⑧ 徐凤标，字蓁青，1906年留学日本学习法律，民国时为江苏省议员，曾任职于常熟县公款管理处、地方法院等，热心地方公益事业。
⑨ 《徐兆玮日记》光绪三十一年六月十六日，第511页。
⑩ 《徐兆玮日记》光绪三十二年五月十八日，第668页。
⑪ 舒新城编：《近代中国留学史》，上海文化出版社1989年，第125—126页。
⑫ 《徐兆玮日记》光绪三十二年六月二十一日，第684页。

道:"年逾三十,尚有变迁,甚矣贞运之难!"①徐兆玮给好友孙眉均信中写道:
"以蓬头缺齿之老妇而思作新嫁娘,可怜亦可笑。"②恰如其分地反映出他决定
出国游学的复杂心境。一方面,身为科举进士,"行年四十始作学生",③别人
游学是"少年喜事",④自己则如"老妇新嫁",感到殊为可笑;另一方面,为获得
更好进身之路,虽值不惑,也要出洋游学,凸显了时代变局中的"可怜"情状。

　　毕竟是"新嫁",心中自然也怀有期待与想象,为此,作为"老妇"的官绅也
为赴日做了精心准备。其中重要表现之一就是阅读日本、新学相关书籍。
1904年赴日游历的刘绍宽从1902年起就"多阅新书"。⑤徐兆玮自1905年8
月起,先后研读黄遵宪《日本国志》《明治维新三十年史》《邻交志》,王之春《东
游日记》《东洋琐记》等书。日本明治维新后取得的成就令其大为惊叹:"三十
年而治艺速成,奏功较俄人尤捷,拨乱世而升平,其效譬犹反掌。"⑥黄遵宪《日
本国志》中记述的"卒收改定宪法之效果","民气虽嚣,而众心齐一,故可转败
而为功,因祸而得福"⑦的日本,成为游日官绅振兴国家,"方驾英美""超越俄
日"的希望所在。⑧

　　此外,先行赴日亲友的体验,也增添了国内将要出行者对日本的美好憧
憬。光绪三十二年四月,徐凤标写信给徐兆玮,描述自己赴日所见沿途风光:
"遥望港内青山断续,绿树成荫,如入画图中游。初七日早上抵孟斯,亦日本一
山岛。风景更佳,与冯君等上舱观日出,呼吸空气,精神为之一爽,……馆内清
洁异常,所供午膳亦极精美。接待者皆年轻妇女,然毫无脂粉气,均落落大方,
于此可见文明国之自由。"⑨到了日本之后,又述及东京浅草、芝区、上野、不忍
池等避暑胜境,"令人不思故乡"。⑩书籍信札中构建的风景优美、气候宜人、
文明自由的日本形象,令其"神魂飞越"。⑪怀着对美好异邦与光明前程的希

① 《刘绍宽日记》,第337页。
② 《徐兆玮日记》光绪三十二年四月十六日,第639页。
③ 《徐兆玮日记》光绪三十二年又四月(闰四月)初五日,第647页。
④ 《徐兆玮日记》光绪三十二年四月十四日,第637页。
⑤ 《刘绍宽日记》,第337页。
⑥ 《徐兆玮日记》光绪二十六年十二月二十六日,第265页。
⑦ 《徐兆玮日记》光绪三十一年七月初六日,第521页。
⑧ 《徐兆玮日记》光绪二十六年十二月二十六日,第265页。
⑨ 《徐兆玮日记》光绪三十二年又四月(闰四月)二十日,第654页。
⑩ 《徐兆玮日记》光绪三十二年五月二十一日,第670页。
⑪ 《徐兆玮日记》光绪三十二年五月二十二日,第671页。

冀与憧憬,中国官绅负笈东瀛,踏上征途。

二、观光游历的感官体验

强烈的情感使然,中国官绅初到日本,就产生了良好的第一印象。长崎是他们抵达日本的第一站,早在 1893 年,平阳士绅黄庆澄(1863—1904)初到此地,即觉"街道整洁、人口稀少,山水秀丽,豁人心目。虽系通商码头,无喧尘湫隘之气"①。日本港口设有检疫和行李检查制度,医生"先验船人,然后及客,人皆齐立舱面,医生各一诊脉而去"。各埠"皆设旅具检查场,凡外客到埠,无论何国人民,皆授检验"。② 虽然中国人对各类检查皆感陌生,但都持赞赏态度。刘绍宽目睹"无论何国人民,皆授检验",而中国内地官府对外国人"无敢谁何",就感叹"逊此岛国多矣"。③ 除官绅外,留日学生对此也有同感。如1905 年赴日留学的黄尊三(1880—1950)就赞叹"日人于卫生之讲求,传染之预防,最为认真"。④

从长崎至东京,沿途风光之美与社会面貌之新,都给予中国官绅极好的观感。1903 年,凌文渊(1866—1944)赴日参观大阪博览会,途中见"广岛、獭居岛上电灯,高耀矗入云霄,疑为乘槎天上也"⑤。1906 年赴日的杨泰阶每到一地都迫不及待登岸参观游览。12 月 22 日,他在长崎参观天满神社、游览泽山,24 日抵神户换乘火车,又至南宫神社及劝商场陈列所、水族馆等地一游,"几至目迷五色,为之叹赏不置"。⑥ 次年,徐兆玮从神户乘火车去横滨,远望积雪皑皑的富士山,"有琼楼玉宇,高处不胜寒之想"。⑦ 这一派新鲜美好的景致,不仅满足了早前的美好想象,更激发了心中的豪情。如李宗堂所言:"入其境,目之所见,身之所接……不觉向者狭隘之心,化为恢弘,偏视之见,化为大

---

① 黄庆澄:《东游日记》光绪十九年五月初七日,黄庆澄等撰:《东游日记 湖上答问 东瀛观学记 方国珍寇温始末》,陈庆念点校,上海古籍出版社,2005 年,第 6 页。

② 《东瀛观学记》光绪三十年八月十九日,第 71—72 页。

③ 《东瀛观学记》光绪三十年八月二十日,第 72 页。

④ 黄尊三:《三十年日记·留学》光绪三十一年五月二十一日,湖南印书馆,1933 年,第 10 页。

⑤ 凌文渊:《籀盒东游日记》光绪二十九年三月二十四日,张謇、凌文渊:《癸卯东游日记 籀盒东游日记》,张晶萍校点,岳麓书社,2016 年,第 70 页。凌文渊,江苏泰州人,清末秀才,肄业两江高等师范学堂,曾任南京临时政府临时参议院议员。

⑥ 《杨泰阶东游日记》光绪三十二年十二月二十二日至二十四日,杨泰阶等著:《东游日记三种》,朱发建校点,岳麓书社,2016 年,第 4—5 页。

⑦ 《徐兆玮日记》光绪三十三年二月初五日至初八日,第 760 页。

公矣,非特知识因之而增,即爱国爱人之心,亦因而发。"①旅途奔波疲惫,也丝毫未影响到他们初抵日本的新鲜和兴奋。如徐兆玮初到东京,就与徐凤标、唐海平等亲友畅谈至十一点钟。②

安顿之后,他们迫不及待地到东京各地去参观和体验现代文化。19世纪末20世纪初,东京诞生了许多中国未有或稀见的现代事物,包括位于上野区、浅草区、小石川区等地的各种动物园、植物园、博物馆、学校、现代化工厂等。这些场所为中国官绅观察先进科技、教育,与友人闲暇娱乐提供了绝佳去处。赴日官绅无论游学、游历、考察,均抱着师法东瀛的念头,但其关注的重点因人而异。据《东瀛观学记》记载,1904年刘绍宽在日游历70天,共计参观学校、动物园、公园45处,其中各类学校计29处,占64.5%。③杨泰阶考察的面很广,游历的四个月间几乎无日不出门参观,除了以学校为重点外,还参观了日本各类工厂与警视厅、裁判所、监狱等部门。其范围也不限于东京一地,还至大阪、神户考察。相比之下,游学的徐兆玮则少了几分紧锣密鼓,其都市体验,主要是闲暇之余的参观和日常生活中的体会。

不约而同地,他们对日本都市发展之速,以及种种闻所未闻之事物的惊诧、喜爱都溢于言表。1904年,刘绍宽在东京登楼远眺,见"四处烟囱矗立,浓烟密布,机作之声与车马声远近互合",感叹"真繁会区也"。④上野公园是中国官绅到日本的必至之地,公园位于市中心,四通八达,就天然之地势而成,无需门票,园内有电影及其他杂耍。⑤园中博览会陈列各品光怪陆离,令人"目迷神眩",⑥从不忍池观月桥望博览会电灯,"如入琉璃世界,令人目眩"。⑦加之东京各地博物馆、博览会展出的"颇足为教育之助"、⑧各臻其妙⑨的陈列品,博物院里"怪怪奇奇,见所未见"的"七足马、两头牛、人头鱼、两人头鱼",⑩都令中国官绅感到不可名状,只能连发感慨:"(日本)胜俄以来,事业勃兴,其进

---

① 李宗棠:《东游纪念》,黄山书社,2016年,第308页。
② 《徐兆玮日记》光绪三十三年二月初八日,第761页。
③ 据《东瀛观学记》统计而成。
④ 《刘绍宽日记》光绪三十年八月廿七日,第387页。
⑤ 《三十年日记》光绪三十一年九月十九日,第27页。
⑥ 《徐兆玮日记》光绪三十三年二月十八日,第762页。
⑦ 《徐兆玮日记》光绪三十三年三月十六日,第766页。
⑧ 《徐兆玮日记》光绪三十三年三月十三日,第766页。
⑨ 《杨泰阶东游日记》光绪三十三年二月十六日,第32页。
⑩ 《杨泰阶东游日记》光绪三十二年十二月二十七日,第6页。

步之速,实可惊叹"。① 此外,他们对日本社会风气亦有直观,杨泰阶游览靖国神社,见日本臣民与祭者络绎于途,观者如堵,几无容足地,而出入俱有规则。② 刘绍宽游览植物园,发现日本人手携纸笔,随时记录,不似"吾辈特随物浏览而已,深用自慨"。③ 诸如此类都市文明、科技先进、秩序井然的画面,开拓了中国官绅的视野,也令其感受到了两国之差异。

然而,日本都市并非处处充满心旷神怡、目不暇给的乐趣。不论是从中国到日本的必经之地马关,还是博览会、靖国神社等场所,近代历史上中日战事的图景、展览随处可见。中日战争是中国之大侮,在日本却是该国人得意之举,日人教育童子,都先告以日清之战,"大凡繁盛之区,无不以此为点缀"。④ 如刘绍宽所言:"马关在望,伤心题壁之楼;神社参观,怵目战俘之品。"⑤ 他参观凌云阁,发现下层所列甲午台湾事,"见之胸怀作恶"。⑥ 徐兆玮参观靖国神社,内有法人在越南所获中国旧枪十柄,"阅之令人气短"⑦。另外,帝国博物院内"支那风俗,女子履鞋、鸦片烟具、及逃兵各模型,不忍殚述"。⑧ 诸如此类在异域被展示的象征中国落后的器物风俗、带有浓烈民族色彩的都市景观,加之耳闻目睹种种中国人在日本受到的不公正待遇,共同激发了游日官绅内心屈辱、痛苦的民族情绪,可谓"伤哉,吾国之人其何以为心乎!"⑨在刘绍宽看来,东京"无上海繁华之习气,又多外界激刺之感情,爱国之心易发,而公德亦易培养"。⑩ 其中感情之刺激、爱国心之培养,矛盾而又浑然地结合在一起。"情感源于体化实践和认知实践,同历史和文化有着密切的联系。"⑪西方作为强大的"他者",一方面提供了建构未来的希望与想象,另一方面又造成了不幸苦难的自卑与伤痛。前者金碧辉煌、霓虹闪烁,充满进步之光,颇为教育之助,后者则源于中华帝国衰落,曾经引以为傲的民族文化式微的痛苦记忆。

① 《杨泰阶东游日记》光绪三十三年二月二十二日,第 35 页。
② 《杨泰阶东游日记》光绪三十三年一月二十六日,第 22 页。
③ 《刘绍宽日记》光绪三十年九月初一日,第 388 页。
④ 严修:《东游日记》光绪二十八年八月十三日,岳麓书社,2016 年,第 52 页。
⑤ 刘绍宽:《刘序》,黄光撰,马允伦编:《黄光集》,上海社会科学院出版社,2005 年,第 2 页。
⑥ 《东瀛观学记》光绪三十年九月十五日,第 93 页。
⑦ 《徐兆玮日记》光绪三十三年三月十八日,第 767 页。
⑧ 《籑盦东游日记》光绪二十九年闰五月二十八日,第 142 页。
⑨ 严修:《东游日记》光绪二十八年八月十三日,第 52 页。
⑩ 《刘绍宽日记》光绪三十年八月廿二日,第 386 页。
⑪ 查理斯·齐卡:《当代西方关于情感史的研究:概念与理论》,《社会科学战线》2017 年第 10 期。

随着时间的推移,异域生活中的不适日渐显现。徐兆玮到了日本,立即脱下长袍马褂,制西服,穿皮靴,购毡帽、便帽,打辫改装,见友人还脱帽为礼,积极适应日本的生活习俗。但他很快发现,日本动辄跣足,白袜一日就变黑,洋服、皮鞋自己也穿不惯。① 不同于徐兆玮的"忍耐",刘绍宽索性不改装,即使好友"殷殷相劝,未能依之"。② 饮食方面,中国官绅均较少光顾日本餐厅、西餐厅,而多选择味莼园、扬子江中国料理店、新春和馆等中餐馆。由于水土不服,当时许多在日本的中国人都患有肠胃疾病。朱希祖(1879—1944)将"胃病"称之为在日本的三大患之一。③ 杨泰阶在日本常有泄泻。④ 日常交往方面,限于语言和时间,中国官绅在日本的交际圈都不广,徐兆玮与杨泰阶的交往半径有很大重合,包括顾公亮、徐凤标、唐海平等,多为同乡和亲朋旧故。《徐兆玮日记》中未见与日本人的交往,杨泰阶因考察需要,偶尔会借助翻译(如唐海平)与日本人交流。

适应"新文明"与现实生活中的难以适应,构成了官绅游日生活的矛盾感。徐兆玮改穿西服,但对剪辫一事,感到"一剪则再生不易,颇有爱惜羽毛之意",⑤因而选择戴假发。徐在日本生过一场大病,第一选择是甘露茶、午时茶、"汤头"等中药,拖了 10 天仍无好转,无计可施才尝试西药。⑥ 这些日常生活中看似微不足道的小事,进退取舍之间都凸显了传统官绅在追求现代化过程中的复杂与艰难。

生活不适与文化隔阂,加之对新知"速成"的急切渴望与"学术荒芜,旧思想既限于闻见,而脑力衰减,又不能输入新思想,进退失据"⑦之扞格,使得游日官绅常感"寥寂寡欢",⑧纵情山水成为他们暂时躲避的良方。日本风光优美,"小桥流水,幽寂清寥","林木秀蔚,令人有尘外想"。⑨ 风景是文化的建构,"与国家的疏离是世外田园的关键特点",⑩政治不如意更容易催生怀古幽

① 《徐兆玮日记》光绪三十三年二月十三日、二月三十日、十二月二十五日,第 761、764、831 页。
② 《刘绍宽日记》光绪三十年八月十二日,第 384 页。
③ 《朱希祖日记》光绪三十二年正月十三日,中华书局,2012 年,第 11 页。
④ 《杨泰阶东游日记》光绪三十三年四月初六日,第 83 页。
⑤ 《徐兆玮日记》光绪三十二年九月十七日,第 724 页。
⑥ 《徐兆玮日记》光绪三十三年十月十六日至二十三日,第 796—797 页。
⑦ 《徐兆玮日记》光绪三十四年正月二十六日,第 845 页。
⑧ 《徐兆玮日记》光绪三十三年十月初二日,第 794 页。
⑨ 《徐兆玮日记》光绪三十四年正月二十二日,第 843—844 页。
⑩ 沈艾娣:《梦醒子:一位华北乡居者的人生》,赵妍杰译,北京大学出版社,2013 年,第 107 页。

思与"归田园兮"之心境。1908年2月26日,徐兆玮得知好友张双南"已奉檄入都,补官历下","艳妒"①之情溢于言表。而次日他在给孙眉韵的信中却写道:"野趣清幽,令人意远,乃知山林萧散之适我性也。"②显示了政治理想与现实落差巨大的失落、自嘲和自我安慰。

综合而言,传统官绅来日本之后,日本的科技和文明为他们提供了未来的希望与借鉴,近代中日关系的强弱易势又造成了难掩的伤痛。生活中,物质文化的先进让他们无限憧憬,但却又感到现代生活与自己既有惯习的格格不入,虽然他们思想言行、生活习俗等方面已努力趋新,但情感、传统习惯之割舍却难以一蹴而就。这多重的矛盾具体到个人,虽有差异性,但归根到底,都体现了他们困于中西、新旧之间的踯躅、迷茫与焦虑之中。

三、对都市文明的理性思考

对事物的认识要经历一个从感性到理性的升华过程。官绅作为于本国之学问素有研究者,其域外之观比"新学小生"更深切,"其所观察必有独到之处,其所究必非敷浅之事"。③ 他们通过对异邦日本的观察,形成反射自我的镜像,对强国之道进行了多方面的理性思考。

首先,对日本尚武精神及中日两国国民性的思考。在徐兆玮看来,"中国人之见绌于白种及日本者,实以无尚武精神之故"。④ 樱花是"日本民族之气象精神者",他眼见日本人赏樱"一国之人皆若狂者",⑤反观中国人却"亿万万人恒抱亿万万之思想,而民族乃涣而不可复聚也",⑥触发了他"振起国民思想"⑦的渴望。如果说徐兆玮对日本国民性的思考自观樱始,刘绍宽的着眼点则在于每日的观察。他每天出街坊,常见儿童击鼓扬国旗庆祝战胜者,不禁想起"吾国膰下老儒,且不知国旗为何色,何况其他。呜呼! 此岂吾民之咎哉?"⑧他认为,日本振兴并非"惟心醉欧风,规摹西法"使然,而是积极倡导国

---

① 《徐兆玮日记》光绪三十四年元月二十五日,第845页。
② 《徐兆玮日记》光绪三十四年元月二十六日,第845页。
③ 杨怀中:《劝学篇》,《公言》1911年第1卷第1号,第2页。
④ 《徐兆玮日记》光绪三十二年四月初二日,第629页。
⑤ 《徐兆玮日记》光绪三十四年三月十六日,第857页。
⑥ 徐兆玮:《虹隐楼诗文集》,徐昂千点校,华东师范大学出版社,2016年,第828—829页。
⑦ 《徐兆玮日记》光绪三十一年十二月二十日,第567页。
⑧ 《东瀛观学记》光绪三十年九月十五,第93页。

家主义、"道义感情"的缘故。反思中国则只知以船坚炮利为经武要略,以理化言语算术为要图,而不知求其本原,"正为此累欤耳"。① 可见,中国官绅虽强调学习西方科技,但同时也意识到培养国民精神才是国家振兴的关键。

其次,是对日本教育普及和教育内容的思考。国民精神、爱国之心如何培养,要从教育中找寻答案。杨泰阶就发现,日本学生课暇之余,多从事于运动技术,其尚武之风可见一斑,可知"武士道、大和魂之所以养成军国民者,匪一朝一夕之故有以致之"。② 游日官绅大量参观、考察日本的各类学校,对各校的校园布置、学制、教材、课程、教学方法、教育法规、学风,都详细记录。刘绍宽发现日本各校食品甚俭,学生攻苦食淡,而"吾国学生,动以馔膳菲薄,相率滋闹,殊失之矣,"③反思中国教育之缺失。日本"教法甚妙"④是他们的普遍共识,刘绍宽看到实物教学法阐发极精,中国无此法,因此培养的学生"眼钝手拙,识浅虑疏,观物而略,处事而乖"。⑤ 他批判中国自号史学地理名家者"以稗贩志书为精地理,剽窃陈论为讲史学者,可自悟其失矣"。⑥ 日本发展实业教育、师范教育、女子教育所采用的简易可行的办法,是当时官绅考察的重点之一。⑦ 杨泰阶参观各类学校后,深感"教育进步,视乎师范"。幼童"服从教令如此,教法可知矣",学校课程"条目之精细与是,亦可谓得其要义矣"。⑧ 在他看来,中国欲教育普及、广开风气,亟须广设小学与师范,并增设聋哑学校、女子学校等专门学校。⑨ 他们都注意到日本教育普及产生的效果。刘绍宽认为日本秩序井然、国无游民的原因,就在于学校广设、狱市有章。⑩ 杨泰阶则满怀雄心,如果在中国"人人可受教育,数年而后,亦何难驾日本而上之哉"。⑪

第三,日本的法治文明也是游日官绅思考的重点之一。徐兆玮阅读日

---

① 《东瀛观学记》光绪三十年十月初九日,第114页。
② 《杨泰阶东游日记》光绪三十三年二月二十九日,第44页。
③ 《东瀛观学记》光绪三十年八月二十九日,第80页。
④ 《杨泰阶东游日记》光绪三十三年一月二十七日,第22页。
⑤ 《东瀛观学记》光绪三十年八月二十八日,第79页。
⑥ 《东瀛观学记》光绪三十年八月二十六日,第75页。
⑦ 王少芳:《清末直隶官绅的日本教育考察》,《教育评论》2013年第3期。
⑧ 《杨泰阶东游日记》光绪三十三年一月二十三、二十四日,第19—20页。
⑨ 《杨泰阶东游日记》光绪三十三年一月二十日、一月二十三日、三月十一日、三月二十二日,第14、17、66、74页。
⑩ 《东瀛观学记》光绪三十年十月初三日,第109页。
⑪ 《杨泰阶东游日记》光绪三十三年一月二十日,第14页。

本刑法改正草案,"详审精密,剖析毫芒",对比中国"改刑律如灞上棘门军,真儿戏耳",①杨泰阶见法庭辩论,辩护士条引极繁,"其慎重刑律如此,非即古盛时明慎用刑之义欤?"②批判中国法律的落后。司法审判给中国官绅留下深刻印象,日本断狱法自改良后,罢除一切酷虐之行,③到东京地方裁判所观看过民事审判的中国官绅,都感受到"举室肃然"④的审判现场,与动辄"恫喝威吓"⑤的中国判若两种格局。刘绍宽观日本民事审判,反观"吾国之匍匐公庭,皂隶威吓者,相去远矣"。日本行政、司法不相兼摄,而中国"一县数百里,薄书鞅掌,与一切刑狱听断,皆于县令一人任之。其人又素无学习听讼之事,徒委幕胥上下其手",使得民间惨无天日。⑥专习法律的徐兆玮的思考比刘绍宽更加深入,他认为,在中国"钱物细故任裁判官之枉断,而无人与之抗争"的表象背后,是中国人历来没有法律观念,仅将民事案件视为细故,因而"历来政治家止言整齐风俗,而无人能创制定民法之议"。⑦警察、狱制与法律关系匪浅,不可疏忽。警察署、监狱也是游日官绅考察的内容之一,杨泰阶参观北丰鸟郡巢鸭监狱,日本"仁人立法之善"与中国监狱"甚属腐败"形成鲜明对照,他认为,应当"采东西各法以定狱制,庶乎罪人皆知感泣,畏威者莫不怀德"。⑧

　　第四,日本实业发达与中国落后。中国官绅认为,日本"新事业勃兴之迅速"⑨的原因,主要在于机械精良,如刘绍宽"考日人寻常手工实业,如纺织、制纸之类,与中国相去皆不远,惟改用机制,母财巨而获利厚矣"。⑩杨泰阶在各博览会看到农、林、工等行业展品,感到"国愈文明,机械亦愈进化","中国大可仿制"。⑪他认为,商战之世,欲兴商务,在讲求商品,必先研究工艺,而且应制

① 《徐兆玮日记》光绪三十三年三月十日,第 765 页。
② 《杨泰阶东游日记》光绪三十三年二月二十四日,第 40 页。
③ 《严修东游日记》光绪二十八年七月廿四日,第 33 页。
④ 《东瀛观学记》光绪三十年九月初五日,第 83 页。
⑤ 《徐兆玮日记》光绪三十四年三月二十日,第 858 页。
⑥ 《东瀛观学记》光绪三十年九月初五日,第 83—84 页。
⑦ 《徐兆玮日记》光绪三十三年四月廿六日,第 773 页。
⑧ 《杨泰阶东游日记》光绪三十三年二月三十日,第 47 页。
⑨ 《杨泰阶东游日记》光绪三十三年二月二十二日,第 36 页。
⑩ 《东瀛观学记》光绪三十年十月十四日,第 117 页。
⑪ 《杨泰阶东游日记》光绪三十三年二月二十一日,第 33—34 页。

定奖励政策，"使人人皆有名利之可趋，则事业之竞争亦因之而增长"。① 他发现日本从中国进口原材料，加工后销往中国，反观中国人则"弃货于地，积习难返"，"利权已授诸外人矣"，②体现出强烈的忧患意识。

对日本富强之原因的探索，处处透露着对中国的批判。日本的风土人情也催生了中国官绅对中国习俗落后的反思。刘绍宽在华族女学校运动会上，看到女子"习为荷重缘梁竞走诸戏"，慨叹中国缠裹女足，"使不能任重行远"，无疑是"自弱种源"。③ 徐兆玮在王城外观百官入内行礼，官员皆乘东洋车，乘马车者寥寥数人而已。"可见日本起居之简。中国大官舍车而轿，轿夫之换班者复以大车载之，殊可笑剧。"④相比日本葬礼的简洁，又批判"中国殡仪竞尚奢侈"。⑤ 这种由衷地夸奖别的国家与别的文化的优点，有时往往是无意识的，其目的是为了建立一个批评本国的立足点或参照物。⑥ 基于这种批评和思考，形成应对之道、主张与办法。徐兆玮也是如此，回国后，他提倡"改良仪节，正俗礼，崇节俭"，⑦与他在日的所见所闻是分不开的。

中国官绅以日本的见闻，反观中国的问题，探求解决的方案，但并不意味着他们对中国就全盘否定，亦并未盲从日本，而是随着对两国实情认识的深入，逐步产生了一种更为冷静、理性的思考与批判。例如，徐兆玮对日本的习俗改革并非照单全收，他听闻日本议院创设废止阴历之议，就颇觉不合理。⑧ 凌文渊也认为，取法日本应合中国实际，"不必规日本之成式"，"如但求新法，不考往日实效，设有不精，反害全局"。⑨ 此外，中国官绅都反对盲目引进他国的法律。1903 年赴日本考察学务的缪荃孙（1844—1919）就认为，天下万国法律各不相同，"国家不教，而徒设法以律之，是罔民也"。⑩ 徐兆玮思考法律在中国的适用问题时，也感到"法网愈密愈不自由。中国人民放任久矣，其憔悴于虐政者不过万中之一二耳，一旦以法律束缚之，跬步之间动辄获咎，必有咨

① 《杨泰阶东游日记》光绪三十三年三月二十九日、二月二十二日，第 81、36 页。
② 《杨泰阶东游日记》光绪三十三年三月二十六、二十七日，第 78—79 页。
③ 《东瀛观学记》光绪三十年九月二十日，第 96 页。
④ 《徐兆玮日记》光绪三十三年十二月二十八日，第 820 页。
⑤ 《徐兆玮日记》光绪三十四年正月十七日，第 842 页。
⑥ 萧功秦：《知识分子与观念人》，天津人民出版社，2002 年，第 42 页。
⑦ 《徐兆玮日记》光绪三十三年六月十二日，第 779 页。
⑧ 《徐兆玮日记》光绪三十四年二月初一日，第 847 页。
⑨ 《籀盦东游日记》光绪二十九年四月二十日、闰五月十九日，第 90、129—130 页。
⑩ 缪荃孙等著：《日游汇编　日游笔记　东瀛小识》，岳麓书社，2016 年，第 9 页。

嗟愁怨者"。① 这是老成持重的中国官绅架构在对中国国情深入了解基础上的理性，又体现了他们在学习新事物的过程中思想的矛盾性。

他们在观察日本，也在思考日本，在羡慕日本国富民安的同时，也发现了霓虹灯外的藏污纳垢之处。徐兆玮在日本期间，听闻都市有白昼攫物之事，看到博物馆前有相士观面相，又见有人买贫民子女并教之行乞，感到"陋俗难革，表面之文明不足以掩内容之黑暗也"。② 他给友人的信中进一步提到："日本风俗日即浇漓，东京尤万恶汇萃之区，奸盗爬窃无日无之。昔所谓外户不闭，路不拾遗者，此风邈不可睹矣。"③他发现，日本"官吏之不法时有所闻，都会之民嬉敖升平，穷阎窘迫"。④ 议院又发生贿赂议员的腐败案，"如是亦可见立宪国之内容矣"。⑤ 反倒是中国"本以放任为治，而民多知耻，重犯法，其道德心本优胜于日本"。在他看来，风俗浇漓的根源就在于"自欧化东渐，和文广被，一二新学家始持自由主义，横决篱藩"。⑥

与西方的科技带来琉璃世界令人目眩的灯火，亦带来了易于出火延烧的"电气、瓦斯之险"⑦同理，虽然中国官绅明知西方科技、文明有益于国家，并以此建构国家强盛的美好想象，而目之所及那些西方文明并未解决，反而可能引发的种种道德问题，又催生了种种难以掌控的无力和担忧。一如徐兆玮对日本"都市繁昌，乃藏奸之渊薮，东西一辙，何在有乐土哉"⑧的控诉，实际上是带着对异邦的美好想象来验证日本的社会时，看到不尽如人意处，于是感到失望，希望越大，失望越大。其实他所批评的这些问题在中国又何尝不存在呢？这种批判，体现了他们内心深处不愿意完全承认日本短短几十年已经先进到无处不胜于中国，遑论这就默许了日本对中国的轻视。在刘绍宽看来，"我邦风俗敦美，贵忠义，重廉耻，临艰难而忘身，处危险而致命，百折千挫而不挠者，乃神州正气之所钟，所以冠绝于万邦者也"。⑨ 杨泰阶则认为，西学原本就源

---

① 《徐兆玮日记》光绪三十三年十二月初九日，第 825 页。
② 《徐兆玮日记》光绪三十三年三月十五日、二十二日，十一月十五日，第 766、768、813 页。
③ 《徐兆玮日记》光绪三十四年正月二日，第 836 页。
④ 《徐兆玮日记》光绪三十三年十二月初九日，第 825 页。
⑤ 《徐兆玮日记》光绪三十三年十二月十一日，第 826 页。
⑥ 《徐兆玮日记》光绪三十四年正月二日，第 836 页。
⑦ 《徐兆玮日记》光绪三十三年三月二十五日，第 768 页。
⑧ 《徐兆玮日记》光绪三十四年正月四日，第 837 页。
⑨ 《东瀛观学记》光绪三十年十月初九日，第 114 页。

于中学。"考日本国各科学,皆师自泰西,而西国之学,无一非萌芽于中国。"所以中国学西学,不过是"失之自我,还之仍自我,既失复得,无新非旧,无旧非新也"。① 认为中国以道胜,西人以器胜②的背后,是年逾不惑的传统官绅天然而又历史的保守性和意气。

总而言之,游日官绅对都市文明的理性思考是双向的:既有站在日本"现代"、"文明"的视角对中国落后的批判与建议;又有站在中国传统"道德"的角度,对西方科技、现代都市之弊端的揭露和反思。其中又掺杂着中国士大夫对原先附庸于大清的蕞尔小国、经过明治维新成为东方强国的日本,由傲慢,到佩服,中间还夹着不甘的复杂心态。

四、阅读选择与关注焦点

中国官绅来日本是为了"采西学",游历官绅因时间精力所限,其重心主要在参观考察,虽然杨泰阶在考察之余,还花费月余时间,每天 2 小时到法政学校听黑泽次久、藤堂要藏等人的市町村制、府县郡制课程,并阅读"宪法讲义"。③ 这是他作为地方官员对传统"断狱"职责的关注,及新形势下地方自治的现实需求。但时间较短,课程单一。对于游学日本的徐兆玮而言,学习与阅读则是生活中不可或缺的部分。本节拟以徐兆玮为例,探讨他在日本的阅读生活史,从中透视其关注重心及转变。

徐兆玮赴日游学就读于法政速成班,这与"清末十年留日大潮中,中国官绅负笈东渡,络绎于道,但其中多数人所习科目,仅为预备或速成性质"④的主流是一致的。据统计,1904 年 5 月至 1908 年 6 月间,就读于法政速成科(含补修科)的学生可考者为 1905 人。徐兆玮所在的第五班,入学人数有849 人,分为政治部和法律部,政治部 446 名,法律部 403 名。⑤ 在当时"大约京官宜学政治,外官宜习法律"的情况下,他感觉"政治多系空谈",⑥因此决意专攻法律。

① 《杨泰阶东游日记》,第 84 页。
② 王韬:《与周弢甫征君》,《弢园文新编》,李天纲编校,中西书局,2012 年,第 172 页。
③ 《杨泰阶东游日记》光绪三十三年正月初二日至初七日、初十日,第 7—9、11 页。
④ 李林:《最后的天子门生——晚清进士馆及其进士群体研究》,商务印书馆,2017 年,第 199—201页。
⑤ 李林:《最后的天子门生——晚清进士馆及其进士群体研究》,第 167 页。
⑥ 《徐兆玮日记》光绪三十二年九月二十一日,第 725—726 页。

学法律可为日后"措办新政或不至茫无据依",①带着这种经世致用的心态,徐兆玮在法律学习上颇为用心。除课堂学习外,他还购买、阅读大量相关书籍。东京一隅,书肆约有千余家,购书者每于薄暮时,始手批口沫,充溢阛阓。② 徐兆玮也是其中之一。在他看来,"日本新刊图籍均精彩夺目,自独逸新学说灌入亚东,彼中学术为之耳目一新。无论法律、政治诸书,为吾人所未梦见,即研究旧学者,亦奥博绝伦。思购置一二以壮归装,庶几不负此行耳"。③ 据日记统计,徐兆玮在日期间购书次数达百余次,购买数量达三百余册(见表1)。

表1　徐兆玮在日购阅记录统计表

购阅种类	数量	占比
法政类	169	51.06%
文史哲类	87	26.28%
报刊类	39	11.78%
其他类(商业、辞典等)	36	10.88%
合计	331	100%

注:本表格根据《徐兆玮日记》在日游学期间的记录整理而成。

他购阅种类丰富,其中以法政类书籍为最多,占总数的51%,涵盖了国际法、行政法、民法、经济法、警察学、地方制度等诸多种类。这与他学习的法律课程直接相关,同时又体现了他的关注焦点。徐兆玮向来关注地方自治,1908年1月18日,他阅读了江木翼《自治之模范》中译本《地方自治模范》,即感"大可仿行",尤其三村自治规则甚详,皆可取以为法。④ 1908年1月30日,他给徐凤标写信说道:"玮近思搜罗日本关于市町村制度之书,以为他日施行之模范。以本地方人治本地方事,但使留心公益,定足造福里闾。况吾乡生活程度本不甚低,下流社会之智识亦易开通,能如日本之模范三村为全国所取法,亦事在人为

---

① 《徐兆玮日记》光绪三十二年四月十四日,第637页。
② 太公:《东京杂事诗》,《浙江潮》1903年第2期,第164页。
③ 《徐兆玮日记》光绪三十三年十月初二日,第793页。
④ 《徐兆玮日记》光绪三十三年十二月十五日、光绪三十四年正月二十九日,第827、846页。

耳。"①这些阅读学习,对徐兆玮日后在常熟推行地方自治的实践颇有助益。

　　书报杂志是徐兆玮每日阅读的重点。他的关注面极广,除《神州日报》几乎每日必读外,还"专搜罗新出各报,无论革命派、排满派、立宪派,一一浏览"。② 此外,他对日本新刊杂志如《法学协会杂志》《京都法学会杂志》《明治学报》《日本法学新志》等,亦有关注。③ 除自己阅读外,还为友人寄阅《太阳报》。④ 阅报是官绅关注国家大事,参与地方事务的重要渠道。以苏杭甬铁路借款事为例,1907 年 11 月徐兆玮连日阅报,因苏杭甬路勒借洋债事,感到极为愤懑,他反复与国内亲友张双南、陆彤士、汪兰楣、丁芝孙、孙师郑等通信互商对策。此事在日本留学生中也引起了轩然大波,他们连日开会,函电交驰,苏州府留学生集体"封章入奏,挽回路权",⑤徐兆玮也列名其上。此后,他一直通过《神州日报》《中国新报》等报密切关注此事进展。报纸对信息的快速传递,使官绅们不管身处何地,都可迅速获取到信息。加速、扩大了官绅群体整合的速度与规模,延伸了他们参与地方事务的权力。

　　此外,徐兆玮还购阅了大量文史哲类书籍,这是他的关注重心,也是受其年龄和知识结构限制的结果。历史方面,近代日本的兴起无疑是自明治维新起,因此这段历史成为徐兆玮关注的焦点。他阅读金子晋《日本事物起源》了解日本从明治四年废藩置县、改定官制到成为东亚之强国的历史,有感"进步之难如此,进步之速又如此"。⑥ 近代中日关系中日本的强盛,和以日为镜、强敌御侮的目标始终萦绕于徐兆玮心头,"欲洗国耻,当先以敌为鉴"。为此,他阅读了《平壤包围攻击》《黄海大海战》等书。⑦ 他亦留心日本人对中国历史的书写,但并不十分满意。如他阅读中浅井虎夫《支那法制史》,认为其"大段符合,未必细微悉无遗憾。如有自编一书,变从前之体制,用西欧之史裁,吾知必较浅井氏远胜也"。⑧ 文学方面,徐兆玮素喜诗文,到日本自然也不忘搜集、阅读日本诗歌、散文、小说。在日人书肆购买了《新诗综》《随鸥集》后,徐兆玮连

① 《徐兆玮日记》光绪三十三年十二月廿七日,第 832 页。
② 《徐兆玮日记》光绪三十三年十一月初三日,第 805 页。
③ 《徐兆玮日记》光绪三十三年十一月十二日,第 812 页。
④ 《徐兆玮日记》光绪三十三年四月廿八日、五月二十三日,第 774、777 页。
⑤ 《徐兆玮日记》光绪三十三年九月二十九日,第 792 页。
⑥ 《徐兆玮日记》光绪三十三年十二月初一日,第 822 页。
⑦ 《徐兆玮日记》光绪三十三年十一月二十三日,第 818 页。
⑧ 《徐兆玮日记》光绪三十四年一月三十日,第 847 页。

续几天阅读,得意忘言,不觉日暮。① "以为取径甚高,用字甚古,迥异于今人之东涂西抹,杂凑新名词以成章自诩者也。"②他以"古"为"高"的认同,越出了以新为好、为进步的范畴,他不认同"杂凑新名词"、"错杂不伦者"、"漫无根柢者",③看似对自己安身立命的传统文学书写的坚守,从中折射出的是儒家文化浸润下的官绅对"道统"的捍卫和坚持。哲学方面,1907 年 11 月,徐兆玮生了一场大病,"病中屏弃一切,颇思研究哲学",④这为他发现日本汉学打开了一扇窗,继而引发了他对中国汉学衰微的关注与反省。他先阅读了国内学者章太炎、杨度等关于孔孟、墨子,乃至西方基督教的讨论,进而联想到日人所著《孔子研究》《杨墨哲学》,"不知已阐发此理否?"⑤12 月 4 日,他在神田书肆购得高濑武次郎所作《杨墨哲学》一书,"狂喜累日",感到"东瀛考古之学,岂让乾嘉诸儒哉"。⑥ 因"日人诠次支那哲学、文学诸书,颇有新得"。⑦ 徐兆玮大力搜罗购买、阅读这类书籍,在这一过程中,他既因数量众多、洋洋大观而欣喜,又愈发感到日本思想议论别出手眼,考证详明,"以吾国人一知半解,自诩通才对之,真汗颜无地也"。⑧

"从师岛国"的中国官绅,多为承认日本西学进步而来,但其内心在相当程度上依然保有传统儒家士大夫对本国传统文明的优越感。毕竟在古代,中国是日本的老师。而如今,这种西学不如人,保存国粹也"远愧弗如"⑨的现实,着实引发了强烈的心灵冲击。此一冲击,又与对国家的深刻关切杂糅在一起。在徐兆玮看来,"十余年以前固与中国今日之情形无大异也"⑩的日本进步神速,强于中国的原因,在于"勃兴之志士皆以阳明学练其心胆,见诸实行……实王学之精神有以维持于不敝尔"。⑪ 相较于"日本近日非特欧化进步,即汉学亦切实研究",而中国"自欧化东渐,汉学日微,后生小子竟有主张废汉学之议

① 《徐兆玮日记》光绪三十三年十一月初三日,第 805 页。
② 《徐兆玮日记》光绪三十三年十一月初二日,第 805 页。
③ 《徐兆玮日记》光绪三十四年正月九日、二十五日,第 839、845 页。
④ 《徐兆玮日记》光绪三十三年十月二十五日,第 799 页。
⑤ 《徐兆玮日记》光绪三十三年十月二十七日,第 800 页。
⑥ 《徐兆玮日记》光绪三十三年十月二十九日,第 802 页。
⑦ 《徐兆玮日记》光绪三十四年元月二十六日,第 845 页。
⑧ 《徐兆玮日记》光绪三十三年十一月初十日,第 810 页。
⑨ 《徐兆玮日记》光绪三十三年十一月二十一日,第 817 页。
⑩ 《徐兆玮日记》光绪三十三年十一月二十日,第 817 页。
⑪ 《徐兆玮日记》光绪三十四年元月二十八日,第 846 页。

者"。[1] 他感到"中国欲保存国粹,则文科大学不可不立"。[2] 在日本阅读了《新诗综》《古文尚书》的严修,也同感"吾国今日求此才正恐不多得也","人知日本维新之益,而不知实基于德川氏百年间崇儒之功也"。[3] 在他们看来,强国之道不仅在采西学、求新知,也在于保存与发扬传统文化。

以徐兆玮为例的中国官绅,在日本的阅读选择、关注焦点与思考,建构了清末官绅寻求解决个人学习乃至时代问题的策略。从时间顺序看,徐兆玮从阅读法政书籍,到阅读有关日本政治、经济、文化、哲学类书籍,乃至研究日本汉学,其视角从学习新学,到了解日本文化,再从日本的视角反观中国。这与近代中国向西方学习从器物、制度上升到文化层面的过程不谋而合。

结语

在清末新政背景下,大量官绅远渡重洋。考察他们外出留学的动机与心态,无法简单地用"救亡图存"这四个字概括,但也不是严安生所说的"集体盲从"的结果。对于官绅这一群体的界定,也难以套用"新"与"旧","传统"与"现代"的标准予以划分。以徐兆玮为例,以往研究多将他作为新士绅的代表,与常熟地方旧士绅区分,强调他趋新的一面。[4] 这固然是其关键面向之一,但如果跳出他在公共生活的立场,从日常生活中心态和感受的视角,去探寻他关注、选择及背后的文化渊薮,就会发现,他倡新求变的背后,是国家命运与个人前途的结合,是"趋新"和"怀古"的杂糅。这种踯躅于中西新旧之间的憧憬与迷茫,是当时官绅集体心理的真实反映。

游日官绅虽身份与地位不同,所见所闻各异,但殊途同归,最终均指向对传统道德的坚守与维护,以及对汉学不可偏废的一再申明。从中也可以窥见中国传统士绅价值观的稳定性:游学日本,是为了求新知,而最终的落脚点,仍是传统。过渡时代人人求新知,学西学,却在主动与被动中逐渐丢失了传统文化的根底,这是王国维所言的"道出于二",亦是造成中国社会逐渐失去重心

---

[1]《徐兆玮日记》光绪三十三年十一月二十日、初三日,第 817、806 页。

[2]《徐兆玮日记》光绪三十三年十一月十九日,第 816 页。

[3] 严修:《东游日记》光绪二十八年八月十一日、七月二十九日,第 47、38 页。

[4] 可参考徐茂明、胡勇军:《清末兴学与常熟士绅的权力嬗变——以〈徐兆玮日记〉为中心》,《史林》2015 年第 6 期;赵思渊:《士气之藩篱:清末常熟清赋中的士绅身份意识转变》,《历史研究》2016 年第 6 期。

的重要原因。事实上,新旧秩序断裂所形成的失范、脱序与危机,造成的"旧者已亡,新者未立,怅怅无归"①的困境,在清末官绅身上已有体现。他们对"传统"的维护,是基于他们对现代文明并不完全适合中国的理性思考,及体验了"先进"、"文明"后对世风日下、人心不古的反思。在晚清义和团运动后愈演愈烈的趋新风潮中,"激切之事,第震其国富兵强,竞言新政,中国国粹或不知保存",而他们依然保持着几分理性,"二者殆均有蔽焉"。②如徐兆玮所言"我国人士望治之心太急,于是失望之事多,而政府与人民水火矣"。③严修也提出:"讲学问不必废词章,讲教化不必废僧道,所谓不废者待其自废也,自废者其势顺,虽迟无大损,因本已立也,人强废之,其势逆,欲速反害。"④深具补偏救弊之心。然而形势比人强,"值此新学潮流,堤防冲溃,所谓狂澜既倒,非只手所能挽也"。⑤趋新的潮流日益激进,最终导致了清政府的瓦解。进入民国后,时人对"民国共和不如前清专制"⑥的印象,"青年后进,一学未成,而舍己耘人,不解日就月将沉潜向学为何事,徒随俗暴戾,叫嚣凌轹"⑦的风气,印证了他们曾有的忧思,然而他们却因为不附和当时的激进,又沦为了所谓"老新党"。⑧

Motivations, Experiences and Mental Feelings of Officials and Gentries Studying in Japan from Jiangsu and Zhejiang in the Late Qing Dynasty
—Represented by Xu Zhaowei, Yang Taijie and Liu Shaokuan

Wang Yingqi

Abstract: In the context of Late Qing Reforms, studying or travelling in Japan

① 萧功秦:《知识分子与观念人》,第17页。
② 文恺:《东游日记·自序》,杨泰阶等著:《东游日记三种》,朱发建校点,岳麓书社,2016年,第91页。文恺,生平不详,清末官员,1906—1907年从繁忙政务中抽空三个月赴日游历。
③《徐兆玮日记》光绪三十三年十二月初一日,第822页。
④ 严修:《东游日记》光绪二十八年七月十六日,第24页。
⑤《徐兆玮日记》1920年9月28日,第2144—2145页。
⑥ 朱英:《民国时期工商界人士的"民国"印象》,《史学月刊》2017年第10期,第45页。
⑦ 周震麟:《三十年日记·序言一》,黄尊三:《三十年日记》,第1页。
⑧ 瞿骏:《老新党与新文化:五四大风笼罩下的地方读书人》,《南京大学学报(哲学·人文科学·社会科学)》2017年第1期。

became one of the most convenient choices for gentries to gain western knowledge. Their motivations of study tours were both the ideal of govern and benefit the people as traditional gentries and the realistic consideration of seeking personal development opportunities under the new policies. In Japan, Chinese officials and gentries, represented by Xu Zhaowei, Yang Taijie and Liu Shaokuan, and were not only amazed at the material beauty of Japan's advanced science, technology, education and urban civilization, but also criticized the demoralization and Japanese customs on the moral and emotional level with the imagination of foreign countries. Chinese officials and gentries mainly focused on the readings about laws and politics, culture and philosophy in Japan, which were determined by their age, knowledge background and experience, and also reflected their concerns in Japan. Their motivations, experiences and mental feelings reflected the anxieties about the intertwinement of state and individual, and the mixture of new trend seeking and nostalgia on the political background of Qing court advocating a new tendency.

Key words: Xu Zhaowei; Yang Taijie; Liu Shaokuan; studying in Japan; mental feelings

作者简介：汪颖奇，上海师范大学中国近现代史专业博士研究生。

"夜"视角与《海上花列传》
的"颓废"叙事
——兼及其对现代海派小说"颓废"审美的影响

吴智斌

摘　要：清末民初，以《海上花列传》为代表的形成期海派小说率先探索中国小说叙事时空的近代建构，"夜"视角就是通过近代照明技术和新的消费伦理重构了近代小说的都市场景。这批小说不仅以"夜"作为主要叙事时空来生成审美价值，同时也因为人物主体与都市客体的错位而生成以"欲望"、"颓废"为基调的近代叙事伦理。在"夜"化叙事语境下，古今小说过渡期的《海上花列传》呈现出传统特质与近代心态杂糅、"末世"与"新世"情绪交织的精神面向，应"夜"化叙事而起的"颓废"气在中国都市小说兴起之初便成为其基本的审美情绪。这种审美情绪影响了现代都市小说的叙事趣味，构成了现代海派小说"颓废"叙事的中国文学内源性传统。

关键词：夜视角；《海上花列传》；颓废审美；现代海派小说

在考察中国小说古今转型的多重路径之中，叙事时空之于小说形态演变、价值重构的重要性，是不言而喻的。迥异于其他传统形态中国城市所历经的缓慢、细微的近代化步伐，近代都市上海乃是借由西方科技、租界政治、科学规划等多种因素而快速建立起来的。它在建立起照明、街区、建筑等物态化都市景观的同时，也变更了市民的作息时间、消费模式、休闲方式、审美趣味等精神文化景观。这种变化从时空角度考察，是近代都市借助声光化电等技术手段重新划分了白天与夜晚的功能形态,重新定义了市民的生活方式,"夜"在都市日常生活层面上被赋予全新的意义。"时间分配,说到根本处是一个有关'秩序'的事情","在传统社会中,生活时间的反常,就是伦理秩序的颠倒"。① 近代上海这种"夜"化时空所产生的秩序颠倒和价值位移,在以《海上花列传》为代表的形成期海派小说的叙事中得以清晰印证,它们不仅以"夜"作为主要叙事时空来生成审美价值,同时也受夜化时空影响生成以"欲望"、"颓废"为基调的近代叙事伦理。这种"颓废"是从传统乡土文化中走出的精神主体在面对新的都市生活时,因精神秩序失范而呈现的一种心理症候,对现代海派小说的"颓废"叙事也产生了深远影响。

一、《海上花列传》叙事时空的"夜"化走向与"颓废"语境生成

从通常意义上说,小说叙事必然呈现出一种时空关系,对时空关系的建构方式决定着小说的秩序选择、伦理走向、价值构成。白天和夜晚分明的自然时空本是宇宙客观运行的一部分,但当客体化的时空被纳入小说叙事文本,它必然具有了心理的和价值上的意义。关于这一点,伯格森甚至认为:"由过去、现在和将来一条直线表示的钟表时间是一种刻板、机械和人为的时间观念,只有心理时间才是真实和自然的。"②中国文化崇尚自然天光,"日出而作,日落而息"的时间秩序选择既是对自然的顺应,也是以"宵禁"形式履行的意识形态手段,并在漫长的岁月中演变成一种文化心理。与此相应,在中国传统小说叙事中,"夜"多是客体时空概念,忠实于因光线消失而产生的自然时间刻度。虽然它也有一定程度的心理时空功能,如常常被预设成"月黑风高"的叙事语境,多魑魅魍魉,多为非作歹,多作奸犯科,其场景也多是负面性或传奇性的,冲撞了夜所承担的休憩和抚慰的主要功能,但这也多半是夜的自然光线黯淡或消失所引发的偶然性行为。即使是传统小说叙事中富于英雄气的"夜行""夜走""夜奔""夜闹""夜战"等行为,究其实依然是物理属性大于精神气质,还是借"夜"之自然特性为壮士们提供一方豪气行事的平台,不过是借夜色掩护实现以弱抗强、以个体或少数人的力量对抗强大国家机器的政治理想而已,并未触

① 葛兆光:《严昏晓之节——古代中国关於白天与夜晚观念的思想史分析》,《台大历史学报》2003年第32期。
② 李维屏:《英美现代主义文学概观》,上海外语教育出版社,1998年,第14页。

及到"夜"之精神本质。

近代以来,伴随着基于西方城市建设与管理体制而生成的上海都市之"夜",与古典范畴之"夜"在文化形态上有了本质区别。古典时期各朝代多实行"宵禁",对人们的夜晚行为有严苛的法令管辖;同时,也受制于照明技术和经济因素,城市"夜"象多带有局部性、庭院性、私密性,甚至是一种身份的象征,《韩熙载夜宴图》中内容便是典型的贵族行为。而因为吝于承受夜晚的照明消耗而选择日落而息,曾经是中国底层百姓长期的生活景象,以致于打破惯性的夜间"照明"常常获得了独异的叙事价值,如《儒林外史》中便以临终前尚因家中油灯有两茎灯草点着太费油而不肯断气的情节,来尖刻地象征严监生吝啬至极的性格特征。以照明为切入口进行考察,可发现,近代都市上海的城市"夜"象首先也是由灯光来演绎的,它不仅在客观景象上解放了被黑暗所统治的夜,而且堪称一种借由灯光来完成的现代平权举措。虽然说奢华的夜消费依然与老百姓绝缘,然而公共照明带来的城市之夜已经不再为有钱人所独享,《海上花列传》为代表的晚清上海小说中,夜间叙事主体和消费主体虽然还是有钱的上海"寓公"、商人、世家子弟,但老百姓在夜晚走上街头甚至通宵达旦的狂欢景象也屡见不鲜:《海上花列传》中夜间穿梭于各种消费场所的穿针引线人物赵朴斋及其同乡吴松桥、张小村不过是进城谋生的乡下人;《海上繁华梦》中描写的药业灯会、梨园戏场中绝不乏普通市民;《人间地狱》通过柯莲苏和秋波之眼写著名娱乐场所大世界的场景,满眼充斥的都是市民百姓;《上海春秋》中在纱厂工作的外来女工白娘娘和同事大新散工后结伴去大世界游逛等等。这些夜间娱乐场所的人物数量主体是小市民老百姓,使他们与海上寓公、富商们一起摒弃日落而息的作息习惯,甚至形成黑白颠倒的生活习性的,首先便是城市的公共照明。

依托于技术的灯光本身不具备地域性、文化性和身份标示性,但它对城市夜景的视觉呈现有决定性作用。在文学叙事中,当文本对灯光的表现从实用性、景观性照明走向"气氛性照明"时,它意味着城市灯光已经"从文明的照明走向文化的照明",①并由此带动小说叙事"夜"景的近代化、心理化。从中国小说叙事的实情来看,"心理时空"成为小说主导性的叙事时空之所以始于晚清以《海上花列传》为代表的近代都市小说,这其中正有一个照明工具由古典

---

① 徐志强:《日本建筑投光照明与照明文化》,《南方建筑》1995年第4期。

物理化向近代技术化转型的重要契机。据著名上海史学者熊月之先生研究，1864 年上海第一家煤气公司大英自来火房营业，第二年上海开始使用煤气灯；1882 年 7 月电灯开始照亮上海，到 1884 年上海大多数街道都亮起了电灯。[①] 电灯以足以照亮整个夜晚的光亮性和持续性，在 19 世纪末叶的上海颠覆了传统的作息时间，并反映在了《海上花列传》的叙事中。《海上花列传》始刊于 1892 年的《海上奇书》，当时上海的城市建设、作息时间、生活方式等都已走向近代化。作为一个以夜间四马路为主要叙事时空的狭邪文本，《海上花列传》的叙事时间体系夜晚特色鲜明。它以租界长三书寓为主要地理空间，汇同中西合璧的时间体系（小说中的计时方式由中国传统农历日期和租界当局确立的二十四小时制精确时间点共同交汇而成）而形成时空坐标，并且偏重于夜间叙事。小说总共历时 9 月余，从叙事当年的农历 2 月 12 日苏州青年赵朴斋上海咸瓜街访舅起始，至同年的 11 月 20 左右流氓嫖客赖公子打毁赵二宝房间结束。据笔者逐回统计，全书 64 回叙事中，除了第 1、9、27、45、46 共五回偏向于白日叙事之外，第 3、7、10、22 四回纯粹夜间叙事；其他的 55 回虽日夜交织却又以夜为主要叙事时空，多是从夜开始走向白天或先后开始走向夜晚，白天事务多一笔带过，小说叙事之情节、情感、情绪均掩映在夜色之下。

　　夜的进入，从相当程度上说是意味着白日秩序的转换甚至打破。夜晚中人们的行为举止，与白昼工作、生活状态里的严谨、规范化的动作有着根本区别。夜生活环境里，人们产生与白日追求功利、物质等现实价值迥异的休闲性、消费性精神追求，与此相适应，夜晚中人的动作状态相较白日而言少约束，往往是非秩序化的，它带来情感、情绪、心灵较节制状态下更多的释放。从人的心理感受角度而言，"夜"是最容易与"颓废"构成审美共性的时空单元。格式塔心理力的研究表明："心理力是由感知觉组织、调节和控制的，感知觉的组织力由视觉、听觉、嗅觉、触觉等构成。由于人接收的信息 80％以上来自于视觉，因此心理力最突出地表现为视觉组织力。"[②] 视觉组织力在人对外部世界认知中的重要性，又多借由光线来完成，因此，光线由亮至暗乃至于无的"夜"，便往往成为人们审美情绪变化的时间临界点。夜晚的"黑暗被拭去的越多，它

① 熊月之：《照明与文化：从油灯、蜡烛到电灯》，《社会科学》2003 年第 3 期。

② 王妍、张大勇编著：《心理学与接受美学》，中国电影出版社，2011 年，第 150 页。

就越是呈现出其特殊的轮廓",①从审美上来说,"夜"借助灯光所形成的明暗交替对人的心理所产生的消极、放纵与颓废等情绪,远较于在白天的自然天光状态下要汹涌得多。《海上花列传》产生于封建末世,正是没落、颓败、消费主义等消极心理大行其时的精神土壤,在人们规避末世与逃避乱世的心理防御价值诉求中,肉欲、物态、消费、狂欢、颓废、苍凉等情绪伺机成为其精神避难所。这种精神心理投影于《海上花列传》的小说叙事语境,便是"夜"化时空的介入引起了小说叙事的光影、色彩、情节、情绪及节奏的改变,并在"夜"的原欲性、隐蔽性、休闲性作用下生成了总体上趋于"颓废"的叙事伦理。

二、"夜"色下的"颓废":旧面孔与新生活

"夜"在近现代小说叙事中的重要意义,主要在于它通过置换白日的文学风景和观光者,生成了与传统小说不同的都市夜景和人物主体。借由近代科技,"夜"成为减弱了自然属性的新时空,不再只是一种叙事布景,而是有情绪、有伦理、常常被进行道德判断的叙事主体。"如果从道德的角度来审视'夜'这个词,人们会不自觉地视黑暗为道德堕落或愚蠢的代名词。"②19世纪末的中国,正是传统式微,而新旧伦理较量的关键时期,这一较量在上海一地尤为剧烈。从伦理角度对外来文明进行道德评判,这是清末上海作家叙事的普遍姿态,来自传统乡土文化的他们"尚缺乏一种相应的文化心理来直面上海的都市化转型,他们对上海批判视角的取得,是立足于都市与乡村对比甚至对立的隐含视角的"。③ 因此,从本质上看,这种较量是乡土伦理惯性对都市物欲伦理的一种道德评判,传统道德文明在近现代物欲文明面前节节败退是这一较量的基本走向。《海上花列传》叙事中的"夜"过渡性地承载着旧的乡土伦理向新的都市伦理转型的时空语境,在对王莲生、罗子富、钱子刚等封建"末世"文人或官僚秩序失范的内心世界的观照中,将夜的"颓废"走向与夜的精神抚慰功能矛盾性地统一起来,呈现出一种复杂的叙事风貌。

---

① 河西:《夜晚的精神分析——90年代以来夜上海的空间构造和文化想像》,《花城》2005年第1期。

② [德]沃尔夫冈·顾彬:《黑夜意识和女性的(自我)毁灭——评现代中国的黑暗理论》,《清华大学学报》2005年第4期。

③ 吴智斌:《都市风貌与海派气质:清末民初长篇都市小说上海叙事研究》,上海文化出版社,2012年,第86页。

　　可以说,通过"夜"这一时空媒介,《海上花列传》的过渡型伦理价值与它呈现的过渡性场景达成了一致:伴随近代都市兴起的"现世"文明与行将就木的封建"末世"情绪交织,旧式消费心理及行为方式与近代都市文明并存。小说由此出现了一种过渡时期常见的主客体错位现象:新生活已经呈现,而人物主体却仍然是一副旧面孔,他们以文化惯性强大的末世者心理消费作为客体的"现世"新兴文明。彼时的上海,真正具有近代属性的都市人尚未培育起来,"四马路"众长三书寓堂子和上海诸洋行里的消费者多是拖着辫子、长袍马褂的旧面孔。且不要说本身即为传统伦理负载者的王莲生、罗子富、齐韵叟、高亚白等主力中老年嫖客,赵朴斋、朱淑人、陶玉甫、吴松桥之流虽以年轻人面貌出现在叙事中,但他们也只是传统文化孕育的末代胚胎,依然以喝花酒、打茶围、聚众赌博为消费方式,是年轻的旧面孔。这种状态的形成,是因为晚清上海的都市文化并非是在内部由量变至质变缓慢演变的结果,而是外力强入而生成,在这种外力侵入之前,中国的封建传统文化孕育不出新式都市人。所以,《海上花列传》中药火龙、自来火、自鸣钟、自行车、保险、玻璃、公共花园等承载都市近代文明的物事比比皆是,但能够消费它们的总体来说只有三种人:一是在传统时代积累起家私的封建官僚或富商如王莲生、罗子富、黎篆鸿之类;二是以官僚、富商为经济寄生体的长三书寓妓女如沈小红、黄翠凤、周双珠、屠明珠等;三是寄生于前述官僚富商圈而发家致富的捐客如洪善卿、庄荔甫、陈小云之流。他们都构成不了"都市人"的身份,说到底,他们只是一种人:旧官僚、富商。消费主体滞后于都市客体,这正是《海上花列传》作为寓示新兴都市小说萌芽的重要文本却又扑鼻而来一种"末世"腐败气息的重要根源。

　　作为书写过渡时代都市状貌的叙事文本,《海上花列传》中的主要人物大多是海上寓公,或为仕途上的失势者,或为事业上的失意者。他们是一种近代上海全新的人物形态,生产白日属性的社会价值的能量几近于无,只能凭过去借产业、职位与权势获得的钱财寄身于都市,沉迷于酒色财气,消费性与欲望性是其存在本质。因此,对《海上花列传》中的主要人物来说,晚上是一种被置换了生产形态与意识形态的时间关系,是与他们的寄生性、颓败性高度契合的时空地理。小说中只有商人尚有事业,为官为文者的生活通通被架空,除享受前半生(王莲生、罗子富、黎篆鸿、齐韵叟等)或前辈(史天然、高亚白、尹痴鸳等)创造的物质财富之外,已无生产价值可言。"一个人的工作和游憩时间的比率,是他在社会中所取所予的一个指数——虽然并非绝对。"① 这俨然已经是一群纯粹的消费人:王莲生与罗子富是官场中人,小说在叙述其公事时,言语绝少,往往一语带过;齐韵叟、史天然、高亚白、尹痴鸳等只做喝酒雅集的传统文事,唯有妓女与商人在认认真真做生意。当机体的创造性功能消失时,人的精神面貌便往往呈现出"颓废"一面。

19世纪初,最早将"颓废风格"这一理论概念引入文学批评领域,并试图对其进行内涵界定的评论家当属法国的德西雷·尼萨尔(Désiré Nisard),他认为"文学中的'颓废'并不是什么新的东西,而不过是在不断轮回的文学史中循环复现的一种文学风格,它通常出现于人类精神的衰竭与道德的衰微状态之中"。② 因此,"颓废"可以说是任何转型期社会价值失范时容易出现的普遍心理,只是不同时代出现的"颓废"会有不同的精神症候。《海上花列传》中穿行在已经开始灯火通明的都市之"夜"的这一群"旧面孔",事业感、家国意识与精神再生能力几被抽空,只剩下情欲与肉欲附滞在躯体之上苟延残喘,精神面孔打上"颓废"烙印是理所当然之事。

就人物的"颓废"状态而言,小说中叙事占比不低的王莲生形象值得分析。王莲生在众人物中的重要性不言而喻,他是最具有过渡性的旧"士子"型知识分子特质的一个形象,也是小说唯一持续、完整地描述出了其深层精神世界的人物,能比较有代表性地体现中国社会近代化进程中传统文化"颓废"之一角。王莲生以洋务官员的身份寓居沪上,以四马路为家,养活了一批妓女与商人,所费不赀。但他在近代都市生活面前一败涂地,最后灰溜溜地赴江西上任,从上海这个近代大都市回到传统乡土文明的怀抱。他在上海所经历的精神"颓废"窘况,只须与小说中其他人物作一对比我们就可以明了。我们且不要将他与洪善卿、庄荔甫、陈小云等在洋场与华界如鱼得水的商人相比,也不要将他与酒色之徒罗子富相提并论,因为小说中作者并未为罗子富布置精神世界;我们只须看王莲生与当时同类传统"文人"的区别,便最能体现出"颓废"气:他人到中年,无子无孙,既与已进化为"风流广大教主"的老"士子"齐韵叟相区别,又与高亚白、华铁眉、尹痴鸳等朝气蓬勃的年轻"才子"成异数。小说中他

---

① 杨联陞:《帝制中国的作息时间表》,见《中华现代学术名著丛书·东汉的豪族》,商务印书馆,2011年,第78页。

② 杨希,蒋承勇:《复杂而多义的颓废——19世纪西方文学中颓废内涵辨析》,《浙江社会科学》2017年第3期。

先做沈小红、再做张蕙贞的"恩客",但两者均以情欲出轨的"偷情"方式背弃他。虽然《海上花列传》并不热衷于对人物内心世界进行挖掘,但细透王莲生故事的叙事肌理,读者可以发现,王莲生在隐含的性欲阳萎之外,精神上的阳萎亦不可忽略。当目睹沈小红潦倒困窘,他无端掉下的"两滴眼泪"既是哀叹沈小红之沉沦放逐,亦是一种回天乏力的自我之殇。他所服膺的旧体制已经江河日下,而新生活时常给他一面冰冷的铜墙铁壁,这种面对时势无能为力的弱质知识分子精神本质,与郁达夫笔下颓废的"零余者"也不无相通之处,"颓废"是他们共同的精神面目。

三、《海上花列传》"颓废"叙事：现代海派小说"颓废"审美的中国经验

马泰·卡林内斯库指出,"颓废"的概念如同人类本身一样古老,"几乎所有的古代民族都熟悉这种或那种形式的颓废神话"。[①] 然而,真正现代意义上的"颓废"却发生于 19 世纪中晚期。19 世纪中期以降,全世界都步入一个社会思潮与文艺思潮密集地跌宕起伏的时期,"世纪末""颓废风""唯美主义"等思潮盛行,著名汉学家高利克曾引经据典验证在文学领域学术实践中,"世纪末(Fin de siècle)"以及"颓废(Decadencs)"这两个文学现象的"互换使用是很普遍的",并认为"从文学与艺术角度(反之亦然)来讲,'世纪末'只是与 19 世纪末 20 世纪初相关"。[②]《海上花列传》所产生的时代,正有一些这样的时空标识值得重视:如"(封建)末世""(19)世纪末""近代化""都市书写"与"中国社会(传统—现代)转型"等。产生在这样的一个时代坐标系上的《海上花列传》,其偏向于"夜"的时空设置,使其较白日叙事能更便利地呈现近代化都市人物主体的无力感、苍凉感及"颓废"、"世纪末"情绪特质,意味着它在某种程度上已汇入了世界文学潮流。到二十世纪二、三十年代,以新感觉派为代表的现代海派小说热衷于表达以都市与欲望为主体的"颓废"审美风貌,虽然他们主要以日本新感觉派为叙事蓝本,但追索自 19 世纪末以来中国都市文学发展的轨迹可以发现,从"颓废"角度而言,新感觉派从以《海上花列传》为代表的形

① [美]马泰·卡林内斯库:《现代性的五副面孔》,顾爱彬、李瑞华译,商务印书馆,2002 年,第 161 页。
② [斯洛伐克]玛利安·高利克:《中西文学对峙中的颓废主义》,王燕译、傅光明校,《中国现代文学研究丛刊》2009 年第 1 期。

成期海派小说的都市叙事中找到了中国经验。

《海上花列传》作为初期海派叙事时空模式确立的代表文本,其将小说叙事整体性地拉向"夜"化时空区位,并伴随着真切、物化、实感的近代都市空间场景,明显打上了转型性与消费性兼具的晚清上海殖民地时代的欲望与颓废烙印。从走在近代化前沿的晚清上海民众的精神实情来看,这种欲望与颓废情绪的生成,主要缘自近代科技文明冲击下,中国传统文化不再具有自我轮回与再生力量所带来的精神颤栗感,是文化"末世"感在人物精神世界上的投影。值得指出的是,"颓废"并非完全是近代从西方泊来中国的时代病,"中国文化本身也有源远流长的颓废传统。特别是在动乱年代和王朝末世,文人士大夫中的颓废倾向就表现得十分明显"。① 典型的如东汉末年文人诗中普遍可见的消极颓废、及时行乐情绪,而以竹林七贤为代表的魏晋文人也曾以自我放逐式的"颓废"举动对抗当政者的强权。《海上花列传》书写的是一种古今过渡性的"颓废"审美,其"颓废"气质杂糅着新旧时代的精神特征,既有传统文人所常怀有的"末世"苍凉感,却又附带着尚未从"末世"苍凉中抽身便一头扎进晚清上海非正常生长出来的"新世"都市文明的靡乱感中,从而显得疲软乏力,无所适从。

因此,《海上花列传》中的"颓废"虽然并非时代全新生成的近代情绪,但已然有了与中国文化的"颓废"传统相区别的质素,其中比较关键的区分点是:中国传统文化中的"颓废"多来自外界的政治压力或强权威胁,是人物在弱势处境时所产生的一种应激式心理抵抗行为,只要外部压力消失,这种"颓废"病多半也会自动痊愈。而《海上花列传》中所呈现的近代"颓废"情绪则是来自人物主体的一种精神文化心理上的萎靡不振,换言之,这种"颓废"是外部世界与内部精神同步崩溃时所体现出的症候,是从传统乡土文化中走出的精神主体面对新的都市生活时所产生的一种畸形的心理适应方式。这是一种典型的现代病,伴随着工业革命、技术文明、人性变异等而生成,带有浓重的消费味,与以"新感觉派"为代表的现代海派小说"颓废"叙事逻辑基本是一致的。现代海派小说"颓废"叙事受西方影响甚深是不争的事实,但"颓废"是一种更适合通过昏暗光线或"夜"化时空来表现的情绪,晚清以来,以《海上花列传》为代表的形成期海派小说在以"颓废"为核心的世纪末情绪的构建、都市"夜"化叙事时

---

① 周小仪:《比尔兹利、海派颓废文学与 30 年代的商品文化》,《中国比较文学》2000 年第 1 期。

空模式探索方面的价值不可抹杀。《海上花列传》所代表的晚清民初形成期海派小说开启了现代海派小说"颓废"叙事之先声,构成了海派"颓废"审美的中国文学内源性传统。

二十世纪二三十年代,现代海派小说叙事时间普遍分裂成"外部世界的时间"(客观时间)和"内部世界的时间"(在文学中多为心理时间)等形态,但即使是在白日,这种"内部世界"的时间感都带着"夜"的情绪烙印,比如无力、虚空、颓废、放荡等。这些作家与他们笔下的人物都热衷于避开白日的市声与喧嚣,回到夜晚倾听内心狂热的躁动与激情。穆时英笔下的白金女体塑像、物欲横流的霓虹灯和上海的狐步舞,刘呐鸥小说中患上了时间不感症的男男女女,都呈现出一副肉欲时代的放纵与"颓废"面目。虽然,从晚清上海小说到现代海派叙事,五彩街灯和巨幅霓虹灯广告辉映下的都市风貌日新月异,但能从《海上花列传》的"夜"叙事中找到一脉相承的"颓废"气质。海派小说选择以"夜"为主要叙事时空,与其审美倾向是高度契合的。如果说白天是生产型的,夜晚则是消费型的;如果说白天是建构型的,夜晚则是解构型的。对于以新感觉派为代表的中国现代海派小说来说,其都市感正是一种夜晚感,夜晚的灯光,夜晚的舞步,夜晚的亢奋,夜晚的暧昧,夜晚的欲望,夜晚的颓废,当然还有夜晚的伦理。

"Night" Perspective and Decadent Narration in *The Sing-Song Girls of Shanghai* — and its influence on modern Shanghai-style novel's "decadence" aesthetic

Wu Zhibin

Abstract: In the late Qing and Early Republican China time, the formative periods' Shanghai-style novel, represented by *The Sing-Song Girls of Shanghai*, was the first to explore the modern construction of the Chinese novel's narrative time and space. By applying "night" perspective, the Shanghai-style novel reconstructed the urban scenes of the modern novels through modern lighting technology and the new consumer ethics. These early Shanghai-style novel did not only use the "night" as the main narrative time and space to generate aesthetic values, but also produced modern narrative ethics based on "desire" and "decadence" that were originated from the dislocation between the human subject and the urban object. Under the "night" narrative context, *The Sing-Song Girls of Shanghai* showed the hybridity of the traditional characteristics and modern state of mind, the spiritual intertwinement between the end of Qing Dynasty and the beginning of the Republican time, and its "decadence" became the basic aesthetic mood of Chinese urban novels at the beginning of its rise. This aesthetic sentiment affected the narrative taste of modern metropolitan fiction and constituted the modern Shanghai-style novel's decadent narrative, which became the endogenous tradition of Chinese literature.

Key words: Night perspective; *The Sing-Song Girls of Shanghai*; decadence aesthetic; Shanghai-styled novel

作者简介：吴智斌，浙江财经大学人文与传播学院副教授，研究方向为 "都市文化与文学"。

城市与社会

莎士比亚历史剧中伦敦塔的
文化意义解读

胡 鹏

摘 要:伦敦塔是伦敦乃至英国重要的地标和象征之一,其在众多文学作品中以背景或其他形式出现。本文拟分析莎士比亚历史剧中伦敦塔的作用和文化意义,揭示其在塑造和解构英国皇室意识形态与权威中的角色。

关键词:伦敦塔;莎士比亚历史剧;塑造;解构

自 16 世纪以降,伦敦塔在流行文化中以各种不同的方式和面貌出现,在众多文学作品中被描绘成阴冷的城堡、严刑逼供和处决之地。① 至少是从 18 世纪末期以来,作为防御工事的伦敦塔只在内战时期被使用过,其余时间则作为折磨、酷刑、监禁和死刑的执行地而臭名昭著。② 威廉·赫普沃斯·狄克逊在他著名的《伦敦塔的历史》的简介中这样写道:"从外围的群山上看,伦敦塔就像是被历史镀上了一层白色,因为懊悔而显得粗糙。它是我们强大君主们的家,是我们最高尚的骑士的坟墓,是我们最灰暗的时代的见证,我们最黑暗的罪恶的发生地,这座庞大的建筑物,于眼于心,对我们来说都是相当重要的。"但是它之所以带给人们深刻的印象,不是因为"懊悔",而是因为怀旧。狄克逊这样描述中世纪时期的伦敦塔:"在清晨,你应该独自来这个地方,这时的

---

① Edward Impey and Geoffrey Parnell, *The Tower of London: The Official Illustrated History*, London: Merrill, 2000, p. 91.

② Peter Hammond, "'Epitome of England's History': The Transformation of the Tower of London as a Visitor Attraction in the 19th Century," *Royal Armouries Yearbook* 4(1999), pp. 145–173.

伦敦塔会因军事操演而显得嘈杂，你或许能听到从战壕里发出的低沉的声响，这声响从城墙下面传上来，而后被隆隆的鼓声、震天的军号声和士兵们的踏步声所打断，它们回旋于空中，仿佛置身一段遥远的时空，关于五朔节的暗示、关于一个国家的刑罚、关于迎驾的仪式。你可以回想起童贞女王的弹指声、拷问台上犯人的哭喊声和婚礼上的欢笑声。所有这些景象和声响，就如爱情之舞和死亡之舞，都是愉悦又悲伤的记忆的一部分，它们将一直伴随这座宝塔。"①克里斯滕·戴特尔(Kristen Deiter)在其著作中集中研究了早期现代的"伦敦塔戏剧(Tower plays)"，她总结了1590—1624年间与伦敦塔相关的20部戏剧，指出这些戏剧创造、反映了这一时期伦敦生活"符码"的流行视角。② 本文则试图通过梳理、分析莎士比亚历史剧中伦敦塔的文化意义，还原伦敦塔在早期现代英国政治生活中的独特地位，指出莎士比亚及其时代的人们对于作为王室象征符码的伦敦塔的复杂态度，表明了其在塑造和动摇英国皇家意识形态时所存在的张力状态。

一、伦敦塔与凯撒、英国王室

居里厄斯·凯撒是古罗马最伟大的将领之一，同时也是古罗马帝国的奠基人，但很少有人把他当做伦敦最早的建筑师。而对莎士比亚的观众来讲，建筑师才是他的身份，因为他们所居住的伦敦，无论在外观还是在智识方面，都被看成是古罗马的后继者。格林布拉特甚至毫不犹豫地指出，无论莎士比亚把场景设在哪里，即便是在罗马剧中，其所提到的城市始终是伦敦。③ 今天我们把伦敦塔当做中世纪英国的伟大标志以及诺曼征服最重要的象征，而在莎士比亚的时代，人们相信它的修建者不是威廉，而是一位更著名的征服者——居里厄斯·凯撒：

　　　王太子：(自语)哪儿都好，
　　　　　　我就是不喜欢这古堡。这古堡，大人，

---

① William Hepworth Dixon, *Her Majesty's Tower*, Philadelphia: Lippincott, 1869, pp. 13,16.

② Kristen Deiter, *The Tower of London in English Renaissance Drama: Icon of Opposition*, London: Routledge, 2008, p. 1.

③ Stephen Greenblatt, *Will in the World: How Shakespeare Became Shakespeare*, New York: W. W. Norton & Company, 2004, pp. 169 - 170.

　　　　　是不是当年居里厄斯·凯撒建造的？

白金汉：是他首先建造了古堡，好殿下，

　　　　　后来一代又一代不断地改建了。

王太子：这事儿史册有记载吗？还是全凭

　　　　　一代代口口相传，说古堡是他造的？

白金汉：这事记载在史册上，好殿下。

王太子：不过呢，大人，即使没写进史册，

　　　　　是真情实况，仍然会口口相传，

　　　　　一遍又一遍，子子孙孙地传下去，

　　　　　直来到末日审判，一切都终止了。

理　查：（悄声）

　　　　　俗话说：智慧开得早，寿命活不长。①

不仅只有这位年轻王子知道它是罗马建筑，莎士比亚的《理查二世》里的王后也对这座她称为"凯撒万不该造下的塔堡"而感到惴惴不安。②

　　最早将伦敦塔与凯撒相联系的记录可以追溯到 14 世纪中期托马斯·格雷爵士(Sir Thomas Gray)的一首诗歌中。③ 我们看到这个故事依然保留在莎士比亚的历史剧《理查二世》《理查三世》之中，甚至直到 18 世纪英国人依然认为是凯撒修建了伦敦塔。④ 实际上我们可以发现，通过这一时期有关伦敦塔记述的戏剧，白塔一直呈现在外国游客面前的面貌就是由居里厄斯·凯撒所修建的。到了 16 世纪，伦敦塔的动物园"成为了一个重要的观光胜地"，⑤吸引了大批国内外游客，他们同时也能在伦敦塔参观王室的铸币厂、衣柜、珠宝和兵械库。自伊丽莎白统治伊始，伦敦塔的守卫就已开始收费陪同游客参观这一建筑群。⑥

① 《理查三世》，《新莎士比亚全集》（第九卷），方平译，河北教育出版社，2000 年，第 106 页。
② 《理查二世》，《新莎士比亚全集》（第七卷），方平译，河北教育出版社，2000 年，第 137 页。
③ Homer Jr. Nearing, "Julius Caesar and the Tower of London," *Modern Language Notes*, 63. 4 (1948), p. 229.
④ Ian Bradley, *The Complete Annotated Gilbert and Sullivan*, Oxford: Oxford University Press, 1996, p. 203.
⑤ Phillip Drennon Thomas, "The Tower of London's Royal Menagerie," *History Today* 46. 8 (1996), p. 32.
⑥ W. D. M. Raeburn, "The Officers of the Tower", in John Charlton, ed. *The Tower of London: Its Buildings and Institutions*, London: HMSO, 1978, pp. 74 - 85, 79 - 80.

同样也是这一时期,外国游客开始记录下了他们对伦敦塔的印象,1528—1628年间的游记通过守卫对伦敦塔的介绍揭示出了王室的态度。伦敦塔与凯撒的关系更是在 1590 年代后期得到了持续的描述和阐释。首次出现是在 1584 年的记录中,一位伦敦塔守卫和导游告诉外国游客刘波尔德·冯·威德尔(Lupold von Wedel),白塔也叫凯撒塔,是由凯撒修建的。① 1598 年,保罗·亨兹那德(Paul Hentznerd)的旅行团中也讲到了同样的有关"非常古老而坚固的伦敦塔"的传说。之后一年,导游向托马斯·皮兰特(Thomas Platter)所在的旅行团重复了白塔是"由裘力斯·凯撒所建立"的故事,并加上了凯撒曾在塔中的厅堂内进餐的细节。到 1600 年,凯撒已被确信与建造白塔和"古代食厅"有关,之后"居里厄斯·凯撒建造的伦敦塔"以及"凯撒的餐厅"等类似的记述则不胜枚举。②

　　观光客们的记述无疑表明了伊丽莎白时代的英国人都接受了这一传说,他们认为不列颠与罗马帝国、凯撒有着密切关系,莎士比亚剧中就曾称赞凯撒"争城略池,南征北战,丰功伟绩",③而历史学家约翰·斯托(John Stow)也称他为"不列颠的首位征服者",其实斯托非常清楚白塔修建于 11 世纪,但他注意到人们常将这座堡垒的建造归功于凯撒,④而凯撒之名正代表着英国的血脉谱系,即他们的国家是从古代罗马帝国中脱胎而出的,他们的君王拥有这位伟大皇帝的王室权威。通过与伦敦塔这一代表"独特的不列颠"的实体相联系,罗马在征服不列颠这一历史时刻,让"不列颠人(Britons)"觉醒了"不列颠性/英国性(Britishness)"。伊丽莎白时代人努力"恢复着布列塔尼亚作为古罗马辉煌文明的一部分时具有的久远的荣光",而那时正是伦敦城(Londinium)刚刚建立起来的时候。⑤ 所以白塔又被称为

---

① 威德尔提到他"造访了一座城堡,那是居里厄斯·凯撒建造并命名的",他的日记起止日期为 1584—1585 年,显然他是 1584 年 8 月到访的。参见 Geoffrey Parnell, *The Royal Menagerie at the Tower of London*, Leeds: The Trustees of the Armouries, 1999, p. 7.

② Kristen Deiter, *The Tower of London in English Renaissance Drama: Icon of Opposition*, London: Routledge, 2008, p. 55.

③ 《居里厄斯·恺撒》,《新莎士比亚全集》(第六卷),汪义群译,河北教育出版社,2000 年,第 233 页。

④ John Stow. *A Survay of London: Writen in the Year 1598*, London: J. M. Dent & Sons, 1598, p. 38.

⑤ Graham Keevill, *The Tower of London Moat: Archaeological Excavations 1995 - 9*, Historic Royal Palaces Monograph 1. Oxford: Oxford Archaeology with Historic Royal Palaces, 2004, p. 1. 根据《牛津英文指南》,伦敦的名字源于伦底纽姆(Londinum),一个罗马化了的早期凯尔特词语。参见 Tom McArthur, *The Oxford Companion to the English Language*, Oxford: Oxford University Press, 1992, p. 627。

居里厄斯·凯撒塔,①这实际上帮助了英国人特别是王室塑造了他们的身份。尽管凯撒早于白塔建立千年,但仍把他作为建设者,无疑夸大了堡垒的历史,通过伦敦塔与凯撒的结合,英国国族以及王室拥有了凯撒的遗迹、权力和声誉。到 16 世纪末期,王室宣传伊丽莎白 1554 年被囚禁于此并与之前囚禁于此的不幸的前任们对比来强调其尊荣。这种结合巩固了伊丽莎白的声誉、合法性和权威,更有学者指出凯撒塔实际上是伊丽莎白一世塔,把伊丽莎白一世与凯撒相连使得女王更加声名赫赫。②

实际上伦敦塔的中心防御工事——白塔,是由诺曼底公爵威廉一世征服英国不久后于 1066 年建造而成的。伦敦塔同样也象征了英国的挫败和最初被征服的历史。然而伦敦塔内没有任何一处与诺曼底公爵威廉一世有关的纪念碑,甚至在官方的出版物中,更多的是关于迫害的描写,而不是关于一个国家的防御历史。一本在 19 世纪最后 25 年里非常畅销的伦敦塔导览手册上这样描写道:"诺曼人曾妄想竭力熄灭撒克逊民族不屈不挠的自由精神,就在这激烈的抗争中,这座伟大的白塔被建立起来。伦敦的爱国市民们唾弃他的铁腕统治和征服野心,征服者的政策也致使他选择立刻建立一座军事防御要塞,来保护自己、平息暴动。"③正如 A. L. 罗伊注意到的:"英国人并不完全对真实的历史感兴趣,因为他们喜欢将伦敦塔视为古罗马人的遗迹,认为是居里厄斯·凯撒建造了它。"④就像 20 世纪末的美国一样,英国将自己的许多身份认同建立在抵抗帝国主义的行动之上,然而同时,又一直在维持自己的海外殖民帝国。

二、伦敦塔与皇家意识形态的塑造

但更为重要的是,伦敦塔和伦敦一样时刻在变化但也始终如一,它代表着

---

① 在都铎王朝早期,伦敦塔建筑群中的盐塔(Salt Tower)被称为凯撒塔,但到了伊丽莎白一世后期,这一名称逐渐转移到了白塔上。参见 Plantagenet Somerset Fry, *The Tower of London: Cauldron of Britain's Past*, London: Quiller, 1990, p. 87。

② Kristen Deiter, *The Tower of London in English Renaissance Drama: Icon of Opposition*, London: Routledge, 2008, p. 56.

③ A. Harman, *Sketch of the Tower of London as a Fortress, a Prison and a Palace*, London: R. Clay & Sons, 1877, pp. iii-iv.

④ Alfred Lestie Rowe, *The Tower of London in the History of England*, London: Putnam, 1972, pp. 9 – 10.

延续性和改变。生命在这里终结,某些甚至是高贵的皇室成员;而同时新生也在此起航,因为新的统治者往往由此开启其统治。因此伦敦塔包含着早期现代政治生活中的重要原则——继承。国王和王后在这里产生和死亡,使得此处在莎士比亚的戏剧世界中占据了唯一的独特地位。如汉娜·克劳佛斯(Hannah Crawforth)等人在《莎士比亚在伦敦》一书的结尾部分就讨论了《亨利八世》与伦敦塔之间的关系,从伦敦塔具有的继承文化象征层面讨论了《亨利八世》作为"伦敦塔戏剧"的意义。① 这正是因为国王们在加冕典礼的前一天,都要摆开仪仗,巡游全城,向臣民展示自己,臣民们也会成群结队地夹道欢迎。这个皇家入城仪式是仿效古罗马传统——既然人人都知道伦敦塔是由凯撒修建的,对王者而言,还有什么地方比这里更适合作为凯旋式的起点呢? 伊丽莎白一世和詹姆士一世都喜欢把伦敦塔当做展示皇室和精神权威、壮丽场景和娱乐的场所,而之后的查理一世也延续了这一风潮。

例如 1604 年 3 月 15 日是詹姆士入主都城的日子,按照传统,英国国王的加冕礼从伦敦塔开始,在这里住一夜,次日巡游全城后再去西敏寺举行加冕典礼,工匠们用木头和石膏拼接了七座凯旋门,分别置于伦敦塔至斯特兰德大街沿途。② 当时的盛况正是《亨利五世》中虚构的席卷全城的街头庆典:

> 致辞者:可看哪,这会儿,在活跃的思想工厂中,我们瞧见了伦敦吐出了人山人海的臣民! 市长和全体僚属都穿上盛服,就像古罗马的元老走出了城外(黑压压的平民跟随在他们的后面),为得胜回国的凯撒接驾。③

在这一天,真实的伦敦幻想着自己变成了古罗马,而詹姆士就是"得胜回国的凯撒",将要保障国家的和平与繁荣。正如乔纳森·贝特所言:"到了伊丽莎白女王晚年,人们开始观察罗马的案例,非常担心如果国家的继承制度或者政府结构处于不确定状态,那就有可能爆发内战。……詹姆士国王 1603 年登基的时候为自己构想的形象接近古罗马皇帝奥古斯都,这位君主在长期内战之后

① Hannah Crawforth, Sarah Dustagheer and Jennifer Young, *Shakespeare in London*, New York: Bloomsbury, 2014, pp. 221 - 236.

② Neil MacGregor, *Shakespeare's Restless World*, London: Penguin Books, 2012, p. 245.

③ 《亨利五世》,《新莎士比亚全集》(第七卷),方平译,石家庄:河北教育出版社,2000 年,第 691 页。

统一了罗马。詹姆士希望自己能为英国带来和平与伟业,所以,他在着手为自己树立形象的过程中……宣传罗马帝国的概念。"①

因此我们毫不奇怪《辛白林》的结尾以一种提及历史的方式,对罗马与英国的政治一致作结,既有奥古斯都的和平(pax Augusta)也有詹姆士一世的外交箴言"上帝保佑和解人"(Beati Pacifici)。② 最终此剧构建了新的和平:"罗马的军旗和不列颠的军旗友好地交叉招展",同时占卜人对罗马鹰进行了政治重释:"罗马之鹰振翅高飞,由南向西,它放慢了速度,在一片阳光灿烂中消失了;这预示着我们高贵的神鹰——恺撒大帝,会再次将自己的恩惠施加于光焰四射的辛白林,他正在西方照耀"。比起简单地投降,这种从文本到视觉的表述与戏剧的政治调解一起体现出某些不同。就这点而言,重要的是双方都成为了对方的代言人,因此路修斯的占卜人给辛白林一种优越感,即当罗马之鹰消失在阳光中时,辛白林代表着一种"统治转移"(translatio imperii)视角——不列颠吸收并制服了之前臣服的世界霸主。③ 这一点同样重要,因为辛白林代替了其早前所依据以反对罗马的祖先范例:"和平由我开始……虽然我取得胜利,我仍然向恺撒称臣,并答应像罗马帝国继续交纳应付的贡金"。④

可见在莎士比亚时代,王室通过仪式和娱乐活动将伦敦塔塑造成了一处古代壮丽遗迹,越来越多地和居里厄斯·凯撒联系在一起,将英国与罗马帝国联系起来,暗示着英国国族性和王室的纯正起源。

三、伦敦塔与皇家意识形态的削弱和动摇

但同时我们也能准确地发现伦敦塔被描述为王权控制的最终象征,甚至有时其极端象征是暴君专制下的酷刑、监禁和处决的发生地,而且伦敦塔坐落于城市东部边缘紧靠城墙,意味着其是王室权威的前哨站。戴特尔认为伦敦

---

① 转引自 Neil MacGregor, *Shakespeare's Restless World*, London: Penguin Books, 2012, pp. 256 – 257。

② 参见 W. B. Patterson, *King James VI and I and the Reunion of Christendom*, Cambridge: Cambridge University Press, 1997。

③ 爱德华兹认为最终不列颠和罗马被描述为伙伴,莎士比亚所关注的"不是……对帝国的继承而……仅仅是帝国的真实形式,即当附属身份除去后所签订的协议组成的联盟"。参见 Philip Edwards, *Threshold of a Nation: A Study in English and Irish Drama*, Cambridge: Cambridge University Press, 1979, p. 93。

④ 《辛白林》,《新莎士比亚全集(第十一卷)》,方平、张冲译,河北教育出版社,2000 年,第 333 页。

塔往往更多被当做"王权的对立面以及非王室的英国身份的物质和精神符码"。我们注意到塔山(Tower Hill)是1595年学徒暴动的地点,所以伦敦塔也常被描述为君王权力被挑战、错置或蓄意颠覆的地点,戴特尔指出其"作为英国自尊的传统象征和斗争冲突具现的双重表征"。①

首先我们能看到莎士比亚戏剧中描述了一位国王或王后被逐出伦敦塔这一皇室权威的象征场景。这些戏剧动摇了实际上的伦敦塔作为君主权威的象征意义,并将其改写为王室无助处境的符码。不单单是统治者失去了对权力象征的控制,甚至其他人也获得了控制权,而这对于王国来说是危险的。1604年詹姆士一世入主伦敦,时任伦敦塔牧师的威廉·哈勃克在其祝词中就将伦敦塔描述为"治国政令……之原点;登基肇始,神授君权之初",以新教徒的话语宣称伦敦塔是詹姆士一世世俗和精神权力的具象。② 哈勃克的祝词演说清晰地表明了伦敦塔是早期现代英格兰王国政治生活的关键:占领了伦敦塔就控制了意识形态也控制了国土。戏剧中失去对伦敦塔的控制,也就代表着个人的王位或王室地位有被取代的危险,也意味着会导致监禁和死亡。实际上,每部戏剧中的这部分人物首次出现大多在伊丽莎白统治时期,这些戏剧就和伦敦塔的导游所做的一样,都在提醒观众伊丽莎白一世1554年的塔中囚禁生活。但戏剧不像导游,它们认为伊丽莎白能够被伦敦塔所否定、推翻。这一信息完全背离了王室倡导的伦敦塔的意义,而是让观众相信伦敦塔在其文化中并不完全被王室所控制。

在莎士比亚的《亨利六世(下篇)》(1591)中,观众就看到了英格兰君王不下三次失去了对伦敦塔的控制。③ 亨利两次失去了王位和对伦敦塔的控制,两次都是爱德华四世废黜了亨利六世,他占领了伦敦塔并将亨利六世囚禁起来。在第三幕第二场中,爱德华讲到:"派人把他押解到伦敦塔狱里监禁起来",而后在第四幕第八场中,爱德华再次俘虏了亨利六世:"把他押到塔狱里

① Kristen Deiter, *The Tower of London in English Renaissance Drama*: *Icon of Opposition*, London: Routledge, 2008, pp. 24, 29.

② William Hubbocke, *An Oration Gratvlatory to the High and Mighty Iames of England*, *Scotland*, *France and Ireland*, *King*, *Defendor of the Faith*, &c. *on the Twelfth Day of February Last Presented*, *When His Maiesty Entered the Tower of London to Performe the Residue of the Solemnities of His Coronation through the Citie of London* [...] Oxford, 1604, B1r.

③ 《亨利六世(下篇)》,《新莎士比亚全集》(第八卷),谭学岚译,辜正坤校,河北教育出版社,2000年。

去,不准他开口说话。"同样,在亨利六世自塔中逃脱,再次接手控制伦敦塔时讲到:"爱德华已经从国王的宝座上被倾覆了,我也结束了囚禁状态重新获得了自由……",意味着他重新获得了权力。而伦敦塔的变化性在第五幕第六场亨利六世被杀情节中达到顶峰,因为他是在自己合法统治的结构中被杀掉的。我们通过这部戏剧可以看出,王位的不稳定导致了伦敦塔被解读为同样不稳定的象征,而它没有起到保护君主的作用,也动摇了伦敦塔作为君王权威存在的王室意识形态。伴随着爱德华的第二次即位,伦敦塔对观众而言不单单是爱德华权威的象征,同样也是被废黜国王失去权力的典型。爱德华不但剥夺了亨利六世的王位,也剥夺了他的自由和声音,他下命令"把他押到塔狱里去,不准他开口说话",他的命令宣示着伦敦塔代表着前一位君王领土与权力的丧失,也展示着他作为被废国王失去了身份,失去伦敦塔的亨利六世变得无力、无声。而在《理查二世》(1595)中也描述了理查二世在西敏寺大厅(Westminster Hall)被废的情节,但实际上史料记载的发生地是伦敦塔。① 通过对伦敦塔废黜的迁移,莎士比亚让篡位者在此幕最后指出理查二世被"押送(conveyed)"到伦敦塔,亦如理查二世的王后所声称的"当年凯撒万不该造下的塔堡"②。因此,布林勃洛克篡夺的不仅仅是王位,还有与凯撒的古代合法性相联系的伦敦塔的王家象征。当理查被押入伦敦塔的途中,被勒令绕道去了庞弗莱城堡,他高叫着布林勃洛克将会成为"窃据的王位上""非法的君王"。这无疑体现出伦敦观众的兴趣,伦敦塔作为王室意识形态的对立面,与凯撒的联系并不足以成为君王合法性的基础,让伦敦人以更明智的视角看待实际的伦敦塔。

其次,在某些戏剧中,一些卖国的贵族或主教占领了伦敦塔并通过控制或暴力恐吓君主扩大自己的权力,伦敦塔成为了王权背叛者的力量基地。这些场景采用了君王所赞同提倡的伦敦塔的意识形态,并将其转化成反抗王室的武器,表现出伦敦塔能够被解读成君王的对立面。这些戏剧对观众宣称他们的君王不是唯一能够决定伦敦塔意义的人,而是认为伦敦塔可以反抗君王成为其他权威的象征,甚至能够由观众决定其意义。例如《亨利六世(上篇)》

---

① Arthur Poyser, *The Tower of London*, London: Black, 1908, p. 34.
② 《理查二世》,《新莎士比亚全集(第七卷)》,方平译,河北教育出版社,2000年,第137页。

(1590)中,叛臣温切斯特主教的目标就是"自己来坐江山把持国政当舵手",①
于是他立马占领伦敦塔,下令守塔卫队长伍德威尔不得让他的政敌护国公格
洛斯特公爵通行:"温切斯特红衣主教给我下达了一道命令:您和您手下的人
一个也不得放行",而此时的格洛斯特公爵需要去视察武器库的供应情况以应
对与法国的战争。"我将火速赶往伦敦塔,先把大炮火药做个检查,然后宣布
幼主亨利登基加冕。"除了成功将格洛斯特公爵挡在伦敦塔外,温切斯特还将
伦敦塔当做了权力基地,指责格洛斯特是"僭位揽权的护国公",是"人民的公
敌","图谋推翻教会"。尽管格洛斯特代表着国王和他的少数派,也对王国有
着最有利的想法,但是一个叛臣控制着伦敦塔并利用其权威象征来决定其公
信力,这种表述重塑了伦敦塔与国王不同的作为政治和精神权威的符码。戏
剧在两方面矛盾地展现了伦敦塔的王室意识形态:一方面暗示了伦敦塔并没
有代表国王的权力,另一方面也指出伦敦塔能够代表一位叛徒的权力。这一
幕可以说是最早在公共舞台上对伦敦塔的物质呈现,②它开始重新塑造观众
对待伦敦塔及王室的态度。其对王室意识形态和对伦敦塔的反抗也意味着对
观众的触动。然而伦敦观众知道伦敦塔是城市的地标,经常看见,甚至其城墙
上发生战争,都会发现伦敦塔意义的不稳定性,那么对伦敦塔权威性的挪用让
观众感到有趣和兴奋。

　　另一种对伦敦塔符码式的不稳定性的使用是在质疑君王或护国公的行动
上。在这些戏剧中伦敦人公开反对统治者对伦敦塔的误用。典型的剧情是,
某位曾经受到王室钟爱的受欢迎的角色,通过伦敦塔的改造变成了叛徒,或者
是在伦敦塔中对君王、护国公犯下的罪行进行惩罚。这些戏剧都描述君王不
足以胜任王位,或强调对君王的敌对态度,特别是他们对伦敦塔的使用。这些
描述都让那些忠诚于王室的观众产生焦虑,同时也让他们怀疑伦敦塔所代表
的君王意识形态的正确性。例如《亨利六世(中篇)》(1590)中,国王被不忠、专
横的王后玛格丽特所影响和控制,她希望打倒约克公爵,于是让勃金汉对约克

① 《亨利六世(上篇)》,《新莎士比亚全集》(第八卷),谭学岚译,辜正坤校,河北教育出版社,2000年。

② Alfred Harbage, *Annals of English Drama, 975 – 1700; An Analytical Record of All Plays, Extant or Lost, Chronologically Arranged and Indexed by Authors, Titles, Dramatic Companies*, &c. Rev. by Samuel Schoenbaum. 3ʳᵈ ed. Rev. by Sylvia Stoler Wagonheim. New York: Routledge, 1989, pp. 58 – 59, xvii-xviii.

公爵谎称"萨默塞特公爵已经被关进伦敦塔",以此促使约克公爵解散军队。[1]
而后约克看到萨默塞特并未被关押,而是和傲慢的王后一起走来,随即被逮捕
并押往伦敦塔。"他是个叛贼,让他滚到塔狱里去,砍下他那颗犯上作乱的脑
袋。"骗人的君王两次都和伦敦塔联系在一起。这一幕鼓励观众认同约克,并
通过国王利用伦敦塔的王室威严来感受国王的欺骗,约克大骂"骗人的国
王……你不配做国王"。

　　还有另一种对伦敦塔不稳定状态的表现,则是在一部戏剧中先后或同时
出现两种对立意义。伦敦塔可以代表宽恕和镇压,代表王权的力量和弱点,或
者四种同时发生。这些自相矛盾的呈现动摇了一直以来伦敦塔被当做君王权
威和庄严崇高的意象。这些戏剧对观众强化了一种信息,即作为王室权力符
码的伦敦塔的王权意识形态是虚构的,并鼓励观众思考伦敦塔对于人们自身
的意义。例如在莎士比亚的《亨利八世》(1613)中,伦敦塔同时代表了国王的
宽恕和镇压。[2] 亨利八世私下告诉克兰默让他待在伦敦塔内直到对其的控诉
审讯出结果,"您必须忍耐一下,好好地沉住气住进伦敦塔。您是枢密院的一
员,我们只能这么办,否则就没人作证控告您"[3],隐藏在温柔话语下的却是残
酷的压制收监行为。然而,在枢密院会议上,国王仁慈地对克兰默施以援手:
"好了好了,大人们,尊重他,好好对待他,他值得敬重。我要为他说好话。若
一位君主要感谢一个臣子,那我就要感谢他,感谢他的爱戴和辛劳。"亨利八世
证明了伦敦塔是一个不稳定的象征,因为其不断交替着他的镇压权威和仁慈。
尽管观众在这部戏剧中会为克兰默松一口气,但是对伦敦塔的模糊意义的呈
现则会扰乱其王室意识形态。

四、伦敦塔与叛臣、起义军

　　伦敦塔成为英国王室的象征,因此往往成为叛军们首要的攻击目标之一。
莎士比亚在《亨利六世(中篇)》中就将伦敦塔描述为凯德起义的目标,市民甲
对走上伦敦塔的斯凯尔斯勋爵说:"他们已经占领了伦敦桥,正在屠杀所有抵
抗他们的人,市长大人盼望您能从本塔派出援兵,前去保卫伦敦城,阻止叛徒

---

[1] 《亨利六世(中篇)》,《新莎士比亚全集》(第八卷),谭学岚译,辜正坤校,河北教育出版社,2000
　　年。
[2] 《亨利八世》,《新莎士比亚全集》(第九卷),阮珅译,河北教育出版社,2000 年。
[3] 枢密院大臣享有特权,不受控诉。入狱(关进伦敦塔)后则贬为庶民,证人可出庭指控。

进军。"而后凯德对其追随者说:"先去放一把火把伦敦桥给烧了,如果能行,则把伦敦塔也一块儿焚掉。"凯德还间接提到了伦敦塔内包含"国家的文件档案",并试图宣称国家的文档都是压迫人们的,国家所建的建筑也是代表着王室的暴力统治,只有"统统一把火都烧了"才好。此外,莎士比亚还将凯德描绘成具有激进社会理想的喜剧角色。然而,这部喜剧中令人捧腹的凯德能让起义场景变成回避审查,略微掩盖了对伊丽莎白时期"社会不公"的系统攻击,作家涉及煽动观众闹事,甚至攻击伦敦塔。[1] 凯德起义场景最开始是劳工之间的对话,"自打绅士们得势后英格兰就不再是一块乐土了",显然暗示着莎士比亚时代观众非常熟悉的英国同时代起义和暴动,因此对观众有着直接的现实意义。[2] 最开始凯德"发誓要进行改革",他攻击着伊丽莎白统治后期的种种社会矛盾,如食物价格飞涨、食物短缺、圈地运动、经济体系和社会阶级矛盾,剧中对应着"卖三个半便士的面包只卖一个便士……所有的国土将为公众公有公用……取消货币……大家全都穿上同样的服装,以便让他们和睦相处得如同兄弟一样……"随后他同意要"打开牢房把里面的囚犯放出来",这是伊丽莎白后期伦敦学徒起义的行为,这些命令破坏了象征伦敦王室和贵族的建筑:萨伏伊宫殿、律师学会、伦敦塔,实际上所有的这些建筑都是在 1381 年农民起义中而非 1450 年的凯德起义中被损毁过。实际上莎士比亚虚构地描述了在伦敦塔被攻打之前底层伦敦人加入凯德的起义大军:"有一伙地痞流氓,想趁火打劫,加入了叛贼的行列,他们一起扬言,要洗劫全城和您的宫殿",而斯凯尔斯也说到:"叛贼们已经跃跃欲试,想夺取本塔。"随后凯德借由希望自己替代议会表达了劳工阶层对伊丽莎白后期政治的不满,砍下了赛伊勋爵的脑袋,因为"就是那个家伙,强迫我们缴纳二十一倍'十五分之一'税,最近还抽取每磅一先令附加税。"最后他嘲讽了腐败的法律系统以及都铎王朝的不公正的特权人物,"这些人动不动就传讯穷人,问一些他们根本答不上来的事情……把他们投进大牢,因为不识字,便把他们吊死"。凯德"将自己的政治服从转化为我们现代意义上讲的阶级抵抗",鼓励下层无特权的观众,那

[1] Chris Fitter, "'Your Captain is Brave and Vows Reformation': Jack Cade, the Hacket Rising, and Shakespeare's Vision of Popular Rebellion in *2 Henry VI*," *Shakespeare Studies* 32(2004), pp. 181, 197 - 198.

[2] Thomas Cartelli, *Marlowe, Shakespeare, and the Economy of Theatrical Experience*, Philadelphia: University of Pennsylvania Press, 1991, p. 54.

些心怀"凯德征服"的人抵制压迫并将矛头指向伦敦塔。①

实际上没有证据表明凯德的人真的攻打了伦敦塔,但他们的确抓住了国王留在伦敦塔内保护的赛伊勋爵以及他的女婿克罗麦。凯德下令处死了两人,但莎士比亚戏剧化处理为将两人的首级挑在竹竿上在城中巡游。② 格林布拉特就注意到此景中处死岳父和女婿与爱德华·阿登(Edward Arden)和他女婿约翰·萨默维尔(John Somerville)之间的相似,萨默维尔是莎士比亚的远亲,因宗教问题叫嚷要用手枪射杀女王,最后被捕关押在伦敦塔内囚禁、拷打、审问,随后和其岳父一道于1583年以叛国罪被处以死刑,最后首级被钉在伦敦桥上的尖桩之上示众。而虚构塑造的伦敦塔成为叛军攻占的目标,而且他们还抓住了赛伊勋爵——其人在剧中甚至没有被送到伦敦塔,但是仅仅"想夺取本塔"。③ 伦敦塔城墙上的斯凯尔斯告诉市民:"无奈我自己这里正受到他们的骚扰。"因此莎士比亚并没有准确地戏剧化描述伦敦塔上的叛乱情况,而是将伦敦塔作为新近被袭击的地方,下层无特权的观众中很多人就跟阿登、萨默维尔和他自己一样,来自于大部分人信奉天主教的乡村,宣泄着对于君王的不满。

五、结语

因为英国文艺复兴时期的政府权威——包括那些控制早期现代的戏剧的人,还有那些将所有戏剧中对过去事件的呈现都当成了对现在事件的否定评论从而进行审查删除的人,戏剧家们使用了"间接传播"(oblique communication)或者"伪装的话语"(disguised discourse)来描述伦敦塔反对王室权威的意识形态。④ 英国的诽谤法令遵循着"温和"*mitior sesus*(the milder sense)的原则,因此模棱两可的陈述被假定为是无辜的而非故意中伤。因此

① Thomas Cartelli, "Jack Cade in the Garden: Class Consciousness and Class Conflict in *2 Henry VI.*" in Richard Burt and John Michael Archer, eds. *Enclosure Acts: Sexuality, Property, and Culture in Early Modern England*. Ithaca: Cornell University Press, 1994, pp. 48 - 67.
② 莱尔推测凯德"肯定与伦敦塔护卫长就交出赛伊和克罗麦进行过协商",因此"伦敦塔护卫斯凯尔斯以交出周六的受害者为代价换取了对伦敦塔的控制权"。参见 Helen M. Lyle, *The Rebellion of Jack Cade, 1450*, London: The Historical Association, 1950, pp. 9—12。
③ Stephen Greenblatt, *Will in the World: How Shakespeare Became Shakespeare*, New York: Norton, 2004, pp. 157 - 173, 158.
④ Arthur F. Kinney, *Shakespeare by Stages: An Historical Introduction*, Malden: Blackwell, 2003, pp. 126, 141 - 144.

伦敦塔的戏剧性描述的"启发性力量"(the revelatory power)被"当做伪装",仅仅是背景设置或历史的细节描述。① 然而在早期现代伦敦市民的心中,伦敦塔在舞台上的呈现却激活了一种与现实伦敦塔的文化共鸣。这种"暗示性的类比"(implied analogy)为历史剧的多重阐释提供了素材,为戏剧提供了一种次文本来展示早期伦敦市民的生活环境。② 它能够让戏剧家打乱了伦敦塔整体的、自我标榜的皇家意识形态,并将伦敦塔展示为戏剧化编年史的虚构之物,因此限制了他们"对文本的权威责任"并避免了审查官的刀笔。从这点来讲,早期现代剧场呈现了当代文化矛盾,③伦敦塔戏剧成为了王室的伦敦塔意识形态和英国文化中现实伦敦塔角色之间差异的缩影。这些戏剧为我们提供了有关伦敦塔的反话语,即伦敦塔不仅仅是皇家权威和壮丽场景的展示之地,同样也是皇室弱点和虚伪的展示场所。伊丽莎白时期和斯图亚特王朝早期人们的眼睛和耳朵都明显地转向了察觉虚伪,而这正是很多英国改革者认为"所有宗教罪行中最糟糕的":

> 在 16 世纪晚期和 17 世纪早期的英格兰,"内在的处分"(inward disposition)和"外在的表现"(outward appearance)之间的不一致对绝大部分人而言是司空见惯的,几乎占据了意识形态领域的方方面面……在前言、讽刺作品、布道文、规劝文学、医学指南、教条辩论、反剧场册子、绞刑台前的演说、国内外骚乱的出版报告、有关激情和灵魂的散文中无止境地出现。④

实际上在这一时期内的短短 23 年中,英格兰的国家宗教就更迭了四次,每次改变都意味着不同宗教信奉者必须决定是否"向敌对的权威隐瞒自己真

---

① Debra Shuger, *Censorship and Cultural Sensibility*:*The Regulation of Language in Tudor-Stuart England*. Philadelphia:U of Pennsylvania Press, 2006, pp. 183,185.

② Annabel Patterson, *Censorship and Interpretation*:*The Conditions of Writing and Reading in Early Modern England*, Madison:University of Wisconsin Press, 1984, p. 47.

③ Louis Adrian Montrose, *The Purpose of Playing*:*Shakespeare and the Cultural Politics of the Elizabethan Theatre*, Chicago:University of Chicago Press, 1996, p. 209.

④ Donald R. Kelley, "Ideas of Resistance before Elizabeth," in Heather Dubrow and Richard Strier eds. , *The Historical Renaissance*:*New Essays on Tudor and Stuart Literature and Culture*, Chicago:The University of Chicago Press, 1988, pp. 48 - 76,61.

正的宗教忠诚"。① 这表示 16 世纪晚期英国的所有主题在某种程度上都是"自我展示"（self-display）和"自我抑制"（self-withholding）之间的选择问题。② 甚至伊丽莎白一世本人在玛丽一世统治下都必须皈依天主教，而且特别是当时的她成为了伦敦塔中的囚犯。

莎士比亚剧中所塑造的伦敦塔不管是帮助塑造抑或削弱动摇了王室的意识形态，其基础都是长期以来对英国-罗马帝国继承性的宣传和确立的结果，这无疑是英国国族性确立的典型方面。按照罗伯特·科尔斯的说法，英国人将自己的国家认同建立在习惯上，这意味着他们不断地依赖于不成文的传统来确立国家认同，相比其他民主国家而言，这样建立的社会是非常隐秘且高度集权化的。③ 这样的习惯同样包含着怀旧的因素，英国人的怀旧情绪的由来不是对未来的恐惧，而是对过去的尊重，正如卡莫茨写道："英格兰人并不希望为保存而保存，并不建筑壁垒以防未来变革。所谓当下，对英格兰人来说，并不是两个对立世界之间的一条硬邦邦的界线，而是一道若有若无的薄雾，他们优哉游哉地穿行在薄雾之中。"④因此我们今天看到，眺望伦敦塔对英国人而言已经成为习惯中的一环，它依然起着和在莎士比亚的时代一样的作用，为这个新旧并存的国家和社会默默守护支持。

The Cultural Meaning of the Tower of London in Shakespeare's History Plays

Hu Peng

Abstract: The Tower of London is an important landmark and symbol of London, it appears as background or other forms in many literary works. This paper aims to analyze the function and cultural meaning of the Tower of London in Shakespeare's history plays,

---

① Alison Plowden, *Danger to Elizabeth: The Catholics under Elizabeth I*, 2nd ed. , Stroud: Sutton, 1999, p. 48.

② Alan G. R. Smith, *The Emergence of a Nation State: The Commonwealth of England 1529 – 1660*, 2nd ed. , New York: Longman, 1997, p. 153.

③ Robert Colls, *Identity of England*, Oxford: Oxford University Press, 2002, pp. 80 – 92.

④ Emile Cammaerts, *Discoveries in England*, London: George Routledge and sons, 1930, p. 91.

and point out its role in fashioning and deconstructing English royal ideology and authority.

Key Words：Tower of London；Shakespeare's history plays；shaping；deconstruction

作者简介：胡鹏，四川外国语大学副教授，莎士比亚研究所研究员。

英属新英格兰早期城市化
与社会结构的变迁[①]

王伟宏

摘　要：17—18 世纪，英属新英格兰经济商业化带动了其城市化水平的提高。一方面，市镇作为新英格兰殖民地经济发展的中心，扮演着商品生产、分配、信息和资本集散的角色；另一方面，市镇的城市化水平随着经济商业化的纵深发展而不断提高，包括内陆市镇的数量和经济功能也日益增长。最终，市镇的社会结构发生重大调整，公共空间日益增长。市镇成为殖民地走向革命的中心。

关键词：新英格兰；城市化；社会结构

美国城市史学，作为二战后发展较快的美国史研究领域，成果丰富。而且，大多数学者认为，城市化是工业化的必然结果，或是工业化推动了城市的发展。因此，关于前工业化时期英属北美殖民地的城市研究，受到的关注相对较少。但是，殖民地时期的北美城市数量、城市人口和城市功能都随着经济商业化而快速发展，其中表现最为突出的就是英属新英格兰的城市发展。[②] 英属新英格兰经济发展始终是以城市—市镇为核心，市镇是殖民地商品生产、分

---

① 本文为国家社科基金西部项目"大西洋贸易与英属新英格兰经济商业化进程研究"（项目编号：18XSS001）研究成果。

② 从历史上讲，新英格兰殖民地即是指由英国的清教徒移民在北美东北部建立的殖民地，包括普利茅斯、马萨诸塞、康涅狄格、罗得岛、新罕布什尔和缅因。关于英属新英格兰经济商业化的研究，参见王伟宏：《论英属新英格兰经济商业化成因》，载《经济社会史评论》2016 年第 2 期。

配、信息和资本集散的中心。商业贸易的发展成为该殖民地城市化的主要推动力量,城市发展依托于贸易的不断增长。随着城市化的发展,殖民地的社会结构发生重大调整,职业结构日益多样,商人日益成为殖民地社会变迁的领导力量,财富分化的趋势日益加强。而且,各种城市公共空间快速增长。最终,这些城市,特别是港口城市成为一切激进思想和政治革命的温床,推动殖民地走向独立革命。关于该问题,国内学界尚无专门的研究成果。在美国学界,也缺少关于英属新英格兰城市增长、城市社会结构变迁、城市公共空间的增长等系统性研究。[①] 有鉴于此,本文拟对英属新英格兰的城市化发展进行全面探讨,以更好地理解美国早期城市化与美国革命的关系。

一、城市数量和城市人口的增长

国内美国城市史研究的权威学者,王旭教授曾指出:"城市化是变传统的乡村社会为现代的城市社会的自然历史过程。主要表现:农村人口不断地向城市地区集中,城市数目增多,城市人口在该国总人口中的比重不断上升,同时农村生活方式向城市生活方式转变。"[②]以此标准来看,尽管在水平和规模上,殖民地时期的城市化显然无法与 19 世纪工业化开始之后的城市化相比,但是到 18 世纪中期,新英格兰因经济商业化的推动,其城市在数量、人口规模、城市功能等方面都比 17 世纪有较大幅度的增长。北美殖民地十大城市中,新英格兰占 6 个,包括波士顿、普罗维登斯、诺维奇、纽波特和纽黑文。[③] 这些市镇已经具备现代城市的诸多特征,特别是它们作为地区经济中心的作用日益突出。到革命前夕,新英格兰成为北美城市化水平最高的地区,有近 4 成的人口生活在城市(参见表 1)。

---

① 关于殖民地时期美国城市的论述,参见 Carl Bridenbaugh, *Cities in the Wilderness*: *The First Century of Urban Life in America*, *1625 - 1742*, New York: Alfred A. Knopf, 1938; Carl Bridenbaugh, *Cities in Revolt*: *Urban Life in America*, *1743 - 1776*, New York: Alfred·A· Knopf, 1955; Sylvia Doughty Fries, *The Urban Idea in Colonial America*, Philadelphia: Temple University Press, 1977; Gary B. Nash, *The Urban Crucible*: *Social Change*, *PoliticalConsciousness*, *and the Origins of the American Revolution*, Cambridge: Harvard University Press, 1979; Benjamin L. Carp, *Rebels Rising*: *Cities and the American Revolution*, New York: Oxford University Press, 2007。

② 王旭:《美国城市史》,中国社会科学出版社,2000 年,第 3 页。

③ Gary M. Walton, Hugh Rockoff, *History of the American Economy*, 11th ed., Mason, OH: Cengage Learning, 2010, p. 63.

表 1　新英格兰 2500 人以上的市镇数量，按殖民地，1774—1776 年

殖民地 （统计年份）	市镇 数量	市镇 总人口	殖民地 总人口	市镇人口占殖民地 总人口的百分比（%）
新罕布什尔（1775）	2	7090	89073	7.95
缅因地区，马萨诸塞（1776）	5	14669	47279	31.02
罗得岛（1774）	6	25799	59607	43.20
马萨诸塞（1776）	24	85888	286139	30.01
康涅狄格（1774）	30	126446	197910	63.89
5 个殖民地总计	67	259892	679940	38.22

（注：从 20 世纪初开始，美国统计局［U. S Census Bureau］将 2500 人以上的城市、市镇和辖区定义为城市地区。）资料来源：Lisa Krissoff Boehm and Steven H. Corey, *America's Urban History*, New York：Routledge, 2015, p. 96.

　　与 17 世纪后期相比，18 世纪的新英格兰沿岸港口城市经济繁荣，作为地区经济的中心，无论是人口规模，还是经济水平都有较大增长。其中，马萨诸塞的波士顿和罗得岛的纽波特成为新英格兰最大的两座城市。1740 年以后，尽管波士顿作为殖民地商业出口的重要性有所下降，人口有所减少，但其仍然是新英格兰、乃至整个北美地区首屈一指的城市中心，发达程度不亚于伦敦之外的任何英国城市（参见表 2）。而纽波特，1710 年以后，随着该地奴隶贸易的增长，城市化水平也在快速发展，成为新英格兰的第二大城市，其进出口贸易总量和本地的消费能力都有较大增长。例如，1762 年 5 月到 1763 年 5 月，这一年当中进出纽波特港口的贸易船只多达 711 艘，这还不包括走私船只在内。[①] 除了波士顿和纽波特之外，18 世纪 40、50 年代，一些后起的港口在地区经济中的作用也日益突出，包括新罕布什尔的朴茨茅斯，马萨诸塞的塞勒姆、马布尔黑德、格洛斯特，罗得岛的普罗维登斯，康涅狄格的纽黑文、新伦敦和诺威奇等。这些新兴的港口城市也像最先发展起来的波士顿和纽波特一样，依靠自身资源优势发展出口导向型的经济。例如，通过马萨诸塞塞勒姆的税收清单可以反映出该镇的商业本位特征。在 1760 年，该镇的人口仅仅为 3400

① Kenneth M. Walsh, *The Evolution of Newport's Economy from the Colonial Era to Beyond the War of 1812*, Ph. D. diss., Salve Regina University, 2013, p. 45.

人，但拥有 97 家商铺、30 家船坞和 40 个仓库。① 马萨诸塞的格洛斯特和马布尔黑德，通过渔业、牲畜和木材等产品的出口繁荣当地经济，因而它的市镇规模日益扩大，人口变得更为流动和成分多样，社会结构变得更为复杂。到 18 世纪中叶，这两个地方的大多数人口都主要依赖牲畜贸易和海事产业等实现财富的增长。② 到 1770 年代初，这两个市镇每年的捕鱼量占整个新英格兰的 60%。③ 与此同时，康涅狄格的纽黑文和新伦敦逐渐成为该殖民地的两个重要港口。也就是说，这些市镇在经济属性上，都明显属于外向型经济，出口经济的增长培育了这些港口市镇的经济繁荣和城市化。

表 2　北美 8000 人以上的城市，1710—1790 年

年份	费城	纽约	波士顿	查尔斯顿	巴尔的摩	塞勒姆	纽波特
1710			9000				
1720			11000				
1730	8500	8500	13000				
1740	10500	11000	17000				
1750	13400	13300	15731				
1760	18756	14000	15631	8000			
1770	28000	21000	15520	10863			9000
1780	30000	18000	10000	10000	8000		
1790	42444	33131	18088	16359	13503	7921	

资料来源：Department of Commerce and Labor Bureau of the Census, *A Century of Population Growth: From the First Census of the United States to the Twelfth 1790 - 1900*, Washington: Government Printing Office, 1909, p. 11.

在港口市镇城市化水平不断提高的同时，新英格兰内陆市镇也随着地区经济商业化的推进而快速增长。这主要是因为在港口市镇出口贸易不断增长的过程中，其对内陆市镇提供的剩余产品需求日益加大。例如，港口市镇需要

---

① Richard J. Morris, "Redefining the Economic Elite in Salem, Massachusetts, 1759 - 1799: A Tale of Evolution, Not Revolution," *The New England Quarterly*, Vol. 73, No. 4 (Dec., 2000), p. 607.

② Christine Leigh Heyraman, *Commerce and Culture: The Maritime Communities of Colonial Massachusetts, 1690 -1750*, New York: W. W. Norton&Company, 1984, p. 18.

③ Christopher Paul Magra, *The New England Cod Fishing Industry and Maritime Dimensions of the American Revolution*, Ph. D. diss., University of Pittsburgh, 2006, p. 17.

内陆市镇向其提供木材、木桶、船只和修理船只用的各种原材料,还有谷物和肉类产品等。因此,这些市场机遇的增多使得这些市镇吸引了更多的人口,城市化的水平得以提高。有的美国学者研究了康涅狄格殖民地市镇的增长后发现,参与大西洋贸易的程度加深,培育了康涅狄格殖民地大批、包括内陆市镇在内的 26 个市镇的发展。① 与港口市镇一样,在这些内陆市镇当中,有很多人完全不再从事农业生产,以便为全家人提供基本的生存必需品,而是从事各种非农行业,以雇佣工人的身份赚取生存和发展的资本。这些市镇,在人口的职业构成、社会流动等方面同样表现出相当强的复杂性和活跃性。

二、以城市为中心的社会结构变迁

新英格兰殖民地港口及内陆市镇经济的日益繁荣,必然伴随着社会职业结构的快速变动,随着他们财富和社会地位的提高,其对殖民地社会的影响力越来越大。另外,城市化水平的不断提高,改变了很多市镇的家庭结构、社会组织结构,甚至是殖民地社会的整体特质。

首先,职业结构日益复杂,从事非农职业的人口增长,主要包括商人群体、工匠群体和其他专业人士,如律师、会计员、政府职员、牧师、教师、医生等职业。商人群体包括海外贸易商、船主、船长、小店主、小商贩,其中那些大的海外贸易商,组织和主持殖民地与外部世界的商业贸易,他们通常是当地最富有的人群。以康涅狄格殖民地为例,商人阶层随着该地贸易的增长而增长。1680 年,康涅狄格只有 20 名小商贩,一些人仅与波士顿和印第安人进行贸易,另一些人与波士顿和纽约进行贸易,其他人与波士顿、印第安人和纽芬兰进行贸易,而从事海外贸易的商人几乎没有。② 在 18 世纪中叶以前,康涅狄格的每个市镇都至少有 1 名商人或店主,大镇更多一些,可能有 10 或 15 人;到独立革命爆发时,在较大的商业中心市镇一般有 40 或 50 名商人,次级的商业中心市镇一般有 10—15 名商人。③ 从事手工业或工匠的人口比例也不断提

---

① Joseph Avitable, *The Atlantic World Economy and Colonial Connecticut*, Ph. D. diss. , Rochester, New York: University of Rochester, 2009, p. 327.

② J. Hammond Trambull, ed. , *The Public Records of the Colony of Connecticut*, Vol 3, 1678 - 1689, Hartford: Press of Case, Lockwood&Co. , 1859, p. 298.

③ Bruce C. Daniels, "Economic Development in Colonial and Revolutionary Connecticut: An Overview," *The William and Mary Quarterly*, Third Series, Vol. 37, No. 3(Jul. , 1980), p. 437.

高。根据美国学者的估算,在 1700—1729 年间,康涅狄格最大的五个市镇中,
成年男性中,有 60% 的农民,只有 30% 的手工业者;而到 1770 年,农民的比例
降为 55%,手工业者的比例上升至 35%。[①] 在专业人员中,牧师、医生、律师
等,在 18 世纪最初的几十年间,人数较少,但在 18 世纪的后几十年,人数激
增。而且,律师越来越成为市镇当中最富有、最有影响力的职业群体。很多时
候,这些律师和地方官员、海外商人、内陆商人,一起扮演着一种企业家的角
色,并不同程度地从中获益。他们通常是大产业的投资人,如造船业、酿酒业
和冶铁业,而且他们还参与东北部、西部边疆的土地投机。[②] 随着奴隶贸易的
增长、家庭规模的扩大和耕地资源的紧张,罗得岛的年轻人也开始大量选择非
农行业,特别是航海业等。[③] 总之,这些新的、日益增长的职业群体,逐渐成为
殖民地社会变迁的主力军。

其次,财富或阶层分化趋势加强。新英格兰商业经济的繁荣造就了一大
批富有的阶层,特别是大商人,他们的财富不断扩大,逐渐成为殖民地社会精
英的主干,在殖民地的诸多事务中日益掌握更多的话语权。到 18 世纪 60 年
代,在波士顿,大约有 30 名富商,他们的财富在 10000—20000 英镑之间,拥有
巨额财产和大批贸易。[④] 到美国革命前,波士顿所有船只都为该地最富有的
商人所有。1771 年,波士顿 90 吨以上的船只,掌握在该地最富有的 1/4 的人
口手中。[⑤] 马萨诸塞的第二大港口城市,塞勒姆也出现了同样的财富分化。
在 1759 年,该镇最富有的 20 人拥有的财富平均在 2219—16738 英镑之间,他
们的财富总量占全镇财富的 40.1%。[⑥] 由此可见,在这些市镇当中,财富分化
的趋势明显,整个社会的财富结构出现"极化",即社会中最少的一部分人口却

[①] Joseph Avitable, *The Atlantic World Economy and Colonial Connecticut*, pp. 326–327.

[②] Jack P. Greene, "Recent Developments in the Historiography of Colonial New England," *Acadiensis*, Vol. 17, No. 2(Spring, 1988), pp. 164–165.

[③] John Russell Bartlett, ed., *Records of the Colony of Rhode Island and Providence Plantation, in New England*, *Vol. Ⅳ, 1707 to 1740*, Providence: KNOWLMS, ANTHPNY&Co., 1859, p. 58.

[④] Thomas and John Fleet, *A Collection of Original Papers Relative to the Colony of Massachusetts-Bay*, Boston, 1769, p. 485.

[⑤] James A. Henretta, "Economic Development and Social Structure in Colonial Boston," *The William and Mary Quarterly*, Third Series, Vol. 22, No. 1(Jan., 1965), p. 88.

[⑥] Richard J. Morris, "Redefining the Economic Elite in Salem, Massachusetts, 1759–1799: A Tale of Evolution, Not Revolution," p. 619.

掌握着最大部分的财富（参见下表）。

表 3　1774 年财富总量的地区分布

最富者所持有 的财富总量比例	13 个殖民地	新英格兰	中部殖民地	南部
1%	12.9	11.6	12.0	10.4
2%	19.6	18.8	16.0	16.9
10%	50.7	46.8	35.1	46.9
20%	67.9	65.9	52.7	69.6
50%	93.3	92.4	88.8	94.2

资料来源：David W. Galenson, "The Settlement and Growth of the Colonies：Population, Labor, and Economic Development" in Stanley L. Engerman and Robert E. Gallman eds. , *The Cambridge Economic History of the United States*, Volume I：*The Colonial Era*, New York：Cambridge University Press, 1996, p. 204.

　　这个富有的人群，在很多方面成为殖民地社会的标杆，包括他们物质生活的消费品味，以及各种社会礼仪都成为其他阶层人口竞相模仿的对象。这些富人通过消费各种新的高档进口商品来显示自身特殊的身份和社会地位。从另外一个角度讲，富人阶层的城市生活方式和价值及身份观念的转变创造了一种巨大的市场需求。[①] 那么，这种市场需求反过来又成为推动殖民地经济商业化重要的内在动力。并且，在地方政府的各种事务决策中，个人的财富实力，而非宗教虔诚，逐渐成为政治参与和领导的基础。也就是说，生活在市镇的这些富有阶层，其状况已经与 17 世纪那种处处受到教会和政府限制的情形大为不同，他们的社会影响力可以不再顾忌来自教会或政府的反对，财富为他们提供了与所有势力进行博弈的资本。或者说是，在决定个人社会地位的所有因素中，种族或是宗教的决定性差异已经让位于经济实力。

　　再次，家庭结构和社会组织结构发生深刻变化。随着出现在非农领域就业机会的增多，很多年轻人脱离家庭经济生产单位，成为独立的工资劳动者。这对传统的家庭结构势必造成很大的冲击。也就是说，年轻一代脱离家庭，自谋职业，会造成对传统家庭依赖性的弱化，尤其是导致父权制衰落。对此，一

---

① Phyllis Whitman Hunter, *Purchasing Identity in the Atlantic World：Massachusetts Merchants, 1670 –1780*, New York：Cornell University Press, 2001, p. 10.

位美国学者指出:"年轻的男性选择外迁,这会弱化父母权威,推动子女更加独立和自治。"①更进一步讲,家庭作为维系社区团结的纽带作用已经大打折扣。因此,社会关系的构建,主要是通过个人之间、个人与某个社会组织机构之间的互动来实现。而在这其中,经济利益关系逐步取代家庭间的、宗教间的关系而成为主导因素。或者说,个人之间或个人与某个社会团体之间的经济关系重塑了市镇的社会关系网络。其中最突出的表现是各种世俗性质的俱乐部渐渐取代教会或政府机构,成为大众进行社会组织的重要机制。1745 年,马萨诸塞塞勒姆的一些商人组织成立了一个名为"公民社会"的俱乐部。该俱乐部会定期集会,以维系彼此间的友谊和商谈;并且,制定组织章程,明确禁止咒诅和争吵等不文明的行为;在新成员的准入上,实行全体一致同意的原则。这样的团体或俱乐部意味着,它是一种"友谊、教养和商业利益的'池化',也是面对面接触的扩展,会促进社会的和商业的投资"。在波士顿,有更多类似的俱乐部。1744 年,亚历山大·汉密尔顿造访波士顿期间,就访问或参加了该地的多个商业俱乐部。② 总之,经济利益关系的强化及世俗的各种俱乐部的兴起,最终导致个人减少了对所属社区和教会的依附,形成对原有社会组织结构的"碎化"。

最后,市镇社会变得不再像以前那样平静和谐,而是围绕着经济利益出现各种竞争和冲突。在个人之间、社区之间、地区之间都会因经济问题形成互相竞争,甚至矛盾和冲突。与此同时,社会下层对于经济上的日益不平等表示不满,富人和穷人之间的关系出现紧张,不同社会阶层之间的冲突强化,不同利益和职业群体在土地、债务、货币政策等问题上产生分歧。所有这些都会侵蚀市民"认同",削弱地方领导人和政府的权威,社会多元性逐步取代一元性,在此基础上推动政治改革和民主进程。相比 17 世纪,市场经济的发达,增强了市镇社会的流动性,颠覆了以往恭敬的社会秩序,身份和地位变成了市场成就的奖赏,而非对社区服务的标识。③ 更进一步说,个体在寻求其存在的意义和

① Jack P. Greene, *Pursuits of Happiness*: *The Social Development of Early Modern British Colonies and the Formation of American Culture*, Chapel Hill: The University of North Carolina Press, 1988, p. 58.

② Phyllis Whitman Hunter, *Purchasing Identity in the Atlantic World*: *Massachusetts Merchants*, *1670 – 1780*, pp. 142 – 143.

③ Christine Leigh Heyraman, *Commerce and Culture*: *The Maritime Communities of Colonial Massachusetts*, *1690 – 1750*, p. 17.

身份认同的时候,他是处在一个可见的、明确感知的、商品的、物质的世界。强调个人奋斗和在经济事务上自主决策日益成为一种社会共识。正如一位美国学者所说:"经济本质的变迁在个人抱负取代社区精神的过程中发挥了一种重要的作用。"①但是,这也并非意味着个人在公共道德和对社区奉献等方面的缺失或终结。相反,一种新的融传统主义和市场主义于一体的新精神日益显现。个人利益和公共利益之间,可以在一个合理的、大众参与制定的法律框架内实现共处和共生。有学者研究了那些后起的新英格兰港口市镇发现,商业繁荣并未导致社区团结或社区凝聚力的削弱。在马萨诸塞的格洛斯特和马布尔黑德,这里的居民,他们的"获利动机并没有消除社区凝聚力的联结或清教主义的社会力量。相反,个人联系、习惯性实践和宗教观念塑造了商业活动的进行"。清教主义理念或是集体主义的价值观,在这些市镇并未寿终正寝,商业资本主义与过去的文化模式实现了共存,并由其塑造。② 总之,因商业经济的发展,新英格兰殖民地市镇社会表现出更多的世界性、包容性、复杂性和多元性。

三、城市中的公共空间

新英格兰城市经济增长的同时,各种公共空间在数量上日益增多、在功能上日渐丰富,成为城市人口日常聚集的重要场所,人们在其中进行信息分享、感情交流、商业谈判等各种活动。城市中大大小小的咖啡馆、酒馆、店铺,还有最重要的市镇厅,都成为殖民地社会最重要的公共空间。

市镇厅(Town House)是各个市镇最重要的公共空间。一般来说,在 17、18 世纪的大西洋世界,剧院在城市生活中扮演着重要的公共空间的角色,但在新英格兰殖民地,清教徒对戏剧颇为反感,认为剧院表演有违清教教义,会造成人们对宗教的轻视,增加人们不道德和不虔诚的倾向,因而禁止在殖民地进行任何的专业戏剧表演。③ 这也就是说,在新英格兰殖民地的城市当中,发

① Bruce C. Daniels, "Economic Development in Colonial and Revolutionary Connecticut: An Overview," pp. 449 - 450.

② Christine Leigh Heyraman, *Commerce and Culture: The Maritime Communities of Colonial Massachusetts, 1690 - 1750*, p. 19.

③ Cynthia Adams Hoover, "Music in Eighteenth-Century American Theater," *American Music*, Vol. 2, No. 4, Music of the American Theater (Winter, 1984), p. 8.

挥公共空间作用的只能是其他机构或设施。而在这些公共空间当中，最重要的就是每个镇的市镇厅。在波士顿、塞勒姆、普利茅斯等地都建有市镇厅。早在 1658 年，波士顿就建立了市镇厅，后由于一场大火被毁，并于 1713 年得到重建。各个镇建立市镇厅的目的，旨在为世俗政府、司法法庭和商人活动提供一个聚集的场所。在很多时候，该机构在历史学家的笔下，经常被当作一个会议地点，其功能似乎主要是作为一个地方世俗事务和宗教事务的议事机构。但事实上，它既有政治的，也有司法的、经济的和社会的功能，可以说，它是新英格兰的政治、商业和文化中心，在这里集合了政府、法院、市场和民兵机构。市镇厅在设计上本身就综合了这些功能方面的考虑。例如，在波士顿市镇厅的第一层，其敞开式的设计就是为了将这里当作一个市场中心，所有人都可以在这里进行商业买卖。同时，这里也是一个重要的信息市场，来自殖民地不同地方的人在这里聚集，分享他们获取的世界各地的市场或商业信息。而且，在市镇厅的周围遍布着大大小小的商店、书店和印刷厂等。到 18 世纪 30 年代，除了沿海港口市镇，在新英格兰的一些内陆小镇也都建立了市镇厅，如在伊普斯威奇、斯普林菲尔德等地，这些地方市镇厅的设计几乎与波士顿的完全一样，在一楼都是敞开式设计，以作为该地居民重要的公共活动空间。① 但相比而言，在总体上，沿海港口的市镇厅，在上述功能方面比内陆市镇所表现的更为活跃和复杂，这主要是由于地区之间在商业经济的复杂性上存在差异。

到 18 世纪 40 年代，愈益增多的咖啡馆成为新的公共空间。在 17 世纪末、18 世纪初，咖啡馆如同步行街、集会厅一样，在伦敦十分流行，其作为新的公共空间，为商人之间的会谈、信息分享提供了新的便利场所。到 17 世纪中期，伦敦的大小商人日益依赖于各种公共空间收集各种最新的市场和商业信息。正是受英国的影响，新英格兰的商人也开始投资咖啡馆，咖啡馆的数量不断增多，从沿海港口到内陆市镇都大为风靡。一方面，咖啡馆成为人们品尝咖啡和娱乐休闲的好去处；另一方面，咖啡馆也成为一个商业交易、信息交流、政治交往的重要场所。例如，波士顿的约翰·罗维经常在"英国咖啡馆"（The

---

① Martha J. McNamara, "In the Face of the Court: Law, Commerce, and the Transformation of Public Space in Boston, 1650 - 1770," *Winterthur Portfolio*, Vol. 36, No. 2/3 (Summer-Autumn, 2001), pp. 125 - 126,134.

British Coffee House)会见商人和各种专业人士,组织和讨论该镇的商业事务,或者是进行一般的交流和打趣。从某种程度上讲,该咖啡馆成为他的日常办公室或至少是他的会议室。[1] 咖啡馆除了提供咖啡、茶和巧克力等热饮外,还向顾客提供殖民地供报纸、英国杂志等,偶尔提供审判室、会议室和各种公共活动场地。[2] 甚至,咖啡馆成为上流社会展示各种时尚品味的新的理想之地。所以,当一个人想要了解世界最新时髦服饰或消费品味,咖啡馆是最佳场所。咖啡馆成为当时大西洋世界最新时尚、品味模仿的缩影。例如,位于波士顿长龙码头(Long Wharf)的"皇家咖啡厅"(The Crown Coffee House),不仅经常举办各种拍卖会,而且也是上流社会各种装饰、绘画的展览厅。[3] 咖啡馆的老板学习伦敦大型或高档咖啡馆的经营管理模式,通过在室内展示或表演棋牌、笑话,或是一些小的比赛项目而赚取额外的收入。

酒馆也日益成为大众消费和娱乐的常去场所。尽管殖民地的教会对饮酒一直都非常警觉,但从各种教会的布道中不难发现,酒馆消费成为不可阻挡的大众消费潮流。马萨诸塞著名牧师科顿·马瑟认为:"朗姆酒比起一场法国人的入侵,是更大的灾难。"[4]另外,1726 年的一篇布道,明确反对日益增长的酒馆消费。因为,不仅是普通民众,而且很多宗教指导者也深陷其中。所以,该布道文教导众人:"不应该把大量的时间浪费在酒馆中,而只应在一天的劳累之后,在晚上的时候可以适当地放松自己。"而且,酒馆消费"应以最合适或最低的比例进行,把金钱浪费于此,着实可惜,因为还有很多穷人需要救助"。因此,该布道就是为警示众人:"不要把大量的时间和金钱扔在罪恶的宴乐之中。"[5]不过,这种消费习惯一旦形成,想要扭转似乎已经不太可能。尽管殖民地的宗教指导者试图控制人们对酒水的消费,但是酒馆数量日益增长。到 1737 年,波士顿拥有 177 家酒馆并在店铺出售各种酒

---

① Phyllis Whitman Hunter, *Purchasing Identity in the Atlantic World*: *Massachusetts Merchants*, *1670 - 1780*, p. 144.

② Andrew F. Smith, *Drinking History*: *Fifteen Turning Points in the Making of American Beverages*, New York: Columbia University Press, 2013, p. 15.

③ Phyllis Whitman Hunter, *Purchasing Identity in the Atlantic World*: *Massachusetts Merchants*, *1670 - 1780*, p. 89.

④ Perry Miller, *The New England Mind*: *From Colony to Province*, Cambridge: Harvard University Press, 1953, p. 306.

⑤ Thomas Foxcroft, "A Serious Address to those Who Unnecessarily Frequent the Tavern," *Early American Imprints*, Series 1, no. 2780, Boston, 1726, pp. 1,2,4,5.

精饮料。① 据一项权威研究称,殖民地时期,人均年度消费的烈性酒,主要是朗姆酒,达到 4 加仑。酒馆作为城市的公共空间成为商业交往、信息传输、社交和沟通的中心,并为各种政治辩论提供了空间。因此,酒馆成为殖民地迈向世俗化和现代化的一种机制,其影响不断扩大。而且,在酒馆数量增长的同时,酒馆的经营开始专业化。例如,到 18 世纪,波士顿出现专门为社会精英设计和消费的酒馆,这比纽约和费城都要早。② 到殖民地后期,这些精英聚集的酒馆逐渐成为殖民地政治精英和革命领袖的集会场所。例如,"自由之子"和民兵组织经常在酒馆集会,很多革命活动都是在这些酒馆完成策划并开始的。波士顿的"青龙酒馆"(Green Dragon)作为一个政治暴动的温床,被马萨诸塞的王室总督称为"叛乱之窟"。③ 所以,酒馆在一定程度上成为殖民地走向独立过程中革命思想酝酿和实践的重要场所。

除了咖啡馆、酒馆之外,在新英格兰市镇中,随着人们财富的增长,很多人开始追求各种娱乐享受。因此,一些新的带有娱乐性质的公共空间数量快速增长,包括各种打猎、垂钓、球类、赛马等运动场所,还有各种音乐厅、舞厅、餐厅和户外徒步的空间等,逐渐成为城市人口新的娱乐休闲方式。其中,尤其是跳舞在新英格兰的上流和商人阶层中十分流行,成为一项重要的社会表演形式。1744 年,马里兰的亚历山大·汉密尔顿绅士在波士顿逗留期间,对这里的"歌舞升平"表示赞叹。他提到:"这里的绅士和女士几乎每周都会去参加各种音乐会和舞会。"④ 人们也通过上述方式促进彼此间的商业交流和信息分享。另外,由一些商人建立或资助的各种绅士俱乐部和图书馆等公共设施也逐渐增多。⑤ 这些公共空间,都是为了促进个人之间的友谊或商业联系,也都成为市镇社会物质生活和精神生活进步的表现。

---

① Andrew F. Smith, *Drinking History: Fifteen Turning Points in the Making of American Beverages*, p. 27.

② Sharon V. Salinger, *Taverns and Drinking in Early America*, Baltimore: The Johns Hopkins University Press, 2002, pp. 2, 4 - 5, 50.

③ Andrew F. Smith, *Drinking History: Fifteen Turning Points in the Making of American Beverages*, p. 19.

④ Phyllis Whitman Hunter, *Purchasing Identity in the Atlantic World: Massachusetts Merchants, 1670 - 1780*, pp. 88, 109.

⑤ Christa M. Beranek, *Merchants, Gentry, Farmers, and Brokers: Archaeology of the Complex Identities of the Tyng Family of Dunstable, Massachusetts, in the Eighteenth Century*, Ph. D. diss., University of Pennsylvania, 2007, pp. 70 - 71.

四、城市政治文化与美国革命

新英格兰城市经济的繁荣也在悄无声息地影响着城市政治文化的变迁。生活在城市的社会各个阶层人口,他们的政治态度、政治信念和价值观念日益发生着深刻的变化。这种变化成为推动殖民地摆脱母国统治、走向独立的重要"软"基础。新英格兰的城市作为北美殖民地政治、经济和文化中心,是殖民地与母国发生各种联系和交往的中心,在殖民地后期自然也成为北美殖民地与母国冲突的中心。它们是北美各种政治运动的急先锋,是制造各种革命事件的温床和催化剂。

首先,北美反抗和独立的种子最先在新英格兰的城市发育和成长。回顾整个殖民地历程,新英格兰可以说是北美自由和独立的坚强卫士,这从殖民地建立之初一直到革命前夕,从未中断或削弱。生活在该殖民地市镇的殖民者常常为他们享有的独立和自由感到自豪和珍视,他们先天地对独裁和专制权力保有绝对地厌恶和排斥,而对于一切侵害其自由权利的人和机构都会予以有力的回击。正如一位殖民地的观察家提到:"这里的居民很自豪于他们比地球上其他地方的人更具有自由精神,这是他们的祖先离开母国并开始在那里殖民时所形成的;作为个人,他们享有更大的独立性……这是很自然地,对自由和独立的任何侵犯,他们定会拿起武器并以牺牲去捍卫。"[1]所以,当殖民地后期,英国加强对北美政治和经济上的控制的时候,新英格兰的城市顺理成章地成为各种反英运动的中心。新英格兰殖民者视英国加之于殖民地的各种税收和其他经济管制法令为对他们自由权利的侵犯。例如,1765 年,英国通过《印花税》法案,旨在为驻扎北美的英国军队筹措军费。而新英格兰殖民者认为:"该法案在北美的实施,严重影响了我们的自由权利和财产所有权……这是北美人民自由权利的有力转向。"[2]为此,殖民地居民展开了剧烈的抗税运动,最终英国不得不在 1766 年 3 月撤销了该法案。

其次,新英格兰的城市是北美"大觉醒运动"的大本营。18 世纪 30 年代

---

① *The American Traveller*: *Or*, *Observations on the Present State*, *Culture and Commerce of the British Colonies in America*, London, MDCCLXIX, p. 63.

② Amos Adams, *A Concise Historical View of the Difficulties*, *Hardships*, *and Perils Which Attended the Planting and Progressive Improvements of New England*, Boston, MDCCLXX, p. 62.

中期和 40 年代初,以爱德华兹和怀特菲尔德为领导,在北美殖民地掀起了一场规模浩大的宗教复兴运动。该运动的矛头直指殖民地的两大官方教会,其中在新英格兰以公理宗为代表。该运动的领导者认为,北美殖民地的各新教教派已经被世俗的力量所腐化,个人的救赎必须寻找一种新的途径和方式。该运动的牧师领袖在殖民地巡回布道,传播个人救赎的消息,强调个人重生得救,主张教会应该由重生和成圣的圣徒组成,以建立真正的"人民教会"。这些牧师以城市为中心,散布他们的宗教观点和主张。例如,1740 年,波士顿的一次这样的宗教集会吸引了当地和周边 20000 人参加,影响力可见一斑。[1] 这些牧师所到之处,都以极富感染力的热情教导普通的平信徒,告诉他们不应该再继续服从传统的新教权威,不应该再接受传统教会的洗礼,而是要通过个人在家里阅读学习圣经实现自我的救赎。他们主张:"个体地、独立地立于上帝面前,是得救的主要通道。"因此,为了跟随基督或是为了解释圣经文本,个体屈服或服从于传统的新教教会权威是没有必要的。[2] 所以,这是一场在宗教意义和信仰层面上的自下而上的反宗教权威的反叛运动,在更广泛、更基础的层面推进了殖民地个人主义和平等意识的增长。可以说,这场大觉醒运动为新英格兰的自由传统再次注入鲜活的血液。最终,这种影响从宗教层面波及社会的和政治的层面,使得新英格兰人民对于大众民主的渴望和对专制权威的痛恨更加决绝,为反抗英国的统治铺平了道路。正如殖民地的一位作家说道:

> 这个地方是作为第一个自由的庇护所而被寻求和定居的,包括公民的和宗教的:一切专制权力的教唆者和教会专制,始终是新英格兰的敌人。我们总是希望,一个政府是大众的而友好的。无论对英国而言,还是对我们而言,我们始终保持对专制暴政教唆者的嫉恨和憎恨。[3]

再者,欧洲启蒙运动在北美扩散或影响最为集中的地区也是新英格兰的

---

[1] Lisa Krissoff Boehm and Steven H. Corey, *America's Urban History*, New York: Routledge, 2015, p. 91.

[2] Richard J. Chacon and Michael Charles Scoggins, *The Great Awakening and Southern Backcountry Revolutionaries*, New York: Springer, 2014, pp. 22,24.

[3] Amos Adams, *A Concise Historical View of the Difficulties, Hardships, and Perils Which Attended the Planting and Progressive Improvements of New England*, Boston, MDCCLXX, p. 67.

各大主要城市。特别是波士顿这样的沿海港口市镇拥有北美最发达的图书交易和出版印刷业,欧洲启蒙思想家的著作被该殖民地人士广泛阅读和引用。例如革命中的领军人物,本杰明·富兰克林、托马斯·潘恩、托马斯·杰斐逊等人,都是启蒙运动的追随者和启蒙思想的阐释者。欧洲启蒙思想家的作品和观点常常被他们引用。其中,1770 年代,欧洲启蒙思想家洛克和孟德斯鸠是他们引用最多的,他们运用这些思想家的观点讨论政权合法性的基础,以及进行宪政设计。① 并且,他们利用城市的出版机构、咖啡馆、酒馆、俱乐部等公共空间向民众传播其激进的革命思想,使得自由、民主、平等的观念被更普通的殖民地人民所熟知。这不仅鼓舞了殖民地人民的革命热情,而且为新国家的制度设计积累了最广泛的共识基础。因此,城市成为美国革命思想和行动的中心。新英格兰拥有北美最多的城市和最高的城市化水平,革命之初,北美殖民地 5000 人以上的 18 个市镇中,新英格兰占 12 个(见表 4),因而新英格兰的城市成为美国革命的中心。

表 4 革命战争起初英属北美最大的城市和市镇,1774—1776 年

排名	城市/镇	人口	统计年份
1	费城,PA	34000—40000	1775
2	纽约,NY	25000	1775
3	波士顿,MA	16000	1775
4	查尔斯顿,SC	12800	1776
5	纽波特,RI	11000	1775
6	纽黑文,CT	8295	1774
7	诺威奇,CT	7327	1774
8	达特茅斯,MA	6773	1776
9	诺福克,VA	6250	1776
10	法明顿,CT	6069	1774
11	巴尔的摩,MD	5934	1775

---

① David F. Prindle, *The Paradox of Democratic Capitalism: Politics and Economics in American Thought*, Baltimore: The Johns Hopkins University Press, 2006, p. 3.

排名	城市/镇	人口	统计年份
12	新伦敦,CT	5888	1774
13	斯特拉特福,CT	5555	1774
14	兰开斯特,PA	5500	1776
15	斯托宁顿,CT	5412	1774
16	塞勒姆,MA	5337	1776
17	伍德伯里,CT	5313	1774
18	哈特福德,CT	5031	1774

资料来源: Lisa Krissoff Boehm and Steven H. Corey, *America's Urban History*, New York: Routledge, 2015, p. 95.

　　最终,到殖民地后期,英国颁布的各项法规政策,使殖民地的城市居民最先强烈地感受到大英帝国政府正在剥夺他们的自由权利。帝国政府不再是他们的保护者,而是严苛的压迫者。于是,城市里的商人们开始集会讨论各种新法律的影响,印刷商们印制各种具有挑衅性的小册子和报刊文章,并且抗议者们走向街头。在《独立宣言》发表的数十年前,北美的城市居民已经形成了一种至高无上的政治意识,而且组织实施了一系列政治运动,包括大规模的集会、请愿、抗议、抵制和暴乱。这些城市居民和他们的农村邻居日益形成联盟,共同捍卫他们的自由权利和利益。他们逐步认识到自身是一个独立的国家社区,许多人走向反叛英国议会和王室的革命道路。[1] 甚至在联合抵制英货期间,市镇之间相互监督,任何与英国的贸易行为都会被其他的市镇所指责。抵制英货逐渐在殖民者中间具有了一种政治正确的意味,不愿参与者或违背约定者都被视为北美殖民地共同利益的破坏者。例如,1770 年 4 月 19 日,波士顿监督委员会的一份公告明确说明:"小部分人背信弃义的行为将鲁莽地阻碍整个北美大陆目前以各种方式对自由权利的捍卫。"[2]同年,当罗得岛的一些商人违背不进口协议时,立即受到康涅狄格商人的谴责,认为他们的行为"造成对联盟的削弱……,造成对敌对北美的海内外势力的有利形势"。因此,康涅狄格

---

① Benjamin L. Carp, *Rebels Rising: Cities and the American Revolution*, p. 5.

② Thomas Foxcroft, "A Serious Address to those Who Unnecessarily Frequent the Tavern," *Early American Imprints*, Series 1, no. 2780, Boston, 1770, p. 1.

的商人告诫所有人不要再与纽波特的居民发生任何直接或间接的贸易往来。[1] 这些殖民地之间的互相联合、互相监督成为革命成功的重要基础。

在与母国的对抗中，新英格兰的市镇始终走在最前面。从1740年代英国皇家海军强征波士顿水手开始，到1774的《不可容忍法令》，这三十多年间，新英格兰沿海港口市镇与母国的冲突和斗争连续上演。其中，波士顿是一个令大英帝国困扰的名字，因为其喧嚣的群众运动——1747年的诺斯暴乱、1765年的印花税暴乱、1768年的自由暴乱、1770年的波士顿惨案、1773年的波士顿茶党。尽管英国当局一再声称试图对波士顿海滨地区的控制，但是每一次波士顿人都以暴动回应英国的强征、关税和其他实施的帝国权威，其中五次驱逐帝国的官员、士兵和该港口堡垒岛屿不受欢迎的人。[2] 也就是说，波士顿是北美革命先锋，是大英帝国最先压制的重点。其他地区的殖民者恐惧于像波士顿的遭遇，最终走向联合抗英的革命道路。

总之，17—18世纪，新英格兰殖民地的城市化水平随着经济商业化的持续发展而不断提高。新英格兰的市镇，不仅在数量上不断增长，而且在功能上日益体现出经济发展的多样化功能，这为日后美国城市化的发展和市民社会的形成奠定基础。与此同时，城市化导致的殖民地社会阶层分化日趋严重，殖民地商人日益成为社会变迁的领导者，其消费模式和经济实力影响着地区乃至北美的社会进步。而各种城市公共空间的增长作为殖民地物质社会进步的表现，其在信息分享和社会组织上发挥日益重要的作用，成为殖民地市民社会孕育的一种重要机制。随着英国对殖民地管制政策的强化，新英格兰的城市成为美国革命的中心。

Early Urbanization and Social Structure Changes of British New England

Wang Weihong

Abstract：From 17th century to 18th century, the economy commercialization of

---

[1] Thomas Foxcroft, "A Serious Address to those Who Unnecessarily Frequent the Tavern," *Early American Imprints*, Series 1, no. 2780, Boston, 1770, p. 1.

[2] Benjamin L. Carp, *Rebels Rising: Cities and the American Revolution*, p. 18.

Colonial New England promoted early improvement of its urbanization. On one hand, towns as the center of economic development of New England colonies, played a commodity production, distribution, information and capital distribution role; On the other hand, the urbanization of towns constantly improved with the further development of commercial economy, and the number of inland towns and economic function was also growing. In the end, the social structure of towns had a major adjustment, and public space increased cortespondingly. Towns became the center of colonial revolution.

Key words：towns；urbanization；public space；social structure

作者简介：王伟宏，西南大学历史文化学院讲师。

19 世纪德国的城市现代化初探[①]

徐继承　姚倩倩

摘　要：19 世纪德国的城市现代化是城市化过程中向质的方面不断提升的过程。19 世纪德国的城市现代化主要包括城市基础生活设施的建立与城市管理制度的完善。19 世纪德国城市在住房改造、公共卫生事业的建设、休闲与娱乐等生活设施的兴建等方面取得很大进展,极大地改善了城市的物质环境。另外,19 世纪德国在城市管理方面进行了全面探索,确立了"委员会制"与"市长制"两模式,使城市管理摆脱了中世纪的寡头统治,进入民主监督与管理的时代。

关键词：德国;城市化;城市现代化

国外学者对近代以来德国市政管理的研究著作颇丰。胡果·普罗伊斯著的《德国城市生活的发展》主要从城市宪法的角度论述 19 世纪以来德国市政发展。[②] 克拉贝著的《19、20 世纪德国城市》是从德国市政管理制度解读 19 世纪末 20 世纪初德国城市发展变迁。[③] 威廉·哈伯特·道森的《德国的市政生活及市政体制》是一部研究德国市政体制的专著。该著作基于社会生活中的实际状况来阐明德国市政管理的组织机构及管理范围,回顾了德国的自治传统,综述了德国的市政体制、行政权分配及选举制度。[④] 国内学者对 19 世纪德

[①] 本文为 2017 年国家社科基金重大项目多卷本《西方城市史)》(17ZDA229)阶段性成果。

[②] Hugo Preuss, *Die Entwicklung des Deutschen Städtewesens*, Bd. 1, Leipzig: Druck and Verlag von B. G. teubner, 1906.

[③] Wolfgang Krabbe, *Die Deutsche Stadt 19 und 20 Jahrhundert*, Göttingen: Vandenhoeck & Ruprecht, 1989.

[④] William Harbutt Dawson, *Municipal Life and Government in Germany*, London: Longmans, Green and Company, 1914.

国市政改革研究正处于起步阶段,还没有专门的著作进行系统研究。

1871 年德意志帝国建立以来,德国的城市化呈现出加速发展的态势,到 1910 年德国城市化率高达 60％,已经基本实现了城市化。在短短 40 年的时间里,德国已经实现了从传统的农业社会向现代的城市社会转型。在社会转型的过程中,城市不仅为经济的高速发展提供大规模基础设施建设,而且也要面对大规模的农村剩余劳动力向城市转移过程中所带来的相关社会问题。德国率先探索出一条城市化与城市现代化协调发展道路,逐步提升城市功能与建立现代城市管理制度,为西方国家城市现代化树立了典范。本文拟从德国城市基础建设与市政管理制度的变迁两方面系统论述 19 世纪德国的城市现代化历程。

一

城市化与城市现代化是城市发展过程中的两个不同的阶段。城市化是城市发展的一个重要指标,目前学界并没有统一的定义,不同的学科对城市化的界定有不同的维度。人口学认为城市化就是城市人口占总人口比重不断提高的过程;地理学认为城市化是城市景观取代乡村景观的过程;经济学认为城市化是农业经济逐渐被城市经济取代,劳动力的就业不断从第一产业向第二产业转移的过程;历史学则主张城市化是传统农业社会向现代的城市社会自然演进的历程。德国的城市化起步于 1840 年,[①]到 1895 年城市化率已达 50.2％,[②]此时,城市人口已经超过农村人口,工业在国民经济中逐步确立了主导性地位,德国已经基本上完成了从传统的乡村社会向先进的城市社会自然演进的过程。城市现代化是城市发展过程中,城市基础生活设施与城市管理制度逐步完善的过程。

如果说 19 世纪 70 年代以来德国城市化是高速工业化发展必然的结果,那么德国城市现代化则是城市化发展的一定阶段的客观要求,也是城市发展在质的方面提高的过程。19 世纪德国城市现代化主要体现在德意志帝国时

---

① 据德国学者霍尔斯特·马策拉特研究,1840 年德国城市人口平均增长率 1.64％高于人口平均增长率 0.99％,成为德国城市化启动的重要标志。Horst Matzerath, *Urbanisierung in Preussen 1815—1914*, Stuttgart: Kohlhammer, 1985, S. 118。

② Gerd Hohorst (Hrsg.), *Sozialgeschichtliches Arbeitsbuch: Materialien zur Statistik des Kaiserreichs 1870—1914*, Bd. 2, München: C. H. Beck, 1975, S. 52.

期城市基础设施与生活设施日益完善的过程。19 世纪 70 年代以来,在第二次工业革命蓬勃发展的同时,德国工业化不断向纵深推进,社会生产力持续提高,人口超过 10 万的大城市的数量持续增长。① 随着城市人口的持续膨胀与城市数量快速增长,原有城市的基础设施难以适应城市化的快速发展,城市住房、环境问题日益突出。因此,19 世纪 70 年代以来,德国城市物质环境现代化问题也提上了议事日程。

在快速城市化过程中,由于大量人口涌入城市,住房拥挤问题成为德意志帝国时期突出的城市问题。每幢住宅平均人口数是衡量一个城市住房拥挤的重要指标,据相关资料显示,1910 年不莱梅城市的每幢住宅平均人口数为 7.8 人,而莱比锡、慕尼黑、汉堡、柏林等综合性的大城市的每幢住宅平均人口数高达 27.4 人、36.6 人、38.7 人、75.9 人。受人口密度与房价等因素的影响,这些综合性城市住房拥挤问题显得尤为突出。在柏林,工人阶级聚集北部和东部区域中的每幢建筑的平均居住人数超过了 100 人。② 用胡果·普罗伊斯的话来讲就是:"按照面积与人口的比重,柏林是世界上拥有一百多万居民的城市中面积最小的一个。"③

19 世纪后半叶,德国城市住房问题的形成一方面受到历史因素的影响,譬如德国东部但泽与西部地区科隆都是古老的设防城市,这些城市的设防建筑不仅不能适应城市化过程中城市人口快速增长的需要,还造成了城市道路拥挤、城市卫生环境恶化等问题。另一方面,德国城市的住房拥挤也受到自然因素的影响。譬如,德国北部汉堡与基尔等港口城市,住房受到了河流等自然条件的限制;坐落于狭长山谷中的埃尔伯费尔德市,受到当地地形的影响,城市的住房问题也较为突出。

18 世纪,普鲁士政府在驻防城市为军队修建了大量的兵营房。在快速城市化过程中,兵营房难以满足日益增长的城市人口的需要。19 世纪初期,出于普鲁士政府军事改革与军队调防的需要,柏林等城市闲置了一大批兵营房。19 世纪 40 年代,在工业化兴起的同时,大量的农村剩余劳动力涌入城市,兵营房成为安置外来移民的重要措施。大城市郊区兵营房成为工人住宅的样板

---

① 1871 年人口超过 10 万的城市为 8 个,到 1910 年已经增加到了 48 个。

② Hakan Forsell, *Property, Tenancy and Urban growth in Stockholm and Berlin 1860—1920*, Aldershot: Ashgate, 2006, p. 165.

③ Hugo Preuss, *Die Entwickelung des Deutschen Stadtewesens*, Leipzig: Druck und Verlag von B. G. teubner, 1906, S. 81.

房,其内部则是互相紧挨着的小房间,住宅内的配套设施也很差,柏林市将近半数的工人住宅只有一间屋子并没有厨房。杜塞尔多夫的市政检察官海尔·盖森说"赞成小型住宅的样式,必须反对以兵营房作为营利方式,不仅是出于卫生原因,还有社会和种族原因,在改变我们城镇的结构中兵营房的废除是最基本的目标。与此相反,小型的一户家庭住房的建筑更适宜居住,因此需要进一步推进"。①

　　为了解决住房拥挤问题,普鲁士王国给每个城市提供专门经费进行城市改造。为了清理大片的棚户区,汉堡、科隆、美因河畔的法兰克福、多特蒙德、奥格斯堡、斯特拉斯堡等城市都设立了专门资金。以汉堡城市棚户区改造为例,1892 年城内出现了霍乱流行病导致 8000 人死亡,②流行病主要在老城区蔓延,政府为了清理城市卫生,改善城市环境,进行了最大的老房改造工程,重新规划城市中心。汉堡市政府在市中心拆迁了一些不能满足现代城市居住需要的老房子,在郊区新建了许多居民小区。19 世纪 90 年代以来,单个家庭居住的楼房成为市郊区主要的房屋建筑类型;而在市中心老城周围主要是四层高的供出租的廉价公寓。这种新城建设与老城改造相结合的方式成为了汉堡为适应城市发展,解决住房拥挤的重要举措。经过城市改造,汉堡城市人口的分布发生了重大的变化。据相关资料显示,1867 年,汉堡 59% 的人口(以 1894 年城市边界为准)生活在中心城市的区域,24% 的人口生活在市郊的圣乔治区和圣巴里区,仅 17% 生活在远郊广大地区。到 1910 年,70% 的人口生活在远郊,19% 的人口生活在两个郊区城市圣乔治区和圣巴里区,仅 11% 的人口生活在城市中心。③ 斯特拉斯堡则将政府提供的城市改造资金用于道路建设。1893 年,斯特拉斯堡市政府开始了改造老城区中狭窄街道的工程。从斯特拉斯堡中央火车站到商业区的核心地带中央大街是这次街道改造中的标志性工程,该路段全长 13 公里。④

① Michael Honhart, "Company housing as urban planning in Germany 1870—1940," *Central European History*, Vol. 23, No. 1 (March, 1990), pp. 16 - 21.

② Richaed Lawton and Robert Lee, *Population and Society in Westen European Port-city*, 1650—1939, Liverpool: Liverpool University Press(2002), pp. 271 - 278.

③ Richaed Lawton and Robert Lee, *Population and Society in Westen European Port-city*, 1650—1939, Liverpool: Liverpool University Press(2002), pp. 271 - 278.

④ William Harbutt Dawson, *Municipal Life and Government in Germany*, London: Longmans, Green and Company, 1914, pp. 193 - 194.

城市现代化不仅解决城市道路与棚户区的改造,解决居民住宅也成为政府必须考虑的问题。19 世纪 70 年代以来,普鲁士政府在美因河畔的法兰克福、杜塞尔多夫、埃森等城市建造了由 3 个房间和 1 个厨房组成的独立单元房,这种居民住宅一般分配有一个阁楼,巧妙地将舒适和时髦完美结合起来。[1] 为了使城市的工人阶级能够实现"居者有其屋"的愿望,政府资助修建非盈利性住房。在城市化过程中,城市的地价上涨成为资本主义国家普遍的社会现象。为此,普鲁士政府大力打击私人投机买卖房屋,鼓励城市在郊区修建非盈利性住宅,为工人提供卫生便利的住宅条件,租金尽可能降低。

实行居民住宅区与工作区、富人区和穷人区的分区化管理是德国城市现代化过程中首创的重要措施。这种制度的推行对城市建筑密度的管理以及卫生条件的改善都发挥着举足轻重的作用。19 世纪 70 年代以来,德国城市开始推广居民住宅区与工作区分离的制度。1878 年,德累斯顿的城市规划就规定三个区为居民住宅区。1893 年,分区化的管理制度在科隆市全面推广。1901 年制定了科隆分区条例,根据城市的功能分区将科隆市区分为商业区、工业区、居民住宅区等四个不同功能区域。[2]

城市公共卫生事业的建设也是这一时期德国城市现代化的重要组成部分。1876 年,德国政府成立了国家卫生局,该部门主要是处理城市公共健康卫生问题,诸如供水、排水系统、消菌杀毒和工商业污水等问题的处理。[3] 为了执行国家卫生局相关政策,普鲁士政府在人口超过 5000 人的城市设立了由 1 名医师和 1 名建筑专家组成的城市卫生委员会,该委员会负责管理城市街道清洁、公共卫生、河道污染以及急救设施。德意志帝国时期,德国政府在城市建立以公立医院为主体、以私立医院为辅的完备的医疗体系。1885 年,德国政府颁布疾病保险法以来,公立医院的数量急剧增长。据统计,1885 年公立医院数量仅为 1706 所,床位数为 75000 张,到 1907 年,公立医院已达 2222

---

① 天津社会科学院历史研究所、天津市城市科学研究会合编:《城市史研究》(第 4 辑),天津教育出版社,1991 年,第 426 页。
② Michael Honhart, "Company housing as urban planning in Germany 1870—1940," *Central European History*, Vol. 23, No. 1 (March, 1990), pp. 16 - 21.
③ Eike Reichardt, *Health*, *"Race" and Empire: Popular-Scientific Spectacles and National Identity in Imperial Germany*, *1871 - 1914*, Stony Brook University, 2006, p. 88.

所,床位数飙升到了 138000 张,增长率为 84%,同期人口增长率仅为 42%。[1]
德国许多综合性城市的医疗资源较为丰富,除了普通医院外,还修建了一些专科
医院,诸如儿童医院、牙科医院、神经科医院等。[2] 1900 年德国政府颁布了《传染
病防治法案》,要求城市建立疾病防治中心,开展对于麻风、霍乱、斑疹伤寒、猩红
热等流行疾病的防治工作。[3] 1873 年,柏林建成城市排污系统,每天能够处理
400 吨污水,高效排污系统的建立使柏林伤寒症的死亡率明显减低。据有关数
据显示,1875 年柏林伤寒症致死率为 7.7‰,到 1885 年下降到了 1‰。[4]

　　需要指出的是,这一时期城市建立的休闲、娱乐等生活设施也是城市现代
化不可或缺的部分。公共图书馆和阅览室是德国城市重要的生活设施。在大
部分城市,公共图书馆和阅览室通常坐落于交通便利的中心地区,并且在主图
书馆之下设有多个分馆。据统计,1910 年共有 329 个德国城市拥有公共图书
馆,168 个城市拥有阅览室。柏林主要的市政图书馆拥有 125000 册图书,分
别藏于 28 个小型的分馆中,每个分馆拥有的图书从 5000 到 150000 册不等,
这 28 所小型分馆中有 14 个是阅览室。其中的一个公共阅览室是为 6—13 岁
的儿童所准备的,直到 14 岁这些儿童才被允许使用成年人的阅读室。[5] 另外,
城市的体育馆是城市市民锻炼身体的重要场所。19 世纪末 20 世纪初,修建体
育馆也提上了议事日程。1911 年,德国总共有 563 个体育馆,其中 331 个由国家
修建,172 个由城市修建,22 个由国家和城市共同修建;在 223 个室内体育馆中,
51 个由国家修建,159 个由城市修建,11 个由国家和城市共有;[6]然而其他类型
的中等和高等学校的体育馆绝大多数为城市所有。在普鲁士,5 个体育馆中就
有 2 个是属于市政的,大部分中级的和高级的学校也属于市政。

---

[1] William Harbutt Dawson, *Municipal Life and Government in Germany*, London: Longmans, Green and Company, 1914, pp. 193 - 194.

[2] Jörg Vögele, "Urbanization and the urban mortality change in Imperial Germany," *Health & Place*, Vol. 6, No. 1 (March, 2000), p. 44.

[3] William Harbutt Dawson, *Municipal Life and Government in Germany*, London: Longmans, Green and Company, 1914, p. 181.

[4] William Harbutt Dawson, *Municipal Life and Government in Germany*, London: Longmans, Green and Company, 1914, pp. 198 - 199.

[5] William Harbutt Dawson, *Municipal Life and Government in Germany*, London: Longmans, Green and Company, 1914, pp. 314 - 315.

[6] Marjorie Lamberti, *State, Society, and the Elementary School in Imperial Germany*, Oxford: Oxford University Press, 1989, p. 109.

综上所述,19世纪德国城市基础设施与生活设施的修建进一步完善了城市的服务功能,不仅推动了城市现代化,而且使城市功能从单纯工作与定居的场所向工作、生活与休闲的地方转变,从而为城市经济快速发展与现代转型提供持久动力。

二

城市现代化不仅体现在城市物质环境的改善,城市制度构建也必须适应城市社会发展。因此,建立现代城市管理制度,实现城市治理现代化成为实现城市现代化的必备条件。

19世纪初期,施泰因改革颁布的《城市规程》规定国家只保留对各城市的最高监督权、司法权和部分警察权,其余权力归城市所有,城市自治权进一步增大。随着工业化的兴起与城市化推进,城市既要面对大规模基础设施建设,又要凸显产业优势、协调区域经济发展。《城市规程》中城市与国家关系的规定很难在大工业时代适应社会经济发展需要。因此,在快速城市化过程中,城市管理制度的现代化逐渐提上了议事日程。

(一) 德国城市市政管理制度形成的主要因素

首先,地方行政管理制度构建是德国城市市政管理制度形成的基础。在德意志帝国建立以后,东普鲁士与普鲁士王国的其它地区并没有取消传统的《乡村宪法》,因此重新修改乡村宪法草案对于颁布新的城市宪法来说至关重要。在1872年颁布的《区域规程》法令中取消了乡村宪法的新规程。在《区域规程》中指出改革地方行政管理制度,尤其是取消了农奴主的警察管辖权,国家接管了警察管辖权;农奴主的管理权则归乡村,地方议会取消了农奴主受封财产的所有权。这些严厉限制领主世袭管辖权的措施的出台主要是为了满足国家建立乡镇自治制度的需要。自由选举村长与乡长制度在乡村逐步推广开来,为进一步实行乡村自治奠定了基础。

1891年,普鲁士政府在东普鲁士确立了以乡村宪法为基础的自治原则:即建立自治制度,选举乡长、乡镇(代表大会)代表,乡镇代表大会作为常设的议事机构,最重要的当然是取消原有的乡村法规。[1] 出于实行地方自治政策

---

[1] *Landgemeindeordnung für Diesiebenüstlichen Provinzen der Monarchievom 3. 7. 1891*, (Gesetzsammlung, S. 233).

需要,西里西亚借助高速工业化推动城市化过程,通过合并城郊庄园逐步形成了大的工业中心城市。合并城郊的庄园,成为西里西亚推行地方自治重要的手段。

不过,从整体上看,1891 年乡村自治法案的推广实际效果仍有限,据 1913 年内务部统计,到 1892 年仅废除 964 个庄园,约占德国东部省份庄园总数的 5%,[①]乡村庄园仍占主导地位,行政管理制度在乡村的推广有限,有待进一步提高。1911 年公布《区域协作的法令》对乡村自治推进产生了实质性的影响。[②]

其次,德意志帝国时期其它行政法案对市政管理制度也产生了一定的影响。例如调整国家与乡村关系的乡镇规程就是一个典型的个案。乡镇规程作为国家对乡镇组织结构调整的重要法案,为德国城市化过程中大城市合并周边行政区提供了法律依据。在城市化快速发展过程中,大城市为了进一步拓展自身发展空间,通过合并城郊周边的乡镇组成大的行政区域,为市政管理制度的构建提供了条件。1883 年,德国在颁布的《国家管理法案》中提及到乡村管辖权条例,明确指出乡镇被合并到城市后,乡镇的管辖权被城市的社区接管,社区管理成为城市市政管理制度的重要组成部分。[③] 乡村行政管理制度改革不仅能够切实提高行政效率,有利于依法执政,而且也为城市化过程中行政区域变更提供制度基础。

特别需要注意的是由于现代市政管理理念有悖于普鲁士传统国家治理方式,在实施国家治理过程中很容易受传统因素制约。德国城市代表会议与普鲁士传统因素很难融合,从而使得普鲁士东部地区的城市自治很难与西部莱茵地区城市治理方式相媲美,同样在市政治理方面,小城市与大城市也不可同日而语,因此市政治理方面仍有很长的路要走。[④]

再次,国家对市政管理制度的构建起着重要推动作用,主要表现在从法律上承认市政机关的公职人员,尤其是大城市的市长。例如 1883 年普鲁士国王在波美尼亚地区依据法律提名美因河畔的法兰克福的市长,从法理上看法兰

---

① Karlheinz Kitzel, *Die Herrfurthsche Landgemeindeordnung*, Stuttgart: Kohlhammer, 1957, S. 237.

② *Gesetzvom 19. 7. 1911* (Gesetzesammlung, S. 115).

③ *Gesetzüber die Zuständigkeit der Verwaltungs und Gerichtsbehördevom 1. 8. 1883*, (Gesetzesammlung, S. 237).

④ Hans Luther, *Im Dienst des Städtetages*, *Erinnerungen 1913 – 1923*, Stuttgart: Kohlhammer, 1959, S. 18.

克福的市长成为"间接地"行使国家职能的公职人员,从而为法律上承认市政管理机构公职人员迈出了坚实的步伐。① 从总体上看,市政管理机构的公职人员从提议、提名到最终任命需要一定法定程序。莱茵地区的《城市规程》在法律上并没有承认未经城市确认而由国王或者行政专区主席事先安排的市政人员,因为这不利于社会公平竞争。尽管德国社会民主党并不是执政党,但作为自由主义的政治力量的典型代表在城市议会中占据主导地位,城市自由成为当时各地区城市市政管理关注的中心。

(二)德国的市政管理制度

19世纪德国城市议会的意图是代表整个城镇,表达人民的普遍观点及意愿,但决议却需要议会议员、市长、一定数量的地方法官或者组成执行委员会的市参议员来共同执行。在德国,执行委员会主要有两种基本模式。

"委员会制"是德国市政管理制度中非常重要的一种制度。在这种制度下,行政权为以市长为首采取集体行动的委员会所有。这个机构在东普鲁士和巴伐利亚公国莱茵河右畔为市政府,在其他地方为参议院。这种模式的特点是市长是执行委员会的主席,但不是议会的主席。议会和执行委员会之间分工明确,集体形式的执行委员会领导地方行政部门,负责执行议会的决议。执行委员会由选举产生的专职和兼职成员组成,每个人独立负责各自的部门,实行集体决策,在做出共同决议时需要进行投票,遵循少数服从多数的原则。

"市长制"也是德国市政管理中比较有特色的制度。德意志帝国时期形成了以市长为核心的市政体制,它成为政府独特功能与各种社会角色相互连接的特殊纽带。在这种市政管理制度中市长既是市政管理的决策者,也是市民社会的代表,还是国家的代理者。② 这种形式仅限于莱茵兰、黑森、巴伐利亚的贵族领地、阿尔萨斯-洛林地区,它的存在很大程度上是受法国的影响。在这种制度下,由市长管理市政事务,他在担任执行委员会主席的同时也是议会的主席。选民选举议会成员,议会选举市长并监督其工作。在行政工作中,市

---

① William Harbutt Dawson, *Municipal life and government in Germany*, London: Longmans Green, 1914, p. 98.

② Wolfgang Hofmann, *Zwischen Rathaus und Reichskanzlei: die Oberbürgermeister in der Kommunal und Staatspolitik des Deutschen Reiches von 1890 bis 1933*, Stuttgart: Kohlhammer, 1974, S. 51.

长会得到同僚的协助,但是在"委员会制"下其权力范围比市长广。在德国西部地区,允许地方政府在这两种形式中自主选择,但通常会出现这种现象:"市长制"管理下的城市几乎很少或者绝不会去选择"委员会制"。在普鲁士公民数低于 2500 人的城市,市长可能会单独履行行政职责,同时兼任议会的主席。[①] 一般原则是市长及执行委员会的成员,无论是否领薪水,都要由议会选举产生。在符腾堡和石勒苏益格-荷尔施泰因,通过类似于选举议员的方式选举市长及执行委员会成员;而在威斯特伐利亚,市长及领薪水的市参议员由城市议会选举产生,而不领薪水的市参议员则由城市议会和执行委员会共同确定。

　　不同的州,执行委员会的组织规模有很大差异。普鲁士东部省份市政条例规定市参议员与人口的比例如下:人口低于 2500 的城市,2 个市参议员;人口介于 2500—10000 之间的城市,4 个市参议员;人口介于 10000—30000 的城市,6 个市参议员;人口介于 30000—60000 的城市,8 个市参议员;人口介于 60000—100000 的城市,10 个市参议员;在人口超过 100000 的大城市,每超出 5000 人增加 2 名市参议员。在威斯特伐利亚比例为:人口低于 2500 的城市,2 个市参议员;人口介于 2500—10000 之间的城市,4 个市参议员;人口介于 10000—30000 的城市,6 个市参议员,每超出 20000 人增加 2 名市参议员。在莱茵兰比例为:人口低于 10000 的城市,2 个市参议员;人口介于 10000—20000 之间的城市,4 个市参议员;人口超过 20000 的城市,6 个市参议员。[②] 通常执行委员会成员的资格标准可以通过地方附例来修改。

　　市参议员的人数保持在合理的范围,执行委员将会保持最高的工作效率,受到最小的干扰,一旦人数超出便会存在潜在的危险,实践经验证明:规模越大的执行委员会面临的内部分裂为小派系小集团的危险越大。因此很少会额外增加市参议员的人数,除非市政事务增加需要一些专家的援助。

　　柏林执行委员会 34 人的规模保持了 60 年,一半为领薪水的专职官员,其余则为名誉官员(不领薪水的官员)。当需要增加新的官员时,执行委员会通常会选择任命部门主管的方式来避免额外增加执行委员会的席位。城市议会则反对这种方式,因为它拥有独立任命行政官员的权力,并不愿意放弃重要官

---

① William Harbutt Dawson, *Municipal Life and Government in Germany*, London: Longmans, Green and Company, 1914, p. 58.

② William Harbutt Dawson, *Municipal Life and Government in Germany*, London: Longmans, Green and Company, 1914, p. 87.

职的任命权。议会的这种态度导致 1913 年打破了固定的 31 名市参议员的传统，因为在那一年议会选举出了一名负责公共卫生部门的市参议员。①

在普鲁士，议会对执行委员会成员资格的要求是：父亲和儿子，岳父和女婿，弟弟和姐夫，哥哥和妹夫不可以同时成为执行委员会的成员，当两者都具备资格时，会从中选择年长者担任。同样，他们也不能同时成为议会的议员。其他不具备执行委员会成员资格的有：邦（或国家）指派的负责监督城市的官员、市议会议员、某些较低职位的政府官员、牧师、教堂接待员、公立学校教师、审判员、商业或者工业中的技术人员、法院人员、除警务人员之外的附属于邦（或国家）司法部门的官员等等。

最初，在执行委员会中不领薪水的名誉官员占多数，领薪水的专职官员为个例。但随着经济的发展及市政事务的增加，领薪水的专职官员的数量及其影响力也在持续增加。作为市政工作所有部门的领导核心，执行委员会处于最高行政层级，因此在大城市执行委员会中不仅包括法学家，还拥有教育、济贫法、医学、公共卫生领域的专家以及各类的技术专家，虽然也有一定数量的名誉委员。②

普鲁士市政条例明确规定了领薪水的专职官员被任命的职位，主要包括：市政官、财务主管、秘书、教育部长、市政工程监督官员以及森林管理员。市政官的主要任务是确保执行委员会做出的决议采取的措施不违背法律，维持所有法律诉讼行为或者涉及城市的诉讼进程的秩序，总的来说就是从法律层面来规范各方面的市政工作。市政官必须经过一定的法律培训，并且通过国家法律考试。财务主管则管理所有的财政事务，做预算，控制税收及财政支出，管理投资及贷款等等。③ 教育部长是市教育体系的首脑，在校务委员会中任职。市政工程监督员则主要对市政不动产的用途及安全负责，包括所有属于城镇的建筑和土地，也要就新的建筑提议及准备计划提出意见。但是他是一名行政官员，不同于普通的测量员、建筑师和建筑检查员。其他技术专家则根

① William Harbutt Dawson, *Municipal Life and Government in Germany*, London: Longmans, Green and Company, 1914, p. 91.
② Edmund J. James, "City Administration in Germany," *The American Journal of Sociology*, Vol. 7, No. 1 (July, 1901), pp. 43 – 45.
③ 徐健：《近代普鲁士行政官员选拔与培训制度的形成和发展》，《北京大学学报（哲学社会科学版）》2002 年第 2 期，第 138—140 页。

据需要任命,但是人数不可更改。

任命不领薪水的名誉官员是一种普遍现象,并且他们的存在对于执行委员会来说十分有利。他们的主要职责是保证议会的提议能被适当考虑,通常与常任官员形成有益的平衡力,因为常任官员针对一些政策问题,可能会提出比较机械过于官方化的意见。名誉官员是漫长的市政生活的产物,一些大城市的执行委员会通常会寻找一些拥有丰富经验、经过适当培训、具有精准的实际判断力以及拥有空闲时间的人参与其中,他们能够针对官方的审议和决策做出快速判断,并且自由发挥其非官方思想,对于最终的决策起到了积极作用。虽然他们本身的职能是参与审议,但有时不领薪水的名誉官员也会全权负责某一重要部门的工作。

在城市市政管理改革过程,市民政治意识逐渐觉醒,这也为近代政党兴起奠定了基础。德意志帝国时期之前的一些社团就是现代政党的雏形。从最初的不定期城市议会,随后发展成为各地区频繁交流的城市议会,最后形成所有大城市联合的城市联席议会。① 1897 年普鲁士形成全国性的城市议会联合会,1905 年则发展成为了德国城市议会联盟。1910 年德国小城市的代表创建了德国城市联合会,1915 年则成立了较大的"普鲁士城市联盟",1917 年发展成为了"德国城市联盟"。实际上普鲁士城市议会最初只是作为能够领取固定工资的议事机构,并逐渐发展成为一个政府常设组织机构。德国城市议会发展历程与普鲁士城市议会发展极其相似,1913 年马格德堡城市议会的汉斯·路德成为了德国城市议会议长,德国城市议会的职责范围主要涉及全国城市市政问题。②

总之,19 世纪德国城市现代化主要呈现了以下几个特点:首先,授予城市广泛的自治权,在权力范围内城市能够自由处理内部事务,不受上级政府的干涉。其次,市政体制及相关法律在设计之时着眼于长远发展,坚持有弹性的、灵活的、可调节的原则,使得德国城市政府在城市化浪潮来临之时,能够迅速适应变化发展的情况,承担起相应的责任。最后,重视解决城市社会问题,发展公用事业,如城市规划、住房、卫生、教育等。这时期城市现代化也为德国从传统农业社会向现代城市社会转型奠定了坚实的基础。

---

① Otto Ziebill, *Geschichte des Deutschen Städtetages*, Stuttgart: Kohlhammer, 1955, S. 13.

② Hans Luther, *Im Dienst des Städtetages*, *Erinnerungen* 1913 - 1923, Stuttgart: Kohlhammer, 1959, S. 13.

On Urban Modernization of Germany in the Nineteenth Century

Xu Jicheng；Yao Qianqian

Abstract：Urban Modernization of Germany in the 19th century was a process of continuous inmaterial improvement environment of the towns and cities. Urban modernization of Germany in the 19th century mainly included great changes in material environment of the cities and the improvement of urban management systems. In the 19th century, German cities carried out major reforms in housing renovation, public health, recreation and entertainment, which greatly improved material environment of the cities. In addition, in the 19th century, Germany conducted a comprehensive exploration of urban management and established the two modes of "committee system" and "mayor system", democratic supervision and administration have been achieved replacing the oligarchy of the middle ages.

Keywords：urbanization；urban modernization；Germany

作者简介：徐继承，山西师范大学历史与旅游文化学院副教授；姚倩倩，山西师范大学历史与旅游文化学院世界史专业研究生。

试析土耳其伊斯兰商业精英的崛起①

尹　婧

摘　要: 20世纪80年代,土耳其伊斯兰商业精英开始崛起,特别是2002年正义与发展党上台以来发展迅猛。土耳其伊斯兰商业精英主张维护传统的伊斯兰价值观,奉行伊斯兰资本主义,支持民主体制。从国内层面来看,土耳其政治、经济及国家意识形态的转型为伊斯兰商业精英的崛起带来了契机。从国际层面来看,全球化为伊斯兰商业精英的崛起提供了良好的时代机遇;中东国家、欧洲土耳其劳工的投资满足了伊斯兰商业精英原始资本积累的需求。伊斯兰商业精英的崛起不仅在推动政治民主化改革、促进经济增长、促成伊斯兰资产阶级的形成和发展对外贸易等方面发挥了重要作用,而且为中东伊斯兰世界展示了一种宗教和资本主义可以共存的、独具特色的土耳其发展模式。

关键词: 土耳其伊斯兰商业精英;伊斯兰资本;独立工商业协会

20世纪80年代以来,土耳其政治伊斯兰运动日益高涨,而伊斯兰资本的崛起是政治伊斯兰运动复兴的经济基础。随着伊斯兰资本的迅速发展,中小型企业异军突起,土耳其社会出现了一批在工商业界取得成功、拥有大量财富、忠于伊斯兰价值观,并且在经济领域拥有一定影响和话语权的人,本文称之为"伊斯兰商业精英"(Islamic Business Elite)。在经济全球化的浪潮中,伊斯兰商业精英具有较强的市场适应能力和市场意识,他们能够抓住全球化和土耳其经济自由化的机遇,依靠出口迅速发展,进而成为了国家经济发展的中

---

① 本文为国家社会科学基金青年项目"多维视角下的叙利亚民族认同构建研究"(16CSS011)的研究成果。

坚力量。

伊斯兰商业精英作为土耳其经济发展的独特力量，正在逐渐引起学术界的关注。国外学术界关于土耳其伊斯兰商业精英的研究较为深入、细化，侧重于研究伊斯兰商业精英崛起的原因、对民主化的影响以及对世俗商业精英阶层造成的挑战等方面。如土耳其学者内谢詹·巴尔坎（Neşecan Balkan）、埃罗尔·巴尔坎（Erol Balkan）和艾哈迈德·恩居（Ahmet Öncü）主编的《土耳其新自由主义概况和伊斯兰资本的兴起》阐述了 20 世纪 80 年代以来土耳其商业精英的两极化、伊斯兰企业的形成和发展、伊斯兰中产阶级的兴起等。[①] 艾谢·布拉（Ayşe Bugra）的论文《阶层、文化和国家：土耳其两大商业协会代表的利益团体》分析了土耳其工商业协会和独立工商业协会的成员构成，并且认为具有伊斯兰性质的土耳其独立工商业协会更适合国家的发展。[②] 菲利兹·巴士坎（Filiz Başkan）的论文《土耳其伊斯兰商业精英的兴起与民主化》回顾了伊斯兰政党兴起的历史背景，指出独立工商业协会同正义与发展党的兴起有着密切联系，并且推动了土耳其的政治民主化进程。[③]

国内学术界对土耳其伊斯兰商业精英的研究较为薄弱，如刘颖的《土耳其独立工商业联合会 25 周年(1990—2015)》叙述了土耳其独立工商业联合会的组织机构、发展历程、社会活动及其与欧盟的互动。[④] 对土耳其新兴的伊斯兰商业精英进行初步探索，不仅有利于丰富历史学在精英研究方面的思想和路径，而且对于了解伊斯兰商业精英在土耳其经济发展中扮演的角色、把握土耳其经济发展的态势和外贸方向具有重要的意义。鉴于国内学术界对土耳其伊斯兰商业精英少有论述，本文拟对这一问题进行探讨。

一、土耳其伊斯兰商业精英的崛起历程

土耳其伊斯兰商业精英大多来源于社会底层，主要由城镇的中小型企业

---

① Neşecan Balkan, Erol Balkan and Ahmet Öncü, eds. , *The Neoliberal Landscape and the Rise of Islamist Capital in Turkey*, New York and Oxford: Berghahn Books, 2015.

② Ayşe Bugra, "Class, Culture and State: An Analysis of Interest Representation by Two Turkish Business Associations", *International Journal of Middle East Studies*, Vol. 30, No. 4,1998, pp. 521 – 539.

③ Filiz Başkan, "The Rising Islamic Business Elite and Democratization in Turkey", *Journal of Balkan and Near Eastern Studies*, Vol. 12, No. 4,2010, pp. 399 – 416.

④ 刘颖：《土耳其独立工商业联合会 25 周年(1990—2015)》，《土耳其发展报告(2016)》，社会科学文献出版社 2016 年，第 116—134 页。

主构成,他们的父母往往是个体经营的小商贩、小店主等。① 20 世纪 80 年代以来,伊斯兰商业精英的崛起历程包括初步发展、缓慢发展和迅速发展三个阶段,逐步在土耳其社会经济体系中占有一席之地。

第一阶段:初步发展阶段(20 世纪 80 年代至 1997 年 2 月 28 日)

1983 年,祖国党赢得大选,图尔古特·厄扎尔(Turgut Özal)担任总理。在厄扎尔总理的带领下,土耳其政府实施了新自由主义的经济政策,这一政策使得中小型企业主如同雨后春笋,遍布安纳托利亚地区的中部和东南部城市,如安卡拉、科尼亚、布尔萨、开塞利、安塔利亚、科贾埃利、阿达纳、萨卡里亚和加济安泰普等。这些中小型企业主希望效仿亚洲四小虎的经济发展模式,因而被称之为"安纳托利亚之虎"(Anatolian Tigers)。

1990 年 5 月 5 日,12 名②代表中小型企业的年轻商人成立了独立工商业协会(The Association of Independent Industrialists and Businessmen,土耳其语缩写 MÜSİAD),总部位于伊斯坦布尔,首任主席为埃罗尔·穆罕默德·亚拉尔(Erol Mehmet Yarar),该协会成为了伊斯兰商业精英的领导组织。1998 年,该协会拥有 3000 名成员,28 个分支机构,在 35 个国家有 45 个联络点。③ 该协会的下属企业主要为雇工少于 50 人的中小型企业,也包含一些大企业,如 1988 年成立的科姆巴萨控股集团(Kombassan Holding),该集团拥有工厂 56 家,员工 27 500 人,在哈萨克斯坦、德国等地均有投资。④ 这些中小型企业经营的业务遍布各行各业,主要包括机械、汽车及零部件、纺织和服装业、食品饮料、化工、矿产、林业和木制品业、建筑建材、电气和电子产品、计算机和信息技术、造纸业以及包装服务业等。

独立工商业协会是一个非常有影响力的非政府组织,其目标是"在高度发达的商业环境中创建一个具有先进高科技产业的发达国家,但不以牺牲民族

① Berrin Koyuncu Lorasdagı, "The Relationship between Islam and Globalization in Turkey in the Post-1990 Period: The Case of MÜSİD," *Bilig*, No. 52,2010, p. 106.

② 12 名商人为: Erol Yarar、B. Ali Bayramoglu、Abdurrahman Esmerer、Natık Akyol、Şekip Avdagiç、Mehmet Gönenç、Mahmut Ensari、Arif Gülen、Halil Ayan、Cihangir Bayramoglu、Mehmet Turgut、Ahmet Yıldırım,平均年龄为 33 岁。

③ Murat Çemrek, *Formation and Representation of Interests in Turkish Political Economy: The case of MÜSİAD*, Ph. D Dissertation, Ankara: Bilkent University, 2002, p. 152.

④ Ayşe Bugra, "Labour, Capital and Religion: Harmony and Conflict among the Constituency of Political Islam in Turkey," *Middle Eastern Studies*, Vol. 38, No. 2,2002, p. 193.

和道德价值为代价,劳动力不被剥削,资本积累不会退化,国民收入的分配是公正和公平的,国家内部和平、在地区具有影响力以及在国际上受到尊重"。① 也就是说,该协会旨在不牺牲社会认同的前提下建立新的发展模式。它提供了一个"发展、对话、合作与团结的平台",从而推动了个人、机构、国家、地区以及世界范围内的经济、政治、文化、社会和科学技术等方面的发展。② 它也是一个强大的民间社会组织,其全国各地的分支机构、海外联络点形成了一个稳定的、广泛的商业网络,从而成为商业及社会其他领域的示范教育、咨询和指导中心。③ 独立工商业协会的作用体现在两个方面。一是国家层面,通过供应、外包、分包合同和零售来加强成员之间的团结合作。鉴于中小企业的资金有限,协会作为贸易的中介,不仅可以防止违约,而且能够最大限度地减少信息收集和监测的成本,获得有关技术和市场的丰富知识和信息。二是国际方面,协会通过吸引国外侨民的投资来建立全球穆斯林贸易网络。

随着伊斯兰商业精英的崛起,伊斯兰政党也步入了政治中心。1995 年 12 月 24 日大选中,在伊斯兰商业精英的支持下,繁荣党获得了议会 550 个席位中的 158 席,成为土耳其第一大党。繁荣党赢得大选的主要原因在于该党获得了新兴的安纳托利亚企业家、伊斯兰知识分子和专业人士的支持。1996 年繁荣党上台以来,独立工商业协会与政府关系密切,不仅很多成员加入了该党,而且协会对国家的外交政策有着很大的影响。繁荣党执政期间,政府加强了与伊斯兰国家、穆斯林占多数的东南亚国家之间的合作,这与协会的建议有着密切关系。1996 年,协会成员还参与了埃尔巴坎总理对东南亚穆斯林国家的访问。

第二阶段:缓慢发展阶段(1997 年 2 月 28 日至 2002 年)

但是,好景不长。1997 年 2 月 28 日,在国安会的会议上,军方对繁荣党的宗教倾向表示不满,通过一纸备忘录迫使该党下台。1998 年 1 月 16 日,土耳

---

① Murat Çemrek, *Formation and Representation of Interests in Turkish Political Economy：The case of MÜSİAD*, p. 151.

② 参见独立工商业协会官网：http://www.musiad.org.tr/en/meet-with-musiad,登录日期：2018 年 4 月 8 日。

③ 参见独立工商业协会官网：http://www.musiad.org.tr/en/meet-with-musiad,登录日期：2018 年 4 月 8 日。

其宪法法院因繁荣党违反土耳其共和国宪法的世俗原则,宣布解散该党。伴随繁荣党被取缔,伊斯兰商业精英遭遇了以军方为代表的世俗主义者的迎头痛击,发展遭遇严重挫折,由此进入缓慢发展时期。

军方通过法律行动、警察和财政调查等手段对伊斯兰商业精英的资本积累进程予以定罪,公布了伊斯兰企业的非法行为,并通过媒体开展了抵制运动。资本市场委员会对伊斯兰企业进行了严密审查,要求披露企业的商业活动,还以非法集资为由冻结了企业的资产。资本市场委员会还在报纸上刊登广告,警告欧洲的土耳其移民停止对伊斯兰企业的投资,这一行为直接切断了伊斯兰商业精英资本和信贷的主要来源。此外,土耳其总参谋部(Chief of General Staff)公布了一份与伊斯兰政党关系密切的企业名单,禁止这些企业参加公开竞标。以上种种举措都给伊斯兰商业精英的发展蒙上了阴影,导致伊斯兰企业面临资金短缺、产品滞销等问题。即使伊斯兰商业精英强调"货币没有宗教,没有信仰,没有意识形态",许多伊斯兰企业也难逃倒闭和破产的命运。[1]

在这种形势下,伊斯兰政党内部也出现了分裂。美德党是由繁荣党骨干成员于 1997 年 12 月 17 日宣布成立的,主席为雷加依·库坦(Recai Kutan),但实际权力掌握在埃尔巴坎手中。关于党的路线问题,保守派和改革派存在很大的分歧。以库坦为首的保守派主张保持繁荣党的基本精神,而以塔依普·埃尔多安为首的改革派则强调坚持世俗制度,同时保留伊斯兰的生活方式和价值观。2001 年 6 月 22 日,宪法法院以反世俗罪名取缔美德党,改革派与保守派也从此分道扬镳。以库坦为代表的保守派于 2001 年 7 月组建幸福党,宣称国家的福祉来自于精神的自我实现。以埃尔多安和居尔为代表的改革派于 2001 年 8 月组建正义与发展党。

第三阶段:迅速发展阶段(2002 年至今)

2002 年,正义与发展党赢得了大选,获得了 34.28% 的选票和 363 个议会席位。[2] 正义与发展党主张在世俗化框架内协调传统与现代、信仰与理性,从而将伊斯兰价值观与西方自由民主国家的价值观结合起来。一方面,强调民

---

[1] Ozlem Madi, "From Islamic Radicalism to Islamic Capitalism: The Promises and Predicaments of Turkish-Islamic Entrepreneurship in a Capitalist System (The Case of İGİAD)," *Middle Eastern Studies*, 2014, Vol. 50, No. 1, p. 147.

[2] 朱传忠:《正义与发展党及其执政实践研究》,西北大学博士学位论文,2014 年,第 55 页。

主、人权、法治、自由市场经济等价值观,另一方面强调传统的伊斯兰价值观、规范和生活方式。许多正义与发展党的议员,包括总理埃尔安等人都赞成戴头纱,并在星期五中午定期在安卡拉参加清真寺的祷告。正义与发展党拒绝承认自己是宗教政党,摒弃了意识形态标签,塑造了全新的"中右"政党形象,采取了"保守民主"的原则。正义与发展党因其温和的中右立场而获得了伊斯兰商业精英的大力支持。正义与发展党执政以来,伊斯兰商业精英与政府关系密切,并且获得了迅速发展。

这一时期,伊斯兰商业精英的特点主要有以下四点:

第一,思想方面。伊斯兰商业精英最显著的特征是忠于伊斯兰教价值观。伊斯兰商业精英将自身定义为"伊斯兰加尔文主义者"(Islamic Calvinist),他们是土耳其中部地区虔诚的商人,利用宗教的关系网络来集聚资金和扩大他们的商业活动。伊斯兰商业精英的行为建立在社会道德的基础之上,他们的财富和利润源于生产活动,而不是赌博、投机活动。伊斯兰商业精英将传统道德和精神统一作为最重要的原则,强调合作的重要性,重视家庭的重要作用,具有节俭、勤奋的传统道德品质。伊斯兰商业精英受传统道德的影响,一般都有强烈的济世情怀,在获得财富之后会尽力为社会谋福祉,如改善公共设施、发展福利事业等。

第二,经济方面。伊斯兰商业精英倡导"伊斯兰资本主义",一方面接受西方的经济和政治体制,另一方面努力践行带有伊斯兰色彩的生活方式和价值观,这很好地协调了穆斯林认同与现代资本主义经济的关系。伊斯兰商业精英希望效仿东亚发展模式,在经济生活中以信任和团结为基础,采取"高尚道德和先进技术相结合"的原则。他们认为,东亚模式是中小企业获得成功最可行的战略,该模式能够在传统的社会关系结构和全球市场的要求之间实现战略契合。此外,伊斯兰商业精英倡导出口导向型战略,反对国家的过度干预。

第三,政治方面。1997年2月28日政变后,由于担心再次受到世俗精英的打击,伊斯兰商业精英的政治立场发生了转变,逐步走向中右立场,由支持国家干预主义、社会公平和重新分配转变为主张市场经济、鼓励伊斯兰政党民主化,支持温和的政治伊斯兰运动。2001年正义与发展党建立以来,伊斯兰商业精英给予了该党极大支持。在党的组织方面,很多伊斯兰商业精英都加入了正义与发展党,完善了安纳托利亚地区党的地方组织机构。例如,穆斯塔法·德米尔(Mustafa Demir)于 2001 年加入正义与发展党,他也是萨姆松党支部的建立者之一。[①] 在 2002 年和 2007 年大选中,很多伊斯兰商业精英当选为正义与发展党的代表。

第四,社会方面。伊斯兰商业精英接受了资本主义的部分消费模式和生活方式,而非选择禁欲主义的生活,并且逐渐形成了新的穆斯林认同。只要穆斯林不违反任何伊斯兰教原则,穆斯林就有权消费所需要的商品。伊斯兰商业精英佩戴时尚的面纱,拥有豪车和豪宅。此外,伊斯兰商业精英高度重视教育。鉴于伊斯坦布尔、安卡拉和伊兹密尔等城市的私立学校比公立学校的教育质量高、硬件设施好,伊斯兰商业精英的子女大都选择接受私立教育。

二、土耳其伊斯兰商业精英崛起的表现

土耳其伊斯兰商业精英的崛起主要表现在伊斯兰企业势力增强、伊斯兰富豪数量增多、独立工商业协会迅猛发展以及伊斯兰银行规模扩大等四个方面。

首先,伊斯兰企业的数量大幅增加,势力日渐增强,并且已经成为土耳其经济中的重要角色。在伊斯坦布尔工业协会(Istanbul Chamber of Industry)公布的"土耳其 500 强企业排行榜"中,独立工商业协会下属企业的数量逐年增加,2003 年为 4 家,2006 年为 20 家,2009 年达到了 27 家(如表 1)。[②] 其中,仅耶勒德兹控股集团(Yıldız Holding)就有 13 家企业进入土耳其 500 强。耶勒德兹控股集团成立于 1989 年,是中东欧、中东和非洲最大的食品生产商。该企业 2016 年的营业额为 343 亿里拉,雇工有 56 000 人,工厂有 83 个,其中 24 个工厂设在土耳其境外,并且在 130 多个国家拥有 300 多个品牌,核心产品是饼干、蛋糕和糖果。[③] 按照营业额来看,该企业在甜品饼干行业排名世界第二,在巧克力行业排名世界第七。此外,卡里克控股集团(Çalık Holding)、博伊达克控股集团(Boydak Holding)、桑科控股集团(Sanko Holding)等都获得了迅速发展。特别是卡里克控股集团,该集团涉足领域包括纺织、建筑、能源、石油、银行业等,在阿尔巴尼亚、中东及巴尔干地区均有业务。2002 年至 2008

[①] Filiz Başkan, "The Rising Islamic Business Elite and Democratization in Turkey," p. 412.

[②] Neşecan Balkan, Erol Balkan and Ahmet Öncü, *The Neoliberal Landscape and the Rise of Islamist Capital in Turkey*, p. 107.

[③] 参见维基百科,https://en. wikipedia. org/wiki/Yıldız_Holding,登录时间:2018 年 5 月 3 日。

年期间，它的资产由 10 亿美元增加至 44 亿美元。[①]

表 1　2009 年"土耳其 500 强"中独立工商业协会下属企业的数量

集团名称	行业	企业数量(个)
耶勒德兹控股集团 （Yıldız Holding）	食品业、零售业	13
博伊达克控股集团 （Boydak Holding）	能源业、钢铁业、纺织业、化学业	7
托夏勒控股集团 （Tosyalı Holding）	钢铁业	2
伊佩克—科扎控股集团 （İpek-Koza Holding）	矿业、出版业、传媒业	2
卡里克控股集团 （Çalık Holding）	能源业、建筑业、矿业、纺织业、金融业、电信业	1
埃金吉莱尔控股集团 （Ekinciler Holding）	建筑业、钢铁业、航运业、投资与证券业、股票经纪业	1
亚姆帕斯控股集团 （Yimpaş Holding）		1
总计		27

资料来源：Neşecan Balkan, Erol Balkan and Ahmet Öncü, *The Neoliberal Landscape and the Rise of Islamist Capital in Turkey*, New York and Oxford：Berghahn Books，2015，p. 109.

　　其次，伊斯兰商业精英在土耳其富豪榜单中的数量增多。2006 至 2010 年间，在土耳其 100 个富豪家族中，伊斯兰商业精英所在的家族大约有 17 个，其中乌尔卡家族（The Ülker Family）尤为显赫。[②] 2012 年至 2017 年，《福布斯》公布的土耳其富豪榜单中，耶勒德兹控股集团董事长穆拉特·乌尔卡（Murat Ülker）蝉联榜首，他的净资产于 2017 年达到了 44 亿美元。穆拉特·乌尔卡是乌尔卡家族企业的第二代掌门人，他于 1984 年进入耶勒德兹控股集团担任控制协调员，2000 年成为首席执行官，2008 年以来担任董事长。乌尔

[①] İsmail Doga Karatepe, "Islamists, bourgeoisie and economic policies in Turkey," *Kurswechsel*, March 2012，p. 59.

[②] Neşecan Balkan, Erol Balkan and Ahmet Öncü, *The Neoliberal Landscape and the Rise of Islamist Capital in Turkey*, p. 106.

卡是行业内的商界明星,不仅创造了炫目的商业奇迹,也打造出了稳健的创业根基。

再次,作为伊斯兰商业精英的领导组织,独立工商业协会获得了突飞猛进的发展。1990 年协会成立之时,其成员只有 12 人,而至 2004 年已经增加到 2136 人,2012 年又增加至 6500 人。① 1998 年,该协会下属企业的雇佣工人为 60 万人,出口额为 60 亿美元,占国民收入的 10%;2010 年,协会出口额为 225 亿美元,占总出口额的 20%,占国民收入的 15%。② 2015 年,该协会成员达到 1.1 万人,代表着全球大约 1.5 万家企业和 120 万劳动者的利益,在土耳其国内有 85 个分支机构,在 63 个国家中有 160 个联络点。

最后,伊斯兰银行作为伊斯兰企业融资的主要渠道,其规模不断扩大,所占市场份额不断增加。1983 年,政府颁布法令,组建新的金融机构,即所谓的特殊金融机构(Special Finance Institute),后来被称之为“参与银行”(Participation Banks)。这些银行采用无息银行模式,成为阿拉伯资本和土耳其资本融合的重要途径。伊斯兰企业的业务便由这些参与银行按照宗教规定来办理。2003 年,土耳其有 4 家参与银行,③支行数量为 128 家。2012 年,参与银行的支行数量增加至 828 家,资产占整个银行业总资产的 5%,占其存款总额的 5.1%,信贷总额的 5.8%。④ 2003 至 2012 年间,参与银行的总资产增加了 13 倍,筹集资金总额增加了 10 倍。

三、土耳其伊斯兰商业精英崛起的原因

(一) 国内因素

土耳其政治、经济及国家意识形态的转型为伊斯兰商业精英的崛起带来了契机,而宗教为伊斯兰商业精英的经济活动提供了合法性、原始资本和销售

---

① Neşecan Balkan, Erol Balkan and Ahmet Öncü, *The Neoliberal Landscape and the Rise of Islamist Capital in Turkey*, p. 104.

② Neşecan Balkan, Erol Balkan and Ahmet Öncü, *The Neoliberal Landscape and the Rise of Islamist Capital in Turkey*, p. 105.

③ 土耳其有 4 家参与银行,分别为 1977 年建立的阿拉伯—土耳其银行(Arab-Turkish Bank)、1985 年建立的巴拉卡·土耳其金融(Al Baraka Turk Finance)、1988 年建立的土耳其—沙特投资集团(Turkish-Saudi Investment Holding)以及 1989 年成立的科威特土耳其金融(Kuwait-Turk Evkaf Finance),其中 3 家银行为外资所有。

④ Neşecan Balkan, Erol Balkan and Ahmet Öncü, *The Neoliberal Landscape and the Rise of Islamist Capital in Turkey*, p. 108.

市场。

第一,经济结构的转型为伊斯兰商业精英群体开辟了新环境,提供了良好的发展机遇。20 世纪 80 年代以来,在厄扎尔的领导下,经济发展战略从进口替代转向出口导向,土耳其开始拥抱新自由主义。其主要政策包括:国有企业私有化、减少政府对经济干预、推动国际自由贸易等。在这种形势下,一种新型的伊斯兰商业精英大量涌现。正如土耳其独立工商业协会第三任主席厄梅尔·博拉特(Ömer Bolat)所言:"厄扎尔执政期间,民主化和自由化促进了安纳托利亚企业的发展。20 世纪 80 年代,土耳其由国家主义、内向型经济模式向自由市场、外向型经济模式的转变为安纳托利亚地区具有创业精神的商人创造了发展机会。"[1]特别是在正义与发展党上台后,伊斯兰商业精英从政府实施的新自由主义政策中获得了巨大收益,在不到十年的时间内成功地积累了数 10 亿美元。

第二,土耳其伊斯兰政党的上台不仅为伊斯兰商业精英的发展提供了相对稳定的政治环境,而且成为了伊斯兰商业精英的利益代表者。2002 年正义与发展党上台以来,土耳其政局相对稳定,为伊斯兰商业精英群体的发展提供了条件。此外,正义与发展党是安纳托利亚地区中小企业主的利益代表者。20 世纪 90 年代以来,中小型企业发展迅速,但他们在国家机构中没有代理人,政府政策总是支持大企业主。在 1985 至 1995 年间,国家机构和国家银行给予中小企业的贷款只占总贷款量的 3%～4%。[2] 2002 年正义与发展党上台以来,该党继承了伊斯兰政党代表中小企业主利益的传统,实施了许多措施来保护中小企业主的利益。例如,以计划、税收优惠和减少官僚主义障碍为基础给予财政支持;在出现不公平竞争时保护中小企业主;支持某些特定领域的出口企业,提高该领域企业的出口量等。

第三,国家意识形态的转型为伊斯兰商业精英的崛起提供了契机。1980 年军事政变后,军方领导虽然是世俗精英的重要组成部分,但他们认为伊斯兰教能够对社会和政治稳定起到重要作用。因此,军方将伊斯兰教正式纳入官方意识形态,利用伊斯兰教来巩固政权,这为伊斯兰商业精英的发展营造了良好的氛围。

第四,伊斯兰教不仅为伊斯兰商业精英的经济活动提供了合法性,而且也为

---

[1] Filiz Başkan, "The Rising Islamic Business Elite and Democratization in Turkey", p. 403.

[2] 刘云:《全球化背景与当代土耳其伊斯兰主义的社会基础》,《西亚非洲》2006 年第 2 期,第 37 页。

其带来了原始资本和销售市场。为了经济利益和更多的就业机会,宗教教师和布道者鼓励成员为这些企业提供资金,同时通过费特瓦、建立由伊斯兰学者构成的咨询委员会等途径为超出伊斯兰原则的经济活动提供合法性。此外,宗教社团的结构对伊斯兰企业原始资本的形成起到了重要作用。宗教社区成员闲置的资金或宗教慈善款是伊斯兰企业建立和发展重要的资金来源。与此同时,宗教还催生了一批具有"宗教义务感"的消费者,他们将购买这些产品视为一种宗教义务。

(二) 国外因素

第一,全球化为伊斯兰商业精英的崛起提供了良好的时代机遇。在全球经济的发展中,生产结构由福特式大规模生产转向灵活定制生产,这种转变使企业可以将生产过程的一部分转包给工资较低的国家或分包给当地企业。1980 年,在世界银行和国际货币组织的帮助下,土耳其以出口导向型模式取代了进口替代模式。在自由贸易和市场开放的条件下,土耳其的中小企业主搭上了转包合同的春风,利用全球化提供的机遇成功实现了扩张与发展,并被迅速纳入了全球经济体系之中。

第二,中东资本,特别是沙特资本的注入为伊斯兰商业精英的崛起提供了丰厚的原始资本。1983 年以来,政府通过无息银行吸引了大量阿拉伯资本,对发展伊斯兰企业发挥了关键作用。无息银行不仅有助于安纳托利亚中小型企业将小额资金汇集为大额资金进行投资,而且可以为新兴企业提供资金流,鼓励其扩大业务。

第三,土耳其在欧洲的劳工通过非官方的渠道为伊斯兰企业注入了大量的资金。20 世纪 90 年代晚期,大约有 300 万土耳其欧洲劳工向土耳其注入了50 亿美元。[①] 欧洲土耳其劳工的侨汇对伊斯兰企业的建立和发展起到了重要作用。工人的积蓄最先用于资助土耳其的宗教事业,之后被用于建立企业。许多伊斯兰企业的原始资本就来源于土耳其劳工的侨汇,如康帕斯控股集团(Kombassan Holding)。

四、土耳其伊斯兰商业精英崛起的影响

伊斯兰商业精英作为以出口而致富的一个群体,是土耳其商人的新型代

---

① Neşecan Balkan, Erol Balkan and Ahmet Öncü, *The Neoliberal Landscape and the Rise of Islamist Capital in Turkey*, p. 108.

表,在推动政治民主化改革、促进经济增长、促成伊斯兰资产阶级的形成和发展对外贸易等方面都发挥了重要作用。

1. 政治维度。伊斯兰商业精英群体的崛起为伊斯兰政党的上台奠定了经济基础,推动了土耳其政治民主化的发展。为了提升自己的政治地位,许多伊斯兰商业精英的政治参与意识越来越强,政治参与的方式越来越多样化,政治参与的范围越来越广,极大地推动了土耳其民主化进程。伊斯兰商业精英强调社会权利、个人权利和自由,尤其是宗教权利和自由,注重劳资关系和资源分配的公平性。2000 年 4 月,独立工商业协会发表了《宪法改革和国家民主化》的报告,该报告强调国家需要进行广泛的改革,主要内容包括扩大宗教自由、保障个人的经济权利和自由以及减少对思想的控制。[1] 此外,协会每年都会发布有关土耳其发展的报告并向政府提供各种建议,范围非常广泛,这在一定程度上有助于促进土耳其的民主化。

2. 经济维度。土耳其伊斯兰商业精英在驱动经济发展的过程中充当着重要角色。1990 年以来,中小企业占土耳其制造业企业数量的 90%,雇佣人数超过了制造业从业人数的 1/3。[2] 2010 年,协会出口额为 225 亿美元,占总出口额的 20%,占国民收入的 15%。[3] 在中东国家中,土耳其一直保持着较高的经济增长率。2010 年土耳其经济增长率达到了 9.16%,创造了经济奇迹。毋庸置疑,在土耳其的经济获得较大发展的过程中,伊斯兰商业精英扮演了重要的角色。

此外,伊斯兰商业精英的建议为政府制定经济发展政策提供了新思路。例如,倡导自由市场经济、出口导向的经济增长政策和国家对经济生活的有限干预等。在独立工商业协会的年度研究报告中,协会针对克服国家经济问题提出的很多建议都被正义与发展党采用。

3. 社会维度。伊斯兰中小企业和新工业中心的发展成为阶级变化的引擎,促成了伊斯兰资产阶级的兴起。在《福布斯》出版的"土耳其企业排行

---

[1] Berrin Koyuncu Lorasdagı, "The Relationship between Islam and Globalization in Turkey in the Post-1990 Period: The Case of MÜSİD," p. 117.

[2] Ayşe Bugra, *State and Business in Turkey: A comparative Study*, New York: State University of New York Press, 1994, p. 264.

[3] Neşecan Balkan, Erol Balkan and Ahmet Öncü, *The Neoliberal Landscape and the Rise of Islamist Capital in Turkey*, p. 105.

榜"中,伊斯兰企业越来越多。有学者认为,新兴的伊斯兰资产阶级代表土耳其真正的资产阶级,因为世俗资产阶级没有扎根于土耳其的宗教和文化。①

土耳其伊斯兰商业精英的崛起导致土耳其资产阶级走向两极分化。一方是伊斯兰资产阶级,主要由中小企业主组成,大多为独立工商业协会的成员。伊斯兰资产阶级要求建立一个主要由伊斯兰国家、中亚穆斯林国家和东南亚穆斯林国家组成的全球穆斯林贸易网络。另一方是世俗资产阶级,由大中型企业主组成,大多为土耳其工商业协会(Turkish Industry and Business Association,土耳其语缩写为 TÜSİAD)的成员。土耳其资产阶级的斗争体现在三个方面:经济利益的斗争;对外贸易方向的斗争;生活方式和价值观的意识形态斗争。

20 世纪 80 年代之前,世俗资产阶级掌握主导地位,获得了大部分的政府合同和项目。1980 年军事政变之后,新兴的伊斯兰资产阶级日益得势,对世俗商业精英构成威胁。2002 年正义与发展党上台以来,伊斯兰资产阶级与政府关系更为密切。土耳其总统埃尔多安声称"从一开始世俗资产阶级为了获得利益与我们合作,但由于某些原因我们无法达成政治协议。他们排斥安纳托利亚资本,但无论他们是否喜欢,土耳其资本正在以严肃的方式换手。对我们来说,这是一个非常重要的信心来源"。②

4. 外交维度。伊斯兰商业精英的崛起使政府加强了与伊斯兰国家的关系,改变了对外贸易的主要方向。2000 年至 2009 年,土耳其对伊斯兰会议组织成员国的出口额从 6.02 亿美元大幅猛增至 287 亿美元,进口额从 63 亿美元增加到 180 亿美元。③ 2009 年,土耳其与阿联酋的贸易额较过去一年增长了 7 倍,达到了 22 亿美元,成为土耳其第一大贸易伙伴。④ 此外,为了推动穆斯林国家之间的合作,伊斯兰商业精英定期召开国际商务论坛(International Business Forum)。2015 年,第 19 届国际商务论坛在卡塔尔举办,主题为"伊

---

① Başak Özoral, "Change and Continuity in A Political-economic Context in Turkey: The Rise of Economic Power of Religious Segments," *European Scientific Journal*, Vol. 1, 2014, p. 274.

② Neşecan Balkan, Erol Balkan and Ahmet Öncü, *The Neoliberal Landscape and the Rise of Islamist Capital in Turkey*, p. 90.

③ Neşecan Balkan, Erol Balkan and Ahmet Öncü, *The Neoliberal Landscape and the Rise of Islamist Capital in Turkey*, p. 94.

④ 刘颖:《土耳其独立工商业联合会 25 周年(1990—2015)》,第 127 页。

斯兰国家间先进技术的合作",目的是开发伊斯兰国家的通信网络业务。

总而言之,土耳其伊斯兰商业精英的崛起不仅对国家政治民主化和经济发展起着举足轻重的作用,而且推动了伊斯兰资产阶级的形成和外贸方向的转变。更为重要的是,伊斯兰商业精英的崛起为中东伊斯兰世界展示了一种宗教和资本主义可以共存的、独具特色的土耳其模式。中东剧变以来,土耳其模式成为了该地区的典范。可以预见的是,随着土耳其模式的不断完善,伊斯兰商业精英在国家政治、经济生活中的地位也会变得越来越重要。

Analysis on the Rise of Islamic Business Elite in Turkey
Yin Jing

Abstract: In the 1980s, Islamic business elite in Turkey began to rise, especially since the Justice and Development Party entered power in 2002. The Turkish Islamic business elite advocates maintaining traditional Islamic values, pursuing Islamic capitalism, and supporting democratic institutions. At the domestic level, the transition of the political, economic, and national ideology of Turkey has brought opportunities for the rise of the Islamic business elite. From an international perspective, globalization provides a good opportunity for the rise of the Islamic business elite; the investment of Middle East countries and Turkish laborers in the Europe meets the demand for the accumulation of primitive capital of the Islamic business elite. The rise of the Islamic business elite has not only played an important role in promoting political democratization reforms, promoting economic growth, facilitating the formation of the Islamic bourgeoisie, and developing foreign trade, but also demonstrated for the Middle East Islamic world a unique Turkish development model where religion and capitalism can coexist.

Keywords: Islamic business elite; Islamic capital; The Association of Independent Industrialists and Businessmen

作者简介:尹婧,山西医科大学马克思主义学院讲师。

阿拉伯人、土耳其人和伊朗人三方
势力下的巴士拉 1600—1700[①]

[美]鲁迪·马特　赵　昕　译[②]

　　摘　要: 巴士拉名义上于 1546 年置于奥斯曼帝国的统治之下,但实际上,巴士拉及其周围地区在很长时间内一直是存有争议的领土。即使在奥斯曼帝国正式统治巴士拉的时期,前者对后者的控制也相当薄弱。整个 17 世纪,巴士拉始终具有一定的独立性与自治权。贯穿于奥斯曼帝国与萨法维帝国争夺巴士拉统治权这一主线的同时,斗争又涉及多方势力,如当地民众及其代表帕夏、外来部落势力、当地部落势力、欧洲势力等。在这场权力斗争中,两个帝国政权分别有自己的战略计划,而各方势力也各有所虑。本文即拟在研究范围更广、史料更丰富的基础上,将巴士拉置于更广的区域背景下进行考察,在领土渗透和边界更迭频繁的动态变化中展现出众多角色席卷其中的纷繁复杂的权力斗争。

　　关键词: 巴士拉;权力斗争;奥斯曼帝国;萨法维帝国

---

① 本译文为 2018 年度国家社科基金重大项目"丝绸之路城市研究(多卷本)"(18ZDA213)阶段性成果。

② 鲁迪·马特(Rudi Matthee)是美国特拉华大学的历史学教授,负责教授中东史,主要研究方向为伊朗与波斯湾地区近现代史,曾于 2006 年被北美中东学会授予阿尔伯特·胡拉尼奖,其出版著作两次被伊朗文化部评为伊朗最佳外文图书;著有《危机中的波斯:萨法维王朝的衰落和伊斯法罕王朝的沦陷》(*Persia in Crisis: Safavid Decline and the Fall of Isfahan*)、《伊朗货币史:从萨法维王朝到恺加王朝》(*The Monetary History of Iran: From the Safavids to the Qajars*)等。

引言

巴士拉名义上于 1546 年置于奥斯曼帝国统治之下。到了 17 世纪,巴士拉成为波斯湾最重要的港口城市之一,它既经过巴格达(Baghdad)与奥斯曼帝国的主要中心进行陆路贸易,与伊朗萨法维王朝设拉子(Shiraz,伊朗西南部城市)和伊斯法罕(Isfahan,伊朗中部城市)联系密切;又与位于苏拉特(Surat,印度西部港市)至穆哈(al-Mukha,也门西南部港口)的印度洋西部海洋盆地上的贸易都市进行海上贸易。在近代史上,巴士拉是一个相当大的城市,人口主要由阿拉伯穆斯林构成,"大多数穷人身穿黑色衣服,他们的食物主要是干椰枣和无酵面包",①还包括数量较少但意义重大的信仰诺斯替教的示巴教徒、门德教徒,还有一些印第安人、亚美尼亚人和少量犹太人,"他们以贸易为生"。② 据佩德罗·特谢拉(Pedro Teixeira)估计,到 1604 年,这些少数族群在城内及城外的房屋数量总计达 10000 所左右,这为巴士拉增加了大约 50000 人口,因此巴士拉成为当时波斯湾最大的港口城市。③ 这与圣衣会教父于 1660 年所给出的数字 50000 到 60000 居民基本一致。④ 除了作为相当大的城市中心外,巴士拉更重要的是一个商业中心。途经巴士拉的贸易产品,不仅包括该地区最重要的出口产品椰枣,还有重要的进口产品如糖和咖啡,最重要的是大量印度纺织品。为了弥补与印度贸易产生的结构不平衡,奥斯曼帝国也向印度次大陆出口大量金银铸币,巴士拉便成为这一宝贵金属贸易中尤为重要的一站。

虽然巴士拉的贸易意义重大,但我们对 17 世纪的巴士拉知之甚少。关于 16 世纪的巴士拉,已发表的一些文章研究内容分散,而且存在时间间隔较大

---

① Pedro Teixeira, *The Travels of Pedro Teixeira*, trans. and annotated William F. Sinclair, London, 1902, p. 28.

② 据估计,17 世纪 60 年代该城及其周围地区的示巴人有 8000—9000 人。参见 Alexander Hamilton, *A New Account of the East Indies*, Edinburgh, 1727, I, p. 55,这是目前该城印度人和犹太人的信息来源。

③ 根据 B. J. Slot, *The Arabs of the Gulf 1602 -1784*, Leidschendam, 1993, p. 29,17 世纪地图上有时也称波斯湾为"巴士拉湾"。

④ Carmelite Archive, Rome, OCD 241a, F. Angelo dell'Annunziata, Basra, 9 Apr. 1660; and Anon, *A Chronicle of the Carmelites in Persia and the Papal Mission of the XVIIth and XVIIIth Centuries*, London, 1939, p. 1148.

的缺陷。① 阿卜杜拉·萨比特（Abdullah Thabit）的著作考察了 1722 年到 1795 年这段时期之间重要的港门和城镇。1722 年,英国东印度公司的文件开始生效;而 1795 年是地方势力在决定港口和该地区商业命运中起主要作用时期结束的标志。② 史蒂芬·赫姆斯利·朗里格（Stephen Hemsley Longrigg）的《现代伊拉克四百年》继续对处于外部干预时期的巴士拉政治史进行了必要的研究。③《现代伊拉克四百年》以土耳其和阿拉伯的一手史料为依据,基本勾勒出阿夫拉希亚卜（Afrasiyab）和奥斯曼统治时期巴士拉的历史。朗里格的叙事内容丰富多彩,引人入胜,但有许多细节问题只是间接提及,而且书中所叙事件的时间顺序也不是非常清晰。而且,即使有朗里格和其他阿拉伯作者所写材料的基础,但这些阿拉伯作家的主要研究时段为巴士拉近代史,所以 17 世纪巴士拉历史的许多方面仍还有待探索和解释。

本研究是对朗里格著作的补充,对 17 世纪巴士拉的政治史进行了更加全面的论述,所用材料都是他没有用到的——有欧洲传教士的著作,欧洲东印度公司驻巴士拉代理的著作,特别是来自近邻萨法维伊朗的各级法院记录。但本文计划拓宽研究范围,在朗里格和其他人未用史料的基础上进行更加全面的论述。这些史料为我们理解巴士拉所发生的事件提供了更多细节,尤为重要的是将巴士拉从奥斯曼帝国的特定背景下独立出来研究。

考虑到巴士拉的周围地区,应将巴士拉置于特定的区域和跨区域背景中考察,而不仅仅作为帝都无法实施有效控制的帝国边缘地区来考察。伊斯坦布尔的苏丹或者苏丹的代理人巴格达帕夏发现对巴士拉及其周围地区实行长期有效的权威统治并不可能。这主要是由几个原因导致的,其中之一即帝国无法向该地区派遣足够的军事力量,也无法在该市维持驻军。这是由于距离在起作用——奥斯曼帝国从伊斯坦布尔向帝国派遣军力的范围有限,而巴士拉在这一有限范围之外。而且,从伊斯坦布尔到巴士拉要经过恶劣的自然地理环境,如无比酷热的沙漠和无法靠近的沼泽。除此之外,还得与伊拉克地势

---

① 参见 Jean-Louis Bacque-Grammont, Viviane Rahme and Salam Hamza, "Notes et documents sur le ralliement de la principaute de Basra à l'Empire Ottoman (1534 – 1538)", *Anatolia Moderna*, 6,1996, pp. 85 – 96; and idem, "Textes ottomans et safavides sur l'annexion de Bassora en 1546", *Eurasian Studies* 3/1,2004, pp. 1 – 34。

② Thabit A. J. Abdullah, *Merchants, Mamluks, and Murder: The Political Economy of Trade in Eighteenth-Century Basra*, Albany, 2001.

③ Stephen Hemsley Longrigg, *Four Centuries of Modern Iraq*, Oxford, 1925.

较低的河口地区的居民打交道。① 阿拉伯部落居住在巴士拉北部的沼泽地和整个低洼的美索不达米亚平原，他们因不愿服从中央权威而声名狼藉，向过往商队征收保护金的行为也使帝国感到担忧。英国人拉尔夫·菲奇（Ralph Fitch）1584 年游历巴士拉时曾说："土耳其人无法使某些阿拉伯部落顺服，因为他们占据着幼发拉底河的某些岛屿，而且他们没有定居点，只是带着骆驼、羊马、妻儿和全部财产逐水草而居。"② 面对这些激烈的争取自治权运动时，作为该地区固有的不稳定因素的贝都因人很容易拿起武器反对任何外来势力侵犯他们的领地，因为他们具有高度灵活性总能退避到自己的沼泽地，而土耳其人却从来没有达到协商之外的其他目标。

在巴士拉事务中，与奥斯曼帝国扮演同等重要角色的是萨法维伊朗。在范围上，伊朗的影响和控制几乎扩展到了巴士拉的边缘地区；在时间上，则贯穿了整个 17 世纪。萨法维王朝曾两次设法将巴士拉置于其统治之下，第一次在 16 世纪初，第二次在 17、18 世纪之交。在萨法维王朝与巴士拉的关系中，阿拉伯部落同样起了举足轻重的作用。穆沙沙（Musha'sha'）是一个激进的什叶派部落联盟，成立于 15 世纪，聚集于萨法维阿拉伯斯坦省（今胡齐斯坦省）沼泽地带的边缘。它名义上归属于萨法维王朝，实际上享有很大的自主权，他们的领土是奥斯曼人和伊朗人之间的缓冲地带。③ 穆沙沙不仅不是萨法维王朝牢固的依靠，而且王朝还得谨慎地与其保持关系，以免它因为恐惧而投向土耳其人的怀抱。但是由于把它划归伊朗的协议非常清晰明了，所以对萨法维王朝而言，穆沙沙比伊里安（Al 'Ilayan）更有用，因为伊里安是阿尔贾扎伊尔（al-Jaza'ir）地区的主要部落，归属于奥斯曼帝国。奥斯曼苏丹依靠巴格达的

---

① Anon, *A Chronicle of the Carmelites*, p. 1149. 1625 年彼得罗·德拉·维尔（Pietro della Valle）指出奥斯曼帝国的军队几乎不可能在 3 个月内到达萨法维帝国的边界，通常必须在阿勒颇或美索不达米亚过冬。参见 Pietro della Valle, *The Travels of Sig. Pietro della Valle, a Noble Roman, into East India and Arabia Deserta*, London, 1665, p. 253. 罗兹·墨菲（Rhoads Murphey）也提及南部地区的沙漠边缘是奥斯曼军事能力范围所达最大极限。参见 Rhoads Murphey, *Ottoman Warfare 1500 - 1700*, New Brunswick, 1999, p. 24。

② Ralph Fitch, "The Voyage of Master Ralph Fitch Merchant of London to Ormus. . . ", in Samuel Purchas, ed., *Hakluytus Posthumus or Purchas His Pilgrimes*, vol. 20 (Glasgow, 1905 - 1907), III, p. 167.

③ 阿巴斯一世统治时期阿拉伯斯坦省表示胡齐斯坦省南部。纳迪尔沙赫（Nadir Shah）在位时期舒斯塔（Shustar）北部和迪兹富勒（Dizful）也包括在阿拉伯斯坦省内。1923 年才恢复胡齐斯坦省的名称。

统治者召集军队，武装远征；而伊朗沙赫主要依靠设拉子总督。但前者几乎不能指望伊拉克低地部落为其提供军事援助，伊朗却有时可以依靠穆沙沙，在军队和后勤方面都可以得到他们的帮助。

巴士拉对萨法维伊朗来说极富吸引力，这并不仅仅因为两地距离近，更重要的原因在于经济层面。17 世纪晚期萨法维货币在巴士拉随处可见。这说明当时巴士拉是伊朗金属出口贸易的繁忙通道。萨法维政府缺乏贵金属外部供应，同时经历了长期的经济危机，使政府颁布禁令限制金银出口，于是伊朗商人带着大量货币于 17 世纪 60 年代前往巴士拉，那里并没有此类限制。①

从长时间段来看，巴士拉是从伊朗前往麦加和麦地那朝觐的朝圣者的聚集地。朝圣者必须先从巴士拉南下到达哈萨（al-Hasa），然后穿过中央阿拉伯沙漠，经大约三周才能到达希贾兹。经由巴士拉的朝觐之路经常中断，尤其是在沙赫塔赫玛斯普一世（Tahmasb，1524－1576）在位时期，因为这是奥斯曼帝国与萨法维帝国频繁交战时期，伊朗朝圣者有时必须被迫前往大马士革（Damascus）才能加入哈吉队伍。② 其实，这段时期到 1546 年已基本结束，因为奥斯曼帝国那一年征服了巴士拉。1591 年，奥斯曼帝国和萨法维帝国双方签订了伊斯坦布尔合约（Treaty of Istanbul）。③ 17 世纪，尤其是双方于 1639 年签订更为明确的席林堡和约（Peace of Zuhab）之后，朝觐之路重新开放，来自伊朗的朝圣者又可以通过巴士拉进行朝觐。

由大量人畜组成的朝觐队伍表明朝觐贸易对巴士拉的经济意义重大。夏尔丹（Chardin）声称几年内总共有朝圣者 10000 人从伊朗前往阿拉伯圣城。荷兰方面 1646 年坚称每年有 5000 到 6000 来自伊朗和其他地方的朝圣者带着 10000 到 11000 只骆驼聚集在巴士拉。④ 其他史料所写数字更加具体，如 1645 年 10 月离开麦加的商队中有 2500 只骆驼；⑤1651 年 10 月许多来自伊朗的朝圣者涌入城市，该月之后动身的商队总共有 3000 朝圣者，包括 8000 只骆

① Rudi Matthee, "Mint consolidation and the worsening of the late Safavid coinage: the mint of Huwayza," *Journal of the Social and Economic History of the Orient*, 44, 2001, pp. 505－539.

② Suraiya Faroqhi, *Pilgrims and Sultans: The Hajj under the Ottomans*, London, 1994, p. 135.

③ John E. Mandaville, "The Ottoman province of al-Hasa in the sixteenth and seventeenth century", *Journal of the American Oriental Society*, 90, 1970, p. 498.

④ Dutch National Archives, The Hague (NA), Coll. Geleynssen de Jongh 280e, Mathys van Riethoorn, Basra Daghregister (Diary), 8 Oct. 1646, unfol.

⑤ NA, VOC 1152, Van Riethoorn, Basra Daghregister, 2 Oct. 1645, fol. 299

驼,还有 200 名士兵护卫队;①1659 年,从麦加返回伊朗的商队超过了 6000 人,返回巴士拉的骆驼有近 5000 只。②

对巴士拉当局而言,哈吉朝觐贸易是相当有利可图的。据说,该市帕夏看心情随意给骆驼标价,然后出售给伊朗朝圣者。返回途中朝圣者又以极低的价格转卖出这些骆驼,再从同一帕夏手里高价买马用以返程。想想所涉及的这些牲畜的数量,利润也就可想而知。帕夏派出 300 人军队武装护送来自伊朗的商队,同时付给每人 30—35 金第纳尔(gold dinars)作为报酬。伊朗朝圣者的数量也从另一个侧面表明了朝觐贸易中所涉及的利益,所以巴士拉和巴格达统治者为哪个城市作为伊朗朝圣者的中转站而进行激烈竞争就不足为奇了。

虽然巴士拉居民与其周围各个部落之间关系不稳定,频遭突发暴力事件,但他们知道如何利用自身存在、萨法维势力与代理人权力这三个因素使他们的自治权在奥斯曼帝国背景下得到最大限度的发挥。接下来本文将讨论这一问题,即来自伊斯坦布尔的过多压力可能促使巴士拉人口迁移到萨法维帝国,因为他们不希望自己的城市事务受到任何外部干涉。

一、16 世纪的巴士拉

从 15 世纪开始,巴士拉由穆加米斯(Al Mughamis)王朝统治。穆加米斯是巴努蒙泰菲克(Banu'l-Muntafiq)部落的一支,聚居于伊拉克库法和巴士拉之间的低地地区。他们的统治并未使该地区保持稳定,因为穆加米斯崛起后不久,巴士拉就接连陷入了黑羊王朝(the Qara-Quyunlu)和白羊王朝(the Aq-Quyunlu)的影响之下,这两个王朝是帖木儿帝国解体后分裂出的两个短命王朝。其实,840 年到 914 年和 1436 年到 1514 年间,巴士拉的真正统治者是穆沙沙。后来,萨法维王朝建立,沙赫伊斯迈尔一世(Isma'il,1501—1524 在位)通过一次战役使巴士拉成为王朝的附属国,穆沙沙也归于萨法维的统治之下。名义上萨法维王朝对该地的统治时间较长,但其实 1524 年穆罕默德·穆加米斯(Muhammad b. Mughamis)时期才将巴士拉重新置于有效的控制之下。

此后不久,奥斯曼帝国首次尝试着兼并巴士拉。1534 年一支奥斯曼军队

① NA,VOC 1188,Elias Boudaen,Basra Daghregister,14 and 28 Oct. 1651,fols 461v. and 463.
② Anon,*A Chronicle of the Carmelites*,p. 1150.

攻占巴格达,同年在苏丹苏莱曼一世(Suleyman)驻留此地时,阿尔贾扎伊尔(al-Jaza'ır)、霍维齐(Huwayza)、卡提夫(al-Qatif)乃至巴林(Bahrain)的各地使节纷纷而来,代表当地的统治者表示愿意臣服于苏丹。拉希德·穆加米斯(穆罕默德·穆加米斯的弟弟,后继承其位)也派遣了使节以示忠诚,不过并未被接受。四年之后这一目的终于达成,1538 年拉希德派出了由他的儿子摩尼(Mani)、大臣穆罕默德(Muhammad)以及军事法官阿布·法德勒(Abu'l Fadl)所带领的代表团前往埃迪尔内(Edirne),表示愿意接受奥斯曼帝国对其城市的控制。土耳其宫廷承认巴士拉为其附庸,巴士拉当局也同意在星期五聚礼日上宣读奥斯曼苏丹的名字,在货币上也铸上苏丹的名字,每年向奥斯曼帝国纳贡,并保卫城市免遭外部敌人的入侵。

随着奥斯曼帝国将注意力和精力转向红海和波斯湾,征服巴士拉就成为奥斯曼帝国大步向南推进中的一小步。1538 年,帝国还进入印度洋,控制也门。1550 年到 1551 年,还试图吞并波斯湾沿岸阿拉伯人居住的哈萨。现代学者对其目的进行过各种讨论,但其中确保通往印度的商业贸易路线畅通似乎是主要原因。而且,总的来看,奥斯曼帝国的进攻带有很大的防御性,更多是为了与葡萄牙相抗衡,因为葡萄牙正在争夺阿拉伯半岛周围的朝觐贸易和商业贸易,将势力逐渐渗入红海。

1534 年后奥斯曼对巴士拉的控制仍然脆弱,直到 1546 年,伊斯坦布尔才设法加强帝国对该城及其周围地区的控制。1545 年哈布斯堡王朝与其签订停战协议使这一政策成为可能,而不久前沙赫塔玛斯普也确立了伊朗对近邻迪兹富勒(Dizful)的统治。[①] 但是扎吉雅(Zikiya)要塞的统治者赛义德·阿米尔(Sayyid Amir)决定脱离穆沙沙而归顺奥斯曼帝国是促使帝国加强对巴士拉统治的更直接原因。但当巴格达人库勒姆贝格(Khurrem Beg)领导的奥斯曼军队出兵巴士拉时,赛义德·阿米尔却临阵倒戈,与穆沙沙恢复联系,请求得到他们的军事援助。他还想与巴士拉穆加米斯家族的统治者叶海亚(Yahya)谢赫联手,他是摩尼的继任者。谢赫叶海亚因此被指不忠,受到帝国召回。但他没有到伊斯坦布尔,反而在穆沙沙的帮助下赶走了奥斯曼人。于是,摩苏尔省统治者阿亚斯(Ayas)帕夏被派率军征服他。征服运动于 1546 年

---

① Walter Posch, *Der Fall Alkas Mirza und der Persienfeldzug von 1548–1549: Ein gescheitertes osmanisches Projekt zur Niederwerfung des safavidisches Per siens*, Marburg, 2000, p. 27.

初夏开始,6个多月后终于达成目的。1546 年 12 月,巴士拉并入奥斯曼,帝国留下数量相当的禁卫军部队驻守该市。巴士拉及其周围地区成为奥斯曼帝国的行政区,比拉勒·穆罕默德·贝格(Bilal Mehmet Beg)是新任总督,有权设立铸币厂以与奥斯曼帝国货币平分秋色。

征服巴士拉后,帝国采取了一系列措施。奥斯曼人在巴士拉建立了一个海军基地(然而,结果证明这并没什么作用,因为当地缺乏木材,气候潮湿),但只用过两次,分别是 1552 年和 1554 年,都用于对波斯湾地区发动海上远征。为了刺激贸易发展,他们向葡萄牙人示好,并在 1549 年罢黜了抑商的比拉勒·穆罕默德·贝格。他们还着手重新制定城市的行政制度,废除被认为不符合沙里亚法(Shari'a)的税收。他们没有确立土地持有者拥有很大自主权的伊克塔制度(iqta),而是建立了类似于税务体系的行政结构。[1] 然而,他们对巴士拉的统治只是浮于表面。因为他们没有足够的军事力量以维持对巴士拉及其周围地区的全面控制,无法结束该地区固有的部落动荡。1549 年,巴士拉并入帝国不到两年时,地区部落发动了一场叛乱,封锁了巴格达与巴士拉之间的贸易通道,商队贸易因此中断。起义的领袖是伊本·伊里安(Ibn 'Ilayan),他是阿尔贾扎伊尔的主要部落伊里安的谢赫,同年,他还提出了围攻巴士拉的想法。这次袭击迫使巴士拉统治者达尔维什(Darwish)帕夏向巴格达瓦利阿里帕夏求助。征服伊里安部落耗费了多年时间,发动了多场战役,至少缔结了一项协议。

由于奥斯曼帝国强加于伊里安部落的赋税沉重,1566 年又发生了起义。阿里·伊里安('Ali b. 'Ilayan)再次镇压了叛军。在幼发拉底河上游建造庞大舰队的同时,奥斯曼人派了 450 艘船、2000 禁卫军、几百炮兵和 6000 阿拉伯库尔德骑兵进入伊拉克低地沼泽地带。强大的实力和强有力的举动证明 1567年夏天奥斯曼帝国足以击败叛军。[2] 但这并不能导致力量平衡的双方发生显著而具有决定性的变化。1558 年攻占巴林失败后,奥斯曼军队进军波斯湾的计划停滞。1566 年苏丹苏莱曼去世成为奥斯曼帝国外交政策的转折点。面

---

[1] 'Ali Shakir 'Ali, 'al-Tanzmat al-idariya al-' uthmaniya fi nisf al-thani min al-qarn as-sadis 'ashar', *Majallat Dirasat al-Khaltj wa al-Jazira al-Arahiya*, Kuwait, 25, 1983, pp. 125 – 140.

[2] Colin Imber, "The navy of Sülayman the Magnificent," in Colin Imber, *Studies in Ottoman History and Law*, Istanbul, 1996, pp. 60 – 61.

对欧洲越来越大的挑战,伊斯坦布尔的战略重点再次转移回中欧和地中海地区。伊拉克南部持续动荡不安,奥斯曼帝国也从来没有想要完全控制该地。

随后,巴士拉在商业上取得了成功,但这不足以抵消该城对其直接腹地权威丧失所带来的经济影响。强加税收,各地出现财政问题是 16 世纪末奥斯曼帝国的状况。截至 1575 年,土耳其货币贬值严重。为了防止巴士拉铸币外流向印度,帝国采取了几项措施,禁止铸造当地银币拉里(lari),并在 1579 年下令严禁出口,1595 年终于稍有成效。① 面对城市财政亏空,又无力对付地方势力,1596 年,统治者阿里帕夏将巴士拉政府出售给了与其家族同名的家族领袖阿夫拉希亚卜,他是赛尔柱人的后裔。塞尔柱人的大本营在阿拉伯河畔的修道院,南距巴士拉大约 45 千米。据说阿夫拉希亚卜为得到控制巴士拉的权力,在得知星期五宣讲中要继续宣读奥斯曼苏丹的名字后,仍然愿意花 24000 穆哈默迪(muhammadis)来买官,每袋装 3000 穆哈默迪,共装了 8 袋。② 多年后,法国旅行家塔弗尼尔(Tavernier)将巴士拉权力更迭之事置于冲突不断的背景之下,因为土耳其驻军与当地阿拉伯人时有冲突,当地居民还得到阿拉伯部落势力的帮助。厌倦了城市麻烦,阿夫拉希亚卜称将以 40000 比索(piasters)鬻官给"本国一位富有的领主,他能召集大量士兵而使本国人民深感敬畏"。阿里帕夏返回伊斯坦布尔后被杀,阿夫拉希亚卜自称巴士拉王子。③ 正如朗里格所述,对此的叙述有各种版本。但其实关于这个故事的两个版本并非水火不容,尤其是土耳其武装与当地阿拉伯人之间的紧张局势一直是回荡在时间长河之中的永恒主题。1596 年到 1668 年间巴士拉实行世袭制,总督都是阿夫拉希亚卜的后代。

二、17 世纪发展:阿夫拉希亚卜家族的统治

阿夫拉希亚卜为巴士拉创造了和平的环境,据说他统治公正,使巴士拉与奥斯曼帝国保持着一种合作关系。他成功保持地区势力使奥斯曼帝国感到满意,所以虽然他名义上附属于奥斯曼帝国,但实际帝国给予了其一定的自治

---

① H. Inalcik, "The Ottoman economic mind and aspects of the Ottoman economy", in M. A. Cook, ed. , *Studies in the Economic History of the Middle East*, London, 1970, p. 213; Sevket Pamuk, *A Monetary History of the Ottoman Empire*, Cambridge, 1999, p. 105.

② Stephen Hemsley Longrigg, *Four Centuries of Modern Iraq*, Oxford, 1925, p. 100.

③ Tavernier, *Les six voyages*, English trans, quoted in Longrigg, *Four Centuries*, p. 100.

权。帝国定期派遣使者到巴士拉,并送给阿夫拉希亚卜礼物和荣誉长袍以巩
固其帕夏地位。1623 年圣衣会教父称其为"巴士拉当之无愧的主人,也是其
统治下其他许多地方的主人"。①

阿夫拉希亚卜的地区竞争者主要是穆沙沙,他们当时以当地部落酋长赛义
德·穆巴拉克(Sayyid Mubarak)为首。1594 年,赛义德·穆巴拉克将道拉克
(Dawraq)、迪兹富勒和舒什塔尔(Shushtar)全都置于萨法维王朝的统治之下,至
少名义上是这样。他还进一步扩张领土,一年后侵入并占领了沙赫阿巴斯一世
('Abbas I)统治下的阿尔贾扎伊尔,控制了巴士拉周围的许多要塞。这使他能
够对该市强征税收。据说 1597 年他还掠夺了巴士拉郊区以及哈萨。赛义
德·穆巴拉克的权力范围极广以致于他的旧有领土被称为"国中之国"。②

据说为了继续实行对巴士拉的计划,赛义德·穆巴拉克一直与该市阿拉
伯人保持秘密联系,在他们中煽动反土耳其至少是反奥斯曼情绪。1608 年他
还派使者到果阿(印度一地区)请求葡萄牙提供军事援助。为了换得 15 到 20
艘战舰,他承诺给葡萄牙 30000 赛拉芬(serafin),如果他占领巴士拉还会把该
市海关收入的一半也分给葡萄牙。此外,他还答应在幼发拉底河入口处的基
德尔(Khidhr)建一座堡垒。但他并没有成功占领巴士拉。③ 其实,阿夫拉希
亚卜曾设法夺回赛义德·穆巴拉克所占领土,或者说至少想要夺回阿尔贾扎
伊尔,并结束穆沙沙强加给城市的税收。像赛义德·穆巴拉克扩张领土一样,
阿夫拉希亚卜控制了道拉克,罢免了其统治者。赛义德·穆巴拉克死后,他的
侄子赛义德·拉希德(Sayyid Rashid)成为穆沙沙的首领,但巴士拉与该部落
之间的关系仍然处于紧张状态。由于赛义德·拉希德是来自弗都尔(Fudul)
部落的一名备受争议的部落成员,所以大约 1619 或 1620 年当他到达巴士拉
时,阿夫拉希亚卜和穆沙沙之间还进行了对抗,随后发生战争,结果部落失败,
拉希德本人被杀。

1624 年夏阿夫拉希亚卜去世后,由他的儿子阿里(Ali)继承他的职位。阿

---

① Anon, *A Chronicle of the Carmelites*, p. 274.

② Slot, *The Arabs of the Gulf*, p. 119.

③ Roberto Gulbenkian, "Relacoes politico religiosas entre os Portugueses e os mandeus baixa
Mesopotamia e do Cuzistao ne primeira metade do seculo XVII", in idem, *Estudios Historicos*,
II, *Relacoes entre Portugal*, *Irao e Medio Oriente*, Lisbon, 1995, pp. 325 – 420.

里帕夏的在位时间一直到 1645 年。① 他统治期间,一直设法扩张领土,占领了阿尔贾扎伊尔,并从巴格达手中夺取了库特阿马拉(Kut al-'Amara)。巴士拉名义上仍处于奥斯曼帝国的管辖范围,阿里帕夏通过定期向伊斯坦布尔派遣使者使双方保持互惠关系。② 实际上巴士拉继续独立于伊斯坦布尔,即使土耳其依然抱有使巴士拉附属的幻想。例如,巴士拉以苏丹的名义征税,但是伊斯坦布尔除了每年收到马、布匹等馈赠外,任何收益连看都看不到。③ 1665 年蒂维诺(Thevenot)称巴士拉帕夏每年向苏丹进贡 1000 比索。此外,他还坚称帕夏会给苏丹、宫廷宦官和与其联系密切的高级法官大量礼品,“因为只有这样他才能牢牢保住自己的位置”。④

　　阿里帕夏继承父位后,巴士拉再次成为萨法维王朝侵略的直接目标。阿里在 1623 年年底将巴格达和伊拉克其他一些什叶派圣城占领后,沙赫阿巴斯一世也着手进攻巴士拉。萨法维大帝意图将伊拉克南部兼并,因为他清楚地意识到巴士拉夺走了阿巴斯港(阿巴斯国王 1623 年建)的贸易。还有一种主张说,沙赫也想因此来削弱与巴士拉当局建立了友好关系并得到了城镇贸易特权的葡萄牙,并迫使葡萄牙人使用阿巴斯港代替他们在波斯湾的商业运作。⑤ 因此他要求阿夫拉希亚卜背叛奥斯曼帝国并与萨法维王朝达成协议——在货币和星期五礼拜中提及沙赫的名字,但不要求纳贡,作为交换的是,他承诺巴士拉继续保持自治。当阿夫拉希亚卜拒绝了萨法维沙赫的要求后,一支由法尔斯(Fars,伊朗地区)强有力的统治者伊玛目古力汗(Imam Quli Khan)所率领的伊朗军队开进了该地区。伊玛目古力汗在去巴士拉之前,先前往了穆沙沙的根据地霍维齐,想惩罚并驱逐其统治者曼苏尔(Mansur b. Mutallib),因为此人立志仿效巴士拉,试图摆脱伊斯法罕的控制而独立。惩罚的直接原因是曼苏尔拒绝援助萨法维围攻巴格达并拒绝听从沙赫的召唤前

---

① 有人说阿里是阿夫拉希亚卜的弟弟,不是儿子。参见 Slot, *The Arabs of the Gulf*, p. 153. Slot 认为从 1645 年阿里的年龄来看,他是弟弟而非儿子。

② Hamid, "The political, administrative and economic history of Basra province 1534 - 1638", Ph. D Dissertation, University of Manchester, 1980, pp. 62 - 65.

③ NA, VOC 1188, Boudaen, Report on Basra, 29 Nov. 1651, fol. 538.

④ De Thevenot, *Suite du voyage*, 4:566. 英文翻译参见 *The Travels of Monsieur de Thevenot into the Levant*, London, 1686, p. 158。

⑤ 关于萨法维王朝与伊拉克发展关系的动机和目的的讨论,可参阅 Rudi Matthee, "The Safavid-Ottoman frontier: Iraq-i Arabs as seen by the Safavids", *International Journal of Turkish Studies*, 9, 2003, pp. 157 - 174。

往伊斯法罕。曼苏尔迅速带着 500 人逃离霍维齐,到了纳赫拉万(Nahrawan),在那里他受到阿里帕夏的热情款待,并被允许待在巴士拉附近。曼苏尔的侄子穆罕默德·汗·穆巴拉克(Muhammad Khan b. Mubarak)在萨法维宫廷工作过很长时间,继而被任命为霍维齐的瓦利,是一位实行半自治的统治者。萨法维军队完成了在霍维齐的任务后,行进到距离巴士拉只有一天路程的地方打算占领库班(Qubban)要塞。

在这次冲突中,阿夫拉希亚卜实现了与蒙泰菲克(Muntafiq)部落的联姻。然而,在此关键时刻,真正救巴士拉逃出萨法维魔掌的是巴士拉与葡萄牙之间的亲密关系。[①] 这一关系可追溯到 16 世纪早期当葡萄牙首次进入波斯湾之时,当时是为了对抗奥斯曼帝国。然而到了 16 世纪后半叶,阿巴斯一世却加强了伊朗在波斯湾的影响力,促使路西塔尼亚(Luso,相当于今葡萄牙)与奥斯曼帝国关系逐渐改善。在 1622 年霍尔木兹岛(Hurmuz)被伊朗占领后,葡萄牙拉近了与阿夫拉希亚卜的关系,企图在巴士拉寻找一地来替代霍尔木兹。葡萄牙人在巴士拉受到热烈欢迎,随后几年又与巴士拉人以及哈萨当局合作,突袭掠夺卡塔尔(Qatar)并且计划收复巴林。[②] 1624—1625 年在巴士拉建立的第一个信仰基督教、具有官方代表性的托钵僧女修道院也是这种亲密合作的一部分。[③] 这一合作关系经久不衰,四十年后,葡萄牙在城中的代理人仍然从帕夏那里取得每日的薪俸。[④]

为了抵御伊朗的进攻,阿夫拉希亚卜请求葡萄牙派遣 6 船兵力,并提供可维持战争到结束的开销。[⑤] 葡萄牙应声派出 5 艘船舰,1624 年从卡鲁恩河轰炸了萨法维军营,这阻止了库班落入伊朗人手中,因此拯救了巴士拉。[⑥] 第二年春天,大约在阿里帕夏拒绝成为沙赫阿巴斯的附庸后,伊朗人又派了 30000 士兵攻打巴士拉。与此同时,葡萄牙也派了 3000 人前来援助,他们驻军于离

---

① 关于阿夫拉希亚卜家族与蒙泰菲克部落之间的联盟,可参阅 Max Freiherr von Oppenheim, *Die Beduinen*, vol. 3, Werner Caskel, *Die Beduinenstamme im Nord-und Mittelarabien und im 'Irak*, Wiesbaden, 1952, p. 417。

② H. Dunlop, *Bronnen tot de geschiedenis der Oostindische Compagnie in Perzie*, *1630 -38*, The Hague, 1930, p. 148.

③ Anon, *A Chronicle of the Carmelites*, pp. 274 - 275.

④ De Thevenot, *Suite du voyage*, p. 354.

⑤ C. R. Boxer, *Commentaries of Ruy Fr eyre de Andrada*, New York, 1930, p. 192.

⑥ 正如圣衣会所述:"据说,倘若没有葡萄牙自费的 20 艘船只前往救援,巴士拉将被攻陷。"参见 Anon, *A Chronicle of the Carmelites*, pp. 281,1127。

巴士拉北部大约 75 千米处的库尔纳(al-Qurna)要塞。库尔纳也位于底格里斯河和幼发拉底河的汇合处,具有重要的战略位置意义,"据说巴士拉、巴格达以及两河流域所有地区的安全都有赖于它"。[①]

当地领导人聚集在阿里帕夏周围,还动员了穆斯林和塞巴居民。然而,战争迫在眉睫时,萨法维士兵却急忙撤退了。显而易见,这是因为他们要被召回参加更紧急的任务,比如防守坎大哈(Qandahar),那是沙赫刚刚从莫卧儿帝国夺来的。

1628 年伊朗再次进军巴士拉。这次远征可能是由于伊里安部落反叛阿里帕夏失败后请求伊玛目古力汗的援助而引起的。[②] 萨法维王朝编年史作者说,伊朗军队由法尔斯士兵组成,还包括鲁尔人和库尔德人火枪手和代表团。作者还说阿拉伯部落服从法尔斯统治者,为他提供各种各样的服务,并指出萨法维指挥官为他们"发放现金津贴、荣誉长袍和大量其它礼品"是这次合作的原因。[③] 占领了巴士拉附近的许多要塞后,伊朗人在夺取该市中占据了极为有利的位置。出于防御,阿拉伯人使用了一种屡试不爽的方法,即放水淹没巴士拉周围地区。然而,真正拖延战役进程的是 1629 年 1 月沙赫阿巴斯的去世。得知此消息后,伊玛目古力汗放弃围攻,立即返回伊斯法罕。[④]

伊朗人救援失败及伊本·伊里安的最终失败为阿里帕夏再次控制阿尔贾扎伊尔提供了可能,因此巴士拉到巴格达之间的贸易路线得以恢复畅通。双方互换友好意愿与荣誉长袍后,1631 年伊玛目古力汗建立了和平。6 年后,阿里帕夏派代表团带着阿拉伯种马和许多礼物前往伊斯法罕拜访沙赫萨非(1629—1642 年在位)。奥斯曼帝国明确占领巴格达后,萨法维王朝与其近邻进入了和平相处时期。1639 年,《席林堡和约》的签订使稳定进一步得到加强。该和约确定了双方边界,保证了伊朗朝圣者通往伊拉克和阿拉伯半岛的道路畅通无阻,也为双方的商人提供了便利。[⑤] 标志着萨法维帝国与奥斯曼

---

① Abbe Carre, *The Travels of the Abbe Carre in India and the Near East 1672 to 1674*, London, 1948, p. 86.

② Hamid, "The political, administrative and economic history of Basra province", pp. 74, 82.

③ Eskandar Beg Monshi, *History of Shah 'Abbas the Great*, ed. and trans. Roger M. Savory, 2 vols paginated as one, Boulder, Co., 1978, p. 1299.

④ Anon, *A Chronicle of the Carmelites*, p. 284,1134.

⑤ 更多细节可参考 Rudi Matthee, "Iran's Ottoman diplomacy during the Reign of Shah Sulayman I (1077 - 1105/1666 - 94)", in Kambiz Eslami, ed., *Iran and Iranian Studies: Papers in Honor of Iraj Afshar*, Princeton, 1998, pp. 97 - 126。

帝国多年来争斗不休的领土问题得到暂时解决,并促成两国间的和平共处,此后双方再也未发生大的战争,和平历时百年之久,直到萨法维帝国灭亡。

巴士拉由此进入了繁荣时期,商业活动增多,重要性逐渐上升,整座城市经济繁荣昌盛、文化气息浓厚、发展环境稳定,在统治者宫廷的避难者甚至把阿里比作哈伦·赖世德(Harun al-Rashid)。1635 年,一位定居此地的传教士同样夸张地说了一番话,"巴士拉财富横流,商品剧增,是人们度假的胜地,以至于可以和君士坦丁堡(Constantinople)相提并论"。[1] 到 17 世纪中叶,用迪娜·里兹克·胡里(Dina Rizk Khoury)的话来说,巴士拉已经从一个部落港口发展为宫廷文化繁荣和具有谦虚传统的城市。[2] 居民人数的增长也证明了这个事实,据 1570 年和 1590 年所做的调查显示那时巴士拉居民大约有 20000人,[3]到 1650 年人数翻了一番达到 50000。

和平与稳定一直持续到帕夏侯赛因(Husayn)统治的最初几年,侯赛因是阿里帕夏的儿子和继任者,1645 年受命管理巴士拉。但不久后,事情发生了天翻地覆的变化,情况变得越来越糟。1651 年,萨法维沙赫阿巴斯二世('Abbas II,1642—1666 年在位)向西南派军,威胁要占领巴士拉。由于害怕莫卧儿王朝,沙赫将注意力转向坎大哈,不得不命令军队返回伊斯法罕。[4] 巴士拉侥幸逃脱。据说因为侯赛因帕夏滥用权力,其叔艾哈迈德(Ahmad Aqa)和法特希(Fathi Beg)去伊斯坦布尔向苏丹控诉,并要求下令废黜他,重新任命艾哈迈德管理巴士拉,法特希管理卡提夫和哈萨。苏丹以巴格达帕夏的名义交给他们一项法令。艾哈迈德和法特希拿着法令,带着大量军队返回了巴士拉。尽管侯赛因向他的叔叔们发出了和解的信息,示意如果他们愿意做出让步会给他们一定的城市管理权,但他们拒绝接受,仍向他施压。所以当他们一到达巴士拉,侯赛因就把他们全都监禁起来。帕夏认为杀了他们并不可行,所以决定将他的兄弟姐妹与他们一并用船运到印度。他们成功逃跑,通过哈萨到达了巴格达。

---

[1] Anon, *A Chronicle of the Carmelites*, p. 1135.

[2] Dina Rizk Khoury, "Merchants and trade in Early Modern Iraq," *New Perspectives on Turkey* 5 - 6,1991, p. 60.

[3] Orner L. Barkan, "Research of the Ottoman fiscal surveys." in M. A. Cook, ed., *Studies in the Economic History of the Middle East*, London, 1970, p. 171.

[4] Willem Floor, Mohammad H. Faghfoory, *The First Dutch-Persian Commercial Conflict: The Attack on Qeshm Island, 1645*, Costa Mesa, 2004, p. 183.

　　荷兰对巴士拉的报告将事件进行了展开描述，蒂维诺作了补充，他几年后游历过巴士拉，证实了上述说法的大概情况，同时对侯赛因与其叔叔的内战提供了更多的细节内容。他们再次论述了侯赛因帕夏的暴政如何逼其叔叔前往伊斯坦布尔要求分别担任巴士拉和卡提夫、哈萨的统治者，以及为了罢免侯赛因，苏丹如何命令巴格达帕夏穆尔塔达（Murtada）进军巴士拉。他们也谈到了侯赛因的叔叔在巴士拉受到了当地民众的欢迎与支持，而且认为侯赛因会同意他们的所有要求，于是艾哈迈德作为两位叔叔中年长的一位，放弃了自己的初衷，但不久就遭到监禁，并被送上了去往印度的船只。根据这个说法，他们成功在阿拉伯海岸登陆，然后到了伊斯坦布尔控告他们的亲戚。接着苏丹委任其弟艾哈迈德·贝格（Ahmad Beg）和巴格达帕夏巡视阿尔贾扎伊尔、库尔纳并强制占领这些据点。① 巴格达统治者穆尔塔达帕夏将此视作自己实现控制巴士拉夙愿的一个机会，并于 1654 年派军征服巴士拉。

三、1654 年事件

　　从定居于巴士拉的荷兰人埃利亚斯·布达恩（Elias Boudaen）的日记中可以得知穆尔塔达帕夏于 1654 年秋派兵进军巴士拉预示着接下来发生的事情。报告称，土耳其军队在 9 月 12 日抵达巴士拉。布达恩记叙说侯赛因帕夏行为迷茫、犹豫不决，开始怀疑他身边的每一个人。紧接着的一周他下令建立一座新的城门。他还召集新的军队，并为他们分发马匹、衣服和装备。这时阿拉伯军队也在蚕食着该市周围的郊区。但侯赛因帕夏并不信任自己的军队，因为"他们全是来自阿勒颇（Aleppo）和巴格达的土耳其人或逃亡者，正在寻找机会返回自己的故土，或者可以说他们就是最容易被金钱腐化的阿拉伯人"。②

　　9 月 23 日，敌人临近，城里到处都是难民，包括侯赛因帕夏在内的所有人将妇女儿童及全部财产移至阿拉伯河的伊朗一边。一位奥斯曼大臣带来多封信件，信中称由奥斯曼士兵组成的这支军队起初是想要确立对位于库尔纳南部的阿尔贾扎伊尔、库尔纳和苏瓦韦（Suwayb）等要塞的控制。但是帕夏不尊重这些军队士兵，才导致他们拿起武器反对自己。为使军队满意大臣还向帕

---

① NA, VOC 1208, Barra, Basra to Heren XVII, 15 Oct. 1654, fol. 291r-v. ; De Thevenot, *Travels*, p. 159.

② De Thevenot, *Suite du voyage*, IV, p. 567; trans, in idem, *Travels*, p. 158.

夏索要 20000 雷亚尔(reals),因此被杀。[①]

9月26日侯赛因帕夏召集所有到达巴士拉并意图参与商业活动的禁卫军集合,向他们抱怨总司令是如何背叛他的,不加抵抗就将城堡拱手相让。为了保住性命,他恳求禁卫军放他走,并告知他们他愿意写一份保证声明自己是自愿离开的。在帕夏的据理力争下他们才默许,但有一个条件是他的离开不能引起任何骚动。于是禁卫军严加监管以防动乱发生。就在这一天,侯赛因帕夏逃至伊朗,随行的有他的妻妾、2个儿子、沙班达尔(shahbandar)、阿卜杜·拉赫曼('Abd al-Rahman),还有10到12个仆人。荷兰方面的报告说他在进入马纳维(Manawi)要塞时被拒,还差点被据守要塞的人所杀,因为他们将此视为清除暴君的一个机会。之后他顺流而下,经过了其他要塞,最终到达萨法维王朝的一个港口,很可能是班达尔沙(Bandar Rig)。[②] 还有一种说法称为了谒见沙赫阿巴斯二世,侯赛因帕夏首先逃往了萨法维王朝阿拉伯斯坦省的霍维齐和道拉克,不久后到了比赫巴罕(Bihbahan),位于伊朗一个省,巴士拉以东200多千米。还说侯赛因派其亲戚阿卜杜·贝格('Abd al-Rahim Beg)带着礼物去了伊斯法罕,任务是恳求萨法维王朝的帮助。表面上,沙赫答应将巴士拉作为萨法维的附属国。但阿巴斯二世决定履行其父与苏丹穆拉德四世(Murad IV)签订的1639年和约,所以没有给侯赛因提供任何帮助。

得知侯赛因帕夏逃跑后,艾哈迈德和法特希封锁城市,派兵村庄,增强防御工事,打击利用混乱趁火打劫的阿拉伯掠夺者。9月28日,巴士拉总司令及其6000—7000士兵投降,穆尔塔达帕夏陪同艾哈迈德和法特希进入陷入混乱的巴士拉城,居民都呼吁由艾哈迈德接管巴士拉。据说占领巴士拉的这些士兵私闯民宅,做出许多伤天害理的行为,包括强奸妇女,猥亵幼童。为了得到旧的统治者及其随从遗留的财产,这些士兵虽没有杀人,但也使民众遭受了诸多折磨与痛苦。他们还没收了该镇上最富有的居民的财产。9月30日该镇所有权贵聚集,选艾哈迈德为巴士拉的新任帕夏。[③]

但这并不意味着混乱结束,因为穆尔塔达帕夏说服了艾哈迈德和法特希

---

① NA, VOC 1208, Boudaen, Basra Daghregister, 23 Sep. 1654, fol. 258v.

② NA, VOC 1208, Boudaen, Basra Daghregister, 26 – 27 Sep. 1654, fols. 258v – 60; VOC 1208, Barra, Basra to Heren XVII, 15 Oct. 1654, fol. 292.

③ NA, VOC 1208, Boudaen, Basra Daghregister, 27 – 30 Sep. 1654, fols. 260 – 64; VOC 1208, Barra, Basra to Heren XVII, 15 Oct. 1645, fol. 292v – 293.

前往库班逮捕侯赛因帕夏,库班是位于巴士拉和幼发拉底河入海口之间的一个小岛。理由是他们是完成这次旅途唯一值得信任的人,而且在那肯定能发现家族宝藏,这既能满足给苏丹进贡的需要,也能提升他们的身价。然而,在幼发拉底河航行过程中侯赛因的这两个叔叔就被同行的人勒死了。据说这是穆尔塔达帕夏指使的,因为他一直觊觎独占巴士拉。对此荷兰方面评论这是为结束阿夫拉希亚卜家族的统治而精心设计的整个过程,意在斩草除根,从此建立奥斯曼对巴士拉的统治。正如他们所看到的,侯赛因的叔叔只是实现这个目标的一个棋子。一旦奥斯曼人控制了巴士拉,这两个叔叔也就失去了他们的作用。第二天,他俩的裸尸就被扔到了面朝帕夏宫殿的广场。同时,实行占领的土耳其士兵从巴扎蜂拥而出以确保没有任何人遭到一丝虐待,凡对居民做出不当行为的禁卫军也都被处死了。① 10 月 6 日,以下一行人也被砍死:阿尔贾扎伊尔以前的统治者——70 岁的穆斯塔法·贝格(Mustafa Beg),侯赛因帕夏的叔叔 75 岁高龄的阿卜杜·喀什('Abd Allah Kashi),25 岁的年轻人哈米德(Hamid),30 岁的易卜拉欣(Ibrahim b. 'Uthman)和库班以前的统治者卡迪尔·贝格(Qadir Beg)。他们的尸体被随意扔在城市的一个角落。

屠杀的消息传开后,先前投降的一些要塞阿尔贾扎伊尔、费卢杰(Falluja)和库尔纳等爆发起义,这些要塞不得不加强防御。穆尔塔达帕夏派了 45 个人到阿尔贾扎伊尔,本来企图把这些城镇的统治者引诱到巴士拉,但这些人一进入阿尔贾扎伊尔就被杀害了。于是巴士拉所有配有武器的人立即前往阿尔贾扎伊尔和库尔纳。几天后,在幼发拉底河发现了 1200 具阿拉伯部落民尸体,他们可能是要前往库尔纳帮助那里的反叛者。侯赛因帕夏的确曾设法通过给库班的统治者钱和武器以争取他对自己的支持,穆尔塔达帕夏也派 400 禁卫军保卫库班。然而,这 400 人在酣睡中即被杀,所以又派了 400 人。巴士拉人厌倦了新的帕夏的统治,秘密传信给侯赛因,告知他如果他回来与巴格达帕夏抗衡,他们都会支持他。侯赛因帕夏秘密回信告诉他们,解放指日可待,如果在夜间袭击,他们就不必担心发生掠夺和暴力。意识到自己有机会夺回巴士拉后,在返回家乡之前,侯赛因急忙招募了大量阿拉伯勇士和可能支持他的几千名伊朗人,这些伊朗人也可能是伊斯法罕的萨法维王朝提供的。② 行军中

① NA, VOC 1208, Boudaen, Basra Daghregister, 1 - 2 Oct. 1654, fols. 267 - 269.
② 作者认为侯赛因帕夏是在沙赫阿巴斯二世的帮助下夺回巴士拉的。

还有穆罕穆德·赖世德率领的贝都因阿拉伯人加入。奥斯曼禁卫军虽有大炮,但叛军的顽强抵抗给它们造成了重大损失。同时穆尔塔达帕夏躲在巴士拉,一筹莫展。据说他朝伊朗方向逃跑了,因为除了逃跑之外别无选择。虽然已经远远逃到了库尔德斯坦,但还是被认出并被杀害。接着侯赛因返回巴士拉,恢复了他的帕夏职位。他送礼物给土耳其宫廷,换句话说,就是从苏丹那里买来了维齐尔的官职。[①]

冲突之后,奥斯曼帝国和萨法维帝国之间互派使者,确认他们之间的友好关系没有遭到任何破坏。1655 年卡尔布·阿里汗从伊斯坦布尔带回一个奥斯曼使者。萨法维王朝编年史家认为他在伊斯法罕得到了最高荣誉,受到了最高尊重。他生病的时候还是沙赫的御医为他医治的。

四、奥斯曼土耳其人重返巴士拉

返回巴士拉后,侯赛因帕夏开始实施第二阶段的计划——从刚刚败于其手的奥斯曼土耳其人手中买回帕夏的职位,此刻一切似乎又恢复到了原点。几年后多位旅行家的评论证实了这一点。1661 年,法国人布尔日(Bourges)经过巴士拉时,发现该镇被牢牢掌握在地方统治者手中。据他说,虽然帕夏每年都要给苏丹进贡,但只是送几件礼品而已,帕夏对奥斯曼苏丹并非言听计从。另一方面,帕夏还确保与周围的阿拉伯人保持良好关系,以备不时之需。蒂维诺认为巴士拉的统治者经常反对奥斯曼的要求,这就凸显了巴士拉的独立地位。[②]

1665 年对巴士拉及其居民而言,是一轮新的漫长而巨大的困难和痛苦的开端。圣衣会称这次新的动乱的爆发始于侯赛因帕夏拒绝承认苏丹的宗主权,于是奥斯曼土耳其人派大军征服巴士拉。[③] 报道说侯赛因于 1663 年征服了哈萨。显然这引起了苏丹的愤怒,特别是因为征服过程中丧失了许多生命。哈萨的统治者到伊斯坦布尔抱怨侯赛因的行为,于是奥斯曼帝国首先送了一封信给侯赛因,命令他归顺于奥斯曼帝国。但他拒绝服从命令,于是苏丹派军进入巴士拉。

---

① Anon, *A Chronicle of the Carmelites*, p. 1142.

② De Thevenot, *Suite de voyage*, IV, p. 566.

③ Anon, *A Chronicle of the Carmelites*, p. 1151.

　　1665 年秋,谣言在城市中传播开来,说由巴格达统治者易卜拉欣帕夏率领的奥斯曼土耳其军队准备推翻侯赛因帕夏。① 为了应对,侯赛因搬到了库尔纳,随行的还有他的总司令、哈吉以及 3000 骑兵和步兵。这意味着在他手下大约有 20000 人,一说有 30000 人,这些人曾封锁城镇的入口,抵挡了大约 12000 人的易卜拉欣帕夏的军队。侯赛因帕夏强迫商人到库尔纳缴税,然后把这些钱分发给士兵。他还派他的儿子去伊朗获取武器。但他的儿子是否圆满完成了任务并不清楚。12 月初,其子从伊朗返回,带着他的姐夫和 1000 到 1200 名士兵加入了父亲的队伍。蒙泰菲克也伸手援助巴士拉。土耳其军队推进到库尔纳附近,巴格达方面派来 900 名贝都因人作为支援,但都被蒙泰菲克阻止,并退回到库特阿马拉附近。

　　此时,巴士拉被委托给侯赛因帕夏的侄子易卜拉欣,他坚固城墙,加深壕沟,②对城市民众采取严厉处理的方式,驱逐他认为对城市防御无用的任何人,但这一政策也削弱了人民对阿夫拉希亚卜家族的忠诚。另一个原因是侯赛因强制所有原本运往巴士拉的商品转运到库尔纳,然后没收,只留下了一条条空船。这一切激起了民变,一些巴士拉人请求奥斯曼帝国的帮助,希望派来一位新的统治者。一系列混乱的事件接踵而至。侯赛因帕夏从库尔纳派军队到巴士拉镇压反叛者。谣传侯赛因帕夏放弃了库尔纳,所以在冲突发生之前,易卜拉欣和沙班达尔,还有许多居民在新年前夜逃离了巴士拉。荷兰声称,巴士拉的乌莱玛亲奥斯曼,借此机会召集乌合之众,示威宣称巴士拉是土耳其苏丹的财产。混乱状态一直持续到 1666 年 1 月 12 日,这一天乌莱玛以哈吉的名义将市政府出售给一个土耳其商人。有人看到巴格达帕夏参与了此次行动,但荷兰对此表示怀疑,认为巴士拉和奥斯曼土耳其军队之间的联系实际并不存在,因为库尔纳实行了封锁。③

　　即使巴格达火炮确实对库尔纳造成了巨大破坏,但被困在此的侯赛因帕夏仍能与之相抗衡,由此产生的僵局持续了几个月。随着斋月的到来,战火暂时平息,为易卜拉欣帕夏和侯赛因帕夏公开谈判提供了机会,3 月 7 日双方宣布停战。巴士拉继续由阿夫拉希亚卜家族统治。侯赛因帕夏传位于自己的儿

---

① NA, VOC 1251, Resolution merchants of Basra, 14 Oct. 1665, fol. 1552v.

② NA, VOC 1251, Brouwer, Basra to Van Wyck, Gamron, 27 Jan. 1666, fol. 1561.

③ NA, VOC 1251, Brouwer, Basra to Van Wyck, Gamron, 27 Jan. 1666, fols 1559 - 61; Anon, *A Chronicle of the Carmelites*, reports 31 Aug. 1669 and 23 Mar. 1671, pp. 1151 - 1152.

子阿夫拉希亚卜,同时被迫放弃了哈萨。[①] 奥斯曼军队同意撤退,但条件是侯赛因帕夏答应赔偿苏丹 5600000 西班牙雷亚尔,并将其姐夫作为人质。定居的荷兰人称由此造成的财政压力带来了过分的统治,结果商人和平民遭殃,成了穷人,而那些有钱人也不敢显露自己的资产。[②] 圣衣会教父间接提到了关于税收方面的调查,指出 1666 年和 1667 年侯赛因帕夏从包括外国定居者在内的全部居民身上搜刮钱财,作为进驻巴士拉的 18000 士兵的养兵费用。[③] 1667 年圣衣会教徒也被迫支付 70 比索。[④]

此时的巴士拉似乎回归了平静,但只是短暂的。1666 年秋沙赫阿巴斯二世去世,奥斯曼土耳其借此机会试图再次控制巴士拉,命令巴格达、阿勒颇和马尔丁等地的统治者集体进行反对巴士拉的运动。这似乎与埃迪尔内的使命一致,侯赛因帕夏的姐夫叶海亚(Yahya)是帕夏在埃迪尔内的代表。但叶海亚背叛了他的主人,使自己成了巴士拉统治者的候选人。巴格达新任帕夏卡拉·穆斯塔法(Qara Mustafa)是进攻巴士拉的领头军,这是为了使亲奥斯曼帝国的叶海亚成为巴士拉的新任帕夏。这次奥斯曼方面得到了蒙泰菲克的帮助,这是双方之间的交易,战后蒙泰菲克将控制阿尔贾扎伊尔的部分地区。[⑤] 侯赛因帕夏对叶海亚的背叛行为深感愤怒,据说因此迁怒于巴士拉人,还把他的妻妾都送到伊朗,并摧毁了自己的宫殿。[⑥] 阿贝·卡雷(Abbe Carre)声称他主动提出让伊朗人接管巴士拉,但被拒绝了。侯赛因帕夏保卫城市的希望彻底破灭,于是 11 月 18 日下令撤退。实行焦土政策的同时,所有居民被告知要在 3 天内带着所有财产离开巴士拉到伊朗,之后该镇被付之一炬。人口减少,首次遭士兵掠夺并被烧成灰烬,这都是发生在巴士拉的真实事情。

阿尔贾扎伊尔的什叶派人亲眼目睹了这些事情,能够为此提供更多的细节。他写到巴士拉的居民被运到霍维齐附近一个叫萨希卜(Sahab)的地方。侯赛因帕夏本人也搬到了那里,他的军队却继续驻扎在库尔纳。奥斯曼军队对库尔纳进行了为期 4 个月的围攻。因为担心军队反叛,1668 年 2 月 23 日侯

---

① 该部分在朗里格的《现代伊拉克四百年》中有所表述,但在荷兰方面的史料中未见。

② NA, VOC 1251, Brouwer, Basra to Van Wyck, Gamron 27 May 1666, fols 1562 – 3.

③ Anon, *A Chronicle of the Carmelites*, p. 1153, report 31 Aug. 1669.

④ Carmelite Archive, OCD 241d, Ange de Joseph, 24 May 1667.

⑤ Jean Chardin, *Voyages du chevalier Chardin en Perse et en autres lieux de l'Orient*, X, Paris, 1810 – 11, p. 80.

⑥ Longrigg, *Four Centuries*, p. 116.

赛因帕夏又逃到伊朗道拉克。一听到此消息,待在萨希卜的阿尔贾扎伊尔人都迁到了霍维齐,这次旅途需要穿越沙漠,历时三天,许多人为此付出了生命的代价。① 其他史料讲述得更加清楚。侯赛因帕夏带着 2000 侍从从道拉克又到了设拉子,恳求沙赫苏莱曼一世(1666—1694 年在位)的援助。他在设拉子待了一阵,希望以伊朗的利益为代价来恢复其巴士拉帕夏的职位,或者能够任命他为萨法维王朝其他地区的统治者。然而沙赫苏莱曼一世并不打算违背与奥斯曼人之间的和约,尤其是苏丹穆罕默德四世(Mehmet IV)执政后,巴士拉新任帕夏要求引渡侯赛因。② 这一使命在伊朗当局产生了争议。萨法维朝廷立刻分为两个阵营,一方倾向于引渡任务,另一方支持奥斯曼土耳其。但最后两者都没有选择。尽管为防万一,伊朗方面确实有出兵阿拉伯斯坦省,但沙赫早已把侯赛因驱逐出了萨法维王朝的领土。失望的侯赛因返回海岸边的班达尔沙,然后渡船到了信德(Sind),同时向葡萄牙人许下了诺言,如果他们能帮他收复巴士拉的话。1669 年到了莫卧儿宫廷后,他获得了伊斯兰鲁米汗的称号。从此他再未返回巴士拉,1676 年死于印度。③

1668 年初土耳其人围攻巴士拉,巴士拉毫不抵抗,一个月就被攻陷。然后土耳其人"成为整个国家的主人,没有流血,就重新控制了巴士拉"。他们努力增加巴士拉人口,重新修建建筑,欢迎居民返回,这也得到了新的统治者叶海亚的支持与帮助。也正是多亏了叶海亚,所有阿拉伯人 4 个月后就很快回到了故乡。④ 而夏尔丹坚持认为巴士拉人 6 个月后才返回,他这样表述道:返回来的居民只是把自己从先前阿夫拉希亚卜的保护下置于了奥斯曼的保护下。⑤ 杜芒称土耳其人屠杀了阿尔贾扎伊尔的 20000 什叶派居民。⑥ 得到奥斯曼政府支持的什叶派朝圣者的骚乱没有结束,⑦伊朗当局遭受着代价高昂、

---

① 参见 Devin Stewart, "The humor of the scholars: the autobiography of Ni'mat Allah al-Jaza'iri (d. 1112/1701)", *Iranian Studies* 22, 1989, p. 75。

② India Office Records, London (IOR), G/36/105, Flower, Isfahan to Surat, 14 Aug. 1668, fol. 68; NA, VOC 1268, Goske, Gamron to Batavia, 26 May 1668, fol. 1369v; VOC 1270, Goske, Gamron to Batavia, 18 Jun. 1669, fol. 967.

③ Anon, *A Chronicle of the Carmelites*, p. 1153, letter 31 Aug. 1669.

④ NA, VOC 1255, Roothals, Gamron to Heren XVII, 26 Jan. 1668, fol. 740r.; Anon, *A Chronicle of the Carmelites*, p. 1153.

⑤ Chardin, *Voyages*, V, pp. 319 - 320.

⑥ Richard, *Raphael du Mans*, II, p. 218, letter du Mans, 3 Apr. 1668.

⑦ Mandaville, "The Ottoman province of al-Hasa", p. 498.

缺乏安全、敲诈勒索等麻烦,因此在这段时间的绝大多数情况下关闭了朝圣通道。其实这给阿拉伯酋长带来的损失远远大于给萨法维王朝造成的损失,所以巴士拉帕夏和其他地方官员经常派代表团到伊斯法罕恳求重新开放朝圣通道。

土耳其人夺回巴士拉后,叶海亚只留任了大概一年。荷兰方面的报告称巴士拉的贸易迅速恢复,本地商人开始重新经营贸易,来自苏拉特(Surat)的商船大约有 15 艘左右。[1] 但不久后,叶海亚对自治权的欲望就表现出与奥斯曼帝国加强对巴士拉的控制的政策相冲突的态势。伊斯坦布尔方面当然不只是派遣一支紧急禁卫军这么简单,而且卡迪(Qazi)、沙班达尔和财政官等都竭尽全力限制他的行动自由。叶海亚警告财政官不要干涉他的事情,并且撤回了禁卫军的薪酬,导致禁卫军奋起反抗。于是奥斯曼帝国控诉他与伊朗保持联系,并向巴士拉派军。被土耳其沙班达尔剥夺了海关收入,感觉受到禁卫军围攻的叶海亚于 1669 年 3 月逃到了伊朗,只有一个亲戚陪同。在那里,他开始组建一支阿拉伯战队,于 1669 年 4 月 18 日在 15000 到 20000 士兵的陪同下重返巴士拉。这些阿拉伯士兵攻城十天,尽管受到加固城墙的土耳其人的奋力抵抗,还是在 4 月 29 日成功攻破城墙。随后的猛攻中大部分土耳其人和许多巴士拉的阿拉伯居民惨遭杀害,房屋也无一幸免。据说在为期 13 天的动乱中,入侵部队造成约 5000 人死亡,犯下了滔天罪行。[2]

这次胜利后,叶海亚袭击库尔纳,因为那里是逃跑的禁卫军的避难所。但是在巴格达帕夏的干预下,他被迫撤退,将该地区留给了伊朗的班达尔沙。土耳其人再次进入受到严重破坏的巴士拉,并于 10 月 17 日重建和平环境,允许逃出的人返回。[3] 1669 年奥斯曼土耳其进行的一项调查显示这对巴士拉而言简直是一件灾难性的事件,5557 个家庭,总共约 35000 人中至少有 15000 人或许甚至 25000 人丧生。正如一个传教士后来所述:"早在侯赛因帕夏在位时期,尤其是 1664 年、1665 年以后,发生了多次起义和战争,最终巴士拉地区被奥斯曼帝国统治,居住在此的我的祖辈父辈都经历过剥削与虐待。"[4] 3 年后(1672 年),阿贝·卡雷访问巴士拉,称在此期间该镇发生了很大变化。由于

---

[1] NA, VOC 1270, Goske, Gamron to Batavia, 18 Jun. 1669, fol. 967v.

[2] Anon, *A Chronicle of the Carmelites*, p. 1154; Longrigg, *Four Centuries*, p. 118 - 119.

[3] Sir Hermann Gollancz, *Chronicle of Events between the Years* 1623 *and* 1733 *Relating to the Settlement of the Order of Carmelites in Mesopotamia*, London, 1927, p. 332.

[4] Carmelite Archive, OCD 241d, F. Angelo di San Giuseppe, Venice, 16 Sep. 1679.

土耳其人勒索抢劫等原因，与之前相比，该镇贸易减少，人口数量下降。据他说，这也是此间阿拉伯人起义的原因之一。

　　其他史料也证实了上述现象。他们坚持认为伊斯坦布尔采取了加强安全与恢复贸易的措施，但也表示从平衡角度来看，由于征税主要是为了刺激当地经济以支持土耳其宫廷的即刻需求，奥斯曼当局的强征实际对税收制度产生了消极影响。但可以肯定的是，一旦他们控制了巴士拉，就会解决已经开始盛行于美索不达米亚贸易路线地区的非法行为。为此，1672 年，新任巴士拉帕夏哈桑·沙拉比（Hasan Chalabi）派遣了 2000 士兵到郊区，2000 到 3000 名抢劫犯被杀，同时他们的 15 位头目被带回巴士拉处决。通往巴士拉之路重新开通，许多商人返回了该市。① 2000 到 3000 禁卫军驻守该市以确保今后的社会秩序。② 下一个交易季即可看到结果。1673 年初报道说上个交易季除了荷兰和英国的一些船只和一批属于土著商人的小型轻舟外，还有 15 艘巨轮停靠在巴士拉。③ 奥斯曼帝国还任命一位农民作为收税人，因为他为此职位出价最高，而且答应为苏丹金库提供大量的财政收入。④ 1673 年 1 月，土耳其代表到达巴士拉，为其帕夏带来了荣誉长袍和官方认可，并传达了苏丹需要钱的信息。此后不久，奥斯曼帝国夺取了已故帕夏的所有财产，召回各种官员到首都，其中包括市财政官员。⑤ 荷兰方面证实，现金变少是欧洲战争的结果。⑥ 此间，阿贝·卡雷穿越了美索不达米亚，因此能够提供更多的细节事实。他讲了 1674 年由于广泛的阿拉伯人动乱，同时为防止土耳其人进出，所有道路封闭，所以他的旅行只局限于巴格达到巴士拉之间的陆路旅行。他解释说这与最近波兰打败奥斯曼有关，可能涉及 1673 年 11 月 11 日科丁（Khoczin/Chotin）战役。他指出，这次失败后，奥斯曼帝国大量征兵，全方位征税，然后把这些都送到君士坦丁堡。这样做也破坏了全国的所有贸易和土地。⑦

---

① NA, VOC 1279, De Haeze, Gamron to Heren XVII, 14 Oct. 1672, fol. 1034.
② 因为他们是驻扎在库尔纳的民兵的一部分，所以他们必须去那里领取薪俸，这就意味着要历经 8—10 小时的路程。
③ NA, VOC 1285, De Haeze, Gamron to Batavia, 14 Jan. 1673, fol. 5.
④ NA, VOC 1279, Report Willemsen, Basra, 19 Nov. 1671, fol. 916v.
⑤ NA, VOC 1285, Wallis, Basra to Heren XVII, 9 Mar. 1673, fol. 25v.
⑥ NA, VOC 1304, De Haeze, Gamron to Batavia, 24 May 1674, fol. 439.
⑦ Abbe Carre, *The Travels of the Abbe Carre in India and the Near East 1672 to 1674*, London, 1948, p. 840.

五、后期发展

接下来被朗里格称为"二十年常态政府"的 20 年相对稳定被几次打断,主要是由于巴士拉和巴格达之间地区的部落冲突不断发生。① 1678 年位于伊朗边境地区的巴努林(Banu Lam)部落主要进行抢劫旅客的强盗行为。这促使巴格达统治者乌玛('Umar)帕夏派遣 4000 至 5000 士兵到该地区,他们在霍维齐附近击败部落民后才返回巴格达。1683 年,据说巴格达附近的骚乱阻止了商人去往巴士拉的旅程。② 这一时期的大部分时间都比较平静,于是巴士拉当局致力于振兴该镇。为了吸引商人到巴士拉港,1681 年帕夏给予荷兰东印度公司降低税率的优惠,同时决定任命奥斯曼官员担任沙班达尔以确保商人付费不会超过官方收费标准。③ 但没过多久情况开始再次恶化。由于伊朗货币出境,白银短缺,导致巴士拉货币流通速度加快与货币贬值。④ 而伊斯坦布尔方面对税收的需求越来越迫切。1686 年末又任命了一位新的统治者——侯赛因帕夏,但他只干了 4 个月就去世了,原来的帕夏又被召回。起初他很受大众欢迎,但并没有坚持多久,因为他宣布当地商人要满足苏丹欧战中大量资金的需求,提出 4 个月内要拿出 5000 土曼(tuman)的巨款。⑤

更糟糕的是 17 世纪末的最后 10 年,瘟疫不断侵袭该市,城市进入新的低谷时期。1690 年时,从印度到达巴士拉的商船只有十五、六艘左右。⑥ 因为一年之前瘟疫来袭,从巴格达传播到了巴士拉。同年 3 月,圣衣会教徒抱怨他们在镇上买不到任何东西,因为所有商店和巴扎都关闭了。包括英国人、法国人、荷兰人、葡萄牙人等在内的所有欧洲人和能负担得起旅费的居民都离开

① Longrigg, *Four Centuries*, p. 119.
② NA, VOC 1373, Van den Heuvel, Gamron to Batavia, 19 Apr. 1683, fol. 882v.
③ NA, VOC 1355, Verdonck, Basra to Heren XVII, 26 Sep. 1681, fols 438 - 9; VOC 1379, Casembroot, Gamron to Batavia, 2 Oct. 1681, fol. 2635v.
④ NA, VOC 1333, Verdonck, Gamron to Batavia, 21 Mar. 1679, fol. 695v.; VOC 1355, Verdonck, Basra to Heren XVII, 31 Sep. 1681, fol. 439; VOC 1398, Haen, Basra to Heren XVII, 10 Dec. 1685, fol. 600v.
⑤ NA, VOC 1425, Van Bullestraten, Basra to Heren XVII, 26 Sep. 1687, fol. 460v.
⑥ Thabit A. J. Abdullah, *Merchants, Mamluks, and Murder: The Political Economy of Trade in Eighteenth-Century Basra*, Albany, 2001, pp. 61 - 62.

了。① 荷兰使节 1690 年到萨法维伊斯法罕宫廷报告说，他听说巴士拉仅剩一
个欧洲人，全市人口数量急剧下降。② 汉密尔顿（Hamilton）没有亲眼见证当
时的情况，所以他记录的数字肯定有所夸大，除非还包括巴士拉以外的地区：

> 瘟疫肆虐，80000 多人被夺去了生命，侥幸存活下来的人也都逃走
> 了，所以 3 年后这里就成了沙漠，只有野兽在此居住，最终被周围的贝都
> 因人赶出了该镇，但大约 12 个月后，他们又遭土耳其人驱逐，一直占据
> 至今。③

瘟疫流行过后，新一轮阿拉伯部落起义爆发，以强大的谢赫摩尼·穆加米
斯（Mani' b. Mughamis）为首的蒙泰菲克部落成为奥斯曼控制巴士拉的最大
障碍。财政问题似乎是这次起义的根源。自从瘟疫爆发以来土地三年无法耕
种，随之而来的还有饥荒，尽管如此，巴士拉周围的阿拉伯人还得被迫缴纳全
额税款。④ 起义促使伊斯坦布尔派兵到巴格达，作为回应阿拉伯人封锁了巴
格达和巴士拉之间的所有路线。民众生活于水深火热之中，而官方对此的说
法却是正在救援，土耳其士兵正在尽力逮捕阿拉伯抢劫者。然而，从巴士拉逃
出的难民告发说巴士拉被降临的灾难摧毁，早已成了一个荒无人烟的小镇，居
民急于逃离，但遭到了土耳其驻军的阻止，而土耳其驻军受到控制郊区的贝都
因部队的威胁。为提供救助，伊斯坦布尔派了一位新的帕夏，在巴格达、摩苏
尔和基尔库克地方统治者的陪同下到达巴士拉，还向此地调了 14000 名士兵
以监督该镇的复兴与重建。新任帕夏对该镇有 3 年的司法管理权，并有权使
用民兵遏制反叛的阿拉伯部落。⑤
　　尽管采取了这些措施，情况仍然不稳定，部落势力依然封锁着通往巴格达
的道路。1695 年夏的报告大意是巴格达和巴士拉当局设法恢复该地区秩序，

---

① Carmelite Archive, OCD 184a, Annales de la mission de Bassorah, fols 54 – 55.

② Francois Valentijn, *Oud and nieuw Oost-Indien*, 8 vols in 5 tomes, Dordrecht, 1727, V, p. 255.

③ Alexander Hamilton, *A New Account of the East Indies*, Edinburgh, 1727, p. 55.

④ Martin Gaudereau, "Relation de la mort de Schah Abbas roi de Perse et du couronnement de Sultan Ussain, son fils", letter 12 Aug. 1694, in Anne Kroell, ed. , *Nouvelles d'Ispahan 1665 – 1695*, Paris, 1979, p. 62.

⑤ NA, VOC 1507, Verdonck, Gamron to Heren XVII, 16 Aug. 1692, fol. 443v.

贸易正在回升,但并不成熟,后期蒙泰菲克在该地区的重要性逐渐突显。①
1693 年奥斯曼军队的到来导致摩尼撤军。1695 年末,局势有所转变,部分原
因是奥斯曼土耳其忙于与欧洲作战。当谢赫摩尼所率军队攻城时,巴士拉毫
无反抗,谢赫明显受到了当地居民的欢迎,很快就顺利驱逐了奥斯曼帕夏及其
部队。② 据说谢赫摩尼统治英明,两年内城镇和平稳定,居民对此非常满意。③
伊朗统治者对这些变故感到不悦,包括巴士拉周围地区对哈吉商队的掠夺,这
提醒伊朗要警惕谢赫摩尼的扩张野心。伊朗任命的霍维齐瓦利也有所考虑,
因为穆沙沙中大约有不满 5000 名成员,他们都追随他的侄子赛义德·迈哈穆
德(Sayyid Mahmud)加入了谢赫摩尼的势力,帮其夺取巴士拉。随之而来的
是谢赫摩尼及其穆沙沙支持者与霍维齐瓦利的忠诚势力之间的权势斗争,结
果后者占领了巴士拉,摩尼被迫逃亡。

摩尼逃亡与霍维齐总督夺取巴士拉并非该地区动荡的结束。谢赫摩尼设
法重组阿拉伯部落如巴努哈立德(the Banu Khalid)、弗都尔的势力,返回攻击
巴士拉,甚至攻击霍维齐。事态发展促使萨法维宫廷发布了一道命令,即将阿
里·马尔丹汗率领的军队从卢里斯坦(Luristan)转移到巴士拉。1697 年 3 月
26 日,伊朗军队占领巴士拉,阿里·马尔丹汗被任命为其统治者。第二年,被
道拉克的统治者易卜拉欣汗所取代。④

伊朗统治下的巴士拉的情况目前还不清楚。同时代的史料对此并没有达
成一致意见。其中几个目击者坚持认为伊朗控制下的巴士拉治理良好,并称
颂阿里·马尔丹汗和易卜拉欣汗关心人民,体恤民情。圣衣会教徒说在他们
的仁慈统治下城镇繁荣发展。⑤ 汉密尔顿也赞扬伊朗鼓励贸易,并与之前“对
商人无礼”的土耳其人统治相比较。⑥ 但另一方面,1700 年荷兰控诉萨法维王
朝统治下的巴士拉失去了昔日的辉煌,许多商人离开港口,贸易逐渐下降。⑦

---

① NA,VOC 1571,Verdonck,Gamron to Batavia,26 Jun. 1695,fol. 167 – 168.

② NA,VOC 1582,Verdonck,Gamron to Batavia,1 Nov. 1695,fol. 16.

③ Sir Hermann Gollancz,*Chronicle of Events between the Years* 1623 *and* 1733 *Relating to the Settlement of the Order of Carmelites in Mesopotamia*,London,1927,pp. 412 – 413.

④ NA,VOC 1598,Bergaigne,Gamron to Batavia,8 June 1697,fol. 80;Gollancz,*Chronicle of Events*,p. 415.

⑤ Anon,*A Chronicle of the Carmelites*,1170 ff;Gollancz,*Chronicle of Events*,pp. 415 – 416.

⑥ Hamilton,*A New Account*,I,pp. 82 – 84.

⑦ NA,VOC 1614,Hoogcamer,Gamron to Batavia,31 May 1700,fol. 1131v.

伊朗占领了巴士拉,但并没有完全明确宣布拥有该镇。首先,沙赫苏丹侯赛因考虑到了萨法维王朝与奥斯曼帝国之间的和平,那是他的祖先们自从1639年以来一直小心翼翼维系的微妙关系。其次,1697年库尔德人占领了阿德兰镇(Ardalan)和乌鲁米亚要塞(Urumiya),所以沙赫关注的焦点更多在库尔德反叛者苏莱曼巴巴(Sulayman Baba)对萨法维王朝边境地区造成的挑战。① 然后,伊朗固有的军事意识淡薄,认为坚守一座位于极不稳定地区的城市非常困难,这也是其中一个因素。因此,沙赫苏丹侯赛因派鲁斯塔姆汗(Rustam Khan Zanganah)作为使节访问伊斯坦布尔,并交给苏丹几把纯金钥匙,象征着将该市交还奥斯曼帝国控制。其实1697年末,看似恢复实力的谢赫摩尼与他以前的对手有着共同的利益,对方已不再是霍维齐的瓦利,他们一起打败了库尔马(Khurma)要塞附近的大部分伊朗势力,杀了大批萨法维军队,并俘虏了他们的将军。② 据伊朗报道1698年夏由400人组成的奥斯曼大使团正在去往巴士拉,目的是以奥斯曼苏丹的名义占领该镇。③ 1698年12月到1699年4月期间伊朗招待了这些代表团成员,并继续表示他们愿意交出巴士拉,即使苏丹写给沙赫的信中并未明显回答是否希望收复巴士拉这一问题。相反,据说苏丹命令巴格达统治者收复巴士拉,而且有谣传说苏莱曼巴巴也被列入收复巴士拉的名单之中。④ 总之,奥斯曼帝国重新控制巴士拉需要耗费多年时间。1700年初,谢赫摩尼再次出现在巴士拉,并向易卜拉欣汗索要500土曼。由于缺少士兵,后者花300土曼收买了他的对手,又招募了6000士兵。但阿拉伯势力对巴士拉持续施压,易卜拉欣汗又无所作为导致被沙赫罢免,由库尔纳的前统治者接替,圣衣会称之为“狗”。随后阿拉伯人封锁巴士拉,饥荒爆发。⑤

这种情况持续到第二年。到了2月,6000名伊朗士兵驻扎在巴士拉,由于缺乏薪酬而士气低落,于是他们发动起义,掠夺了大量家园,同时传来大批

---

① NA，VOC 1611,2nd fasc, Hoogcamer, Gamron to Batavia, 31 Mar. 1698, fol. 7.

② NA，VOC 1611,2nd fasc, Hoogcamer, Gamron to Batavia, 11 Jan. 1698, fol. 19.

③ NA，VOC 1611,2nd fasc, Hoogcamer, Gamron to Heren XVII, 6 May 1698, fol. 37.

④ NA，VOC 1603, Hoogcamer, Gamron to Batavia, 6 Feb. 1699, fol. 1851v; VOC 1626, Casteleyn, Isfahan to Hoogcamer, Gamron, 22 Feb. 1699, fol. 98.

⑤ NA，VOC 1603, Hoogcamer, Gamron to Batavia, 6 Feb. 1699, fol. 1851v; VOC 1626, Casteleyn, Isfahan to Hoogcamer, Gamron, 22 Feb. 1699, fol. 98.

奥斯曼军队正在逼近的消息。[1] 奥斯曼帝国确实组织了一次大规模远征以与伊拉克中部的部落势力相抗衡。他们的主要目标是保护受到哈扎尔（Khaza'il）部落威胁的希拉镇（Hilla），大量舰队在比雷克（Birecek）集结，沿幼发拉底河而下，继续保护希拉。巴格达也派出一支军队前往巴士拉。1701 年 3 月 9 日，巴格达帕夏出现在巴士拉，要求进入该市，巴士拉统治者投降。随后伊朗士兵登上早已准备就绪的船只。一天后，新任奥斯曼统治者阿里帕夏在巴格达、锡瓦斯（Sivas）和基尔库克统治者的陪同下进入巴士拉，随行的还有 30000 奥斯曼士兵。[2]

结论

本文在论证朗里格叙事可靠性的同时，还写了关于 17 世纪巴士拉政治史的许多细节问题。总体来看，虽然 1546 年巴士拉就被并入奥斯曼帝国，但过了很久，巴士拉及其周围地区又成为了存有争议的领土。可以肯定的是，从朗里格以后的历史学家都认为即使奥斯曼帝国正式占领过巴士拉，但前者对后者的控制相当薄弱。布鲁斯·马斯特（Bruce Masters）曾写道，"奥斯曼帝国鞭长莫及，并未真正防止帝国内定期发生的动荡和骚乱"。[3] 北非大部分地方也是如此，那里的地方总督名义上承认奥斯曼帝国的宗主权，实际上实行自治，穆加米斯和阿夫拉希亚卜总督统治时期是与伊斯坦布尔离心力最大的时期。但是本研究扩大了史料范围，注重巴士拉长期不稳定的动态研究，这些都超出了仅仅对奥斯曼帝国境内顽强的部落势力及偶尔与伊朗的冲突对巴士拉的破坏性影响的研究。尤其是伊朗在这一时期及后来对巴士拉事务的兴趣似乎比公认的更加浓厚，并不断卷入巴士拉事务。相比于伊斯坦布尔，伊拉克南部更接近伊斯法罕，而且是阿拉伯斯坦省低地的自然延伸，与萨法维帝国存在经济利益，人口主要由什叶派构成，这些都成为萨法维帝国想要吞并巴士拉的诱因。

本文将巴士拉置于更广的区域背景下进行考察，在领土渗透和边界更迭

---

[1] Gollancz, *Chronicle of Events*, pp. 427 – 428.

[2] NA, VOC 1626, Casteleyn, Isfahan to Hoogcamer, Gamron, 22 Feb. 1699, fol. 98; Gollancz, *Chronicle of Events*, p. 428.

[3] Bruce Masters, *The Origins of Western Economic Dominance in the Middle East: Mercantilism and the Islamic Economy in Aleppo*, *1600 – 1750*, New York, 1988, p. 13.

频繁的动态变化中展现出众多角色席卷其中的权力斗争。对巴士拉的争夺涉及四方势力。地方民众及其代表穆加米斯和阿夫拉希亚卜构成第一方势力。他们真正忠诚于城市,但并不能阻止强大的外来部落势力的入侵,这是争夺的第二方。在这些部落中,伊里安、蒙泰菲克和穆沙沙三个部落最重要,势力也最强大。尽管穆沙沙这个自治部落受到其正式宗主国伊朗的制约,即由宗主国任命其边疆省份的统治者,但名义上分别归属于奥斯曼帝国和萨法维帝国的这些部落,实际上与帝国权力之间存在很大的离心力。当地部落势力在帝国总战略中占有举足轻重的地位,构成了争夺的第三方势力。他们在帝国主要从事后勤活动、情报活动,为帝国提供真正的军事支持,这些都是相辅相成的。软弱的军事力量使这些部落在与帝国的权力斗争中将增强地区势力摆在重要的位置,他们常常依靠这样的军事力量来最大限度地发挥自己的自治权。正如罗兹·墨菲(Rhoads Murphy)评论的,在萨法维帝国和奥斯曼帝国边疆地区的(库尔德)部落,与其说他们在伊斯坦布尔和伊斯法罕的战争中力量受到削弱,不如说这些边疆部落在帝国依靠他们的服务中增强了实力。[1] 第四方势力由欧洲人组成,他们完全是以局外人的身份进入该地区的。从葡萄牙扮演巴士拉的军事保护者的角色中可以看出,随着时间的推移,地区政治动态中的主题将是:地方和区域势力都将寻求拥有强大火力的西方国家的保护,以此来对抗地区敌对势力或中央政权。

这场斗争的利益是权力和金钱,在斗争中结盟起了非常大的作用,即使有时也可窥见民族仇恨——土耳其人和阿拉伯人之间,巴士拉当地总督在斗争中扮演了平衡各方势力的角色。所以阿夫拉希亚卜在奥斯曼帝国与萨法维帝国之间尽可能小心行事。阿里帕夏在萨法维帝国和奥斯曼帝国争夺巴格达的战争中不加入任何一方,这一决定看起来中立,但还是导致 1638 年奥斯曼帝国占领巴格达,这是巴士拉当局惯用的典型方法,是为了与邻近强权保持良好关系而精心设计的策略。同样,巴士拉帕夏还有一个习惯就是每年向伊斯坦布尔苏丹和伊斯法罕沙赫进贡 10 到 12 匹马。

两个帝国政权分别有自己的战略计划。他们始终保持警惕,不希望巴士

---

[1] Rhoads Murphey, "The resumption of Ottoman-Safavid border conflict, 1603 – 1638: effects of border destabilization on the evolution of state-tribe relations," *Orientwissenschaftliche Hefte*. Mitteilungen des SFB "Differenz und Integration", 5: Militar und Integration, Halle, 2003, pp. 151 – 170.

拉及其周围地区落入对方之手。① 1639 年,伊朗人与奥斯曼人和解之后,尽管巴士拉当局为了平衡来自伊斯坦布尔的压力继续寻求伊斯法罕的支持,但奥斯曼帝国仍在对伊拉克南部的控制中略占上风。直到沙赫阿巴斯二世统治结束,这些政策的效果一直良好,从而保证了巴士拉的自治。

即使 1669 年奥斯曼帝国重新确立对巴士拉的统治后,巴士拉的反抗仍未停息。奥斯曼人使巴士拉起死回生,重振其贸易。然而,由于迫切需要税收的财政制度,他们的努力并无显著成效,城市真正的需求依然无法得到满足。当地居民对新的管理忿忿不平,周围的部落居民也骚动不安。1690 年,可怕的瘟疫发生,成为压倒这座不幸之城的"最后一根稻草"。瘟疫一结束,各方势力再次开始了夺权斗争。

Between Arabs, Turks and Iranians:
The Town of Basra, 1600 – 1700
Rudi Matthee, trans. by Zhao Xin

Abstract: Brought under nominal Ottoman control in 1546, but in fact, Basra and environs remained contested territory. Even in the period when Ottoman Empire officially ruled Basra, the control of the former to the latter was rather weak. In the course of the seventeenth century Basra always had certain independence and autonomy. The struggle between the Ottoman Empire and the Safavid Empire for the domination of Basra involves many forces, included the local populace and its representatives, tribal bonds with forces outside the walls, local tribal forces, Europeans and so on. The two imperial powers played their parts in this strategy struggle, while other forces had their own concerns. Based on the broader research scope and richer historical source, by examining Basra in a wider regional context, this study has shown that the real dynamics involved the interplay between multiple actors engaged in a complex struggle for power which played itself out in the context of permeable and shifting territorial borders.

Key Words: Basra, power struggle, the Ottoman Empire, the Safavid Empire

---

① NA, VOC 1188, Boudaen, Basra Daghregister, 14 Jan. 1652. fol. 467; and Chardin, *Voyages*, X, p. 79.

译自鲁迪·马特：《阿拉伯人、土耳其人和伊朗人三方势力下的巴士拉1600—1700》（Rudi Matthee, "Between Arabs, Turks and Iranians: The Town of Basra, 1600 - 1700", *Bulletin of the School of Oriental and African Studies*, Vol. 69, no. 1, 2006），第53—78页。

译者简介：赵昕，山西师范大学历史与旅游文化学院世界史专业研究生。

西人汉译城市孤儿小说的
社会启示意义^①

赵东旭

摘　要：近代西方来华传教士汉译了为数众多的西方经典城市儿童小说,使中国读者看到了西方孤儿悲惨的生存境遇,如物质生活的贫困和疾病的折磨,孤独的内心世界,以及匮乏的受教育条件。同时,人们也可以看到这些城市孤儿被救赎的多种方式。传教士汉译的这些城市孤儿小说在当时的中国社会影响巨大,对于改善中国儿童的物质和精神生活、受教育条件,以及促使新的儿童观和教育观的出现,有着重要而积极的意义。

关键词：传教士;儿童小说;城市孤儿;社会影响;启示意义

晚清民国时期,大量西方传教士来华。在传播基督教思想的同时,他们也汉译了许多西方经典小说,其中包括描写城市孤儿的小说。这些小说生动地展现出城市孤儿悲惨的生活遭遇,如物质的贫困、孤独的精神和心灵世界,以及匮乏的受教育条件。同时,读者也可以从中看到对于城市孤儿的救赎包含几种方式:社会中成人对孤儿的关爱,乡村美丽自然风光对城市孤儿悲伤内心的抚慰,以及宗教教育对孤儿深刻的人文关怀。传教士汉译的城市孤儿小说,在当时产生了重要影响,改善了中国一些城市孤儿的物质和精神生存状况以及受教育条件,也带来了西方新的儿童观和教育观,意义深远。

---

① 本文为教育部重点研究基地都市文化研究中心课题"近代传教士的城市儿童书写及其社会史价值"(项目批准号15JJDZONGHE011)阶段性成果。

一、传教士汉译小说中城市孤儿的悲惨遭遇

西方现实社会中城市孤儿的出现,与工业革命有着密切联系。18 至 19 世纪中叶,工业革命在给英国带来物质繁荣、促使其成为日不落帝国的同时,[1]也带来一系列问题,如人口增长过快、社会贫富差距过大、城乡发展不平衡、治安形势严峻、环境污染等诸多弊病。尤其是工业化带动城市化,导致城市问题日益突出,其中最明显的便是,这一时期产生了很多城市孤儿。这些城市孤儿无家可归,在街道中流浪、乞讨,沦为童工甚至盗窃犯。[2] 例如,18 世纪 70 年代,英国出现了首批机械化纺纱厂,在其后的 10 年,法国和德国也出现了类似的机械化纺纱厂,这些纺纱厂为了节省成本,大量雇佣童工。1790 年,奥尔良公爵的蒸汽纱厂内,共有员工 450 人,其中 45% 是 5—16 岁的儿童,以及差不多同样比例的"一般是无法在其他地方谋生的寡妇"。[3]

正是在这一社会背景下,现实主义文学出现并得到发展,真实反映了当时的社会状况,如 19 世纪的狄更斯、雨果、托尔斯泰、马克·吐温等作家,都用笔描写出了自己生活的世界是什么样子的。引人注意的是,这一时期也出现了一些关注儿童生存状况的作品,如《雾都孤儿》(*Oliver Twist*,1838)、《悲惨世界》(*Les Misérables*,1862)、《贫女勒诗嘉》(*Jessica's First Prayer*,1867)、《小公主》(*The Little Princess*,1914)等儿童小说。这些小说详细描写了城市孤儿悲惨的生存处境、物质的贫困、精神和内心的孤独,以及匮乏的受教育条件,使读者对现实中的儿童生存状况有了较为全面的了解。晚清民国时期,大量西方传教士来华,他们的根本意图当然是传教,但在这一过程中也翻译了大量西方经典文学名著,其中包括不少城市儿童小说。正是这些传教士的汉译小说,促使当时的中国社会开始反思和关注自己的城市儿童,尤其是城市孤儿。国人的视线从翻译文学转向了社会现实。

首先,传教士汉译小说中城市孤儿的物质条件是匮乏的,这在一定程度上反映出现实社会中城市孤儿的生存境遇。美国公理会(American Board Mission)来华女传教士佩森(Miss Adelia M. Payson)在 1878 年用福州方言

---

[1] 阎照祥:《英国史》,人民出版社,2014 年,第 243 页。

[2] [英]E. P. 汤普森:《英国工人阶级的形成》上,钱乘旦译,译林出版社,2001 年,第 381 页。

[3] [意]艾格勒·贝奇、[法]多米尼克·朱利亚:《西方儿童史》下,卞晓平、申华明译,商务印书馆,2016 年,第 257—258 页。

汉译了儿童小说《贫女勒诗嘉》，这部小说生动地展现出孤儿勒诗嘉（Jessica）贫困的物质生活境遇。[①] 小说作者是英国维多利亚时期著名女作家何斯巴·斯特拉顿（Hesba Stretton，1832—1911），她笔下的贫苦孤儿勒诗嘉，一出场就让人印象深刻：

> 至务一日天落大雨，老林摊礼毛世氈生意。当老林著摊礼做代记时候，忽然仰起头，看摊干务二个目䁑，光单单金碌碌覷老林面礼一下，仅覷摊礼其饼一下，覷老林面礼一下，仅覷摊礼其饼一下，尽像开着笼里其老鼠饿剥死，尽去欲食一样。老林行近看真，见是一只约略十一二岁尽吃亏其诸娘仔，面蔗㧯青，面䁑塔塔青，头发绞礼蒙罩一面，穿一件短衫手网都破去，故加胶礼也毛鞋，也毛袜。[②]

从译文中可以看到，勒诗嘉的生活条件极其艰苦，她忍饥挨饿，面黄肌瘦，穿的衣服破破烂烂，连鞋子和袜子也没有，十分可怜，这正是现实生活中贫苦孤儿真实生活的写照。19 世纪的伦敦在工业革命推动下变为一座现代化城市，但同时也造成很多失业者和贫困人群，随处可见底层儿童在阴暗潮湿的街道上流浪、乞讨，甚至冻死街头。[③] 不仅仅是贫女勒诗嘉，狄更斯笔下的伦敦孤儿奥立弗·退斯特（Oliver Twist），雨果笔下的巴黎孤儿柯赛特（Cosette），同样是世界文学名著中经典的城市孤儿形象。他们生活在大城市的最底层，贫穷、孤独和危险的生活处境，在他们幼小的心灵中留下了深深的创伤。作家通过这些儿童形象，真实地反映出城市孤儿的悲惨生活。

其次，传教士汉译小说中城市孤儿的精神和内心是孤独苦闷的。美国美以美会（The Methodist Episcopal Church）来华女传教士亮乐月（Laura M. White，1867—？）1914 年汉译的《小公主》，小说原作者是美国作家伯内特夫人（Frances Hodgson Burnett，1849—1924），描写了 19 世纪伦敦孤儿顾撒拉（Sara Crewe）悲惨的生活处境，尤其是内心的孤独与苦闷。她本来是法国军官的女儿，衣食无忧。但由于家庭突然遭遇变故，撒拉沦为孤儿，还受到校长

---

① 宋莉华：《近代来华传教士与儿童文学的译介》，上海古籍出版社，2015 年，第 174 页。

② ［英］何斯巴·斯特拉顿：《贫女勒诗嘉》，佩森译，美华书局，1878 年，第 2—3 页。

③ ［美］埃德加·约翰逊：《狄更斯——他的悲剧与胜利》，林筠因、石幼珊译，天津人民出版社，1922 年，第 246 页。

密明清等人欺负,处境发生天翻地覆的变化。① 内心苦闷的撒拉无人可以倾诉,最后只能和心爱的玩具洋团团说话,甚至独自向镜子哭诉,以此缓解孤独:

> 撒拉进房坐下,亦不觉得苦,还是抱着洋团团和她亲嘴,并且说:"现在世上只有你是我的好朋友。"后来,又从箱子里面,找出一件小时穿的黑色绒衣来,作为孝服。自己拿镜子照照看,脸色灰白,不像从前好看了。就自己对着镜子说:"从前我是学校中顶上一等的人,现在我是学校中顶下一等的人了,只有这洋团团是我的亲近人,同住在这个又破又斜的房子里。"②

此时的撒拉内心是痛苦的,失去父亲,自己孤独地生活在学校中,没有亲人,也没有朋友,生存环境极其恶劣。她感受到了人情冷暖、世态炎凉。撒拉的内心苦闷也是现实社会中城市悲苦儿童个人真实生存境遇的写照。

第三,传教士译介小说中城市孤儿的受教育条件是匮乏的。很多城市孤儿连最基本的温饱问题都无法解决,教育对他们来说更是奢侈品。仍以《小公主》为例,撒拉的父亲去世之后,她通过在学校打工勉强维持生存,很难像以前一样无忧无虑地学习,只能挤时间自己偷偷学习,还要忍受一些同学的冷嘲热讽。

> 撒拉天分聪明,虽然天天作奴仆的事,腾下工夫来总能读书,欲是学问往前进,比别的学生还要多些。他虽没有钱买书,别人所丢的旧书,或别人没有看过就丢的书,他都拾起来,晚上偷偷读读,所以他得益处很多。③

贫穷的撒拉没有钱买书,只能去看旧书,而且还要晚上偷偷地读,可见撒拉求学之艰难。上文提到的贫女勒诗嘉也是这样,她几乎没有任何受教育机会,只能暗中跑到教堂跟着牧师学习。勒诗嘉从牧师布道中学到丰富知识,像

---

① 雷丽平:《"以善为美"的〈小公主〉》,《戏剧文学》2017 年第 5 期。
② [美]伯内特夫人:《小公主》(第三版),亮乐月译,周徹朗述,广学会,1933 年,第 11 页。
③ [美]伯内特夫人:《小公主》(第三版),亮乐月译,周徹朗述,广学会,1933 年,第 13 页。

干涸的土地吸收雨露一样,充分汲取知识营养,在悲惨的现实生活中无法得到的快乐,就努力从学习中获得:

> 勒诗嘉转厝后,心里大思慕者礼拜堂其位处,时常纪念毛煞,因此那等至每礼拜日,天寝寝暗时候,勒诗嘉就至礼拜堂边,躲旁僻其位处,等老林开门。连礼点灯时候,就闯入礼拜堂,仍原屈着门后角,自想,那老林不欲我梨,冬那晓的我,已经都着只块了,居多自想自好笑。①

在教堂听道,成为勒诗嘉学习的唯一机会,也是她最能感受到幸福的时刻。勒诗嘉所面临的匮乏的受教育条件,也是现实中城市孤儿面临的困境。教育对于城市孤儿来说至关重要,是他们改变自身命运的关键途径。因此,这部作品的目的,就是呼吁社会要想办法让城市孤儿接受教育,培养其一技之长,从而凭借自己的力量在社会上生存。

文学反映现实,故而研究文学社会学的法国学者罗伯特·埃斯卡皮(Robert Escarpit, 1918—2000)认为:应该把文学看作社会的"事实",把文学研究当成社会研究的组成部分,文学反映的正是社会的真实状况。埃斯卡皮更感兴趣的是"社会中"的文学,而不是"文学中"的社会。② 笔者在上面引述的传教士汉译小说中城市孤儿的种种悲惨生活处境,其实也正是西方现实生活中城市孤儿真实生活的写照。而传教士译者之所以将这些西方儿童小说汉译到中国,正是希望能引起中国人对自己城市孤儿的关注,通过作品反思自己城市孤儿的不幸遭遇,进而去关怀身边的孤儿,并尽努力去解决城市孤儿问题。

二、传教士汉译小说中城市孤儿的救赎

传教士汉译的小说,不仅描写了城市孤儿的悲惨遭遇,还叙写了这些城市孤儿是如何被救赎的。城市孤儿的遭遇是悲惨的,同时,他们自己也在寻找救赎之路。这些救赎之路中,既有社会中的善良人士和一些社会机构对孤儿进行的救助,也包括城市孤儿通过来到美丽的郊外和乡村,让自然风光缓解自己

① [英]何斯巴·斯特拉顿:《贫女勒诗嘉》,佩森译,美华书局,1878 年,第 14 页。
② 方维规:《"文学社会学"的历史、理论和方法》,《社会科学论坛》2010 年第 4 期。

的精神苦闷、排解自己内心的孤独。值得注意的是，基督教会在孤儿救赎过程中也起到了至关重要的作用，他们的努力弥补了教育条件的不足，并使城市孤儿找到了最终的归属。

《贫女勒诗嘉》中，处于贫困中的伦敦孤儿勒诗嘉，得到善良的老林帮助，从而缓解了生存危机。茶点摊的老板老林看到蓬头垢面、穿着破烂肮脏衣服的勒诗嘉，顿时心生怜悯，慷慨地送给勒诗嘉一个茶饼，并让已经冻得瑟瑟发抖的勒诗嘉来到火炉前烤火取暖。勒诗嘉害热病时，老林到她家里看望她：

> （老林）竟然看见勒诗嘉倒着楼角，破草苫礼，面蔗恼青。一看着但以理，大欢喜讲："吓，但以理伊伯，汝是上帝叫汝梨么？"但以理就单个胶跪着草苫礼，应勒诗嘉讲："正是。"勒诗嘉仅讲："但以理伊伯，上帝既然叫汝梨，务吩咐汝，共人家讲世乇话毛呢？"老林应讲："那上帝讲，我是喇大罪其人，因我爱惜些须能黯腐其线，比者极穷苦，毛人收留其诸娘仔故重。"①

可怜的勒诗嘉遭遇疾病折磨时，老林成为勒诗嘉救赎的重要力量，帮助她克服苦难，度过难关，感受到来自人间的温暖和关怀。

美国公理会来华传教士博美瑞（Mary Harriet Porter）1882年汉译的儿童小说《安乐家》（*Christie's Old Organ, or Home Sweet Home*），②由上海画图新报馆刊印，③塑造出伦敦孤儿利斯第（Christie）这一形象。《安乐家》还被列为美以美会镇江女塾初级教育阶段课程。④小说中写到当孤儿利斯第害病躺在小阁楼上时，楼主白太太为他倒水喝，还为他请医生看病，顶着房客的压力保护利斯第：

---

① ［英］何斯巴·斯特拉顿：《贫女勒诗嘉》，佩森译，美华书局，1878年，第12页。

② 《安乐家》作者是英国的威尔通夫人（Amy Catherine Walton，常以 Mrs. O. F. Walton 称，1849—1939），1875年由伦敦圣教书会（London Religious Tract Society）出版，这部小说真实反映了当时伦敦底层孤儿生活状况，在英国伦敦出版之后，随即受到普遍欢迎，成为维多利亚时代经典儿童读物。博美瑞还译介有《两可喻言》（*Parley the Porter*）和《除霸传》（*The Giant-Killer, or the Battle Which All Must Fight*）等儿童小说，其中尤以《安乐家》影响最大。详见宋莉华：《近代来华传教士与儿童文学的译介》，上海古籍出版社，2015年，第143—144页。

③ 刘良明：《洋务运动与近代小说理论批评的新变》，《武汉大学学报》2002年第3期。

④ 熊月之：《西学东渐与晚清社会》，上海人民出版社，1994年，第298页。

又有一人和楼主说:"这孩子害热病,我们怕传染,不如把他辞出去。"客人散后,楼主去瞧利斯第,到底是病了不是。叫醒了他,他睁开眼不认得人,楼主没法子,抱他到楼底下的一间小堆房,让他自己住着,把他的铺盖搁在地板上,给他点儿水喝。①

在孤儿利斯第的生命紧要关头,善良的楼主白太太精心照料他,帮助他战胜病魔,最终痊愈。实际上,现实生活中,伦敦有很多无家可归、颠沛流离的孤儿,倘若没有人们来帮助,最终等待他们的往往是监狱、流放,甚至死亡。② 社会上的一些善良人士和慈善机构如收容所,为帮助城市孤儿做出了重要贡献。他们帮助和收留了大量孤儿,成为城市孤儿救赎的重要力量。晚清民国时期,天主教传教士在上海徐家汇设有土山湾孤儿院和弃婴堂,这大概是传教士在华创办的最早的孤儿院,③它们专门收留上海及周边的城市孤儿,在当时是救助孤儿不可忽视的力量,也是开先河之举,至今仍值得人们感念。据记载,1867 年时,土山湾孤儿院已有孤儿 342 名之多,④从开办至 1934 年的 70 年间,土山湾孤儿院收养孤儿约 2500 人,平均每年收养 35 人。⑤ 不仅传教士,当时的一些爱心人士也曾对儿童施行救济,这在上海民间竹枝词中也有反映:"醵资高建厂房宽,煮粥施人饱一餐。善士恫瘝常在抱,广教乞丐免饥寒。"⑥

优美的乡村自然风光在解决城市孤儿孤独和苦闷的精神和内心问题过程中,也发挥了重要作用,成为孤儿救赎的有效途径。传教士亮乐月等人 1911 年汉译的儿童小说《秘园》(*The Secret Garden*),其作者和《小公主》一样,也是伯内特夫人,小说讲述了孤儿马利亚的故事。马利亚是一个很不幸的女孩,从小父母双亡,后来被送到伦敦附近的密斯卫城舅舅家。尽管她从不缺衣少穿,内心却十分孤独和苦闷,因为她既没有任何亲人,也没有朋友可以倾诉。马利亚脾气变得越来越暴躁,常常对仆人胡乱发脾气,而且和仆人顶嘴吵架。一次偶然机会,马利亚听说舅舅家有一个神秘花园,但从来不知道在哪个地方。后

---

① 〔英〕威尔通夫人:《安乐家》,博美瑞译,画图新报馆,1882 年,第 32 页。
② 韦苇主编:《世界儿童文学史概述》,浙江少年儿童出版社,1986 年,第 190 页。
③ 刘悦斌:《晚清时期社会救助事业的新特点》,《河北师范大学学报》2009 年第 6 期。
④ 〔法〕史式徽(Jdeca Serviere):《江南传教史》第二卷,上海译文出版社,1983 年,第 293 页。
⑤ 孟庆:《消逝的土山湾》,《中国宗教》2003 年第 6 期。
⑥ 顾柄权编:《上海洋场竹枝词》,上海书店出版社,1996 年,第 106 页。

来在知更鸟帮助下终于找到秘园,并且被秘园优美的景色深深吸引,陶醉在自然界美丽的花草树木当中。

> 马利亚拾视,乃一钥匙,不禁心中大喜,恐为园叟所见,急纳于袋,奔往秘园门前。用此钥试启之,门顿开,既入,心中跳跃,恐为人所见,即将门从内复合之。举首四顾,见此园极大,四围绿树阴森,奇花异葩,满目辉映,中间一片平阳。绿草如茵,如铺碎锦。①

在秘园优美的风景中,马利亚身心得到滋润,精神和内心逐渐变得不再孤独和苦闷,且逐渐开朗乐观。由于心情越来越好,身心也日益健康起来,还主动和好朋友一起分享秘园的美丽景色。显然,这样的故事就告诉人们:不仅应该关注儿童的物质生活,还要关注儿童的心理是否健康,后者有时更为重要,即要综合考虑家庭的社会经济环境、文化行为和社会价值等多种因素。②

1890 年来华的美国北长老会(American Presbyterians)传教士狄珍珠(Madge D. Mateer)汉译的儿童小说《赫德的故事》(Heidi),也描写了乡村优美的自然风光是如何救赎孤儿孤独的精神和苦闷的内心世界的。《赫德的故事》的作者是瑞士儿童文学作家史班烈(Johanna Spyri, 1827—1901),③小说主要讲述孤儿赫德(Heidi)的不幸遭遇,塑造出一个天真善良、纯洁友爱、热爱大自然的儿童形象。和爷爷一起在阿尔卑斯山区生活的赫德,被姨妈送到大城市凡克夫城曼先生家里,然而由于缺少美丽的风景,清新的空气,赫德内心变得忧郁起来,精神也很苦闷,一点儿也不快乐。

> 又过了几个礼拜,赫德这时也不知道是在冬天呢? 还是春天呢? 因为房子周围,终年没有劳动。有时虽然同克拉坐着车出去,但不多时,克拉觉乏力,必须回来。所以只能在街上玩玩,看见些房子和人,对于风景,

---

① 〔英〕伯内特夫人:《秘园》,许之业、周兆桓、李冠芳译,《女铎报》1918 年第 12 期。

② Peter Garnsey, "Child Rearing in Ancient Italy," in David I. Keitzer, and Richard P. Saller, eds., *The Family in Italy from Antiquity to the Present*, New Haven: Yale University Press, 1991, p. 51.

③ 史班烈一生创作大量儿童小说,其中最著名的就是《赫德的故事》,发表于 1880 年,塑造了赫德这个不朽的儿童形象,随后很快被译成 50 多种语言和文字,在世界许多国家广为流传,影响很大。

离她们还很远呢。①

精神苦闷、忧郁的赫德只有重新回到阿尔卑斯山区的爷爷家,心情才又变得开心起来,不再感到孤独。可见,乡村的美丽风景对于城市孤儿摆脱苦闷的精神和心灵,有着多么重要的意义。

19世纪美国发生的"孤儿列车"事件,就是把东部城市孤儿运送到中西部。一些人认为城市给孤儿带来的是灾难,他们希望乡村的自然风光和生活条件可以帮助孤儿摆脱苦难。这一历史事件被英国作家克里斯蒂娜·贝克·克兰(Christina Baker Kline),生动地改编成儿童小说《孤儿列车》(*Orphan Train*),受到读者欢迎,引起轰动。②

宗教在城市孤儿救赎中往往起到关键作用,弥补了城市孤儿受教育条件的不足,并让他们找到归属感,这也是传教士汉译者所希望的救赎之路。就传教士汉译的儿童小说来看,很多城市孤儿最终都走向上帝怀抱,完成自身救赎。"爱"的精神及与之相关的人道主义精神是基督教精神的重要体现。③ 前文已经介绍过《贫女勒诗嘉》中的勒诗嘉的生活状况,她过着贫寒生活,还要遭受疾病折磨,处境悲惨。但勒诗嘉非常喜欢去教堂听牧师布道,常常很早就到教堂,等着牧师前来讲道。这是勒诗嘉受教育的唯一机会,也是她逐渐走向上帝怀抱,获得宗教救赎的具体方式。自从勒诗嘉听过牧师布道之后,内心变得更加善良,不再像以前那么悲伤,甚至还通过实际行动去感染身边的老林,使老林最终也开始信仰上帝。可见,儿童与宗教救赎有着密切关系。

《安乐家》中的伦敦孤儿利斯第,最终也走向归属宗教之路。小说名字"安乐家"本身就暗含天堂之意,利斯第和卓飞(Treffy)一起寻找安乐家,即意味着一起寻找天堂,寻找宗教救赎之路。物质生活极端贫困的利斯第和卓飞把寻找"安乐家"当成自己获得救赎的唯一道路。

　　利斯第瞧着火说:"我母亲题(提)过说,有个天堂,是最好的地方,他要家去。那临终时所唱的《安乐家》,我想就是天堂。"卓飞说:"好是好,想

① [瑞士]史班烈:《赫德的故事》(第七版),狄珍珠译述,广学会,1947年,第92页。
② [英]克里斯蒂娜·贝克·克兰:《孤儿列车》,胡绯译,湖南文艺出版社,2015年。
③ 梁工:《基督教与文学》,宗教文化出版社,2001年,第440页。

我在那里什么都不熟悉，不知道那里的礼法规矩。"利斯第道："我曾听见说过，却也不甚详细。"①

伦敦孤儿利斯第把寻找天堂当成自己的精神支柱，亲自到教堂去听牧师布道，慢慢对天堂熟悉起来，对上帝也了解得更加深入。利斯第内心变得更加充实起来，苦难生活在他心中没有像以前那么黑暗了，因为在他信仰基督教之后，心中已经有了上帝给予的力量。即使利斯第害热病，病得十分厉害时，也仍然没有忘记寻找天堂。上帝成为利斯第最大的精神支柱，并帮助他战胜病魔，重新恢复健康。利斯第最终走向宗教救赎之路，并且逐渐从苦难生活中摆脱出来，慢慢凭着自己的努力成为非常善良、受人尊敬的牧师，过上了幸福的生活。② 同样，传教士汉译的儿童小说《秘园》和《赫德的故事》中的孤儿马利亚与赫德，最终也走向宗教救赎之路，开始信仰基督教，找到自己的归属，完成最终的救赎。对于传教士译者来说，宗教救赎之路与他们传播基督教思想和观念是一致的，因此他们希望通过这些作品的译介，使中国的城市孤儿最终也能走向宗教救赎之路，进而接受和信仰基督教。朱维之曾说，基督教是快乐的宗教，时刻要存着感激、快乐的心情。③ 传教士译者也希望宗教救赎之路能够带给儿童们快乐。

笔者在上面论述了传教士汉译小说中西方城市孤儿不同的救赎之路：有社会机构和善良人士对孤儿的救助，有乡村优美的自然风光对城市孤儿孤独和苦闷的精神与内心的缓释，还有宗教对城市孤儿深刻的人文关怀。文学作为一种有效的力量影响了西方的社会现实。在历史上，一些国家通过立法的形式，来保障儿童的合法权益。比如，法国 1833 年颁布《工厂法》，规定小于 16 岁的孩子"所有星期天和法定节假日都不允许上班"。1874 年，法国又颁布新的法律，规定"儿童进入生产工厂、加工厂、矿场、工地和车间"的最低年龄为 12 岁，工作时间为 12 小时。④

① 〔英〕威尔通夫人：《安乐家》，博美瑞译，画图新报馆，1882 年，第 8 页。
② 宋莉华：《基督教儿童小说〈安乐家〉研究》，《上海师范大学学报》2014 年第 1 期。
③ 朱维之：《基督教与文学》，上海书店出版社，1992 年，第 83 页。
④ 〔德〕艾格勒·贝奇、〔法〕多米尼克·朱利亚：《西方儿童史》下，卞晓平、申华明译，商务印书馆，2016 年，第 289 页。

三、传教士汉译活动在中国社会的影响及其启示

传教士在华汉译了很多西方城市儿童小说,这些小说在当时社会产生了重大而深刻的影响,给人以很多启示。由于传教士汉译儿童小说在华得到广泛阅读和传播,因此对推动改善现实社会中城市孤儿贫困的物质生活条件,起到了重要作用。同时,对改善他们的受教育条件也是一种强烈的呼吁。更重要的是,传教士汉译的儿童小说大多是西方经典,其中蕴涵的现代儿童观和教育观,逐渐随着译本传入国内,使当时的中国社会对儿童有了新的认识。[①]

传教士汉译的儿童小说对改善现实生活中城市孤儿贫困的物质和孤独的精神生活条件,起到积极影响,促使越来越多的社会机构和人士参与到救助孤儿的行动中来。晚清民国时期,战争不断,导致社会动乱、经济凋敝,很多难民无家可归。无论城市还是乡村,到处可见逃难的人们,当然也包括大量儿童。以上海为例,据统计,晚清民国时期的上海棚户区非常多,100 户以上的棚户区就有 322 处,房屋 13 万间,18 万户,居住人数高达 100 万人。[②] 在这种恶劣的环境中,拥挤着大量底层人民,很多人在这种肮脏黑暗的环境中不幸去世。毫无疑问,城市孤儿成为其中最大受害者。现实社会中的孤儿,和西方儿童小说中的贫女勒诗嘉、伦敦孤儿利斯第,以及顾撒拉一样,在城市街道中流浪,乞讨,常常贫病交加,冻死街头,或者在街头卖一些小东西勉强维持生计。还有不少孤儿被迫或者被骗进工厂成为童工,受到残酷压迫和剥削,有些孤儿甚至惨死在工厂中。[③]

然而,中国社会在传统上对儿童并不是特别重视,也没有特殊的保护意识。传教士汉译的儿童小说在社会上广泛传播,让当时的中国社会转而较为全面地了解了自己城市孤儿贫困的物质生活状况、身体状况,以及苦闷的精神和孤独的精神世界等等,逐渐开始关注城市孤儿问题并采取相应救助措施。以上海为例,天主教传教士首先身体力行,他们在上海徐家汇创办的土山湾孤

① 胡从经:《晚清儿童文学钩沉》,少年儿童文学出版社,1982 年,第 45 页。

② 上海市政协文史资料委员会编:《上海文史资料存稿汇编》(市政交通),上海古籍出版社,2001年,第 37 页。

③ 上海这一时期的童工状况和英国工业革命时期伦敦的童工状况相近,生活状况都比较悲惨。施义慧老师曾在专著中对英国童工有详细描述,可以参考。详见施义慧:《童年的转型:19 世纪英国下层儿童生活史》,南京大学出版社,2012 年。

儿院,便是典型的救助城市孤儿的案例。土山湾孤儿院收留大量孤儿,还传授他们一定技艺,帮助孤儿在社会上独立生存下来,极大地改善了孤儿生活,促使他们身心健康成长。传教士还设有弃婴堂,大量收留被人抛弃的婴儿,并将他们抚养成人。这些举措在中国都是较早救助孤儿的行动。传教士的行动促使越来越多的国人和社会机构开始帮助孤儿改善物质生活和精神生活条件,如成立一些慈善机构救助贫困孤儿等。

传教士汉译的西方城市孤儿小说,对于改善本地孤儿的受教育条件也起到了积极作用,对晚清民国时期的教育发展做出了重要贡献。中国当时现实中的城市孤儿和传教士汉译小说中的城市孤儿一样,受教育条件十分匮乏,甚至连儿童读物都很少。传教士汉译的西方经典儿童小说为城市孤儿提供了读物。比如传教士亮乐月,在南京创办典型新式学堂汇文女校,所授内容主要根据西方学校的规定。亮乐月还曾组织学生在学校毕业典礼上排演自己汉译和改编的莎士比亚戏剧《剜肉记》(The Merchant of Venice),[1]轰动一时。[2] 她采用全新的西方办学理念,还把自己汉译的儿童小说作为新式学堂教材使用,被称为"学堂小说"。如译介《小公主》时,亮乐月特意在正文前增加一节,表明其译述目的:

> 幸亏她的性情能够随着她的境遇改换,又能立一个大大的志向,不甘心久居人下,自起初到末了,坚固不改,所以她能收到苦尽甘来的效果,这真可以作贫穷人家孩子的榜样。我试把这女孩子的历史仔细译出,请诸位学童下了课无事的时候瞧瞧。[3]

可见,亮乐月汉译儿童小说的直接目的便是为改善城市儿童的受教育条件,特别具有针对性。他希望儿童在阅读中能够学到知识和做人的道理,有所收获,取得进步。同时,传教士还在华创办众多儿童报刊,如美国北长老会传教士范约翰(John Marshall Willoughby Farnham, 1829—1917)牧师,在华创办了第一份儿童报刊《小孩月报》,该刊主旨当然是基督教教义的宣传,但同时

---

① 亮乐月译介的《剜肉记》即莎士比亚的戏剧《威尼斯商人》,连载于 1914 年 9 月至 1915 年 11 月《女铎报》上,并且较早保留莎翁原作戏剧形式,并采用白话文翻译,影响很大。
② 宋莉华:《传教士汉文小说研究》,上海古籍出版社,2010 年,第 176—177 页。
③ [美]伯内特夫人:《小公主》(第三版),亮乐月译,周徹朗述,广学会,1933 年,第 2 页。

也大量刊登地球说略、游历笔记、圣经古史和寓言故事等,深受儿童喜爱。[①]英国伦敦会(London Missionary Society)传教士韦廉臣(Alexandre Williamson,1829—1890)在上海还创办《训蒙画报》,亮乐月1912年在上海创办《女铎报》,蒙特高马利夫人和壁宝特夫人1914年创办《福幼报》,这些报纸对改善晚清民国儿童受教育条件都贡献巨大。传教士在华汉译儿童小说、创办新式学校、兴办儿童报刊等,开风气之先,对改善城市儿童受教育条件起到了重要促进作用。[②] 受传教士汉译的儿童小说影响,当时的中国社会逐渐意识到改善儿童受教育条件的重要性。当人们意识到儿童的"本性"的概念时,便意味着成人开始了对儿童的关注。[③] 于是,一些有识之士纷纷投入到改善儿童受教育条件的实际行动中,他们也开始汉译西方儿童小说,兴办新式学堂,创办儿童报刊,如梁启超(1873—1929)等人创办了《蒙学报》,这些活动对改善现实社会中城市儿童的受教育条件,都产生了积极影响。[④]

传教士汉译的城市儿童小说将西方全新的儿童观和教育观传入中土,对当时国人重新全面认识儿童是一个重要的启迪。晚清之前,我国并没有现代意义上的儿童观和教育观,甚至对儿童的认识也不够全面。传教士汉译的《贫女勒诗嘉》《安乐家》《小公主》等儿童小说在社会上出现之后,人们才通过其中的儿童形象,例如贫女勒诗嘉、伦敦孤儿利斯第、顾撒拉、马利亚和赫德等儿童,慢慢开始关注儿童的物质和精神生活状况,以及受教育条件。这些西方儿童小说,使国人逐渐真正认识到,儿童并非成年人的附庸,应该"被作为个体看待"。[⑤] 他们具有特殊的生理和心理特点与性情,要按照儿童的特点去对待他们,将其置放在更为广阔的社会环境里加以认知。[⑥] 同时,儿童不仅仅是属于父母和原生家庭的,更是独立的生命主体,是需要全社会关照的对象,他们有其尊严、权利和存在的意义与价值,应该受到尊重,不能被忽视和看轻。他们

① 宋莉华:《近代来华传教士与儿童文学的译介》,上海古籍出版社,2015年,第28页。
② 熊月之主编:《上海通史》(第5卷),上海教育出版社,1999年,第264页。
③ Randolph Trumbach, "review, The Rise of the Egalitarian Family; Edward Shorter, The Making of the Modern Family", in *History of Childhood Quarterly*: *The Journal of Psychohistory*, Vol. 4, No. 2,1976, p.212.
④ 邵雍等:《社会史视野下的近代上海》,学林出版社,2013年,第333页。
⑤ [法]茨维坦·托多罗夫:《启蒙的精神》,马利红译,华东师范大学出版社,2012年,第21页。
⑥ 辛旭:《儿童与社会的相互建构:儿童史研究突破的一种可能》,《学术月刊》2016年第6期。

具有独特的感受、思维和想象方式,体现出作为"人"的完整的哲学意义。①

特别值得注意的是,通过传教士汉译的儿童小说,国人对孤儿的性情和品质有了更加深刻的了解,对儿童的心理特征也有了更加准确的把握。他们意识到:对于那些精神和心理苦闷孤独的城市孤儿,仅仅有丰富的物质条件并不能完全使他们感到快乐,更重要的是要让儿童内心感到满足。在某些情况下,乡村优美的自然风景可以治愈孤儿内心的伤痛。这有点类似卢梭的自然教育思想,要顺应儿童的天性,不能过度压抑他们。如《赫德的故事》中的赫德就是这样,在阿尔卑斯山区反而要比在城市中生活得开心。同时,对于儿童的教育应该是全面的,不仅仅是知识层面,还包括注重身体健康。② 如《秘园》中的马利亚一样,要注意锻炼身体,增强体质。

法国学者吕西安·戈德曼(Lucien Goldmann,1913—1970)提出的"发生结构主义"(Structuralisme génétique)的文学社会学认为:文学作为一种结构是社会历史结构的一部分,应该把文学放在社会历史大结构之下,透过文学视角去思考和探究社会历史。③ 晚清民国时期西方传教士汉译的儿童小说,为当时国人认识自己城市的孤儿问题,并从而对之切切实实地做出努力,起到了很大的作用。对于这种作用,今天仍应予以客观的、积极的评价。

The Social Enlightening Significance of the Novels about Urban Orphans Translated by the Westerns in Chinese

Zhao Dongxu

Abstract: During the modern times, the western missionaries in China have translated a large number of western classical novels about urban orphans. From these novels about city orphans translated by missionaries, Chinese readers can catch sight of the miserable living circumstances such as the material life of the poor and the torture of illness, lonely inner world, and lack of education. At the same time, people can also see many ways, through which these urban orphans are redeemed. These novels about urban orphans

---

① 方卫平:《从"事件的历史"到"述说的历史"》,《南方文坛》2012 年第 3 期。
② 宋莉华:《近代来华传教士与儿童文学的译介》,上海古籍出版社,2015 年,第 311 页。
③ 方维规:《卢卡奇、戈德曼与文学社会学》,《文化与诗学》2008 年第 2 期。

translated by missionaries have also produced huge impacts in the society at that time. They have an important and positive significance to improve the material and spiritual living conditions of children, and the education conditions in the realistic society, and prompt the emergence of new views on children and education.

Key words: missionaries; children's fiction; urban orphans; social influence; enlightening significance

作者简介：赵东旭，上海师范大学人文与传播学院中国古代文学专业博士研究生。

空间裂变：国产都市情感剧
空间叙事转变的新向度

王海峰

摘　要：近年都市情感题材剧火热，就其作为类型剧和商业剧来说逐渐成熟化，相较于十年前掀起的收视热潮，无论从主题、结构，还是视角上都发生了转变。都市情感剧作为都市文化的表征，其空间叙事的转变既凸显了影视中的空间叙事功能，也呼应了都市化进程中空间发生裂变的过程这一新的向度，其映射出的都市人的空间焦虑，应该引发我们对于如何构建和谐都市文化的思考。

关键词：都市情感剧；空间叙事；空间裂变；转变

都市情感剧是以现代都市为背景，都市市民为主体，通常以都市青年的情感生活为题材，能够表征都市文化的一类电视剧。近年国产都市剧收视火爆，2017 年省级卫视黄金档和周播剧场电视剧收视率排名前十的就有《因为遇见你》《欢乐颂 2》《人间至味是清欢》等五部都市情感题材剧。自 2007 年《奋斗》从当时的"日韩风"、"港台风"市场挤压中突围而出，掀起的都市情感剧热潮至今已持续了 10 年。这 10 年间，我国城市化率快速提高，流动人口增多，都市与二三线城市已经拉开了巨大差距，空间裂变前所未有，这些深刻的社会变化潜意识地反映在都市剧中空间叙事的转变中。

一、影视空间叙事与都市文化

以都市为叙事空间的都市剧作为空间生产的一种，它不再将空间仅仅作为故事发生的背景——一种画面来呈现,而是把故事的情节和人物等要素纳入进来,成为"主体性与客体性、抽象与具象、真实与想象、可知与不可知、重复与差异、精神与肉体、意识与无意识"①的结合体。剧中的景观空间既有来自现实空间的一面,也是重新形塑社会空间的一部分,从而成为都市符码的一种表征。另外电视媒介作为社会文化公共空间,其覆盖面广、渗透性强的特征能够集中记录和反映都市人在社会剧烈变迁中的生活和情感,把握时代脉搏,回应大众的声音。因而电视剧与都市在空间上汇聚,作为艺术形式、文化产业和媒介,它是都市现代性的"理想"表达类型,也是审视都市文化的最好文本。从这种意义上说,空间作为参与都市剧叙事的一环,它社会性和历史性维度的意义有必要被重新分析和认识。

景观空间是影视呈现的由建筑和周边的环境构成的二维镜像,只有加入由剧中人物和观众合作构成的主体观看者才能形成空间意象,人始终是空间的核心。都市情感剧关注的是都市人与周遭空间的互动关系,索亚说:"一方面,我们的行为和思想塑造着我们周遭的空间,但与此同时,我们生活于其中的集体性或社会性生产出的更大空间与场所,也在我们只能去理解的意义上塑造着我们的行为和思想。"②因而都市、影视空间与人是一种互文的关系:"如城市一样,影视在空间建构中也要进行社会关系构建和重建的过程。……也就是说社会关系可以转换为具体的和象征性的空间关系。"③都市情感剧在近十年的发展中,无论是人物塑造还是价值表现都发生了巨大的变化,剧中的空间意象在很大程度上隐喻了都市空间裂变带来的对都市从神话想象到破灭的过程。

二、折叠空间:都市空间裂变的新形态

国产都市情感剧以现代都市人的视角见证了都市化进程时间加快、空间延展的十年变迁。影视中空间叙事发生转变的根本原因在于空间广泛而深刻的裂变:都市空间分裂为各种异质空间,在大众文化和消费主义的碰撞下,各

---

① [美]爱德华·索亚:《第三空间:去往洛杉矶和其他真实和想象地方的旅程》,陆扬等译,上海教育出版社,2005年,第13页。

② [美]爱德华·索亚:《后大都市:城市和区域的批判性研究》,李钧等译,上海教育出版社,2006年,第8页。

③ [美]芭芭拉·门奈尔:《城市和电影》,陆晓译,江苏凤凰教育出版社,2016年,第18页。

个差异空间相互冲突、融合,从而形成链式反应——出现了空间的折叠。

折叠空间原是建筑学上的一种设计手法,但也具有空间上的美学意义,德勒兹谈到:"在这个世界中时间和空间就随着物质的折叠、展开再折叠而生成。"[1]它的多样与复杂、重复与差异的特征正适用于当下的都市空间的特点。空间从来都不是静止的,折叠空间反映的是一个快速分化和区隔的过程:都市中心和区域边缘之间,不同的文化阶层之间,人与人之间竖起有形的或无形的高墙,形成一个个异质空间,而流动的资本和抽象的权力却在全球范围内畅通无阻。1967年福柯提出了"异质空间"的概念,举例指出异质空间具有所谓的六个特征,但并没有给出一个清晰具体的概念。异质空间是介于现实和虚构或者说乌托邦之间的一种空间,强调边缘的、差异的、叠加的、断裂的和颠覆的特征。因而,都市化进程的深入使都市空间裂变为无数个异质空间,异质空间又形构了折叠空间。

文学中也有关于折叠空间的构想与描述。郝景芳的科幻小说《北京折叠》,巴拉德的小说《High-Rise》等文学作品中都构想了一个各阶层的人混居的折叠空间,而这在当下都市情感剧中并不鲜见:《欢乐颂》中五个身份阶层不同的女孩同住一楼,有的买房、有的合租,这也是一个典型的折叠空间在现代都市的一种表现。两部小说中一开始都试图用规则和默契来实现人的和谐相处,然而最后都引起了混乱,因为这里盛行的是丛林法则。究其原因,首先是都市文化已由二元的观念裂变成一个多元的混沌空间,产生冲突与差异的根本在于处于异质空间的人价值和文化上的差异。都市人已经逐渐从家—空间的二元对立中摆脱出来,都市的法则瓦解了代际冲突的可能性,传统的秩序已然失范。其次是人之间的代内差已有取代代际差的趋势,他们面对的折叠空间内部具有封闭性,外部的各个异质空间之间相互挤压且层级固化。同一圈层的同质空间追求的秩序和理性,对"他者"和异质性"杂乱"的排斥使其结构更加固化。第三,空间生产出的极化社会和未来的不确定性,加之更为隐蔽的资本和权力的影子所带来的消费主义挤压,缺少资源的都市人的空间占有不足,不得不思考生存与存在的严峻问题。

福柯说:"追溯当代人焦虑的根源时,更多的不在于时间而在于空间,时间

---

① 冯路:"表皮的历史视野",《建筑师》2004年第4期,第12页。

多半可能只是作为被分摊在空间中的诸元素间某种可能分配的游戏出现。"①
概言之,正是都市化进程加快,原有的问题悬而未决,新的问题也层出不穷,从
居住空间的矛盾、发展空间的"天花板"现象、人际空间的功利化交往到精神空
间的价值标准丧失等等,空间的不均衡带来了无数个差异和冲突的异质空间,
它们之间冲突、同化、分裂的过程构成了空间裂变的新向度。在这折叠空间
中,无数的异质空间内既生产着对抗,也生产着焦虑。

三、城市的魅像与真实:都市情感剧空间裂变转向的表征

相应地,都市情感剧从空间叙事内在的叙事结构、外在的城市视角以及主
题表现上呼应了空间裂变这一新的转变向度,这一转向主要体现在都市情感
剧表征的都市文化从构建魅像城市到揭橥真实城市的转变。

1. 都市情感剧的成熟化

1990 年的《渴望》收视率异军突起,真正意义上拉开了国产都市剧产生全
国性影响的帷幕。然而这部电视剧相对于现代都市应有的内核,更多的是彰
显了主流的意识形态,同时照顾了受众需求,剧中所宣扬的贤惠、善良的女性
形象仍是传统文化对于女性的认知,不太符合都市新女性的精神面貌。90 年
代是城市化转型时期,一个风起云涌的年代。都市小说对这一时期的社会变
革有着敏锐的捕捉,由于意识形态、体制和资金等原因,都市剧和都市电影的
成熟期相对都市小说较晚,更是滞后于社会的都市化进程,出现艺术与社会发
展不平衡的状况。说到底,都市影视剧受制于大众文化的发展,依赖于市场和
文化产业的壮大。有学者在谈到中国电视剧分期问题时认为:"2005 年至今
是在产业化道路上边探索边前进的阶段",②"此后(1992 年央视采用'贴片广
告'的方式)一直到 2007 年,中国电视剧艺术生产理念、体制在悄悄发生着越
来越大的变化,市场化机制占据着越来越重要的位置,电视剧作为文化产品的
商业特征获得了越来越多业内外人士的认同"。③ 2005 年后,伴随着网络成长
起来的 80 后、90 后成为大众文化的主体,加之电视剧市场化产业化的发展,
2007 年以《奋斗》为代表的都市情感剧热潮正是在受众需求、产业裹挟的背景

① [法]福柯:"另类空间",王喆译,《世界哲学》2006 年第 6 期,第 53 页。
② 王彦霞:"关于中国电视剧发展史的分期问题",《文艺理论与批评》2009 年第 3 期,第 83—87 页。
③ 刘誉:《新世纪中国电视剧导演创作研究》,中国电影出版社 2012 年,第 211 页。

中出现的。

继《奋斗》之后，都市情感剧包括《蜗居》（2009）、《我的青春谁做主》（2009）、《裸婚时代》（2011）等剧聚焦普通人的都市生活，留有都市剧体制化时期的影子，剧中对都市的想象以及昂扬、反叛的青年精神，宣扬了强烈的主流价值观，事实上敢打敢拼的社会精神则集中反映在思想风潮开放热烈的 90 年代。近年来《欢乐颂》《南方有乔木》《恋爱先生》等剧虽然仍受制于种种因素向主流价值靠拢，然而作为类型剧和商业剧来说还是取得了成功，且剧中触及都市文化的各个维度，表明都市情感剧正在走向成熟的阶段。

2. 主题：从乌托邦想象到异质空间呈现

正由于都市情感剧热潮初始阶段与都市化进程的不平衡，其主题展示的是面对都市化浪潮的乐观态度，即都市现代性积极的一面，进取、自由、梦想成为其表达的关键词。正如斯蒂夫·派尔所揭示的："城市与梦相像，既是因为它们掩盖了隐秘的欲望与恐惧，也是因为它们只能是按照潜在规则而被制造出来，这些规则在表层外观上是依稀难辨的。"[①]但这只是其魅惑的一面，而随着都市空间的裂变，异质空间广泛深入的延伸，焦虑无处不在的渗入，都市情感剧更多地展示了都市人生存的真实城市，揭示出人在都市中的异化状态。

《奋斗》这一时期的剧集呈现的空间意象反映了青年对都市的想象。都市高度物质繁荣勾画出的欲望图景，被视为实现人生价值、提供个人发展的广阔空间。无论是外地还是本地青年，面对快速的都市化进程，原有的对都市的感知方式不再有效，"城市变得不容易描述了。它们的中心不像过去那样处于中央，它们的边缘变得模糊，它们没有开始，似乎也没有结束。没有语言、数量，也没有图像可以恰当地理解它们复杂的形式和社会结构"，[②]都难免先有强烈的震惊感，继而生发出对都市的想象和憧憬。《我的青春谁做主》中，钱小样初到北京，在她和表姐的一段对话中，目标是"过上好日子"，至于具体做什么暂时还没想好，但这也不影响她"向着灿烂的未来出发"。怀抱着这样的目标，她从头到脚装扮一新，"新发型、新衣服、新生活"意味着"一切都是新的"，这

---

① ［英］斯蒂夫·派尔：《真实城市：现代性、空间与城市生活的魅像》，孙民乐译，江苏凤凰教育出版社，2014 年，第 39 页。

② ［美］保罗·诺克斯、斯蒂文·平奇：《城市社会地理学导论》，柴彦威等译，商务印书馆，2005 年，第 11 页。

是向着目标出发的起点。夜间,她站在街头,对着闪烁的霓虹灯,滚滚的车流,有着透亮玻璃幕墙的高楼,大声喊出:"北京我来了!"这些代表都市现代物质高度发达的一面,容易激起人内心的崇高感,从而引发奋斗的激情。

都市青年面对现实不低头,对生活不将就,对成功的定义不是物质上的追求,而是坚守自由和理想。这一时期多部剧集反映了一个共同现象:不愿意向现实妥协,选择了"逃离"来获得重新在城市奋斗的精神力量。《奋斗》里是陆涛分手后到了山东潍坊散心;《裸婚时代》中崔斌因为爱情的背叛去了山区支教;《我的青春谁做主》中钱小样为了坚持去北京和家里抗争多次离家出走;《北京爱情故事》则是疯子追随沈冰到了云南等等。他们无不是有所坚持,要么坚持纯粹的爱情,要么坚守自己的理想,而选择了"逃离"。"逃离"不止是空间的移位,也是对现实的抵抗,"逃离"的终点都是远离都市的远方,远方可以颠覆既有的生活状态,从精神上超越现实,而颠覆性和超越性正是乌托邦的本质特点。《奋斗》中陆涛在郊野的废弃厂房上改造出一个具有工作、生活和休闲功能的场所,取名"心碎乌托邦",LOFT 风格的时尚与前卫理念也有超越的意味。这个场所从地理位置上与城市隔离开来,从生活和工作上将自身与都市青年群体隔离开来,这种双重的隔离生产了具有理想色彩的乌托邦空间,而乌托邦空间也生产了对抗都市生活异化的力量。主人公们依然会回归都市生活,但乌托邦空间始终是他们的精神皈依,奋斗仍然是现实选择,他们可以放弃家庭的帮助,自己打拼,可以为爱情裸婚。都市从来不缺包容,《北京青年》中何东提出并践行了"重走青春"的口号,正如钱小样戏谑的台词:少年不胡作妄为,大胆放肆,试问老年时哪来的题材话当年?

这一时期的都市情感剧展示出青年面对的冲突,如父母对子女人生的安排与青年自身的人生追求之间,以及人生价值实现与社会欲望、残酷现实之间等,但都是揭示一半,粉饰一半,以青年对都市的想象来引导奋斗的主题,用乌托邦空间来消解社会消极的一面。都市情感剧所造之"梦",因"梦具有两面性:它们运行在个人与社会的愿望与焦虑之间,轻而易举地破坏了一切可能存在的个体与社会之间的障碍",[1]所以这种营造乌托邦空间的处理方式放弃了对社会热点和缺陷的深度追问,尚未萌芽的批判被主流意识形态消解和同

---

① [英]斯蒂夫·派尔:《真实城市:现代性、空间与城市生活的魅像》,孙民乐译,江苏凤凰教育出版社,2014 年,第 43 页。

化了,而观众则在观剧的过程中想象性地满足了一种话语快感。

如果说十年前的都市情感剧用乌托邦空间来解决了社会的缺陷的一面,那么近年的它无意识地映照出都市空间裂变过程中的现实种种真实面,而这也是其引起社会广泛讨论的原因。无论是《奋斗》《蚁族的奋斗》,还是《裸婚时代》《杜拉拉升职记》,剧名无一不鲜明地昭示着该剧的主题,然而当下的《欢乐颂》《猎场》《小别离》等剧,剧名和其剧情一样无法准确地概括主题,如果非得给它们定义一个主题的话,那就是:焦虑。它们展示出都市人无处不在的焦虑:情感上、工作上、生活上、婚姻上、子女教育上……都市化深度转型期的社会结构和关系都发生了巨大的变化,资本与权力深度的渗透,原子化社会个人的孤独,意义与价值消解以及未来的不确定性等后现代文化症候下的都市人陷入了无尽的焦虑中。

《南方有乔木》中南乔是首长家庭的女儿,因为不愿意按照父亲规划好的路走,执意选择自己创业研究无人机,没有了父亲庇护的公司刚起步就遇到了资金危机不得不外出融资。在被主流群体掌握着优先资源和资本的社会结构下,青年向来没有多大的话语权,每一个个体被抛入到都市化的洪流中都显得无比微弱。《欢乐颂》中三位合租房子住的女青年与自己买房的曲筱绡、安迪同住一层楼,原生家庭、身份的差异构成了两个圈子,租房子蹭车的樊胜美、关雎尔和邱莹莹同属一个圈子,经常和另外两人发生价值观上的冲突。而即使三位合租女青年也并不是同一起点:工薪家庭的邱莹莹,中产之家的关雎尔,下层小户的樊胜美,三人也会有观念不合的时候,更多的时候她们需要抱团来共同面对工作、情感和生活上的难题。正如齐美尔所言:"城市生活造就了人物性格的'腻烦态度'。"①都市生活带来的焦虑使身处其中的人变成了犬儒主义的践行者。他们唯唯诺诺,不再有敢想敢拼的念头,只有偶尔的抱怨算作对现实不满的有限抗争,尽力保住工作,抓紧爱情,享受生活,不以真面目示人,就如《南乔》中的邹北业,本身是CEO,却不喜欢与人交流且患有失眠症,他的爱好是在晚上出去开网约车以获得与不同的人交流的自我满足感。南乔与父辈,代表着处于边缘地位的青年群体与中心地位社会主流群体的差异,而合租的三位女青年与买房子的两位邻居相对也处于边缘地位,所属的两个圈子则代表着青年群体内部的差异,这样青年群体从外部和内部都处在差异空

---

① 转引自[美]芭芭拉·门奈尔:《城市和电影》,陆晓译,江苏凤凰教育出版社,2016年,第10页。

间中,并在差异空间中做着有限的抵抗,构成了都市人身处的由外到内叠加的异质空间。

3. 结构: 空间叙事功能的凸显

影视艺术的空间叙事往往通过空间的并置来实现,弗兰克认为并置是指"在文本中并列地置放那些游离于叙述过程之外的各种意象和暗示、象征和联系,使它们在文本中取得连续的参照与前后参照,从而结成一个整体"。[①] 龙迪勇在《空间叙事学》中将空间参与影视叙事的方式命名为"主题—并置叙事",但并没有对其作明确的定义,仅总结了它的四个特征,概括起来就是主题为灵魂,作品往往主题先行;多条情节线索的并置;各个子叙事没有明确的因果或时间联系;子叙事之间的顺序可以互换。[②] 据此,并置叙事是故事按照空间的逻辑串联或者并行从而组合在一起的一种叙事方式。

当然,影视中的空间叙事并非没有时间的参与,而往往是时间与空间并行叙事。传统的套嵌式、圆圈式或链条式叙事结构不足以概括影视中的空间叙事结构,主题—并置叙事中主题先行适用于以《奋斗》为代表的单一、大主题的都市情感剧,空间叙事结构在这类剧中且称之为"锥形"结构,即无论空间如何讲述故事,总会在时间的作用下最后汇集于一点。近年来的都市情感剧主题不再单一,多重主题的并行,空间的并置平行或者重叠、套嵌,都随着时间的推移往前发展,是一种板块集聚式的结构。早年的都市情感剧中空间参与叙事的考虑主要在于运用画面的闪回与拼贴,对于现实空间则更加注重都市空间的景观功能。近年来的都市情感剧则更加注重场景来映射人物心境和状态,真实人物与镜像并置出现在画面中,《好先生》中甘敬在接电话时画面右方采用虚焦镜头拍摄,镜面中的她形象比较模糊,清晰的人物与模糊的人像拼贴显示出心情的失落;《小丈夫》中的姚澜比男友年龄大,为了表现出她的心理年龄的年轻,剧中呈现的家庭空间风格以浅蓝色为主色调,多碎花的布艺,营造出一种清新自然之感,很好地衬托了她的形象。

无论是服务于主题的空间叙事结构从"锥形"向板块集聚式结构的让渡,还是空间更细腻地参与人物塑造和情节发展的转向,凸显了空间叙事功能,都体现出都市空间裂变正在发生的变革:大主题叙事消解为碎片化的多重主题

① [美]约瑟夫·弗兰克:《现代小说中的空间形式》,秦林芳译,北京大学出版社,1991年,第3页。
② 龙迪勇:《空间叙事学》,生活·读书·新知三联书店,2015年,第176—177页。

叙事,向日常生活空间倾斜的后现代性特征。近年的都市情感剧中呈现了都市青年工作、恋爱、吃饭、网购等日常生活空间,写实而又琐碎,正是这无数个细小的场景构成了一部都市青年的生活图景。消解一切深度意义,拒绝宏大观念,把日常生活中琐碎的方方面面上升到审美的层面,正像有观众对《欢乐颂》的评价:"节奏缓慢,情节平淡,无集中矛盾。白开水一般的日常演了二十集,一开始的惊喜便被磨损殆尽。"①

4. 视角:感知城市方式的改变

要对都市有整体的感知和把握,就需要宏观的视角。早年的都市情感剧一般采用俯瞰的镜头:《奋斗》中的陆涛在毕业后站在楼上俯瞰的画面,表现的是对未来的信心;他的父亲徐志森带他去楼顶俯瞰自己的商业帝国,展现的是对自己的自信;夏琳打胎后拉着朋友到高处俯瞰北京的夜景,展示的是她对爱情产生的质疑以及要从这次思考中重新拾回对爱情和生活的信心。俯瞰视角是对空间感知的延展,路的延伸通往远方,远处的风景让人想到未来,远方对人有很强的召唤力,人生来对未知的远方有一种本能的渴望,因而俯瞰有一种复苏人的力量,而又因为站在高处,也对高处有了实在的感知,取消了对高不切实际的幻想,只剩下对远方的想象。剧中对鸟瞰的镜头展示,这些空间场景每一次都让主人公充满或恢复自信,从而达到对奋斗主题的呼应。这才有了《蚁族的奋斗》中的北漂,筒子楼里群租的蚁族,虽找工作屡受挫折,仍每日挤着公交车穿过繁华市区信心满满去上班。《时尚女编辑》中,胡同长大的安和外国人结婚后入住高档小区,还心心念念在时尚圈做出一番事业,对成功的精神渴望才是她所追求的。

随着科技和影视拍摄艺术的发展,航拍镜头取代传统摇臂拍摄方式越来越多地出现在了近年的都市剧中。《好先生》对美国海岸线、对上海夜景的航拍,以及展示王耀庆豪宅的奢华等场景都用到了航拍镜头,业界赞赏该剧拍摄技巧为"国产都市剧的新实验"。《欢乐颂》中也有对上海的航拍镜头,《翻译官》中开头便是对苏黎世的全景航拍展示,即将上映的《欲望之城》也在公布的片花中出现了对上海的航拍。同样高楼大厦的室内空间,抬眼就能看向远方,但不同的是往往有一道玻璃幕墙的阻隔,很多时候主人公也没有心思停下来认真地看看远方了,对他们来说,在高处已经是生活的一部分了,不再需要刻

① 李夏至:"《欢乐颂》热播引发'口水仗'",《北京日报》2016年4月29日。

意爬到楼顶或是找一处高的地方,感受城市的方式也已经不需要再通过人眼,而由机器取代了。

航拍镜头的上帝视角让感知城市整体变得容易,然而对于这样的感知,人始终是一个旁观者,与城市是疏离的,看似在城市中其实又不属于城市。俯瞰的镜头下,人始终在画面中凝视着城市,正因为人的在场,所以理想是现实的,看起来似乎只要努力就可以实现。航拍镜头经常对准城市道路上的滚滚车流,且画面突然加快速度,展现的正是城市的快节奏及其与人的疏离感。所以尼采才有了抵制上帝之眼的观点:"生命被一个非生命的东西所管制,到处有一双难以告白的恶毒的上帝之眼在盯着人类。"①

都市情感剧对城市的感知和描绘经历由俯瞰到航拍拍摄方式的变化,映射的正是十年来人与城市关系的变迁:随着都市空间的裂变,城市越来越难以整体把握,城市与人的关系越来越疏远,人对城市的直接感受慢慢为科技提供的其他方式所替代。

结语

近十年来都市情感剧逐渐走向成熟,为主题服务的空间叙事也发生了变化,虽然都市的故事每天都在上演,永远没有完结,作为类型剧和商业剧在收视率上是成功的,都市情感剧仍有种种不足,特别是对观念和结构的变迁也欠缺深度发掘,这也是导致它口碑不佳的主要原因。然而,作为表征都市文化的"第三空间"的都市情感剧所映照出的都市空间裂变带来的人对空间的焦虑,仍是值得我们思考的,乌托邦想象是解决不了问题的,有学者提出的"大混居,小聚居",解决的是地理空间层面的问题,而无论是罗洛·梅的"重构自我价值"、查尔斯·泰勒的"自我繁荣",还是我们传统文化中的"独善其身"的观点解决的都是人的主体内在的问题。因而如何构建一个真正尊重差异、观念多元、平等自由且空间分配合理的具有人文精神的现代化大都市,不仅是都市文化研究、更应该是所有学科的主题。

---

① 曹荣湘:《死亡与人生》,京城出版社,1999 年,第 164 页。

Space Fission: a New Dimension for Space Narrative Transformation of the Domestic Urban Affectional Teleplay

Wang Haifeng

Abstract: In recent years, the domestic urban affectional teleplay is hot. As a type of commercial genre teleplay, it is gradually matured. It has changed in the theme, structure, and perspective compared with its popularity a decade ago. The domestic urban affectional teleplay, as a representation of urban culture, its transformation of space narrative not only highlights the space narrative function in the film and television, but also echoes the new direction of spatial fission in the process of urbanization. The spatial anxiety of people in the city mapped should provoke our thinking about how to build a harmonious urban culture.

Keywords: urban affectional teleplay; space narrative; space fission; transformation

作者简介: 王海峰, 苏州大学文学院博士研究生。

礼学经世：从京师到
地方的视角转换
——曾国藩学术思想补说

张智炳

摘　要：曾国藩的学术与事功成就建立于道光与咸丰、同治时期。道光中后期，曾氏理学思想奠基，逐渐形成汉宋会通的学术思想，同时着手经史之学，期以经世。咸同间曾氏治军在外，其视角由京师向地方转换，学术思想发生由理到礼的演进，表现为"礼学经世"，然其本质特征是以礼合理。一方面，曾氏抓住唐宋以来通礼编纂所体现的制度与仪节属性的双重面向，在政事层面发挥其制度性价值，在伦常层面发挥其规范性价值。另一方面，又把礼所关乎的道德修养问题由新儒学以来的心性问题转化为传统礼学的仁义问题，以维护礼的等级差异，从而提升个人修养，规约伦常习俗，引导社会风气，将礼推向经世致用。曾氏礼学体现了礼与理的相互勾联、相需为用特质，具有鲜明的朱子礼学思想取向。

关键词：礼学经世；曾国藩；学术思想

关于曾国藩(1811—1872)礼学思想的专题讨论，较早在 20 世纪 30 年代末期，钱穆先生《中国近三百年学术史》对曾国藩礼学会通汉宋、出入经史、以经术为经世等大端问题有精要的论述。① 本世纪以来，林存阳先生《曾国藩礼

---

① 钱穆：《中国近三百年学术史》下册，商务印书馆，1997 年，第 647—653 页。

学思想论》着眼曾氏"会通汉宋"的礼学旨归,从其由理到礼("理—礼")演进的个人因素、反思乾嘉以来汉宋之争、应对太平军破坏传统文化的挑战等三方面分析其成因;①武道房先生《曾国藩礼学观念及其思想史意义》一方面对曾氏礼学形成的清学"理—礼"学术演进生态有所交代,另一方面阐发其"会通汉宋"的经世观念;②范广欣先生《以经术为治术:晚清湖南理学家的经世思想》也突出曾氏礼学的经世意义,但更突出实用意义,且在"会通汉宋"之外,又总结出"经史联贯"的特点。③ 林、武、范三人虽对钱先生所涉曾氏礼学的三方面各自予以细化,但关于曾氏"理—礼"演进的具体过程,即在经由唐宋通礼到清代通礼研究,尤其是清代通礼与宋学在礼与理的深层互联上所涉及的朱子礼学取向对曾氏礼学的生成及其意义,尚有待讨论。本文即以"礼学"为结点,来认识这一转变过程及其意义。

一

道光十八年(1838)曾国藩进士及第,不久即师事唐鉴,研习程朱理学近十年,同时着手经史之学,期以经世。这是其在京师的文官生活。太平军兴,咸丰二年(1852)曾氏出京,在湖南组建湘军,转战地方,以理学起家,又以礼学治军。这是其在地方的武将生活。更为本色的,是其学术思想在治军期间由理到礼的演进过程。

关于曾国藩的礼学思想,他在离世前仅两年的同治九年(1870)称刘蓉的礼学研究"洞澈先王经世宰物之本,达于义理之原"。④ 此论着眼明确在体、用两个面向,注重"下学"之"上达":其"用"在经世宰物,而其"体"则在追讨义理之源。刘蓉为曾国藩乡贤兼论学挚友,曾氏多与刘氏书信探讨礼学,陆宝千先生说:"刘氏之言礼与曾公同一蹊径。"⑤这也可视为曾氏晚年对自己礼学思想的理论总结。而其门人黎庶昌说:"公之在翰林,即病世儒舍本骛末,以寡要乏实取讥,恒用自愧,而反求诸修己治人之原,以庶几乎孔颜坐言起行之旨。其

---

① 林存阳:《曾国藩礼学思想论》,《船山学刊》2006 年第 1 期。
② 武道房:《曾国藩礼学观念及其思想史意义》,《江海学刊》2009 年第 6 期。
③ 范广欣:《以经术为治术:晚清湖南理学家的经世思想》,南京大学出版社,2016 年,第 225—370 页。
④ 曾国藩:《书信之十·复刘蓉》,《曾国藩全集》(修订本)第 31 册,岳麓书社,2011 年,第 131 页。按,本文所涉曾氏资料以此《全集》本为准。
⑤ 陆宝千:《清代思想史》,华东师范大学出版社,2009 年,第 430 页。

规模意量,固已闳远矣。及后在军,又为《圣哲画像记》,具论学问宗主、得失之宜,明儒术之足以经纬万端,稽诸室而从,播诸市而行,持义甚备。"①侧重乃师学术从反思理学以发掘其修齐治平的经世诉求入手到汉宋兼容的发展过程,显示了由虚到实的演进形态。相较而言,曾氏另一同乡挚友郭嵩焘说:"公始为翰林,穷极程朱性道之蕴,博考名物,熟精礼典,以为圣人经世宰物、纲维万事,无他,礼而已矣。浇风可使之醇,敝俗可使之兴。"②则认为这种汉宋兼容的演进形态最终统合于礼,既揭示出曾氏学术"理—礼"的演进路径,又点明其礼学经世意图。

冯友兰先生说"专就经世之术说,曾国藩之学实可称为'礼学'"。③ 那么,礼学经世就是曾氏学术鲜明的特点,可总括为两个面向:一为"修己治人",一为"经纬万端",两者皆以经世为旨归,而以义理为根本。修己治人偏于"内行",讲究"程朱性道之蕴";而经纬万端则偏于"外向",讲究"典章制度之繁",也即"自天地万物推极之,至一室之米盐"。④ 就"理—礼"的演进逻辑言,礼表现为理的外在形态,注重"上达"之"下学",曾氏礼学实则遵循以礼合理的逻辑。

二

咸丰九年(1859)正月,曾国藩坐镇江西,军情危殆,仍命长子曾纪泽画从先秦周文王、武王、孔、孟至清代顾炎武、秦蕙田等历代君臣及学术人物三十二人遗像,并自作《圣哲画像记》,首次集中完整地阐述了他的礼学思想:

> 先王之道,所谓修己治人,经纬万汇者,何归乎? 亦曰"礼"而已矣。秦灭书籍,汉代诸儒之所掇拾,郑康成之所以卓绝,皆以《礼》也。杜君卿《通典》,言《礼》者十居其六,其识已跨越八代矣。有宋张子、朱子之所讨论,马贵与、王伯厚之所纂辑,莫不以《礼》为兢兢。我朝学者,以顾亭林为

① 黎庶昌:《湘乡师相曾公六十寿序》,《拙尊园丛稿·外编》卷四,《续修四库全书》本第 1561 册,上海古籍出版社,2002 年,第 339 下页。
② 郭嵩焘:《曾文正公墓志》,《养知书屋文集》卷十九,《续修四库全书》本第 1547 册,上海古籍出版社,2002 年,第 368 下页。
③ 冯友兰:《中国哲学史新编》,《中国文库》本下册,人民出版社,2004 年,第 422 页。
④ 李鸿章:《曾文正公神道碑》,《曾国藩诗文集·附录三》,王澧华校点,上海古籍出版社,2005 年,第 506 页。按,本文涉及曾氏《文集》资料另以此单行本为准。

宗,国史《儒林传》褒然冠首。吾读其书,言及礼俗教化,则毅然有守先待后、舍我其谁之志,何其壮也。厥后张蒿庵作《中庸论》,及江慎修、戴东原辈,尤以《礼》为先务。而秦尚书蕙田遂纂《五礼通考》,举天下古今幽明万事,而一经之以《礼》,可谓体大而思精矣。①

曾氏梳理了礼学发展的三个历史时期:除先秦外,起自汉唐,沿至宋元,终于明清。郑康成是汉代礼学章句训诂的翘楚,张载、朱熹则是重义理阐发的宋学代表,而顾炎武、张尔岐、江永、戴东原、秦蕙田则又是清代汉学治礼的典范,勾勒出了礼学发展的基本脉络与关键人物。清代的汉宋之争在这里弥合,既无关于汉学礼经考证的支离破碎之言,也无关于宋代礼学的空疏之意,反而凸显马端临、王应麟征实纂辑礼典的工作,落实了曾氏汉宋兼融的学术思想。关键在于,以礼学绾合了汉宋学术演变,学术史特征相当明显。而曾氏学术"理—礼"的演进过程与宋代理学"理—礼"的理论溯源,都使曾氏汉宋兼容的逻辑建构与此前汉、宋代学术有一定的回环交叉。本文立足曾氏礼学,以宋代为分水岭,与汉唐礼学、清学交叉进行,逻辑上易于表述。

首先说清初礼学中实学面向。这是曾氏礼学生发的近源。张尔岐(1612—1678)、顾炎武(1613—1682)礼学在明清之际都倾向于实学。张氏"独精三礼,卓然经师",②他"重视礼学的目的在于发掘三礼之学中的制度性知识和日常仪节所应当遵守的依据"。③ 其《中庸论》立足当时《中庸》之旨的淆乱不明,特重申"中和"要旨:"其至要者两言耳:喜怒哀乐之未发谓之中,发而皆中节谓之和;中以自知,不见于人,而所为中庸者,又发而中节一言耳。"④并以之规约人之行为,从而达至秩序井然的状态。"中以自知"指向修养论,强调《中庸》之意对人的内化;而"发而中节",张氏例举凡从人之情感、人之五伦到天地纲纪之所统维,皆须"由礼而后可以中节,中节而后可以为中庸",则强调"中庸"经由礼的规约而获得的礼治效能,指向实践论。张氏从而认定"'中庸'

① 曾国藩:《圣哲画像记》,《曾国藩诗文集·文集》卷三,上海古籍出版社,2005 年,第 291—292 页。
② 顾炎武:《广师》,《顾亭林诗文集》,华忱之点校,中华书局,1983 年,第 134 页。
③ 鱼宏亮:《知识与救世:明清之际经世之学研究》,北京大学出版社,2008 年,第 119 页。
④ 张尔岐:《中庸论上》,《蒿庵集》卷一,《四库全书存目丛书》本集部第 207 册,齐鲁书社,1997 年,第 594 下页。

云者,赞礼之极辞也;《中庸》一书,礼之统论约说也",①"吾故断以'中庸'为必有所指,而其所指断乎其为礼而非他也,汉儒取以记《礼》,为得解矣"。② 这是对《中庸》作为"礼意"的诠释,而"中庸"则须践礼方可获得,才能发挥礼修己治人作用,恰可说明"上达"与"下学"的勾联。张氏以之拨正明清之际的心学末流,也便具有"正"学的实学内涵。

顾炎武"礼俗教化"一则应从"明道救世"的追求来理解。林存阳先生认为,顾炎武礼学的落脚点在于"匡时"、"救世",并从"礼义与廉耻"、"礼之功用"、"礼与法"以及对《仪礼》冠、昏、丧、祭等具体仪节的探讨,分析了顾氏礼学的面向。③ 如顾氏"博学于文"、"行己有耻"即在于收束明末以来涣散的世道人心,"从而使人们归依于'圣人之道',去其虚浮,反之《六经》,以期达到社会风气淳厚和国治民安";④又如"严华夷之防",尽管此论已不适合现代国家民族观,但"顾炎武在清初民族压迫异常酷烈的情况下,以之去反抗清廷的统治,这自有其立论的依据"。⑤ 本文认为,其"依据"就寓于顾氏"亡国亡天下"的言论中。欲救"亡国",自是"反抗清廷统治";而欲救"亡天下",则是指向呼救保存汉民族的儒家传统文化,以对抗外来民族与文化。上述两方面所激起的心理蕴含,与曾国藩面临的太平军及其"拜上帝教"作为异质力量与文化对清帝国及儒家思想所造成的破坏甚至颠覆的危险,是极为相似的。后来曾国藩作《讨粤匪檄》,就主要指向洪杨集团对儒家文化的毁灭,同样以"礼"作为传统文化的核心,收束人心,团结反抗力量。这应是曾国藩对顾氏"礼俗教化"最深切的认同。二则"礼俗教化"也应从顾炎武"经学即理学"(全祖望《亭林先生神道碑》)的学术思想来理解,因为它"使得对于性命、天理之探讨回归于以六经为基础的儒家经典中来",⑥"目的在于为现实政治确立一套符合古典儒家精神和维系纲常伦理的政治和意识形态规范";⑦连同"明道救世"一起,对清中后期凌廷堪"以礼代理"有直接影响。⑧ 曾氏对顾、张礼学的瞩目,实质上体现了

---

① 张尔岐:《中庸论上》,《蒿庵集》卷一,第 595 上页。
② 张尔岐:《中庸论上》,《蒿庵集》卷一,第 595 下页。
③ 林存阳:《清初三礼学》,社会科学文献出版社,2002 年,第 152—163 页。
④ 林存阳:《清初三礼学》,第 155 页。
⑤ 林存阳:《清初三礼学》,第 158 页。
⑥ 鱼宏亮:《知识与救世:明清之际经世之学研究》,第 135 页。
⑦ 鱼宏亮:《知识与救世:明清之际经世之学研究》,第 123 页。
⑧ 林存阳:《清初三礼学》,第 163 页。

他对二人以经世实学转变晚明的空疏学风、启发清代后来学术走向的期许。

至于江永《礼书纲目》与秦蕙田《五礼通考》的关联,及其与戴震的关系,因涉及清初通礼中的宋学面向,还涉及曾国藩礼学的义理观,将移于下文讨论。此只简述曾氏咸丰十年(1860)八月指认江、秦二书"可以通汉、宋二家之结,而息顿渐诸说之争",①作为引论。至此可见曾氏学术已由汉宋学派的弥合深化为汉宋学术精神的会通,获致有本有末之学,而统一于"礼学经世",体现了"修己治人"与"经纬万汇"的统一。因此,范广欣先生认为,曾氏不仅建构了"礼统",而且内含了"汉宋兼容"与"经史联贯"特点。② 本文以为,"汉宋兼容"在会通学术精神及统合学人力量上偏于"修己治人",总体侧重"礼意"。而"经史联贯"一则发掘礼制中的典制与史鉴因素,落实其制度属性;一则践履洒扫应对等礼仪因素,落实其规范属性,将制度的普适性与仪节的规范性发挥至最大,偏于"经纬万汇",总体侧重"礼数",包括名物、制度、仪节等方面。③ 这即是杜佑、马端临、江永、秦蕙田之书的题中之义。

其次说唐宋通礼的汉学面向。咸丰九年六月,曾氏继作《孙芝房侍讲刍论序》云:"盖古之学者,无所谓经世之术也,学《礼》焉而已。《周礼》一经,自体国经野,以至酒浆廛市,巫小缮稿,夭鸟蛊虫,各有专官,察及纤悉。吾读杜元凯《春秋释例》,叹邱明之发凡,仲尼之权衡万变,大率秉周之旧典,故曰'周礼尽在鲁'矣。"又说:

> 自司马氏作《史》,猥以《礼》书与《封禅》、《平准》并列,班、范而下,相沿不察。唐杜佑纂《通典》,言《礼》者居其泰半,始得先王经世之遗意。有宋张子、朱子,益崇阐之。圣清膺命,巨儒辈出,顾亭林氏著书,以扶植礼教为己任。江慎修氏纂《礼书纲目》,洪纤毕举。而秦树澧氏遂修《五礼通考》,自天文、地理、军政、官制,都萃其中,旁综九流,细破无内。④

---

① 曾国藩:《书信之二·复夏炘》,《曾国藩全集》第 23 册,第 730 页。
② 范广欣:《以经术为治术:晚清湖南理学家的经世思想》,第 249—250 页。
③ 梁启超先生从史学角度把中国的礼学研究归为名物、制度、仪节等三方面,并认定其法制史、风俗史意义。见梁启超:《中国近三百年学术史》,《梁启超论清学史二种》,朱维铮校注,复旦大学出版社,1985 年,第 313 页。
④ 曾国藩:《孙芝房侍讲刍论序》,《曾国藩诗文集·文集》卷三,第 300 页。

此曾氏明言礼在制度属性上的经世意义,并以《周礼》为典范。《周礼》记载了周王朝繁密详备的官职,是周王朝官僚系统业已发达的显证。就官制言,曾氏认为《周礼》无所不备,也认同"六官经制大备,而以《周礼》名书",①从而《周礼》具有一定国家职官典制的性质。但以礼典来架构官制体系,又并非恒常奏效,而是波折起伏。曾氏认为,自司马迁作《史记》始,"礼"便降格为礼仪节文,"将礼的内涵缩小为礼仪,以与乐、律、历、天官、封禅、河渠、平准等这些本属于礼的内容并列,这已失去先秦之礼的意思"。②此后整个八代以来,除西晋杜预予以发明外,始终湮而不彰,直至唐杜佑《通典》的出现。那么,《通典》之所以负有"跨越八代"的识见,结合上文所论,金毓黻先生说:"《通典》及《文献通考》二书,是盖古官礼之遗,而以明因革损益为务者也",③《通典》"镕铸群经诸史",其典章制度"原于诸史之书、志","言礼一门,多至百卷,鸿博论辨,悉具其中,又能征引古经,时存旧诂",④"极有裨于治经"。⑤而《文献通考》典制则详而富赡,颇便于制度史研究。⑥金先生又论二《通》的经世之用及与"三礼"的关系云:"群经之中有《周官》,以明典章制度者也;又有《仪礼》、《礼记》,以明节文仪注者也。《通典》、《通考》,实兼具二者之用,故曰为古官礼之遗。然《周官》一书,尽当《通典》之《职官典》、《通考》之《职官考》;《仪礼》、《礼记》二书,尽当《通典》之《礼典》,《通考》之《郊社》、《宗庙》、《王礼》三考;其他各典各考,非古官礼之所尽具也。"⑦二《通》作为经世之术的礼制内涵,主要在于对典制史的复位。

曾氏此前云:"(司马迁)'八书'颇病其略。班氏《志》较详矣,而断代为书,无以观其会通。欲周览经世之大法,必自杜氏《通典》始矣。马端临《通考》,杜氏伯仲之间","吾以许、郑考先王制作之源,杜、马辨后世因革之要,其于实事求是一也",⑧许慎、郑玄是章句训诂方面的经学家,而杜佑、马端临则是史学家,而统合于礼学考据之中,体现了曾氏礼学经史联贯诉求,而二《通》与"三

① 曾国藩:《诗文·笔记二十七则·礼》,《曾国藩全集》第 14 册,第 410 页。
② 武道房:《曾国藩礼学观念及其思想史意义》,《江海学刊》,2009 年第 6 期。
③ 金毓黻:《中国史学史》,河北教育出版社,2000 年,第 280 页。
④ 金毓黻:《中国史学史》,第 282 页。
⑤ 金毓黻:《中国史学史》,第 286 页。
⑥ 金毓黻:《中国史学史》,第 285—286 页。
⑦ 金毓黻:《中国史学史》,第 286 页。
⑧ 曾国藩:《圣哲画像记》,《曾国藩诗文集·文集》卷三,第 291 页。

礼"的渊源关系与损益变化也便一目了然。

　　与上述二《通》的制度史视角不同的是,江永《礼书纲目》与秦蕙田《五礼通考》则更强调仪节的经世意义。金先生认为,"《通典》、《通考》俱可称为通礼,然秦书所载者,实不能赅《通典》、《通考》在内,则其所注重者在节文仪注之典礼"。① 这就涉及清初通礼问题。

<h2 style="text-align:center">三</h2>

　　再次说清初通礼中的宋学面向。宋学是曾国藩礼学思想的底色所在。这里的宋学已经过清学的浸染,带着宋学的基因,而呈现出清学的样态。

　　前述"经史联贯"主要着眼于典制因革损益,偏于礼学考据;而"汉宋兼容",除了纂辑典制仍须考据之外,则偏于礼学阐发,重在"礼意"。此即曾氏礼学追求的"义理之原"问题,而体现于曾氏对江永《礼书纲目》与秦蕙田《五礼通考》"通汉、宋二家之结,而息顿渐诸说之争"的认定,因为他认为"由博乃能返约,格物乃能正心。必从事于《礼经》,考核于三千三百之详,博稽乎一名一物之细,然后本末兼该,源流毕贯"。②

　　江永(1681—1762)《礼书纲目自序》说:"夫礼乐之全,已病其阙略,而存者又疾其纷繁。此朱子《仪礼经传通解》所为作也。……顾朱子之书修于晚岁,前后体例亦颇不一",其末尾又说:"顾敢以其谫陋之识,辄更已成之绪,盖欲卒朱子晚年倦倦之志。"③王鸣盛《五礼通考序》也说:"公(秦蕙田)则间语予曰:'吾之为此,盖将以继朱子之志耳。'"④看来江、秦之书都以朱熹礼学为依归,而朱子用力礼学者,莫过于编纂《仪礼经传通解》。那么,摸清《仪礼经传通解》所体现的朱子思想,则《纲目》《通考》思想便可因之以明。

　　已知《仪礼经传通解》是朱熹(1130—1200)晚年集友人及弟子勠力编撰的一部礼书,从淳熙十一年(1185)开始编定,约15年时间。⑤其间朱熹短暂入朝

---

① 金毓黻:《中国史学史》,第290—291页。

② 曾国藩:《书信之二·复夏炘》,《曾国藩全集》第23册,第730页。

③ 江永:《礼书纲目序》,《礼书纲目》卷首,《丛书集成续编》本经部第11册,上海书店出版社,1994年,第153页。

④ 王鸣盛:《五礼通考序》,《西庄始存稿》卷二十四,《续修四库全书》本集部第1434册,第318下页。

⑤ 参考钱穆:《朱子新学案》下册,成都:巴蜀书社,1986年;束景南:《朱熹年谱长编》(增订本)下册,华东师范大学出版社,2014年;殷慧:《朱熹礼学思想研究》,岳麓书院2009年博士学位论文。

任职,议礼屡次受挫,其人被"庆元党禁"之祸,其学又顶"伪学"之名。在如此晚衰之时仍耗心力编订《通解》,其意义也就非比寻常。

江永《礼书纲目自序》又说:"朱子之书以《仪礼》为经,以《周官》《戴记》及诸经史杂书补之。其所自编者,曰家礼、曰乡礼、曰学礼、曰邦国礼、曰王朝礼,而丧、祭二礼,属之勉斋黄氏。其编类之法,因事而立篇目,分章以附传记,宏纲细目,于是粲然。"①质言之,"因事立篇"是编纂提纲,而"分章附记"则是编纂体例。

朱熹以《仪礼》为经,以《周礼》《礼记》为"记"以补充的礼学思想,扭转了汉唐以来郑玄古礼体系以《周礼》为纲领、以《仪礼》《礼记》为补充的礼学架构,二人不同之处在于对《礼记·礼器》"经礼三百,曲礼三千"的不同认知。郑玄以"经礼"指《周礼》,以"曲礼"指《仪礼》,而朱熹则升《仪礼》为经,并认为"行礼过程中的言语、辞气等细小仪节以及器物制度等均应视为曲礼","其意即《仪礼》冠、昏、丧、祭等为礼之大节"。② 这意味着《仪礼》走向了"三礼"前台。其所以如此,朱熹在一封未上奏的奏稿中说:"熙宁以来,王安石变乱旧制,废罢《仪礼》,而独存《礼记》之科,弃经任传,遗本宗末,其失已甚。而博士诸生又不过诵其虚文以供应举,至于其间亦有因仪法度数之失而立文者,则咸幽冥而莫知其源。一有大议,率用耳学臆断而已。"③由此,至少朱熹之时《仪礼》少习,已见危殆。有论者认为《通解》"正是为了扭转宋儒论礼多杜撰的风气,主张一定要回到考证本经上来"。④ 而《礼记》的虚文生义,亦亟须《仪礼》充实。这就涉及《通解》的编撰体例问题。

《通解》的编纂体例则是确立经传相分相合的原则。⑤ 上述奏稿还说:"《周官》一书,固为礼之纲领,至其仪法度数,则《仪礼》乃其本经,而《礼记》《郊特牲》《冠义》等篇乃其义说耳,……欲以《仪礼》为经,而取《礼记》及诸经史杂

① 江永:《礼书纲目序》,《礼书纲目》卷首,第153页。
② 武勇:《江永的三礼学研究》,华中科技大学2016年博士学位论文,第65页。关于朱熹"经礼"、"曲礼"及《仪礼经传通解》礼学观的具体论证过程,见该论文第三章,第59—73页。
③ 朱熹:《乞修三礼劄子》,《朱文公文集》卷第十四,《朱子全书》第20册,上海古籍出版社、安徽教育出版社,2002年,第687页。
④ 殷慧:《朱熹礼学思想研究》,第96页。
⑤ 参见蔡方鹿《朱熹经学与中国经学》第九章《朱熹的〈礼〉学》,学苑出版社,2004年,第434—453页。

书所载有及于《礼》者,皆以附于本经之下,具列注疏诸儒之说。"①注重"礼数"上的仪文与"礼意"上的传记相配合,三礼因而通观互济,"才能使悬空的义理找到归宿"。② 一方面,作为理学家的朱熹,"把《礼记》所发明的理建立在《仪礼》所载之事的基础上,理舍事而不存",换言之,"离开了《仪礼》之礼,即洒扫应对进退饮食居处的具体仪节,则《礼记》中发明的理便无安顿处。也就是说,理体现在具体的仪节、事物之中,凡行事之中合乎礼,这即是理"。③ 另一方面,"这种以'经礼'为文本依据,而以'曲礼'为具体仪节的礼学体系,表现出很强的礼学实践意识","一开始就具有很强的操作性"。④ 但其"操作性"并非强调恢复古礼,只是"欲陈设古今说法,以供识礼者酌古今之宜",因而"《通解》的精神主旨应该着眼于'定大纲',最终目的在于能使礼治之工夫和义理适得其所,达到安邦定国的大治境界"。⑤ 这又涉及《通解》的编纂提纲问题。

《通解》的编纂提纲则是确立家礼、乡礼、学礼、邦国礼、王朝礼、丧礼、祭礼的篇目内容及逻辑次序,是"朱熹向往圣人之道,融义理与礼乐为一炉,力求经史结合的经世致用之作"。⑥

《仪礼经传通解》自身即经史联贯、汉宋兼容的通礼典范。而江永《礼书纲目》向来被认为在礼制考实上与《通解》一脉相承,与曾国藩同时的陈澧(1810—1882)就说:"自郑君为三《礼》注,至朱子汇集为《仪礼经传通解》而未成,至江氏乃成此书。治经考礼者,实赖有此。"⑦而皮锡瑞(1850—1908)则说得颇耐人寻味:"朱子《仪礼经传通解》,以十七篇为主,取大、小戴及他书传所载系于礼者附之,仅成家、乡、邦国、王朝礼,丧、祭二礼未就而朱子殁,黄榦续成之。其书甚便学者,为江永《礼经纲目》、秦蕙田《五礼通考》所自出。"⑧本文认为,此说也暗含了《纲目》在编纂上对《通解》宋学旨趣的传承。

在编纂提纲上,江永虽复以《周礼》吉、凶、宾、军、嘉的"五礼"为纲,表现了

① 朱熹:《乞修三礼劄子》,《朱文公文集》卷第十四,第 687—688 页。

② 殷慧:《朱熹礼学思想研究》,第 98 页。

③ 蔡方鹿:《朱熹经学与中国经学》,第 455—456、457 页。

④ 武勇:《江永的三礼学研究》,第 66 页。

⑤ 殷慧:《朱熹礼学思想研究》,第 127 页。

⑥ 殷慧:《朱熹礼学思想研究》,第 128 页。

⑦ 陈澧:《东塾读书记》卷九,《陈澧集》第 2 册,黄国声主编,上海古籍出版社,2008 年,第 181 页。

⑧ 皮锡瑞:《经学历史》,周予同注,中华书局,2004 年,第 184 页。

一定的经学复古倾向,且又增设了"通礼"、"曲礼"与"乐"三类,共为八类,①但"通礼"中的《学记》《大学》《中庸》与《通解》一道,体现了宋学诉求,②而且《礼记》《礼乐记》《乐记》已是解说礼意了。在编纂体例上,则一仍朱子以《仪礼》为经,以《礼记》《周礼》等篇为义说,如《士冠礼》《冠义》《聘礼》《聘义》《丧服制度》《丧服义》等十三组搭配。即使某些"经礼"无义说,江永亦从经子史传中勾稽补充,如江氏云朱子《通解》"王朝礼编自众手,节目阔疏,且未入疏义",③而《纲目》中《朝廷礼》已予补正。再次,江永复信汪绂,谈及《纲目》所辑"经礼"各篇,"更欲增入唐宋义疏与古今诸儒议论",但以"苦无力,乏人抄写"作罢。④然而《大学》《中庸》等只有目无篇,所选"义疏"诸篇,在书中数量也偏少,江永对宋学的探求总体不多,但又无以绕开,其原因还须诉诸江永成学的朱子学背景。

江永生于朱子故里,安徽学政朱筠为汪绂作墓表云:"婺源为我家文公之故里,宋元明以来,巨师魁儒,绳绳相续,流风未湮,于今见者,实惟段莘汪先生、江湾江先生尤著。"⑤刘师培认为这种朱子学流风实以东林学为转关:"徽歙之地,有汪绂、江永,上承施璜、吴慎之绪,精研理学,兼尚躬行;然即物穷理,师考亭格物之说,又精于《三礼》。永学独博,于声律、音韵、历数之学,均深思独造,长于比勘。"⑥看来江永礼学实具理学取向,而偏于朱子的"格物"一途,钱穆即说"要不出礼乐名物之范围者近是。又有阐述宋五子书数十卷,则世皆未之见,可见者惟《近思录集注》而已。大抵江氏学风,远承朱子格物遗教则断可识也"。⑦所以陈澧总结云:"国朝儒者,于汉学、宋学、礼乐、书数、天文、地理,无不贯综者,江慎修一人也。"⑧虽不无溢美,却也不是虚夸。

---

① 武勇已从江氏的《仪礼》"经礼"观、创作目的、引据来源、古礼体系重构等考订方面全面论述了《礼书纲目》后出转精的修礼成果。见氏著:《江永的三礼学研究》,第73—100页。

② 上山春平认为朱子《通解》"学礼"中,"已经包含了要统一掌握作为'事'的礼和作为'理'的礼的观点",即礼乐与义理的统一。见氏著:《朱子的人性论与礼论》,《日本学者论中国哲学史》,辛冠洁等编,中华书局,1986年,第357—358页。

③ 江永:《礼书纲目序》,《礼书纲目》卷首,第153页。

④ 江永:《答汪双池先生书》,余龙光编:《双池先生年谱》,陈祖武选:《乾嘉名儒年谱》第2册,北京图书馆出版社,2006年,第260页。

⑤ 朱筠:《婺源县学生汪先生墓表并铭》,《笥河文集》卷十一,《清代诗文集汇编》本第366册,上海古籍出版社,2010年,第563页。

⑥ 刘师培:《近儒学术统系论》,《左盦外集》卷九,《仪征刘申叔遗书》第11册,万仕国点校,广陵书社,2014年,第4634页。按,施、吴从清初东林学的高世泰问学。

⑦ 钱穆:《中国近三百年学术史》上册,第340页。

⑧ 陈澧:《东塾读书论学札记》,《陈澧集》第2册,第379页。

秦蕙田（1702—1764）《五礼通考》对朱子礼学思想的继承及其所体现的宋学色彩，已有论者作了全面探讨。[①] 须补充的是，曾氏并不讳言《五礼通考》"著书之义例，则或驳而不精"，[②]因为它混淆了典制与仪节的不同层次，将典制混入仪节之中，时有错连之处。但其内容博综，除官制外，熔"天文、地理、军政"为一炉，以致曾氏"私独宗之，惜其食货稍缺，尝欲集盐漕、赋税国用之经，别为一编，傅于秦书之次，非徒广己于不可畔岸之域，先圣制礼之体之无所不赅，固如是也"。[③] 礼学的局部探讨终究让步于急迫的经世实务，曾氏所看重的正是在礼制本身兼综并举的经世意义。

但秦蕙田与江永却有精神上的联系。一方面，二人同出朱子学："徽、歙之间，多讲紫阳之学，远与梁谿、东林相通。"[④]且秦氏亦以东林学为转关，早年随侍其父去官，"不废治经，讲求性命之理。盖泉甫先生（秦蕙田父）私淑东林顾、高二公，日闻庭训，于忧患中得力尤深也"。[⑤] 另一方面，通过戴震，秦氏又得江氏之助。戴震乾隆十九年（1754）入京，"秦尚书蕙田客之，见书箧中有先生历学数篇，奇其书。戴震因为言先生。尚书撰《五礼通考》，摭先生说入观象授时一类；而《推步法解》则取全书载入，憾不获见先生《礼经纲目》也"。[⑥] 此时清代已进中叶，汉学渐兴，可见二书在礼制考实上的投合，但仍主通于宋学；而戴震不疏园时期即受学江氏，"主从名物、度数通经义之理论"，[⑦]此时亦尚主汉宋兼融。此后考证学崛起，"理学渐衰，经学渐盛"，[⑧]礼学考证也逐渐滋生出反理学倾向。此即凌廷堪的"以礼代理"说。曾国藩礼学借此得以进一步生成。

---

① 曹建墩就《通考》编纂思想的考索与义理并重，宗朱子家法；编纂方式的兼备史乘、考辨礼制、发扬朱子之分节法以及对朱子礼学思想的《周礼》观、尊王思想、礼以经世与礼以时为大的继承等方面深入探讨了《通考》的朱子礼学面向。见氏著：《论朱子礼学对〈五礼通考〉的影响》，《江海学刊》2014 年第 5 期。
② 曾国藩：《诗文·笔记二十七则·礼》，《曾国藩全集》第 14 册，第 411 页。
③ 曾国藩：《孙芝房侍讲刍论序》，《曾国藩诗文集·文集》卷三，第 300 页。
④ 钱穆：《国学概论》，商务印书馆，1997 年，第 274 页。
⑤ 诸洛：《味经窝图后》，徐世昌：《清儒学案》卷六十七《味经学案·附录》第 3 册，沈芝盈、梁运华点校，中华书局，2008 年，第 2596 页。
⑥ 戴震：《江慎修先生事略状》，《戴震文集》卷十二，赵玉新点校，中华书局，1980 年，第 181 页。
⑦ 钱穆：《中国近三百年学术史》上册，第 346 页。
⑧ 钱穆：《中国学术思想史论丛》第 8 册，生活·读书·新知三联书店，2009 年，第 428 页。

四

曾国藩咸丰九年一条读书札记云：

> 古之君子之所以尽其心、养其性者，不可得而见，其修身、齐家、治国、平天下，则一秉乎礼。自内焉者言之，舍礼无所谓道德；自外焉者言之，舍礼无所谓政事。故六官经制大备，而以《周礼》名书。春秋之世，士大夫知礼、善说辞者，常足以服人而强国。战国以后，以仪文之琐为礼，是女叔齐之所讥也。荀卿、张载兢兢以礼为务，可谓知本好古，不逐乎流俗。近世张尔岐氏作《中庸论》，凌廷堪氏作《复礼论》，亦有以窥见先王之大原。①

"舍礼无所谓政事"，指礼的制度属性在行政系统的实践效能。而"舍礼无所谓道德"，一指礼内化于人的修养问题，在先秦则与"仁"相联系，表现为仁与礼的内外关系；二指心性问题，在宋代新儒学之后则与"理"相联系，表现为理与礼的上下关系。

就仁与礼言，曾氏同治五年（1866）在山东剿捻作《王船山遗书序》："昔仲尼好语求仁，而雅言执礼。孟氏亦仁礼并称。盖圣王所以平物我之情，而息天下之争，内之莫大于仁，外之莫急于礼。"②即此而论，继孔孟之后，荀子礼学的意义就在于，一方面儒法兼综，与孟子"力崇师道，强调道义、道德的自足、自主意义"不同的是，他"更直接地传承了'礼制'的整体性"；另一方面，"'礼'在荀子那里，固然包含着王政的制度规划，但不同于'法'的地方在于它含有价值理念——'仁义'，并由此而超越了'器'而进入了'道'的层面"。③ 其"仁义"之礼在"道"层面最终由宋儒完成，张载礼学的意义即此而显。

就理与礼言，张载首提"礼者理也，须是学穷理，礼则所以行其义，知理则能制礼，然则礼出于理之后"，④明确以"理"作为礼的哲学本体，开始寻求自先秦以来"礼以义起"的哲学阐释，"把儒家所服膺之礼提到天道性命的哲学高度

---

① 曾国藩：《诗文·笔记二十七则·礼》，《曾国藩全集》第 14 册，第 410—411 页。
② 曾国藩：《王船山遗书序》，《曾国藩诗文集·文集》卷三，第 332 页。
③ 阎步克：《士大夫政治演生史稿》，北京大学出版社，2015 年，第 186、189 页。
④ 张载：《张子语录·语录下》，《张载集》，章锡琛点校，中华书局，1978 年，第 326—327 页。

进行系统的论证,从而为礼学奠定了一个坚实的理论基础,应以张载为第一人"。① 那么,完成并落实这个理论建构的,当属朱熹编定《仪礼经传通解》活动,经传相分相合的体例所蕴含的"理—礼"关系实则表现为形上与形下的理事一致,从而为礼作为天理之"节文"的人伦规范找到了哲学依据。② 这构成了曾国藩礼学追求义理之原的理论源头。此其一。

其二,仁在先秦只是礼意的重要一维,但自二程"识仁"以来的宋明儒学,仁却逐渐跃为理范畴,并居"五性"(仁义礼智信)之首,且视为儒学本质,③成为士人的道德性命之学,礼的规约实践与礼意阐释皆因而虚弱,所以才有朱熹编定《通解》以针砭。曾氏又说:"横渠张氏乃作《正蒙》,以讨论为仁之方。船山先生注《正蒙》数万言,注《礼记》数十万言,幽以究民物之同原,显以纲维万事,弭世乱于未形。其于古昔明体达用、盈科后进之旨,往往近之。"④并未否定仁的本体性,但走的确是朱子礼学一路。仁与礼作为平息物我之情与天下之争的途径,体现了曾国藩对士人仁以修身、礼以经世的期待。

前述张尔岐《中庸论》除涉及礼的修养论与实践论外,还涉及"仁"。他说:"孔子之告颜渊曰:'克己复礼为仁。'仁不得礼,无以为行,并无以为存也。礼之所统,不既全矣乎。""吾之说汉儒之说也,汉去子思未远,必有得之师传者,亦非汉儒之说而子思之说也,亦程子、朱子之说也。"⑤突出践礼对求仁的决定作用。汉儒与宋儒的仁、礼关系本不在同一层次,但在践礼求仁层面统合了修养论与心性论的差异,亦即统合于"中庸"。

凌廷堪《复礼论》也把《中庸》指向礼:"'天命之谓性,率性之谓道,修道之谓教。'夫其所谓教者,礼也。"⑥并阐释云:"夫人之所受于天者,性也;性之所固有者,善也;所以复其善者,学也;所以贯其学者,礼也。是故圣人之道,一礼而已矣。"明确以礼为道,以学礼为手段。他即刻又把道引入父子有亲、君臣有义、夫妇有别、长幼有序、朋友有信的"五伦",并认为"此五者,皆吾性之所固

① 余敦康:《内圣外王的贯通——北宋易学的现代阐释》,学林出版社,1997 年,第 348—349 页。

② 参见刘丰:《宋代礼学的新发展》,《中国哲学史》2013 年第 4 期。

③ 参见陈来《仁学本体论》中《仁体第四》一章,生活・读书・新知三联书店,2014 年,第 169—200 页。

④ 曾国藩:《王船山遗书序》,《曾国藩诗文集・文集》卷三,第 332 页。

⑤ 张尔岐:《中庸论上》,《蒿庵集》卷一,第 595 下页。

⑥ 凌廷堪:《复礼上》,《仪礼释例》卷首,《凌廷堪全集》第 1 册,纪健生校点,黄山书社,2009 年,第 15 页。

有"，"五伦"即被认为是固有的人性而不可改易，所以圣人就以各伦之道制为相应的士冠、聘觐、士昏、乡饮酒、土相见之礼，"自元子以至于庶人，少而习焉，长而安焉，礼之外别无所谓学也"，①则礼是人伦秩序的外化，同时又服务于人伦的秩序化。此其一。

其二，凌氏拈出与"性"相对的"情"，五伦"所以亲之、义之、别之、序之、信之，则必由乎情以达焉者也。非礼以节之，则过者或溢于情，而不及者则漠焉遇之"，②直面情对和顺五伦的必要性，然亦须经由礼以调节，使不"过"或"不及"。可以看出，凌氏即按照《中庸》"中和"理论来阐述"性情"论，所以他说"'喜怒哀乐之未发谓之中，发而皆中节谓之和'，其中节也，非自能中节也，必有礼以节之。故曰'非礼何以复其性焉'"。③ 在性与礼之间以伦常为关掫，其向内则含摄于性，而向外则体验于情，两者又由礼而统合于作为伦常主体的"人"。以群体论，五伦之纵横交错即为社会；以个体论，喜怒哀乐之未发已发必受激于外。所以，礼之用，于前者自是"息天下之争"，而于后者便是"平物我之情"。

至于怎样认识凌廷堪"学礼复性"，本文再从凌氏的仁义观出发来认识。他说："《记》曰：'仁者，人也，亲亲为大；义者，宜也，尊贤为大。亲亲之杀，尊贤之等，礼所生也。'此仁与义不易之解也。"④此《记》即《中庸》，此仁义也是先秦古礼系统所固有。凌氏以服丧服之制具体论证了亲疏远近的期功不同所体现的仁义差等关系，明确了礼仪自身所具有的等级维护意义："亲亲之杀，仁中之义也；尊贤之等，义中之义也。是故义因仁而后生，礼因义而后生"，反之，礼亦可据以"制仁义之中"，⑤且曾氏在同治九年（1870）正月也说过"先王之制礼也，因人之爱而为之文饰，以达其仁，因人之敬而立之等威，以昭其义。虽百变而不越此两端"⑥的话。凌氏所复之性不过为维护等级性的仁义。更有甚者，凌氏还认为，"一器数之微，一仪节之细，莫不各有精义弥纶于其间，所谓'物有本末，事有终始'是也。格物者，格此也。《礼器》一篇皆格物之学也，若泛指天

---

① 凌廷堪：《复礼上》，《仪礼释例》卷首，第 13 页。
② 凌廷堪：《复礼上》，《仪礼释例》卷首，第 13 页。
③ 凌廷堪：《复礼上》，《仪礼释例》卷首，第 13—14 页。
④ 凌廷堪：《复礼中》，《仪礼释例》卷首，第 15 页。
⑤ 凌廷堪：《复礼中》，《仪礼释例》卷首，第 16 页。
⑥ 曾国藩：《书仪礼释官后》，《曾国藩诗文集·文集》卷四，第 367 页。

下之物,有终身不能尽识者矣。盖必先习其器数仪节,然后知礼之原于性,所谓致知也"。这样,凌氏的所学之礼也仅限于学习礼仪中的器数仪节之细。其绾合《大学》的修身理论,认为《中庸》"'修身以道,修道以仁',即就仁义而申言之。曰'礼所生也',是道实礼也。然则修身为本者,礼而已矣。盖修身为平天下之本,而礼又为修身之本也",看来凌氏格物即在格礼之"数"以达修身之本,而其致知之意则在知礼之"意"以达仁义之实,而非虚悬的心性道德论。其批评"后儒置子思之言不问,乃别求所谓仁义道德者,于礼则视为末务,而临时以一理衡量之,则所言所行,不失其中者鲜矣",①则显指理学家无疑,而又与其分庭抗"礼"了。

凌氏整体否定宋学"理"对礼意的合理阐释不无偏激,这一点必为曾氏所不取,而其"把道德问题放在社会秩序的层面上讨论","通过五伦关系之实践,以重整伦常秩序;并经由丧祭等日常典礼之推行,以净化社会风俗,达到正人心厚风俗之目的",②则与曾氏礼学经世思想若合符契,曾氏评其"见先王之大原",并不是过誉。

同治九年(1870)二月,曾国藩在直隶总督任上,全面论述了礼之于修身、经世的关系:

> 先王之制礼也,人人纳于轨范之中。自其弱齿,已立制防,洒扫沃盥有常仪,羹食肴载有定位,绥缨绅佩有恒度。既长,则教之冠礼,以责成人之道;教之昏礼,以明厚别之义;教之丧祭,以笃终而报本。其出而应世,则有士相见以讲让,朝觐以劝忠。其在职,则有三物以兴贤,八政以防淫。其深远者,则教之乐舞,以养和顺之气,备文武之容;教之《大学》,以达于本末终始之序,治国平天下之术;教之《中庸》,以尽性而达天。故其材之成,则足以辅世长民,其次亦循循绳矩。三代之士,无或敢遁于奇邪者。人无不出于学,学无不衷于礼也。③

就"学"与"礼"的关系言,曾氏"学无不衷于礼"与凌氏"礼之外别无所谓

---

① 以上见凌廷堪:《复礼中》,《仪礼释例》卷首,第17页。
② 张寿安:《以礼代理——凌廷堪与清中叶儒学思想之转变》,河北教育出版社,2001年,第33页。
③ 曾国藩:《江宁府学记》,《曾国藩诗文集·文集》卷四,第417页。

学"别无二致,但内涵却又大相径庭。凌氏强调只在礼仪的"礼数"一层,且具有强烈的反理学倾向,钱穆先生对此有措辞严厉的批评。① 不过,其"以礼代理"的礼学思想"意味儒学性质从理学走向实学之重要转化",②恰构成了曾氏学术汉宋兼容的理论背景之一。

相较而言,《大学》"达于本末终始之序"是自汉儒以来对礼修身以入世的诉求,而《中庸》"尽性达天"则是宋儒关于礼的"形上"阐发,两者恰构成"下学"与"上达"的相需相成结构。曾氏"下学"固同凌廷堪一路,而其"上达"则具宋学色彩,又以"下学"实践为始基,这是曾氏礼学经世的内涵所在。就此而言,曾氏所设计士人之一生的礼仪活动,完全可以视作朱子《通解》编纂提纲家礼、乡礼、学礼、邦国礼、王朝礼、丧礼、祭礼的篇目次序及逻辑意涵的投射。以礼言,这种层次设计体现了礼从生到死落实于个人的实践全程;以人言,又体现了个人从幼稚到成学、为政以至参与丧祭的执礼实践全程,显是对《大学》关于士人修齐治平理念的形塑,也可视为曾国藩对礼之礼仪层面之于士人修身以经世的理论总结。

五

凌廷堪"以礼代理"本是徽州考证学内部充分发展的结果,但在乾嘉以后却激起汉宋之争,双方持论严苛,甚至互相攻讦,理学一度受创。嘉道以后,清朝也急遽中衰;道光以下,更是面临内外交侵的双重危机,曾国藩汉宋会通学术思想正是对嘉道经世思潮的回应。曾氏学术与事功建立于道光与咸丰、同治时期,余英时先生认为"道光以下的学术精神从古典研究转为经世致用,大体上说,有两个比较显著的趋向:第一是理学的重新抬头,第二是经世之学的兴起。这两个趋向都与曾国藩的学术成就有密切的关系"。③ 另一方面,"道光时期宗理学者十分注重程朱理学与经世之学的结合,紧紧地把道德修养功夫与矫正时弊联系在一起,强调礼学经世,解决社会实际问题"。④ 那么,曾氏把道光间的理学修养施于治军,实际是借平叛的契机,将传统理学的致用性发挥到极致,表现为礼学经世形态。由此,上文主体所论与此便在时间逻辑上接

---

① 钱穆:《中国近三百年学术史》下册,第547—548页。
② 张寿安:《以礼代理——凌廷堪与清中叶儒学思想之转变》,第33页。
③ 余英时:《曾国藩与"士大夫之学"》,《士与中国文化》,上海人民出版社,2003年,第581页。
④ 张昭军:《清代理学史》下卷,广东人民出版社,2007年,第98页。

榫,构成曾氏学术整体。

可以认为,汉宋会通就是曾国藩学术思想的精义,其表现形态是从理到礼的演进转换,而其本质特征则是以礼合理。以礼为始基,通过唐宋与清代通礼编纂研究,曾氏厘析了"三礼"中的制度与仪节属性的两层面向,在政事层面发挥其制度性价值,在伦常层面发挥其规范性价值,最终达至修齐治平。而礼所关乎的道德问题,曾氏走凌廷堪学礼复性一路,重申内化于礼的仁义观,将仁义的差等纳于人伦亲疏,从而维护礼的等级观念;另一方面,曾氏又重朱熹晚年的礼学,在礼仪践履上强调与义理的勾联,从而将新儒学以来的心性理论转化为切实平易的人伦秩序问题。此即曾氏"理—礼"的演进过程。那么,礼之于理,其外作为基本规范,具有不可置疑性,偏于实践;而其内作为道德修养的路由,又体现了规范的合理性,偏于修养,相互勾联,相需为用,具有鲜明的朱子礼学思想取向。这就是曾氏礼学经世的内涵。曾国藩以其学术实践,对传统礼学与理学在不同层面上予以再度阐发,使传统儒学中的经世致用与义理意涵在两者的学术系统里同时得以重新整合,避免各自为用的弊端,对促进文化价值转换与生成、激发文化生命力亦不无裨益。

Ritual Practice: Perspective Transition from Capital to Local Affairs — Supplementary Analysis on Zeng Guofan's Academic Thought

Zhang Zhibing

Abstract: Zeng Guofan's academic, military and political achievements were established during the period of Daoguang, Xianfeng and Tongzhi. In the middle and late Daoguang period, Zeng Guofan's Neo-Confucianism laid the foundation for his academy and formed the Han-Song Communication thought gradually. At the same time, he began to study the historical and Confucian classics, preparing for executive affairs in the future. But soon he ruled the army during Xianfeng and Tongzhi period, and his perspective was transitioned from the capital to the local affairs, the evolution of the academic thought from Neo-Confucianism to the rite manifested itself as a "ritual practice", but its essential characteristic was ritual practice based on Neo-Confucianism. On the one hand, Zeng Guofan has grasped the dual orientation of the institution and ceremony attributes embodied in the compilation of Tong Rites（通礼）since the Tang and Song dynasties, exerting its institutional value at the level of government administration, and exerting its normative value at the level of ceremony. On the other hand, the question of moral cultivation related to rites has been transformed from the core issues of Neo-Confucianism to the issue of benevolence and righteousness of traditional rites, in order to maintain the grading differences of rituals, thereby enhancing individual cultivation, ethic and customs, and guiding social value. Rites were applied to practice. Zeng Guofan's ritual thought embodied the mutual connection between rites and Neo-Confucianism and a clear ideological orientation of Zhu Xi's rites.

Keywords：ritual practice；Zeng Guofan；academic thought

作者简介：张智炳，上海师范大学人文与传播学院博士研究生。

艺术中的都市文化

柏拉图理想城邦中的音乐教育^①

张黎红

摘　要：在其对话录著作《理想国》与《法律篇》中，柏拉图立足于当时的社会现状，从不同角度重新审视了音乐及音乐教育，建构了其音乐教育思想。柏拉图理想城邦在音乐教育方面的种种主张，既源于希腊教育的历史积淀和城邦发展的进程，又源于他对所处时代音乐现状和音乐功能的理性思考。作为古代教育家，柏拉图的音乐教育思想对后世产生了深远的影响。

关键词：古希腊；柏拉图；音乐教育；城邦

柏拉图一生兴趣广泛，著述等身，举凡哲学、政治、法律、教育、修辞等无所不包，在述及的篇章中，亦多见有关音乐以及音乐教育的论述。在晚年的对话录著作《理想国》与《法律篇》中，柏拉图立足于当时的社会现状，从不同角度重新审视了音乐及音乐教育，同时建构了其理想城邦中的音乐教育思想。

柏拉图的音乐教育思想对后世的影响深远，相关的研究论著众多，关注的重点也各有不同。针对柏拉图音乐教育思想研究的现状，加拿大学者 S. 布尔戈曾言：学界对柏拉图音乐教育的研究不外乎两个极端，一端是全然不顾及当时的历史，而另一端则过分拘泥历史与传统。^② 在国内，有关柏拉图音乐教育的论述其实也不少。相关的研究中，有的从伦理学角度，有的基于美学、伦

---

① 本文为多元文化背景下中国民族音乐教学在文化传承中的作用（吉林省教育厅"十三五"社会科学研究规划项目。项目编号：2016 - 489）。

② Sophie Bourgault, "Music and Pedagogy in Platonic City," *The Journal of Aesthetic Education*, Vol. 46, No. 1 (Spring 2012), pp. 590 - 600.

理学来探讨柏拉图的音乐观,但是,即便述及到柏拉图的音乐教育思想,对柏拉图音乐教育思想产生的历史背景的观照也往往不够充分。①

本文拟从回溯柏拉图之前的教育与音乐教育入手,在解读《理想国》与《法律篇》中相关论述的基础上,探讨柏拉图音乐教育思想的语境及其在理想城邦中的意义。不当之处,尚祈方家有以教正。

一

古希腊音乐不仅仅包括声乐与器乐,舞蹈、诗句的吟唱都是音乐的表现形式。② 在宗教仪式、节庆甚或宴饮中音乐也是如影相随;在希腊戏剧表演中,音乐更是不可或缺的组成部分。可以说音乐与古希腊人的日常生活息息相关。

考古证据表明,希腊最古老的乐器里拉出现在几何陶时代晚期,亦即行吟诗人荷马生活的年代。荷马当年就是在这种带有四线的弹拨乐器伴奏下吟唱着不朽史诗《伊利亚特》与《奥德赛》的。③ 而古风时代的希腊瓶画则生动再现了时人演奏乐器、歌唱以及舞蹈的场景,表现演奏乐器的瓶画上有里拉以及竖笛。④ 关于这一时期的音乐与教育情况,除上述考古证据外,相关文献记载大多与克里特、斯巴达有关。

在古代希腊历史上,克里特人与斯巴达人同为多利亚人,他们也是希腊教育制度的奠基者。教育,希腊语写作"paideia",尽管该词在不同语境中各有所指,但都是与儿童(pais)训练或教育有关的名词。史家斯特拉波在述及到克里特的儿童教育时曾言,"克里特人不仅教男童识文断字,而且还要教授法律所规定的歌曲及音乐调式。他们还带着尚小的男童参加集体聚餐;他们在那

---

① 相关论文主要见吴华山、龙玉兰:《柏拉图音乐伦理价值思想探析》,《广西民族大学学报》(哲学社会科学版),2007年第3期,第151—154页;神彦飞:《古雅典和谐教育的内涵及其启示》,《山东大学学报》(人文社会科学版),2007年第4期,第118—121页;劳丹:《试述柏拉图音乐教育思想》,《福建教育学院学报》,2009年第1期,第99—101页;宋祥瑞:《柏拉图音乐美学研究》,《南京艺术学院学报》(音乐与表演版),2009年第2期,第63—68页,转第151页;丁隽:《柏拉图音乐思想初探》,《学理论》,2011年第26期,第95—96页。

② Simon Hornblower & Antony Spawforth, eds. , *The Oxford Classical Dictionary*, Oxford: Oxford University Press, 2003, p. 1003.

③ M. L. West, The singing of Homer and the modes of early Greek music, *Journal of Hellenic Studies* 101(1981), p. 116.

④ M. L. West, *Ancient Greek Music*, Oxford: Oxford University Press, 1992, pp. 2 - 6.

儿食用自己的食物,席地一处,身穿冬夏不换的褴褛长袍,并在自顾的同时服侍成人。他们模拟对阵,或是在一同用餐者之间,或是在所有用餐者之间进行。每次聚餐,由男童指挥官负责照顾男童。长大后,他们被招募进男童团。最杰出、最有能力的男童组成男童团,并尽可能多地聚集男童。男童团的头目一般是召集人的父亲,他有权带领男童狩猎、赛跑,并惩罚不听命的男童。男童的费用出自公帑。在一些指定的日子里,男童团相互对阵,在竖笛与里拉的伴奏下,走向战场,一如在疆场上一样。他们也会挂彩,因为他们不仅仅赤手而且还用不带铁的武器搏斗"。① 斯特拉波的记述表明,克里特人的儿童教育除了教授文化知识(读书识字、音乐)外,更关注军事上的训练,尤其是在集体生活中磨练儿童的意志、培养他们的团队精神。形同克里特,以军事立国的斯巴达教育核心也是为城邦培养勇武善战、恪守风纪的战士。斯巴达诗人图尔塔埃奥斯在其诗作中曾这样吟诵为国捐躯、奋勇杀敌的勇士:"他们伴着里拉和竖笛的音调在战场上发起冲锋";"冲锋在前、英勇地为了祖国而倒下,死得其所!"② 从上述多利亚人城邦的早期教育实践可以看出,他们关注儿童的目的是培养儿童的尚武精神,文化教育中虽也包括音乐教育,但音乐最终还是要服务于军事活动。

从公元前 6 世纪起,希腊另一主要城邦雅典的教育"虽然民事性质已经多于军事性质,但教育主要还是体育"。③ 作为体育教育,雅典人教授儿童的体育科目包括马术、骑术、战车竞赛、赛跑、跳远、投掷铁饼和标枪、角力和拳击等。这些在体育场进行的体能训练,目的是为了培养儿童的竞赛精神。与此同时,儿童还要接受基本阅读能力的培养,从字母到词汇再到句式,一般要用三、四年的时间。

在古代希腊,时常要举行各种节庆仪式,如泛雅典娜大庆、邦际狄奥尼苏斯大庆抑或是赞美酒神的比赛,都会吸引数以万计的人参加,而节庆时也总有剧作表演和歌队演唱以及舞蹈等相伴。故而,儿童的音乐教育也成为文化教育中的重要一环。歌唱、舞蹈、器乐演奏以及吟诵诗歌等由音乐教师负责。从

---

① T. E. Page et als, eds., *The Geography of Strabo*, X, 4.20, Loeb Classical Library, Cambridge: Harvard University Press, 1954.

② Douglas E. Gerber, ed., *Greek Elegiac Poetry*, Loeb Classical Library, Cambridge: Harvard University Press, 2003, pp. 29,51.

③ [英]M. I. 芬利主编:《希腊的遗产》,张强、唐均等译,上海人民出版社,2016 年,第249 页。

流传下的瓶画可以看出,音乐教师是面对面地向儿童单独传授乐器演奏的技能。① 成年后,他们便可凭借其所学参加节庆表演,并引以为豪,获胜者也会受到世人的称颂。

作为初级教育,无论是体育还是文化,所教授的对象只有男童,女童则要在家里由母亲负责教育。另外值得关注的是,在古代希腊,无论是初级教育还是"高等教育",所谓的学校都是私立的,即便到了古典时代中期,智者们行游各邦,也是靠收取学费传授知识,柏拉图的学园抑或亚里士多德的吕克昂学院亦概莫能外。兴起于这一时期的智者运动,众多号为"智者"的学人在传授修辞学、雄辩术的同时,也传播了迥异于传统的各种新观念、新思想,进而促进了"高等教育"的出现。② 但是,希腊教育思想的形成则始于古典时代晚期,且与伊索克拉底尤其是柏拉图的学术活动密切相关。③

二

在希腊古典时代晚期,传授修辞、雄辩术的智者因玩弄概念和文字已成为诡辩家的代名词,他们又因授徒收费而广受世人的诟病。师从过苏格拉底的伊索克拉底(约公元前436—约前338年)虽然也曾受过智者学派修辞学的影响,但他对智者的这种教育方式表达了极度的不满,并从道德层面上加以批判。公元前392年,他在雅典创办了第一所修辞学校,主张道德教育,认为演说技巧、修辞技艺应在城邦公共政治空间和政治事务上发挥作用。同伊索克拉底一样,柏拉图(公元前427—前347年)与苏格拉底也是亦师亦友的关系,并于公元前387年在雅典也创办了专门从事哲学研究和教学的学园(Academy),他试图通过哲学——即哲学家成为统治者或统治者成为哲学家——来根除当时社会的种种弊端,而这也是他坚持的基本信念。

作为古典时代晚期的教育家,与伊索克拉底不同的是,柏拉图对智者学派的批判更注重理论层面上的思考,在继承苏格拉底的思想的同时,他从哲学角

---

① Peter Connor & Heather Jackson, *A Catalogue of Greek Vases at The University of Melbourne*, Melbourne: Macmillan, 2000, p. 51.

② 关于智者运动以及智者的教育实践活动,参见汪子嵩、范明生、陈村富、姚介厚:《希腊哲学史》(第2卷),第一编"智者运动",人民出版社,1993年,第57—114页。

③ Henri-Irénée Marrou, *Histoire de l'éducation dans l'Antiquité*, Paris: éditions du Seuil, 1948, Second edition, p. 595.

度提出了在哲学史上影响深远的"理念论"和"辩证法",并从爱智慧(或曰哲学)的视角来审视教育。伊索克拉底与柏拉图都经历过伯罗奔尼撒战争的爆发以及雅典城邦战败后由盛而衰的全过程。尤其在公元前 399 年,苏格拉底因被控反对民主政治、以邪说毒害青年而被处死,这使得柏拉图对当时的雅典社会备感失望。在其中晚期的对话录《理想国》《法律篇》中,柏拉图针对城邦危机从音乐教育角度进行了较为全面的思考。

在《法律篇》第三卷中,柏拉图在述及雅典、斯巴达、波斯历史时,尤其辨析了雅典历史上"乐坏"而"礼崩"、剧场政体取代了先前更好的统治形式而造成的严重后果——城邦价值观缺失以及信仰失序等乱象,并从公民与音乐关系的角度,阐述了城邦礼乐制度的变迁以及公民对音乐态度的变化。而在温和民主政治时期,城邦的音乐由德行出众的贤人主导,音乐的创制标准和音乐活动所遵循的价值尺度受到城邦的掌控,雅典城邦稳定团结。但在伯罗奔尼撒战争之后,雅典城邦的音乐实践逐渐沦入无序,音乐教化的主导权落入仅以迎合民众喜好为目的的音乐家之手,音乐的优劣裁定标准亦随之变化。温和民主政治时代的有序音乐教化一变而无序,诗人们不顾城邦的价值指引,任意创制乐曲、混淆曲目界限,民众可据一己好恶而评价音乐,进而至于评价城邦政制。

在古代希腊,希腊城邦教育的核心观念是公民精神的养成,而音乐即是培养此种公民精神的重要途径。柏拉图对音乐教育的重视,亦是因为音乐本身能引导公民心向美德。他认为,在有序、稳定的音乐实践中,城邦推行的价值观念能通过表演者的行为,即歌与舞表现出来,经城邦的集体活动而传达给所有民众。城邦美德价值观念的实现途径之一就是树立符合城邦需要的正确的音乐,而音乐活动则要受城邦统治阶层的严格管理。

在汲取历史经验的同时,柏拉图认为城邦的法律制度应当以全部美德或者说善为最终目的。全部美德分为两大类,一类是神圣的,一类是属人的,神圣的决定属人的。健康、美貌、力量和财富是属人的美德,神圣的美德包括良好的判断力、自我节制、正义和勇敢。[1] 他据此批评克里特城邦只推崇一种美德即勇敢,目的是为了从战争中获益。这种观念在柏拉图看来是有缺陷的。

---

[1] [古希腊]柏拉图:《法律篇》,张智仁、何勤华译,孙增霖校,上海人民出版社,2001 年,第 10—11 页。

柏拉图指出,基于对全部美德的认识,肩负为理想城邦制定法律和制度的立法者必须着重三个目标,即自由、团结和智慧。① 从城邦追求实现全部美德的观念和城邦追求的三项基本要素出发,作为传统中对城邦公民教育起到重要作用的音乐,必然受到柏拉图的重视。

鉴于对雅典当时音乐的失望以及对音乐教育的思考,柏拉图在其《法律篇》以及《理想国》中构建了其理想城邦中的音乐教育蓝图。

二

柏拉图在其对话录《理想国》中,谈到教育城邦的护卫者时,提出了音乐、体操教育,认为应先进行音乐教育,然后进行体操教育;②显然,重视体操教育是希腊城邦教育传统的延续。值得注意的是,柏拉图所用的"音乐"这一概念包括内容较多,如音乐、文学等,大体上相当于后世的文化教育。柏拉图的"音乐",包括故事、诗歌、歌曲、抒情诗等,在这部对话录中,柏拉图对音乐各部分都做了较为深入的分析。以诗歌为例,柏拉图对"诗歌有三个组成部分——词,和声,节奏"③都有涉及。柏拉图笔下的苏格拉底与其对话者在第二卷中"完成了关于语言或故事的'音乐'部分的讨论",其中牵涉"应该讲什么以及怎样讲法的问题"以及诗歌和曲调的形式问题。④ 至于挽歌的调子,应依其性质而选择其中的多利亚调和佛里其亚调;乐器仅选择里拉,而废止竖笛及其制作的活动,有关具体的音乐知识问题还涉及到节奏、音步等。⑤

在《理想国》中柏拉图通过苏格拉底之口在论及城邦护卫者的教育时道出了他对音乐的重视:"我们和我们要加以教育的护卫者们,要能认识节制、勇敢、大度、高尚等等美德以及与相反的诸邪恶的本相,也能认识包含它们在内的一切组合形式,亦即,无论它们出现在哪里,我们都能辨别出它们本身及其映像,无论在大事物中还是在小事物中都不忽视它们,深信认识它们本身及其映像这两者属于同一技能同一学习",反之,若护卫者不能完成这样的教育,则

---

① [古希腊]柏拉图:《法律篇》,第105页。
② [古希腊]柏拉图:《理想国》,郭斌和、张竹明译,商务印书馆,1997年,第70页及注释2。
③ [古希腊]柏拉图:《理想国》,第103页。
④ [古希腊]柏拉图:《理想国》,第102页。
⑤ [古希腊]柏拉图:《理想国》,第103—105页。

他们"是不能算是有音乐文艺教养的人的"。[①] 我们知道,在《理想国》中,城邦公民划分为生产者、辅助者与护卫者,[②]而护卫者与辅助者一道,在生产者的支持下治理城邦。故可以说,对城邦护卫者阶层的教育代表了城邦教育的基本导向。护卫者的教育以柏拉图提出的著名的"理念论"为理论基础,以追求认识、获得美德为核心内容,因此,音乐中的各门类,如诗歌、歌曲、舞蹈、剧作等,其所反映的内容是否合于城邦要求,均以美德这一标准来衡量。柏拉图在《理想国》第十卷中谈到古已有之的"哲学和诗歌的争吵",[③]认为当诗人的作品不合于这一标准时,就应被逐出城邦。由此可见,即便是作为希腊文化教育主要实施者的诗人,若其所教授的内容在美德这一标准上不符合城邦的要求,仍然要被拒于城邦之外。

相较于讨论在克里特某地建立城邦的《法律篇》而言,《理想国》在音乐教育的具体制度安排上显得不够具体和丰富,这主要与它的主题侧重点异于《法律篇》有关。《法律篇》对话的主线是"政治制度和法律",[④]其中所述的各种制度更为具体而丰富,由此,我们也能更充分了解柏拉图对音乐教育在制度方面的安排。如前所述,《理想国》中的教育对象或受教育者主要是按照城邦公民阶层的划分来确定的,其中以护卫者的教育为城邦教育的核心。《理想国》中的城邦教育同时也涵括了儿童、青年等,即以年龄来区分受教育者。而在《法律篇》中,除了从城邦统治者的角度来审视教育外,同样也以公民年龄的不同来论述教育。这种特征在音乐教育中极为显著。儿童、青年和老年人均被纳入城邦音乐教育活动中。

柏拉图对儿童的音乐教育的重视有加。他反复阐述了教育的定义,主张教育的起点与培养儿童的美德有关。[⑤] 在音乐教育方面,儿童除了三年左右的文学学习即接受识字阅读教育外,从约十三岁起开始学习里拉,[⑥]他们组成儿童合唱队,这支歌队与文艺女神缪斯有关。[⑦] 儿童学习里拉的过程,是其家

---

① [古希腊]柏拉图:《理想国》,第109页。
② [古希腊]柏拉图:《理想国》,第156页。
③ [古希腊]柏拉图:《理想国》,第407页。
④ [古希腊]柏拉图:《法律篇》,第1页。
⑤ [古希腊]柏拉图:《法律篇》,第27、37、47页。
⑥ [古希腊]柏拉图:《法律篇》,第231页。
⑦ [古希腊]柏拉图:《法律篇》,第54页。

长不能干涉的,否则家长要受到城邦的处罚。① 青年在音乐训练方面也组成合唱队,这一歌队与阿波罗有关,参与者为童龄之后至三十岁的年轻人。最后是三十岁至六十岁年龄阶段的公民组成的合唱队,该合唱队与狄俄尼索斯有关。② 对这个年龄之外的老年人没有特别规定。从中可以看出,柏拉图以年龄和合唱队的类别,将全体公民纳入至城邦音乐教育活动中,起到了调动全体公民的作用。这种由不同公民组成的歌队的音乐表演形式其实与城邦节庆密切相关。在雅典,城邦每月都要举行向神献祭时的音乐表演,由此各个合唱队和不同年龄阶段的公民都必须通过接受城邦规定的音乐教育,以此获得表演能力,以便完成节庆中的音乐表演。

与此同时,柏拉图对音乐的种类与变化还进行了详细的讨论。他认为,雅典经历的音乐变化是应深刻反思的。当雅典的城邦生活遵守法律时,城邦的歌曲有向神祈祷的"圣歌"、"哀歌"、赞美阿波罗的圣歌,以及庆祝狄俄尼索斯诞生的"赞歌"。当广大观众在剧场欣赏各种曲目时,城邦的音乐规则对于他们的欣赏趣味进行引导和规范。但是,当肆意创作、以求新猎奇为务的诗人成为音乐的主创后,他们开始打破音乐的各种规则以及鉴赏标准,混合哀歌与圣歌,把阿波罗圣歌和狄俄尼索斯的赞歌混为一谈,破坏音乐的正确标准,而唯以快乐作为衡量音乐的标准。由此,雅典的音乐制度"礼崩乐坏",先前对音乐的各种规定因素消失殆尽,以至雅典的政治生活堕落至"剧场政府"占据主导地位。③

由此,柏拉图对音乐标准和音乐创制者的优劣也极为重视。在他看来,一切音乐创作都是模仿和再现,④这种对音乐创作的观点根源于柏拉图的理念论,即一切艺术创作起源于对理念的模仿,经过艺术家的创作而得以实现。与此相关,对于包括音乐在内的一切好坏的评判,评判者必须确定三点:"第一,他必须知道,被再现的是什么;第二,它是如何正确地被复制的;第三,种种艺术品所运用的语言、曲调和旋律是否再现了其原型的道德价值。"柏拉图提出这种看法的原因是,"在这方面犯了错误的人将受到许多伤害"。⑤ 柏拉图认

---

① [古希腊]柏拉图:《法律篇》,第 231 页。
② [古希腊]柏拉图:《法律篇》,第 54—55 页。
③ [古希腊]柏拉图:《法律篇》,第 103—104 页。
④ [古希腊]柏拉图:《法律篇》,第 59 页。
⑤ [古希腊]柏拉图:《法律篇》,第 61 页。

为旋律和音乐是表现好人和坏人的品格的手段,①因此对音乐创作的控制至关重要。为此,他还提出为音乐创作制定法律,审查音乐创制——由立法者和教育管理员掌握。② 在理想城邦中,传授音乐的最佳人选是狄俄尼索斯歌队年过六旬的歌手,这些年长的公民,因为经验和深受城邦主导理念的熏陶而对"旋律和构成和声的方法特别敏感",他们能在作品的好坏之间做出评价,并且亲自向公民表演好作品,由此"控制住年轻人的灵魂,鼓舞他们中的每个人,让这些演出引导他们沿着导向美德的道路前进"。③ 在作曲方面,教育官员、法律维护者负责挑选作曲家,作曲家年龄至少要五旬以上,因为他们在诗歌和音乐方面成就显著,而且"在行为方面达到了很高水准,并且他们个人优点使其在国内声誉卓著"。上述城邦官员挑选他们为城邦创作,除此之外,其他人被禁止创作。④

从《理想国》和《法律篇》中关于音乐的论述可知,城邦的特定观念对于音乐的选择、创作和表演具有决定性。在柏拉图的理想城邦中,城邦和公民应以追求认识、获得美德为重要目标。所以,音乐的正确标准、内容、表演等即由城邦决定,音乐教育、参与音乐表演的公民追求的价值取向等也是基于城邦的这一观念。同时,我们也看到,柏拉图从制度层面上对音乐进行的各种设计符合希腊教育中培养公民精神和共同体认同感的一般特征,这是因为他所倡导的音乐、设立的音乐制度是城邦条件下的产物。柏拉图在音乐教育方面的种种主张,既源于希腊教育的历史积淀和城邦发展的进程,又源于他对音乐现状和音乐功能的理性思考。

Musical education in Plato's ideal Polis
Zhang Lihong

Abstract:Both in his ideal states of *Republic* and *Laws*,based on the contemporary society,Plato observed and reviewed music and its education in different perspective,and

---

① [古希腊]柏拉图:《法律篇》,第 217 页。
② [古希腊]柏拉图:《法律篇》,第 221 页。
③ [古希腊]柏拉图:《法律篇》,第 234—235 页。
④ [古希腊]柏拉图:《法律篇》,第 252—253 页。

thus displayed his various thought on it. Plato's theory on music was deeply rooted in the development of states on one hand, and resulted from his critical thinking over music, on the other.

Key words：Ancient Greece；Music；Musical Education；City-State；Plato

作者简介：张黎红，东北师范大学音乐学院教授。

主持人语

王建疆

　　别现代理论提出后引起国内外学者的持续关注和研究,其关注和研究的范围也由文艺学、美学扩展到了哲学、语言学、旅游学、文艺评论。别现代理论产生的哲学基础是什么,其思想方法论如何,其与文艺作品的关联何在,其对当下的社会人生有何意义,就是本期这一组文章中探讨的问题。

　　汉语"别"有不要、告别、另外、其他、区别、别扭、别字等多种意思。其实这些意思都离不开其哲学本体论和方法论根源。从中国古人主张天人合一,认为道生一,一生二,二生三,三生万物开始,就是一种生而有别,因别而生,有别必有合,有合必有别的世界观和方法论。同时,分别、差别也是差异性哲学的根本,是求异性思维的根据。别的这种本体论和方法论用于社会人生,无疑会启迪智慧,坚守主体性,为求异性创造奠定思想基础。汉语的造字和构词给别现代理论很多启发,也说明别现代理论的汉语文化基因。

　　别现代理论所主张的社会的自我更新、自我调节、自我超越,是我的自调节审美理论和修养美学理论的自然延伸,但这两个理论又都来自中国古代的修养哲学和智慧哲学,如老子的"涤除玄览"、禅宗的"教外别传"以及孔儒的"修齐治平"等,但其"时间空间化""跨越式停顿""区分真伪现代性"等思想却是对儒释道思想和方法论的改造和超越,具有强烈的现代意识,甚至是与西方现代、后现代平等对话的新思想体系。什么是话语创新,如何创新,读了关煜的文章,我们会得到一定的启发。

　　人文学科的价值在于真实地记录和反映现实,进而反思现实,从现实中总结经验,找寻规律,并加以理论化,能够给需要思考的人们以启发、以参照,从而解除束缚,消除迷茫。专著应该是人文思想的集中体现,也是学术成果的荟萃。《别现代:空间遭遇与时代跨越》一书在反映现实、映照现实、探寻路径方面,究竟做了哪些工作呢? 肖明华的文章从两个方面回答了这个问题。

　　别现代理论如何运用到文艺评论上去,这是检验别现代理论的一个重要方面。徐薇对于《大话西游》系列的评论,使我们对穿越剧的别现代时间空间化特点和尚不具足的现代性有了感性形象的认识,这种感性形象的积累正是文艺和美学的立身之本,是进一步上升到理论和哲学的必要前提。

总之,在这一组文章中我最明显的感觉就是别现代理论的中国性和现实性。这两种属性相互依存,彼此印证,构成了对于中国原创式理论的吁求和规范。

王建疆,上海师范大学人文与传播学院教授、博导、博士学位点负责人。

别现代理论对中国
哲学的传承与创新

关　煜

摘　要："别现代"主义是建立在中国古代儒道释的传统哲学思维方式基础上，从现代性话语体系中生发出来的关于中国当下社会形态的新理论。别现代理论的"别现代"与"别现代主义"关系的二律背反是中国古代易经思维当代转化的最好注释。而别现代主义之核心概念——跨越式停顿则受禅宗顿悟影响最深。别现代美学思想可以说是在传统修养学领域汲取养分而生成的别样美学观。别现代主义哲学不仅是对中国古代哲学和美学思想的继承，更是改造和出新。

关键词：别现代；中国古代哲学；禅宗顿悟；易经思维；传统修养美学

自 2014 年王建疆教授在中俄高层文化论坛上首次提出"别现代"以来，Bie-modern 引起了国内外学者的广泛关注。随着别现代主义的提出和别现代理论的不断建构和完善，国内外学者对此话题热议不断。

别现代理论提出后，著名美学家阿列西·艾尔雅维茨认为，别现代对于"主义"的探索方面所起的带头作用，有可能导致中国哲学突破现有世界哲学格局，形成一个有中国参加的世界哲学四边形，从而突破现有的世界哲学三帝国基本构架。[①] 罗可·本茨教授高度评价别现代主义在学界产生的影响，他

---

① Aleš Erjavec, "Zhuyi, From Absence to Bustle? Some Comments to Jianjiang Wang's Article 'The Bustle or the Absence of Zhuyi'," *Journal of Art ＋ Media Studies*, 2017, p. 13.

指出："阿兰·巴迪欧的'哲学时刻'认为,具有普遍意义的哲学创造力的巨大爆发,是以特定的时刻和特定的地点为标志的。我认为这一'哲学时刻'的概念,非常接近于王建疆所提倡的别现代主义。"①

在别现代主义被持续高度关注和热议之余,我们不禁发问,别现代将何以开启中国新的"哲学时刻"? 又何以将中国哲学带入世界哲学四边形? 笔者认为,首先需要对别现代、别现代主义及相关理论内核产生之初的哲学基础进行探究,方可找出别现代主义哲学产生世界影响的可能性。

一、跨越式停顿与禅宗顿悟

别现代主义的精髓在于"别"字的提出。"别"在现代汉语词典中具有分离、差别、不要、另类、分类、别扭等多义性。但其基本义仍取自"教外别传"中之"别"解。教外别传是禅宗中不立文字,直传佛心的特别传授。禅宗是中国特色的本土汉传佛教,在修行中主张"悟",主要集中于对自我生命和心性本体的关注。禅宗分南禅和北禅两支,南方慧能传承的禅宗就认为所谓佛性,人人皆有,并创立顿悟成佛之说。禅宗之悟修体验深深影响了别现代理论创始人王建疆教授,别现代主义的核心理论"跨越式停顿"思想正取于此。②

王建疆教授早年深入研究影响中国传统文化深远的"儒道释"哲学思想,结合自我人生修养体验,将人生修养实践与中国古代哲学思想结合起来思考,③著述《自调节审美学》《庄禅美学》《修养 境界 审美》《澹然无极》等力作,并在禅宗独特的体悟方式影响下创立了无对象精神型审美的"内审美"理论。而禅宗思想不仅作为哲学基础引发产生了内审美概念,其对之后别现代理论及其核心概念的生成也产生了根本性的影响。

"别现代"主义涵盖社会形态以及具体文学、艺术等学科领域,旨在实现柏拉图"哲学王"的思想影响下的正义王国理想。可以说王建疆教授将别现代理论提升至中国文化的识别标志的层面,强调与西方话语的本质区别,是当下中

---

① 参见[斯洛文尼亚]罗克·本茨著,"Remarks on Philosophical 'Moments', on the Aesthetics of Emancipation and on the 'Bie-modern' in the Cinema of Jia Zhangke"。李隽译《论哲学的"时刻"、解放美学及贾樟柯电影中的"别现代"》,引自美国会议论文集:"Art: Premodern, Modern, Postmodern, Bie-modern",2017年,第92页。

② 见拙文《别现代视域下中国当代美术的跨越式停顿——以张晓刚作品为例》,《上海文化》2017年第8期。

③ 参见王建疆、张曦:《温故知新 走向世界——王建疆教授访谈》,《学术月刊》2009年第11期。

国学术界理论创新与主义建构诉求的具体实践。这不仅与前现代、现代、后现代相区别,与西方的空间理论相区别,与西方文化及理论作了根本上的区隔,主张中西马我之分别等,而且更是站在后现代之后的视野对自我"别现代"进行告别,是在思维之初就已站在了中国本土"别"的视野对世界、对当下进行反观,用庄禅自我调节修正之法对欠合理之处进行"跨越式停顿"。老子曰"反者道之动",别现代就是运用老子的反向动力思维和禅宗的顿悟思维,从反向上寻求思想创造的动力,从而将道家和禅宗的创造性思维用到了极致,产生了当代与"跨越式发展"理论相对的全新的发展理论。这种发展理论由于其哲学内涵和哲学方法的深厚基础,以及超强的理论生长点,因而造成别现代的"别"词义的丰富而无法用一两个词限定,甚至无法找到最恰当的英文对译也就很好理解了。但是,别现代的独创性用禅宗的教外别传去体悟领会更为恰当。

别现代主义中跨越式停顿理论的提出,不仅具有老庄生存哲学与禅宗悟道体验的合理性因素,而且具有回应现实社会呼求的功能,成为中国当下社会发展及文化艺术软实力增长的一剂良药。格式塔派心理学家就曾指出人类解决问题的过程本身就是顿悟的过程,其特点在于突发性、独特性、不稳定性。中国传统的哲学思维不仅限于处理中国传统的问题,它的视野和应用范围在当今全球化背景下依然有效,包括解决现代文明中出现的各种问题,比如无车日、无水日的出现,将人们的日常生活突然间打断,与传统儒家讲急流勇退,道家讲功成身隐,禅宗讲言语道断等在智慧哲思上都是殊途同归的,都讲明了在鼎盛饱满的如日中天时期中的自我保护与隐退,可谓是别现代理论提出的跨越式停顿的另一种注解。跨越式停顿这样的思维方式类似于中国古代的急流勇退,但与急流勇退的明哲保身最大的不同在于,这种全力而退是为了以退为进,适时的停止是为了自我反思与修炼,是对前现代、现代和后现代中的诸多矛盾对立的深层次思考与自我评价以及自我超越。① 尤其是对于艺术创作,更需要强调人的主观精神创造,跨越式停顿中的自主反省、自我更新、自我超越意识与顿悟式的体验和灵感的偶得,都将为艺术新思维的创造带来一个更为崭新、开阔的发展局面。

同时,跨越式停顿理论也揭示出了易经中爻变的变之根本。日中则移,月满则亏,器满则倾,水满则溢,物极必反,道穷则变。万事万物无不在流动变化

① 参见王建疆:《别现代的空间遭遇与时代跨越》,《中国政法大学学报》2018年第3期,第42页。

之中,发展之鼎盛状态预示着月盈即亏的道理。所以一方面,当把一个事物作为整体看待时,在发展的高速运转期的突然主动停止,是对自我发展的保护与对未来不测的预防,更是对运动惯性的强制消解。另一方面,对于一个事物的多重组织结构而言,跨越式停顿理论就是针对运动体中不同组成部分之间无法达到平衡状态时的提醒与预警信号。这好比一支在传送带上向前飞速滚动的轮子,只有方向端正,每根辐条间距相等,轮胎充气饱满,轮胎上的每个点受力均衡,才可以做到在运动过程中保持平衡,持续向前滚动。如有任何一根辐条断裂或者长短参差不齐,则会导致在向前滚动的过程中轮子发生突然偏斜、飞出轨道的意外。这时候及时发现轮子的不对称与不规则,做出内部结构的修正,就可以保证轮子在轨道上的正常轨迹。

当代中国社会的主要矛盾已经转化为人民日益增长的美好生活需要和不平衡不充分的发展之间的矛盾,包括地区间的经济文化发展不均衡,国家硬实力与软实力的发展不均衡,同一地区的资源分配不均衡,也包括学术思想欠发达时期的学术水平不均衡,如文科学术发展较薄弱等等。在不平衡发展中就存在方方面面的隐患,如同轮子辐条间的间距不相等,需要及时更正与调整。所以"跨越式停顿"的策略的提出就显得及时而有必要。这种停顿并非止步不前,而是一种高速运转下甚至进入惯性发展中的自省和参透,是中国古代哲学思想之精粹体现。在停顿间歇进行及时调整并进行下一步发展战略规划,将木桶原理中的短板及时补上,以保证"轮子"的良性向前运转。

可以说,中国古代哲学为别现代理论提供了生命之源,别现代理论的产生又赋予了中国古代哲学以新的生命力,在本土化的新生概念、理论形态和具体艺术实践上让更多人看到中国传统哲学思想更为广阔的生存空间与理论张力。

二、别现代—别现代主义悖论与易经思维

王建疆教授在《别现代:空间遭遇与时代跨越》一书中提出:"别现代是一种关于特定社会形态和历史发展阶段的理论,别现代性是对别现代时期复杂属性的概括,别现代主义则是对于别现代社会和别现代发展阶段的自我更新和自我超越,其目的在于进入更理想的社会形态和历史发展阶段,建立富强、民主、文明、和谐的现代国家,建立自由、平等、公正、法治的现代社会,塑造爱国、敬业、诚信、友善的公民。但别现代主义与前现代主义的虚假的和谐共谋不同,是表里如一的本真主义,是实现期许和允诺的兑现主义,而不是表里不

一的虚饰主义和心灵鸡汤的空想主义。"①

别现代理论之思维根源可以追溯到作为"群经之首，大道之源"，并体现中国最古老的哲学和宇宙观的《易经》上来。可以说《易经》之通变、变易思想给了别现代主义之"别"以活的灵魂，并在此基础上生发出别现代与别现代主义的区别、别现代主义的求异性思维，甚至时间的空间化等理论。

何为易？日月为易，阴阳（交替）也。易在《易经》中释义有三：简易、不易、变易。别现代之别亦具有多重含义，如分别、别离、区别、分解、别号、别论、别开生面等。尤其《周易》最初是由阳爻（——）和阴爻（--）两个最基本符号来表示宇宙间万事万物的基本分类和两相对立情况。比如象征天——地、阴——阳、动——静、刚——柔等。而阴阳二爻正是古人观察天地万物现象得出的抽象概念的象征。这与王建疆教授原创的别现代理论的悖论不谋而合。首先，别现代理论是基于中国当下的基本社会形态和面貌所抽离概括出的新理论，是侧重观察天地万物中人文生态存在现象得出的抽象概念。其次，别现代理论包含"别现代现实"与"别现代主义"两方面。一方面，别现代现实是所谓没有达到现代化的综合复杂的社会混同体形态表征；另一方面，别现代主义又是揭露"伪现代"，批判"别现代"，积极努力为实现现代化发展而寻求的有利途径与思想。二者相互对立又相互统一，对立的两方同时存在，像阴阳太极图组成世界一个圆的整体，实存二律背反的关系。同时，在别现代现实与别现代主义的拉锯战中也形成了二者的联系性、变化性、矛盾性和整体性间的共存关系，并由此辐射产生了时间的空间化结构和和谐共谋期、对立冲突期、和谐共谋与对立冲突交织期、更新超越期四阶段。由此也可看出别现代之"别"思想的产生与易经变易、道家的变化思想之根本是密切关联的。

另外，别现代理论生成也与"易"的另一说即日月为易（日月亦为"明"，艮卦为光明象）有关。此义出自夏代的《连山易》。郑玄曾在《易赞·易论》中说："《连山》者，象山之出云，连连不绝。"又说："《周易》者，言《易》道周普，无所不包。"结合"周"的普遍、广大之意，认为《周易》是易理无所不包的。别现代理论也因其普适性和涵盖性有着广阔的生存场域。别现代理论对当下社会形态的时间空间化状态的概括，别现代四阶段的内部划分和自我省察、更新、超越意识，尤其是别现代主义对虚妄现代性的告别，也为实现现代化留有较大的生长

① 王建疆：《别现代：空间遭遇与时代跨越》，中国社会科学出版社，2017年，第112页。

空间和无限的光明前景。

同时,别现代在哲学层面上的普适性又像黑格尔所提出的"具体的普遍性"(concrete universal)概念。黑格尔认为哲学具有探讨一切的普遍性,同时又因特定的时间和空间具有独特性。别现代主义因中国当下前现代、现代、后现代交织杂糅的时间的空间化这一特殊时空而具有个别性,但又因这个概念包罗万象而具有普遍性。它除了本身是哲学理论外,还可以涵盖艺术实践、建筑设计、城市规划以及一切关涉到社会形态的方方面面。就像黄海澄教授所言:"'别现代'在中国和世界、传统和现代之间找到了一个聚焦点,提供了一个关于中国问题的有效的阐释视角,具有学术新范式的素质,它的使用范围应该不止于美学和文艺学问题。"①

关于时间的空间化理论,我们或者还可以换个角度进行探讨。康德曾在《纯粹理性批判》中提出理性在宇宙论问题上的二律背反命题:宇宙在时间上有起点,在空间上有限制。相对于人类文明化发展时期所经历的前现代、现代、后现代这一线性历史过程来看,尤其西方的各个时期都以断崖式发展做出回应,将每个时期做了清楚的切割与停顿,似乎在每一个具体的发展阶段亦是如此。而在这个命题的反命题中,宇宙中的时间和空间都是无限的,无任何起点与限制。别现代主义所提出的"时间的空间化"理论又可从中国当下的发展角度对这个无限自由的命题有所呼应。交融、叠加、错综、杂糅的前现代、现代、后现代的社会经济、文化状况与民众的经济水平、文明程度、综合素质等方面均展现了不平衡、不匹配的城市与乡村之间的二元对立,以及意识形态上的多元并存。

进而言之,我们看到在当今的全球化世界舞台上,不止中国社会处于前现代、现代、后现代交叠的错综复杂的杂糅环境中,一些中东国家同样如此,比如伊朗,作为亚洲主要的经济体之一,既有着西亚的古老文明与文化传统,又有着现代的石油化工、钢铁、汽车等现代化制造业及核工业、电子工业等新科技。政教合一的制度使得这个国家的文化形式具有鲜明的前现代与现代、后现代杂糅并置的特点。所以,就整个世界大环境来讲,不同层次的国家以不同的发展阶段特征与模式并存于同一时空当中,表明着某种精神症候,也传递着一切人类范式的自我更新和救赎的思维束缚,同样,也传达出了"别现代"的时间空

---

① 参见王建疆《别现代:空间遭遇与时代跨越》,中国社会科学出版社,2017年,第114页。

间化等杂糅特点，或者称之为"后现代之后"的价值诉求。在这里，后现代之后一方面以线性的时间概念出现在现代之后，另一方面又以思维逻辑的形而上形式出现在与现代主义的拉锯战中，与现代性相对立，或者说凌驾于现代性之上，成为"'高度现代化'，是对现代的继续和强化，是现代主义的一种新的面孔和一种新发展"。① 对于别现代理论而言，后现代之后既是出现在平行于西方线性的现代之后的同一时期，又是对没有完全达到现代化的对"现代"的理性关注、反思与建构，包含了在文化、艺术等内容方面对现代主义的反叛和矫正。我们因此可以认为，后现代之后不是对现代性的终结和现代主义的末期定义，而是现代主义的初始与开端，是一种未来之先在，是原定之初的假设和先在存在，在现代出现之后才成为一种现实存在。

别现代的时间空间化理论不仅受到中国古代哲学的影响，而且还是对中国古代哲学的改造和出新。老子《道德经》中讲"大曰逝，逝曰远，远曰反"，看似时间的空间化，或时间的循环，而无历史生成，也无时间之矢的一去不复返，但按别现代的后现代之后回望说来看，别现代已在没有完全达到现代的社会环境下就已然具有了超越现代甚至后现代的发展眼光，从未来回看现在，审视当下，告别别现代。用王建疆教授的话来讲，别现代就是"提出后现代之后回望反观现状的新视野"。② 这无疑又是对老子的疑似空间论的改造和出新。

同样，周易中的爻辞讲"穷则变，变则通，通则久"，别现代主义讲求的也是求新、求变的创造性思维。但是，别现代理论认为，别现代时期充满了随机性，主导性力量可能将整个社会导入现代社会，但也不排除回头再次进入前现代的可能。③ 因此，别现代主义通过跨越式停顿，一种革命性的改造，将时间空间化改造为空间的时间化，从而回复时间之矢的正常运行。④ 所以，别现代主义的通变思想虽然来自易经，但已做了革命性的改造。

三、别现代美学与传统修养学

中国传统修养美学集合了老子和庄子的修道论思想、禅宗的顿悟思想、儒

---

① ［美］斯蒂芬·贝斯特、道格拉斯·凯尔纳：《后现代理论——批判性的质疑》，中央编译出版社，2004年，第37—38页。
② 王建疆：《别现代：空间遭遇与时代跨越》，中国社会科学出版社，2017年，第15页。
③ 参见王建疆《别现代：空间遭遇与时代跨越》，中国社会科学出版社，2017年，第78页。
④ 参见王建疆《别现代：空间遭遇与时代跨越》，中国社会科学出版社，2017年，第102页。

家的修齐治平思想等,是人生经验的积淀和境界建构的结果。审美的目的在于最终导向身心解放的超自由境界。王建疆教授认为,"修养,包括人生修养、政治修养、道德修养、宗教修养、身心修养、功夫修养等。它是一种连接着目的与手段、目标或过程的自我调节和自我控制",而且认为,"儒道释的修养方式尽管不同,但在人生修养中实现人的本质、本质力量和理想,实现生命的超越和升华方面却有着本质上的一致"。①

别现代美学深受中国传统修养学的影响,是一种自我调节审美、自我修养审美的美学形态。别现代主义主张的自我更新直接来自于中国古代哲学的自我修养论,自我修养成了从中国古代哲学到中国社会形态理论之间的桥梁。可以认为,中国古代修养美学思想是别现代主义思想策略的摇篮。因此,别现代主义美学不同于普通美学学科,成为一门与中国传统修养美学一脉相承,既基于中国当下社会现实与意识形态,又有所超越的境界美学。

别现代主义的提出和理论内涵的建设,包括对当下中国社会形态的具体分析,也即前现代、现代、后现代在别现代中的占比分析,时间的空间化理论和具体四阶段的确立,中西马我的理论突破,跨越式停顿理论的提出等等,都有一个共同点,这就是自我自觉的主体功能,这种主体功能无疑是受到了中国传统哲学观和修养学思维的启发和影响。

首先,别现代与别现代主义间的悖论除了受到中国传统易经思维的影响,更直接地受到老子审美方法论和庄子修养美学的影响,即"集中地表现为一种'有为'与'无为'的二律背反以及将'有为'和'无为'统一起来的'无为而无不为'的理想境界"。②"庄子修养美学从根本上讲,是有为与无为、有限与无限构成的矛盾统一体。"③而别现代与别现代主义二者间的区别有如老子的"有为"和"无为"。对于别现代主义来讲,则是集中在"有别而别"与"无别而别"的悖论之间。何为有别? 何为无别? "有别"是指别现代对中国社会形态的描述不同于其他的表达,如另类现代性、其他现代性、复杂现代性等。"无别"是指"别现代却恰当地涵盖了现代/现代性、后现代/后现代性、前现代/前现代性交

---

① 王建疆:《中国古代修养美学的性质、特点和意义》,《西北师大学报(社会科学版)》2003 年第 4 期。

② 参见王建疆:《老子的修道论美学》,《甘肃社会科学》1998 年第 2 期。

③ 王建疆:《通往自然无为的庄子修养论美学——中国古代修养美学论纲之一》,《西北师大学报(社会科学版)》1997 年第 1 期。

集纠葛的'非标状态'。"①因而将"有别而别"与"无别而别"相统一的"无别而无不别"的状态,"是在概括别现代现状之外对别现代的一种更新和超越"。②同时,在这种"无别而别"的混杂社会形态中提出"有别而别"和自调节审美机制,才有可能调动审美的主观能动性,区辨真伪现代性,达到更高一级的审美创造和审美理想。

其次,别现代美学主张的自我更新、自我超越直接来自于中国古代哲学的内在超越而非外在超越。内在超越是指内在觉悟和境界超越了世俗的功利主义的外在追求,也不把个体生命交给外在的宗教救赎。相反,外在超越就是借助于外力,尤其是借助于宗教实现救赎。王建疆教授认为,禅宗美学是一种"'佛向心中坐,莫向身外求'的自力美学",③庄子的自然无为也揭示出一种内在超越的自由意志,儒家的实践理性更是反对外在于人的"怪力乱神"。儒道释三家虽在各自修养目的和手段中存在差别,但在最终实现自我生命价值与超越意识时却有着相似的一致性。"就是要在各自的人生修养中实现人的本质、本质力量和理想,在对各自存在的确认中实现对生命本身的超越。因此可以说,人生修养是一种人自身的自我完善、自我超越和自我美化的过程。"④在这里,儒道释三家内在的修养功夫皆对别现代主义之自我更新超越期的构想产生了积极的影响。别现代主义提出了在告别别现代之时,建构别样现代性的主张。这是修养美学从自在到自为,再到自在的否定之否定过程。它强调通过修养,不仅构筑美好的愿景,也使一切可能性变成现实性。可以说,别现代主义吸收了古今中外对自由、独立意识和个体生命价值诉求的诸种先进理论成果。这种自省式哲学思想不仅与中国古代禅宗"自信、自力、自悟"思想一脉相承,发挥了主体意识的能动作用,也发出了与西方现代性追求人性自由、个性独立和思想解放相一致的呼声。

第三,无论是传统修养美学还是当下的别现代美学,都离不开境界审美,也即王建疆教授提出的"内审美"理论。"中国古代哲学思想的识别标志和主

---

① 王建疆:《"消费日本"与英雄空间的解构》,《中国文学批评》2017 年第 2 期。

② 同上。

③ 王建疆:《通往自然无为的庄子修养论美学——中国古代修养美学论纲之一》,《西北师大学报(社会科学版)》1997 年第 1 期。

④ 王建疆:《中国古代修养美学的性质、特点和意义》,《西北师范大学报(社会科学版)》2003 年第 4 期。

要精华就在于其人生论和修养学。"①"内审美是人生修养和人生境界的必然产物。修养美学不仅对中国古代艺术精神的形成和发展具有决定意义,而且对当代人格美的建构、对当代精神文明建设和当代艺术创作都具有现实的意义。"②朱立元先生在为《修养　境界　审美》作序时提出:"'内审美'吸收了古今中外对这种区别于感官型审美的精神型审美的研究成果,将精神型的悦乐和内景的显现概括起来,实质上揭示的是'境界'审美的特点和效果。"③内审美之哲学思想之基石就是中国传统儒道释思想的合流,既有儒家如孔颜乐处的安贫乐道之个人主观的独特内心悦乐体验(《论语·述而》),无万物之美而可以养乐(《荀子·正名》),又有道家如庄子在心斋坐忘的自我修养功夫下出现的虚室生白吉祥止止(《庄子·人间世》),和佛教四禅八定中彻悟禅理的禅修体验,以及佛禅之喜俱禅、乐俱禅之在人生苦旅中忽见光明豁然之喜悦的独特体验(《释禅波罗蜜多次第法门》)。而这些,都将成为别现代美学的审美本质与审美方法。在这里,审美体验论与修道论二者可谓一脉相承,互为表里。

第四,别现代主义美学是人生论美学,这种人生论美学建立在产生于中国古代修养学基础上的"内审美"形态。别现代主义美学是为了回应世界美学对跨文化转向的号召,使中国本土美学融入全球对话主义,而建立起的沟通当下社会现实和审美活动的原创美学理论。由于中国当下处于前现代、现代、后现代共同交织的别现代时期,因而美学研究也当具有别现代性。而建立在个体人生体悟基础上产生的人生论美学就是别现代主义的美学。别现代人生论美学基于内审美独特的审美形态特点,"包括无对象审美、内景型审美和精神境界型审美",不仅构成了"人生论美学的识别标志和内在根据",④也成为了别现代主义人生论美学的学科根据。这是因为"内审美给人生论美学一个本质的界定,不仅厘清了学科边界,而且抓住了人生论美学的本质特征",这种脱离具体客观对象和感官的内省性修养审美体验,是一种超越型审美,必然带来人生论美学即别现代美学研究的新突破。

第五,别现代主义美学是建立在中国传统的自由和解放思想基础上的别样美学观。别现代美学与传统修养学的美学观都以肯定人的自由和本性为前

① 王建疆:《中国古代修养美学的性质、特点和意义》,《西北师大学报(社会科学版)》2003 年第 4 期。
② 同上。
③ 王建疆:《修养　境界　审美(儒道释修养美学解读)》,中国社会科学出版社,2003 年。
④ 王建疆:《别现代:人生论美学的学科边界与内在根据》,《文艺理论研究》2016 年第 2 期。

提,充满了人性光辉。别现代主义美学通过内在超越调动审美主体的主观能动性,以激发大众的审美创造力为途径,是审美主体系统为实现别现代美学观中的人类高度的思想解放和精神自由而进行的内部调整和校正。别现代主义美学的自由除了包含传统修养美学中的诸种自由,包括老子的"无为而无不为"的理想自由,庄子逍遥游式的绝对自由,以及禅宗的"顿悟成佛"的方外自由外,还深受西方现代性影响,融合了西方近代理性自由与独立意志,是一种超越现实社会与现世生命,获得人的身心两方面高层次解放的深层自由意志。

虽然别现代主义所提倡的这种对于社会发展的自我更新主义或自我调节主义,是否会对中国现实具有实在的意义,还需要历史来回答,但就中国修养哲学通过王建疆的美学在当下的主义建构而言,却提出了中国哲学能否在全球化背景下继续作为思想资源的问题。实际上,中国一些长期从事西方哲学研究的学者就一直认为,中国哲学是难以在当今西方哲学话语霸权时代生发出新的思想的,更遑论新的哲学,所以出现了中国多数哲学家和美学家的拿来主义、实用主义倾向。一方面,哲学家们西学功底深厚;但另一方面,自己的哲学建构并未完成。因而也导致当代美学界陷入艺术基础匮乏、哲学基础薄弱的现象。[1] 王建疆的别现代主义恰恰相反,在中国学术一直处于崇拜、模仿、学习西方之时,提出了在中国古代哲学基础上产生的现代哲学,并使之具有国际影响,甚至将中国带入世界哲学四边形,产生哲学时刻等,这不能不引起我们对中国古代哲学的现代功能的重新思考。

笔者认为,别现代主义是在中国古代哲学基础上产生的现代哲学,其与儒道传统修养学、易经哲学思维、禅宗顿悟体验的形而上沟通及其对它们的改造一起构成了别现代的独特性与创新性,也使之在国际国内产生了广泛影响。虽然这一创新理论仍在生成状态中,但它所构筑的哲学理论、美学理论、文艺理论、艺术理论、艺术实践等等却在不断壮大,它与西方理论之别、与现代、后现代、后后现代之别注定将带来它独立于世的"中西马我"之"我"的别种疆域。别现代主义正在以其基于中国现实土壤和传统哲学的思维方式构筑着"文人共和国",并率先走向世界。正如王建疆教授所说:"别现代既是后现代之后的

---

① 参见郭勇健:《当代中国美学的病理分析》,《东南学术》2016 年第 1 期。

历时形态,又是前现代、后现代、现代共处的共时形态,但它的思想取向在未来。"①

Bie-modern theory's Innovation and Inheritance to Chinese Philosophy

Guan Yu

Abstract:"Bie-modernism" is a new theory about Chinese current social form,which develops from modern discourse system,based on Chinese traditional philosophy thinking mode of Confucianism, Buddhism, and Taoism. The antinomy of the relation between "Bie-modernity" and "Bie-modernism" is the best annotation for the modern transformation of Chinese ancient thinking mode in Zhouyi philosophy. The core concept of Bie-modernism "leap-type pause" is deeply influenced by Zen Buddhism. Bie-modern aesthetics is a special one rooted from traditional cultivation. Bie-modern philosophy not only inherits traditional Chinese philosophy and aesthetics but also makes innovation.

Key Words:Bie-modernity; ancient Chinese philosophy; Zen enlightenment; thinking mode of Zhouyi philosophy; traditional cultivation

作者简介:关煜,上海师范大学人文与传播学院文艺学博士生。

---

① 王建疆:《别现代:主义的诉求与建构》,《探索与争鸣》2014 年第 12 期。

别现代：中国社会文化现实的"镜"与"灯"①

肖明华

摘　要：王建疆教授创构的别现代理论，对当前社会文化进行了既描述又批判的研究，这是一个非常值得关注的学术及文化事件。也因此，它已然引发了国内外学者的积极回应。不妨说，别现代是一个有助于认知当前社会文化的基本概念，同时又是一个能够照亮中国社会文化存在的"主义"。别现代主义对于推动中国社会文化迈进新时代不无积极意义。

关键词：别现代；别现代主义；时间空间化；跨越式停顿；新时代

毋庸讳言，现代学科分化之后，知识生产往往有鲜明的学科属性，无论是研究的对象、知识的流通，还是研究的意义，都往往有深刻的学科印记。应该说，这种作为学科的知识生产，是值得肯定的。当然，其中也存在诸多弊端，比如它可能使得我们的研究不以问题为导向，也不以理解自身处身其间的社会文化为旨趣等。然而，我们并不能因此否认作为学科的研究所具有的基本合理性。对于这些弊端，可以有不同的应对方式，比如展开学科反思，推动范式改革等。而具体到一个学者而言，最好的应对，恐怕是在学科研究之后走向"后学科"，也就是跨出学科做专业研究。非常欣喜的是，的确有不少学人在历经多年专门的学科研究之后，已然训练有素并且又积累了丰厚的文化资本，于

① 本文为 2015 年度国家社科基金项目（15BZW009）、2016 年度江西省高校人文社会科学重点研究基地招标项目（JD16099）的研究成果。

是自然而然地开始面向当前社会文化"大文本"展开有思想的创构,并提出了一些有价值的观念乃至理论,如全球对话主义、①新天下主义②等。

作为一位尚没有在学科之内做好研究的"学"者,我对这些"后学科"的研究心向往之,偶尔也有意识地去阅读一些相关成果,以求让自己对于学科的研究不至于太"学科"。不妨说,每次的阅读对我而言因此都是一种"开放"的经历,这种经历既让我可以更好地理解自己的专业知识生产逻辑,也使得我可以更好地理解自己的生存境况等。最近阅读到的王建疆教授的《别现代:空间遭遇与时代跨越》一书尤其让我有这种体会。一方面,王建疆教授藉此书创构的别现代理论对于我关心的美学、审美文化研究展开了有建设性的批评,比如它点明了当代中国美学"主义"缺乏所导致的学派欠缺的问题,而同时又为中国美学的未来指明了一条"别现代"主义的出路。③ 另一方面,别现代理论又有助于我理解自身所处的社会之别,以及这种别现代社会可能带来的问题。尤其可贵的是,它还指出了相应的解决办法,如"跨越式停顿"方案等。④ 基于此,我们认为别现代理论乃中国社会文化的"镜"与"灯"。

一、别现代之"镜"

别现代是中国社会文化现实的一面"镜子",照出了真实的中国。它对当前社会形态进行了命名,达到了有效认知当前社会存在的效果。依别现代之见,中国社会不是前现代社会,也不是现代社会,更不是后现代社会。毋宁说,它是纠缠在前现代、现代与后现代之间的一种社会,在其中,前现代、现代和后现代的占比各不相同。这样的社会"别具一格",因此可以称之为"别现代"社会。别现代社会具有一些自身的特点,其中主要包括以下这些:

其一,"时间的空间化",即不同的社会形态在同一时间涌现,并且能够共享一个空间,还可以做到"和谐共谋"。比如两种看似有水火不容般矛盾的东西却能够"接合",几种扞格不入的思维方式、价值观念、生活态度甚至利益诉求也能够相安无事,这恐怕是当今世界一大奇观,被认为是"中国奇迹",似乎

---

① 参金惠敏:《全球对话主义:21世纪的文化政治学》,新星出版社,2013年。从新强主编:《全球对话主义与人文学科的未来——金惠敏全球化理论讨论集》,中国社会科学出版社,2016年。

② 参许纪霖、刘擎主编:《新天下主义》,上海人民出版社,2015年。

③ 王建疆:《别现代:空间遭遇与时代跨越》,中国社会科学出版社,2017年,第240页。

④ 王建疆:《别现代:空间遭遇与时代跨越》,中国社会科学出版社,2017年,第16页。

不可理喻。因此,前些年开始就有了"中国模式"说,认为中国走出了一条不同的社会发展道路,创建了一个与既定理论不成互证互释关系的社会样态。[①]这无疑从一个方面表明了中国现代性之别。"时间的空间化"也因此是独特的中国空间理论。

其二,"四阶段分期论"。别现代社会的时间的空间化必定是有矛盾的存在,它因此并非静止不动的。相反,它可以分为几个相互关联而又存在差异的阶段,即和谐共谋期、对立冲突期、和谐共谋与对立冲突交织期、更新超越期等。[②] 只要别现代没有达到更新超越期,当前的社会就只能在前现代、现代与后现代之间纠缠不清,并常常发生一些令人匪夷所思但又显得意料之中的公共事件。这样的社会被有些学者不无道理地认为是"畸形现代化和畸形发展国家"。[③] 事实上,这种"畸形"正是因为别现代之故,是由其"别样的社会结构"所规定了的,它要历经和谐共谋期、对立冲突期、和谐共谋与对立冲突交织期等多个时期后,才有可能更新超越并摆脱这种畸形状态。

其三,别现代之"别"性。别现代的别既是认识论意义上的,更是本体论意义上的。就前者而言,别现代是一个不同于其他任何一个现代化进程中的社会,它有自己的独特性。这本来也是正常的,但问题是,任何一个有自己独特性的社会,都有可能被认识,可以被命名。而中国社会却不是这样的,它把自己的独特性作为了特性,就此而言,别现代表明了中国社会的"别"具有不可把握的特点,具有一种本体论的意义。也即是说,中国社会达到了无法按照认知逻辑来认知的程度,承认这一点,并直接把它的"别性"当作名称,并称之为"别"现代社会才是合适的。就此说来,别现代之于中国社会而言,的确是一面具有本体论意义的镜子。

别现代还是一面中国文化的镜子,映现了真实的中国文化处境,勘察了当前文艺发展的实际情状。

其一,自觉到了中国当前学术思想的欠发达状态。这种欠发达的集中表现就是我们没有属于自己的"主义"话语,几乎没有在世界上有影响力的当代学术思想。别现代的判断不可谓不真实。回到知识生产的现场,这恐怕与我

---

① 王新颖主编:《奇迹的建构:海外学者论中国模式》,中央编译出版社,2011年,第1—16页。
② 王建疆:《别现代:空间遭遇与时代跨越》,中国社会科学出版社,2017年,第107—113页。
③ 陶东风:《新时代的主要矛盾与文学的使命》,文化研究集刊微信公众号,2017-11-30。

们"做"得太少有关。我们的研究,要么是"作为学科"的研究,它更多地是对学科发展问题展开思辨,比如讨论某一学科的学科属性、某一学科的转型发展等;要么是"作为意识形态"的研究,它更多地是将学科问题与政党政治的需要关联起来,比如讨论某一学科的中国话语体系建构问题等;要么是"作为中外理论变体"的研究,它更多地是解释中外某一理论,比如巴迪欧、朗西埃、阿甘本的思想述评或中西比较,或借用某一西方理论解释中国现象等。这些研究当然是必要的,但问题是,如果我们仅停留于此,又怎么可能生产出对当下社会文化具有阐释效用的知识呢?而没有这样的知识,我们就很难有与西方媲美的当代原创理论。别现代理论创构者王建疆教授为此呼吁关注中国当下问题,对当前社会文化现实展开有效研究,并多次倡导建构自己的主义,以改变这种学术欠发达的状况。别现代就是这种认知兴趣与观念框架下的具体实践,它是"一个源自于对中国社会形态的认识和概括"。① 这也即是说,别现代是王建疆教授试图对当下中国社会文化做理论提升,并且原创出一种主义话语的结果。这一主义目前得到了中外学界的积极回应,在美国还专门成立了别现代研究中心。这是非常难得的。

其二,有效阐释了一些美学理论和文化现象。虽然别现代不是专门的美学学科研究,但由于其具有后学科的涵盖性,加之中国当代美学和审美文化本来就是在别现代社会中的存在,因此别现代理论也是立在中国当代美学理论和审美文化现象中的一面"镜子"。它照出了问题,也得出了识见。比如,它认为当代中国美学缺乏主义,因此没有"中国美学思想",只有"中国美学学科"。② 应该说,这种"反思判断"是符合实际的。别现代对中国社会的文化现象所做的评论尤其精彩。比如对"囧"这种审美文化所具有的前现代、现代与后现代的文化内蕴和审美特征进行了惟妙惟肖的描述,对消费日本这种文化奇观进行了独到的分析。

别现代的这面镜子是非常重要的。在没有镜子之前,中国的社会文化只是有其"什么",它是作为"东西"存在的,而有了别现代之后,中国的社会文化存在则慢慢地被人知道它是"谁"了。随着别现代社会的发展以及别现代研究的推进,这个"谁"会变得越来越清晰可辨,当其时,中国的社会文化恐怕就不

① 王建疆:《别现代:空间遭遇与时代跨越》,中国社会科学出版社,2017年,第6页。
② 王建疆:《别现代:空间遭遇与时代跨越》,中国社会科学出版社,2017年,第164页。

是今日之别现代了。或者说,它会从当前这种显得奇而不正的"别"转换为独一性的有文化软实力的"别"。

二、别现代主义之"灯"

如果说别现代侧重于对当前社会文化历史的认知,那么别现代主义则着意与别现代社会构成张力,它试图照亮别现代社会,引导它向着光亮之路前行。别现代主义因而成为别现代理论的光源,是别现代社会文化历史的灯火。具体而言,它主要照亮了以下几个方面:

其一,重申了现代性,将现代性作为了中国社会发展的大方向。非常可贵的是,别现代创构者王建疆教授否定了一些所谓的现代性,并铿锵有力地指出:"所谓的欧美之外的另类现代性,是一个伪命题。这些欧美之外的国家和民族大都只是在享受着西方现代化带来的文明成果,尤其是资本扩张和技术进步带来的成果,而与科学、民主、法制、社会福利等现代性相比,尚有很大距离,还没有进入用后现代反思批判现代性的历史阶段,因此,在非欧美国家并不存在另类的现代性,而是不具有现代性或不具足现代性"。[1] 诚然,"另类现代性"之类的现代性在某种意义上就是试图用文字游戏来瞒天过海,并最终使得中国社会文化问题重重,甚至造成灾难。别现代对这类现代性的批评,也就表明了别现代不是对社会文化现实的无原则认同。事实上,它旗帜鲜明地反对伪现代,明确宣布要"告别虚妄的现代性和构想真实的现代性"。[2] 在"中国模式"、"特色主义"的语境下,别现代能够有如此清明的理性和独立的立场显得非常特别,可谓做到了不愧于它所心仪的"别",它必定会是"美丽"之"别"。

其二,强调了现代性之"别"。别现代虽然认为有伪现代性,有不具足的现代性,但这并不表明它把现代性作本质主义的理解。毋宁说,它没有简单地将西方现代性作为中国的现代性,而是主张在具备基本的现代性特征的前提下,发展有别于西方的现代性,即"有一定中国文化特点而又符合现代性标准的现代性"。[3] 这就好比认同"一千个读者有一千个哈姆莱特"必须有一个前提,即这一千个哈姆莱特是哈姆莱特。不妨再从文化自信的角度来谈及此一问题。

---

[1] 王建疆:《别现代:空间遭遇与时代跨越》,中国社会科学出版社,2017年,第123页。
[2] 王建疆:《别现代:空间遭遇与时代跨越》,中国社会科学出版社,2017年,第78页。
[3] 王建疆:《别现代:空间遭遇与时代跨越》,中国社会科学出版社,2017年,第11页。

别现代无疑是有自己的文化自信的,事实上它之所以被建构,也的确有文化自信、理论自信的考虑,①但它并没有因为这种自信而否认文化共识,或者说它不是文化差异的绝对主义者。它认同基本的文化共识,也即差异是共识的差异,共识是有差异的共识。这样的认知,其实才是真正的文化自信,那种因文化自信就否认文化共识的做法实在不高明。就此而言,别现代的文化自信是值得肯定的。它自信地建构有别于西方的别现代理论,但又不把这种别于西方的别现代指认为"告别"现代性。相反,别现代曾多次表达了这样的意思,即"由于无法摆脱对西方现代化成果即资本和技术的依赖,因此,所有欲与现代性划清界限的努力都不会产生实际的效果,只能产生一些意识形态领域的斗争。"②这充分地表明,"别现代"不是要"告别"现代性,毋宁说,它要推动现代性的成长,它是一盏烛照中国别现代性社会朝着光亮远行的灯火。

　　其三,指出了"跨越式停顿"对于当前社会发展的必要。在别现代看来,中国社会要突出其别,需要"跨越式停顿"。作为后发现代性的国家,我们有后发的优势,可以站在当前世界,超越当前世界,避免现代性的陷阱、弊端。为此之故,我们的确不应该重复西方现代性的老路。别现代的中国社会也的确没有对西方亦步亦趋。但问题是,我们的别现代社会之路,走了多年之后,取得了不可磨灭的成绩,但也积累了诸多的社会问题。当其时,我们需实施"跨越式停顿",即"在高端高速的发展中突然主动终止前进,甚至改弦易辙"。③ 也就是说,在发展的良好状态下,我们需要居安思危,主动去自我更新,目的是避免线性发展带来的死胡同,实现"软着陆",以免高空降落甚至"崩溃式瓦解"。④这样做的好处是,可以不需付出巨大的代价而比较自然地解决现代发展中的问题。为此,别现代创构者王建疆教授写道:"造成目前中国现代化水平高而现代性差的另一个原因在于中国的跨越式发展,即在经济上、技术上的跨越和赶超,虽然经济实力和科技水平都上去了,但人们的思想意识、价值观念等并未与之同步发展。在这种情况下,也就是在中国高速现代化的过程中,亟需停一停反思自己的路径、目标、处境和前景。这种停一停并非停滞不前,而是自

---

① 王建疆教授在"导论"别现代时说道:"'别'就是理论自信",王建疆:《别现代:空间遭遇与时代跨越》,中国社会科学出版社,2017年,第7页。
② 王建疆:《别现代:空间遭遇与时代跨越》,中国社会科学出版社,2017年,第124页。
③ 王建疆:《别现代:空间遭遇与时代跨越》,中国社会科学出版社,2017年,第16页。
④ 王建疆:《别现代:空间遭遇与时代跨越》,中国社会科学出版社,2017年,第116页。

我反思,自我调节,自我更新,目的还在于两个文明的协调发展,构建一种健康的别样的现代性。"①无疑,只有拥有大智慧,并且对中国社会有高度责任感,而且有伟大的历史意识的人,才能看见"跨越式停顿"这盏"灯"。② 而至于看到之后又如何发挥此灯的光明,则是另一个需要研究的问题了。

其四,建构了哲学、美学发展的出路。就哲学论,提出了"中西马我"论。其意是说,中国哲学目前不可能完全成为"哲学帝国",也不应该对"哲学帝国亦步亦趋",而应该走自己的路,即"中西马我并存之路"。③ 换言之,我们固然需要把哲学当成哲学史,也就是需要对象化地研究哲学,但是如果一味地重述中西马等哲学文献,而没有自我的思想建构,这样的"中国哲学",最多是"哲学在中国"。我们因此很难成为一边,并与欧洲、美国和俄国一道构成"哲学四边形"。别现代特别强调"我"的重要。依其之见,没有作为独立个体的我,则很难摆脱别现代没有哲学的状况。为此,别现代分析指出:"可能由于来自威权性意识形态的规训,使得本该成为哲学家的也只能成为一个普通的论文发表者。哲学家首先是一个个我,是一个高度精神自由的个我。"④应该说,这样的看法不无道理,甚至可以作为"国民常识"了,但遗憾的是我们却不一定具有这常识存在的条件。顺便提及的是,别现代命名为"别"所具有的求异性思维因此颇具合理性,而别现代本身作为一种个我的主义因此也值得肯定。

别现代理论点燃的美学之灯则主要是倡导"主义",认为当今美学非常有必要建构主义话语。这并不意味着不要学术基础,也不是轻视基本的文献功夫,更不是要淡漠学术史意识,毋宁说是强调美学知识生产要面向当今时代做出有自我思想的研究,生产出有个我风格的知识。别现代理论倡导者王建疆教授对建国以来的美学进行了考察,发现五六十年代大讨论时期的美学的确有主义,如唯物主义的美学与唯心主义的美学,但这些主义具有原初性、封闭性、政治化和议题短暂性的特点,因而只有略胜于无的意义。而八十年代以来的主义话语又都是西方的,这样就造成了"美学上主义的缺位"。⑤ 如此,我们

① 王建疆:《别现代:空间遭遇与时代跨越》,中国社会科学出版社,2017年,第132页。
② 王建疆教授曾指出,"觉悟者,尤其是管理阶层的觉悟者最早进行自我反思、自我更新、自我超越,从而进入一个新的管理层面,并将社会带到一个新的发展水平。(王建疆:《别现代:空间遭遇与时代跨越》,中国社会科学出版社,2017年,第147页。)
③ 王建疆:《别现代:空间遭遇与时代跨越》,中国社会科学出版社,2017年,第147页。
④ 王建疆:《别现代:空间遭遇与时代跨越》,中国社会科学出版社,2017年,第123页。
⑤ 王建疆:《别现代:空间遭遇与时代跨越》,中国社会科学出版社,2017年,第123页。

就只有作为美学学科的美学,而没有作为美学思想的学科,这导致了中国美学无法与西方对话。要改变这种情况,就只有建构美学的主义话语。为此之故,虽然遭到一些学者的批评,但是王建疆却依然如故地写道:"关于美学上的主义的问题,我还是坚持认为,在主义的喧嚣中,我们恰恰缺少的是具有美学多样性和主义多元化背景下的中国气派、中国特质的当代中国美学上的主义,而不是已经甚嚣尘上的西方的主义。"①我们非常认同别现代的倡导。当前我们的美学研究的确需要避免学科化陷阱。学科固然有其可取之处,比如在推进美学研究的专业方面功不可没,但学科化往往会体制化,以至于美学学科的研究大都是对象性的认知,而且局限于对美学史上的概念、既定的思想等作入乎其内的研究,而缺乏出乎其外的反思与建构,更遑论面向审美现实的思想生成和理论建构。显然,没有这种思想的生成与理论的建构,就不可能有美学的主义,长此以往,其后果就是,要在世界美学中出现"中国美学"是难的,要在学术史上产生中国的"美学流派"、弘扬中华美学精神,想必也是不容易的。然而,彰显中国美学流派,弘扬中华美学精神,却是一代代学者的心声。②

上述种种,似乎都表明了别现代的社会文化是需要主义的,而别现代自身即是一种恰当的主义。它的确是一盏灯,没有它,我们甚至意识不到别现代社会文化的存在,更遑论推动别现代社会文化的更新。为此之故,我们特别需要别现代主义的灯。

三、从"别现代"走向自我超越之路

毋庸讳言,缺乏主义是别现代社会的特点,别现代的提出,一定意义上表明了缺乏主义的别现代特点在改变,并因此意味着一个学术的新时代已然开启。然而,它能够推动一个更全面意义的新时代的发生么?先不急于做简单的回答和无谓的预测。依别现代主义的视角,我们认为,以下三点可作为新时代的指标:其一,中国社会伪现代意义上的别现代状况有根本好转,发生了跨越式停顿之后的自我更新。其二,别现代社会文化的"别"有了相对清晰的内涵和构成,而且极具"软实力"。其三,中国学术的欠发达状况也得到了改变,

① 王建疆:《别现代:空间遭遇与时代跨越》,中国社会科学出版社,2017年,第173页。
② 陶水平:《深化文艺美学研究　弘扬中华美学精神》,《江西师范大学学报(哲学社会科学版)》2015年第3期。

针对现实状况展开的有效研究越来越多,并且生产了主义话语,以至于学派纵横,精神生态丰富先进。当具备了这三个条件之后,别现代大概也就要自我更新了。

在自我更新以前,别现代研究还需要持续进行,为此有必要再谈一下别现代的学术依据问题。以西方的现代性研究为例,它无疑有一批卓有建树的世界级思想家的专业研究作为学术支撑。仅从学科看,就既有哲学的,也有社会学的,既有政治哲学的,也有社会理论的等。虽然这些成果毫无疑问可以为我所用,但是毕竟我们缺乏类似的别现代学术研究传统。在这种情况下,别现代要走的路还很远。即使就学科论,恐怕都很难在一时半会出现别现代的跨学科联盟。这种联盟的出现甚至不是可以人为预期的,但我依然期待学界能够以王建疆教授的别现代理论为契机,自觉在各个学科领域展开相关研究,同时又有意共同推进别现代的理论研究。① 而对于别现代自身而言,则可以更为自觉主动地与近年来的一些本土问题的研究展开积极对话,并吸收相关的学术成果,以更好地推进自身的研究。比如,别现代可以与现代性研究关联起来,可以与公共性问题的研究关联起来,可以与 1990 年代文化讨论中的思想史问题关联起来,还可以与新天下主义关联起来,等等。②

最后,我要再重申一遍的是,作为一面镜子和一盏灯火的"别现代",它在一定意义上已然开启了一个学术研究的新时代,同时也想象了这个社会的新时代。然而,新时代无论如何之新,却也不能不是一个"合人类社会发展规律的"新时代;新时代无论如何之别,却也至多是"发展中国家走向现代化"的别一途径,并且应该得到"内心认同"。③ 如此这般的新时代社会和文化要真正出现,还需要各方面更为自觉的良性互动。

---

① 王建疆教授的别现代研究已然引发了诸多关切,成为了近年来的重要学术文化事件。参王建疆:《别现代:空间遭遇与时代跨越》,中国社会科学出版社,2017 年,第 341—342 页。另可参《"别现代"引爆美学大讨论》,http://www.51meixue.cn/archives/4637。

② 别现代研究与相关研究关联起来的确有益,比如新天下主义可以丰富"别现代"对"文明"的思考。(许纪霖、刘擎主编:《新天下主义》,上海人民出版社,2015 年。)

③ 贺新元、左小白:《新时代中国特色社会主义道路承载历史使命的六维探析》,《江西师范大学学报(哲学社会科学版)》2018 年第 3 期。

Bie-modernity: the "Mirror" and "Light"of Chinese Social and Cultural Reality

Xiao Minghua

Abstract: The theory of Bie-modernity created by Professor Wang Jianjiang, has both descriptive and critical research on the current social culture. This is a very important academic and cultural event. Therefore, it has already triggered a positive response from domestic and foreign scholars. It may be said that Bie-modernism is a basic concept that helps to recognize the current social culture, and at the same time it is a "Zhuyi" that can illuminate the existence of Chinese social culture. Bie-modernism has positive significance for promoting Chinese social culture into a new era.

Key words: Bie-modernity; Bie-modernism; time spatialization; Great-leap-forward Pause; new age

作者简介：肖明华，文学博士，江西师范大学当代形态文艺学研究中心、文学院副教授。

翻拍剧、《大话西游 3》与别现代①

徐 薇

摘 要: 翻拍剧融合了前现代、现代与后现代共时并存的特点,体现了传统与现代思想的碰撞与纠葛,又通过对前文本的戏仿、挪用与复制以及各种经典片段的拼接实现了后现代式的自我呈现,是一种独特的别现代艺术形式。翻拍剧《大话西游 3》将别现代艺术推向极致,时髦的别现代叙事在前现代、现代与后现代之间流动,最后又回归了传统的价值观,解构了后现代自身;模糊的时空观与当代中国社会别现代的时空意识发生了共鸣,反映了别现代社会时期人们矛盾冲突的心理状态。然而对经典作品的机械复制使得翻拍剧的"灵韵"趋于消逝,最终导致文化消费者想象力和自发性的萎缩。中国的翻拍剧应该具有创新的精神、更丰富的内涵和更理想的艺术境界,这样才能在最大程度上绽放出别现代艺术的光彩。

关键词: 别现代;翻拍剧;《大话西游 3》

　　近年来,随着众多的影视作品"回炉"重拍,翻拍已成为影视界的一种潮流。金庸的《射雕英雄传》就有多达 14 个版本,为中国电视剧史上翻拍次数之最。几乎所有的翻拍剧在拍摄乃至上映或播出时,都能凭借原作的知名度引发媒体、观众的热议和关注,但其中能获得收视与口碑双赢的作品实在寥寥;许多跟风之作反被戏称为画蛇添足或者狗尾续貂。实际上,在翻拍剧占据中国影视荧屏半壁江山的现象背后隐藏着不容乐观的严峻危机。翻拍剧泛滥会

---

① 本文为国家社科基金项目(15BZW025)阶段性成果;上海高校高峰学科建设计划资助"中国语言文学"阶段性成果;上海师范大学艺术学理论重点学科(A-0233-16-002014)成果。

制约中国影视剧的创新能力,影响原创电影和电视剧的生存质量,导致产业竞争力的下降。王建疆教授认为,中国现在正处于别现代的特定历史时期;别现代是对前现代、现代、后现代交集纠结的社会现状的概括,是由多种社会形态交织、矛盾、互补所构成的张力性结构。① 这一时期的艺术和审美因而具有了不同以往的融合与冲突并存的别现代性。作为一种别现代影视艺术,翻拍剧融合了前现代、现代与后现代的特点,呈现出别样的审美特征。翻拍剧在引领受众回顾和缅怀经典的同时,在新的创造中融入了新时代的特点,增加了新的内容,以迎合当下受众的审美心理。在这些翻拍剧中,或者借古喻今,或者以今讽古,体现了传统与现代思想的碰撞与纠葛,又通过对前文本的戏仿、挪用与复制以及各种经典片段的拼接实现了后现代式的自我呈现。下面以《大话西游3》为例,考察翻拍经典与别现代的关系,以期为翻拍剧以及中国影视剧的发展提供一些有益的启示。

一、“大话”的终结

　　20 年前的《大话西游》使得主演周星驰一跃成为无厘头喜剧之王,导演刘镇伟则成为了后现代解构艺术大师。前两部《大话西游》(即《大话西游之月光宝盒》与《大话西游之大圣娶亲》)在豆瓣电影的评分高达 8.9 分和 9.1 分,第二部还获得了 1994 年第二届香港电影评论学会最佳编剧奖。《大话西游》在1995 年上映之初曾因对传统的大尺度颠覆以及孙悟空形象的另类呈现和演绎被口诛笔伐。然而两年后,《大话西游》借助互联网火爆内地,“笑中带泪”的剧情、意味深长的台词和经典桥段受到疯狂追捧,被无数次地引用与解读,成为一代人不灭的青春回忆。2016 年 9 月,《大话西游》终于迎来了它的完结篇。由刘镇伟执导的电影《大话西游3》(简称为《大话3》)在中秋档期上映,凭借喜剧题材和怀旧元素一度领跑其它同期影片,但豆瓣上对该电影的评分却一路走低,目前只有 3.6 分。观众们普遍认为它在内容剧情等方面较为苍白无力,无法媲美前两部经典作品,演员的表演也无法超越周星驰与朱茵的经典塑造,甚至将其称为烂片、“毁经典”之作。

　　一个系列的续集电影,不可避免地会被拿来与前作相比较,《大话3》也是如此。从剧情上看,该片讲述了因 500 年前玉皇大帝写错天书所带来的人物

---

① 王建疆:《别现代:话语创新的背后》,《上海文化》2015 年 12 期。

命运改变的故事,可以看成是前两部的番外篇。故事有两条主线:紫霞仙子通过月光宝盒提前看到了自己死在牛魔王叉下以及至尊宝孤独终老的结局。为了避免悲剧的发生,她选择时光倒流,回到500年前,不让至尊宝爱上自己,且主动带着至尊宝去找白晶晶试图撮合两人,失败后她又谋划嫁给牛魔王。偷了月光宝盒的唐僧也穿越到此处,一曲《一生所爱》使得至尊宝与紫霞两人最终正视自己的心意,结果开始了与牛魔王兄妹的大战。另一条线索是,玉皇大帝因为写错天书,把孙悟空的出生年份晚写了500年,导致孙悟空无法陪同唐僧去取经。为了掩盖错误,他私下救了因与青霞恋爱违反天条的六耳猕猴,与他定下协议,由他代替孙悟空陪唐僧西天取经。青霞则怀了唐僧,后来在玉帝的旨意下,借春三十娘的肚子把唐僧生了出来。牛魔王叉死代替紫霞受死的青霞,换得六耳猕猴心甘情愿去取经。最后取完经,六耳猕猴与青霞卷成灯芯,常伴儿子唐僧左右。《大话3》可以看作是有关紫霞和至尊宝以及青霞和六耳猕猴两对"双胞胎"的爱情故事。

这部电影试图将第一、二部中所有的留白都填补起来,为受众20多年来的不解和疑惑给出答案,也以至尊宝和紫霞完美爱情的最终实现来弥补受众的遗憾。为此,《大话3》设计了复杂的人物关系、夸张搞笑的剧情和足够多的奇思妙想,对无厘头风格给予了淋漓尽致的展现。所谓无厘头,意指找不清方向、理不出头绪,不拘泥于任何章法或不按常规的夸张表演形式,故意将一些毫无联系的事物现象等进行莫名其妙的组合串联或歪曲,以达到搞笑或讽刺的目的。无厘头大胆颠覆了人们习以为常的事物的形式,对传统电影中的固有模式进行了肢解和再创;反崇高、反精英、反逻辑、无所顾忌、讽刺调侃一切;内容的特立独行和不同寻常是其重要特征之一。《大话3》中,西天取经的不是孙悟空,而是六耳猕猴;唐僧是六耳猕猴与青霞的儿子,借了春三十娘的肚子生出来的;唐僧是紫霞的外甥,至尊宝是唐僧的姨父;牛魔王为了打败六耳猕猴,要求亲妹妹牛香香把自己吃掉;白晶晶和春三十娘才是一对儿。错综复杂的人物关系打破了观众固有的认知,乱七八糟的逻辑倒是呼应了《大话西游》一贯的无厘头的搞笑特征。然而这种无厘头风格的移植却因为预设好的结局而有了为填坑而填坑之嫌,在因果等逻辑关系上显得突兀而不自然。影片中各种因素互相缠绕,像极了打结的一团毛线,需要受众抽丝剥茧,一条条理出来才能解开谜团。受众如果不能将这些错综复杂的因素结合起来考虑,就难以对影片内容有全面的了解和认知。

　　刘镇伟煞费苦心设计了玉帝写错天书,六耳猕猴代孙悟空取经,六耳猕猴与青霞的爱情等梗,就是为了让紫霞和至尊宝在一起幸福终老,给大话迷们一个满意的结局。然而这部影片中,紫霞和至尊宝的感情线无疑被弱化了,由主线到后来突然急转直下成为辅线,变得十分多余。导演想讲的实在太多,受众还来不及消化,所以影片徒生了几分为圆满而圆满的囫囵吞咽之感。六耳猕猴和青霞本就薄弱的感情,因为在前两部中没有铺垫,第三部中也没有展开,难以和受众产生情感上的共鸣。整部影片仿佛由自身不断分裂的碎片勉强连缀起来,让人看得糊里糊涂,不明不白,甚至有种胡编乱造的感觉。这个"官方"钦定的最终解释版将几乎所有的旧坑都一一填补,也就基本上没有任何再行解释或发挥的余地了。在导演刘镇伟看来,《大话3》是大话西游完整故事中的一部分,而不是衍生出来的东西;大话西游的故事讲到第三部就应该结束了,所以《大话3》是这个系列故事的终结。然而,一千个人心中有一千个至尊宝,留有悬念的开放式结局才能让受众心存幻想,并将思考一直延伸到影片之外。《大话3》大张旗鼓地宣称要解疑答惑,把每一细节都交代清楚,却让大话西游的故事走向了封闭性的终结。任何其它的解读都会因这部影片而走向被否定的命运。

　　《大话3》也预示了大话西游时代的终结:昔日的辉煌已经无法复现,再一次证明了"大话"前两部是无法超越的经典。20年前的《大话西游》用喜剧的形式讲述悲剧的故事,让太多人感动到哭,而《大话3》这部纯粹的喜剧片则希望让更多人笑。殊不知纯粹的喜剧在受众心中不会留下太多印记,只有笑中带泪、以喜剧形式包裹悲剧内核的作品才能带给受众痛彻心扉的触动和深刻的记忆。《大话西游》的精髓就在于奇幻爱情喜剧的背后隐藏着悲天悯人的道德伦理和爱情易逝的悲凉与怆然,而这些在《大话3》中已无处寻觅,"大话"的精神就此终结。大团圆式的喜剧故事使至尊宝和紫霞仙子最后"有情人终成眷属",表面上圆了受众的梦,但在思想深度上却远不及前两部中展现出来的对于命运和爱情无法把控的绝望感来得深刻。虽然《大话3》中不乏插科打诨的搞笑,电脑特技也比前两部作品上了一个台阶,有些现代流行语也被写到了台词中,但整部电影看下来,对受众来说它只是一部无关痛痒的搞笑之作,无法触及他们心灵最深处的情感。在《大话西游之大圣娶亲》的结尾,孙悟空从无厘头的强盗和情种变成一个牺牲爱情、承担道义、背负使命的取经人,事实上实现了对自我的回归、超越和救赎。而《大话3》这部终结篇无疑颠覆了前作中对孙悟空的设定,英雄消失了,无论真假美猴王,都少了几分英雄本色,无法超越爱情和欲望的纠缠,沦为平庸的凡人,解构了所谓英雄主义的宏大主题,成为了后现代主义解构宏大叙事的表征。《大话3》却不是一部纯粹的后现代主义的作品。与后现代坚称意义的消弭不同,这部剧在解构英雄的同时,也展现了救赎之路上的复杂性,如以爱情或天道的名义,对利益的争夺、对别人的利用,欺世盗名、相互攻击、强权逻辑等,都是对现代社会的影射,而在最后又回到了花好月圆、大团圆的前现代的价值观上来。因此,从思想内容上说,以《大话3》为代表的翻拍剧作为一种别现代艺术形式,是前现代、现代与后现代交织融合的艺术。

从形式上来说,翻拍剧表现了不同空间与时间共时存在的场面,在故事内容、情节结构等方面都借鉴了原作,叙事上融合了前剧的内容,是对前文本的一种延续性的表达。翻拍剧的艺术形式不仅具有继承性,还有一定的时代性和变异性的特征,也会根据社会发展变化以及受众的需要,批判地继承改造旧的艺术形式。从风格上讲,翻拍剧大多在镜头、妆效、配乐等方面体现了强烈的"怀旧"风,但同时也在语言与情境中注入了现代的、时尚的新元素,以满足当下受众的审美期待和审美要求。翻拍剧呈现了"既熟悉又陌生"的独特面貌和在"守旧与出新"中矛盾挣扎的艺术特色。从技巧上看,翻拍剧用新手法演绎老故事,常常将最新的拍摄、剪辑技术带入到翻拍剧的制作中,作品中不乏特效等高科技手段,还使用了诸如拼贴、戏仿、无厘头等各种后现代主义技法,使前文本与现代元素的重新组合成为可能,也拉近了与当下受众的心理距离。《大话3》就是这样一部具有独特的审美方式、融合了前现代、现代与后现代的别现代叙事的影视作品。

二、《大话西游3》的别现代艺术特征

(一) 传统、现代与后现代流动中的协商与和解

如果说《大话西游》前两部是后现代,《大话3》则是彻头彻尾的别现代。传统与现代的杂糅,又以后现代的形式包裹其中,充分体现了别现代艺术的典型特征。首先,《大话3》借助传统神话故事的框架,以一种颠覆性戏说的方式勾起了受众对传统文化的一再温习;影片中渗透了儒释道的传统思想,譬如舍生取义、杀身成仁、转世轮回、出世之思等等。另外从文本间性的角度来看,翻拍剧都有自己的前文本,这些或经典或成功的前作在某种程度上也是一种传

统。翻拍剧延续前作的风格或者在剧情内容、人物设计上体现前作的特点，其目的是为了引发受众的怀旧情绪。《大话3》有相当多的向经典致敬的情节，无论是夕阳下的武士，空中的观音，纷扰的牛魔王一家，月光宝盒的流光溢彩，还是乘着五彩祥云而来的佳缘，这些似曾相识的桥段都是对原作的一种延续性的重现。这些传统神话人物身上也都或多或少地有着现代人的影子，诉说着现代人的喜怒哀乐。影片还充斥着现代语言、现代人的思维方式和各种时尚元素，以及现代社会如金钱至上、利己主义、强权思维等各种现象的隐喻，以符合此时此地的受众的审美需求和心理期待，使得受众有一种深刻的代入之感。

其次，影片采用戏仿、拼贴等后现代主义的艺术手法，引领受众在传统与现代价值观的碰撞中找到自己的定位。"戏仿"即在自己的作品中对其他作品、通常是经典作品进行借用、挪用或者复制，以达到调侃、嘲讽、游戏甚至致敬的目的。《大话3》对迈克尔·杰克逊的舞蹈等进行了戏仿式的借用，也大量引用了《大话西游》前两部中的经典对白或桥段（前两部中的戏仿是一种恶搞），以引发怀旧的情绪。历史、经典的人物形象以及神话传说的故事模式纷纷被戏仿，整个新影片的叙事因此多了几分悖论式的无厘头色彩和荒诞感。不同于戏仿，"拼贴"将原有的不同部分尽量巧妙（有时适得其反）地整合在一个段落、篇章或整个文本当中，展现了与原有面貌大不相同的气质。《大话3》融入了多种中西流行文化元素，不仅不同时空的场景可以无缝对接，无厘头的电影语言比如中英夹杂的人物对白和一些粗俗的性俚语也呈现为一种碎片化的拼接；同性恋、代孕等各种元素交织其中，就连人物的服饰也如同万国博览会一般可以各种混搭。此外，炫酷的好莱坞特技、寄生兽等高科技元素带来了新时代的即视感。京剧式的打斗场景、经典的粤语歌曲（"一生所爱"，"Only you"）则把传统与现代糅合在了一起。可以说，整部影片就像一锅大杂烩；逻辑和秩序的颠倒，消解了深度思维的模式和深度解读的功能，也使电影的主旨思想变得更为平面化。《大话3》的拼贴和整合看起来更像是各个桥段的堆砌。元素的嵌入与作品本身未达到一种完美的融合，而更像是一种强行的植入，令新文本略显生涩和粗糙。某些新元素或桥段甚至出乎意料地演变成为雷人的剧情。《大话3》表征的方式看似是后现代，却离不开传统与现代的纠葛和混杂。

最后，这部影片的结局回归了"花好月圆"的传统价值观。《大话3》选在中秋档期上映,是后现代对前现代的一种臣服,解构了后现代自身。这部电影也解构了它的前文本,可以说是一种解构的解构,在某种程度上又实现了前现代的回归。大团圆结局消解了矛盾,借真假美猴王转移焦点,把自由和无奈分离了。过去孙悟空想要获得自由和爱情,但无奈却如影随形,而现在假美猴王无奈地护送唐僧西天取经,真美猴王的转世则获得了自由和爱情。从此,紫霞仙子和至尊宝快乐地生活在一起了。从悲情故事到圆满结局体现了前现代、现代与后现代张力之下的和解与妥协。因为所处时代的特殊性、复杂性和多重性,我们不能简单地将其理解为现代或者前现代还是后现代。① 时髦的别现代叙事就这样在前现代、现代与后现代之间流动,进行着无意识的抑或不知不觉的变换和滑移、迂回和弯曲,从中衍生出原来没有的、意想不到的东西,《大话3》大体就是这样的产物。翻拍剧是别现代时期复杂交织社会现状的一种缩影,不仅仅是后现代,更是前现代与现代之间的一种博弈。前现代、现代与后现代三者之间互相牵制;当我们沿着一个方向前进的时候,不知不觉地又走向了别处。②

中国在奔向现代性的征程中遭遇到后现代思潮的冲击,而前现代的影响又尚未完全从社会中褪去,身处其中的人们深刻地体会到一种迷茫和失落的无力感,辨不清方向。而《大话3》中爱与救赎的问题摆到今天也未过时,但却因别现代的特殊语境而变得异常复杂。一切历史都是当代史。历史也好,神话也罢,都指向我们的生存现实,折射了现代人在前现代、现代与后现代纠结的别现代的文化语境中矛盾的精神样态和心理窘境。

(二) 模糊的影像时空与别现代的另类文化时空

在《大话西游》创造的独特的审美世界中,后现代、前现代、现代混杂交织,纠缠徘徊,形成了一个大的空间场,艺术就在不同的层次之间过渡和跃潜,应合了别现代的时空观。由于别现代时期中国社会的独特性,处在前现代、现代与后现代共时并存空间中的人们对时空常常有一种矛盾冲突的心理状态,这一时期的艺术也呈现出了别现代时期时间空间化的特征。模糊的时空观与当代中国社会别现代的时空意识发生了共鸣,一并融入《大话西游》的电影中。

---

① 参见王建疆《别现代:主义的诉求与建构》,《探索与争鸣》2014年12期。
② 王建疆:《别现代:空间遭遇与时代跨越》自序,中国社会科学出版社,2017年,第2页。

中国人的时间观,总体上看是一个向原点不断返回的可逆的运动过程。在这样一种封闭的环形结构中,过去和未来相接,未来被镶嵌在过去之中,根据过去可以预知未来。时间是周而复始,无始无终的,循环时间的概念与日出日落、昼夜更替、四季轮回有关。无论老子的"大曰逝,逝曰远,远曰返",还是《易传·系辞下》中的"旧往则月来,月往则日来",都表明了古人的循环时间观。自魏晋以来,这种循环时间观和模糊时空的创作手法渗透到了文学作品和其他艺术领域。在《大话西游》系列中,整体的叙事时空变模糊了。时间的线性之流被打破,化作两大平行时空的并置,并以 500 年前/500 年后作为时空的分界线,在时空的任意切换和不停穿梭中展开故事情节的叙述。《大话 3》复制并承续了这种独树一帜的电影时空模式,使影片成为了可以在不同时空层面"互动和渗透"的时间空间化的产物。通过蒙太奇剪切和拼贴的手法,电影将不同时空结合在一起,而人物就在不断的时空跳跃中实现转世和轮回,隐约应和了某种注定的宿命。[①] 在月光宝盒这一时空穿越的重要道具的作用之下,一维的线性时间得以拓展为多维的共性的存在。时空穿越或者时间倒流得以实现,也曾出现时空重叠的场景。在《大话 3》中,作为对经典片段的重新演绎,至尊宝穿越回到 500 年前,亲眼目睹观音大战孙悟空的场面,还看见了变身迈克尔·杰克逊的唐僧。时空在此刻似乎凝滞了,出现了某种程度的重叠,时空的界限模糊且消失不见了。

传统的影视艺术大多沿用线性的叙事方式,为受众呈现了一个易于接受且符合期待的清晰的意象世界。《大话 3》则打破了受众的线性思维方式,通过模糊化的处理手法颠覆了传统的叙事模式,赋予时空更大的自由性、复杂性和延展性。电影凭借天马行空的想象,打造了复杂而又独特的模糊时空美学,增加了其新颖性和艺术魅力,给受众以新鲜而又陌生化的审美效果,这也是《大话西游》的魅力之所在。然而时空的不停穿越在打破客观线性时空的束缚、创造出变幻莫测与神奇瑰丽的艺术世界的同时,也可能会带来时空无序化的不良后果,使普通大众在观赏时感到困惑不已。受众无法根据交叉错乱的碎片式叙事逻辑对剧情发展做出大致的预测。因为一维的线性的时间被打破,他们只能在电影叙事的主导之下,结合电影的影像并凭借个人经验和理解

---

① 房伟:《文化悖论时空与后现代主义——电影〈大话西游〉的时空文化研究》,《山东师范大学学报(人文社会科学版)》2007 第 1 期,第 84、86 页。

去推测这个可能的时空概念,在此过程中难免产生误读。模糊的电影时空中存在的诸多不确定和跳跃性因素使受众在可解与难解之间徘徊,影响了他们对影片内容的理解和由此而来的观影的愉悦。

"大话"的电影时空始终指向了现世的客观时空。从《大话西游》前两部反映的90年代的香港,到《大话西游》终结篇喻指的2010年后的中国社会,受众在二十年的大话世界中穿梭。如今,社会文化语境已经发生了巨大的变化,受众的审美心理也随着时代发展而变化。这个"官方钦定"的真正的结局让受众不免有种时过境迁的无奈之感,因而他们对《大话3》的笑料频出表现出了某种超然和冷漠。前两部中,刘镇伟结合剧情需要在古装电影里加入了现代的流行用语和时髦动作,再加上周星驰无厘头式的经典演绎,使受众在错位的时空想象中捧腹大笑。《大话3》也运用了这类方法,却是以一种强行植入剧情的方式来呈现的。阿凡达、杰克逊等形象以及妇科病等雷语的植入显得生硬和突兀,似乎为搞笑而搞笑,使整部电影充斥着低劣和庸俗的质感。刘镇伟出于情怀在这部影片中对前两部《大话西游》旧有桥段的引用,在他看来都赋予了新的内涵,然而脱离了本土生长的植物又如何开出娇艳的花朵,最终只能沦为对原作低劣的复制和模仿。

这部二十年后的续写之作之所以遭遇口碑的滑铁卢,原因之一就在于随着时代与社会的发展,后现代主义已经不那么前卫了,曾经看起来新鲜搞笑的一切已然融入每日司空见惯的生活里了。所以尽管刘镇伟导演在《大话3》中埋的笑料并不少,今非昔比的观影人群却对这样的笑料表现出了某种审美疲劳,只能以尴尬来回应导演预设的包袱和演员"搞笑"的表演。"雷"这件事,这些年和网络段子以及冷笑话一起已经成了填充大众空虚精神文化生活的"三驾马车",浸淫在其中早就成了生活信息输入的重要部分。① 在这种背景下,受众并不会因为几个哗众取宠的段子就为电影买单,他们需要的是一个好故事;无论什么时代,内容为王。这就是为什么"无厘头"的周星驰依旧能凭借《美人鱼》创造33亿天价票房,而《大话3》却只能望尘莫及的原因。《大话3》折射了当下碎片化的世界,将之前建构的大话的世界再一次解构。当年的《大话西游》之所以成为经典,除周星驰和其他主演对于人物深入细腻的描摹刻画

---

① 《〈大话西游3〉:中秋应个景,别跟经典较真》,澎湃新闻,http://www.thepaper.cn/newsDetail_forward_1529358,2016年9月16日。

之外,还要归功于影片本身对于爱情的渲染:真挚的感情和残酷的现实被真切地呈现在受众的面前,每个人都从中读出了感情的无奈和悲凉,共鸣于紫霞那一句"原来爱一个人这么痛",也在"那个人背影好像一条狗"的调侃中,看到了自己错失爱情的样子,实现了由笑到泪的转变,这实际上是喜剧电影的最高超的手段。尽管《大话3》定格在大团圆结局,但在观众心里,大话西游这个系列,在第二部"大圣娶亲"的时候或许就已经结束了。"那个人好像一条狗"和那个再也回不了头的背影,早已烙印在无数人的心中,留下的也不仅仅是对电影故事的遗憾而已。

在别现代时期,翻拍剧中影像时空与文化时空的呼应与共鸣,要随着文化时空的变迁和发展而加入创新和适合的元素,体现一定的时代性。《大话3》中模糊的时空观与别现代的文化时空产生了碰撞,却不是简单的对应关系,其复杂性不言而喻。如何将前现代、现代与后现代复杂交织的社会文化语境中人们矛盾的精神样态融入翻拍剧的制作中,使翻拍剧渗透时代的精神、把握时代的脉搏,成为了翻拍剧能否实现创新的关键。

三、《大话西游3》对别现代语境下经典重拍的启示

本雅明在《机械复制时代的艺术作品》中指出,艺术史在某种意义上是机械复制的历史,现代科学技术无限多地复制作品,使传统艺术的"灵韵"(aura)消失,艺术原有的功能与价值也发生变化。所谓"灵韵",是指作品独特的质地和由此带来的神秘感,它只属于原创的、独一无二的作品。而艺术在机械复制时代失去的最灿烂、最重要的东西恰恰就是令人陶醉与神往的"灵韵"。[1] 翻拍剧说到底是对经典作品的一种复制,这种复制可以无限度地多次进行,于是作品变得不再是独一无二的,独特的"灵韵"消失了。文化工业被满足"大众"需要的商业力量所操纵,以娱乐消遣为目的,它所制造出来的精神文化消费品丧失了艺术作品作为艺术本质的否定与超越精神。阿多诺说:"文化工业的全部实践就在于把赤裸裸的盈利动机投放到各种文化形式上。"[2]在商业利益的驱动下,许多影视剧的制作人和导演认为翻拍本身就是最好的话题和卖点,通

---

① 参见本雅明《机械复制时代的艺术作品》,王才勇译,中国城市出版社,2001 年,第 87 页。
② 阿多诺:《文化工业再思考》,高丙中译,见陶东风主编《文化研究》,天津社会科学出版社,2000 年第 1 辑。

过翻拍经典这条捷径,他们期望高额的投入在短时间内带来丰厚的回报。因而,他们往往不以追求艺术完美为目标,只热衷投资效果,或利用受众的怀旧心理,放弃了人文情怀和艺术追求,缺乏创新与突破。这一类翻拍剧如若泛滥的话,将拉低受众的欣赏品味,取消个体的批判精神和否定意识,使他们成为单向度的人,最终导致文化消费者的想象力和自发性的萎缩。

翻拍从来不是一件容易的事情,对于影视经典的翻拍更加"吃力不讨好"。虽然一些翻拍作品得到了受众的认可,但多数翻拍剧顶着原作光环的压力,试图超越前剧的愿望常常难以实现。因为先前的经典作品是一种原创,是思想融会贯通后的全新表达,具有妙不可言的"灵韵";它不仅带给受众精彩的故事和优秀的表演,更留下了一代人特殊的情怀和记忆。翻拍作品想要延续这种深刻的印象和情怀是相当困难的,受众不自觉地会拿它与前剧相比,由此产生的巨大的心理落差是受众不买单的一大原因。翻拍要跳脱前剧的套路,拿捏的尺度很难把握;有数据显示,国内翻拍剧成功的比例只有 10%。[①] 翻拍剧因此需要实现某种意义上的大胆的革新。既然免不了要与前作相比,那就索性求新而非守旧,存异而非求同。

始终强调原创的生命力,创作新的东西,哪怕是在翻拍剧中也要如此,因为中国电影电视的发展靠的是创新。翻拍剧要有新意,突出与前剧的差异,不是一味地在经典影视作品的基础上进行改编,而要从剧本身出发,考虑如何拍摄一部新的影片。可以从不同的视角入手,用不同的方法,选取不同的侧重点,甚至建构不同的故事(比如前传、续集等),拍摄出与前剧完全不同的作品,创造自己新的特色。从比喻的意义上说,它应是与前剧长得不太相似的双胞胎。翻拍不能仅仅消费情怀,而必须加入过硬的内容,否则还是难逃"毁经典"的吐槽。制作方和导演需要赋予作品真诚的情感,重视剧本的完善、作品的质量,考虑如何讲一个好故事和如何讲好一个故事,而非出于票房目的炒作各种新闻以博取受众的关注。成功的翻拍剧要能紧扣时代的脉搏,打破翻拍经典的套路,在原有的人物设定、故事情节上做适当的创新。可以从中国传统文化中汲取养分,将中国传统文化的核心精神内化为一种自觉的人文关怀和艺术追求。作为影视工作者和创作者,应该明确自己的定位,传递正确的道德观和价值观,使作品具有一定的价值、意义和内涵,同时平衡艺术与商业、社会效益

---

① 赵存存:《正视翻拍、再创经典》,《当代电影》2011 年第 6 期。

与经济效益的关系。他们应当意识到,真正优秀的翻拍剧源于经典却不是一味地认同经典,所以对待经典应秉持既肯定又否定的态度,否则创作出来的影视剧只能沦为平庸的跟风之作。此外,绝不能把艺术创造的方式仅仅依赖于机械的复制。经典翻拍是一条保守的路径,但绝不是最好的路径,把握不好就容易落入经典复制的窠臼。对于翻拍剧而言,在任何时期,都要强调原创和创新的重要意义。

别现代艺术是一个混合物(hybrid),是前现代、现代与后现代杂糅的艺术。①《大话西游3》作为翻拍剧的代表,融合了前文本、神话故事、儒释道的传统文化,现代受众心理和趣味以及戏仿拼贴的后现代主义艺术手法。如同旧瓶装新酒,翻拍剧的成功实际上在于这种别现代艺术能否表达一种意义,传递一种精神;在于它对内容的重视和创新的坚持,而不仅仅是对传统的一味重复,或是填坑式的叙事。别现代艺术无所谓好不好,只是一种艺术现象,是一种开放宽容的艺术样态。它体现了前现代、现代与后现代矛盾对立中的协商与和解,呈现出陌生化的艺术形式。然而它也给我们启示,如何处理好三者之间的关系,在融合的同时保持一定的张力,这样才能在最大程度上绽放出别现代艺术的光彩。② 如果只走向了一头,比如前现代,纯粹的现代或者后现代,艺术就失去了生长的能力,无法在今后的几十年甚至几百年中依然保持勃勃的生机。《大话西游3》因为缺少了原创的生命力,所以尽管是传统、现代与后现代相交融的别现代艺术,在现在的受众看来,依然无法超越二十年前的经典,无论当初的《大话西游》是后现代还是彼时的别现代。

Remake Productions and Bie-modern Aesthetics: Take an Example of *A Chinese Odyssey* 3

Xu Wei

Abstract: A remake combines the synchronic and co-existential features of pre-modern, modern and postmodern, and embodies the collision and entanglements of

---

① 王建疆:《别现代:空间遭遇与时代跨越》,中国社会科学出版社,2017年,第302—303页。
② 王建疆:《别现代的空间遭遇与时代跨越》,《中国政法大学学报》2018年第3期。

traditional and modern thought, and through the parodies, borrowing and duplication of pre-texts and joining together of various classical clips to realize the postmodern self-presentation, making it a unique form of modern art. *A Chinese Odyssey 3*, a representative of recent Chinese remakes, pushes Bie-modern art to the extreme pole. Fashionable Bie-modern narrative flows between the pre-modern, modern and postmodern, goes back to the traditional values, and deconstructs the postmodernity. The vague space-time view has resonated with the Bie-modern sense of space-time consciousness in contemporary Chinese society, reflecting humans' contradictory state of mind about time and space in the Bie-modern era. However, the aura of the remakes has disappeared as a result of mechanical reproduction of the original classic works, eventually leading to the atrophy of imagination and spontaneity of cultural consumers. Only do Chinese remakes have innovative spirit, richer connotation and more ideal artistic state, can the glory of the Bie-modern art shine.

Key Words: Bie-modernity; remake; *A Chinese Odyssey 3*

作者简介：徐薇，上海工程技术大学外国语学院讲师。

中国大陆小城镇电影
审美观念的嬗变①

张　丹

摘　要： 在中国电影中,乡村和城市往往被赋予更多的主流文化意义,而小城镇作为特定的地域空间,其边缘化的地位一直是个不争的事实。但纵观整个中国电影史,以小城镇为主要叙事背景的作品其实不胜枚举。这些作品不仅在主题上丰富了中国电影的叙事表达,而且在形式上表现出对电影本体的艺术探索以及不同于主流文化的审美特征。从早期江南小镇电影的政治诗性与古典意蕴的现代性融合,到"文革"后的历史反思与人性关照的现实主义回归,从九十年代以后消费主义与大众文化浪潮下的多元化创作,到当下小城镇电影与主流市场的接轨,中国大陆小城镇电影在不同的历史时期呈现出不同的审美风格。

关键词： 小城镇电影；审美观念；审美风格

在中国电影作品中,城市和农村往往作为故事的主要叙事背景承载着更多的主流文化意义及审美观念,人们对城市生活和农村生活的抒写也往往表现出城乡二元对立的鲜明特征。如果说城市电影和农村电影是根据作品表现的区域空间的不同而进行题材划分的结果,那么从人们生活的区域空间的完整性来看,农村和城市之间还存在一个过渡性的区域空间——它既有农村

---

① 本文为山西师范大学 2017 年博士研究生创新基金资助项目"中国小城镇电影的空间构建与文化表达"研究成果；山西省 2018 年研究生教育创新项目"中国小城镇电影研究"阶段性成果。

的特点,又有城市的影子,既承载着中国传统文化的积淀,同样也经受着现代思潮的冲击——小城镇。因此,小城镇电影作为中国电影表现空间的一部分,填补了主流空间叙事和审美文化之外的空白,其特定的地域空间、叙事主题及表现方式展现出不同于主流作品的艺术特征和审美价值,值得我们深入探讨。

一、从概念说起

纵观整个中国电影史,小城镇电影出现的时间并不算晚,但由于电影文本资料保存的限制,很多早期的作品已无法观看,笔者目前搜集到中国最早的小城镇电影文本资料是费穆导演于 1948 年拍摄的电影《小城之春》。从早期电影文本资料中我们可以看出,中国大陆早期小城镇电影中的小城镇概念与后来我们所说的小城镇概念有一定的区别。"小城镇是我国沿袭了两千多年的建制县域内的政治、经济、文化中心,在中国近现代社会结构中占有十分重要的地位。"[1]19 世纪末 20 世纪初,随着现代工业的迅速发展,中国传统农业社会制度逐渐瓦解,现代意义上的城、乡逐渐形成,而介于城乡之间的小城镇也被赋予了独特的内涵。30 年代,我国地理学家开始从"聚落"的概念出发来研究城市和乡村问题。他们普遍将聚落区分为城市和村落两类,认为"村落是以农业人口为主的居民点,是相对于城市(或城镇)的一种聚集类型"、"是指建制镇以下的地域"、"由村庄(中心村、基层村)和集镇构成"。[2] 可见,在地理学中,小城镇是城市空间体系的组成部分,被视为城市的一种。此时,中国许多小城镇特别是沿海一带在外来文明的冲击下成为异质文化碰撞、交融的敏感区域。因此,中国大陆早期小城镇电影多以江南一带的小镇为主要叙事背景。80 年代开始,学术界对小城镇概念的解读进入"百家争鸣"的状态。"最初的经济学家们并未对小城镇概念的内涵作出明确界定,而是更多地将其作为经济研究的一个载体。在吸收其他学科观点的基础上,更加强调城镇的经济功能……"[3]后来,由于人们对城镇和城市两种概念的混用,唐耀华开始试图从经济学角度对其进行严格区分,"将是否有许多'消费需求的突增变量'视为两

---

① 李莉:《中国现代小城镇小说研究》,武汉大学出版社,2017 年,第 1 页。
② 陈慧琳主编:《人文地理学》,科学出版社,2001 年,第 82 页。
③ 吴闫:《我国小城镇概念的争鸣与界定》,《小城镇建设》2014 年第 6 期,第 50 页。

者间的本质区别"。① 从行政管理学来看,"建制镇与非建制镇之间在行政体制、社会管理、财政税收等方面都存在着明显区别,因此,小城镇通常只包括建制镇这一行政区划范畴"。② 费孝通于 1983 年 9 月 21 日在南京"江苏省小城镇研究讨论会"的发言中,从社会学的角度全面、明确地阐释了小城镇的内涵,认为小城镇是"一种比乡村社区更高一层次的社会实体","这种社会实体是以一批并不从事农业生产劳动的人口为主体组成的社区。他们都既具有与乡村相异的特点,又都与周围的乡村保持着不可缺少的联系"。小城镇在本质上"是个新型的正在从乡村性社区变成许多产业并存的向着现代化城市转变中的过渡性社区。它基本上已脱离了乡村社区的性质,但没有完成城市化的进程。"这一观点被后来的社会学家们普遍继承,同时也得到了其他学科学者们普遍认同。到了 90 年代,随着城镇的发展和学科的交流,越来越多的学者主张用学科整合的视角来看待小城镇这一概念,并对其概念外延进行了探讨,且观点不一。虽然学界对小城镇概念的界定说法不一,但这恰恰反映出小城镇内涵和外延本身的复杂性,同时为我们界定小城镇电影概念提供了丰富的理论参考。

综上,本文谈论的中国大陆小城镇电影,顾名思义是以中国大陆地区的小城镇为主要叙事背景的电影作品。根据小城镇自身的发展特点,笔者将"小城镇"的范围大致限制在除市以外的建制镇,包括县城,而以乡政府驻地为主体的集镇,也就是非建制镇,由于其农村特征更明显,暂不列为笔者的研究范围。小城镇电影在中国电影史上虽占有一定的比重,但其边缘化的地位一直是个不争的事实。学术界对小城镇电影的研究多集中在单部作品上,而相对系统的研究也仅集中在九十年代以后的作品,有学者将其称为"当代中国小城镇电影",③并以书写"乡愁"的第六代导演作品为主。然而,事实上的中国大陆小城镇电影作品绝不仅仅局限于此。

二、早期小城镇电影的政治诗性与古典意蕴的现代性融合

早在 20 世纪 30 年代,中国影坛中就有以小镇为主要叙事背景的作品。

---

① 吴闫:《我国小城镇概念的争鸣与界定》,《小城镇建设》2014 年第 6 期,第 51 页。
② 吴闫:《我国小城镇概念的争鸣与界定》,《小城镇建设》2014 年第 6 期,第 51 页。
③ 孟君:《"小城之子"的乡愁书写——当代中国小城镇电影的一种空间叙事》,《文艺研究》2013 年第 11 期,第 92 页。

考虑到早期电影文本的保存问题以及本文对研究对象范围的界定,笔者将从中国早期小城镇电影作品中极具代表性的《小城之春》开始,梳理中国小城镇电影审美观念的流变过程。

1948 年费穆导演的《小城之春》可以说是中国电影史上早期小城镇电影的经典之作。在此之后又出现了水华导演的《林家铺子》(1959)和谢铁骊导演的《早春二月》(1963),两部根据文学作品改编的小城镇电影。从抗战结束、新中国成立到建国后十七年,中国电影逐渐走向成熟并在现实斗争中曲折发展。受现实历史文化语境的影响,这一时期的主流电影作品将叙事背景对准了斗争矛盾突出的农村和大城市,小城镇电影作品屈指可数。此时的中国社会深受马克思主义的影响,无产阶级的审美观成为艺术创作的主线,审美的阶级性也是这一时期美学的重要特点。因此,在阶级关系框架下确定的革命和斗争的美学原则成为那个时代的价值取向,革命的现实主义与理想主义成为艺术的主要创作原则和审美标准。

《小城之春》《林家铺子》《早春二月》讲述的都是 20 世纪上半叶发生在江南一带某小镇的故事,三部影片均以战争年代为故事背景,但都没有正面表现战争,而是通过小城镇不同阶层民众的生活矛盾来展现特殊时期的社会风貌,从而还原出 20 世纪上半叶江南小镇的社会现实。《小城之春》讲述的是抗战刚刚结束不久,发生在松江某小镇的家庭伦理故事,表现一场爱欲与理智,情感与道德的人性纠葛。《林家铺子》由夏衍根据茅盾的同名小说改编,讲述了江南一带某小城镇的工商业者层层压迫的故事,反映了"一·二八"事变后小城镇经济凋敝、民不聊生的社会状况。《早春二月》是谢铁骊导演根据柔石的小说《二月》改编,讲述了"五四"退潮后的知识分子的迷茫、受挫与抉择的故事,反映出"五四"时期初生的现代思想与前现代社会的复杂矛盾。然而,三部影片在当时都遭到了阶级性审美标准的批判。

《小城之春》与当时主流电影所表现的强烈的民族忧患意识和沉重的历史使命感不同,导演运用现代主义表现手法展现了对人性的书写与思考。因此,影片刚刚上映时,很多评论指责其宣扬小资产阶级的颓废与悲观。"《申报》广告显示,该片在 1948 年 9 月 23 日首映后仅仅在上海放映了 13 天。"①可见,在

---

① 苏文瑜、朱怡淼:《费穆电影〈小城之春〉中的美学与道德政治》,《当代电影》2016 年第 8 期,第 80 页。

当时国共两党内战的特殊时期,《小城之春》现代性的审美价值完全被革命的艺术作品所蕴含的美学价值所取代。同样,《林家铺子》《早春二月》上映后,也遭遇无产阶级审美观的强烈批判。有人认为夏衍在电影《林家铺子》中塑造的林老板形象是"给狼披上羊皮",是"对资本家一往情深",是"与社会主义唱反调";[①]还有人将其描述成"以历史为假托,在社会主义革命和社会主义建设深入发展时期,适应着被剥夺了生产资料的资产阶级的要求,在文艺领域中向社会主义进攻的一部坏作品"。[②] 人们对《早春二月》的批判则更加激烈。大多数人将其视为"毒草",认为它穿着"声光夺人的外衣","所散发的资产阶级思想腐臭正在被越来越多的人所嗅觉"。[③] 也有少数人为影片进行辩护,但都淹没在无产阶级审美观的批判声中,认为他们是"在所谓'历史唯物主义观点'的幌子下,颠倒是非,混淆黑白","用人性论和阶级调和的观点为萧涧秋的'同情救济'辩解","拜倒在资产阶级极端个人主义者的脚下"。[④] 总之,当时以革命和斗争为特征的审美观念已经塑造了一代人的精神世界和审美标准,人们会自觉地以无产阶级的审美观念去评价社会与自我,这是时代的产物,也是时代精神的审美表达。

然而,除了特殊时代语境下生成的阶级和阶级斗争审美观的评价,从导演创作及电影文本艺术性的角度来看,早期小城镇电影则体现出导演们对电影艺术本身的美学追求。

首先,从内容来看,三部作品都反映出特殊历史时期普通民众的生活真实。费穆曾在《国产片的出路问题》一文中讲到,"中国几个最好的导演几乎没有一个不正视现实"。"在风格上,我们是颇为接近欧洲大陆的。手法是主观的。但又不尽然。""这又是进步思想所赐予的麻烦。朋友们多数是向写实主义进出的,而又主观地写实。""为了憧憬于未来","浓厚的浪漫主义气息弥漫全片,这与被无情暴露的丑恶成了强烈的对比,而在内容与形式的调和

---

① 参见武珞文:《评电影〈林家铺子〉中的林老板形象》,《武汉大学学报(人文科学)》1965年第2期,第18—21页。

② 刘翘、倪玉:《阶级合作论的艺术标本——谈电影〈林家铺子〉的劳资关系问题》,《吉林师大学报》1965年第1期。

③ 浦一冰:《毒草怎能吐芬芳——从〈早春二月〉的主要人物看影片的思想倾向》,《复旦大学学报》(哲学社会科学)1964年第2期,第17页。

④ 蒋守谦、郑择魁:《〈早春二月〉的辩护者们背离了无产阶级的立场观点》,《文学评论》1964年第6期,第44—51页。

上面,在一部影片的完整风格里面,不折不扣地起了绝不相容的冲突"。① 可见,费穆导演是十分重视作品呈现的现实性的。因此,从《小城之春》简单的爱情故事中我们依然可以看到,被战争毁坏家园的地主阶级们,在失去了往日的辉煌后是何等的苦闷与消沉。《林家铺子》是茅盾在三十年代创作的左翼文艺运动的代表作之一,夏衍将其改编成电影后真实地展现出"一·二八"事变后江南小镇经济凋敝、民不聊生的残酷社会现实。《早春二月》则反映出置身于时代洪流中的知识分子的苦闷与彷徨以及其他民众的生存状态。

其次,从艺术形式来看,三部作品将诗意化的表达方式与现代主义的表现手法相结合,彰显出中国传统美学的审美精神。《小城之春》是费穆导演风格成熟期的一部作品,他将中国传统文化与新兴的电影艺术形式紧密结合,创作出极具中国特色和东方韵味的电影风格,体现出导演对中国现代电影的追求和探索。影片讲述的爱情题材故事看似简单,实则蕴含着浓厚的文化历史积淀。儒家礼教思想中的人性论该如何去理解,导演给了观众一个极具开放性和思考性的结局。同时,影片采用第一人称的全知视角进行叙述,让人物的心理情感推动故事情节的发展,可以说是叙事形态的全新探索。另外,导演还在镜头、声音、节奏和意境营造等方面融入诸多现代性因素,如长镜头、慢动作、中国画式构图、象征手法等等。因此,待后人重新发现《小城之春》的艺术价值时,不仅肯定了其在中国电影史中的地位,而且将其视为"中国现代电影的前驱",②这的确是名副其实的。《林家铺子》也十分注重作品整体氛围的营造,导演充分利用江南水乡的独特意韵来表现影片的思想内涵,采用影像化赋比兴的手法,特别是寓意丰富的电影蒙太奇手法来传达作品的主题,使影片极富中国传统文化意韵。例如,林老板没有从恒源钱庄借下钱而失落回家的路上这一段落,影片的构图布局将林老板的背影同上海客人和钱猢狲的特写交叠在一起,通过虚实结合的手法将林老板激烈的内心冲突传达得淋漓尽致。"这种极富心机地将事物的对立面之相反运动组织在一个画面中,创造出一个整

---

① 转引自李少白:《中国现代电影的前驱(下)——论费穆和〈小城之春〉的历史意义》,《电影艺术》1996 年第 6 期,第 74 页。

② 李少白:《中国现代电影的前驱(上)——论费穆和〈小城之春〉的历史意义》,《电影艺术》1996 年第 5 期,第 34 页。

体的形象的构图方法,充分体现了传统绘画构图中'虚实相生、主次对比'等特点。"①影片中首尾呼应的江南水乡场景更是耐人寻味。《早春二月》则以含蓄、简洁、细腻的镜头语言呈现出作品诗意化的意境,通过构图、空镜头、近景或特写镜头将人物与环境,人物的内心世界和情感起伏细致而真实地表现出来。例如,影片开头萧涧秋坐在拥挤嘈杂的船舱里略显烦闷,而当他来到芙蓉镇时也置身于镇上人的观察和议论之中,通过人与物的映衬,侧面表现出人物内心世界的不安,同时暗示出主人公苦闷、不被理解的处境。当萧涧秋得知文嫂遭遇的不幸后,影片出现一个江水汹涌、孤舟跌宕的写景镜头,将人物情感外化,这种空镜头的运用不仅生动地刻画出人物的内心世界,还增强了作品抒情写意的审美风格。

可见,中国早期小城镇电影虽然在当时以阶级和阶级斗争为主要特征的审美语境中遭遇到激烈的批判,但历史的局限性依然无法抹杀作品的艺术价值。导演们对中国传统审美文化的传承,以及寻求政治诗意、古典意蕴与现代主义相结合的美学创新,说明即便在特定的历史语境下,电影创作者们依然具备内在的文化自觉,为中国电影民族化形式和风格的探索做出了积极贡献。

三、"文革"后的历史反思与人性关照的现实主义回归

1966 年"文化大革命"爆发,许多影片被视为"毒草",许多电影艺术家惨遭迫害,中国电影也因此出现了严重的停滞和倒退。"文革"初期的电影制片厂已停止生产故事片,中国电影为此出现了四年(1966—1969)的空白期。1970 年,八个"样板戏"搬上银幕开始在全国各地放映。"观看、学习'样板戏'电影就成为全国人民重要的政治任务,所有的舆论工具都在反复进行宣传,中国影坛出现了'八亿人民八个戏'的畸形的电影文化现象。"②"文革"结束后,中国电影事业获得解放。邓小平同志纠正了"文艺服务于政治、从属于政治"的偏颇观点,坚持执行"百花齐放、百家争鸣"的文艺方针,中国电影事业也随之进入了蓬勃发展的新时期。从 1979 至 1989 十年间,中国电影继续坚持现实主义的创作道路,逐渐回归对电影本体的审视,表现出强烈的思辨力量和情

---

① 陈晓伟:《"十七年"电影:中国传统绘画美学向电影的有意识移植》,《解放军艺术学院学报》2007 年第 3 期,第 25 页。

② 倪骏:《中国电影史》,中国电影出版社,2004 年,第 146 页。

感力度。"反映现实生活,触及时代脉搏,讴歌社会主义新人的影片约占故事片的半数,这是新时期电影创作的主流。"①同时,这一时期的影片风格和形式也逐渐趋于多样化,小城镇电影也是在这一阶段逐渐增多,并在历史创伤与现代思潮的交织中,继续保持对电影本身艺术价值的探索。

刚刚经历"文革"十年浩劫的文艺界将反思作为作品的出发点,出现了"反思文学""伤痕文学"的潮流。此时的小城镇电影也表现出强烈的批判意识和对人性的回归。新中国成立的前三十年,无产阶级的审美观一直是中国社会的主导,这种政治化的审美观念掩盖了美的多样性和丰富性,人们的审美生活变得单一化、扁平化。改革开放后随着经济的发展,人们的审美观念也发生了一系列变革,而这一变革就是在对历史的反思与批判中展开的。"它首先涉及到异化,人道主义等具有多重意义的问题。进而,有关审美观念的现代化等问题也成为学界关注的重大问题。对这些问题的研究进一步引发了对中国历史,文化,民族根性,制度因素,中华复兴的精神条件和社会条件等的反思与再认识,这开启了当代中国思想文化变革的向度,也拓展了审美批判深度,从而为审美观念的转换奠定了基础。"②因此,这一时期的小城镇电影作品正是在历史的反思与批判中逐渐转变审美观念,出现了一批反思性、情感性极强的作品,如李文化执导的《泪痕》(1980)、谢晋执导的《天云山传奇》(1980)和《芙蓉镇》(1986)、从连文执导的《小巷名流》(1985)等等。

1978年全国展开了"真理标准"的大讨论,党的十一届三中全会的召开肯定了"实践是检验真理的唯一标准",批判了"两个凡是"的教条规定,并停止了"以阶级斗争为纲"的口号,全党的工作中心转移到社会主义现代化建设上来。这是"激动人心的年代",是"'社会主义新时期'到来的真正标志"。③ 在当时的思想解放潮流中,"拨乱反正"自然成为文艺界的首要工作。"所谓'乱',是指'文革'制造的混乱;所谓'正',是指适合文艺健康发展的党的方针、路线。"④《泪痕》和《天云山传奇》就是这一时期典型的展现"拨乱反正"的反思作品。《泪痕》讲述了"四人帮"被打倒后,新县委书记朱克实来到金县工作,却被

---

① 倪骏:《中国电影史》,中国电影出版社,2004年,第160页。
② 李建群、肖英:《当代中国审美观念变迁的表征及批判》,《南京社会科学》2018年第2期,第113页。
③ 吴泰昌:《〈天云山传奇〉大讨论纪实(上)》,《江淮文史》2008年第1期,第5页。
④ 吴泰昌:《〈天云山传奇〉大讨论纪实(上)》,《江淮文史》2008年第1期,第6页。

当地政府内部帮派分子设置重重障碍,百般阻挠的故事。影片中的朱克实克服障碍,依靠群众,深入调查,想尽一切办法排除干扰,最终为原县委书记曹毅平反,让其装疯卖傻的妻子得以重见天日。《天云山传奇》改编自新时期反思文学的代表作之一——鲁彦周的同名小说,本片获第一届中国电影金鸡奖、第四届电影百花奖。该片通过讲述以罗群、冯晴岚、宋薇为代表的知识分子在极"左"路线统治下的生活遭遇和情感历程,控诉了当时极"左"路线对国家政治生活的破坏,对个体正常人性的扭曲,同时歌颂了男主人公罗群坚持爱党、爱人民,坚持真理的坚定信念以及努力学习、工作的坚毅精神。两部影片并不是简单的为特殊时期的历史问题进行翻案,而是在精神、道德的困境中展现人的深思与抉择,再现历史生活真实的同时表现人物灵魂,体现出新型的社会主义道德审美观。

如果说《泪痕》和《天云山传奇》是从宏大而深沉的视角展现历史的功过得失,展现我党敢于面对现实并还原历史本来面目的决心,展现人性、人情之美,那么《小巷名流》和《芙蓉镇》则通过普通小镇上一群普通小人物在历史洪流中的升降沉浮,讲述历史留下的血与泪的惨痛代价,其思想容量更为巨大,对人性的思索也更加深入。《小巷名流》改编自栈桥的小说《文君街传奇》,讲述的是"文革"期间川西某小镇上几家普通百姓的遭遇。与其他同类型题材的影片相比,该片对"文革"的表现直接而尖锐,导演采用一种漫画式夸张的表现手法将历史渲染上一层黑色幽默的效果,现实性与戏剧性交织,加深了影片的悲剧色彩。例如,主人公司马二哥为了让儿子能够当着造反派的面与自己划清界线,便很认真地训练儿子辱骂自己,这种场面让观众啼笑皆非,其幽默背后渗透着"险恶环境与人性价值之间的冲突"。① 《芙蓉镇》是谢晋导演根据古华同名小说改编的作品,小说获1982年第一届茅盾文学奖,影片也获得第七届中国电影金鸡奖最佳故事片奖、第十届大众电影百花奖最佳故事片奖。该片讲述了新中国成立以来从"四清"到"文革"等一系列政治运动中芙蓉镇上小人物的悲欢离合,通过女摊贩胡玉音和右派分子秦书田等人的遭遇,展现了中国50年代后期到70年代后期近20年的历史风雨,体现了对历史严肃的回顾与深刻的反思。同《小巷名流》一样,《芙蓉镇》在美学追求上也表现出强烈的悲剧色彩,不同的是《小巷名流》是以喜剧写悲剧,而《芙蓉镇》则是将现实主义的

① 钱建平:《酸楚的幽默——我看〈小巷名流〉》,《电影新作》1986年第3期,第87页。

表现手法放大,通过细节和情感的刻画来达到悲剧效果。例如,影片中黎满庚与五爪辣的吵闹殴打,谷燕山醉酒后在雪夜中的怒吼,胡玉音和秦书田的婚礼,以及秦书田在宣判会上的心声:"活下去,像牲口一样地活下去!"这些极具情感张力的场景反复显示出影片的悲剧色彩,同时在残酷的现实中渲染出人性的美好,但人性的价值越可贵,现实的残酷就愈残忍。这种相异的审美关系恰恰成为悲剧矛盾的基础,而人性在面对险恶环境时的各种反应则增加了悲剧氛围,使得影片在不同层次的展现中体现出一种复合式美感。

这一时期优秀的小城镇电影作品还有谢铁骊执导的《包氏父子》(1983)和凌子风执导的《边城》(1984)。《包氏父子》根据张天翼在1934年创作的同名小说改编,讲述了20世纪30年代以包氏父子为代表的无产阶级的生活状态,描写了当时人们的生存处境及内心渴望。在备受压迫的生活中,老包省吃俭用希望儿子包国维通过上学的途径改变他们生活状态的愿望,最终在爱慕虚荣的包国维身上破灭。影片拍摄于改革开放初期,当时根据文学作品改编的电影基本上是与现实的"与时俱进"的文艺观保持着同步的。"70年代末至90年代初的文学流域在伤痕文学、反思文学的思潮之后,又相继掀起了改革文学、寻根文学、先锋小说、新写实主义等等思潮","当时的文学艺术不仅紧跟现实的流动,而且在一定程度上充当着时代的风向标的功能,成为社会大众了解时代的精神状况与动向的一个重要窗口"。① 因此,反映旧时代小人物生存状况的小说和影片《包氏父子》在当时的文艺接受史上并没有跃居主流之位,原因就在于它并非按照当时无产阶级革命和斗争的审美理念进行创作,其反映和表现的主题似乎也显得有些不合时宜。然而,正是这种"不合时宜"成就了作品的独特性——以一种静态、客观的美学眼光观照社会底层人们的生存状态及当时的社会现象。为此,影片虽有着复杂的时代背景,却刻意将其淡化,不仅展示了社会底层人物的生存困境,还展示了江南小镇安详的生活气息,反映出激烈时代风云下小镇人民生活的另一面。例如,优美的校园,精神的学生,丰富的课余生活等等。同时,影片的画面构图也带有浓郁的江南风俗画风格,这种相对静态的视角为我们提供了一种更为客观的美学立场,不仅能让我们重新审视现当代文艺作品的审美价值,而且有助于我们重新认识和评价中

---

① 沈义贞:《〈包氏父子〉与电影史建构中的缺失》,《南京艺术学院学报》(音乐与表演版)2008年第1期,第103页。

国的现代化进程。当然,影片对包氏父子的批判也显而易见,一个对于读书目
的的认知带有明显的世俗心理,另一个无法领会父亲的苦心,爱慕虚荣,人性
的弱点在此暴露无遗。

《边城》根据沈从文的同名小说改编,导演凌子风凭借这部影片获得了第
五届中国电影金鸡奖最佳导演奖,以及第九届加拿大蒙特利尔电影节评委会
荣誉奖。在此之前香港导演严俊在1953年曾将小说《边城》改编成电影《翠
翠》,但影片在原作的基础上进行了较大的改动,虽受观众喜爱,但原作者沈从
文却对该片极其失望:"若依旧照五三年香港方面摄制的办法,尽管女主角是
当时第一等名角,处理方法不对头,所以由我从照片看来,只觉得十分好笑。
从扮相看,年纪大了些。主要错误是看不懂作品,把人物景色全安排错了。"①
二十多年后,海外兴起"沈从文热","上海电影制片厂的导演徐昌霖于'文革'
结束不久,便抢先提出改编《边城》,但因改编意见未能与沈从文达成一致,导
致后者无法认同电影剧本"。②《边城》的改编便以失败告终。直到1983年,凌
子风提出在忠于原作的基础上将《边城》改编为同名电影,才得到了沈从文的
大力支持。为此,凌子风也一改他以前粗犷狂放的影片风格,在叙事和画面的
处理上表现出导演对民族美学风格的积极探索。影片还原出原作的内含精
神,将恬淡怡然的自然美、淳朴浓厚的风情美、与人和善的人性美以及人物命
运的悲剧美有机地融为一体,不仅展现出清新淡雅、含蓄细腻的诗意风格,同
时也让观众体味到现实生活中的人性和人生。导演用诗意的氛围营造出理想
的世界,又倾诉着难以言说的爱情伤痛,促使观众去思考美好的事物最终仍酿
成悲剧的原因是什么,从而带给人们心灵的净化和升华。

这一时期的小城镇电影除了对历史的反思、人性的批判和现实的观照,也
有表现革命历史题材的主旋律作品。1979年,成荫执导的《拔哥的故事》成为
"新时期第一部传记片",③该片讲述了革命先烈韦拔群领导号召群众投身革
命斗争事业的故事。这类作品"因为恢复和再现了中国革命进程的本来面目
而获得强烈的现实意义",④可见,坚持和发展革命的现实主义道路依然是当
时广大文艺工作者的创作准则。

---

① 沈从文:《沈从文全集》(第二十六卷),北岳文艺出版社,2009年,第136页。
② 谭文鑫:《沈从文对〈边城〉改编的介入与不合作》,《文艺争鸣》2013年第8期,第76页。
③ 吴凑春:《论新中国传记片的创作(1949—2010)》,博士学位论文,复旦大学,2011年,第81页。
④ 倪骏:《中国电影史》,中国电影出版社,2004年,第160页。

四、九十年代以后消费主义与大众文化浪潮下的多元化创作

上世纪 80 年代末期，中国影坛开始呈现出多元化的探索局面。"娱乐片主体"的提出和"第四代"、"第五代"导演的崛起使得中、青年导演们的艺术追求逐渐分化。90 年代，随着大众文化、消费文化的兴起，这种艺术探索的多元化趋势更加明显。就在此时，中国小城镇电影可以说"经历了一段'地下电影'般的黯淡岁月"，[①]许多表现中国社会底层小人物和"边缘人"的小城镇电影作品被禁映，而且很多作品在国外获奖，却在中国的本土市场中无法与观众见面。后来随着第五代、第六代导演姿态的调整，以及中国电影市场环境包容性的增大，电影政治因素影响力的减弱，小城镇电影作品逐渐在影院崭露头角，甚至获奖。虽然大部分票房不容乐观，但在消费主义、大众文化蔓延的影视产业中，小城镇电影依然在边缘化的位置寻找着自己的生长空间。这一时期的小城镇电影虽然与主流电影相比仍处于边缘地带，但话语缺失的现象已有所改变，特别是九十年代中期以后，"将小城镇作为主要叙事空间的中国电影以集体登场的姿态出现，它们从不同角度表现了处于中国不同地域、具有不同特性的小城镇生活，共同形成了中国电影史上小城镇电影的一次高峰"。[②]

这一时期的小城镇电影创作主要以第五代、第六代导演为代表，特别是第六代导演的作品，表现出许多体制外的另类写作和极强的探索性。其高度的风格化追求和开放型的阐释空间使得作品的影像特征十分鲜明。同时，作品对小人物生存困境的零距离观照及社会情绪的表现直抵现实生活和时代本质，带给观众多重的审美价值。

新时期文化语境中，"追寻和建构历史主体性和大写的人的形象，一直是第五代导演的精神主流"。[③] 第五代导演作为精英文化的代表，坚持着民族振兴的理想和传统文化的反思，表现出强烈的主体意识。这种主体意识并不是个人化的观照，而是建立在群体之上，以整个民族或一代人为支撑。例如《黄土地》中的八路军知识分子顾青，《一个与八个》中的指导员，《孩子王》中的知青老杆等等，都是启蒙者形象。而这种对现实历史的观照和美学视角的选择

---

① 吕燕：《中国当代小城镇电影的发展现状探析》，《当代文坛》2015 年第 5 期，第 143 页。

② 孟君：《"小城之子"的乡愁书写——当代中国小城镇电影的一种空间叙事》，《文艺研究》2013 年第 11 期，第 92 页。

③ 陈旭光：《"影像的中国"：第五代、第六代导演比较论》，《文艺研究》2006 年第 12 期，第 89 页。

在他们的小城镇电影作品中表现得更加深入和真实。张艺谋的《活着》改编自余华的同名小说,影片以国共两党内战和新中国成立后的历次政治运动为背景,展现小人物福贵坎坷的人生经历,反映一代人的命运。从影片展现人物苟且、忍让、顽强的生活状态和反讽的基调中,我们可以看到导演对现实冷静的思考和对历史的重新建构。从小人物身上讲述历史的宏大叙事,以小人物的生存姿态还原现实的真实与荒唐。顾长卫的《孔雀》虽然也是一部现实主义题材作品,但影片的叙事结构及超现实主义画面所体现出的现代意识也是不言而喻的。如果说《活着》是以小人物叙述大历史,那么《孔雀》则将改革开放这段历史背景隐退在人物身后,将视角集中在小人物的成长历程中。在那个发展迅速、思想观念逐渐转变的时代,人们不断挣扎在追求、欲望、希望和幻灭之间。改革开放带来的社会转型、经济转型导致了上层建筑的变化,人们的思想观念也发生着深刻的变化。因此,《孔雀》所表现出的成长困境和复杂人性是当时整个社会的焦虑。关于青春成长的焦虑在张杨导演的《向日葵》中也有所体现。

　　与第五代导演的集体认同和宏大叙事不同,第六代导演更关注现代社会中的个体生存。小偷、警察、妓女、民工、小摊贩、都市外乡人等等,他们往往是社会体制外的边缘人。特别是第六代导演小城镇电影作品中的小人物,处于传统与现代文明交融的异质空间,开始产生对个体生命认同的焦虑。因此,当导演将镜头回归到普通人的日常生活中时,这种强烈的纪实美学风格所表现出的自我意识便与当时主流的宏大历史叙事发生疏离,强调个体化的主体书写。

　　章明的《巫山云雨》以长江三峡中的巫山小城为故事背景,展现小城中小人物庸常的生活状态。影片表现的含蓄内敛、朴素简洁,极强的现实感凸显出作品强烈的写实风格。章明在接受采访时曾这样说:"很常规的、很普遍的、具有代表性的中国老百姓的生活是怎样的,最能代表中国老百姓的生活状态的人,他们希望什么? 在寻找什么? 他们想干什么? 想象什么? 这个是很重要的。要关注这一点,就是关注中国的未来。"①可见,导演特别强调电影叙事对普通中国人生活的关注,认为只有这样才能得到广大人群的认同。同时,导演也特别看重对人物生存状态的还原与观照,认为"身份并不重要,关键是他们

---

① 程青松、徐伟:《此情可待——章明访谈录》,《北京电影学院学报》1996 年第 1 期,第 287 页。

这种生命的状态,这是我们唯一强调的。这个身份代表很多人,是最重要的"。① 影片还通过现代性的电影语言形式来拆解传统电影美学观念。影片中大量跳接的手法使得画面表现十分突兀,暗示着生活的混乱性与偶然性,表现出导演对现代电影语言的探索。贾樟柯的"故乡三部曲"(《小武》《站台》《任逍遥》)奠定了其一贯的纪实风格,随后《三峡好人》《山河故人》也一直延续这种风格。在《小武》香港宣传海报上,导演曾写到"这是一部很粗糙的电影",而他对"粗糙"是这样阐释的,"这是我的一种态度,是我对基层民间生活的一种实实在在的直接体验。我不能因为这种生活毫无浪漫色彩就不去正视它。具体到我这部影片里的人物,我想表现出他们在这样一种具体的条件下如何人性地生存"。② 在影片中,导演也确实做到了这一点,为了准确还原出人物的生存状态,影片运用大量的长镜头、手持镜头、跟镜头、摇镜头等电影语言,增强影片的现实感和纪录感,并采用大量具有符号意义的事物和事件呈现作品的时代特征。在形式上,"故乡三部曲"则深受意大利新现实主义和法国"新浪潮"的影响,同时导演又融入自己的理解,"在非常现实主义的场景中加入了一些超现实主义的成分,这些成分时常显得不合规与甚至不合时宜,但也正是这些成分促使人们思考电影更深层次的含义"。③ 除此之外,陆川的《寻枪》也采用现代主义的表现手法将虚幻的影像与真实的现实紧密相连,表现小人物的生存焦虑。影片中人物急促的外部形体动作,摄影机快速的移、拉、推、摇,冷暖色调的处理,意识流式的情节叙事等等,将人物的脆弱、焦虑、解脱等精神活动展现得淋漓尽致,还原出人的本性及生存状态。

除了第五代、第六代导演的群体叙事,这一阶段的小城镇电影还有许多丰富类型的作品,例如,王冀邢执导的《焦裕禄》(1990)、广春兰的《真心》(2001)、许鞍华的《玉观音》(2003)、高峰的《决不放弃》(2004)、李玉的《红颜》、冯巩的《心急吃不了热豆腐》(2005)、张弛的《地下的天空》(2008)、郑华的《所有梦想都开花》、花箐的《腾越殇魂》(2009)、姜文的《让子弹飞》(2010)等等。这些作品有展现革命历史题材和社会主义新时期审美价值的主旋律作品,有讲述情感的女性题材电影,有关注小人物喜怒哀乐的生存状态的喜剧片,还有极具魔

---

① 程青松、徐伟:《此情可待——章明访谈录》,《北京电影学院学报》1996 年第 1 期,第 291 页。
② 贾樟柯:《贾想. I,贾樟柯电影手记 1996—2008》,台海出版社,2017 年,第 54—55 页。
③ 转引自符晓:《贾樟柯的现实感与世界性——以"故乡三部曲"为中心》,《长春大学学报》2017 年第 3 期,第 111 页。

幻现实主义的作者电影等等,不仅显示出小城镇电影的表现张力,而且从类型上丰富了中国电影的表现空间,符合电影多元化的审美趋势。

五、当下小城镇电影的调整与主流市场的接纳

步入新世纪的第二个十年,特别是党的十八大召开以来,中国电影可以说取得了突飞猛进的发展。中国电影的产量、票房整体处于上升趋势,特别是银幕数和国产电影市场占有率的提高,不仅充分满足了观众的观影需求,而且也表现出电影工作者极大的创作力。这一时期的小城镇电影与之前相比有了更大的生存空间,而近年来观众对靠流量和IP炒作的电影作品的冷漠态度更是为很多小城镇电影赢得了机会。可见,随着观影者规模的扩大和需求的增加,小城镇电影的生存困境似乎有所缓解,人们在经历了消费、娱乐、商业的审美疲劳之后,转身将更多的目光投向"'有品位''有格调''有责任'的高质量电影",①电影工作者们也为此做出了相应的调整。

以贾樟柯为代表的第六代导演的小城镇作品依然坚持在宏大的时代背景中凸显个人化的主体叙事,观照人的生存状态,特别是对"青春""成长""故乡"等主题的叙述依然是一代人无法磨灭的时代烙印。不过与他们早期个人化风格鲜明的作品相比,我们可以发现第六代导演也开始出现向主流、商业影片靠拢的姿态。王小帅执导的《我11》(2012)延续"文革"结束后的历史反思题材,但与大部分此类题材作品不同的是,导演选取了支援三线城市建设的子女故事为主要叙事内容,并借以儿童的视角讲述特定历史年代下"我"的成长困境,父母一代三线工人的生存困境以及祖国的发展。贾樟柯执导的《山河故人》(2015)依然延续以往的平民视角以及对人性的关怀,但与之前的作品相比,导演的视野和眼界更加开阔,人物阶层更加丰富,时间跨度从过去指向未来,地域空间也有所扩大,从"故乡"走向真正的"世界"。同时影片的叙事结构和画面呈现也不再是一成不变的纪实风格,而是穿插了许多写意式的抒情镜头,使得整部影片从内容到形式都更加饱满。

文艺片一直是小城镇电影创作的主要类型,但与九十年代初的"地下电影"生存状态相比,此时的小城镇文艺片已真正走进院线与观众见面。例如毕赣的《路边野餐》(2016)、张大磊的《八月》(2017)等等,虽然票房上的成绩不太

---

① 尹鸿、梁君健:《走向品质之路:2017国产电影创作备忘》,《当代电影》2018年第3期,第6页。

乐观,但电影市场能够出现此类有艺术表现力的作品可以说明当下电影市场已具备一定良好的环境。毕赣作为80后年轻导演凭借其长篇处女作《路边野餐》斩获了中外各大电影节奖项。影片以导演的老家贵州凯里县为叙事开端,讲述诊所医生陈升去镇远寻找侄子的途中,来到一个亦真亦幻的小镇,在神秘的时空中与爱人重逢的故事。在这部影片中,时空和记忆是导演最想表现的主题,因此时间在片中不停地被拆解与重构,无论是表层出现的钟表意象还是开头字幕出现的选自《金刚经》的一段话,"过去心不可得,现在心不可得,未来心不可得"等深层文本,都指向时间的不确定性。同时,导演对三个地点的安排也别有用心,除了凯里和镇远,中间的荡麦是导演虚构出来的。凯里作为演员真实的生活空间,导演采用大量的固定镜头进行呈现,同时又掺入了记忆的追溯和圆周运动,使得真实空间里的人物生活如梦魇。而荡麦这个虚构的地方反而被呈现得很写实,导演运用了长达四十分钟的长镜头表现梦幻、记忆与现实的交织,以实写虚,可以说是对电影语言的一次实验性尝试。在镇远的空间表现上,导演使用了大量的固定长镜头,达到一种"静观"效果,让观众冷静凝视,破落的房子,周围的环山,还有吹芦笙的老人,营造出一种诗意的氛围。可见,导演不同于传统美学的表达方式打破了观众的审美定式,将诗意、梦幻、真实和情感融入电影本身,从而形成自己的风格。张大磊是80后年轻导演的又一代表。他的《八月》是部全由非职业演员出演的黑白片,讲述了九十年代初期的一个西部小城,在经历国有单位转型的经济变革中,每个普通家庭也因改革而深受影响的故事,少年小雷就在这样的改变中懵懂成长。影片采用非情节性的叙述方式,展现人与人之间的相处和生活态度以及对美的追求,这与导演的审美取向是密切相关的。导演在谈论影片的创作缘起时曾说自己"一直对日常的生活状态特别着迷",[①]因此,影片没有强调怀旧式的情感共鸣,但我们依然能够从人物身上感受到时代的特质与变化。

　　这一时期的小城镇电影类型的多元化趋势更加明显,不仅有武圣基执导的《山鼓声声》(2011)、杨亚洲的《哺乳期的女人》(2015)、张一鸣的《大爱无言》(2017)等主旋律影片,还有刘雨霖执导的《一句顶一万句》(2016)这部根据小说改编的作品,董越执导的《暴雪将至》(2017)这样的反类型化的犯罪嫌疑片,

---

① 张大磊、李春:《"这部电影其实就像我的一场白日梦"——〈八月〉导演张大磊访谈》,《当代电影》2017年第5期,第20页。

以及大鹏执导的《缝纫机乐队》、韩寒的《乘风破浪》、文晏的《嘉年华》(2017)等商业片。从影片类型、表达主题和院线公映的角度我们可以看出,近年来中国大陆小城镇电影在创作上越来越注重市场经济和大众文化的影响,而在审美理念上也在试图跨越文艺片与商业片之间的鸿沟,创作者们关注的主题也不再仅仅局限于个体主体性的寻找与认同,而是拓展到当下普遍的社会现象、社会热点;同时,市场环境的开放性增强,弹性增大以及观众们观影水平的提升都为小城镇电影的生存和发展提供了良好的契机。当然,大部分不具备商业性的作品在票房上的萎靡依然是小城镇电影今后需要面临的巨大挑战。

在抗战时期和1949年新中国成立后的红色文化时期,小城镇电影对艺术价值追求的审美观念与当时整个中国的审美观念并不相符。改革开放后计划经济向市场经济的转变使得多元化的文化观念形成,由此建立的审美观念也逐渐发生裂变,而此时的小城镇电影也逐渐出现了一些主流作品,尽管有很多作品依然表现出不同于主流文化的审美特征。新世纪以来,随着市场经济的飞速发展和大众文化理论的兴起,人们的审美观念逐渐由单一视角转向多维视角,审美标准也呈现出多元性和相对性的特点,传统的审美观念在此遭遇挑战。当下的小城镇电影与之前相比有了更为广阔的生存空间和广泛的接受可能。然而,纵观中国大陆小城镇电影的审美变迁历程我们可以看出,小城镇电影一直以来对电影本体艺术价值和现实主义创作风格的坚守。同时,由于自身地域空间的限制,小城镇电影往往将目光集中在游离于主流叙事以外的边缘人身上,通过个人化的主体书写还原人的生存状态,寻找个体生命的价值认同。正是这些特点建构了中国影坛上一个特定的审美空间。

The Transmutation of the Aesthetic Ideas
of Small-town Movie in Mainland China

Zhang Dan

Abstract：In Chinese movies, country and city tend to be given more mainstream culture meaning, yet small-town, as a specific geographical space, its marginal position has always been a fact of life. However, throughout the Chinese movie history, movies with small-town as its main narrative background are too numerous to enumerate. These works not only enriched the Chinese movie's narrative expression in terms of subject , but also showed the artistic exploration of movie's ontology and aesthetic features which are different from the mainstream culture. From the early Jiangnan town movies combining the political poetry and the classical connotation of modernity to the reflections after "the cultural revolution" history and realistic return of humanity care, from the diversity of creation under the wave of consumerism and mass culture after the 1990s to the present small-town movies which are in line with the mainstream market, Chinese small-town movies present different aesthetic styles in different historical periods.

Key words: small-town movie; aesthetic concept; aesthetic style

作者简介：张丹，山西师范大学戏剧与影视学院 2016 级博士研究生。

面朝未来立下永远之盐约

——浅议查常平《中国先锋艺术思想史》之独特价值

徐　旭

摘　要：如何在传统的线性叙述藩篱之外另辟一条蹊径，从而更准确地叙述、梳理并解释非线性发展的中国当代艺术史，这就成为了查常平撰写此著的一大挑战性考验。1990年代突降后的中国社会状况，内在性地规定了中国前卫艺术的走向；而中国前卫艺术自1992年以后的演进历程，同时又折射或隐喻了中国这二十多年来既独特又复杂，且更荒诞古怪的整体面貌。今天，我们应怎样认知与理解被第二波改革开放巨潮冲进另一条历史河流中的中国现实状况？我以为，查常平独创的语词"混现代"，当是一个非常准确与精彩的概括。

关键词：艺术史写作；先锋艺术；混现代；超越性

纵观中国三千多年历史，恐怕哪个时代都不像我们今天所处之时代如此令人感到莫衷一是。而一切既有的言说方式，皆无法帮助我们准确描述出近三十年来如万花筒一般纷乱的时代整体面貌。

事实表明，我们今天所邂逅到的"言意分裂"尴尬窘态，不仅凸显在关于对象的言说方式层面，而且更反映在言说所要抵达的意义层面。虽如是，我们仍须言说。除了要给错综复杂的此时代勾勒出实然存在轮廓及其意义外，还更应描述出它的应然向度。

然而，一旦张开嘴巴，我们竟发现此时代根本就没给言说者提供可朝着顺时针方向言说的历史逻辑支点。

1990 年代初的第二波改革开放浪潮,不仅中断了历史既往的发展路径,而且还不由分说地把 10 多亿人口拖进了一个莫名的八卦阵中。此时代的骤然降临,使得今天的华夏族群无论在物质生活层面,还是在精神与意识层面,都陷入了史无前例的尴尬境地。举目观看古怪荒诞的当下中国,我们就可发现:

一部分人仍停留在前现代农耕文明时代,另一部分人则生活于现代工业文明状态,还有一部分人却已进入与西方发达国家同步发展水平的后现代生活状态之中。更荒诞的是,在这个大众传媒遍及社会生活每个角落的互联网时代里,上述完全不同质的社会文明状态,并非是以相互区隔的形式呈现出来的。由于资本全球化与互联网普及的作用,"不同的生活方式彼此邂逅,相互作用,有时甚至发生激烈冲突"。① 于是,原本阻隔在它们之间风马牛不相及的文化屏障开始日趋消除。而失去了观看屏障的文明状态,便被特定时代背景下的政治与资本合谋后产生的巨大力量如同鸡尾酒一般勾兑在了同一个容器里,最终竟向观看者折射出了一道相互叠加或混搭的中国特色的社会景观。此一特色景观,可用查常平的《中国先锋艺术思想史》第二卷的书名《混现代》予以形容和概括之。

倘若我们拨开眼花缭乱的层层迷雾去观察国人精神状态,那就会发现因市场经济转型期的到来而被分别嵌入不同物质生活层级的肉身们的内心世界,普遍感染上了以欲望为表征的时代焦虑症。尽管国家意识形态机器仍在延续惯性制造乌托邦神话,可现实的无奈却昭示出权力集团已无法将"欲望"的魔鬼重新收回潘多拉魔盒。

于是,先前建造在红色意识形态与集体主义清教徒生活方式基础上的国民精神大厦,迅速坍塌成了一堆堆废墟。在满目疮痍的堆堆废墟上,各种怪力乱神非但迅速死灰复燃,而且以疯狂的速度生长了起来,于是昔日罗马帝国庞贝城毁灭前的异象,便再次悄然出现在了世纪之交的中国大地上。这便是华夏族群营营众生近三十年来最真实的精神生活图景。

如何向后来者开启一扇言说自 1990 年代以降中国社会变动与变迁史的大门? 这于此时代见证人而言,的确是个相当棘手的问题。

① 查常平:《中国先锋艺术思想史(第一卷):世界关系美学》,上海三联书店,2017 年,约斯·德·穆尔教授"序言"。

　　尽管我们可借助各种宏观的历史叙事方法来描述过往这段历史，但要想触及被掩盖到历史表象下的人的精神活动演变史，恐怕任何一种宏观的历史叙事都不及艺术史更方便、更有效。事实上，也只有艺术史的叙事方法才能更直观、更感性地描述与揭示历史的创造者——主体的精神世界。如查常平《中国先锋艺术思想史》第一卷序言的作者约斯·德·穆尔教授在其文中所引用的德国哲学家、史学家、艺术评论家威廉·狄尔泰的观点所言：

　　"所有人类表达方式中，只有艺术能够充分展现人类生活丰满的广度与深度。"①

　　艺术，的确是历史的一面镜子。而时光映照在这面镜子上的各种社会生活的镜像，不仅有助我们看清言说时空的变迁，而且还有助我们潜入时代之中去窥视人的精神世界。

　　这近三十年的社会生活变迁，因长期处于无序发展状态之下，所以前现代、现代、后现代的各种特征都兼而有之。于是，在历史的舞台上，各种风马牛不相及的投影，便杂乱无章地相互叠加在了一起。如此一来，1990年代以后的中国社会生活就失去了被书写者线性记录与描述的可能性。此种无奈正如汉斯·贝尔廷（Hans Belting）所言：一种线性的、貌似有规律的历史记录方式应该终止了，因为人们遭遇的艺术现实已处在交错发生并缺乏分类学意义的状况：没有边界，没有逻辑，甚至没有时间，因而也就没有历史。

　　既然"线性的、貌似有规律的历史记录方式应该终止"，那么，在陈旧或失效的叙述与书写模式之外，已变得几乎不可再言说的历史还能被记叙或书写吗？或者说，在线性的历史已消逝后，我们能另起炉灶建构一套行之有效的历史书写新框架吗？

　　以上问题意识，便是我谈论阅读查常平博士新著《中国先锋艺术思想史》第一、二卷的一个入口。

　　摆放在我面前的这两卷本《中国先锋艺术思想史》，若究其性质，它毫无疑义的应是一部描述与阐释中国当代艺术发展状况的独特文本。其第一卷《世界关系美学》，显然是一本中国当代艺术史；而第二卷《混现代》，则更像是一本用于呼应并印证第一卷叙事逻辑的艺术个案与相关艺术现象调查报告合集

---

① 查常平：《中国先锋艺术思想史（第一卷）：世界关系美学》，上海三联书店，2017年，序言。

（用作者自己的话来说，它"侧重探究中国先锋艺术发生的实然之在"①）。倘若要给查常平此一学术成果作出恰如其分的价值评估，我们首先就得回头审视一下此一成果诞生前其他学者同类著作的状况。这样做，才能在横向比较之中发掘查氏这一著作学术价值的独特性，继而才有望给其学术价值作出相对客观与公允的质量测定。

依据本人的有限阅读，再综合上网检索获得的结果来观之，在《中国先锋艺术思想史》问世之前，已有吕澎于 2000 年出版的《中国当代艺术：1990—1999》，以及他于 2014 年出版的《中国当代艺术史：2000—2010》等两种；此外，还有鲁虹所著的《中国当代艺术史 1978—2008》（此书主要功能为大学教材，故受众群体也主要为高校学生）。

依我看来，无论是吕澎的著述，还是鲁虹的著述，当它们被用来作为检测查常平此一著作的参照系放置于天平的另一端时，我们就可发现一个问题：

此二位作者在研究与评述中国先锋艺术对象时，除了文献来源有所差异外，但在体例与结构方面，却都依旧沿袭着以往艺术史写作的传统方法，故皆未突破以往线性叙事的现成框架之束缚。比如，在吕澎的后一本书中，作者首先绘制出了一幅反映艺术生态变化与发展的"地图"，并把它当做全书的上篇；接下来再逐一针对"地图"上所标注的各个"地标"——艺术与艺术家个案展开叙述；又比如鲁虹那本作为大学教材的《中国当代艺术史 1978—2008》，尽管它填补了我国高等艺术院校相关专业教材的一项空白，也虽有评论者将它赞誉为"从观念到体例都别开生面的史著"，②但我们若认真披览全书后，就会发现作者其实对其所囊括在三十年时段内的中国当代艺术现象并无实质超越性书写贡献。事实上，此部"中国当代艺术史"的著述，只不过是把作者此前已由多家出版机构出版过的几本相关著作，按照教科书式基本体例与写作范式作了一番改写与调整而已。

吕、鲁两个版本的"中国当代艺术史"，除了基本上仍延续既往的编年或分期路数对他们各自截取的时间段内的中国当代先锋艺术予以叙述的共性之外，在我看来，它俩还有一个相似之处。这便是：

二位作者用以支撑文本的叙述对象，并非在叙述时空范畴内能真正呈现

---

① 查常平：《中国先锋艺术思想史（第二卷）：混现代》，上海三联书店，2017 年，前言。
② 鲁虹：《中国当代艺术史 1978—2008》，河北美术出版社，2014 年，俞汝捷前言。

出时代全景的先锋艺术典型个案，而只能算作对某些长期占据艺术媒体头条版面的明星与艺术品交易市场上的宠儿的历史记录；换言之，他们对摄入到各自书写视野里的对象所依据的选择与判断标准，一是所谓的重大艺术新闻（包括在艺术媒体、画廊、豪华展览、拍卖活动上高曝光率）的主角，二是符合写作者自我美学趣味与艺术观的那部分艺术家及其作品（包括与作者本人有着朋友关系或合作关系的那部分艺术家）。此问题，正是人们为何对当代人书写的历史持怀疑、质疑与警惕态度的根源之所在。也正因这一问题未能被吕、鲁二位作者所克服，结果导致他们的艺术史叙事成为一种有失公允与客观且有瑕疵的写作。

现在，我们把目光转移到查常平的《中国先锋艺术思想史》上来，以我上面所概括出来的吕澎、鲁虹二位的两部当代艺术史作为对比参照物，进而对查常平历时 16 年时间撰写出的新著予以一番观察，然后，再基于观察结果来看看它对以往艺术史写作范式与线性叙事模式否具有独特与超越性的贡献。若有之，贡献又体现在哪些地方？

中国虽早在 1980 年代中期，就已出现了萌芽性质的当代艺术活动，但纵观"八五新潮美术运动"全局，究其本质，当属一场现代主义艺术运动，这一点应是毫无疑义的。从整体上讲，这一浪潮以 1989 年春节在中国美术馆举办的"现代艺术大展"作为终止点。这一点也应是毫无疑义的。倘若我们细究与现代艺术面貌与特征截然不同的中国当代艺术发生期究竟应定在哪个时间点上时，那么有三个先后出现的事件，必无法为我们所绕开，即由 1992 年春季的邓小平南巡讲话所标志的改革进入新的阶段以及中国社会转型期的到来；以建立中国自己的艺术市场为宗旨的第一个双年展——广州·首届 90 年代艺术双年展于 1992 年 10 月中旬举办；1993 年 10 月中旬，14 位中国当代艺术家经由栗宪庭的推荐，受邀参加第 45 届威尼斯双年展。

第一个事件，宣告了艺术赖于存在的语境发生了巨大变化。市场经济时代的突降，已无情改变了人们既往的社会生活方式与交往方式，以及人们与权力之间的关系。事件虽发生在艺术的外部，但它却决定了作为艺术主体的艺术家的精神与意识世界必将随之而发生相应变化。

第二个事件，则从艺术的内部证明了以运动方式呈现出来的中国现代艺术已经走到了终点，而新的艺术形态已呼之欲出了。

第三个事件，既标明了严格意义上的中国当代艺术已正式出场，同时，它还表征了先前处于封闭状态下并以西方艺术为摹本而发展起来的中国先锋艺术，从此开始进入与西方当代艺术共时性对话的新时代。

这个新时代，应由1992年春天邓小平南巡讲话公开后中国社会发生的全面急转弯所标志。此前已沉寂了三年多的中国先锋艺术，正在此时代大背景之下，以一种与市场经济规则相适应的面孔，重新登场于改革开放最前沿地带，并迅速发酵出了中国先锋艺术第一次与国际艺术界接轨之事件。这种由艺术的外部触动艺术的内部产生变化的逻辑因果关系，赋予了查常平以1993年作为他书写此著的时间起点的合理性。有了这个可合理揭示隐藏在中国当代艺术背后的思想发生、发展与演变逻辑的时间起点，他才可能由此出发去"致力于追问（1993年至2016年之间的）当代艺术在艺术家个体那里产生的观念原因，竭力阐明它在当代文化中的特定思想价值"。①

为其文本叙述与立论奠定一个准确的时间起点，这应是查常平为中国当代艺术史的书写与研究贡献出的一个颇具独特价值的学术成果。然而，有了较为准确的叙述时间起点，却并不能保证从这个起点出发的所有路径必然都是正确或理想的。比如说，若他也选择传统的线性叙述模式来书写已完全失去了线性化发展逻辑特性的这二十多年的中国当代艺术，那么，他的此一著作与吕、鲁二作者的同类著作又有何显著的不同呢？

于是，如何在传统的线性叙述藩篱之外另辟一条蹊径，从而更准确地叙述、梳理并解释非线性发展的中国当代艺术史，这就成为了查常平撰写此著的一大挑战性考验。1990年代突降后的中国社会状况，内在性地规定了中国前卫艺术的走向；而中国前卫艺术自1992年以后的演进历程，同时又折射或隐喻了中国这二十多年来既独特又复杂，且更荒诞古怪的整体面貌。今天，我们应怎样认知与理解被第二波改革开放巨潮冲进另一条历史河流中的中国现实状况？我以为，查常平独创的语词"混现代"，当是一个非常准确与精彩的概括。

什么是"混现代"？ 在其著第二卷中，查常平用下面一段文字作出了简明扼要的阐释：

"今天的中国社会，整体上还处于一个'混现代'的时期。它在普遍的社会史意义上意味着从前现代向现代转型，在特定的短时段意义上意味着华夏族

---

① 查常平：《中国先锋艺术思想史（第一卷）：世界关系美学》，上海三联书店，2017年，第10页。

群正在经历着'混现代（mixed-modernity）'即遭遇将前现代性、现代性、后现代性、另现代性混合起来的一个历史时代。不过其时代主题,依然是如何实现从前现代进入现代的难题,依然是如何从西方的后现代、另现代文化中回溯其现代性的难题。"①

对于查常平创造出来的"混现代"这个语词,只要走出任何一个大都市中心地带,你都会感受到它精确的概括能力;即便你再不敏感,但只要置身于中国内陆腹地的任何一个村庄,你就会从那里的人们的生活状态中获得对这个语词的高度认同。

唯有对时代的基本特征给予准确的概括性命名,才可能对伴随这个时代而产生的各种艺术现象作出如实描述,才可能把隐藏在各种艺术现象背后的观念形态与艺术家隐秘的动机发掘出来,才可能将一部旨在研究"中国先锋艺术思想史"的著作与历史自身的逻辑高度吻合与相互印证,才可能对中国当代艺术史中最具代表性的那一部分的来龙去脉给予合理的解释。更重要的是,因为有了以上基础性的铺垫,才可能在人与神的关系构建过程中,获得对中国先锋艺术未来走向的展望的自由想象与合乎逻辑的展望。

"混现代"虽是个抽象语词,但因其具有较强的及物特性,所以它又是一个指涉能力强大的符号。查常平正因掌握了这个原创性的高强度黏性符号,所以他便由此而获得了多重自由,即对今日中国各种混搭或折叠在一起的社会现象予以清晰描述与阐释的自由,游刃有余地指涉掩盖在各种暧昧表情下的先锋艺术之真实面孔的言说与批判自由,发掘、探究与揭示那些像空气一样存在于光怪陆离的表象背后之思想的自由。如此一来,那些先锋艺术作品中所蕴含着但难以被锚定的"思想",最终因其背景被正当与合理地命名而成为被清晰叙述的聚焦点与落脚点。

为何要给艺术史的写作赋予思想史研究的色彩？那是因为"中国当代艺术史,理应是当代汉语思想史不可缺失的部分。……从艺术作品图式引申出意义的本源性,呈现意义间的内在关联的逻辑性,从自然媒体、历史文化、社会精神、人文超越、艺术语言诸层面展开作品意义的深度性原则,并依循传播、接受、批评、创作、文本、作者彼此互动交往生成的感性文化场景,描述中国当代艺术的宏观历史趋势和精神价值理路,使中国当代艺术的研究进入当代汉语

---

① 查常平:《中国先锋艺术思想史(第二卷):混现代》,上海三联书店,2017年,第419页。

思想史的维度"。① 查常平在《中国先锋艺术思想史（第一卷）：世界关系美学》的前言中所作的这一详细交代，是由被他贯彻到此著作撰写全部活动中的写作方法而呈现出来的。我以为，它应成为被我们视为查常平对此前已有的吕、鲁两个版本的中国当代艺术史之书写方法作出实质性超越的另一大特点。

查常平的《中国先锋艺术思想史》一书给关心中国当代艺术发展脉络与最终应抵达的理想之境的读者所提供的独特价值还有许多，而其中最大的贡献，莫过于他在此著第一卷《世界关系美学》中以人为焦点而搭建的七个关系维度，即人言关系、人时关系、人我关系、人物关系、人人关系、人史关系、人神关系等。鉴于这独具匠心的"七个关系维度"之世界图景，已有郝青松博士撰写评论深入研究、分析与评论过了，本人因自觉能力不逮，故不便置喙；即便勉强言说，也绝不可能找到超过郝青松文本立论的独到视角。故此，建议有兴趣研究查氏建构在这七重关系之上的"世界关系美学"的朋友，不妨阅读郝青松的《整全世界观与当代艺术史写作》一文，我想自会从中获益匪浅。我在这里想说的仅是：

因摆脱了陈旧的艺术史书写模式的惯性束缚，并寻找到了一种崭新的"'世界图景逻辑批评'，实质上属于一种本真意义上的'人文批评'"②的艺术史叙述与阐释方法，查常平才可能在艺术、艺术家与此岸世界的各种实然关系之外，发现超越各种"实然"的关系图景，进而重新架构出垂直于大地的应然关系维度——"人神关系"。

"90年代的中国艺术史完全就是理想主义于中国当代艺术界的消亡史"，这是豆瓣社区上一位网友写的一条评论。我以为这一句话的评论，其实应是相当多中国当代艺术爱好者对这二十多年来中国先锋艺术发展面貌的一个基本共识。

我们脚下的土地，因水质恶劣而导致所有可绽放出理想之花的植物都已经枯萎。欲治理土地，那就必先治理水源。《旧约》中《列王纪下》所记载的先知以利沙用新瓶装盐倒入水中治理耶利哥城恶水的故事，便是如何把已消亡了的理想主义重新召唤回来的一个隐喻。以利沙来到水源，把盐倒在水中，说："耶和华如此说：'我治好了这水，从此必不再使人死，也不再使地土不生

---

① 查常平：《中国先锋艺术思想史（第一卷）：世界关系美学》，上海三联书店，2017年，前言。
② 同上。

产。'"(2：21)于是那水治好了，直到当时。如今，查常平博士将"人神关系"作为一种应然的理想维度与灵魂注入到他的《中国先锋艺术思想史》前二卷之中的艺术史写作姿态，其实正是他在上帝面前以理想主义之名立下的一份永远之盐约。

Facing the Future and Establishing the Eternal Covenant of Salt: A Comment on the Unique Contribution of Zha Changping's *A History of Ideas in Pioneering Contemporary Chinese Art*

Xu Xu

Abstract：Zha Changping takes up the challenge of pioneering a new approach in art history writing by which to more accurately narrate, analyze and explain the non-linear development of the history of Chinese contemporary art, an approach beyond the confines of traditional linear narrative. Conditions in Chinese society after the 1990s gave rise to the development of avant-garde art; as an art form, Chinese avant-garde art first came on the scene in 1992 and has been developed since then as a reflection of or metaphor for the overall unique, complex and incredibly grotesque state of China over the past more than twenty years. Today, how should we perceive and understand the present state of China as it is hurled into a new historical era with the onset of the second round of Reform and Opening-up? I think that Zha Changping's innovative concept of "mixed modernity/mixed modern" offers us an accurate and insightful explanation.

Keywords：art history writing; pioneering art; mixed modernity/mixed modern; transcendence

作者简介：徐旭，自由作家。

"世界关系美学"：神学
美学的当代延续

薛霜雨

摘　要：世界关系美学作为世界图景逻辑的二级系统，是查常平用于批评中国先锋艺术的理论体系。文章放眼于西方美学史传统，试图从艺术批评方法、理论基础问题、体系建构形式等方面对世界关系美学进行定位，并指出其作为神学美学的当代延续，为我们"观看"中国先锋艺术提供了独特的视角。

关键词：世界关系美学；神学；哲学；启示；理性

美学史家常常因为鲍姆加通提出了一门名为"美学"①的新学问并对其进行了富有特色的思考而将他视为美学的创始人。被誉为"美学之父"的鲍氏使美学成为了一门独立的学科，然而这并不意味着，鲍氏以前的西方思想缺失具

---

① 然而作为美学创始人的他同时也是使"Ästhetik"和"Ästhetisch"产生意义混乱的始作俑者。鲍氏对"Ästhetik"这样定义道：Ästhetik 作为自由艺术的理论（Theorie der freien Künste）、次一级的认识论（untere Erkenntnislehre）、美的思想的艺术（Kunst des schönen Denkens）、理性的类比思想的艺术（Kunst des der Vernuft analogen Denkens），是感性认识（der sinnlichen Erkenntnis）的科学。他指出，尽管"美的科学"（schöne Wissenschaften）并非真正意义上的科学，但却可以通过类比将美的形而上学命名为"Ästhetik"，他试图为 Ästhetik 寻找规则以使它可以作为一门科学而得到确立，而美则被他定义为"感性认识本身的完善"。在鲍氏的语境中，"Ästhetik"一词，既指感性认识的科学即感性学，也指美的科学即美学，而因为感性认识本身的完善就是美，于是，感性学与美学又在意义上被打通了。"Ästhetik"具有感性学和美学的双重意义，与此对应，"ästhetisch"也具有"感性的"和"审美的"双重意义。详见 Baumgarten, *Texte zur Grundlegung der Ästhetik*, Felix Meiner Verlag, Hamburg, 1983, SS. 79—81；Baumgarten, *Theoretische Ästhetik*, Felix Meiner Verlag, Hamburg, 1983, S. 2、S. 12。

有美学意谓的思考。美学在鲍氏以前有着非美学的名称。柏拉图在《大希庇阿斯篇》中讨论了"美论"的千古难题[①]后总结道:"美是难的";亚里士多德的"诗学"亦是美学的古老形态,其探讨了诗歌的本质、创作及鉴赏等问题;中世纪的思想家背靠基督宗教的思想,延续着古希腊哲人对美与艺术的探究。在近代鲍氏为美学学科命名之后,在康德对美、美感及审美活动进行了综合考察之后,美学呈现了新的样式即"艺术哲学",谢林和黑格尔[②]是此一样式的代表人物。谢林的《艺术哲学》将艺术看成是人类最高的精神官能;黑格尔在《美学》中对美的思考几乎没有脱离艺术,其将美学的研究范围确定为美的艺术。[③] 现代美学随着哲学、人文科学及自然科学的分化而呈现出了多样性:一方面,哲学美学自身在现代和后现代的思潮中发生分化,形成了现代美学之"非形而上学"或"后形而上学"样式,如现象学美学、存在主义美学、生命美学等;一方面,美学与其他学科的融合产生了人类学美学、社会学美学、语言学美学等;另一方面,美学逐渐将现实生活的一些领域纳入了自身的研究范围,从而形成了生态美学、环境美学、生活美学等。

一、世界关系美学:逆流而行的理论体系建构

当代语境中的"美学"已是一个十分泛化的概念,即便还不能说美学已经完全丢失了古老的形而上学特质,我们亦很难在现今样式繁多的美学形态中将作为美学之骨骼的哲学美学确立为是最为重要、最为根本的,毕竟我们身处一个连哲学自身也呈现出了萎靡不振的态势、自我否定的怪象的时代,查常平先生将这个时代表征为"混现代"。而在现当代的各种反本质主义思潮的此起彼伏中,查先生的"世界图景逻辑"似乎显得"不合时宜",因为这种系统理论的建构及其在当代艺术中的批评实践,都是反潮流的。

在 2017 年出版的《中国先锋艺术思想史(第一卷):世界关系美学》中,查先生进一步将世界图景逻辑的认知框架在中国先锋艺术的视域中确立为"世

---

① 详见柏拉图:《柏拉图文艺对话集》,朱光潜译,人民文学出版社,2008 年,第 142—167 页。

② 康德之后,对艺术的思考在很大程度上取代了对美的思考,尽管如此,哲学家们却始终保持着对审美经验、审美意识和美感等问题的关注。

③ 黑格尔在划定美学的范围时曾指出:"我们这样就已说明我们所要专门讨论的这门科学的内容了,同时也就说明了美的艺术并非不配作哲学研究的对象,而且这种哲学研究也并非不能认识到美的艺术的本质"。黑格尔:《美学(第一卷)》,朱光潜译,商务印书馆,1997 年,第 18 页。

界关系美学",在被各种思潮和各种主义所淹没的当代语境中,此一举措独树一帜,而世界关系美学也使得查先生的艺术批评带上了颇具辨识度的宗教烙印和哲学气质。

查先生归纳了当代艺术批评的五种径路:社会性批评、历史批评、文化批评、图像学批评和人文批评。他主张,当代艺术的人文批评"首先认为艺术是一种人文现象,只有在与其他人文学科如哲学、宗教、语言学、历史学、神学等的关联中批评家才能为艺术家的创作展开神圣性的诠释定位。其次,它把艺术当作一种文化现象。虽然艺术创作离不开物质性的媒材和语言实验,但是,艺术家的最终目的,不是要彰显媒材的物理性能而是为了揭示作品和当代人的存在相关联的文化心理世界。这种心理世界虽然可能有其社会性的内涵,但人文批评的核心使命,并非要从作品中透视其所在时代、社会的权力的结构、权利转移、法权承诺,而是更多侧重于个体生命情感伦理的敞现。再次,它把艺术当作人的一种精神现象,强调艺术在形成个体生命的精神结构、精神动力与精神超越中的独特表现性作用。在这个意义上,艺术是在人承受神圣之灵之后对人的精神性存在的守护。①

世界图景逻辑堪称一个包罗万象的思想体系,而相关于当代艺术的"世界关系美学"作为整体图景的二级系统,亦呈现为一个气势宏伟的理论体系,在这一美学体系下审视中国先锋艺术,视野十分开阔。查先生在谈到艺术史写作的不同范式时还指出:"面对一个时段的艺术现象,有没有可以用来评价的独特的、系统的思想体系与价值体系,有没有揭示其中所内含的艺术媒介的创新与媒材的妙用、人性与物性的本质、社会的公义与制度的良善的吁请、历史正义与终极审判的向往,这些都是我们用来衡量一部艺术思想史的诠释深度的标准。"②世界关系美学是查先生用于思考中国先锋艺术中种种艺术现象的逻辑框架,其艺术思想史旨在回答如下几个问题:"在一个相对时段内如当代艺术二十几年里究竟产生了哪些原初艺术图式? 它们在价值上的关系是什么? 它们对于当今中国人在心理方面、在社会方面、在历史方面的价值何在?"③

查先生还主张,"什么样的世界图景逻辑是更好的关于世界本身的逻辑

---

① 查常平:"当代艺术批评的五种径路——兼论人文批评的价值指向",载于《艺术当代》2010 年第 2 期。
② 查常平:《中国先锋艺术思想史(第一卷):世界关系美学》,上海三联书店,2017 年,第 39 页。
③ 查常平:《中国先锋艺术思想史(第一卷):世界关系美学》,上海三联书店,2017 年,第 41 页。

呢？这里，其最重要的标志在于它的解释力。如果一种世界图景逻辑能够对世界因子所引发、作用的现象给出更好的诠释，而且反过来赋予更多的个人之实存以意义，使个人有限的生命得着丰盛的意识、精神与文化上的更新，它就是更好的世界图景逻辑"。① 世界关系美学在中国先锋艺术的批评实践中证明了自身强大的适用性和解释力。在查先生看来，世界关系美学能够应用于中国先锋艺术之批评实践的合法性根据，是通过其自身在已经实现的批评实践中自我证成的。他以艺术思想史的七个维度为线索，分别探讨了先锋艺术中的人与语言的关系（人言向度）、人与时间的关系（人时向度）、人与自我的关系（人我向度）、人与自然的关系（人物向度）、人与社会的关系（人人向度）、人与历史的关系（人史向度）、人与上帝的关系（人神向度）。"关系"是世界图景逻辑的核心概念，亦是查先生写作中国先锋艺术史的基本线索、观看之道。

二、世界关系美学：启示与理性的统一

世界关系美学作为查先生思考中国先锋艺术的理论框架，并非是通过对当代中国诸多艺术现象的殊例进行经验的归纳和总结而得到的。换句话说，世界关系美学的理论建构并非通过自下而上（从"多"到"一"）的经验归纳法实现。经验归纳法的问题之一在于，由于我们无法穷尽所有的经验，因而无法通过经验的、偶然的"多"归纳出普遍的、必然的"一"，一旦出现反例，整个理论系统都将面临崩塌的危险，自然科学通过溯因模式建构的知识，也会因为经验世界的一个反例而使假说被推翻。

世界关系美学的逻辑方向是自上而下（从"一"到"多"）的。如果我们将世界关系美学视为一个元理论的系统——此处的"元"（meta-）意指一套具有人文性、神圣性和超越性的认知框架——那么，世界关系美学与先锋艺术的关系可呈现为是由作为元理论的世界关系美学（"一"）对经验世界中的种种艺术现象（"多"）的统摄，即运用元理论使先锋艺术的"个体生命情感伦理的敞现"向神学和哲学升华。需要指出的是，应将此处的"元"区分于一种自我奠基式的元哲学，②元哲学指具有自指性的内在原理，是关于知识的知识。而作为元理

---

① 查常平："人文批评的思想资源（艺术三十年沉思录 3）"，载于《人文艺术》（第 11 辑），贵州人民出版社，2012 年，第 2 页。

② 详见钱捷：《头上的星空——康德的〈纯粹理性批判〉与自然科学的哲学基础》，安徽文艺出版社，2013 年，第 53—70 页。

论的世界关系美学,其最终的理论基础则是"我信"。

查先生认为,"同艺术一样,真正的哲学(或形而上学)、宗教,其实都是在人承受神圣之灵之后呈现出来的精神样式"。[①] 在他看来,作为人类精神现象中的三种最高样式之艺术、哲学和宗教,皆来自于上帝的启示。在《关于信仰与怀疑的对话》中,查先生曾这样谈到:"哲学的证明到最后都是基于'我信'而不是基于'我证明'的前设。黑格尔的精神现象学、胡塞尔的现象学逻辑就是最佳一例。在《精神现象学》中,每当黑格尔说意识作为一种精神现象是自我显现、自我规定的时候,其实他是基于他的'相信',他相信'意识作为一种精神现象是自我显现、自我规定的',即他在思其所思。但是,这种'我思其所思'的根据,难道不是基于'我是其所是'的启示吗? 难道不是基于'我信其所信'的确信吗?"[②]

哲学的证明是否最终都是基于"我信",理性通过穷竭的怀疑找到的不可怀疑者即自明的前提(如笛卡尔的"我思故我在")是否基于"我信"呢? 我们知道,哲学的第一原理要求绝对的自明性。钱捷主张,"无前提者作为第一原理不仅是认识论的逻辑起点,也是本体论—宇宙论的起点,从而更一般地,是任何形而上学系统的起点。因此,它乃是哲学的根本诉求"。[③] 并且,第一原理不能通过论证获得,而只能是直观的产物。原因在于,假设第一原理(写为"A")是通过证明得到的,那么用于证明第一原理的真理性的原则或原理(写为"B")就理应比 A 更基础,即是说,B 在逻辑上优先于 A,于是 A 就不能被称为"第一原理"了。第一原理是通过直观把握到的,当我们接受这一主张、或者我们已经直观到了第一原理时,依然会面临这样的质疑:直观作为一种把握真理的方法,究竟有没有普遍可传达性? 为什么有些人具备这种直观的能力,有些人却没有?

康德《纯粹理性批判》中的先验演绎失败的原因之一便是没有交代范畴的来源,[④]他设定了人不具备直观范畴的能力。于是,在此基础上,才有了后人

---

① 查常平:"人文批评的思想资源(艺术三十年沉思录 3)",第 4 页。
② 查常平、薛霜雨:"关于信仰与怀疑的对话",载于《人文艺术》(第 15 辑),上海三联书店,2016 年,第 307—308 页。
③ 钱捷:《超绝发生学原理(第一卷)》,中国社会科学出版社,2012 年,第 149、165 页。
④ 钱捷在谈论康德的先验哲学的是非功过时说:"其成也范畴、其败也范畴"。详见钱捷:《超绝发生学原理(第一卷)》,第 8 页。

对康德哲学中重大问题的解决方案：如费希特取消"自在之物"、主张"理智直观"（或称"知性直观"），谢林提出"理智直观"和"艺术直观"。直观是否具有普遍可传达性，此问题亦相关于胡塞尔的现象学在基础层面遭受的质疑。①

与哲学中的直观类似，宗教中的启示也遭受着同样的质疑：启示具有普遍可传达性吗？"启示如果是普遍的，那么其对于所有人来说都应该是不证自明的，但如果一个人或一群人获得了启示而其他人没有获得，启示就不可能是普遍的。"②面对启示遭到的质疑，查先生联系哲学中直观的问题回应道："对于没有理性或者理性不足的人，哲学家的论证性宣称也如同启示。它并非对于每个有理性的人有效，更何况对于每个人有效。这就是我们迄今为止并没有诞生一套让所有人在理性上认同的所谓哲学体系……如果理性不是人的本质规定，哲学家的任何论证都不具备普遍有效性，因而也可以归入'理性的启示'之范畴。"③康德在谈论他的批判哲学时，针对的是"有理性的有限的存在者"，按照查先生的逻辑，批判哲学只具有相对的普遍性，其对"有理性的有限的存在者"之外的人或其他存在来说并不适用。这便是查先生认为哲学论证的最后根据是"我信"的原因之所在。对于那些无法通过直观把握到哲学家宣称的第一原理的人来说，对于那些无法正常使用理性的人或其他存在来说，绝对的自明性和论证的合理性也仅仅是一个宣称，如同"外邦人"看待基督徒一样，信徒获得的来自上帝的启示对他们来说，也只能是一个无法得到亲证的传说。

倘若哲学和宗教在最基础的层面都只能诉诸某种其自明性必将遭到质疑的前提，那么我们似乎可以说，哲学和宗教在这个意义上是具有相通之处的。我们可以说那些缺乏哲学式直观的能力的人是缺乏健全理性的，正如我们也可以说那些未曾获得宗教式启示的人是"迷途的羔羊"一样。我们还可以把哲学家直观到的东西视为哲学家获得的"启示"，仿佛灵魂已经摆脱了肉体的累

---

① 胡塞尔现象学中的直观主要分为本质直观和范畴直观，前者是对普遍之物的直观，这种直观在胡塞尔那里也被称为观念的抽象或者本质直观；后者是对述谓判断的直观。德布尔在《胡塞尔思想的发展》一书中的第一篇第三章和第二篇第三章中都涉及了对本质直观的问题，《胡塞尔思想概论》中的第二章第二节也讨论了此问题。国内学者陈志远的《胡塞尔直观概念的起源：以意向性为线索的早期文本研究》也涉及了这个问题。对胡塞尔的范畴直观进行深入研究的代表学者有 Tugendhat and Dieter Lohmar，国内学者陈志远的"胡塞尔范畴代现的理论失误之谜"一文，也是对范畴直观问题的研究。
② 查常平、薛霜雨："关于信仰与怀疑的对话"，载于《人文艺术》（第15辑），第310页。
③ 查常平、薛霜雨："关于信仰与怀疑的对话"，载于《人文艺术》（第15辑），第311—312页。

赘并获得了纯粹的知识;[①]我们也可以把宗教徒获得的"启示"视为他在"直观"到上帝之后得到的知识。

查先生认为哲学与神学最终都必须基于"我信",哲学家通过直观获得的第一原理与神学家通过信仰获得的上帝的启示,二者都只具有相对的普遍性,前者对应于"理性的启示",后者对应于"启示的理性"。世界关系美学正是基于对基督宗教的信仰即"我信",并在上帝的启示和理性的思考中构建出来的神学美学体系,因而是神学美学的当代延续。这种逆流而行的美学体系难免遭致各种质疑,因为对于"外邦人"来说,这种学说的逻辑前设似乎只是信仰的私语,而此学说中的诸论证环节还需要接受进一步的考察和检验。然而在面临质疑时,查先生并没有立马退缩到单纯的信仰之中从而拒绝对话,而是试图通过理性的论证在基础层面为世界关系美学提供辩护,寻找与"外邦人"对话的可能性。他对哲学之怀疑精神的继承,不仅体现在对中国先锋艺术的追思中,而且也体现在对世界图景逻辑、世界关系美学的回溯式反思中。正如他所言:"理性与启示存在着明显的关联而不是无关,启示并没有离开理性而存在。启示理性地存在于被启示的对象中。"[②]

在《人文批评的逻辑前设——世界图景逻辑批评的基础》一文中,他分别从经验论证明、先验论证明、创造论证明三个维度对世界图景逻辑的理论前提进行了全面考察,[③]这项自我审查的工作可视为向中世纪哲学与神学精神的一次回归。查先生深深地意识到,即便世界关系美学在对中国先锋艺术的言说中已经证明了自身的解释力与适用性,即便它已经获得了言说中国当代艺术的合法性根据,但这并不意味着,对其本身的逻辑前设进行考察是不必要的。毕竟,艺术理论对经验中杂多的艺术现象的适用性并不能为理论本身的真理性提供理据,理论的合理性只能从对自身的回溯式盘查并通过具有明见性的逻辑起点和演绎而获得。

---

① 《裴洞篇》中存在着这样的论点:哲学家要尽量摆脱灵魂与肉体的联系,因为灵魂最能思考的时候,是它避免了一切肉体的接触和往来,专心钻研实在的时候,灵魂受到肉体的累赘,哲学家就不能完全如愿以偿地获得真理。详见柏拉图:《柏拉图对话集》,王太庆译,商务印书馆,2016年,第219页。

② 查常平、薛霜雨:"关于信仰与怀疑的对话",载于《人文艺术》(第15辑),第310页。

③ 详见查常平:"世界图景逻辑批评的基础——人文批评的逻辑前设",载于《都市文化研究》(第14辑),上海三联书店,2016年。笔者曾写过一文"在当代艺术批评中呼唤哲学",对世界图景逻辑的前提提出了质疑。详见《人文艺术》(第13辑),上海三联书店,2015年,第412—418页。

　　从论证的技术性来看,哲学与神学相差无多,但神学的论证不能违背基督宗教的基本前设,如"上帝存在"。神学的论证有其底线,因而不具备哲学的"穷竭的怀疑"(*le doute hyperbolique*)所呈现出的彻底性和纯粹性。然而,如果哲学家通过普遍怀疑的方法最终找到的逻辑起点不具有自明性,那么这一起点对于被判定为"缺乏健全理性的人"来说,同样犹如神学论证的"底线"。我们知道,哲学中很多争论都是在争论前提。

　　当查先生考察人文批评的逻辑前设并试图为世界图景逻辑此一理论体系奠基时,他是否再次回到了"我信"的逻辑起点呢? 他给出的三种证明能否使世界图景逻辑、世界关系美学获得最终的奠基,从而将自身确立为是对中国先锋艺术的真理的言说呢? 这是需要进一步思考的问题。无论他对世界图景逻辑、世界关系美学的溯源式审查是否彻底,这一努力却是难能可贵的,尤其在哲学如此萎靡不振的当代语境中。无论成功与否,他在反思中所展现的"启示的理性",确实使他的美学思想与当代诸多美学思潮拉开了距离,世界关系美学意味着一种朝向神学美学的回归。

　　中世纪美学中,奥古斯丁在皈依基督宗教后放弃了充满感性色彩的对美的世俗认知,他将美学的问题神学化,认为万物之所以美,是因为它们都是至善至美的上帝的造物,具体事物的美是微不足道的,只有由此联想到上帝,才能发现美的本质。[①] 托马斯·阿奎那则可谓是西方思想家中联系人的感官给美下定义的第一人:"凡是一眼见到就使人愉快的东西才叫做美的",[②]其可被视为康德的"美的四项说明"之其中一项的古老形态。他还发展了亚里士多德的目的论宇宙观和艺术观,认为"一切自然的东西都由神的艺术所创造,可以称之为上帝的艺术作品"。[③] 中世纪神学家立足基督宗教的信仰,对美与艺术的讨论必定追溯到上帝,进而形成自上而下的美学思想。

　　查先生并没有像传统美学家那样对美的本质、美感及审美活动等形式问题进行一般性的探究,而是将他的神学美学思想融入了批评实践中,形成了一

① 详见奥古斯丁:《忏悔录》,周士良译,商务印书馆,1981 年,第 42 页。奥古斯丁还说:"任何物质对象的美都在于具有某种柔和色彩的各部分的谐和……但是,当正义像太阳一样在天堂的天国里照耀的时候,色彩柔和的程度会多么大呀!"详见奥古斯丁:《上帝之城》,转引自鲍桑葵:《美学史》,张今译,商务印书馆,1985 年,第 179 页。

② 朱光潜:《西方美学史》(上册),人民文学出版社,1979 年,第 131 页。

③ 伍蠡甫、蒋孔阳主编:《西方文论选》上卷,上海译文出版社,1979 年,第 151 页。

套对中国先锋艺术的体系化言说。但这种言说并非相关于当代艺术的具体的艺术理论,亦很难被归属于艺术哲学的范畴,它是在一套自上而下的、融合了启示与理性的思想体系中实现的。查先生一方面使其理论框架朝着启示与信仰复返,且不断反思世界关系美学的逻辑前提;另一方面也在批评实践中不断接受其美学思想的局限性,他将其归咎于人的有限性。在一次谈话中,查先生大致这样说道:世界关系美学并非放之四海而皆准的真理体系,它的有限性在于人而不是神,有限的人类对无限的上帝之启示只能做到部分的领会,因而必须承认它的局限性,并在理论的反思和批评的实践中尽可能地完善它。尽管世界关系美学是有限的,但正如查先生所言,其的确是关于中国先锋艺术的"独特的、系统的思想体系和价值体系",①它为"观看"中国先锋艺术提供了一种独特的视角,且对于思考中国当下纷繁杂多的艺术现象具有不可替代的价值和意义。

World Relational Aesthetics: A Contemporary Continuation of Theological Aesthetics

Xue Shuangyu

Abstract: World Relational Aesthetics, as the secondary system of the Logic of the World-picture, is Zha Changping's principle of criticizing Pioneering Contemporary Chinese Art. Taking a view of the history of Aesthetics, this thesis attempts to put World Relational Aesthetics in proper perspective and evaluate with the help of investigating its critical approach, fundamental issues, and theoretical construction. It comes to the conclusion that World Relational Aesthetics, which is regarded as a contemporary continuation of Theological Aesthetics, offers a particular way of seeing Pioneering Contemporary Chinese Art.

Key Words: World Relational Aesthetics; theology; philosophy; revelation; reason

作者简介:薛霜雨,广西师范大学文学院美学讲师。

---

① 查常平:《中国先锋艺术思想史(第一卷):世界关系美学》,上海三联书店,2017年,第39页。

论世界图景逻辑批评理论

——兼评《中国先锋艺术思想史》

颜复萍

摘　要：在中国和世界人文艺术历史研究的长河和宝库中，《中国先锋艺术思想史》的出版，填补了当代艺术研究史中弥足珍贵的一部分。本书在对先锋艺术思想史和混现代的定义与研究范式上，对中国先锋艺术与当代艺术、前卫艺术的区别与关联的研究上，以及对世界关系美学和事件美学理论的构建上，贡献了原创的世界图景逻辑文艺批评理论。在困难重重的当代学术环境中，其独树一帜的思想史论研究方法极具研究价值，作为拓荒者和前驱，值得人文界进一步的关注。

关键词：世界图景逻辑批评；先锋艺术思想史；关系美学七向度；混现代

2017 年 6 月，在当今人文艺术研究史领域"一片精神的废墟"中，一部史无前例的当代人文艺术研究巨著《中国先锋艺术思想史》（一、二卷）进入了研究者的视野，令人振奋又发人深省。这部巨著集作者十六年之力，以原创性的世界图景逻辑理论作为中国先锋艺术思想史的研究范式，以论带史，讨论了1993—2016 年的中国先锋艺术作品和现象，涉及 70 多位中国当代先锋艺术家的约 350 件作品。其研究范式独树一帜，体现出世界图景逻辑文艺批评理论的独特贡献和文化思想意义上的精深思考，是近年文艺美学思想史上珍贵的拓荒者和前驱。

一、定义与范式：先锋艺术与其思想史的规定性及研究路径

　　中国先锋艺术思想史作为当代汉语思想史的一部分，远远超出了一般简单而狭隘的传统论史方法。不同于一般工具理性的"文献史的艺术史"，即年代、艺术家、作品、流派、事件次序、工具技法等常规的历时性叙写范式，而是基于价值理性的"思想史的艺术史"这种共时性叙写范式，即以作品和艺术家呈现出来的思想性进行分类的史论。如作者所言，前者侧重"是什么"，一般无需深度挖掘、追问和理性反省能力，以收集的精度和广度为主要目标；后者侧重"为什么"，强调差别性而非同一性，以诠释艺术本质和现象的深度为主要目标。艺术思想史显然更注重入史和评价的思想性和影响力，有自身独特的思想体系和理论价值，以揭示艺术作品和现象中所内含的艺术媒介的创新背后人性与物性的本质，关注并剖析对人类产生影响的历史正义和终极意义的作用与反作用，为立史之因。同时，以思想为重的艺术批评和美学理论反过来可以协助艺术创作者发现自己的原初图式，并从世界图景逻辑的七种向度关系中，审视这种原初图式意识性的、精神性的、文化性的意义，不断帮助更新提升艺术家和艺术作品的价值内涵。所以通过这本《中国先锋艺术思想史》，作者回答了中国当代艺术究竟产生了哪些原初艺术图式，包括先锋艺术的定义、价值和世界图景逻辑关系等内容。

　　作者在导论中指出，艺术创作是个人的生命情感的象征形式在观念上的自觉，当极具个体理想的象征形式来表达生命情感的独特原初图式出现时，艺术家的文化身份得以确立，观者可观其背后的艺术思想和艺术信仰。所以艺术思想史，也就是艺术家的思想在艺术中发生的历史，并以共时性呈现，岛子的《后现代主义艺术系谱》就是范例之一。通观其史，作者查常平本人和这部作品本身，也有极独特的"原初图式"，可以说就是当代人文艺术研究领域的先锋文艺批评家和当代艺术美学的先锋史。

　　所有的历史研究，都内含着人的主观价值判断，都有着人类的思想性考量在里面。作者认为人类无法避免作为其研究对象的历史中的人之主观性，即人在历史建构中本身的主观性，所以艺术思想史写作目的正是为了在对历史的尽可能整全理解中（在七个纵横交错的世界构成因子的关系美学向度之中寻求理解），挖掘人的历史存在、社会存在与意识存在的根本区别。查常平指出，企图压制思想的史学，实质上是混淆了人文研究与自然研究的目的和方

法。艺术思想史,是"要探明人如何通过呈现艺术观念获得自由的历史,本身就是关于艺术的历史意识的进深表达"。如此,"让中国先锋艺术的发展历程不再陷入重复制造的奴役境地,不再有意无意地克隆他者的艺术文化,来取代艺术家作为主体的自由创造"。①

什么是先锋艺术呢?查常平以先锋艺术特有的"超现代""超前卫""超主流"的规定性,与所对应的当代艺术、前卫艺术和边缘艺术区别开来。在对先锋艺术进行规定性的区分前,他首先探讨了中国当代艺术究竟该如何定位,阐明确立当代人的多元的存在状态及背后的价值观念,就是当代艺术的表达对象。他特别提到一个关于中国当代的概念,即当代人的生存状态基本上是以"混现代"(混合着前现代、现代、后现代、另现代的当代社会)为本质特征,艺术家因在中国特有的人生历程而呈现出明显的混现代的人格心理特征。以云南艺术家群落为例,这种混现代人格特征和艺术作品非常明显。这深刻的洞见,为我们继续探寻作者关于先锋艺术与当代艺术的相关性和差别性打开了思路。

从时间方面看,先锋艺术指中国的当代艺术,隶属于其中的一部分。当代艺术力图表达当代背景下矛盾交织的思想张力和存在状态,艺术图式大多呈现明显"破碎不美"的特征,其呈现出来的矛盾思想张力,构成了混现代的艺术审美特色。其中的"超现代"部分则成为先锋艺术的特质之一。那么,先锋艺术与前卫艺术的区别又是怎样呢?根据艺术思想史的定义,作者拒绝把新文人画和古典写实油画纳入思想史的写作范畴,指明其中没有任何思想事件的发生,内部思想张力没有能够发展出任何个人性的原初生命情感的艺术图式。而前卫艺术"体现在对于同时代的艺术语言的批判性",②他举例伤痕美术是对前面的文革美术的超越,八五新潮中的"大灵魂"诉求又成了对伤痕美术的超越,90 年代开始的波普和碎片化、解构美术又超越了前者。按此解读作者对前卫艺术的定义,就是指带着批判性思想超越当代艺术的时代艺术。不同的时代出现不同的前卫艺术,正是一代对一代的超越、反思和批判。在此意义上,先锋艺术"指前卫艺术中超越它们的超前卫艺术(trans-Avant-garde)"。"超前卫"特质与前卫艺术之不同在于,"先锋艺术的超前卫努力着重于垂直向

---

① 查常平:《中国先锋艺术思想史(第一卷):世界关系美学》,上海三联书店,2017 年,第 3 页。
② 查常平:《中国先锋艺术思想史(第一卷):世界关系美学》,上海三联书店,2017 年,第 48 页。

度的、思想性的超越。它要求在一个相对长的时段中深度地展开艺术所表达的观念。……致力于捍卫艺术作为人的一种精神样式的生命情感的独特价值"。① 在"超前卫"的意义上,先锋艺术因其思想的批评性特质而始终处于边缘艺术地带,这种"超主流"状态也是很多主流艺术家和艺术作品未能入先锋艺术思想史的原因。这样,先锋艺术思想史同时也成为了对一般艺术文献史的重要补充,因而显得弥足珍贵。

除以上对中国先锋艺术思想史显见的突破性思考,对中国先锋艺术外延和内涵的规定性有深刻洞察之外,作者把思想史放在世界图景逻辑批评理论中的关系美学和事件美学中进行梳理,也是独树一帜的研究范式。一般意义上的"关系美学"(如尼古拉·布里沃的关系美学)更多指向一种世界图景逻辑中所描述的人人关系,而先锋艺术思想史指向更为广深的七个向度,这是更高层面和更具超越性的真正的关系美学,即以整全的世界关系图景为对象的感性学。这种人文艺术批评意在"对艺术现象如作品展开关系向度定位(orientation of relational dimension)即确定它属于上述哪种或哪几种关系、原初图式发现与感性文化诠释"。② 世界关系美学是查常平作为一种横向广度意义上使用的美学理论方法,而事件美学理论视野下的关注则是纵向深度意义的批评研究理论。事件美学在不同的观念导致的冲突和张力中,观察艺术家如何将不同思想观念形式性地体现在文艺作品上,如何把社会事件转化为艺术事件,发现和剖析其背后深刻的思想性和美学关系。这种理论研究视角可以帮助批评家发现艺术家的内蕴和艺术高度,艺术作品有无能力使其"能指"完全承载"所指",流于平庸还是成为传世之作等等。"艺术家所创造的原初图式中有无这样的思想事件的发生,是笔者评价其是否优秀的根据之一。"③尤其在艺术家面临"混现代",同时经历从前现代到现代的转型而又必须直面后现代、另现代所产生的难题这一当代社会文化的大背景和艺术普遍困境中,当今中国从事艺术行业的很多人成绩不佳,个人的思考和艺术内涵不够,作品平面化、肤浅化倾向难以突破和创新。在以"混现代"为特征的当代社会复杂形态下,社会焦点层出不穷变化万千,更需要艺术家和批评家深厚笃定

① 查常平:《中国先锋艺术思想史(第一卷):世界关系美学》,上海三联书店,2017年,第49页。
② 查常平:《中国先锋艺术思想史(第一卷):世界关系美学》,上海三联书店,2017年,第54页。
③ 查常平:《中国先锋艺术思想史(第一卷):世界关系美学》,上海三联书店,2017年,第55页。

的哲理形上思考,更考量其把握世界和认知本质的能力。在这种背景下,事件美学批评呼唤要引导艺术回到"思想性的形上传统、信仰性的宗教传统、形式性的艺术传统",①就显得极为必要。中国先锋艺术思想史将世界关系美学和事件美学两种理论方法都纳入到此博大精深的研究体系中,使我们管窥到作者独具一格的学术研究视野,及严谨深刻的思想力与把握能力。中国先锋艺术思想史的这种研究方法论,本身就构成了一个"美学事件",值得思想界、学术界乃至文化界持续关注。

二、七个向度:世界图景逻辑批评之脉

文学艺术是时代的精神反射。经济至上主导下的文艺创作,不可避免染上唯利是图的本色,激情和灵感成为工具和奴仆,文艺批评"精神的废墟"也就同样在所难免。在此背景下,作者在导论中指出,文艺要关注艺术作品和艺术家的个体生命在社会中彰显出来的精神生命是否被转化为一种文化生命,以及这种文化生命是否同人类的普世价值同构,发生认知的、审美的、道德的、灵性的价值,从而明白个体生存的意义,把握自己所在的个别历史与普遍历史的生成逻辑,进而对之后的人类生活继续发生功用。他在这种意义下生发的思考和言说,是世界图景逻辑批评理论所构成的中国先锋艺术思想史之缘起。

在庞杂的艺术作品中,尤其在"混现代"碎片化的艺术场景中,如何选择和体现这种思想性的类别,研究其背后的意蕴和价值,以及相互之间的关联,是对作者理论实践和思想能力的极大考验和挑战。美学家高尔泰在此书序中谈到,过去在研究向度上,比较单一,但现在却多得几乎等于没有向度,后现代的碎片化侵犯各个领域,瞬息万变又鱼龙混杂,根本难以拼凑出一个完整的图景,对于构建一个严谨的体系化的向度无法想象。能够以大观小,见微知著,赋予特殊的人文意义和价值,实在是需要超越性的眼光和能力。查常平是在对什么是真正的艺术的理解上,把甄选和分类尺度建立了起来。他说,真正的艺术"不以现实生活情感为本源,艺术的本源必然就在人的存在本源中,在创造者的生命情感中"。② 人文批评所关注的当然是人文价值体系,所以世界图

---

① 查常平:《中国先锋艺术思想史(第一卷):世界关系美学》,上海三联书店,2017年,第64页。
② 查常平:《人文学的文化逻辑——形上、艺术、宗教、美学之比较》,巴蜀书社,2007年,第150页。

景逻辑理论就是以人为焦点的七重关系,来梳理混现代的碎片化的当代艺术现象。它们表现为人言关系、人时关系、人我关系、人物关系、人人关系、人史关系和人神关系,以及各向度之间的关联互动。这由人与七个世界生成因子(语言、时间、自我、自然、社会、历史、神性)共生而构成关系美学的世界图景逻辑谱系,"因为涉及对我们所存在的世界的整全理解,所以我名之曰'世界关系美学',以便区别于一般仅仅把当代艺术理解为人们实现社会交往方式的'关系美学'"。①

"人言"向度,作者是指向作为语言史的艺术史,意指艺术语言要素如何被艺术家使用和表达,以及如何被艺术爱好者理解和接收的问题。作为思想史的考量因素,查常平称人言关系意味着"要发现艺术家作为个体生命的原初艺术语言图式",以及"要评论艺术界作为知识生产群体的媒介更新的现状"。②当代中国艺术界尽管是以媒介为中心的语言观,但创作者大多没有对媒介的差异性和共性的深度洞察能力,正源于当代艺术创作者人文学养和终极关切匮乏之梗。在这个意义上,中国先锋艺术中并没多少值得从思想史层面来讨论的作品。

"人时"向度是作为时间史的艺术史,不仅可观察艺术家所生存的时代精神特征,也包括观察艺术家自身在一个具体时段的生存状态。查常平特别指出,后者涉及时间的主观性,如艺术家主观的心理时间,以及创作相应的逻辑作品。"在时间样态上,艺术思想史与艺术文献史的区别,体现在以时间的共时性与历时性为分水岭。"③思想的超时间性决定了艺术思想史的超时间性,故先锋艺术思想史不再是一般以历时性为特征的文献史,而只能是以共时性为特征的艺术史,但仍留有相对一个时段的连续性艺术思想逻辑。相对于过去和未来,作者根据先锋艺术存在的现实性,是以现在为中心来考量的。

"人我"向度指向自我史的艺术史。作者指出艺术语言与自我在时间中同时发生,艺术语言反过来也构成自我生成史。"艺术语言图式,就是艺术家的自我意识中的生命情感的外化或象征性的存在样态。"④一般的艺术史都过于强调这种作者中心论的批评观,后现代社会更是强调绝对自我中心,多有把人

---

① 查常平:《中国先锋艺术思想史(第一卷):世界关系美学》,上海三联书店,2017年,前言。
② 查常平:《中国先锋艺术思想史(第一卷):世界关系美学》,上海三联书店,2017年,第5页。
③ 查常平:《中国先锋艺术思想史(第一卷):世界关系美学》,上海三联书店,2017年,第7页。
④ 查常平:《中国先锋艺术思想史(第一卷):世界关系美学》,上海三联书店,2017年,第12页。

的本能性当作人的本质性存在来理解的创作和批评,而查常平想揭示这些艺术语言图式所包含的思想,追问人我关系与其他六个向度的关联和作用力,进一步探讨理想的自我观。这要放在一个整全的世界图景逻辑谱系中研究,比如涉及到应然的自我和实然的自我等,所以先锋艺术思想史意味着必须超越简单的作者中心论批评观,是一种兼备关系美学和事件美学整全的批评观。此向度之独特性显而易见。

"人物"向度指向自然史的艺术史,身体和物质皆是人的存在媒介,所以这个自然史指向内在的人(身体)和外在的物质(自然界)的自然。所有的主题关怀和思想性考量都以人物关系的存在事实和关系的相互影响为前提。先锋艺术思想史意在指出这些作品中"或内含的关于物质、植物、动物、人的身体的观念与价值立场"。① 所以在根本上,是一种共生的生态批评观(区别于一般的环境艺术等),自然只是世界逻辑谱系中的一部分,焦点仍指向人的终极关切。作者以成都先锋艺术四大特征(生态关怀、人文意指、场景凸现和身体美学)为例,投向文化克隆问题,极有深意。

"人人"向度指向社会史的艺术史,关注当代艺术现象背后的社会历史,即"混现代"的当代社会历史事件场景。混现代理论剖析出中国先锋艺术思想史中前所未有的丰富性、关联性、多样性和复杂性,混现代状态也使得艺术家难以把脉,出现主题先行之类的所谓"观念艺术"的盛行,艺术领域行业和身份定位也因此视界模糊。先锋艺术作品中的社会观以"共在"为特征,艺术媒介成为批判前现代的重要表达因素。

"人史"向度是作为文化史的艺术史,是人反思、感知、经验对象及其关系的文化意义的表达。人的文化性必然需要外在表达,以不同艺术活动和艺术角色表达出来的艺术现象,构成历史文化现象之一。先锋艺术作为一种历史文化现象,是对当代精神现象的素描,在书中有深刻的剖析。当代出现大量"对社会毫无批判,对人性毫无诉求,对传统毫无继承的空洞、空虚、空无的艺术展览和艺术作品",② 所以作者认为如何开启精神文化时代,是中国目前最大的文化事件。

"人神"向度指向一种灵性史的艺术史。这是查常平世界图景逻辑批评理

---

① 查常平:《中国先锋艺术思想史(第一卷):世界关系美学》,上海三联书店,2017年,第18页。
② 查常平:《中国先锋艺术思想史(第一卷):世界关系美学》,上海三联书店,2017年,第26页。

论的七向度中最独特的视角和学术贡献,是探讨中国先锋艺术如何呈现"终极存在"的过程。正如不相信上帝的伯格曼,终其一生的努力都在呈现关于上帝的作品。为何呢? 近现代主流思想始终将人的灵性存在和人的精神性存在对等相关来理解,但作者指出人原初的灵性在堕落后才蜕变为人的精神性。不同于近代机械心物二元论,先锋艺术思想史作为"精神史"指向"灵性史",关注"人的灵性如何与上帝之灵发生关联进而呈现在当代艺术的作品中"。① 查常平以其"先验艺术观"深刻分析艺术作品中人的精神史与灵性史的区别和关系,同时关注那些从否定层面追寻人的灵性生命的作品,抗议质疑肉身主义、艺术上的技术主义。他认为伟大的艺术作品一定以艺术家个人灵性生命的开启为前提,以追寻艺术永恒的终极生命的努力为前提,"决定着艺术超越艺术家的个人意识、超越他的精神生命乃至文化生命,因而决定着艺术的超历史性,赋予作品以经典的永恒价值。这就是评价伟大的艺术与优秀的艺术之间的分水岭。伟大的艺术,必然拥有超越历史的能力,它在人类历史中将被赋予多重的意义诠释"。② 对于当代艺术之蕴普遍平庸、贫乏、克隆的现况,将灵性史纳入艺术思想史的创新之举,的确令人眼前一亮。显然,第七个向度也是所有向度中最重要的一个,没有了这个向度,他认为以上所有向度都只能表达最低层面的肉身性的规定性的文化。

世界图景逻辑批评理论,作者总结为"人文批评的本体论、世界关系美学的基础论、感性文化批评的方法论"。③ 这是一种世界关系美学和事件美学相互关联的理论。它进入当代艺术的事件美学中,向七个关系向度展开层层剖析,从而深入挖掘中国当代先锋艺术家和艺术作品所体现和隐含的思想和价值,帮助我们更深地推衍出去,洞察先锋艺术的文化现象和社会现象所蕴含的丰富深刻的涵义。从 2007 年查常平在《新约的世界图景逻辑》中第一次使用"世界图景逻辑批评"至今,他的批评实践早已夯实了这套理论体系的根基,《中国先锋艺术思想史》呈现出的已是较为完整和成熟的当代文艺美学理论,代表了中国当代艺术批评博大精深的思考和创新能力的水准。

---

① 查常平:《中国先锋艺术思想史(第一卷):世界关系美学》,上海三联书店,2017 年,第 30 页。
② 同上。
③ 查常平:《中国先锋艺术思想史(第一卷):世界关系美学》,上海三联书店,2017 年,前言。

三、批评的实践：探寻中国先锋艺术思想

《中国先锋艺术思想史》已出版两卷，第一卷是《中国先锋艺术思想史（第一卷）：世界关系美学》，由高尔泰和约斯·德·穆尔作序，以史带论，以七个世界关系美学向度为脉搏介绍中国先锋艺术思想史，史料扎实不苟，取舍划分有度，图文并茂。著作中的图片均用作为特种纸的书籍纸印刷，表达出前卫、惊奇、骚动、压抑、安详等，所甄选的艺术图片实际呈现了作者对艺术家思想背景的独特的艺术观照。因体量磅礴，我们仅择取事件美学和几个关系向度为代表，研究观察查常平世界图景逻辑理论的批评实践。

关于事件美学的批评实践，作者选取高氏兄弟的《永不完工的大厦》系列作品为例，在中国社会现代化转型中到处可见的烂尾楼背景下，包罗万象的精神与物欲等各个生活场景被塑造出来，实则描绘出一幅混现代版的"清明上河图"（查常平语）。这就是典型的源于作品背后批判当代人拜权利金钱为偶像的社会现实，深刻表达出盼望与绝望意义图式张力的艺术思想事件。这种事件美学批评，在高氏兄弟另一作品《盲人的寓言——过河》中也表达出引导人深刻思考的关注：谁能真正看透人生并能指明人生盼望的方向呢？而奉家丽的《星·比黑更蓝》，以隐喻灾难的黑色和代表盼望的圣洁之光，将社会事件转化为艺术思想事件，引人无限深思；另一幅《花儿依然》指涉人与自然，人与时间中的未来的关系……这些入史视角，可见中国先锋艺术思想史的写作，因其中艺术思想事件的诠释，是一种"事件美学"的理论批评方法论史。

在世界关系美学的批评实践中，人与每个关系向度多以对立、并立、合一关系展开。同时，七个美学关系向度中，部分向度彼此有关联，相互影响或成就，譬如"人言"向度之中表达"人神"关系的朵夫的十字重叠交错图等。在"人言"关系向度的美学批评中，梁绍基的"蚕丝"系列艺术，以蚕及蚕丝这种艺术语言的原初图式，揭示出技术文明与自然，人与物的关系的思考，包括人与自我如何自处的关系；解析戴光郁的《断史》创作，在人言关系中竭力打开人与人、人与历史的关系主题，带领观者把眼光从作品中的物理场景艺术语言图式中转移到人的心理场景，引发对中国传统文化在当下处境中不断遭遇断裂的事实的反思；解读看似单调的刘可作品反映着关系美学中的"反具象与超具象"；剖析王燮达的抽象雕塑，将中国传统书法的线条和宣纸元素，有机地吸纳入当代抽象雕塑的造型中，以铁条和宣纸为原初艺术语言图式，表达出他个人

生命历程中承受在上的灵性存在,是超越肉身的灵在的感悟……显而易见,没有深厚的人文素养和形上、信仰根基,是难以创作和批评该类先锋艺术作品的。

"人史"关系向度下的作品,在先锋艺术思想史中旨在表达和反思历史文化现象。如何对待历史中的文化生命? 作者择选张大力的《中国历史图片档案》、徐唯辛的《历史中国众生相》等作品,以其原创的世界关系美学和事件美学理论进行了深入和犀利的解读,使这一类先锋艺术作品发挥出了艺术应当有的重要历史文献价值;张念《移动的记忆》表现 20 世纪一百年中的部分历史人物与关键性的历史事件,其"光芒万丈的原初图式揭示了国人在历史中如何自我神化的历程";[1]朱成雕塑作品中表达出人面对未来仰望、历史传承和现实卑微之间的悖论与困境中的呐喊;宋冬还原其母亲个人的日常生活用品史的《物尽其用》最终人去物在,引导人深思人史之间的关系;何工在人史关系的隐喻生存中,质问历史与现实中的革命哲学的合理性问题;高尔泰的《历史的人化》表现人在历史中的抗争,现实中的挣扎与绝望,盼望永能和解脱,等等。这些"人史"关系向度的艺术都旨在表达对人的天赋话语权的立场呼唤,在对艺术历史和真实历史,记忆与历史的真实传承承载中,思考究竟是什么影响和形成了当代,旨在"争取人在历史中作为文化生命体而应该有的位置和尊严,呼唤历史生者与死者同在的文化观的早日兴起",[2]即永恒性文化史观存在之必须。这些都是以艺术的语言图式形似、言说和深化人的基本良知反思,极有艺术思想性。

"人神"关系向度以岛子圣水墨的批评实践为例。该系列作品将沉重的现实与灵性温暖的盼望,身份的卑微与被赎的灵魂奇妙地结合在一起,其内在凛冽的磅礴气势,唤醒水墨的绝对灵性,在东西方水墨作品中都极为罕见。岛子意在表达现实之上的超验张力,以水墨艺术为媒介进行生命本质的考问和终极之思,从超越的绝对主体存在上汲取灵性资源,在灵魂层面实现与艺术主题之间的完美契合,无论从表达方式还是精神内涵上,都实现了传统水墨艺术的超越,使传统水墨迸发出撼动人心的新生命力量。查常平认为圣水墨与当代的实验水墨有着本质不同,后者仅是作为自我主体的个体发挥,立意与立足均

---

① 查常平:《中国先锋艺术思想史(第一卷):世界关系美学》,上海三联书店,2017 年,第 28 页。
② 查常平:《中国先锋艺术思想史(第一卷):世界关系美学》,上海三联书店,2017 年,第 29 页。

出于人本和个体主体性视角,而加入了圣灵的水墨成为生命的元素和新的绘画语言艺术的核心。圣水墨艺术主题,不仅仅是表达超越现实和肉身的普遍神圣向往,更对中国当代艺术的价值取向提供了一种崇高而神圣的维度。这当然是中国先锋艺术思想史不能不关注的类别作品和美学关系向度。

"人神"关系向度是所有关系向度中最复杂、最奥妙和最超越的批评向度,直指艺术的"灵性史"。无论看到任何的艺术作品,都会发现我们总是陷入一个历久弥新的语境和困境中,就是何为真正的美与解脱?灵性史其实面对的就是艺术所表达的人类这一终极和最大的难题。查常平指出在当代艺术的思想图景中,最需要关注的是人神关系。因为人性中潜伏着超越世俗生存状态走向高洁的生命境界的"神性基因"和"天使本性",这决定了艺术永远应该是人诗意的栖居乐土。"这不仅因为在整体上相关方面的作品相对较少,而且因为在汉语思想的文化传统中,始终缺乏对于本真的超越者本身的信仰寻求。新儒家所说的内在心性的超越,不过是源于个人的内在性之高度的一种极致表述,在根本上没有对于超越性本身的领受。"[1]

《中国先锋艺术思想史》还选取了人时向度中传达出时间的存在性的隋建国,虚无性的宋冬,绵延性的何云昌等人的作品;还有人我向度中表达对立关系的廖真武的破碎自我的表达,寻求"人啊,你在哪里"的朱发东的天问等等。因体量庞大无法论足,七个向度中每个批评实践都饱满丰厚而深邃,值得艺术界、思想界和文化界后续更深入的关注、研究和反思。

四、道与器:《中国先锋艺术思想史》研究理念与文化意义

《中国先锋艺术思想史》从语言开始,发展到最后形成的七种向度,包容万象又回射聚焦在人的终极关切之上,在义理之中又深具人性温度和永恒盼望。作者广袤的观察力,敏锐的前沿度,专业的美学根底,使得他的研究既有深刻的哲理性,又有透彻的人性洞悉,研究理念极具专业性和超越性,能够超乎艺术研究对象之上又能贯乎其中。这样深厚的学术功力与作者本人学养之丰富大有关系。1966年生的查常平身材并不高大,性格温良敦厚,脸上始终挂着笃定平静的表情,他通晓英语、日语、希腊语、希伯来语等多国语言,在美学、哲学和神学等领域素有深厚学养,能够轻松跨度历史、形上、艺术、宗教和美学的

---

① 查常平:"'圣水墨'的神学视域",《圣水墨(2007—2015)》,上海三联书店,2015 年,第 168 页。

空间,超越了一般艺术评论家的知识瓶颈和狭隘盲区,是当代少有的跨中西文化人文艺术批评家、艺术史思想家。数十年来,他坚持走出书斋积极进入人文、艺术、美学和神学等领域第一线,深入社会人群进行批评的实践,获得了大量详实而鲜活的生活和美学材料,随着自身生命的不断更新成熟,著书立说教授传讲,思想研究体系日渐丰满,逐渐建构起原创的世界图景逻辑理论。在博大精粹的思想体系形成过程中,查常平也完成了其庞大的研究方法知识谱系的建构,使得这套美学史巨著《中国先锋艺术思想史》(第一卷:世界关系美学;第二卷:混现代)终成为可能。

综观这套体量庞大的艺术思想史,虽然在艺术上的裁量很大,但核心仍旧体现出对艺术的终极人文关怀和追问思考,艺术批评的标准就是表达的审美性和思想精神的价值性的完美结合。《中国先锋艺术思想史》是作者一直力图"在世界文化图景中诠释当代艺术,在人文性和神圣性的向度中探究艺术,在超越性与内在性的向度中更新汉语思想,在学术追思中实践中国当代艺术的人文价值关怀,在精神层面与思想层面达成学术界和艺术界的交通"[①]的努力和成果,体现出他对艺术的终极人文关怀和思考。人文艺术批评标准应具有审美属性和社会价值判断并存的双重属性,并且二者其实是相辅相成的。而思想性与审美性的完美结合,又必然取决于艺术的永恒价值。文艺是人类精神的家园,承载着人类永恒的意义,放飞着人类的梦想。人性中超越的美,就是"艺术审美"的本源所在。所以,文艺批评和理论建设是要帮助看到艺术创作家可拓展的视野,可深挖的高度,可成长的空间。

查常平深刻指出,"肉身化意识形态,凡是思念肉身的,他所创作出来的东西就是肉身性的艺术,凡是思想精神的,他所创作出来的东西就是精神性的艺术"。[②] 我们需要反省人作为人的存在究竟意味着什么,"人文批评的目的,就是要从俗世化的艺术现象中开掘当代中国艺术相对于神圣而言的世俗的、精神的、超越性的向度,展开对当代艺术中盛行的俗世价值观的批判性反思。这些价值观,包括物质主义与肉身主义的世界观、消费主义与享乐主义的人生观、实利主义与现世主义的认识论。如果当代中国艺术不承受神圣而非神

---

① 查常平主编:《人文艺术》第 12 辑,贵州人民出版社,2014 年,扉页。
② 查常平:"当代艺术的人文危机(美术三十年沉思录)",《人文艺术》第 9 辑,贵州人民出版社,2010 年,编者前言。

秘的精神之在,它就只能停留在人之精神的高度,一种和肉身同质的、有限的、丧失终极批判能力的高度;它必然在俗世化的符号图像中辗转挪移、颠覆重生"。①

在当代艺术的世界图景中,人文艺术的批评精神不能不在场。人类的天性有着对艺术审美性和价值性的永恒追求,这是精神要求的天然属性。人文艺术在物欲横流的当代,愈应显出其内在健康的生命力,因为对生存的严肃性和严酷性的感悟以及对生命的批判意识从来不会离开人类。坚守审美价值、意义追问、责任感、生命理想、价值关怀始终是艺术历史长河中的主线,文艺审美内核和精神追求始终是文艺批评精髓所在。今天的人文艺术批评必须具有独立的品格追求,必须冲破市场化的束缚,进行独立思考和价值评判,这对艺术家和批评家都提出了现实难题和考验。作为主体的有能动创造精神的艺术批评家,应该建构更加健全的价值意识;人文艺术批评家有责任在今天坚持不放弃自己的批评立场,不拒绝社会责任和价值意义,这既要坚持人文艺术批评的自我,又要找到与社会期待相统一的结合点,即放弃过去固守象牙塔的贵族意识,又要能够获得知识的自由空间,才能真正绽放出人文艺术批评的生命力和影响力。这些不仅是《中国先锋艺术思想史》表达出的研究理念,更是它之于当代社会生活的文化意义。

On the Theory of Logical Criticism
of The World-picture
— Review of *A History of Ideas in Pioneering*
Contemporary Chinese Art

Yan Fuping

Abstract: In the long river and treasure house of the history of human arts in China and the world, the publication of *A History of Ideas in Pioneering Contemporary Chinese Art* has filled a valuable part of the history of contemporary art research. This

---

① 查常平:《当代艺术的人文追思(1997—2007)》上卷,广西师范大学出版社,2008 年,人文批评丛书主编序。

book has contributed to the original theory named The World View Logic Theory on the study of the definition and research paradigm about the history of ideas in pioneering art and mixed-modernity, the difference and relation between Chinese pioneering art, contemporary art and avant-garde art, as well as on the construction of world relationship aesthetics and event aesthetics theory. In a difficult contemporary academic environment, its unique approach to the study of ideas history is of great value. As a pioneer and forerunner, it is worthy of further attention and research in the humanistic field.

Keywords: The Logic Theory of the World-picture; History of Ideas in Pioneering Contemporary Art; Seven Dimensions in Relational Aesthetics; Mixed-Modernity

作者简介：颜复萍,四川省社会科学院文学与艺术研究所研究员。

光启学术

中国古代小说序跋整体研究导论①

詹 丹

摘 要：本文在对中国古代小说观和分类基本分析的基础上，梳理了相关的序跋情况，评述了学术界对小说序跋的研究，并从新材料、新观点和新方法等角度，阐释了作者在古代小说序跋研究方面的进一步思考。

关键词：古代小说观；序跋；研究创新

上世纪 80 年代以来，学术界开始对中国古代小说的序跋给予了较多关注，尤其在资料方面投下了较多精力，出版了黄清泉的《中国历代小说序跋辑录》、丁锡根的《中国历代小说序跋集》等。伴随着资料收集整理，也不时有围绕着某部古代小说的序跋或者有关序跋的某种普遍现象的研究，发表了 50 余篇期刊论文，完成了 10 多篇硕博士论文，并出版了《古代小说序跋漫话》《明代小说序跋研究》《古代小说续书序跋释论》等若干部专著，提出了一些启人心智的见解。但总体而言，还缺乏一种出于整体视野观照下的深入研究，故本文由基本的小说观入手，梳理小说序跋情况，尝试一种多层次的整体分析，以此导论抛砖引玉，希望引向更深入的研究。

一、小说和小说序跋

1. 延续已久的两种古代小说观

虽然我的研究是以古代小说序跋为对象，但因为序跋本身依附于小说而

---

① 本文系国家社科基金一般项目"中国古代小说序跋整体研究"（项目编号 13BZW102）阶段性成果；上海高校高峰学科"中国语言文学"规划项目成果。

存在,其价值主要是围绕着小说或者小说作者而展开,使得我们在讨论序跋前,必须先留出一点篇幅,把古代小说这一对象确定下来,然而恰恰在这一点上,似乎还较难划出一个十分明确、让小说界一致认同的对象范围。

这种不明确,其实由来已久,它与有关古代小说内涵与外延的理解不明确紧密相关。从中国古代延续到今天,大致有两种不同的小说观念,一种是传统的、凝固的;另一种是非传统的、变化的。关于这两种小说观念,是随着小说实践的发展变化而日益见出其分野的。

章学诚在《文史通义·诗话》中,对小说的渊源流变作了简单扼要的梳理,其文曰:

> 小说出于稗官,委巷传闻琐屑,虽古人亦所不废。然俚语多不足凭,大约事杂鬼神,报兼恩怨,《洞冥》《拾遗》之篇,《搜神》《灵异》之部,六代以降,家自为书。唐人乃有单篇,别为传奇一类,专书一事始末,不复比类为书。大抵情钟男女,不外离合悲欢。红拂辞杨,绣襦报郑,韩李缘通落叶,崔张情导琴心,以及明珠生还,小玉死报,凡如此类,或附会疑似,或竟托子虚,虽情态万殊,而大略略似。其始不过淫思古意,辞客寄怀,犹诗家之乐府、古艳诸篇也。宋、元以降,则广为演义,谱为词曲,遂使瞽史弦诵,优伶登场,无分雅俗男女,莫不声色耳目。盖自稗官见于《汉志》,历三变而尽失古人源流矣。①

在这里,章学诚虽然是站在正统的立场上,对小说发展进行了严厉指责,但其概括的小说三次质变,除开谈及宋元时期把白话小说与戏曲混为一谈外,基本还是符合小说史发展之实情。

据现有资料看,虽然最初给小说下一明确定义的是汉代的桓谭,所谓"合丛残小语,近取譬论,以作短书,治身理家,有可观之辞"。② 但给正统小说定下基调的是稍后班固在《汉书·艺术志》里的说法,这也是章学诚认为"稗官见于《汉志》"的起点,所谓"小说家者流,盖出于稗官,街谈巷语,道听涂说者之所造也。孔子曰:'虽小道,必有可观者焉,致远恐泥,是以君子弗为也'。然也弗

---

① 章学诚:《文史通义校注》,叶瑛校注,中华书局,1985 年,第 560—561 页。
② 黄霖、韩同文:《中国历代小说论著选》,江西人民出版社,1982 年,第 1 页。

灭也。闾里小知者之所及,亦使缀而不忘。如或一言可采,此亦刍荛狂夫之议也"。这一说法,延续到随代的《隋书·经籍志》再到清代的《四库全书总目提要》中的"小说家类"小序,并无本质的区别,以此形成了一种正统而又稳定的小说观念。由于班固著录的稗官小说家著作在后世大多已湮灭不闻,所以,即便章学诚强调"事兼鬼神,报兼恩怨"的"俚语多不足凭",但一般还是以去古不远的魏晋南北朝笔记小说作为这一观念下的具体例证来衡量其它小说的。尽管余嘉锡也说过,许多魏晋时代的志怪笔记小说并不同于班固所谓的"稗官小说",如其在《小说家出于稗官说》一文中所云:"古人未有无所为而著书者。小说家虽不能为'六经之支与流裔',然亦欲因小喻大,以明人事之纪,与后世之搜神志怪,徒资谈助者殊科,此所以得与九流同列诸子也。"①晚近有学者从稗官入手,考证了其早年"小说家"的官方色彩,②虽然低微,但也与章学诚所谓的"六代以降,家自为书"的私人性确实不同,但魏晋时代笔记小说自觉地把实录作为小说的写作原则是深深契合正统观念的,所以在官修的著作目录中,始终给小说留下了一席之地。不过,其对小说总的轻视乃至鄙视态度,也就是视小说为小道的看法并没有改变,因为他们也清楚,虽然笔记小说坚持实录的原则一以贯之,但由于其传闻的源头不少来自民间,本身就有虚妄不实之内容掺杂其间,只不过即便虚妄中也还混有真实、道德的因子,如同《四库全书总目提要》"子部小说家类"的小序中说的,"中间诬谩失真、妖妄荧听固为不少,然寓劝诫、广见闻、资考证者亦错杂其中",如此这般,才得到了正统者的相对肯定(当然,在正统者群体中,纪晓岚的意见还是比较开明的)。至于着意于虚构而与笔记小说有时混合有时又并驾齐驱的传奇体小说以及在宋元崛起的白话小说,则基本在他们的排斥之列。上文所引的章学诚的一段话,已可见他对文体三变而尽失古意的感慨,在《阅微草堂笔记》中,纪晓岚也借门人之口,表达了对传奇体小说《聊斋》的不满,其主要理由就是认为作者混淆了笔记和传奇,把想象性虚构运用到文言创作中来。当然,虽然其真正的用意是从社会现实着眼,把凌空蹈虚式的传奇的情和讲学家的理一并予以摒弃,但一般学者,都是从小说本身来判断其观点保守的。这是另外的话题,暂且不论。总之,在正统的观念中,小说是约等于笔记小说的,至于其它,不但白话小说基本未被接受,

---

① 余嘉锡:《余嘉锡文史论集》,岳麓书社,1997年,第255页。
② 陈广宏:《稗官考》,谭帆等著《中国古代小说文体文法术语考释》,上海古籍出版社,2013年。

就是连文言传奇,也只是在非常有限的程度上得到承认。

但与此同时,在小说创作实践的日益发展中,务实的而不是囿于成见的小说观念也在随之发生变化。在唐代,创作了《任氏传》的沈既济在作品的尾语部分(我把它理解为是小说的后序或者跋语),把他对小说的创作主张一并揭示了出来,所谓"揉变化之理,察神人之际,著文章之美,传要妙之情"。① 在宋代,洪迈将传奇提到了唐诗一样的高度,并以"唐人小说"之名称呼之,②使传统观念中的小说的含义发生了质的变化,也大大拓展了小说的范围,使学者郑樵在分类上感到困惑,也使得胡应麟觉得有重新梳理之必要。元明以后,白话小说的全面勃兴,为小说观念的再一次变化奠定了基础。一方面,许多小说创作者和理论探索者将白话小说吸纳进小说的大范围,打破了文言小说一统天下的局面;另一方面,针对了正统小说观念坚持的实录原则,他们提出了"凡为小说及杂剧戏文,须是虚实相半,方为游戏三昧之笔。亦要情景造极而止,不必问其有无也"(谢肇淛)等观点,③使其小说观念与现代小说观连成了一条隐约可见的脉络。

2. 与小说观相关的分类问题

正因为对小说的界定无法达成共识,历代有关小说的外部归类和内部分类也就显得比较混乱。就外部归类来说,小说在目录学意义上的归类问题一直没有得到很好的解决。且不说白话小说在正统的官修书目中始终得不到著录,即就文言小说论,它虽然隶属于子部小说家类,但不少书目又会迁徙到史部。于是,作为子部的小说家常与杂家以及史部的杂史、(杂)传记等相混淆。其实,在《汉书·艺文志》的小说家一类中,班固著录的十五家已经有着或近于史或近于子的混杂性,而其作为现代意义上的小说特征,在目录上无法显示出来,更没有得到理论上的恰当说明。正如鲁迅说的,"据班固注,则诸书大抵或托古人,或记古事,托人者似子而浅薄,记事者近史而悠谬"。④ 在以后的目录著作中,小说类混入其它性质的书,或者小说杂入其它门类,这样的现象举不胜举。所以程毅中在编著《古小说简目》时,前言开头就引用了郑樵在《通志·校雠略·编次之讹论》中说的一段话,说是:"古今编书所不能分者五:一曰传

---

① 汪辟疆校录:《唐人小说》,上海古籍出版社,1978 年,第 58 页。

② 黄霖、韩同文选注:《中国历代小说论著选》(上),江西人民出版社,1982 年,第 64 页。

③ 同上,第 166 页。

④ 鲁迅:《中国小说史略》,人民文学出版社,1973 年,第 3 页。

记,二曰杂家,三曰小说,四曰杂史,五曰故事。凡此五类之书,足相紊乱。又如文史与诗话亦能相滥。"①

　　这种紊乱的后果是,在古代,对虚构的白话小说或者文言传奇很难认同,官修目录书中鲜有著录,而对纪实的文言笔记小说则相对宽容,收录则较多。这一立场,与现代学者对待古代小说的态度恰好翻了个个。现代学者把古代正统不予认同的白话小说和许多文言传奇照单全收后,对于文言笔记小说态度就变得相当纠结。因为以虚构为基本的立足点,所以笔记中志怪一类基本可以被现代小说观所接纳(当然,在古代有些志怪小说的归属依然是个问题,比如《山海经》就曾在相当一段时间属于史部地理类,在《四库全书总目》中才被归入子部小说家类),而对志人或者杂录类,则变得相当纠结。比如《世说新语》古今一致地被视为小说,但与之性质相近的不少笔记小说,在归类上就显得有点游移,以致不同学者对同类书会作出不同判断。宋人周密撰写有不少笔记作品,但对其中的两种,《齐东野语》和《癸辛杂识》,是否属于小说,就有截然不同的看法。在侯忠义、刘世林编著的《中国文言小说史稿》和吴志达的《中国文言小说史》中,《齐东野语》被列入佚事类或志人小说得到介绍。但是,迄今为止辑录小说序跋资料较为齐备的丁锡根的《中国历代小说序跋集》和黄清泉的《中国历代小说序跋辑录·文言笔记小说序跋部分》都不约而同地不选《齐东野语》,而是把《癸辛杂识》的序言选录了进来。也许,他们选录此书而不选《齐东野语》,并不是从作品本身的描写艺术着眼,更多地是参考了传统目录学的标准,这也是《四库全书总目》给出的一个归类理由,在该书卷一四一关于《癸辛杂识》提要写道:"是编……与所作《齐东野语》大致相近。然《野语》兼考证旧文,此则辨订者无多,亦皆非要义;《野语》多记朝廷大政,此则琐事杂言居十之九。体例殊不相同,故退而列之小说家,从其类也。"②而对唐传奇作品结构本身的不同判断,也使得对一些单篇流传的作品可能具有的序跋部分,两种小说序跋资料作出了不同的处理方式,因我会另文详细讨论,这里从略。这里所要指出的是,两种文言小说史和两种序跋资料集所体现出的差异,其实集中反映了在处理古今小说观时的一个棘手问题,就是对待白话小说和文言传奇这方面的问题,我们今天的研究似乎只需要把古人不予承认的这类作品地位

---

① 程毅中:《古小说简目》,中华书局,1981年,第1页。
② 永瑢等撰:《四库全书总目》,中华书局,1965年,第1201页。

颠倒过来加以接受就可以了。而对待笔记作品时问题就要复杂得多,甚至有一些学者提出,近代出现的"笔记小说"概念,除了增加归类梳理的混乱,其实是一个不应该存在的伪概念。比如陶敏和刘再华合作的《"笔记小说"与笔记研究》一文,就认为,小说是虚构,笔记是求真,把两者合二为一成一个概念,是自相矛盾的,恰恰给整理和研究工作带来了混乱。[①] 论文作者似乎没有意识到,把虚构视为"小说"的本质特点,是一个近代才产生的观念,以此观念来判断古代的小说并组成"笔记"的后缀,恰恰是要在过于宽泛的"笔记"世界里给出一个限定。这种命名方式,目的就是要对留存下的"笔记"在全部拒绝和照单全收的选择中,作出一点折中;是要在特定的"笔记"中,借助"小说"概念划出一条界限。不过,问题也可以有另一方面的理解,把实录性"笔记"一词加在"小说"前面,一定意义上也可以说是让虚构的作品向真实性这方面作出适当的让步,能够把如《世说新语》这样的经典笔记文,也放到小说范围中。所以,概念的混乱,恰恰是在打通古今时,不得已采用的一种开放归类方式,而我们也应该宜粗不宜细地对古代作品有更多容纳,从而能够充分彰显传统小说的特色。

对传统小说特色的理解,既涉及上位的归属,也涉及到内部的细分,在这方面,古今的分类也是有不少混乱。

从古人的小说总集分类及一些论述来看,分类的混乱最典型的表现是将题材的标准和体制的标准置于同一个逻辑层面来讨论,且题材和体制各自内部又有较多的重叠和交叉。例如,陈平原就曾举小说总集《太平广记》为例,说明其在分类上的混乱。所谓"神仙/女仙以性别分,怎么能与神/鬼/妖怪这样的分类并列?报应/再生/定数似以主旨分,可又如何与异僧/方士之类以人物身份分类相吻合?至于龙/虎/狐和杂传记的类别关系如何,那就更说不清楚了"。[②] 这样的批评虽然很有道理,但这种批评毕竟是在现代学科分类学建立后的一种学理上的思考,在当时,这种看似胡乱的分类,主要是出于一种实用的考虑。而就学理而言,这种分类的最核心问题,就是混淆了作为内容的题材标准和作为体制的形式标准的根本区别。这种混淆其实在古代还是比较普遍的。当然也有被认为分得比较合理的,例如明代的胡应麟因为有感于文言

---

① 陶敏、刘再华:《"笔记小说"与笔记研究》,《文学遗产》2003 年第 2 期,第 107—116 页。
② 陈平原:《小说史:理论与实践》,北京大学出版社,1993 年,第 168 页。

小说分类的混乱,而根据自己的思考予以了重新分类,主要分为六大类别,如下:

> 一曰志怪:《搜神》《述异》《宣室》《酉阳》之类是也。
> 一曰传奇:《飞燕》《太真》《崔莺》《霍玉》之类是也。
> 一曰杂录:《世说》《语林》《琐言》《引话》之类是也。
> 一曰丛谈:《容斋》《梦溪》《东谷》《道山》之类是也。
> 一曰辩订:《鼠璞》《鸡肋》《资暇》《辩疑》之类是也。
> 一曰箴规:《家训》《世范》《劝善》《省心》之类是也。①

许多学者认为,这六类除开后三种现在一般不列入小说外,前三类对文言小说的分类还是比较精当的。鲁迅在描述文言小说时,用了志怪、志人和传奇三个概念,其中的志人,相当于胡应麟的杂录,那么,胡应麟有关文言小说的分类,似乎很贴近近代标准了。然而,问题却并非如此简单。志怪、志人和传奇这三个确实是鲁迅常用的,但他在使用时,仅仅是延续了传统的说法,还是在对传统概念甄别筛选的基础上,把这些概念置于现代分类学的同一个层面来使用,依然是个问题。因为我们可以认为,志怪着眼的是题材标准,而传奇则是体制的标准,这一点,在宋代已经比较明确,所以晁公武将唐传奇的选辑《异闻集》概括为"以传记所载唐朝奇怪事",②这一说法,非常类似后来鲁迅对《聊斋志异》的概括:"用传奇法而以志怪",③前者主要指以表达方式为主导的体制,后者则是指内容题材。所以,胡应麟的分类其实还是存有问题的,而认为他没有问题,并将鲁迅常用的概念来比附之,不过是说明这样的混乱在今天依然存在。

　　而混乱又不仅局限于文言小说。"五四"以后的平民化运动,使得通俗白话小说日益受重视,话本、章回也被引入小说研究的领域,又由于章回小说卷帙过于浩繁,于是,西方依据小说篇幅长短的标准也被用来对传统小说进行分类,如当初郑振铎的《中国小说的分类及其演化趋势》一文,将中国古代小说分

---

① 黄霖、韩同文选注:《中国历代小说论著选》(上),江西人民出版社,1982年,第146页。
② 晁公武:《郡斋读书志校正》,孙盟校正,上海古籍出版社,1990年,第548页。
③ 鲁迅:《中国小说史略》,人民文学出版社,1973年,第179页。

作短篇、中篇和长篇,短篇中再分出笔记、传奇和评话(话本),而在长篇和中篇中,不再有下位的分类。其结果是,他认为中国古代小说应该分为如下五大类:笔记小说、传奇小说、评话小说、中篇小说和长篇小说。① 其优点是将志怪和志人合并到笔记小说,这样就把分类从题材的纠结中摆脱了出来,开始走向了形式方面。遗憾的是,因为引进了篇幅概念,将古代特有的体制概念与西方的篇幅概念两类不同形式的标准混在一起,又使问题趋于复杂化了;且对加深理解小说,意义不大。袁行霈的《中国文学概论》中也说:"若就体制而言,短篇、中篇、长篇,这种西方小说分类法,对中古典小说意义不大。"不过,他所提出的"志怪、志人、传奇、话本、章回五类",基本上还是回到鲁迅一路上去了,似乎还没有严守体制形式的分类原则。

3. 对小说分类的基本考虑

就小说序跋言,由于序跋一方面是仅仅依附于小说而存在,另一方面又有其相对独立的、通用于所有序跋的分类方式,所以,我们在对小说序跋这一特殊类别进行研究前,并没有单就小说而言的序跋特殊分类可以参照,而只能依据其所依附的小说来进行一种基本分类,并由此展开对序跋的进一步研究。斟酌以往学者的分类实践,本人将本着形式优先的分类原则来着手这一工作。

在我看来,流行甚久的题材分类,只是分析应用时的权宜之计,不宜作为一种学理性的运用准则。且不说古代的题材分类法因其标准的混乱而受尽学者批评(如前述陈平原质疑《天平广记》的分类),即使在现代,例如刘大杰的名著《中国文学发展史》,因采用讽刺、爱情、历史、侠义这样以题材为主导的分类,也被一些学者指责为标准混乱,所谓"讽刺基于对作者的意图的诠释与认定,爱情与侠义基于素材的考虑,历史小说的参照坐标则是与史实的辩证关系"。② 其实,题材分类凸显的是社会学意义,循此分类可以分出数不清的类型,也会容易引入不同的标准,正如韦勒克等编著的《文学理论》中指出的,我们"谈的是文学的种类,而不是那些同样可以运用到非文学上去的题材分类法"。③ 考虑到文学是语言的艺术,而古代小说与其它种类文学作品相比,最具鲜明特色的是有数量庞大的白话小说与文言小说并驾齐驱乃至胜过其影

---

① 郑振铎:《郑振铎古典文学论文集》,上海古籍出版社,1984年,第337页。
② 乐黛云:《比较文学原理》,湖南文艺出版社,1989年,第288页。
③ 韦勒克等:《文学理论》,刘象愚等译,生活·读书·新知三联书店,1984年,第265页。

响,所以我可以先以语言为标准,把小说分为文言小说和白话小说两大类别。由此进一步,从文言小说中分出笔记和传奇,白话小说中分出话本和章回各两类。延续甚久的与传奇并列的志怪,本人认为是侧重于题材的,故与志人小说一起,进入笔记小说的再下一层次。"话本"一般被认为是说话人的底本,其中"话"即"故事","本"即"底本",虽然也有学者根据日本学者增田涉的研究,觉得直接解释为"故事"更合理,并进而提出把"拟话本"的概念改为"文人话本",①这虽然有其道理,但突出其底本性质,似乎还是能够较多联系到说话这一特定讲述方式,我觉得作为约定俗成的理解,也自有保留的价值。而"章回"从说话人角度来理解,也可纳入"话本",只不过分出这样的概念,只是为了在篇幅上加以区分,意味着可以有多章多回。

总之,我这样的区分,其实还是有一定依据。如前所述,郑振铎对传统小说的分类,已经用笔记来涵盖志怪与志人,只不过对白话小说分为话本和章回而不是采用短篇、中篇、长篇的分法,则已经是学者的共识,《中国丛书综录》也是以此对白话小说进行分类的。

4. 历代小说序跋的概述

当我们对古代小说的概念和分类有大致梳理后,现在可以回头来概述小说的序跋情况。

小说序跋的概念与一般意义上的序跋没有特殊区别,而关于序跋的各种起源,其围绕着"五经"之序展开的各种讨论,这里没有必要加以回顾。② 一般认为,序跋这种文体起源于汉代,而"太史公自序"则是大家比较认可的第一篇自序。

就小说来说,序跋的起源问题则比较复杂。因为除开亡佚的古小说,有着汉魏时代保留至今的古代小说第一批成果,但不少作品本身就被认为是后人伪托,如旧题伶玄的《飞燕外传》和郭宪的《洞冥记》等,其可信度就受到很大怀疑,依附于这些小说的序言,也就同样受到了怀疑。现在学者一般都把无小说序跋之名而有其实的刘歆《上山海经奏》视为第一篇小说序言,而郭璞的《山海经注序》虽然影响很大,但它毕竟不是小说的作者所作,所以一般把它列为早期的小说注序言,以承认其在小说序跋史上的地位。序跋大致分为自作和他

---

① 傅承洲:《拟话本概念的理论缺失》,《文艺研究》2008年第4期,第57—63页。
② 参见王国强:《中国古籍序跋史》,武汉大学出版社,2015年,第19页。

作两类,上述的两篇都是他人所作,干宝《搜神记序》才是留存至今的古代小说第一篇自序,同为晋代的葛洪《西京杂记跋》则是较早的跋语,但也有人认为这是一篇序言,或许因为早期序言常列在文末,如《太史公自序》,其与跋语的功能,尚没有明确区分开来。魏晋以后,文言小说数量增加,序跋文献也相应较多。到了唐代,随着唐传奇的出现,有关小说的概念发生了重大变化,就因为唐代传奇有较多是单篇流行,这样,对序跋的理解也产生了变化。有不少序跋,并非如小说集中的序跋那样独立成篇,而是与唐传奇本身连为一体,在一定程度上,也参与到所谓唐传奇的"文备众体"中,构成其一个部分。这样,序跋的价值伴随小说的变化,也得以大大彰显。不过,对单篇唐传奇是否包含序跋部分,学术界意见并不统一,所以,黄清泉主编的《中国历代小说序跋辑录·文言笔记小说序跋部分》从中选录了一部分,①而丁锡根的《中国历代小说序跋集》中,则根本没有予以吸纳。②

宋代传奇小说相对式微,但却是笔记小说大放异彩的时期,志人的代表作《归田录》和志怪的代表作《夷坚志》即是,而笔记小说序跋的写作也因此达到了一个高峰。欧阳修的《归田录序》,其文笔之优美、结构之严谨、思想之深刻,几乎超过了小说集中任何一篇达到的高度,这是通常小说序跋中所罕见的。而《夷坚志》的序言更成为小说序跋史上一大奇观,作者洪迈写有三十一篇序言,把他材料的来源、书写的过程、自己的投入程度以及引起的读者反应,还有他对志怪小说一些基本问题的看法,都反映在他的自序中。虽然部分序言随着作品一起亡佚,但仍保留下十三篇,而三十一篇的每篇大要,赵与时在其笔记中都作了摘要,使我们得以一窥其整体的概况。

元明清是小说蓬勃发展时期,除开文言小说仍有所发展,在明代有《剪灯新话》系列作品,也有以编辑整理为主的颇有特色的专题性作品集《情史》,在清代有《聊斋志异》《阅微草堂笔记》《子不语》《谐铎》《夜雨秋灯录》及以编辑整理为主的《坚瓠集》等大量作品外,白话小说也蔚为大观。有关小说的序跋,特别是一书多序的现象,也大量出现。虽然顾炎武有"书不当两序"之说,③但这里也需要具体情况具体分析。有些多序的,像《夷坚志》《阅微草堂笔记》《见瓠

---

① 黄清泉主编:《中国历代小说序跋辑录·文言笔记小说序跋部分》,华中师范大学出版社,1989年。

② 丁锡根编著:《中国历代小说序跋集》,人民文学出版社,1996年。

③ 顾炎武:《日知录集释》,黄汝成集释,岳麓书社,1995年,第690页。

集》等,是因为卷帙较多,往往分集刊印,所以每集有一序言,或者自己写作,如洪迈和纪昀,或者请名人书写,如《坚瓠集》请动了毛宗岗、毛际可、顾贞观、洪昇、尤侗、张潮等为其各集分别作序,也称一时奇观。[1] 有些多序的,如《剪灯》系列还有《聊斋志异》等,或者是受作者请托,以便为自己不入正统之眼的小说创造提供舆论的支撑,或者是应出版者推广的需要。但是多序跋现象的存在,也为深入了解作者的思想创作和读者的接受意识乃至当时社会风气,提供了更好的参考。

这一时代的白话小说序跋数量也相当可观,庸愚子撰写的《三国志通俗演义序》被认为是保存至今的第一篇白话小说序言,还有其它长篇白话名著的序跋,为我们了解版本流传、作者思想和作品艺术以及当时的读者趣味,也提供了重要依据。而"三言二拍"即《古今小说》《警世通言》《醒世恒言》和《拍案惊奇》《二刻拍案惊奇》的序跋,对小说创作理论,从题材选择、到艺术原则和思想效果等,都作了深入讨论。

然而,令人惊讶的是,在元明清时代,白话小说与文言小说虽然形成分庭抗礼的格局,但是,文言小说的序跋都用文言书写且不必说,就是白话小说,也很少有用白话书写的。这样,小说分类意义上的文言和白话,在小说序跋这方面是很难成立的。只是从研究角度,可以把这种现象纳入思考。

就序跋本身分类看,我们可以从作者角度将之分为自作与他作;也可以从体例内部,把它分为序言和跋语;或者也有学者把凡例也一并纳入,形成体例上的大致三类。而这三类又大致有不少名称相异实际功能相似的,如与序言接近的弁言、题辞、引言等,与凡例接近的发凡、例言等。

在丁锡根的《中国历代序跋集》中,收录原始文献 1300 余篇,除开直接称序、称跋外,有关题辞、总论、引论、引语、引言、题识、题语、发凡、凡例、例言、弁语、源流、读法等,则一概不予收入。[2] 我的研究,则取法丁锡根的做法而稍加变通,取序跋的狭义,但也对弁言、引语等酌情纳入,至于凡例、题辞等内容,则基本不讨论了。

二、关于小说序跋的研究现状

小说序跋最初进入现代学者的视野,不是作为直接的研究对象,而是作为

---

① 褚人获辑校、李梦生校点:《坚瓠集》,上海古籍出版社,2012 年。
② 丁锡根编著:《中国历代小说序跋集》,人民文学出版社,1996 年,第 3 页。

论述小说或者作者的相关资料被引用的。如鲁迅《中国小说史略》在分析《西京杂记》的可能作者时,引用了葛洪的跋语,①引用干宝的《搜神记序》以说明其创作意图,②引用赵与时在《宾退录》中摘引的《夷坚志序》叹其为洪迈的知音,③引用褚人获改编自《隋唐志传》的《隋唐演义》来推测其未尝亲见的《隋唐志传》大概情况,④依据《聊斋志异》的序跋来勾勒蒲松龄的生平。⑤ 凡此,可以看出小说序跋在体现作者意图、反映作者生平、判断版本沿革、了解读者心理等方面,起过怎样的作用。此外,从文学思想史、到文学批评史再到小说批评史,学者们也常常会引用古代小说的序跋资料。如罗宗强的《明代文学思想史》引用《三国志通俗演义》序言资料以分析"历史演义小说所反映的文学思想",⑥引用冯梦龙的《情史序》以研究冯梦龙的"情教说"。⑦ 王运熙、顾易生主编的多卷本《中国文学批评史》,在第四卷以后,不时引用小说序跋资料以说明作者的文学思想,如第四卷的第三编第四章中,在追溯古代文言小说的创作流变时,就引用了郭璞的《注山海经叙》,⑧也应用了洪迈的《夷坚乙志序》以说明他们对志怪小说的理念。⑨ 而类似《中国小说批评史略》这样的著作,引用序跋资料就更为频繁了。⑩ 类似的引用,都谈不上是对小说序跋的专题研究。

1. 关于古代小说序跋资料的收集整理

作为对小说序跋的专题研究的基础,首先是有关小说序跋资料的整理。尽管序跋依附于小说,我们在查阅小说时,能够找到序跋资料,但毕竟散落各处,研究起来并不方便。但相关资料的收集,一开始也并非是确立序跋专题的,而是就一般意义的小说批评或者美学资料来收集整理的。

这方面的早期资料有三种颇具代表性。

第一是黄霖、韩同文选注的《中国历代小说论著选》,其二是侯忠义编的《中国文言小说参考资料》,其三是孙逊、孙菊园编撰的《中国古典小说美学资

---

① 鲁迅:《中国小说史略》,人民文学出版社,1973 年,第 28 页。
② 同上,第 32 页。
③ 同上,第 82 页。
④ 同上,第 110 页。
⑤ 同上,第 178 页。
⑥ 罗宗强:《明代文学思想史》,中华书局,2013 年,第 305 页。
⑦ 同上,第 821 页。
⑧ 顾易生等:《宋金元文学批评史》,上海古籍出版社,1996 年,第 694—695 页。
⑨ 同上,第 715 页。
⑩ 方正耀:《中国小说批评史略》,中国社会科学出版社,1990 年,第 61、81、82、88、89 页,等。

料汇粹》。黄霖的"论著选",主要选录与小说相关的序跋、凡例、评点等资料,按篇目出现的时代顺序而下。上编和中编是古代,下编是近代。即以上编和中编论,共选出140篇左右的论评资料,其中序跋有近80篇,超过两编一半的篇数。侯忠义的"参考资料"是围绕作品而收集材料,既有序跋资料,也收集了作者生平考证等诸多历史材料,所以选录的序跋并不是很多。而孙逊等的"资料汇粹"则是根据文艺学框架节选材料,比如,该书把资料分列在六编内,第一编是总论,第二编是小说与社会生活,第三编是人物形象,第四编是情节结构,第五编是文学语言,第六编是表现手法。关于小说与社会生活部分,《警世通言叙》的第一节文字"野史尽真乎? 曰:不必也"等选入其内,因为强调全书的系统性,且是以观点来统帅材料,所以选入的序跋,大多只是节选。①

以序跋专题作为资料收集整理的,1980年代主要有这样几种:曾祖荫等选注的《中国历代小说序跋选注》,选录了文言和白话小说名著的序跋资料60篇左右,还有大连图书馆选编的《明清小说序跋选》,选编了大连图书馆见藏的小说序跋110种左右。还有就是杜云编选的《明清小说序跋选》,约140种。此外,台湾的文镜文化事业有限公司,也选编了一本起自葛洪《西京杂记跋》终于曾朴的《孽海花代序》的《历代小说序跋选》。② 其中,因为大连图书馆以其收藏明清才子佳人小说为一大特色,所以,在这方面的小说序跋就比较集中,而其它几种序跋选,则基本还是取习见的资料加以注释,但其在小说序跋资料收集上的开拓之功,则是不可抹杀的。

相形之下,另外两种更全面的序跋资料集,则给研究者打下了更坚实的基础。其一是黄清泉主编的《中国历代小说序跋辑录·文言笔记小说部分》(该书出版时,曾经预告通俗小说序跋部分即将出版,但一直没在市面见到),③另一则是丁锡根编撰的《中国历代小说序跋集》,这两种资料集,都是以收集小说序跋资料的齐备全面而著称,尤其是后者,迄今为止仍然鲜有在整体上超越其上的,即便能够有较多增补的,基本只是局限在近代小说序跋范围内了。在古

① 黄霖等选注:《中国历代小说论著选》,江西人民出版社,1982年。侯忠义:《中国文言小说参考资料》,北京大学出版社,1988年。孙逊等:《中国古典小说美学资料汇粹》,上海古籍出版社,1991年。
② 曾祖荫等:《中国历代小说序跋选注》,长江文艺出版社,1982年。大连图书馆参考部:《明清小说序跋选》,春风文艺出版社,1983年。杜云:《明清小说序跋选》,广西人民出版社,1989年。台湾文镜:《历代小说序跋注》,台湾文镜文化实业有限公司,1984年。
③ 见《华中师范大学学报》(人文社会科学版)1992年第5期。

代范围内,一般也只能新发现一些零星的篇目加以增补,或者采用专题形式,并扩大序跋的外延,如高玉海编的《古代小说续书序跋释论》。① 黄清泉主编的"辑录"本资料固然也很齐全,有时候就某种小说看,其相关序跋资料还比丁锡根多出许多,但因为丁锡根是采用比较狭义的序跋概念,所以一些诗歌的题辞还有读法等,一概不予收录,这样,从序跋资料本身看,丁锡根收录的并不少。试以蒲松龄的《聊斋志异》序跋资料做一比较。见下表:

聊斋志异	中国历代小说论著选(黄霖)	中国文言小说参考资料(侯忠义)	中国历代小说序跋选注(曾祖荫)	明清小说序跋选(杜云)	中国历代小说序跋辑录(黄清泉)	中国历代小说序跋集(丁锡根)
聊斋自志(清)蒲松龄	√	√	√	√	√	√
聊斋志异序(清)高珩		√		√	√	√
聊斋志异序(清)唐梦赉		√		√	√	√
聊斋志异序(清)余集	√	√		√		√
聊斋志异弁言(清)赵起杲				√	√	√
读聊斋志异杂说(清)冯镇峦	√		√	√	√	
聊斋志异序(清)孔继涵						√
聊斋志异序(清)但明伦				√	√	√
注聊斋志异序(清)何彤文	√					√
注聊斋志异跋(二则)(清)舒其锳						√

---

① 高玉海:《古代小说续书序跋释论》,中国社会科学出版社,2007年。

聊斋志异	中国历代小说论著选（黄霖）	中国文言小说参考资料（侯忠义）	中国历代小说序跋选注（曾祖荫）	明清小说序跋选（杜云）	中国历代小说序跋辑录（黄清泉）	中国历代小说序跋集（丁锡根）
聊斋志异叙（清）喻 焜				√	√	√
聊斋志异序（清）陈廷机				√	√	√
聊斋志异序（清）刘瀛珍				√	√	√
聊斋志异序（清）胡 泉				√	√	√
聊斋志异序（清）段 瑴				√	√	√
聊斋志异跋（清）殿春亭主人				√	√	√
聊斋志异跋（清）南 村				√	√	√
聊斋志异跋（清）蒲立悳	√			√	√	√
聊斋志异跋（清）练塘老渔				√	√	√
聊斋志异序（清）吕湛恩						√
聊斋志异序（清）蔡 培						√
聊斋志异拾遗序（清）胡定生						√
聊斋志异题辞（清）张笃庆				√	√	
聊斋志异题辞（清）渔洋老人	√				√	

续表(二)

聊斋志异	中国历代小说论著选(黄霖)	中国文言小说参考资料(侯忠义)	中国历代小说序跋选注(曾祖荫)	明清小说序跋选(杜云)	中国历代小说序跋辑录(黄清泉)	中国历代小说序跋集(丁锡根)
聊斋志异题辞(清)橡村居士					√	
聊斋志异题辞(清)高凤翰					√	
聊斋志异题辞(清)王承祖					√	
聊斋志异题辞(清)魏之绣					√	
聊斋志异题辞(清)沈偬					√	
聊斋志异题辞(清)鲍廷博					√	
聊斋志异题辞(清)余集					√	
聊斋志异题辞(清)练塘渔人					√	
聊斋志异题辞(清)董元度					√	
聊斋志异题辞(清)胡泉					√	
聊斋志异题辞(清)袁字泰					√	
聊斋志异题辞(清)冯喜赓					√	

由列表可以看出,虽然黄清泉本收录 30 篇之多,但如果去除 14 篇题辞,则丁锡根本 21 篇还是多于黄清泉本的。而不是专选序跋的黄霖本"论著选"有 6 篇之多,也是值得注意的。当然,由于不同的观念,黄清泉本选而丁锡根

本不选的也有。比如唐传奇的单篇,黄清泉本选录了其中的 5 段尾语,丁锡根则一概不选,我觉得黄清泉本的处理,还是有一定合理性的,其理由我有专文讨论,这里不再赘述。

2. 有关小说序跋的论文和专著

关于小说序跋研究的专论和专著,也是从 1980 年代开始有了起色。毛庆其发表于《学术月刊》的《明清小说序跋初探》一文,是探讨在明清社会小说不被重视的状态下,一些小说序跋在思想内容和审美艺术方面为小说价值进行的各种辩护。① 耐人寻味的是,当古代小说序跋在 1980 年代尚未引起学术界较多注意时,这篇揭示古代序跋为小说辩护意义的文本,似乎也成了对当代自身研究意义的一种辩护。有些论文,虽然没有直接把序跋名称列入标题,但基本也是围绕着序跋展开讨论的,如王枝忠所写的《〈聊斋志异〉写作动机试探》一文,从《聊斋自志》入手讨论,认为"自志"中提及的发愤著书的动机虽然是主要的动机,但也不是唯一的。他早年偏于游戏和好奇,晚年重在劝诫,尽管"自志"的动机是贯穿始终的。② 1980 年代还有其它几篇围绕序跋研究的论文,但这两篇论文具有一定的代表性,它在一定意义上预示了以后研究序跋的两个很重要的方向,一个就是围绕着某一部重要作品的一篇或者多篇序跋所展开的深入研究,另一个就是依据序跋的某类整体现象,进行较为宏观的讨论。1990 以后的论文,基本循着上述两条路径而有所拓展。围绕着特定某部作品讨论的,比较重要的有李剑国的《〈夷坚志〉成书考——附论"洪迈现象"》,③该文通过把保留下的《夷坚志》各序与作品创作透露出的年代互相比对,大致梳理出各"志"创作的时间段落,并纠正了钱大昕在《洪文敏公年谱》中留下的关于《夷坚志》"甲志"成书年代的一个判断失误。同时,还对洪迈编撰越来越快、越来越重视的原因加以了讨论,并把它进一步概括为"洪迈现象"加以较为深入的分析,其得出的初步结论,是引人深思的。还有一些考证的论文如杨帆东《〈古今小说〉序作者考辨》,该文认为《古今小说序》作者并非冯梦龙,而是董其昌门人,江南名士叶有声。但这一观点,只能说以备一说,并未达成学术界的共识。④ 而翟建波的《〈绿野仙踪〉版本、作者新证》,是借助新发现的版本序跋

---

① 毛庆其:《明清小说序跋初探》,《学术月刊》1985 年第 12 期。
② 王枝忠:《〈聊斋志异〉写作动机试探》,《东岳论丛》1989 年第 4 期。
③ 李剑国:《〈夷坚志〉成书考——附论"洪迈现象"》,《天津师范大学报》1991 年第 3 期。
④ 杨帆东:《〈古今小说〉序作者考辨》,《文学遗产》1991 年第 1 期。

和评点的互证,对作者姓名生平等有所深入了解,也显示出一定价值。①

其它如李凤仪的《试谈〈金瓶梅〉的序跋》,②依据其梳理的《金瓶梅》流传的序跋,揭示当时社会文人对《金瓶梅》思想价值的判断以及据以了解该书作者、版本以及传播情况。还有如刘勇强的《〈金瓶梅〉本文与接受分析》,就是以《金瓶梅》东吴弄珠客为核心,提出了由于文本的复杂性而给接受带来的多层次问题。而东吴弄珠客序言的观点,引导研究者把注意力投向了小说接受群体出现的不同层次的心理差异和社会效果。③ 与此相似的是,李庆信的论文《一声两歌 一手两牍——论〈红楼梦〉的"隐复"之笔及其两面运思方式》,就是以《红楼梦》的戚蓼生序言为基本依据,展开对小说运思的论述。④ 类似思路取向的论文,还有欧阳健的《〈聊斋志异〉序跋涉及的小说理论》,该文梳理了《聊斋》序跋的几个发展阶段,并从人与社会、人与自然角度,来讨论各序跋的理论价值,结论是,相比之下,现代学者的一些观点反而有所退步。⑤ 因为其立论的出发点有所偏颇,导致其结论也值得商榷,我另有专文讨论,此不赘述。还有王平的《试论清人〈红楼梦〉序跋的多重价值》,虽然讨论得比较全面,但主旨是以《红楼梦》小说的事例来证明其序跋所论的正确性,得出的结论是说这些序跋虽然有一定价值,但也没有新奇之处,这样的评价,说明其尚不能把序跋中的真正新意揭示出来。⑥

就小说序跋某类整体现象加以研究的,比如有万晴川的《明清小说序跋的广告艺术》,该文较多从商品经济下的消费心理入手,探讨序跋对读者的影响力,其中对序跋概括出的所谓说服消费者的"作证法、理性诉求法、感情诉求法、对比法",虽然都能在当时的小说序跋中找到依据,论文本身也有一定新意,但其归类本身,在逻辑上还是有欠周密的。⑦ 另外,有两篇小说序跋研究,把某种学术或文化思潮与序跋特点结合起来,还是显示了一定特色。一篇是

① 翟建波:《〈绿野仙踪〉版本、作者新证》,《甘肃社会科学》1999 年第 3 期。
② 李凤仪:《试谈〈金瓶梅〉的序跋》,《求是学刊》1993 年第 6 期。
③ 刘勇强:《〈金瓶梅〉本文与接受分析》,《北京大学学报》1996 年第 4 期。
④ 李庆信:《一声两歌 一手两牍——论〈红楼梦〉的"隐复"之笔及其两面运思方式》,《社会科学研究》1996 年第 5 期。
⑤ 欧阳健:《〈聊斋志异〉序跋涉及的小说理论》,《蒲松龄研究》2000 年纪念专号。
⑥ 王平:《试论清人〈红楼梦〉序跋的多重价值》,《红楼梦学刊》2013 年第 5 辑。
⑦ 万晴川:《明清小说序跋的广告艺术》,《江西师范大学学报》1996 年第 2 期。

颜湘君的《清代骈文中兴与小说序跋研究》,①一篇是王猛的《学术思潮嬗变与明代小说序跋》。② 前者仔细梳理了清代小说不论是文言还是白话,其序跋用骈文写成的占有很大比例,从而在揭示小说发展的趋势中,发现了依附于小说发展的一种逆流,从而为我们辩证理解文学发展现象提供了一个很好的例证。后者则将小说序跋与明代心学思潮结合起来,为深入理解小说发展及当时学术思潮的泛化,在一个较新的研究领域作了尝试。晚近时期,又有学者发表《古代主客答问体小说序跋探》一文,虽然之前也有学者从答问角度研究序跋的结构,但是,全面深入研究序跋的内在结构,深入讨论其思想艺术价值,还是有其一定意义。③

虽然研究小说序跋的论文大多以取一部小说序跋或者一类序跋的整体现象为途径,但也有一些论文是这两者的变通或者叠加,或者把一部小说拓展到几部(例如六大长篇名著)或一类(例如志怪小说、艳情小说),也有把一个时代的小说序跋作为研究对象的。在这种拓展中,由小说序跋中的一类,往往能概括一种或者多种整体现象,这样,所谓研究的两条路径,就被拓展了,也被叠加了。因为驾驭这样的内容往往需要有相当的篇幅支撑,所以以学位论文居多。这里,我们可以把近十年来能够查阅到的硕博士学位论文用表格呈现出来:

姓名	题　目	年份	毕业学校和学位
姜丽娟	明清的小说序跋研究	2007	兰州大学硕士
杨玉军	明清人的小说序跋研究	2008	广西师范大学硕士
王　玮	志怪小说序跋研究	2013	湖北民族学院硕士
张家红	中国古典"六大名著"的序跋研究	2013	安徽大学硕士
史　欣	宋元小说序跋研究	2014	山东大学硕士
陈南贵	唐五代小说序跋研究	2014	辽宁大学硕士
刘　璇	《三国志演义》序跋集释考论	2014	陕西师范大学硕士

① 颜湘君:《清代骈文中兴与小说序跋研究》,《明清小说研究》2005 年第 4 期。
② 王猛:《学术思潮嬗变与明代小说序跋》,《文艺评论》2011 年第 10 期。
③ 许虹、孙逊:《古代主客答问体小说序跋探》,《上海师范大学学报》(哲学社会科学版)2017 年第 6 期。

姓名	题　　目	年份	毕业学校和学位
宋　雯	公案小说序跋整理和研究	2014	江苏师范大学硕士
张　莉	明清话本小说的序跋研究	2017	宁夏大学硕士
王　猛	明代小说序跋研究	2009	四川大学博士
王军明	清代小说序跋研究	2014	山东大学博士

　　看上述论文题目,我们可以发现,基本都是叠加类的题目。例如王猛的博士论文,全篇除开引言外,分为五个章节。第一章是概论,第二、三章分出文言和白话,各讨论明代一些经典的小说序跋或者某种典型现象,如"剪灯系列"小说序跋,第四章论序跋的史料价值,第五章讨论文学理论价值。其中有不少章节,已经在期刊上发表。前举他的《学术思潮嬗变与明代小说序跋》,就是其论文第一章的第一节"明代小说序跋与领带学术思潮",他的第三章第四节是研究《金瓶梅》等艳情小说序跋作了修改后,与他人联合,以《明代艳情小说探微》一题发表。① 不单是博士论文,有些硕士论文,也有部分章节在期刊发表的。

　　上述我对研究序跋的论文作了概述,而专著情况则比较稀缺。以笔者有限之见闻,迄今仅读到两本,一本是王先霈早年发表的《古代小说序跋漫话》,②还有一本是王猛的《明代小说序跋研究》,后者基本就是他的博士论文,这里我们主要讨论前者。

　　《古代小说序跋漫话》虽定位在普及读物,但除开篇幅较短小,文字较通俗外,学术性却丝毫没有减弱。其分出的小说序跋的特征与源流、小说序跋与中国古代文化、小说序跋与小说史、小说序跋与小说理论批评、小说序跋的文学鉴赏价值等五个部分,可谓思考得相当周详。尤其让人赞赏的是,其关于小说序跋与中国古代文化和小说序跋的文学鉴赏价值两个部分,一个宏观,一个微观,且都是从学界较易忽视的角度入手,而且分析精当,给人以较大启发。作者以较具说服力的例子,证明了序跋自身也有相当的审美价值,不是必然需要依附于小说,才有存在的理由。这本小著作,不但给了后来研究者以不少角度和思路的启发,而且其揭示的序跋价值,也引发了一些对序跋相对陌生的人研

---

① 王猛、赵兴勤:《明代艳情小说序跋探微》,《明清小说研究》2012年第1期。
② 王先霈:《古代小说序跋漫话》,辽宁教育出版社,1992年。

究的兴趣,虽然成书到今天已经有 20 多年了,但依然有研读的价值。

三、我所理解的新材料、新见解和新方法

自觉的研究者,都是在问题意识中确立自己的研究起点,而其推进的思路,不能不思考如下三个问题:

其一,在材料的发现上,是否有新内容可以贡献?

其二,在意义的解读上,是否有新见解可以揭示?

其三,在研究的方法上,是否有新思维可以示范?

新材料发现,需要广泛查阅资料,虽然有时发现新材料纯粹出于偶然或者说运气,但只有对材料下过一番死功夫,能够熟悉已有的,才能对新的产生有一种敏感。在近年来研究序跋的学者中,也有发现新材料的,比如研究《阅微草堂笔记》的学者吴波就从北京大学图书馆发现了《滦阳消夏录》分刻本的一篇自序,这样对加深我们有关《滦阳消夏录》早期版本的流传情况,以及纪晓岚对此的态度,还是有很大价值的。其文不长,这里转录,稍加分析:

> 古人一书不两序,余作《滦阳消夏录》,既弁以题词矣,今又为序,不床上床乎?盖是书之作,姑以弄笔祛睡而已,境过即忘,已不复审视。乃好事者辗转传钞,竟入书贾之手,有不两本刊行:一为李本,所据乃断烂草稿,讹漏甚多;又每条增立标题,尤非吾本意。曾嘱友人戒其勿刻,未知听余否也。一为张氏所本,虽强分三卷为六卷,不免买菜之见,而核其首末,尚未改原书。因再题数行,以著刊版之缘起。夫正言庄论,人每倦闻;神怪仙诡之说,好之者必众。然五岁受书,今已垂老,不能考证经史,阐圣贤之义训,乃以小说数卷,剞劂枣梨,吾负愧则多矣,观者谅其所自为可也。庚戌重九四日,观弈道人再记。①

其对笔记小说创作的态度,显示出与其它序言一贯的立场。但也有不少独特的表示,值得珍视。其中"每条憎立标题,尤非本意"一句,见出他对自己写作以及笔记小说该有体例的观点。就是他自己是遣兴之作,写下标题,不免太刻

---

① 吴波:《〈阅微草堂笔记〉序跋辑考集及其文献价值》,《武汉大学学报》(人文科学版)2015 年第 3 期。

意,而笔记小说"比类为书"并非单篇流传的特点,也无需来拟出标题。其对书商"强分三卷为六卷,不免买菜之见"的批评,类比之幽默,令人莞尔。诸如此类,不一而足,都是发现新材料的意义所在。从这一点上说,新材料的发现应该是那种能够或多或少带来新认识的材料。如果新材料的发现仅仅是支撑了固有的观点,而这观点本身已经牢不可破了,那么这所谓的新材料之新,就要打上很大的折扣。但是还有另外一种情况,有些材料一直在学者的眼皮子底下,他们也在某方面利用着,但一直没有移用到新的方面,这样,把习惯上的材料用途加以改变,也不妨认为是对新材料的发现。正是从这个意义上,我把唐传奇的一些开头和大部分尾语作为单篇小说的序跋来处理,并纳入到"文备众体"的框架中来思考,并进而从文体深入到语体,发现文言序跋和白话小说之间的裂缝,就使得研究发生了新意。这种新意的获得,是在一个新的框架中,重新使用了材料,这是另一种意义上的新材料。还有,陶渊明的《桃花源记》和《桃花源诗》其间到底是怎样的关系,学术界是没有共识的,也较少有人去讨论这一问题,我在这里,把陶渊明的《桃花源诗》作为小说《桃花源记》的一篇诗体后序材料来使用,探讨其间两者的关系,就得出了新的结论。其成果发表后,也被人大报刊复印资料转载。

那么,新见解呢? 自信在研究中还是有一些的。

其实,关于序跋研究,确实也需要有新的见解来对一些我们熟视无睹的内容,加以重新解读。这里先举他人的一例。比如王昕的《蒲松龄"瞿昙转世说"新论》一文,取的角度甚小,分析的是大家再熟悉不过的《聊斋自志》的一段自述,说自己是"瞿昙转世"。问题好像仅仅是对一个典故的理解,但结论给人的启发还是很大的。[①]《聊斋自志》中自陈的"瞿昙转世"一直被解读为人生凄苦。该文认为这是误解。古代"瞿昙转世说"意味着积善得福与科举成功,也就是"英杰之士必多般若中来"的俗信。"自志"说明蒲松龄一方面怨艾激愤,另一方面也在努力进取功名,内心比我们所理解的更为复杂。他论证说,复杂病僧形象并不是作为人生凄苦的形象,也是有历史传统的。当然僧人转世的形象有时候未必表示福分,而表示一种智慧,如《冥祥记》中记录的,一梵沙门转世而为王珉之子王练,"始能言,便解外国语及绝国志珍奇银器珠贝,生所不

---

① 王昕:《蒲松龄"瞿昙转世说"新论》,《文艺研究》2013 年第 12 期,第 51—60 页。

见,未闻其名,即而名之,识其产出;又自然亲爱诸梵过于汉人"。[1] 所以,蒲松龄说自己是瞿昙转世,也可能说明自己对因果之事明察秋毫。总之,要真证明其是表示一种对功名的希冀,还需要思考得更周详些。但不管怎么说,把本来是对"聊斋自志"解读单一的"孤愤说"另作它解,从而使得我们对作者开始有了更立体的认识,其意义是不容低估的。而我的研究,正是以此作为我的研究思路和努力方向的。

比如对洪迈"夷坚志"系列的自序研究,学者们一般都把它作为考证作者和小说书写的过程的工具来使用,或者把它作为小说理论资料来阐释其意义,但很少有人把这连缀为一体,作为一个创作实践者的过程记录来分析。这样,我从这一角度,分析其对编撰的投入程度,并作为改变了作者生命体验的一种方式来加以揭示,就获得了较多的新意。文章整理出来后,被《安徽大学学报》录用,将于近期发表。此外,关于《红楼梦》的多篇序言,王平有过长篇研究,但我总觉得先分析其思想艺术价值再解释其不足的两分法分析,虽然也能加深我们的理解,但新意又觉得不够。所以,我重新梳理这些序跋,发现几乎每一篇序言都涉及了《红楼梦》未完成的问题,作序者也根据各自的人生经验和艺术素养,对这一"未完成性"发表了独到的看法。这样,梳理这些看法,并把这种小说的"未完成性"与人生的不圆满联系起来分析,就把这些序言置于一个新的平台来思考了。该一章,也被整理成文,作为打头文章发表在《红楼梦学刊》上,并被人大复印资料转载。

至于说到新方法问题,虽谈不上有什么示范性,但也是力求突破以往小说序跋研究的模式。比如,一般研究小说序跋的,因为受制于小说本身,所以,常常是把序跋归属于文言小说和白话小说两大系统里去研究的。但是,我们可能忽视了,基于小说本身语言有明显的区分,在序跋中,这样的区分是很少的,所以就将两者合二为一,希望通过这一方法创新的举措,能够获得一种更整体的视野。在框架的展开中,基本采用三种层次,即以导论建立的宏观层次,以每编首章建立的中观层次,最后每编的其余各章,则是紧贴小说的微观分析,希望这样处理,在结论上能够得出一些新的见解。而不论是宏观、中观还是微观研究,我始终把小说序跋的形式感与隐含的内容结合起来,力求获得一种研究的张力。

---

[1] 鲁迅校录:《古小说钩沉》,齐鲁书社,1997年,第314页。

总之,以宏观为引导,以中观为框架,通过微观深入,希望在全方位多层次的分析中,把小说序跋的形式和内容涉及的复杂关系以及蕴含的广阔社会与审美的意义,充分揭示出来。

Introduction to the Integral Study on Preface
and Postscript of Chinese Ancient Novels
Zhan Dan

Abstract：Based on the concept of Chinese ancient novel and the basic classification analysis, this paper collates the correlative study on preface and postscript and makes a review of this research field. It also illustrates author's further reflection on the related study in the light of new resources, original perspectives and innovative approaches.

Keywords：concept of Chinese ancient novel；preface and postscript；research innovation

作者简介：詹丹,上海师范大学人文与传播学院教授。

徐家汇藏书楼文化遗产研讨会

光启国际学者中心

2017年12月7日,徐家汇藏书楼文化遗产研讨会在上海师范大学光启学术报告厅举行。来自上海各高校、徐家汇藏书楼以及徐汇区文化局、上海市民宗委等处的十余位专家学者,围绕着徐家汇的文化遗产和资源保护利用进行了研讨。

人文与传播学院院长陈恒教授首先介绍了此次研讨会的缘起。从全球史的角度来看,徐家汇是全球文明交汇的节点,且在文化层面上已经成为海派文化乃至中国文化的一个重要组成部分,藏书楼、土山湾、天主教堂和徐光启墓地等都具有非常重要的象征意义。从宗教层面来说,陈恒教授认为中梵建交是大势所趋,而利玛窦和徐光启的封圣也将会成为历史性事件。我校的光启国际学者中心也是借用了徐光启的名字,以突显文化传承之意。

南京大学的宋黎明教授长期旅居罗马,介绍了他所知的利玛窦和徐光启封圣进展。他指出,在纪念利玛窦逝世四百周年时,梵蒂冈出版的纪念邮票中包括了利玛窦和徐光启一起的画像,这两个人在历史上是不可分割的。因此,学者们应当以一种国际视野做更多的工作,深入探究历史遗产,以扩大徐家汇的影响。

上海市民宗委原局长吴孟庆介绍了他对于徐光启封圣所了解的情况。他指出,从2000年的封圣事件之后,相关的问题变得更为敏感,但是徐光启在历史中的重要地位应当得到重视。土山湾和徐家汇藏书楼在历史上保护得较好,应当进一步发挥其作用。他同时指出,徐家汇和土山湾可以被视为海派文化的一个源头,尤其是在中西文化的结合方面。因此,要强调徐光启在历史中的重要地位,强调他求真务实的科学精神,并认为这种文化精神的核心就是融通中外、海纳百川。

上海大学的陶飞亚教授近年来致力于基督宗教传华汉文文献的整理研究工作,认为将徐家汇文化圈和天主教文化结合起来是一个有益的尝试,并且应当加强同国外相关研究机构的交流,比如旧金山的利玛窦研究中心和比利时的南怀仁基金会等。如果同这些国际机构一起联手申请世界记忆名录,对于我们的国家形象和徐家汇的文化地位都有重要推动作用,但也要注意在侧重点上要有所区分、内外有别。

徐汇区文化局的欧晓川局长则关注徐家汇的物质文化和非物质文化两个层面,前者包括大量的文物建筑,后者则主要是以土山湾画坊为代表的绘画、手工技艺。鉴于徐家汇地区的商业发展,周边的建筑对原有的历史文化风貌造成了很大影响,因此可以聚焦于徐家汇周边的近十个博物馆,将之整合为一个博物馆群进行申报。同时,徐汇区文化局与意大利方面保持着长期的合作关系,这方面也会继续加强。

复旦大学的李天纲教授在回顾了徐家汇20世纪80年代以来的变迁之后,也强调了博物馆群项目的可行性。他指出,可以将徐家汇源作为海派文化的一个代表地。从教育史的角度来说,徐汇中学、震旦大学、复旦大学等都诞生于此,就大学的密集性和重要性而言堪称近代第一个大学园区,从科学教育文化的角度提升徐家汇的地位。此外,他还介绍了外滩申遗的相关经验,认为徐家汇申遗应当从国家级项目做起。

上海师范大学的苏智良教授从自己与国家合作申报世界记忆名录的经验出发,探讨了对徐家汇的保护。首先是切实保护现有的建筑,防止商业集团的过度破坏。其次应当突出文化历史博物馆群的概念,对相关场所和历史进行深度梳理。再次是要强调徐家汇作为现代工艺艺术和教育的发源地,同时也是中西文化交汇的场所,呈现出徐家汇历史文化遗产的多重面相。最后,徐家汇可以尝试申请世界记忆名录,并将之作为一个中国开放性的象征。

上海师范大学的孙逊教授结合澳门申遗的经验,提议将徐家汇藏书楼的藏书和徐家汇周边博物馆一起打包参与世界记忆名录的申请。他同时指出,应当进一步扩大徐光启博物馆和土山湾博物馆的规模,使之更能适应自身在历史上所应享有的地位,同时也应进一步强化研究工作,为徐家汇文化地位的探索提供学术支持。

上海图书馆的黄显功教授指出,首先要更多宣传藏书楼的历史文化并建立东西文化研究中心,进一步加强同高校和科研机构的合作,并通过出版论文集等形式推动相关研究发展。其次,藏书楼也根据现有资源举行了几次影响较大的展览,比如"从徐光启到世博会"、"从马礼逊到陆谷孙:两百年中西文化辞典源流"等,还承接了利氏学社的汉法辞典首发式,进一步扩大了藏书楼的影响。再次,他提出要将徐家汇藏书楼申请注册商标,并已经着手设计藏书票。最后,他强调藏书楼只是一个点,要将徐家汇和徐光启放在整个东西文化交流中来深度发掘其意义,这样才能更好地凸显徐家汇的历史文化遗产。

上海师范大学的杨剑龙教授认为徐家汇是一个世界奇迹,对中国历史、中国文化、中国教育的发展和中西文化的汇通都产生了巨大影响。徐家汇藏书楼中的藏书及其历史具有非常重要的学术价值,学界应当在梳理过程中为未来的研究者提供更多参考。对徐家汇的探索应当采取一种世界眼光,强调对世界文明的保存和研究,从其内涵中发扬对现实和未来以及对中国文明传播的影响。

徐家汇藏书楼的徐锦华主任介绍了徐家汇藏书楼的现况。目前藏书楼外文文献约5万多册,中文文献11万册,相当于其鼎盛时期的2/3。从文化传播的角度,他认为这些藏书可以分为东学西渐和西学东渐两个部分,并按照时间划分为老耶稣会和新耶稣会两个阶段。通过对这些文献的整理,可以了解当时的外国传教士如何理解和介绍中国,也可以重审天主教中国化的路程,是非常有意义的课题。

复旦大学的周振鹤教授指出《几何原本》带来了中西文化交流的大变局,而且徐家汇藏书楼的文献在整个教会史研究中具有和梵蒂冈档案馆、耶稣会档案馆三足鼎立的地位。徐家汇不仅是上海文化的一个发源之地,更要将之提升到中西文化起源地的高度,如何体现晚明以来数个世纪中西文化交流的记忆非常重要。同时,他还强调了徐家汇藏书楼文献的数字化问题。

上海师范大学的詹丹教授认为可以从开创新纪元的角度来探究徐光启的地位,并且强调要关注文化记忆在后代的延续。一方面要有历史自身所承载的价值,另一方面也要使其不断产生新的意义。因此,他认为可以尝试收集徐家汇地区关于徐光启、土山湾等各种传说以编撰乡土教材,甚至为徐光启写一个小传收到语文教材当中,这将会大大提升徐家汇的影响力。陈恒教授最后总结,提议光启读书会和藏书楼进行合作,就其中的一些经典作品的传承进行细致的挖掘和梳理,并在此基础上对一些重要而罕见的文献进行影印出版。诸位学者的热情讨论为徐家汇藏书楼及徐家汇历史文化圈的文化遗产申报、凸显徐家汇作为中西文化交流重镇的地位、展现徐家汇的历史文化内涵献策良多,也为后续工作的开展奠定了良好的基础。

以下为研讨实录。

陈恒：我们现在开始边说边等,今天确实是一个"神仙会",它的缘起其实就一个月以前,我们在黄显功、徐锦华两位老师那里开了一个会,研讨澳门大学汤开建教授的《利玛窦明清中文文献资料汇释》,他把所有的明清有关利玛窦的文献,全部汇集一大厚本,这么多的文献让人吃惊。陶飞亚老师、宋黎明老师,我们一起沟通,感觉徐家汇有这么好的文化遗产和资源,我们是不是过往忽略了徐家汇文化遗产这一概念。从历史的角度来讲,我理解徐家汇是全球文明的节点,而且是东西方文明交流较早的节点。目前来看国内的历史家、国外的历史家没有从这个角度看徐家汇在全球文明交往中的重要性和地位,所以从这里来讲它的历史价值非常大。

从文化层面来看,我想它已经成为上海人、上海文化乃至中国文化的重要组成部分,它的显现性非常强,我们甚至可以说所谓海派文化正是在这种外来文化对中国传统文化冲击下的产物。这么多的古建筑就不说了,比如天主教堂,我听说本月 16 日正式开张,维修了两年,藏书楼、土山湾等等,包括徐光启墓地,它的象征意义非常重要也是非常大的。

如果从宗教层面来讲,我个人感觉梵蒂冈和中国的建交是大势所趋,只不过是在哪个时间节点上发生这件事,肯定是会发生的,作为学界要提前研究,提供学术支撑。利玛窦和徐光启恰恰是从各个方面都为大家可以接受的人物。

从这个意义上来讲,今天我们在这里讨论这个问题,意义非同一般。我们有黄老师、徐老师支持,我们有这么多研究专家,肯定有很多的智慧。我就做一个简单的开头交代。

每位学者我不用介绍了吧,大家都比较熟悉。宋黎明老师得介绍一下,宋老师在南京大学,您经常在意大利还是在中国?

宋黎明：一半一半。

陈恒：反正是还要您多发表高见。本来今天还要请的是陈卫平和顾卫民,陈卫平还写过《徐光启传》,但因为陈卫平家里有事,实在过不来。顾卫民不在上海,李天纲老师晚一点,周老师也会晚一点,晏可佳在党校学习,不久就过来。孙老师您先说几句。

孙逊: 宋老师。

陈恒: 好,我们直奔主题,每个人都要说,有话则长,无话则短,但是议论、讨论的时候可以随时打断,我们的速记可以整理出速记稿。

宋黎明: 我说几句,陈恒老师这个想法是非常非常好,而且这也是一个很好的时机。刚才陈老师说到这个利玛窦封圣问题,据我所知,利玛窦封圣是大势所趋。我认识一个意大利学者柯毅霖(《晚明基督论》的作者),去年遇到他时,他说已经做好利玛窦封圣的材料,但上海教区尚未完成徐光启的封圣材料。徐光启和利玛窦会一起封圣,一个很重要的迹象是什么?就是在纪念利玛窦逝世四百周年的时候,梵蒂冈出了一套邮票,有两张。一张是利玛窦单独的画像,还有一张是利玛窦和徐光启一起的画像,所以这两个人应该在一起封圣,时间节点应该是在中梵建交之前、之际或者是之后。

所以现在如果利玛窦封圣,那么徐光启也会封圣。现在看中梵的关系比较微妙,在前年年底梵蒂冈有一个非常高级的代表人物到了我们中国,那个时候好像很快会建交,但是后来不知道什么原因,大家现在都不太清楚,突然冷了下来。但是最近又开始比较热了,其中一个象征就是在北京 12 月 5 日有一个梵蒂冈博物馆和北京大学战略研究中心,联合搞了一个美术方面的展览,而且用了一个题目是:"美让我们团结起来"。

其实"团结"这个词不是非常准确,为什么?意大利文用的是 La Belezza ci unisce,英文则为 The Beauty that unites us,"unisce"或"unites"有"结合"、"联合"之意,比中文的"团结"好像更加重一点,意思更强一点。外媒将此称为梵蒂冈的"艺术外交",梵蒂冈博物馆明年他们准备把馆内一些非常好的中国藏品带到中国,包括一幅中国长城的丝绸绘画长轴。现在关系在回暖,我们不知道究竟什么时候能建交,但是应该是不会很久。徐光启、利玛窦一起封圣,我觉得现在就是技术的问题。

不管怎么说,这个时候我们做的这个事情非常有意义,徐光启是中国的代表人物,而且徐家汇藏书楼藏书令人震撼,里面的书保存得那么好。我曾在80 年代初在徐家汇藏书楼看过一段时间的书,现在周围的环境大变,但是藏书楼依旧,再加上教堂、墓地、土山湾等等这些,所以我觉得申遗是很有希望的。

吴孟庆：我插一句,这个徐光启墓的新情况。有一次我在天主教金鲁贤主教那里,他拿出一份打印的材料给我看,是上海教会准备为徐光启封圣向罗马教廷(梵蒂冈)申报的材料,有二三页纸的样子。金主教说这个封圣没有把握,可能性不太大。大家都知道,当时的罗马教廷封圣了一批中国教会的圣人,有120人。材料是台湾神父提供的,没有通过我们中国教会,是干涉中国内政,中国外交部和爱国教会都提了抗议。因为其中有的人是帝国主义侵略中国的帮凶。而教友们认为,像徐光启这样的人物,他是上海最早的天主教徒,在中国名气这么大,反而不封圣。被封圣的人里甚至有十来岁的小孩。金主教说,这批被封圣的都是"致命圣人"(即为天主而献身),当时在华北,义和团包围了洋教堂(天主教),要信徒作出选择,坚持信洋教的杀头。有的小孩跟着父母,亦被杀掉了,也被封为圣人。另一种被封圣的叫"精修圣人",要求非常高,这类圣人生前就表现突出,而且要有"圣迹"(显灵)。当然在具体掌握时罗马教廷还是有一定的灵活性的。

孙逊：吴老师是老局长,我们也请了新的局长,他正好到北京开会,所以比较抱歉,不然可能还有更新的官方消息。吴老师这个消息也蛮好的。

陶飞亚：刚才吴局长讲建交的问题,我前几天正好听到。他说和梵蒂冈建交的问题,现在上面有一些张力,中国外交部非常希望尽快建交,建交之后,台湾在欧洲就一个地方都没有了,他们非常想要促成这个事情。但是像吴局长讲的,统战部、国家宗教局不太赞成,为什么? 一个是主教任命权的问题,还有一个是如果和梵蒂冈建交,梵蒂冈教廷会派出特使到中国,驻扎到北京,每年要按照梵蒂冈的制度巡查各个教区。巡查教区就联系到将来宗教渗透、扩大宗教的影响。教徒这么长时间看不到教皇,也不轻易让教皇来中国,将来巡游大使要代表教廷到处巡游,这个问题怎么办? 如果出事你要负责,听到领导讲这个情况。外交部代表国家利益,统战部和宗教局有自己部门的国家制度的考虑,接下来怎么办,出了事要怎么负责,这是一个问题。

还有一个问题,这些年来天主教的群体在萎缩,上海这个地方可能大家知道得更清楚,从外地来的神父多。所以总的来说,现在在我们国家的大事方面比较边缘。除非现在台湾再要怎么样,要对它外交上有回应,这是我们在下面不太清楚的。

再回到陈恒提到的主题,上次开会在徐家汇,天纲有事情没来,很可惜。这个点子我觉得非常好,也是前两天大家在交流上听到的一句话,当时好像韩正书记在上海的时候，想解决上海三一堂的开放问题，这个在国际上会得分。因为我们在国际上很多时候都是非常强势，比如南海问题，但是有的地方能够树立中国的开明形象，也可以做。像上海有这么多的中国资源，不讲宗教问题，就讲徐家汇藏书楼文化遗产的问题，实际建设上没有什么问题，又可以把藏书楼、徐家汇整个文化圈和天主教的渊源结合起来。刚才宋黎明也讲了，有个人叫韩德力，也是耶稣会的，对这个事情也比较热心。我觉得这是非常好的主意，但工作量也非常大。苏老师有过申报的经验，我现在在想，海外人士机构，比如像旧金山，利玛窦历史文化研究所的马爱德先生，现在是安东尼在做领导，他们对这个比较关心。这是美国的，还有比利时的。如果联合申报的话，多几个国际性的机构，对我们来说是不是很好？我觉得这个主意很好，如果能申报成功的话，对国家形象也很有好处，我就讲这些。

欧晓川：我今天是来向各位老师学习的，我从事徐汇的文化遗产保护，文化遗产既有物质文化遗产也有非物质文化遗产。徐家汇是徐汇区的精华所在，有大批的文物建筑，都是十九世纪天主教的建筑，除此以外，还有交大的教育建筑，包括徐汇中学崇德楼、市四中学启明楼等设施都在内，共同组成了徐家汇的物质遗产。徐家汇的非物质文化遗产，是指土山湾孤儿工艺院，包括土山湾画馆为代表的绘画、木雕、彩绘玻璃、出版印刷、五金铸造等手工技艺。

有一次，一位国家文物局副局长到徐汇参加一个国际研讨会，我们带他到徐家汇逛了一圈，他说你们这个建筑好是挺好的，但是高楼大厦太多，这些文物建筑都像盆景一样显不出来，如果徐家汇这里没有高楼大厦倒是可以申报世界文化遗产，这是他的经验之谈。我们也参观过很多地方的世界文化遗产，那里也有新建筑，但是新建筑、老建筑很协调，新建筑不会突兀地把老建筑覆盖在里面，或者是只看到高楼大厦而看不到老建筑。徐汇旅游局把徐家汇申报成了国家 AAAA 景区，这是国家旅游局认可的，究其原因就是看好徐家汇的老建筑，包括教堂、藏书楼、气象台、土山湾。鉴于徐家汇的现状，申报世界文化遗产可能性不大。

但是打造徐家汇博物馆群落是完全可能的，在徐家汇存在着很多的博物馆、纪念馆、展厅。徐汇中学有个汇学博物馆，藏书楼也有个展厅，气象局有一个气象博物馆，而且是唯一连续监测 140 年没有间断的气象台，气象博物馆里面的实物是非常丰富的，虽然只能双休日预约参观，但还是能看。还有徐光启纪念馆、土山湾博物馆和电影博物馆。如果算上交大的三个博物馆，已经九个博物馆和展厅了。徐家汇公园还有一个百代公司旧址,如果能做成唱片博物馆,徐家汇就有十个博物馆、纪念馆、展厅了。一个游客如果要逛遍徐家汇十个博物馆的话,一天的时间是不够的,可以看两三天了。

因为徐光启的缘故,我们和意大利一直有联系,利玛窦国际基金会主席达里奥这几年每年都来,只要我们邀请他们,他们非常乐于参与我们的活动。去年徐光启纪念馆重新陈列布展开馆,他应邀而至。今年我们与上海交大联合举办《几何原本》研讨会也邀请他来了。意大利方面也希望我们能去参加他们的活动,只是我们过去比较困难些。但是我们双方一直有合作项目,包括学术研讨等文化交流。

去年光启纪念馆开馆的时候,他们看了徐光启的话剧表演,今年就问我们有没有可能把这个戏改编一下到意大利去演出,他们也很渴望和中国的交往,研究利玛窦离不开徐光启。我也没有细想,就是把我知道的一些情况交流一下。

李天纲:迟到了不好意思,前面的部分没有听见。陈恒讲到,做一个文化遗产的申报是吧?大家都有这样的心愿,私下里面议论了好久,十年、二十年了,想以徐家汇为题,比如藏书楼、光启墓、土山湾申报一些遗产目录。2010年参与了徐汇区文化局、旅游局"徐家汇源"申报,把几个遗产项目申报为AAAA级风景区,也是这方面的努力。我是1986年到徐家汇的,就在藏书楼隔壁的历史研究所,那幢房子是耶稣会神学院,是徐家汇地区最早拆的一幢楼。武警医院比我们早搬一年,拆除是同一批。那时候我们就觉得徐家汇保不下来了,一拆就不可能停下来。到1980年代,徐家汇的格局还是1930年代的,40年代战乱,50年代没有钱,60、70年代搞"文革",80年代上海的"改革开放"落后一步,几十年停滞,徐家汇保存了1930年代的近百幢老建筑,全都属于文化类的。如果不拆掉,加以保护、维修和开发,我们今天申报世界文化遗产项目是非常可能的。同类的世遗项目是澳门,澳门半岛保存了17世纪中葡交往后的文化遗产,徐家汇则是1641年徐光启墓地以来,至19世纪中欧文化交往形成的文化遗产,完全可以和澳门相媲美。最近20年的建造,徐家汇已经没有可能整体保护并申报了,所以就变成怎么保护零星、偶然留下来的这些文化遗产。这些文化建筑遗产中,藏书楼当然是最重要的,当年由于它是归市政府代为管理,不属于教会,反而不能拆,边上连着的主教府老楼就拆掉了。文化遗产的保护,也要有一个主体,没有哪一家主人不保护自己的遗产。现在我们缺乏负责任的主人，连教会也不保护自己的遗产。上海市民住的老房子，都是房客，不是房东，也就不想办法维修保护，也是吵着要拆，这是"文化遗产"保护遇到的大问题。

在这样的大环境下，徐汇区政府、文化局、旅游局、房地产局为保存"风貌区"和老房子做了大量的工作。徐光启墓、藏书楼、天文台老楼、徐汇中学、大修道院、土山湾孤儿院、圣心会修院、启明女中、圣衣院等，都做了抢救性的修复，而且果断开放，利用其民间声誉和口碑来巩固保护成果。稍稍令人安慰的是，现在我们有了一个"徐家汇源"这样的博物馆群落，还是相当有规模，每个参观者不是都印象深刻吗？起到的作用绝不是"东方商厦"能比拟的。"徐家汇源"集中在徐家汇西南角地块，确实是徐家汇—土山湾文化的发源地，保存的遗产建筑也最集中。其它地点已经没有希望了，漕溪北路的东片、东北片，都没有保护下来。西南这一片保护下来也有原因，是因为几个大单位，比如区政府、气象局、天文台、上海图书馆、教育局都是大机构借用了原来的教区建筑，客观上帮助保存了这批建筑。区政府拆了一个小修院，大修院还在，现在不拆了，修复开放了。现在在把区政府大楼拆掉，复建小修院，我都不会心疼，"外滩源"的文汇报新大楼不就拆掉了吗？当初文汇报新大楼拆了犹太教经堂，我们讲这个不该拆，也不该建。前些年觉得这幢新建筑不协调，又拆掉了。徐汇区文化局、旅游局利用保下来的"徐家汇源"，申报了 AAAA 级风景区，在上海市区是唯一的。AAAA 级风景区一报就准，因为那么多的资源放在那儿，报上去就批了。但是再要申报 AAAAA 就困难了，不知道为什么，大家对AAAAA 申报不起劲，别的省、市、县拼命要报，开发成旅游点。上海不重视的，特别是古迹类的文化遗产，申报了就要花钱维修，还要动迁单位、居民，所以不做。上海不缺历史文化资源，但是有数的几个 AAAAA 级，就是野生动物园、东方明珠塔之类。所以我觉得徐汇区文化局真不容易，做了大量工作，才有今天的样子。今天要申报徐家汇文化遗产项目，我觉得西南这一片的"徐家汇源"博物馆群落是一个重要的可能性，弄好了升级为 AAAAA 风景区，应该没有问题。但是，要达到世界级、联合国教科文组织级别的，象澳门那样的世界文化遗产就很难了。"徐家汇源"博物馆群落，在全中国的格局中是非常突出的，从东亚、远东和世界范围来看，也很有特色，最为突出的就是这批博物馆与上海和中国近现代文化、教育、科学、艺术及宗教的密切关系，表现了上海文化、中国文化的近代活力，以及它与欧洲文化良好的互动关系。这种文化，放到今天的世界上来看，都是很有魅力的。前来参观的上海人、外地人、外国人都非常好奇、吃惊和赞叹，因而对徐光启、马相伯生平中体现出来的文化精神心服口服。有人主张把徐家汇源作为海派文化的源头，我觉得讲"海派"还有其他地区（如南市、黄浦、虹口）的因素，不单单是徐家汇。但徐家汇的文教中心地位是最突出的，我觉得可以理直气壮地讲。反正AAAAA级风景区也好、世界级文化遗产也好，其他什么文化遗产目录也好，只要我们工作做好了，说服越来越多的人，虽然是非常困难的，还是有可能的。

　　困难主要来自意识形态。当年拆的动因当然是经济开发，要在徐家汇搞现代商业。但是，拆的时候总是想那是宗教的、法国的、梵蒂冈的、外国的、天主教的，不是什么有意思的东西。济南拆掉德国人设计的火车站，更明显是意识形态原因。现在是慢慢想通了，历史遗产，无论过去的是非、好恶，都应该留下来作为见证。但是，意识形态的障碍并没有消失，上海文化被认为是殖民文化的印象并未消除，常常要冒出来，例子不胜枚举。现在我们做的工作就是把它理解成"文化"而不是"宗教"。徐光启、马相伯都是对中国文化做出巨大贡献的人，这种理解当然是正确的，有道理的。徐家汇地区诞生过那么多的学校，都是上海第一、全国最早的。像徐汇中学，还有震旦、复旦，至少是发端、起源、建校的时候在徐家汇。复旦中学（李鸿章祠堂，复旦老校区）那个地方算长宁区了，不是徐家汇。但是从大的范围来讲，交通大学、复旦中学也可以划为广义的徐家汇。徐家汇是清末民初高等教育的发祥地，从学校的密集度、重要性来讲，它甚至就是一个大学园区。然后我们把科学、教育、文化、艺术合并起来看，徐家汇—土山湾的贡献是不得了的。就此来看，"上海文化"、"文化融合"的说法可以消解传统的意识形态。"文化"的解释更有说服力，意识形态的障碍也可以突破的。

　　从"徐家汇源"讲到"外滩源"，上海的作家中有人提案，要把外滩建筑群申报为世界历史文化遗产。这个想法同济大学和我们一群人也一直议论，觉得徐家汇拆迁之后，外滩保护相对完整，还是有可能的。就外滩建筑的完整性来讲，它现在是"死"掉了，没有什么功能，也没有文化机制，就是建筑，置换、维修、开发、开放以后，还是有可能被权威部门接受的。外滩的现存建筑也只是一百年历史，有人说欧美国家城市比比皆是，申报历史文化遗产有没有可能？这是在外部的质疑，内部的限制其实还是意识形态，外滩是帝国主义侵略中国的桥头堡，这些话都留着，你怎么处理？我的解释是，外滩本质上是上海的，是中国的,不全是外资的,外滩第一排的江海关、中国银行、交通银行、道胜银行、招商局等大楼建筑,都是中资的,更不要说后面几排的"南四行"、"北四行",大大小小华人资本建筑。就是汇丰银行,里面的股本持有者很多也是华人、上海人,为何说是"帝国主义"? 这样的看法,主要是拿来破除意识形态偏见的,对历史的理解和解释是可以改变的。所以我觉得徐家汇历史文化遗产的事,大家只要不懈地去做,做好了,做出效果了,外界的看法就会改变。我觉得目前"徐家汇源"的条件还比"外滩源"要好,已经做出了不少成绩,也获得了国内外人士的普遍认可。我们一起把徐家汇博物馆群落先做成一个国家级的,至少让大家能够认可为上海文化的发祥地,这是可以的。

苏智良: 我来说两句,这四年以"慰安妇资料"申报世界文化遗产名录,却屡战屡败,由于众所周知的原因,也就是日本政府的死命反对。这次我到巴黎参加教科文组织(IAC)的会议。上次也就是两年前在阿布扎比开会时日本很紧张,去了十几个人;这次我看到会场上只有一个日本外交官,我马上对中国大使说,日本这回肯定已全部搞定。对方说不会的,我们这一年一直在做教科文组织的工作。果然会议还没结束,日本媒体就报道说"慰安妇的声音"被搁置了。所以屡败还要屡战,所以下星期我们国际申遗委员会还要开一次会议,准备做点事。

刚才天纲教授的话我也很有共鸣。我是 1985 年从华东师大到上海师范师院(当时的校名)工作,每天早晨骑自行车到徐家汇时,红日刚刚升起,前面一片曾经的天主教教区的红砖建筑。但是后来旧城改造,也看着徐家汇逐渐地变样,成为钢筋森林,这完全是一个毁坏。所以刚才有人说,徐家汇要申报世界文化遗产,我个人认为不太可能。那么怎么来做呢? 我想有四点可以考虑,一个就是切实保护现有的建筑,这个太重要了。

徐家汇最新的一个破坏,其实就是上影集团的进门处,那几幢别致的小洋房全部被拆掉了。现在应该严格规定与限制不能再拆了,徐家汇的老天主教区的建筑一共也就十来幢,所以非常重要。至于什么时候能够申报世界文化遗产,我认为这是需要认真讨论的事。赵丽宏先生等主张申报外滩,但意识形态方面似仍蛮难通过,石库门放在全国、全球范围,似特点不明显。所以这两年我的倡议是,南市难民区和犹太难民区打包申遗,一个是中国人保护 3 万犹太难民,一个是国际委员会保护 30 万中国难民,政治很正确,而且两个街区的建筑遗产还有不少。这是第一点。

　　第二点，刚才欧局说的徐家汇博物馆群，尤其是文化博物馆群的特色，我非常认同。可以主打徐家汇地区的文化历史博物馆群。上海的博物馆已经两三百个，甚至还不止，但徐家汇这里有文化特色，所以好好地梳理，土山湾、唱片、名人故居、近代教育，把这些珍珠串起来就是很好的时候历史文化的项链。这件事情我认为文化局可以先做，我们可以紧密合作。

　　第三点，徐家汇这里也是现代的工艺、艺术、教育的发祥地，还有一个宗教文化艺术、中西文化交流，徐家汇有许多不同的面向。这些年徐汇区政府也做了很多工作，我们也参与帮助做过一些，包括那些名人故居、优秀建筑、建筑经典、近代工艺、西洋油画、大中学教育等，有不少特色。

　　第四点，我感觉徐家汇文献申报世界记忆名录有可能。世界记忆名录申报每两年一次，每次一个国家可申报两个项目。今年我国申报的安阳殷墟甲骨文通过了，但苏州刺绣没有通过，估计史料不足吧。这几年我与李明华先生有些联系，他是教科文组织亚太区的主席。徐家汇的历史文献，有天主教的，有中西文化交流的，还有气象资料，总量应该有不少。世界记忆名录申报强调真实性、唯一性，我以为徐家汇文献很适合。这项工作倒是迫于眉睫，得开始认真整理。我也尽一些力。

　　孙逊：接着苏老师讲的，刚刚大家都讲了世界文化遗产的可能性，我觉得人类记忆工程我们有可能，刚才苏智良说了，把所有的天主教文献打成包申报成功，有次我们开了个会。

　　苏智良：对，那个杨小姐，我这次在巴黎还碰到了。

　　孙逊：这方面他们还是有经验的，刚才苏老师讲了，那边基本都是教会的梳理，集中其他的。

　　苏智良：可以集中，包括其他的。

　　孙逊：包括天主教的书籍集中打包，澳门也都是打包在一起，叫人类记忆工程，还是世界记忆工程。

　　苏智良：准确叫"世界记忆名录"。

　　孙逊：这个可能性比较大，而且可以避开一些问题。

　　苏智良：但是要有一个准备，全面挖挖自己的家底，材料做得全面些。

　　孙逊：这个热度不像世界文化遗产那么热。

　　李天纲：有块儿牌子也好。

　　孙逊：也好，我们现在中国进去的还不多，好像都是一些《黄帝内经》。

苏智良：我们现在进入世界记忆名录的项目还是蛮多的。我们国家每两年申报项目。自然遗产、文化遗产、记忆名录，都是满打满算的。因为中国那么大，积压的宝贝太多了，特别是世界记忆名录，那些档案类、文献类的东西，中国历史悠久，独特的东西非常多。所以徐家汇历史文献如想明白了要申报的话，我们可以想办法攻关，还是有希望的。

孙逊：我同意苏老师讲的，申报世界文化遗产的可能性极小，而申请世界记忆名录的可能性相对较大。当年我们和澳门文献学会联合办过一个会，就是关于人类记忆工程的，澳门杨开荆女士他们把澳门天主教文献集中打了一个包，后申报成功。苏老师的慰安妇问题也申报过多次，积累了较多经验。我觉得我们可以以徐家汇藏书楼为中心，将土山湾、教堂、气象台、徐光启墓打成一个包，这个包包括宗教人物、宗教文献、美术文献和气象科技，大题目或可叫"徐光启与徐家汇"。徐光启纪念馆也不行，太单薄，起码这里面应该有徐光启的真迹，有他早期著作的多种珍贵版本，例如《几何原本》最早的版本和一些重要的版本。

欧晓川：我插一句，希望专家多帮我们呼吁一下，土山湾博物馆场地是学校的，我们一直希望区政府能和学校做个置换，给学校一块更大更好的土地作为教学使用。土山湾孤儿院这幢楼，也是马相伯居住最久的一幢楼，能够完全作为博物馆使用。希望大家帮我们一起呼吁，把这个事儿做成。昨天陈局到博物馆调研，他有很强烈的愿望，要把土山湾孤儿院做的那批宝塔收集回来，那批宝塔拿了1915年世博会的最高奖章。这套宝塔征集回来后，也需要更多的场地来展示。

孙逊：这是什么？

苏智良：在美国，好多，几十个。

欧晓川：宝塔，八十座，希望大家帮我们一起呼吁。而且这个拿回来之后，除了宝塔，我们还可以争取上海的海派旅游化，希望有一天可以把中国西洋画的摇篮争取回来，这个好像上大也在做这个事情。

孙逊：我觉得现有的东西要升级换代，我经常去参观，一下课吵的不得了，像跑马一样的声音。

李天纲：他还不满意呢，他还认为文化局占了。

欧晓川：地方是他的，这个没错。

孙逊：如果有优惠的条件他们也愿意的，给他一些地皮，把这个置换出来。我讲这两个可能性比较大,人类记忆工程,另外一个搞历史文化博物馆,但是要把现有的整合一下,还要提升。

欧晓川:气象局还在用,里面有办公的。

孙逊:不行的,吸引力有限,你想人家花钱到上海旅游,花两天时间看?

欧晓川:气象博物馆的东西真不少,我去英国的时候看,我们的东西不比它差,真的很有特色。

苏智良:唱片还得好好的弄,一定要下决心。上海市委宣传部要我鉴定上海唱片厂发现的一批东西,我一看很珍贵,战争时候的母本,都是金属唱片,声音非常好。这个本部都没有,声音非常清晰。比如说攻占香港两个小时,这个节目里有爆炸声音、有马蹄声音、有天皇致辞、有首相讲话。菲律宾、马来西亚、新加坡的那些节目,全部是在上海做好了以后送过去的。当时上海的唱片工业是亚洲最大的,所以它有独创性,把这个归并,那就有后力了。

黄显功:今天非常高兴以徐家汇藏书楼为一个话题来聚焦谈徐家汇整个历史文化,就我自己内心来讲非常高兴。2003年徐家汇藏书楼改建以后,我还没有调到这个部门,当时对藏书楼的装修,我曾提过批评意见的。早些年我们没有把藏书楼这个资源利用好。我调到这里之后,我觉得可以做些事情。第一件事情,我觉得可以把藏书楼的历史文化在社会上做更多的宣传。所以在2007年的时候,藏书楼建立160周年,我和新民晚报说,给我发一组十日谈文章,以十篇文章在《新民晚报》上介绍了徐家汇藏书楼,我们请天纲老师也写了一篇。当时主题文章出来之后,我受到了领导的批评,要小心,对藏书楼要谨慎。我们说白了就是思想还不够开放,因为它有一些宗教背景在里面。这个经历有时候束缚了我的手脚,但是我觉得徐家汇藏书楼应该把它做好。所以我做的第二件事是提出要在藏书楼成立东西文化交流研究资料中心,这个建议谈了好几年,在三年前,总算获得吴馆长同意了。为了加强其学术性,我开了一个特约研究员名单,有国内的专家,包括港台,还有海外,讨论结果只能聘请大陆的学者。这种限制说明我们图书馆自己也不够开放。因此徐家汇这个文化遗产的发掘只能在有限的范围里去做。在我策划的第一个展览中,我特别强调徐家汇在整个中西文化交流中的地位和作用,当时取名为"从徐光启到世博会",把上海的东西文化交流的源头定在徐家汇,落脚在世博会这个最大的东西文化交流平台上,通过两者的贯通,突出上海在中西文化交流中的地位。这个展览今后可以作为我们藏书楼常设的基础展,相关的内容可以不断地组合补充。

后来我们又搞过一个从马礼逊到陆谷孙的展览,以两百年中外辞典的源流体现中西文化的交流。当时法国《利氏汉法辞典》的出版方与我联系,我们在藏书楼合作举行了赠送仪式,因为此书的编撰始于20世纪40年代的藏书楼。我觉得现在对徐家汇这些历史文化的遗产,我们还没有很好地发掘,一个关键因素在于我们很多人的思想上还是不够开放,还有种种的顾虑。现在我们努力地在徐家汇藏书楼做这些事情,通过一些展览,是要把徐家汇或者徐光启在整个东西文化交流中的作用深入地发掘出来,而且要强调中国的开放,它的历史源头离不开徐光启,或者讲上海海派文化的历史基因,来自于徐光启。因为上海有这么一个人,上海才能在中国东西文化交流史上显示出重要的地位,因此,徐家汇的重要作用可以把它对整个中国文化的贡献联系起来。所以我们徐家汇藏书楼的同仁,正在做这方面的努力。例如我们通过《柔巴依集》这部书搞过一个版本展,把此书在中国的翻译过程作了集中展示,体现出中国人如何接受西方的文学。我们和李天纲老师合作,搞了一个西方的中国思想与物品的主题文献展览。我们的目的是要把徐家汇的地位、历史作用体现出来,把藏书楼的文献价值观通过主题挖掘出来。

我想图书馆应该出本"徐家汇藏书楼"的书,把藏书楼相关的历史、人物、文献和在中西文化交流中所做过的事情写出来,但是一直没有机会。因为需要相应的费用,这个念想一直没断。

苏智良: 我们将来可以合作,你缺钱的话我们来支持。

黄显功: 想做的事情还有很多,现在领导对藏书楼挂牌的中西文化交流研究资料中心这个品牌已认可了,明年我们要为"徐家汇藏书楼"申请注册商标,图案设计已经请了上海一个版画家,20年前,他曾经帮助徐家汇藏书楼设计藏书票,我觉得画面很简约,也有概括性,通过注册商标,可以把一个概念树立起来。关于徐家汇历史文化遗产的申请,我觉得在条件成熟的情况下要进一步争取。我还有一个想法,我们现在藏书楼建立的中西研究资料中心,需要加强和学术机构、大学的合作,进一步扩大它的影响。

今年我本来还想搞徐家汇藏书楼成立170周年纪念,但是这个建议没有得到认可,如果今年做170周年,可能和做160周年完全不一样,因为我们已经有了一定学术的资源。对于藏书楼的宗教因素我觉得可以从学术的角度来认识,把徐家汇历史文化遗产这个概念做深。我计划明年改建藏书楼底层,把整个结构换掉,使之成为一个既可做展览,又兼有学术交流的场所。明年藏书楼空间变化后,活动内容会更加丰富起来。

现提一个建议,为了扩大徐家汇历史文化遗产宣传与研究的影响,我们还需要更多的合作,我们是不是可以把国内、国外的资源连接起来?把徐光启和徐家汇历史研究的单位组成一个机构的联盟,包括台湾、法国、意大利的学者,如果我们把国内外的学术资源整合起来以后,可以推动领导的开放度。

对于欧局长这边也有一个建议,我觉得我们完全可以合作,利用我们藏书楼的场地和馆藏开展活动,光靠图书馆是不够的,上海的专家学者如果能够进一步地合作,有了研究的基础,我们再申报各种各样的遗产可能更有说服力。我们现在对徐家汇的研究,出来的成果还不是很多,除了土山湾有人出过,对徐家汇的历史文化遗产进行综合研究还要下工夫。如果欧局长这边有条件的话,我们应该出一本丛刊或者学术性的论文集,每年出一本到两本,可以做起来。

欧晓川: 我们有一本《徐汇文脉》,每个季度一本,到年底合订一本书。李天纲还是徐家汇历史研究会的会长,我觉得完全可以。包括苏智良老师也是历史研究会的成员,完全可以合作。徐家汇现在定位为海派文化源头之一,全靠各位学者专家支持。

李天纲: 放一点钱进去。

欧晓川: 没有问题。

黄显功: 徐家汇这个地方属于一个地点,把它做强,作为中国中西文化交流的源头,上海的历史开放、思想开放、文化开放的源头。

欧晓川: 徐家汇现在只定位到海派文化之一,当然能提高到世界级的,能够媲美世界级的遗产会更好,靠各位学者支撑。

黄显功: 我稍微表个态,徐家汇藏书楼的场所、资源,我相信对我们学界今后会有更大的开放度,所以希望大家和我们一起合作,设计好一些项目,把内容丰富起来之后,你向市政府申报什么遗产也好,或者像国家、国际申报也好,你要有一个研究的基础,这个工作可能也是这两年需要进一步加强的。记忆遗产可能也是比较好的一个切入点,因为原来香港的馆长和我们有关系的,他们也有这个建设,像上海的地方,可能要在选一个点选好以后,把内容更加丰富起来,如果单纯地用一个地区性的,用一个建筑的环境,现有遗址的环境单独申请,厚度不够。所以我想藏书楼可能是一个点,仅仅是一个点,如果能够把整个徐家汇历史文化遗产综合起来，我想可能会更好一点，我就初步讲这些。

杨剑龙：研讨徐家汇藏书楼，是个有价值的好题目，徐家汇藏书楼曾经是引进与传布西方文化的圣地，在东西方文化的交汇、中国社会发展与转型的历史时期，具有极为重要的意义。我的博士论文是研究基督教文化与中国现代作家的，在研究这个题目的过程中，我常常去徐家汇藏书楼查阅资料，对于该论题的研究有很大的帮助。长期以来，我们对于基督教、天主教等外来宗教的态度比较暧昧，尤其简单化地将西方宗教的传布看作文化侵略文化渗透。我们对西方宗教的态度还比较保守，"五四"时期的"非宗教同盟"、"非基督教同盟"运动是在一个特殊历史时期的运动。陈独秀后来反省说："我们今后对于基督教的问题，不但要有觉悟，使他不再发生纷扰问题，而且要有甚深的觉悟，要把那耶稣崇高的、伟大的人格和热烈的、深厚的情感，培养在我们的血里，将我们从堕落在冷酷、黑暗、污浊坑中救起。"（陈独秀《基督教与中国人》，《新青年》第 7 卷第 3 号，1921 年 7 月 1 日）

宗教是世界文化遗产，如果我们反思中国社会的变迁过程，西方传教士将西方文化、西方文明传入中国，让中国人看到了外面的世界，让中国人开始有了世界意识，早期传教士翻译《圣经》，后来翻译出版了诸多西方学术著作，介绍西方的文化和思想。建立于 1847 年的徐家汇藏书楼最初是供耶稣会士查阅资料的地方，后经 1860 年和 1897 年两次扩建，藏有 1800 年之前出版的西文珍本共计 1800 种 2000 册，目前徐家汇藏书楼藏有 1949 年前出版的旧外文文献 56 万册左右。

我刚才写了一首诗，表达了我的基本观点。

徐家汇藏书楼

风云变幻藏书楼，
西方文明一馆收。
传教先驱传文化，
译界精英播春秋。
天主教堂唱圣歌，
土山湾里绘宇宙。
世界奇迹徐家汇，

历史功绩重抖擞。

2017 年 12 月 7 日

徐家汇藏书楼是世界的奇迹,是我国西学东渐、东学西传的缩影,在今天我们如何传承这样的历史文化? 如何让徐家汇藏书楼发挥更大的作用? 这需要我们认真思考与深入研究。长期以来,我们对于西方宗教的态度几乎都是负面的,诸如教堂传播洋奴文化、育婴堂残害婴儿、传教士几乎都是西方特务,这都是我们小时候所受到的教育,这样的流毒至今仍然未肃清。徐家汇是一个世界奇迹,在这个地区传播西方文明、引进西方思想,徐光启成为中国近代引进西方文化的第一人,近代徐家汇对中国文化发展、中国教育的发展等,都起到极为重要的作用,徐家汇藏书楼是其中之一。近几年徐汇区政府做了不少工作,努力对徐家汇历史遗产文化传统加强保护和扩大宣传,对于当代中国文化的繁荣与发展具有重要意义。

在历史文化遗迹保护方面,我们常常担忧没有文化的领导大张旗鼓地作为,而不担心没有文化的领导的不作为。一些没有文化的领导,往往为政绩工程而大肆破坏甚至拆毁历史文化遗迹。我曾经发表论文论《中国城市化进程中的文化遗产保护》(《中国名城》2010 年第 10 期),指出:在城市扩展建设中破坏文化遗产,在城市大型工程中毁坏地下文物,在旧城改造中破坏历史文化街区,在整修历史遗址中破坏历史原貌,造成对于历史文物文化遗址的破坏甚至毁灭。论文指出原因在于:有关地方政府缺乏文化意识,有关施工人员缺乏文物意识,缺乏具有法律规范和效应的严厉惩处,必须从根本上根治城市化进程中历史文物文化遗址的破坏的境况。论文发表后为《新华文摘》2011 年第 5 期全文转载。在该论文中,我谈到很多地方政府对于文化遗迹的破坏,诸如对于历史古迹烽火台的保护,用水泥在烽火台外面涂了一层,完全破坏了古迹。我们现在已经进入了新时代,传播和弘扬传统文化十分重要。徐家汇是传统文化重要组成部分,习近平在十九大报告里面谈到我们的文化传统,不光是古代的历史文化,还包括近代文化,也囊括了当代文化,一起构成了中国文化的优秀传统。今天我们如何弘扬徐家汇文化? 徐家汇是中国近代东西方融汇的重要地区。

在今天文化遗产保护的宣传非常重要,应该把文化遗产的重要性告诉大家。比如现在很多学者大概还不知道徐家汇藏书楼,过去有一些研究者充分运用徐家汇藏书楼的图书资料,甚至有的学者租住在藏书楼附近的宾馆,在藏书楼查阅资料开展研究。对于徐家汇藏书楼应该进一步深入研究,徐家汇藏书楼研究可以申报国家社科重大项目,开展研究可以与高校学者联手。现在的历史遗迹只有楼房没有内涵,徐家汇藏书楼作为历史遗迹有丰富的内涵,值得我们运用其馆藏,并开展研究,不仅梳理历史,而且面向未来,提供给学者们以及有关人士的参考。

另外,对于徐家汇藏书楼今天如何加强开发和运作,值得我们思考和研究。有些政府领导只关注政绩工程,觉得造一座新楼很有成就感,却疏于对历史文化遗迹的保护与开发。今天我们提出保护绿水青山也是功绩,我觉得这个口号很好,很多人破坏绿水青山,遗臭万年。保护历史文化遗产更是一种功绩,徐家汇藏书楼在今天怎么样适当地开发,而不是破坏,如何有序地运作?也需要我们细致研究。

另外要加强徐家汇文化的研究,今天的研究应该是团体性合作性的研究,徐家汇藏书楼可以与区政府、高校、社科院等合作,在诸多学者的合作中开展研究、共同打造徐家汇文化。在有关方面支持下,可以考虑申报国家有关的科研项目,甚至申请国家社科基金重大项目。另外,现在进入了新时代,我们需要进一步改革、进一步开放,要有新的意识,尤其对宗教、对传统文化,要有新的眼光、世界性的眼光来观照分析研究。

文明是世界的遗产,文化是世界的宝藏。我们现在研究徐家汇文化,研究徐家汇藏书楼,也需要有一种世界眼光,而不是我们本地眼光,研究徐家汇藏书楼,不仅仅是上海的事情、中国的事情,其实也是世界的事情,是对世界文明的保存与研究,所以这种研究应该组织力量不断拓展与深入,从它的内涵、历史和现实展开梳理研究,对中国文化、中国文明的传播,对世界文明的发展,都具有重要的意义和作用。

徐锦华: 我接着各位老师、各位前辈的话讲一些粗浅的感受。很惭愧,到明年我就在藏书楼工作满十年了。但只写了一篇和徐家汇藏书楼直接有关的文章。我一直在考虑怎样能更好地呈现徐家汇藏书楼的馆藏和历史之间的关联。在资料的收集中也遇到了各种困难,包括各位老师之前提到过的一些。但我觉得这件事情是有意义、值得坚持去做的。

原耶稣会徐家汇藏书楼馆藏的文献,我们上海图书馆 1956 年接收之后清点,是外文图书 5 万多册,中文图书 10 万册出头一点的体量,大概相当于它鼎盛时期的 2/3。其余的馆藏,大部分归入了现在的台湾辅仁大学神学院,还有一部分带去欧洲或者东南亚。我们接收的文献，一直保存到今天，并且从 80 年代开始陆续开放给社会使用，从 2003 年起，整理好的一般文献，只要持有上海图书馆的阅览证就可以阅览。2015 年开始，上海图书馆设立"中西文化交流研究资料中心"，进一步加大开放和合作的力度，刚才黄显功老师已经详细介绍过，我不再赘述。

　　这部分文献，在编目整理以及阅览服务的接触过程中，我有一个体会，它们同时包含了刚才各位老师谈到的两个面向：一是西学东渐，西方的思想、理念是如何引进，又是如何被翻译、介绍然后甚至包括如何被接受的。第二是东学西渐，这些文献也能反映中国的思想、文化走出去的过程。从时间上看，一个是明末清初老耶稣会士们的工作，另一部分是 19 世纪、20 世纪新耶稣会士的工作。前一半学界关注比较多，比如《古新圣经》等文献已经影印、整理向学界公开。还有很多耶稣会士的早期汉学著作或者关于中国的札记、信件，都已成为学界比较熟悉的研究材料或者题目，当然也还有可以进一步发掘的地方。另一部分就是 19 世纪 20 世纪时期的新耶稣会士，这个就和徐家汇藏书楼、徐家汇地区的历史密切相关。当时的光启社（汉学研究所）和藏书楼的关系是十分密切的。而比如像晁德莅、费赖之，这些耶稣会士，既主管过徐家汇藏书楼，又有汉学、中国研究的背景。因此，他们的汉学研究建立在哪些史料基础上，这些研究对于徐家汇藏书楼馆藏文献的建设又发生过什么作用，都值得关注。有的馆藏文献里有当时耶稣会士的批注，这些批注反映的是他们当时的思考，可能是很零碎的，但却是很直接、真实的状态。

　　另一方面，我觉得徐家汇藏书楼的馆藏文献，还反映出天主教中国化过程中的很多状态和意义。利玛窦和徐光启的交往，就是天主教中国化中很重要的一个节点。而徐家汇这里，作为近代来华新耶稣会士活动的一个重要据点，也活跃着非常多的华人天主教徒。不仅仅是上海本地的，像是徐氏后人、金家巷的金家等。周边省份的，比如江苏的马相伯、浙江的沈氏家族等等。徐氏后裔里，大家熟悉的徐宗泽，是藏书楼中文部的主管，也是《圣教杂志》的主编。我看到过的还有徐宗海、徐宗德，后者整理编辑过吴历的《三余集》。这些华人天主教徒的活动，包括他们是如何翻译天主教的文献，又是如何把中国的文献译成外文的；他们如何和外籍耶稣会士，和天主教教区互动的，里面有非常多可以挖掘的点。

　　周振鹤：我讲两句，首先抱歉我迟到了，我最怕从复旦到上师大开会，比上杭州还麻烦,而且我住得比复旦还要往东北,今天8号线早高峰期的时候走走停停,很糟糕。本来计划迟到10分钟,结果迟到半个小时,不好意思了各位。

上海师大虽然在西南郊,但是上海师大经常有些念头,我觉得非常好,这个念头能不能成功是另外一回事,有念头最重要的,最怕做学问没有念头。徐家汇这个地从我们来看,的确是很重要的一个地方,但是你如果从申请世界遗产来讲,不是一个很大的地方。世界遗产这个事情的确兹事体大,大家知道你要申请首先要在中国国内排队,国内排队完了之后才能到前面,才能到世界那边去讨论。在中国排队要排到什么时候? 排队已经排了一长串了,这个难度可能是比较高的。刚才老苏提出一个世界记忆名录,这个倒是可以做的,因为这个是值得记忆的,这个还不但是教堂、图书馆的问题,我们要谈中西文化的交流,也就是对中国是一个大变局,你看中国传统学问里几何没有,我们中国传统数学里面没有几何,几何传进来以后我们才有几何,几何是西洋的思想,中国的勾股是算出来的,两回事,两个学问。所以从晚明以来的中西文化交流,从这里发端很重要的。我们一直提这个藏书楼,在藏书楼以前的这个地方,这个地方为什么叫"徐家汇"是和他们徐家有关系,和家族有关系的。所以在过去这个地方是乡下,要坐船才能到这里来,有蛮长的一段路,我们现在坐地铁一下子就到了,前面有个斜土路,而徐家汇路却没有直通到徐家汇,这是有道理的,所以这里背后有很多的故事。而徐家汇藏书楼本身还不但是这个,这个内涵很重要。大家知道天主教文献里面,有一套是徐家汇藏书楼的天主教文献,专门印一套再版,梵蒂冈有一套、耶稣会图书馆有一套,也就是说徐家汇这个文献很重要的,证明在这个中西交流当中徐家汇是有地位的,这个地位是学术地位,非常重要。

但是我们过去就是说如何把这个学术地位拔高,没有人注意,但是外面的学者倒是注意了,关心这个是很大的项目,他们准备要和你们合作,是要把里面的文献数字化。这当然要费很大一笔钱,因为他们和我一直有联系,这个事情也照会我了。所以徐家汇的藏书在中西文化交流上面有多少意义,就要靠学者来发言,这个很重要。当然,徐家汇文化局也做了许多工作,我觉得还是很尽力,但是还是要有更高一级的,就是引起市里面的注意,不但是作为徐汇区的文化,而是作为上海的文化。而这个上海的文化,还不全是上海。就是过往以来的中西文化交流,从这里可以说是一个发源,我们要提高到这个高度,晚明以后许多中国人了解了西方文化，不是说了解了全部西方文化，但是已经知道西方文化这个东西。然后西方人也知道原来中国文化和西方文化很不一样，所以利玛窦这些人很愿意和中国交流，愿意和徐光启交流，这些都是聪明人之间做的事儿。我们怎么把晚明以来，几百年来这种中外文化交流体现在记忆之中，这是非常重要的问题，还不只是藏书楼一个房子的问题，而是有一个交流的过程。为什么叫"记忆"？有些东西已经消失了，实体看不到了，我们怎么放到记忆里面去，我们让记忆恢复出来，整个过程复原出来，这就需要我们做工作。我觉得上海师大领导都是很有头脑的，他们想说在这上面做个事儿，我觉得这个应该支持。所以我们要提高到文化的高度，而且有形、无形都要考虑。

我们现在能够弄的就是有形，如何在有形里面装些无形的东西进去，你把它拔高，这不是无中生有，而是让原来大家不知道的东西我们展现出来。你说徐家汇气象台，我们现在还没有发扬，中国有连续不断的气象记录，实际上就是从这里开始的。对不对？我们怎么样把它发扬出来？气象多重要？气象也是最不容易做的东西，为什么有时候我们看天气预报上海气象是有点不如人意的，预报不准多有发生，但是气象台过去就是在上海开端。

所以这个气象的东西，也是值得把它放在里面做一个记忆的，因为从那个以后，我们才有连贯的明确的气象记录。在这之前没有的，但是在这以前也不是完全没有，外国人在广州、在澳门多少都有点记录，在上海，1850年代以后也有一些记录，但是不像徐家汇气象站这样科学化，可以作为连续性的历史根据。所以竺可桢先生研究中国五千年气候变迁，把徐家汇气象台记录作为现代科学阶段气候记录的基础，就是这个道理。科学上都是这样认的，所以我们说徐家汇气象站在科学史上这是很重要的东西。一方面是人文方面的，一方面是科学方面，徐家汇地区都体现中西文化交流，而我们现在所存的能够看到的都已经是晚清以来的，晚明的东西没有了，所以我们想办法把它记忆出来，晚明是什么样？徐汇中学建新楼的时候把该校图书馆一大批老东西卖出来了，据说有两卡车吧，都是该图书馆最好的东西，现在就是这样，没有人借阅的、残破的东西都是废物，都应该清理，崭新的、精装的书就好好地供在那里，所有的图书馆都是那样。

所以我们必须要重视这些遗产，苏老师提议争取进入世界记忆名录这个建议很好，进入世界文化遗产的确是不容易，你在国内排队不知道排到猴年马月,但进入记忆名录也不容易,但是就是要通过努力来达到,使得徐家汇这一带能够体现出中西文化交流,是晚明以来西方文化和中国文化的接触。你刚才讲到,在江西在建昌,殷铎泽翻译的孔子《论语》的事也非常重要。而像徐家汇藏书楼,不但是外观上这个房子重要,里面所藏的东西也很重要,国际上的学者都注意到了,所以日本学者为什么要做这么大的项目,计划将这些材料全部数字化,如果我们自己还不重视,就有点过不去。

黄显功: 我们也在做,但是规模没有那么大。

周振鹤: 所以我觉得上海师大提出的这个念头很好,但是意义要尽可能地说全面,我注意到开会的程序上没有提到气象站,所以我觉得应该包括进去,还有徐汇中学的前身也可以包括进去。至于翻译《几何原本》这个事儿的影响太大,一直到晚清才全部译完,所以《几何原本》在中国科技史上的意义很大,怎么强调都不过分。大家知道几何其实是最难的,和三角、代数相比几何最难,因为你要证明那个定理出来,你必须推理,很多学生代数很好,这个几何就过不了关,这个叫形学。图形之学,这是相当之难的,中国过去没有这个学科。

所以这个东西我们没有想到,晚明才有这个学问,所以我们作为学者,要知道它不但是这个建筑,不但是这个藏书,这个文化的内涵多么重要,所以我们一定要注意到内在的东西。至于像外滩,刚才已经提到了,我对外滩的历史也花了一点时间做研究,把外滩复原回 1843 年前后的情况,外滩要做遗产申报其实也未必不可以,当然很多楼房,刚才大家提出很多楼房中国人建的,其实即使是洋人的建筑,都已经是有文化存在在那里了。日本人很羡慕上海有这个外滩,东京人很牛的,又有东京塔又做了天空树,这个地方是集中最优秀人才的,其与上海比,就差一个外滩,所以外滩也是值得申报某某项目的。

李天纲: 你可以说外滩还不及纽约、伦敦、巴黎,但是 1930 年代的外滩"金融区"(Financial District),在世界超大城市中是很突出的,比旧金山、西雅图、温哥华、悉尼、香港、孟买大,就是和"纽巴伦"比,也有其二三十年代上海"黄金时代"的风格。中国人还是很有气度的,能接受历史。韩国人一边倒地拆掉了汉城殖民总督府,中国人最近对拆掉济南老火车站的人,骂得一塌糊涂。

周振鹤: 中国拆掉不少知名建筑,老百姓一骂,又造起新的来了。过去梁启超说过一句话,开官智比开民智更难,开民智很容易,开官智有点难。有些问题我们要从很长远的眼光去看前面,而且用历史眼光看我们究竟怎么过来的才行。两方面的眼光都要有,你要有历史的眼光,也要有前瞻的眼光。那我们回到这个题目来,我觉得上海师大出这个主意很好,大家共同努力,苏智良老师有经验的,继续按照一二三四五的步骤,你报给大家看看,弄个路线图,我们也乐观其成。

孙逊:徐光启翻译的《几何原本》你们有好的版本吗?

李天纲:有一个蛮好的版本在上博图书馆,上面有很重要的批注,德国马普研究所的学者想考证这个事儿,他们取了这个版本在研究。

孙逊:这个就是内涵了,不同时代的版本,包括最早的重要的批注的版本弄在一起,这个内涵提升是不一样。

苏智良:我是感觉到,现在各方面的文献都要想办法收集。因为徐家汇藏书楼的文化,是可以达成共识的,大家都以为这些非常重要。刚才周振鹤先生说,气象也很重要,的确如此。因为徐家汇连续170年不间断地记载气象资料,是中国乃至东亚唯一的。有些气象资料就那么重要。比如说红色历史研究,有一个很难的难点,中共一大什么时候召开的早已有定论了,但什么时候结束?从1921年7月30日到8月4、5日,说法都有。为什么没有特别有说服力的资料?那一天多人回忆有台风。上海有台风的记录,但嘉兴就没有气象记录。我曾出过主意,将嘉兴的地方文献、地方的报纸、地方文人的日记想办法找来查核,看有没有大风大雨,然后与其他史料相印证。但到目前为止,嘉兴气象的一手的资料还没找到。所以说,徐家汇的气象资料就是非常重要的文化遗产。徐家汇的文化内涵是非常丰富的。

欧晓川:我们明年打算要搞一个研讨会,配合研讨会搞个展览,目前这个事情还在计划当中,打算明年9月份开始。因为土山湾的研讨会我们开过几次,包括博物馆成立之前和成立之后,我们这些年一直没开,我们打算开一个土山湾画馆的研讨,因为土山湾画馆对于上海的美术史是很重要。前期我们和一些专家商量过,包括上图的张老师,包括上大的李老师都认为可以开。我们目前在查找一些资料,另外就是我们一直在征集上海海派画家的作品,这些年也征集了一些,但还不够。我们打算和上海图书馆合作,上海图书馆收藏着一大批和土山湾有关的历史文献,包括照片、资料,可以作为研讨会的学术支撑。

我们3月份要开一个邹容的研讨会,6月份还要开一个城市更新与历史建筑保护的研讨会,计划当中还有一个黄道婆研讨会,因为也好多年没开了,打算开起来。还有 10 月份收官之作就是土山湾画馆的研讨会,希望在座各位专家,也能够在学术上给我们一些支撑,我们也非常感谢,谢谢大家。

孙逊:顺便问一下,现在这幢老建筑有多少面积?

欧晓川:三层楼大概 2000 多平方米,博物馆占据一楼大概 600 平米。我们当时开馆之前做了纪录片,就是这些(土山湾)老人的口述史,当时的学习内容很丰富,除了上课还要学手艺,还要参加足球队、鼓乐队。

孙逊:这个搞成了就了不起了。

欧晓川:我们也希望在硬件方面先突破。

孙逊:开几个研讨会,作用不大,但是也要开。

欧晓川:要发声,比如黄道婆研讨会不开,他们就会把这个事情淡化了。包括黄道婆纪念馆,要重新纪念布展,我们要配合这个事情重新造点声势。

李天纲:还是在藏书楼,藏书楼的价值还是最重要的。

孙逊:其他地方收集、收藏的也能够弄过来,我觉得这个工作也是蛮重要的,就是内涵。

徐锦华:这个稍微补充一下,徐家汇藏书楼的文献还有一个特点。刚才提到过,新耶稣会士的很多学术、文化活动,是以这里的文献为参考的。包括土山湾出的文献在内,那个时期出版的天主教文献,很多时候使用徐家汇藏书楼的书做底本。新的出版物也保存在徐家汇藏书楼,这就形成可以完整考察文献版本演变的机会。比如托马斯·阿奎那的《神学大全》,作为经院哲学的重要著作,在清初时耶稣会士利类思以《超性学要》为题翻译过,在藏书楼有一套这个利类思译的刻本。在民国时,土山湾出版过一套铅印的《超性学要》,就是以藏书楼的这套刻本为底本。这个底本上保留的增删、点校的痕迹,也就是这套西方神学、哲学的重要著作如何"东传"的痕迹。这样的例子还有不少,也欢迎各位研究者来进一步地发掘。

孙逊:凡是土山湾重要的出版物,都能把它们搜罗、汇集在一起,这个蛮好的。这就有看头了。总之,土山湾博物馆、徐光启纪念馆,再加上徐家汇藏书楼藏书、气象站历史记录、大教堂宗教文献,这些汇拢在一起,打成一个大包,还是非常有前景的。

李天纲:按照学术界的看法,藏书楼在国内、国外有两个重要价值。藏书楼在国内的地位是不可替代的,它是研究早期中西文化交流,或者说"西方汉学"的最重要的收藏机构,用欧洲语言研究中国的历史、文化、思想和信仰,徐家汇藏书楼的收藏在世界上也是最为集中的。当然,北京有北堂图书馆,但是北堂不够彰显,1949 年以后就无声无息了,它的文献很珍贵,但历史上的名声、地位都还不及藏书楼,主要原因是徐家汇有强大的研究能力,许多珍本、善本都是会士们为了研究从世界和中华各地专门收集来的。另外就是澳门,澳门有很多教区、修会的机构,本来有很多藏书和文献,但是 19 世纪内地和徐家汇起来以后,都被搬空了。现在我们去看,就没有什么古籍了。澳门特区文化局、档案馆从葡萄牙里斯本等地影印了不少文献回来,原始度不及徐家汇。所以,徐家汇在国内的地位没有问题。

第二个地位就是徐家汇藏书楼在国际上的地位,我们要申报藏书楼进入文化遗产目录,就要拿到国际上去比较,那它的独特性在哪里? 我们知道藏书楼在中西文化交流中的地位就是"三大"之一。过去徐宗泽作专题目录,徐家汇藏书楼之外,还有巴黎和罗马。巴黎是法国国家图书馆文献部中文处,罗马则有耶稣会总部档案馆、教廷图书馆等。国内外各大学的学者、研究生,很多都到藏书楼来查阅资料,在这里诞生过无数的博士论文和重要专著。藏书楼的文献价值,放在国外去讲,就是早期中西文化交流。"早期"是指 16 到 19 世纪中国文化和欧洲接触,这时期形成的重要文献主要就看这三家了。当然,徐家汇的建立,是在鸦片战争以后了。但是,鸦片战争以后这些传教士、耶稣会士不断收集早期文献,在徐家汇的汉学研究所里研究。带不过来的,就复制、誊写、抄印,有的还影印、排印。在徐家汇,研究、收集、编辑、整理、出版工作是一条龙进行的,这个在巴黎、罗马都还没有过。徐家汇藏书楼有两部文献弥足珍贵,一份是《论语》的拉丁文译本,1662 年在江西建昌府刻版印刷,这是殷铎泽等耶稣会士继承利玛窦的翻译,首次用拉丁文释文、西文注音、汉语原文合刊,意义重大。这个版本只有在罗马、巴勒莫收藏,不知道耶稣会士怎么弄到了带到徐家汇。另外一本是中文译本的《圣经》,是法国耶稣会士贺清泰在 1790 年代翻译的,徐家汇藏书楼收藏的是孤本,别家没有。1876 年以后,法国耶稣会决定在徐家汇建立科学、文化和教育基地,这里变成了远东和亚洲最重要的私立文化中心,留下了大量的文献。非常可惜的是 1966 年"文革"初期一把火在教堂前面烧了三天三夜,上海教区主教府、徐家汇大教堂的文献也付之一炬。更早些时期,神学院、大修院、小修院、孤儿院、印书馆、徐汇公学的图书、资料和文献都转交给了接管的公营机构,后来大部分都陆续散失。我在历史研究所的图书馆里还看到不少原神学院的藏书，连书架子也是原来的旧物，但经过数次搬迁现在也难以辨认了。徐家汇各家机构的文献，要数转交给上海图书馆的徐家汇藏书楼保存最为完好，经历了历次运动而仍然齐全。我们一直在讲，早期的中西文化交流历史非常重要，鸦片战争以后的"通商"、"传教"，其实在400年前的17世纪已经开始了，正是以安葬在徐家汇的徐光启为代表。徐家汇引领了中国文化走出近代的第一步，目前从藏书楼的收藏中可以查看到它的踪迹。所以，从国内、国外两方面的地位来讲，我觉得徐家汇藏书楼非常重要。

申请进入文化遗产名录非常不容易，批准的权力在中央。按申请程序来讲，我们先要说服上海市政府徐光启的时代意义、藏书楼的文献价值。然后要由市政府相关机构呈递上去，在众多的候选项目中排队，a very long waiting list。需要我们做的工作是提供一个好的历史说明，确保意识形态的安全性。另外，我们还要说服国际专家，让他们认识到徐家汇和藏书楼的文化意义。相对来说，说通国际专家、学者的工作比较容易做，我们在接待美国众多大学、NGO、游客和各类政府团体的参观过程中，他们对徐家汇文化表现出极大兴趣。他（她）们关注的并不是"欧洲在中国"，而是中国人在"融会贯通"中走出了一条自己独特的道路。对于这一点，我们有很强的信心，只要冲出了国门，在国际上肯定可以像澳门一样，一次成功。老周讲的国内排队太长，几年内是排不上去的。但是只要上海市政府肯拼出全力办这件事情，市、区、街道的政府、非政府组织联合公关，理直气壮地要这个项目，那是一定能够拿下的。一定要"理直气壮"，上海文化是有底气的，上海本来就不是一座小渔村，上海肯定是一座历史文化名城，400年前就由徐光启开出了新风气，引领了中国的近代文化。

周振鹤：如果发掘出来有什么东西，你再比，比不上其他地方就只能比近的。你说三千年人家四千年，你说四千年，人家五千年。

李天纲：最后讲一个，听到大家讲的有个启发，其实要抓重点还是徐光启，因为徐光启墓已经是一个国家级的文物保护单位。上海国保级的文物保护单位不多，不是文物不多，而是申报不积极。徐光启墓我们当年是看着方行先生做成功的。1980年代，方行是当时的文化局长，也是文管会主任，同时也是复旦大学思想文化史研究室的兼职教授，给我们这一届研究生上课。他跑到北京，通过熟悉的老领导，为徐光启墓地做申报。当时上海没几个重点文物保护单位，只有宋庆龄故居、鲁迅故居等。徐光启是方行局长的个人偏好，他收集徐光启作品，影印《徐光启著译集》，为徐光启作纪念学术研讨会。1988年，他把徐光启墓申请到了国保级文物单位。上海师范大学用光启作学术中心，非常有利。徐汇区得名于徐家汇，徐家汇得名于徐光启家族，徐光启家族又是在徐光启去世后逐渐聚集到这里居住，所以这个"徐"字所蕴含的上海文化四百年，可以大讲特讲。然后，徐家汇藏书楼就可以在这个文化氛围中脱颖而出，为国内外的各界所接受。

周振鹤：徐光启是上海本地少有的。

李天纲：有人说上海更有名的人还有董其昌，我说董其昌不及徐光启。董其昌在康熙、乾隆年间的名声比徐光启大，艺术家嘛，总是比学问家、思想家名声大。但是，徐光启的思想重要性，是董其昌不能比的。他说的话，每一句都准的，刚才讲的徐光启帮助利玛窦翻译《几何原本》，徐光启讲这门西学太重要了，几何比勾股厉害，中国人早就懂勾股，但是知其然，不知其所以然。中国人做学问，要向利玛窦学习，要能推导出一种必然之理，形上之理，亦即"知其所以然"，这个"所以然"，其实就是逻辑关系，"逻各斯"。

周振鹤：这个还是重要，现在研究多了。

吴孟庆：关于土山湾。我自上世纪90年代初调市宗教局工作，那时从老神父们口中经常听到"从土山湾来"，"到土山湾去"，土山湾成了一个指代名词，大体指徐家汇教堂和神父楼那个地方。那里是上海天主教的中心。现在老的神父楼已拆，只留下了藏书楼。原先的大修院、修女院、博物馆、气象台等，还有些遗址遗迹，特别是藏书楼文化含量高。土山湾孤儿工艺院也曾是很有影响的场所，90年代我曾寻访过几位孤儿院的孤儿，都是年事已高的老人，其中有海派黄杨木雕创始人徐宝庆。现在恐怕在世的孤儿院出身的人很少了。

海纳百川的海派文化源远流长，可以追溯到三四千年前。这是传统文化。但还有一个重要源头，就是外来文化。中西文化结合，是从徐光启、从土山湾开始的。讲时间，是明朝后期；讲地方，就是土山湾；讲人物，就是徐光启。徐光启求真务实的科学精神，融通中外的文化精神，富国强民的爱国主义精神，堪称海派文化的灵魂。上海师大光启研究中心致力研究徐光启、土山湾，是题中之义。联系"全球化""一带一路""中梵建交"，我认为这是非常有前瞻性的、可持续的研究课题。

詹丹：刚才几位老师说的我也是很受启发，我觉得现在上海市委宣传部在搞创世神话的工程，但是创世神话其实和我们上海的关系不是太大，我觉得可以换一个思路，把徐家汇的地位和创世神话的意义来相提并论，可能更有一个抓手。因为徐光启的地位在某种意义上，也可以说开创一个新的局面，如果市委宣传部能够以创世神话的思路来介入这个问题，意义就比较大。这是第一个想法。

第二个想法是，我们现在讲记忆名录或者文化遗产，说到文化遗产或者记忆名录，我们可能更多地关注到它的历史价值，而忽略它在后代的延续、持续产生的意义，所以我们可能一方面要挖掘一个历史记忆方面的承载价值，另一方面，它在每个时代不断产生新的意义，这也需要我们来梳理。比如我想到王安忆写的小说《天香》，是把徐光启作为书中的重要人物而提到。这就启发我们，可以梳理一下有多少的文艺创作、小说家、文学家不断在徐家汇大的框架里面汲取元素，持续产生精神价值。我们一方面在梳理历史，一方面梳理它后续的影响以及辐射到当代的东西，这个可能也是徐家汇藏书楼有说服力的地方。

第三个想法是，作家的创作是一个有形的东西，还有一些无形的东西，也值得我们挖掘。刚才有些老师也说到，关于民间的各种传说，我觉得也很有价值。因为我是嘉定人，曾经也参与过一个项目，把嘉定乡土的各种传说收集起来作为乡土教材来使用，当时民间传说非常多。那么徐家汇地区，关于徐光启、关于土山湾的那些地方，是不是也有类似的各种传说？我觉得也可以收集起来，而且也可以梳理一下。我想徐家汇以前肯定也有过乡土教材的。那么这些乡土教材用了多少？或者有哪些乡土教材上升到省市级层面？它的使用量有多大？这个也可以作为一个辐射面来考虑。因为我们人口的基数放在这里，所以可能会有一个很大的量，再加上历史的积累，最终会影响到很大的范围。

最后，我在想，如果有一个优秀作家写出徐光启小传，然后收到统编语文教材里面，每年的中小学生有上千万，那么使用量就是上千万。就全国范围来说，现在小学毕业生一年一千六百万左右，初中大概一千四五百万，高中大概八九百万。徐光启的人物小传写得好，能够收到统编语文教材或者历史教材里面的话，几年积累下来，阅读量超过一亿是很有可能的。我觉得这也是一个思路。

这样一个惊人数量,有多少人了解? 我们需要意识到,文化遗产不应该是死的,应该是一直活在我们的心里,而且这个量非常大。如果你和外国人说我们有几亿人在读他的故事,他们肯定还是觉得蛮惊讶的。

总之,我们的梳理,可以在各个层面上展开,有一个标志性的,比如徐光启人物或者藏书楼,还有一个很大的群众接受基础作为土壤,那么它的层次感就比较丰富,最后如果进入教材,那就更好。不然纯粹是文物的价值,仅仅作为展览供人参观,我觉得还是有点不够,我就说这些。

宋黎明: 诸位老师的发言非常有收获,上午其实我们讲到了两个,一个是以上海徐家汇藏书楼结合教堂,就是徐光启也很强调宗教的色彩,欧晓川老师提出把博物馆整合起来,其实强调的是一种文化,我觉得这两个计划都可以做,但是它的目标不一样。把上海各种博物馆整合起来,上升到国家的文化遗产,在世界上是没戏的,因为它没有什么特别的地方。但是如果把徐家汇教堂、墓地包括土山湾,甚至把天文台包括进来,强调它的宗教色彩,我没有经验,我感觉苏老师是专家,我觉得还是非常有戏。在国际上,特别是中国天主教这块儿,在中国不怎么受重视,但是在国际上会非常受重视。当然你有排队的问题,还有名声的问题,因为徐家汇包括教堂,和外滩不好比,意大利人都知道外滩,但是很少有知道徐家汇的,但是我们等一个契机,就是徐光启会封圣,封圣以后马上可以排队,徐光启封圣了马上就排到第一个去,这是我的一个设想。但是我们学者能做什么?

第一就是"煽风点火"制造一些舆论,还有就是一些研究还要继续做下去,我们做一个准备。我们不知道,可能在很短的时间内会封圣,有可能还要等几年,时间不会过得非常长,但是我们会继续把一些研究做一下,深入地做些研究。比如说徐光启的墓地,过去有中文的墓志和拉丁文的墓志。拉丁文墓志是李天纲老师寻求杜鼎克老师的帮助,在30年代西班牙一份杂志上找到。最近我在罗马耶稣会档案馆看到两份有关徐光启墓葬的材料,是早期的传教士写的东西,有拉丁文的墓志,和杜鼎克发现的那个版本有细微的差别。但愿今后也能找到中文墓志。

我们学者可以把一些东西再做得好一点,包括徐光启的墓地,我到那边去看一下,里面的体育设施这些东西,我觉得不太严肃,放在墓地里面不太严肃,我觉得墓地应该是很肃穆的地方;当然它的纪念馆能不能增加一些实物,我觉得我们可以多做一些这方面的工作,等待机会。我个人的感觉,希望更大的可能是世界记忆名录,甚至是世界文化遗产。因为教堂、藏书楼,藏书楼里面还是拉丁文写的那些书架上,真的是古色古香,非常有意思。现在包括在西方非常难能看到这样的图书馆,我觉得希望还是很大,所以陈恒老师的设想,我们的目光是世界,或者是世界文化遗产,或者是世界记忆名录,这是我的一个想法,我们大家能做点什么就尽量多做一点。

吴孟庆:实际上我们的工作做好了,能够促进中梵结交。

陶飞亚:今天的讨论有很大的启发。我们确实应该以徐家汇藏书楼文献收藏为中心,盘活整合整个相关的文化资产,到世界文化遗产或者世界文化记忆那个国际舞台去"上市"。今天讨论这些东西要花点时间梳理一下。刚才宋老师讲的国际上和国内对世界文化遗产或世界文化记忆,重视和欣赏的各个方面可能有差别的。因此,我们申请时应该注意到内外有别。儒家讲中庸之道,在这个问题上是要调和中外的,寻找最大公约数的共同点。如果申请到国际层面时,我想他们在东方文明一以贯之的中国看到西方文明的成果形象,这种伟大的文化交流结出的果实,应该能重重地打动他们心灵吧。还有一点叫软硬结合,刚才有老师讲博物馆的建设,这个东西时间投入大,时间周期很长,从长计议也要做,但是重点可能是文献记忆和学术记忆这两种记忆的打通。像孙老师刚才讲的记忆的东西实在很多。我们现在做的国家社科重大项目"汉语基督教文献书目的整理与研究",天纲教授做的大课题都和徐家汇有关系。再就是我们学生写的博士论文也和徐家汇藏书楼文献有关系,还有海外学者利用这里文献写出的东西真是相当地多。徐家汇藏书楼的古代文献记忆和今天当下的思想记忆是可以打通的,这一点也是有很大优势的。

刚才有人讲我们这些东西放在西方去讲,和西方没法比的。这是有道理的。但是这些东西在我们中国就是物以稀为贵了。从整个东北亚来看,日本有吗?韩国有吗?还是我们中国上海徐家汇有这个东西,所以放在国际上他们会看的。我们和东京、首尔比,可能就有我们的优势了。国内讲宗教文化,可能有人会认为比较敏感。但在国际上,司空见惯的,还可能是得分地方。还有上下结合,什么叫上下结合?我们下面讲得很热火,还是要上面领导重视才行。这个我们上师大苏老师有丰富的经验。

最后一点是政府的协调和领导,这当然是这件事情能否成功最关键的因素。像欧局,詹丹老师说和宣传部结合,政学两界要结合起来。这也是可以和一带一路结合起来的国际文化工程。孔子学院在做推介中国文化促进中外文化交流的工作。我们是把近古的中西文化交流推介出去,展现中国和上海"海纳百川"宏伟的文化气魄,是很值得做的。

吴孟庆: 关键是宗教局。

李天纲: 民宗委、宗教局都好说,就是统战部。

陶飞亚: 所以讲要内外有别、古今打通、上下结合、软硬结合、政学结合。以前天纲教授在开会时讲过,中国开眼看世界的第一人是徐光启,林则徐是近代中国开眼看世界的第一人。看看徐光启、利玛窦留下的译作《几何原本》,对那个时代的中国真是了不起的贡献。这也和我们讨论的主题相关的。

李天纲: 主要倾向不一样,以夷制夷。

陈恒: 孙老师还说两句吗?

孙逊: 收集徐光启文献需要各方努力,发掘徐光启资料什么的。

陈恒: 有的要送给孙老师,李老师有吗?

李天纲: 有的话提供给他。

陶飞亚: 我提供一个,有一人原来是一个农民,后来慢慢发现他现在开了28个博物馆,其中有一个和宗教有关,上次叫我去,他那个也是,他是小道消息卖给他。

李天纲: 他卖什么?

陶飞亚: 什么都有,各种旧的东西都有,可以去看看,他就在浦东附近。

陈恒: 浦东有很多的好地方。

欧晓川: 他开了什么?

陶飞亚: 28个博物馆。

欧晓川: 我们可以去一下。

苏智良: 可以鼓励去,下个星期把他的联系方式拿一下,然后去一下。

欧晓川: 我们做实在一点,先把能干的活儿干一点,想远的做不了,我也不知道能做多久。

陈恒: 你做文化部长。

欧晓川: 不一定,也可能把我调到档案馆什么的,我们先把眼前的做好了,然后博物馆建全。

陈恒: 我借着你的话说,我做几个简单回应,我前几天和徐锦华沟通,我们光启读书会以后也从藏书楼选取经典著作,讲图书流传的故事等等,把背后所隐藏的文化挖掘出来。我的理想是一个月研讨一本书,比如李天纲老师可以帮我们做一本，宋黎明老师也可以做，这样可以通过具体的个案，就把徐家汇藏书楼的价值弄出来。对普通读者来讲，我们就可以做系列讲座，这样就把整个计划彰显出来；我们有光启读书会，他们有很好的平台和资源，藏书楼马上要重新装修，所以两个场地很近，来回可以切换，可以扩大影响。

研讨会到此结束，期待新的成果，谢谢大家！

图书在版编目(CIP)数据

近代江南与中国传统文化/苏智良,陈恒主编. —上海:上海
三联书店,2018.12
(都市文化研究)
ISBN 978-7-5426-6544-7

Ⅰ.①近… Ⅱ.①苏…②陈… Ⅲ.①城市史-研究-华东地
区-近代①中华文化-研究 Ⅳ.①K295②K203

中国版本图书馆 CIP 数据核字(2018)第 254472 号

近代江南与中国传统文化

主 编／苏智良 陈 恒

责任编辑／黄 韬
装帧设计／徐 徐
监 制／姚 军
责任校对／王凌霄

出版发行／上海三联书店
(200030)中国上海市漕溪北路 331 号 A 座 6 楼
邮购电话／021-22895540
印 刷／上海肖华印务有限公司

版 次／2018 年 12 月第 1 版
印 次／2018 年 12 月第 1 次印刷
开 本／710×1000 1/16
字 数／450 千字
印 张／28
书 号／ISBN 978-7-5426-6544-7/K·506
定 价／68.00 元

敬启读者,如发现本书有印装质量问题,请与印刷厂联系 021-66012351